국어의 역사적 연구

한재영

신구문화사

책을 펴내며

국어의 역사에 관심을 가지고 공부하여온 지도 어느새 30년이 훌쩍 넘었다. 국어의 역사와 변화에 관한 이런저런 생각을 하며 지내온 것이다. 때로는 서투르고, 때로는 어설픈 생각의 단편이기는 하나 그러한 생각들을 놓칠까 싶어 적어본 글들은 어쭙잖은 논문의 얼굴을 하고 있다.

단어와 조사에 관한 문제라든가, 선어말 어미 '-오/우-'와 '-거/어-'와 관련한 문제 또는 시제와 대우, 피사동 등의 문법 범주와 관련한 문제 등에 관하여 관심을 가져왔었고, 공부를 하다 보니 국어사 자료라든가, 사전 그리고 표기와 문자 등의 문제에도 자연스럽게 생각이 미치게 되었다.

돌아보면 그 미숙함에 민망하고, 그 치기만만(稚氣滿滿)함에 송구하기도 한데, 간혹 글을 찾아 읽으려 하는데 구하기가 어렵다며 도움을 청하는 이들이 있었다. 민망하고 송구하여 주로 쉽게 접하기 어려운 지면에 실었던 까닭이다. 그나마 오래 전에 쓴 글의 경우에는 주변에서도 구하기가 어려워 불편하다고 이야기 하는 이들이 있어 이렇게 한 자리에 묶어볼 용기를 내게 되었다.

이 책에서의 수록 대상은 국어의 역사와 관련한 내용들로 한정하였다. 수록 논문이 실렸던 원래의 지면과 발표 시기 그리고 원래의 제목은 다음과 같다.

01 1999. 3. 중세국어 복합동사의 구성에 관한 연구, 어학연구 35.1. pp.123-149
02 1997. 11. 어간교체형의 변화, 국어사연구, 송민·전광현교수 회갑기념논총, 태학사. pp.777-813
03 2015. 3. '老乞大'類의 종합적 검토(Ⅰ)-副詞를 중심으로-, 어문론집 61, 중앙어문학회. pp.1-49
04 1996. 4. 조사 중첩 원리의 모색, 이기문교수 정년퇴임기념논총, 신구문화사. pp.774-801
05 2001. 11. 中世國語 '-으란' 小考, 국어연구의 이론과 실제, 이광호교수 회갑기념

논총 간행위원회, 태학사. pp.313-322

06 1990. 12. 先語末語尾 -오/우-, 國語硏究 어디까지 왔나, 동아출판사. pp 435-441

07 2002. 2. 중세국어 선어말어미 '거/어'의 문법, 문법과 텍스트, 서울대학교 출판부. pp.363-383

08 1995. 7. 鄕歌 '良'字 小考, 國語史와 借字表記, 소곡남풍현선생 회갑기념논총, 태학사. pp.85-99

09 1986. 12. 中世國語 時制體系에 對한 管見 : 先語末語尾 {더}의 位置定立을 중심으로, 언어 제11권 제2호. pp.258-284

10 2002. 6. 16세기 국어의 시제체계와 변화 양상 연구, 진단학보 93. pp.199-219

11 2005. 2. '엇'과 '더'의 통합관계, 우리말연구 서른아홉 마당, 태학사. pp.709-725

12 1998. 6. 16세기 국어의 대우 체계 연구, 국어학 31 pp.121-164

13 1992. 2. 중세국어의 대우 체계 소고 -'숩'을 중심으로-, 울산어문논집 제8집. pp.1-22

14 2006. 4. 尊稱體言 小考, 이병근선생퇴임기념 국어학논총, 태학사. pp.491-507

15 1998. 5. 님금과 임금님, 국어 어휘의 기반과 역사, 심재기 선생 회갑기념논총, 태학사. pp.719-735

16 2000. 9. 대우와 격식, 21세기 국어학의 과제(솔미 정광교수 화갑기념논문집), 도서출판 월인. pp.491-508

17 1985. 12. 中世國語 聲調에 關한 一考察 : 특히 피동사와 사동사의 파생을 중심으로, 國語學 14. pp.237-263

18 1993. 2. 원각경언해, 국어사 자료와 국어사의 연구, 안병희선생 회갑 기념 논문집, 문학과 지성사. pp.145-158

19 2004. 12. 한글 옛 文獻 情報 調査 硏究 -16世紀의 國語資料를 中心으로-, 어문연구 124. pp.7-36

20 2000. 3. 17세기 국어자료와 국어연구의 현황, 문헌과 해석 10. pp.10-33

21 1989. 9. 15세기 국어 사전 편찬에 관한 몇 문제 -'고어사전'과 '이조어 사전'의 검토를 중심으로 -, 語學硏究 第25卷 第3號. pp.523-547

22 1992. 5. 국어대사전과 우리말 큰사전, 문학과 사회 18(1992년 여름, 제V권 제2호). pp.718-738

23 1994. 10. 사전편찬과 품사분류, 주시경학보 12, 보고사. pp.74-96

24 1990. 5. 방점의 성격 구명을 위하여, 姜信沆敎授 回甲紀念 國語學論文集. pp.241-262

25 1991. 8. 향가의 부정 표현에 관련된 몇 문제, 김완진선생회갑기념논총 국어학의

새로운 인식과 전개, 민음사. pp.414-437

생각의 단편들을 글로 옮기며 취하였던 일관된 태도는 단 한 줄이라도 다른 이들과는 달리 새로운 생각이나 사실을 담아보자는 것이었다. 새로운 생각이나 사실이 아닐 경우에는 자료를 대하는 시각이라도 달리하여 보고자 하였지만, 수록된 모든 글들에서 그러한 태도가 충분히 읽힐 수 있을지는 아직 자신이 없다. 그 중에는 글을 썼을 때와는 생각이 다소 바뀐 부분도 있지만, 당시에는 그런 생각을 하고 지냈고, 그런 생각을 한 데에는 그만한 근거가 있었으리라는 소박한 믿음을 가지고 발표 당시의 모습을 유지하기로 하였다.

이렇게 모아놓고 보니 보다 더 깊이 고민하여야 할 문제와 보다 더 넓게 살펴야 할 문제가 정리되는 듯하다. 주어진 시간 동안 꾸준히 고민하고 살펴갈 일이다.

2016. 6. 15.

더불어 지내온 모든 분들과 주어진 모든 것들에 감사하며,

한재영

차례

01. 중세국어 복합동사의 구성

1.0 본고는 중세국어의 복합동사가[1] 이루어지는 구성 원리를 파악하려는 데에 목적을 두고 있다. 이러한 작업의 보다 큰 목적은 복합동사를 구성하는 데에 작용하는 원리의 파악에 두고 있지만, 그를 위하여 우선 복합동사에 대하여 가지고 있는 상식과 통설의 내용을 확인하고,[2] 그들이 가지고 있는 문제를 인식하는 것으로부터 출발하기로 한다.

사실 중세국어의 복합동사 구성 원리에 관해서는 이미 기존의 논의들을 통하여 그 대강의 모습이 어느 정도는 밝혀진 셈이라고 할 수도 있을 것이다. 다음과 같은 내용이 그것으로, 복합동사의 구성에 관한 이러한 이해 태도는 통설을 구성하고 있다고도 할 수 있는 것이다.

(1) 가. 명사+동사어간
　　나. 동사어간+부사형어미+동사어간
　　다. 동사어간+동사어간

위의 (1)로 정리되는 중세국어 복합동사의 구성 방식은 다음의 (1´)에 제시된 몇몇 구체적인 예들을 통하여 확인할 수 있다. 표면적으로만 본다면 더 이상의 논의는 흡사 불필요한 것으로 여길 수도 있을 것이다.

---

1) 본고에서 사용하는 복합동사라는 용어는 현행 학교문법의 술어체계와는 다소 거리를 두고 있다. 복합법(compounding)과 파생법(derivation)을 아우르는 용어로는 합성법이라는 용어를 사용하기로 한다. 하나의 글 안에서 생길지도 모르는 용어의 혼동만 피할 수 있다면 어느 쪽의 선택도 큰 문제는 없으리라고 생각한다. 아울러 본고에서 이르는 '동사'라는 용어는, 특별히 밝혀 구분하지 않는 한, 자동사와 타동사는 물론 형용사도 함께 가리키는 표현으로 사용하고 있음을 덧붙여 둔다.

2) 여기서 '상식과 통설'이라는 표현이, 복합동사와 관련된 기존의 논의들 사이에 아무런 차이가 없음을 의미하는 것이 아니라는 점은 밝혀두기로 한다. 단지 현상을 대하는 기본적인 이해 태도가 크게 다르지 않다는 사실에 주목한 까닭이다.

(1´) 가. 나틀-, 믈들-, 빗나-, 일없-
가´. 댱가들-, 일삼-, 힘쓰-
나. 구버보-, 나ᅀᅡ가-, 몰라보-
다. 걸앉-, 것곶-, 나들-, 넘돋-, 됴쿶-

통설의 내용이란, (1´가)가 '명사+동사어간'의 예 가운데 '주어-동사 관계'를 보여주는 예이고, (1´가´)은 '명사+동사어간'의 예 가운데 '목적어-동사 관계'를 보여주는 예라는 것이 그것이며, (1´나)는 '동사어간+부사형어미+동사어간'의 경우를 보여주고, (1´다)는 '동사어간+동사어간'의 예를 보이고 있다는 것이 그것이다. 통설을 구성하고 있는 이러한 이해의 내용이 그릇된 것은 아니나, 이해의 기본적인 시각이 주로 표면적인 현상에 주목하고 있다는 사실은 지적이 되어야 할 것이다. 이렇듯 기존의 이해 태도에 대한 동의에 다소 유보적인 태도를 취하려는 데에는 그만한 까닭이 있다. 논의의 진행에 따라 점차 드러나게 되겠지만, 표면적인 모습에 차이가 보이지는 않을지라도 그들 모두를 동일한 성격의 자료로 받아들이기는 어렵기 때문이다.

다음에 '믈드리다'를 보이고 있는 예 (2)와 (2´)은 본고에서 취하려는 태도가 가지고 있는 근거를 보이고 있다.

(2) 一切相올 노기샤미 바ᄅᆞ리 흐르는 믈드료미 ᄀᆞᆮᄒᆞ실ᄊᆡ 넙고 크고 깁고 머다 ᄒᆞ시니라 〈월석 11:99ㄱ〉[3]
(2´) 히니 시서 ᄃᆞ외욘디 아니며 거므니 믈드려 ᄆᆡᆼᄀᆞ론디 아니라 〈능엄 10:9ㄱ〉

표면적으로는 같은 모습을 보이는 위의 (2)와 (2´)에 보이는 '믈드리다'와 같은 예에 대한 온당한 접근은 어휘가 아니라 문장을 통해서 비로소 가능해지는 것이라는 점에 대해서는 다언을 필요로 하지 않을 것이다. (2)는 '물을 들게 하다'라는 구 구성을 보이는 것이고, (2´)은 '염색하다'의 의미를 가지는 복합동사 구성을 보인다는 것을 깨닫는 것은 문장 속에서 비로소 가능하게 되기 때문이다. 이는 복합동사와 관련하여 본격적인 논의를 시작하기 위해서는 먼저 복합 구성을 보이는 경우들에 대한 성격파악이 선행되어야 한다는 것을 이야기하고 있는 것이라 할 수 있다.

1.1 그런 점에서 본다면 복합동사에 대한 대다수 기존의 논의들이 구구성과 복합동

3) 본고에서 사용하는 자료와 약호는 한재영(1984, 1996ㄱ)의 것에 따르기로 한다.

사 사이의 판별 기준을 논의의 출발점으로 삼고 있음은 오히려 당연한 것이라고 하겠다. 현대국어를 대상으로 한 업적들이기는 하지만 김규선(1970), 김창섭(1981, 1990, 1997), 박홍근(1981), 서정수(1981), 이석주(1987, 1988ㄴ), 이익섭(1967), 이주행(1981) 등에서 제시하고 있는 형태·통사·의미론적인 복합동사의 판별 기준들이 그들로서,[4] 제시된 판별 기준들 사이에는 상당한 차이들을 보이고 있다. 구구성과 복합동사의 판별이 그리 간단한 작업이 아님을 뜻하는 것이다. 제시된 판별 기준들이 다양하다고는 하지만 대다수의 기존의 업적들이 취하고 있는 복합동사에 대한 이해의 방법에 큰 차이가 없다는 점에는 유의할 필요가 있다. 모두가 그런 것은 아니나 어휘가 존재하는 배경이 문장임에도 불구하고 주된 관심의 초점을 어휘에 국한하고 있다는 것이 그것이다.[5]

중세국어의 복합동사를 살피면서 당면하게 되는 일차적인 문제는 논의의 출발점이라고 할 수 있는 복합동사의 판별 기준 선정이 그리 간단한 일이 아니며, 현대국어에 대하여 적용될 수 있는 기준들이 중세국어에 대한 적용에는 적잖은 어려움을 가지고 있다는 데에 있다. 현대국어 복합동사의 판별 기준으로 동원되었던 '휴지(休止), 강세, 후치사의 개입 가능성, 관계화 변형, 생략'과 같은 내용들은 현대적인 직관에 기댄 것이나 중세국어의 복합동사는 우리의 섣부른 직관의 적용 대상 밖에 존재하고 있기 때문이다. 중세국어의 복합동사를 다룬 기존의 업적들로는 김세중(1990), 이선영(1992), 장종하(1986), 허웅(1966ㄴ, 1967) 등을 들 수 있다. 특히 이선영(1992:8-32)에서는 중세국어 복합동사의 음운·형태·통사·의미론적인 특성을 살펴 그들을 판별기준으로 삼기도 하였다.[6] 그러나 이러한 판별 기준이 큰 무리없이 적용되는 대상은 (1가)와 그의 용례인 (1´가,가´)에 국한되는 것으로 보인다. 기존의 논의들에서 (1나,다)와 그 용례인 (1´나,다)가 다루어지지 않은 것은 아니나 이들에 적용된 기준의 선명도가 (1가)와 (1´가,가´)에 미치지 못한다는 의미이다. 특히 '동사어간'끼리 결합하여 복합동사를 이루는 (1다)의 예들에 대해서는 거의 아무런 의심없이 복합동사로 간주되고 있는 듯한 인상마저 주고 있는 것이다. 본고에서 이들에 대하여 보다 각별한 관심을 가지려는 이유이기도 하다.

1.2 이제 본고는 여러 가지 구성 방식을 보이는 복합동사 가운데 '동사어간+동사어

4) 그들의 구체적인 내용에 대한 정리는 이선영(1992:4)로 미루기로 한다.

5) 그런 점에서 본다면, 단순한 어휘의 범위를 넘어서 어휘의 통사적인 용법에 관심을 둔 김창섭(1981)이나 15세기 국어를 다룬 이선영(1992)의 논의태도는 어느 정도 나아간 것이라고 할 수 있다. 보다 자세한 그간의 연구사에 대한 대강은 참고논저 목록으로 대신하기로 한다.

6) 그에 대한 구체적인 내용 검토에 대해서는 후술 참조.

간'의 방식을 취하는 것으로 보이는 경우를 중심으로 논의를 진행하고자 한다.[7] 본고가 '동사어간+동사어간'의 구성 방식을 취하는 경우의 예들이 특별한 검증 과정 없이 복합동사로 다루어지는 데에 대한 회의로부터 출발하는 것이기는 하나, 이들에 대한 적극적인 이해를 통하여 비로소 복합동사의 구성 원리가 가지고 있는 온전한 모습에 대한 접근이 가능하게 될 것이다.

논의가 진행되면서 드러나게 되겠지만, 여기서 '동사어간+동사어간' 형식의 복합동사로 논의의 범위를 한정한다고 하여도 (1나)의 '동사어간+부사형어미+동사어간' 형식의 복합동사와 전혀 별개의 문제가 될 수 있는 것은 아니다. 우선 (3)의 예에서와 같이 두 가지 구성 형식의 공존 즉 '빌먹다'와 '비러먹다'가 함께 존재한다는 사실이 두 가지 형식 사이의 관계를 자유롭게 하지 못하는 것이라 할 수 있다.

(3) 가. 나라해 빌머그라 오시니 다 몰라보숩더니 小瞿曇이라 ᄒᆞ더라 〈월석 1:5ㄴ〉
  나. 가줄비건댄 사ᄅᆞ미 제 옷 가온ᄃᆡ 如意珠ᄅᆞᆯ ᄆᆡ오 제 아디 몯ᄒᆞ야 他方애 窮露ᄒᆞ야 비러머거 ᄃᆞᆫ뇸 ᄀᆞᆮᄒᆞ니 〈능엄 4:62ㄴ〉

공존하는 어휘의 의미나 기능이 동일하다면 공존의 이유도 문제이겠으나, 그들 각각이 가지고 있는 구성 요소의 배열이라든가 공기제약과 같은 문제를 공유하고 있다는 점에서 역시 그들이 각각 별개의 것만은 아니기 때문이다.

본고는 다음과 같은 순서로 논의를 진행해 가기로 한다. 먼저 '동사어간+동사어간'의 구성을 가질 수 있는 다양한 양상을 염두에 두고, 그들 가운데서 진정한 복합동사를 가리기 위한 기준을 살핀다. 그리하여 찾아진 복합동사들에 대한 검토과정을 거친다. 선후행요소들 사이의 의미 관계나 음운론적인 조건 또는 형태소나 단어 경계에서 일어나는 음운 현상에 대한 고려가 그 과정에서 이루어지게 된다. 아울러 위의 예 (3)에 든 경우와 같은 양상을 보이는 예들을 살펴 의미상의 차이점은 없는지, 구문 형성의 공통점은 무엇인지, 복합동사를 형성하는 제약 조건은 무엇인지 등에 관해서도 확인하게 된다. 본고에서는 해당 용례를 보이는 자료의 시대적인 배경이라든가 성격에 대해서도 일관된 관심을 유지하기로 한다.

---

7) '동사어간+동사어간'의 구성에 주된 관심을 가지기로 한다는 태도가 가지는 또 다른 전제는 중세자료에서 동사어간의 모습이 확인되는 용례들이 우선적인 관심의 대상이 된다는 것이다. 복합동사를 구성하는 선후행요소 가운데 어느 하나라도 중세자료에서의 확인이 어려운 경우에는 일단 검토를 보류하기로 하였다. 특별히 필요한 경우가 아니라면, 본고에서는 선후행요소 각각의 용례를 일일이 들지는 않기로 한다.

2.0 복합동사에 관한 논의를 진행하기 위한 기본적인 전제는 무엇이 복합동사인가 하는 문제에 대한 인식이라고 할 수 있다. 본고에서 살피려고 하는 복합동사의 대상을 '동사어간+동사어간'의 형식을 취하는 것으로 한정하기로 한 바 있으나 '동사어간+동사어간'이라고 하는 조건이 복합동사를 구성하는 필요하고도 충분한 조건은 아니기 때문이다. 표면적으로 '동사어간+동사어간'의 구성을 보이는 어휘들 가운데 진정한 복합동사를 가리기 위해서는 주로 복합동사의 구성 형식 또는 유형에 관심을 가져온 지금까지의 논의 태도부터 되돌아볼 필요가 있다. 기존 논의들에 대한 본고의 시각이 지나친 것이 아니냐는 생각을 가질 수도 있을 것이다. 복합어의 정의라든가 복합어와 구의 구분 기준 또는 복합어의 형성 규칙, 첩어나 한자 복합어의 형성 등에 관한 논의들과 같이 논의의 주제가 다른 것은 아니냐는 이의를 제기할 수도 있을 것이며, 동일한 주제라 하더라도 전통적인 방법 이외에 구조주의적인 방법 또는 생성문법적인 방법 등 다양한 접근 방법이 시도되어왔다는 지적도 있을 수 있을 것이기 때문이다. 그러나 복합동사에 관한 기존의 어떠한 주제의 논의나 어떠한 방법의 접근이라고 하더라도 복합동사를 구성하는 요소들 사이의 관계에 일차적인 관심을 가져왔다는 사실에 대해서는 부인하기 어려울 것이다. 복합동사의 정의를 '둘 이상의 어근으로 구성된 동사'라고 하는 일반적인 정의 자체가 그릇된 것은 아니나 복합동사를 구성하는 요소에만 관심을 가지는 한 진정한 복합동사에의 접근은 그만큼 어려워진다고 할 수 있다. 복합동사의 구성 형식이란 복합동사를 구성하는 과정에 불과할 뿐 결과는 아니기 때문이다.

2.1 사실 본고에서 관심을 가지는 대상인 복합동사에 대하여 '동사어간+동사어간'이라는 구성 형식만을 기준으로 삼을 경우에는 다음과 같은 다양한 경우 가운데에서 진정한 복합동사를 가리기가 그리 쉽지 않게 된다. 다음의 예들을 살펴가기로 하자.[8]

(4) 가. 그 주근 사ᄅᆞᄆᆡ ᄇᆡᄅᆞᆯ 쇠 둥의 서르 다혀 걸티고 두 ᄀᆞᅀᅢ 사ᄅᆞᄆᆞ로 븓드러 〈구간 1:71ㄴ〉

나. 世間앳 衆生ᄋᆞᆯ 어엿비 너겨 護持홀 ᄆᆞᅀᆞᄆᆞᆯ 내혀ᄃᆡ 因果ㅣ 몯다 ᄆᆞ차 이실ᄊᆡ 〈월석 2:63ㄱ〉

---

8) 이선영(1992:33)에서는 이들의 유형에 대하여 다시 하위분류하여 '자동사+자동사'형, '타동사+타동사'형, '타동사+자동사'형, '자동사+타동사'형, '상태동사+상태동사'형, '상태동사+자동사'형으로 구분하고 있다. 하지만 본고에서는 이루어진 복합동사가 서술어로서 가지는 구문의 구조에 관심을 가질 경우 이외에는 따로 구분하지 않기로 한다. 단순한 유형의 분류보다는 기준확인과 구성 원리의 파악에 주된 관심을 가지고 있기 때문이다.

위의 예 (4가)와 (4나)는 각각 '걸티다'와 '내혀다'의 예를 보인 것이다. 이들의 표면적인 구성은 '동사어간+동사어간' 방식을 취하고 있다고 할 수 있다. '걸티다'와 '내혀다'에 대한 선입견을 배제할 수 있다면, 기원적으로 이들이 동사 '걸다'와 '티다' 그리고 '내다'와 '혀다'의 어간이 결합한 것으로 볼 수 있기 때문이다. 그러나 그 쓰임으로 보아 예 (4)에 보이는 동사에 대하여 복합동사라고 하기는 어렵다고 할 것이다. 여기서 이들을 복합동사가 아니라고 한다면 과연 복합동사란 무엇인가 하는 기본적이면서도 원초적인 문제에 봉착하게 된다. '둘 이상의 어근으로 구성된 동사'라는 정의만으로는 (4)의 '걸티다'와 '내혀다'가 복합동사가 아니라는 주장을 할 수가 없기 때문이다. 이에 대하여 '걸티다'에서의 '-티-'와 '내혀다'에서의 '-혀-'가 실질적인 의미를 가지지 못하고 있음을 지적할 수도 있을 것이다. 강세접미사라고 보는 것이 그것이다. 이는 예 (4)의 '걸티다'와 '내혀다'가 복합동사가 아니라 파생동사라고 보는 것이 된다. 하지만 이들이 파생동사라고 하여 우리가 가지고 있는 문제가 해소되었다고 할 수는 없는 형편이다. 우선 복합동사와 파생동사를 가리는 기준이 필요하게 되었기 때문이다.[9]

(5) 복합동사 성립의 제 1 조건(의미 반영 조건)
복합동사에는 그를 구성하는 요소들의 실질적인 의미가 각각 반영되어야 한다.

위의 (5)는 복합동사와 파생동사를 가리는 데에 유효한 조건이라 할 수 있다. 제 1 조건에서 의미하는 '의미의 반영'의 정도가 개별 복합동사에 따라 그 양상을 달리하는 것이기는 하지만, 예 (4)에 보인 '걸티다'와 '내혀다'의 '-티-'나 '-혀-'와 같이 '치다'나 '끌다'의 실질적인 의미가 전혀 반영되지 못한 경우에는 복합동사라고 할 수 없다는 것이다.[10] 제 1 조건은 다음과 같은 예에 대해서도 유효한 조건이 된다.

(6) 가. 고기ᄂᆞᆫ ᄀᆞᄂᆞᆫ 믌겨를 부러 놀애 브르ᄂᆞᆫ 부체ᄅᆞᆯ 이어고 져비ᄂᆞᆫ ᄂᆞᄂᆞᆫ 고ᄌᆞᆯ 박차 춤 츠ᄂᆞᆫ 돗긔 디놋다 〈두초 15:33ㄱ〉
나. ᄃᆞ리예 ᄠᅥ딜 ᄆᆞᄅᆞᆯ 넌즈시 치혀시니 聖人神力을 어ᄂᆞ 다 ᄉᆞᆯᄫᆞ리 〈용가 87〉

위의 예 (6가)와 (6나)는 '박ᄎᆞ다'와 '치혀다'의 예이다. 이들도 역시 표면적으로는 '동사어간+동사어간'의 구성을 보이고 있으나, 복합동사와는 거리가 있다. (5)의 조건

9) 복합동사만을 대상으로 삼은 것은 아니나, 복합어와 파생어의 판별 기준에 대한 기존의 논의들에 대한 정리는 藤澤文人(1993:80-91)을 참조할 것.

10) '실질적인 의미'란 개별 어휘를 어휘 해체하였을 경우에 도출할 수 있는 의미나 일반적으로 수용될 수 있는 범주 내의 비유적인 의미까지 아우르는 다소 넓은 뜻을 지닌다.

을 충족시키지 못하는 것이다. '박ᄎᆞ다'와 '치ᅘᅧ다'의 '박-'과 '치-'는 '박다'나 '치다'의 의미와는 관계없이 강세를 나타내는 접두사로 쓰이고 있는 것이다.

위의 (5)로 제시한 '복합동사 성립의 제 1 조건'을 충족시키지 못하여 복합동사가 되지 못하는 경우로는 다음의 예들도 들 수 있다. 동사어간에 보조동사가 결합한 경우이다.

(7) 가. 王이 드르시고 즉자히 南堀애 가샤 뎌 仙人ᄋᆞᆯ 보샤 禮數ᄒᆞ시고 니ᄅᆞ샤ᄃᆡ ᄯᆞᄅᆞᆯ 두겨시다 듣고 婚姻ᄋᆞᆯ 求ᄒᆞ노이다 〈석보 11:28ㄱ〉
　　나. 이틄 나래 남지늬 모미 긔ᄒᆞ며 헤믈어 ᄲᅧ 글희드렛거늘 〈월석 10:24ㄱ〉

예 (7가)의 '두겨시다'와 (7나)의 '글희듣다'는 각각 동사 '두다'와 '겨시다', '글희다'와 '듣다'의 어간이 결합한 형태로, '두시었다, 풀어지다' 정도의 의미를 가진다. 이들 예에서의 '겨시다'와 '듣다'는 각각 상태와 피동을 나타내는 보조동사로 쓰여, 그들이 가지고 있던 '계시다(있다)'와 '지다(떨어지다)'의 어휘적인 의미는 더 이상 유지되지 않음을 알 수 있다.[11] 표면적으로는 '동사어간+동사어간'의 구성을 보이고 있으나 복합동사와는 거리가 있다고 할 것이다.

그러나 제 1 조건인 '의미 반영 조건'이 충족되는 경우라고 하여 모두 복합동사라고 할 수는 없는 일이다. 다음과 같은 예들을 먼저 살피기로 하자.

(8) 가. 어버이 □ 쓰디 □□□을 알고 구틔우기디 아니ᄒᆞ니 〈續三 열:28ㄱ,ㄴ〉
　　나. 봆 녀름지ᅀᅵ란 다ᄅᆞᆫ 風俗ᄋᆞᆯ 親히 ᄒᆞ고 ᄒᆡ ᄃᆞ래 나모 ᄀᆞᄅᆞ미야 ᄆᆡᇰᄀᆞ론 門의 잇노라 〈두초 11:49ㄱ〉
　　다. 변난 나래 창ᄶᅵ메 ᄒᆡ 드리비취어든 간ᄃᆞᆯ완ᄃᆞᆯ ᄒᆞᄂᆞᆫ 드트리라 〈칠대 3ㄴ〉
　　라. 舍衛國大臣須達이 가ᅀᆞ며러 쳔랴이 그지업고 布施ᄒᆞ기ᄅᆞᆯ 즐겨 艱難ᄒᆞ며 어엿븐 사ᄅᆞᄆᆞᆯ 쥐주어 거리칠ᄊᆡ 〈석보 6:13ㄱ〉
　　마. 도ᄌᆞᆨ 罪 주ᄂᆞᆫ 法은 주겨 제 겨집 조쳐 사ᄅᆞ묻더니 내 그저긔 됴ᄒᆞᆫ 瓔珞을 가졧다니 〈월석 10:25ㄴ〉
　　바. 脩羅ㅣ 보고 믈리ᄧᅩ치거든 즉자히 毗摩質多阿脩羅ᄅᆞᆯ 사ᄅᆞ자바 얽ᄆᆡ야 가져오거

11) '디다'와 '듣다'가 문법적인 기능만을 수행하여 피동을 나타내는 것에 관해서는 한재영(1984)를 참조할 것. 연결어미 '-아/어' 없이 '디다'와 '듣다'를 취하여 피동구문을 나타내는 동사들로는 '거디다, 눅디다, 뻐디다, 헤디다'와 '것듣다, ᄡᅳ듣다, 셥듣다, 헤듣다' 등이 있다. 어간과 바로 결합한 '디다'와 '듣다'의 예는 그 밖에도 여럿이 있으나, '떨어지다'라는 어휘적인 의미를 유지하고 있는 경우와는 구분이 되어야 할 것이다.

든 〈월석 11:30ㄴ〉

표면상으로 보아서는 '동사어간+동사어간'의 구성이라고 할 수 있는 위의 예 (8)은 각각 동사 '구틔우기다, ᄀᆞᄅᆞ미다, 드리비취다, 쥐주다, 사ᄅᆞ묻다, 사ᄅᆞ잡다'를 보이고 있다. 이들 동사가 복합동사 성립의 제 1 조건을 충족하는 것이어서, 선행요소와 후행요소들의 실질적인 의미가 반영되어 있는 것이라면 이들 동사의 구성성분들은 필수적인 것이고, 따라서 이들 동사의 구성성분들은 생략이 불가능하여야 한다. 필수적인 구성 요소라면 그들이 생략될 경우 문장의 성립 자체가 문제가 되어야 할 것이기 때문이다. 그러나 위의 예 (8)에 보이는 문장의 동사들은 선행요소가 생략된 경우에도 문장의 성립 자체에는 아무런 문제가 없다고 할 수 있다. 다음의 예 (8´)은 위의 예 (8)에 보인 동사의 선행 요소들을 생략하여 본 것이다.

(8´) 가. *어버이 □ 쓰디 □□□을 알고 우기디 아니ᄒᆞ니[12)]

나. *봆 녀름지ᅀᅵ란 다ᄅᆞᆫ 風俗ᄋᆞᆯ 親히 ᄒᆞ고 ᄒᆡ ᄃᆞ래 나모 ᄆᆡ야 ᄆᆡᇰᄀᆞ론 門의 잇노라

다. *변난 나래 창ᄶᅵ메 ᄒᆡ 비취어든 간돌완돌 ᄒᆞᄂᆞᆫ 드트리라

라. *舍衛國大臣須達이 가ᅀᆞ며러 쳔랴이 그지업고 布施ᄒᆞ기ᄅᆞᆯ 즐겨 艱難ᄒᆞ며 어엿븐 사ᄅᆞᄆᆞᆯ 주어 거리칠ᄊᆡ

마. *도ᄌᆞᆨ 罪 주ᄂᆞᆫ 法은 주겨 제 겨집 조쳐 묻더니 내 그저긔 됴ᄒᆞᆫ 瓔珞을 가졧다니

바. *脩羅ㅣ 보고 믈리ᄣᅩ치거든 즉자히 毗摩質多阿脩羅ᄅᆞᆯ 자바 얽ᄆᆡ야 가져오거든

위의 예 (8)에서의 선행요소가 생략된 (8´)의 예가 성립에 이상이 없다는 것은 생략된 성분들이 필수적인 것이 아니었음을 뜻하는 것이라고 할 수 있다. 뒤에서 다시 언급이 되겠지만, 단위문장에서의 필수적인 성분이라면 문장 자체에 아무런 손상이 없이 생략될 수 없기 때문이다.[13)] 서술어에 의미 내용을 보태나 필수적인 요소가 아닌 문장 성분은 바로 부사인 바, 예 (8)에서의 생략된 선행요소는 부사인 것이다. 다시 말하자면 '구틔우기다, ᄀᆞᄅᆞ미다, 드리비취다, 쥐주다, 사ᄅᆞ묻다, 사ᄅᆞ잡다'의 '구틔, ᄀᆞᄅᆞ, 드리, 쥐, 사ᄅᆞ, 사ᄅᆞ'는 '구틔다, ᄀᆞᄅᆞ다, 드리다, 쥐다, 사ᄅᆞ다' 등의 동사어간에서 파생된 부사로서 파생접미사 '-ø'를 취한 영파생의 경우를 보이는 예라 할 수 있다.[14)] 이들

12) 예문의 앞에 붙인 '*'표는 비문법적인 문장이라는 의미가 아니라 원전과는 거리가 있음을 뜻한다.

13) '단위문장'이란 하나의 서술어와 그가 취하는 논항이 이루는 최소단위의 문장을 뜻한다. 한재영(1996ㄱ)에서 취하였던 개념이다.

14) 이렇듯 선행요소를 부사로 보는 견해에 대해서는 심재기(1982:411)을 참조할 것. 그러나

이 파생부사라는 사실은 (8)의 예들이 이루고 있는 흐름 속에서 '구틔다, ᄀᆞᄅᆞ다, 드리다, 쥐다, 사ᄅᆞ다' 등으로 구성되는 단위문장들이 자연스럽지 못하다는 데에도 이유를 두고 있다.[15] 혹 예 (8)에 쓰인 '구틔, ᄀᆞᄅᆞ, 드리, 쥐, 사ᄅᆞ' 등의 의미가 '구틔다, ᄀᆞᄅᆞ다, 드리다, 쥐다, 사ᄅᆞ다' 등이 가지는 의미와 어느 정도 거리가 있다는 점을 들어 이들이 부사가 아니라 복합동사의 선행요소가 아닌가 하는 의문은 제기할 수도 있을 것이다. 복합동사의 구성 요소들은 그들이 가지고 있던 원래의 의미와는 어느 정도 거리를 가지고 있는 경우가 많기 때문이다. 그러나 이러한 거리, 특히 어기의 의미가 지극히 제한되는 현상은 파생의 일반적인 경향으로 볼 수 있어 오히려 예 (8)에 보인 동사들의 선행 요소들을 파생부사라고 보는 데에 대한 근거가 되는 것이라 할 수 있다.[16] 위에서 살핀 예 (8)을 통하여 상정할 수 있는 복합동사 성립의 또 다른 조건은 다음의 (9)와 같이 제시할 수 있다.

(9) 복합동사 성립의 제 2 조건(구성 요소 생략 불능 조건)
복합동사는 그를 구성하는 요소들의 실질적인 의미 반영으로 인하여 구성 요소의 생략이 불가능하여야 한다.

복합동사 성립의 제 1 조건과 제 2 조건, 즉 구성요소들의 의미 반영 조건과 생략 불능 조건이 '동사어간+동사어간'의 구성을 보이는 예들 가운데에서 복합동사를 가리는 필수적인 기준이 되는 것이라 할 것이나, 이들만으로 충분하다고 하기에는 아직 이른 편이라고 하겠다. 다음과 같은 예들이 또 다른 문제를 제기하고 있기 때문이다. 예 (10)을 보기로 하자.

(10) 가. 學ㅣ 道애 니르디 몯ᄒᆞ야셔 듣본 거슬 빗내여 ᄒᆞᆫ갓 혓근테 ᄂᆞᆯ란 말ᄉᆞᆷ으로 서르 이긔ᄂᆞᆫ 사ᄅᆞᄆᆞᆫ 〈선가 하:49ㄱ〉
나. 聖王이 ᄃᆞ외샤 各各 셜흔여슷 디위를 오ᄅᆞᄂᆞ리시니 그 ᄉᆞᅀᅵ예 시혹 仙人이 ᄃᆞ외시며 外道 六師ㅣ ᄃᆞ외시며 〈월석 1:20ㄴ〉

이선영(1992:15)에서는 다음에 살필 '듣보다, 오ᄅᆞᄂᆞ리다'와 같이 선후행요소가 대등한 관계를 이루는 구성을 들어 부사로 보는 견해에 부정적인 견해를 피력하고 있다. 뒤에 가서 다시 논의되겠지만, 본고에서는 이들을 진정한 복합동사로 보지는 않는다.

15) 선행요소를 부사로 보면서도 띄어쓰기를 하지 않은 이유는 자료 자체에 대한 어떠한 선입견도 배제하기 위한 조처이다.

16) '파생어에서 어기의 의미가 극히 제약'된다는 점에 대해서는 송철의(1989:제2장)을 참조할 것.

다. 그듸 이제 죽살 짜해 가ᄂᆞ니 기픈 셜우미 中腸애 迫切ᄒᆞ애라 〈두초 8:67ㄴ〉

위의 예 (10)은 각각 동사 '듣보다, 오ᄅᆞᄂᆞ리다, 죽살다'를 보인 것이다.[17] 기존의 논의들을 통하여 일반적으로 복합동사로 다루어진 예들이다. 나아가 '동사어간+동사어간'이라는 구성 방식을 보이는 것으로 중세국어의 복합동사 구성의 특징을 드러내는 것으로 간주되어 온 예들이라고 할 수 있다. 표면적으로는 본고에서 검토의 대상으로 삼고 있는 '동사어간+동사어간' 구성이라는 점이나, 앞서의 구성 요소의 의미 반영이라든가 구성 요소의 생략 불가능 조건과 같은 성립조건에 비추어 보아도 이들을 복합동사로 보는 데에는 아무런 문제가 없는 듯이 볼 수도 있다. 그러나 이들 동사를 아무런 의심없이 진정한 복합동사로 다루는 데에는 다소의 문제가 있다고 할 수 있다. 이들 동사의 선후행요소들을 각각 생략하여 본 다음의 예들을 보기로 하자.

(10´) 가. *學ㅣ 道애 니르디 몯ᄒᆞ야셔 드른 거슬 빗내여
나. *聖王이 ᄃᆞ외샤 各各 셜흔여슷 디위를 오ᄅᆞ시니
다. *그듸 이제 주글 짜해 가ᄂᆞ니 기픈 셜우미 中腸애 迫切ᄒᆞ애라

(10´´) 가. *學ㅣ 道애 니르디 몯ᄒᆞ야셔 본 거슬 빗내여
나. *聖王이 ᄃᆞ외샤 各各 셜흔여슷 디위를 ᄂᆞ리시니
다. *그듸 이제 살 짜해 가ᄂᆞ니 기픈 셜우미 中腸애 迫切ᄒᆞ애라

위에 보인 예 (10´)과 (10´´)은 예 (10)에서의 후행요소와 선행요소를 각각 생략하여 본 것이다. 문장을 구성하고 있던 요소가 생략되었음에도 문장의 성립 자체에는 문제가 없음을 알 수 있다.[18] 그러나 이러한 생략의 결과가 의미하는 내용이 앞서 살핀 예 (8)과 (8´)의 경우와 동일한 것이 아니라는 점은 자명하다고 하겠다. 예 (10)의 구성 요소들은 예 (10´)과 (10´´)에 보인 바와 같이 선후행요소가 각각 독립된 단위문장을 구성할 수 있으며, 따라서 예 (10)은 (10´)과 (10´´)의 문장이 동일 성분 생략 과정을 거쳐 결합한 것으로 이해할 수 있기 때문이다. 예 (10)에서의 동일 성분 생략이란 동사가 구성하는 논항 구조의 일치를 전제로 한다는 점에서 앞서 살핀 예 (8)과는 차이가 있다고 할 것이다.

이렇듯 구성요소들이 가지고 있는 의미가 아무런 손상이 없이 그대로 반영되어 있는

17) '죽살다'의 경우 '생사(生死)'를 뜻하는 명사 '죽사리'와는 구분이 필요하다.

18) 문장의 성립 가능성 또는 적법성과 의미의 차이와는 다르다는 점에 유의할 것.

'동사어간+동사어간' 구성의 경우도 진정한 복합동사의 범주에는 들지 못하는 것으로 볼 수 있는 바, 다음의 (11)을 복합동사 성립의 조건으로 추가할 수 있다.

(11) 복합동사 성립의 제 3 조건(새로운 의미 형성 조건)
복합동사가 가지는 의미는 그를 구성하는 요소들이 가지고 있는 일차적인 의미의 단순한 나열이 아니어야 한다.

위의 (11)에 보인 조건은 부사를 가려내기 위하여 제시하였던 (9)의 조건과도 무관하지 않은 셈이다. 의미적인 면에서 본다면, 선행요소가 부사인 예 (8)의 경우도 부사로서 가지고 있는 일차적인 의미와[19] 후행동사의 단순한 나열이라고 할 수 있는 것이기 때문이다. 복합동사에 대하여 위의 조건 (11)이 적용되어야 하는 이유는 복합동사의 성립이 어휘나 어휘적인 성분의 단순한 나열이 아니라 새로운 어휘의 창출이라는 데에 있다.

다음의 예 (12)도 (11)에 제시한 조건의 적용 대상이 된다. '여위ᄆᆞᄅᆞ다'와 '여위시들다'의 예로서, 선후행요소에 대하여 각각 단위문장을 상정할 수 있으며 상정된 단위문장들의 적법성에도 아무런 문제가 없다는 점에서 앞서 살핀 예 (10)의 경우와 다르지 않다고 할 수 있다. 하지만 위의 예 (10)에 보인 선후행요소들 사이에 논항구조는 일치하나 의미적으로는 거리가 있음에 반하여, 예 (12)의 '여위다, ᄆᆞᄅᆞ다, 시들다'는 유의관계에 있다는 점에서 차이가 있다. 유의관계에 있는 어휘를 다시 사용하여 전하고자 하는 내용을 강조하는 것으로 이해할 수 있다.

(12) 가. 샹녜 주으리며 목 ᄆᆞᆯ로매 困ᄒᆞ야 ᄲᅧ와 술쾌 여위ᄆᆞᆯ라 사라셔 알ᄑᆞᆫ 毒ᄋᆞᆯ 受ᄒᆞ다가 〈법화 2:164ㄴ〉
나. 天台寒山子ᄂᆞᆫ 양ᄌᆡ 여위시들오 뵈 오시 다 뻐러디고 봇거플로 곳갈ᄒᆞ고 〈남명 하:8ㄱ〉

그러나 살피고자 하는 대상 어휘들에 대한 조건 (9)와 (11)의 적용 구분이 어느 경우에나 선명한 것은 아니라고 할 수 있다. 경우에 따라서는 조건 (9)와 (11)의 적용이 모두 가능할 수도 있기 때문이다. 다음의 예들을 살펴보자.

19) 앞서 제 1 조건과 제 2 조건 등에서 이야기한 '실질적인 의미'가 비유와 어휘 해체의 경우까지 아우르는 것임에 반하여, 여기서 이야기하는 '일차적인 의미'는 개별 어휘가 가지는 사전적인 의미, 어휘적인 의미라고 하는 좁은 사용 범위를 갖는다.

(13) 가. ᄯᅩ 손텽의 나와 ᄒᆞᆫ디위 쉬오 머리 긁빗고 밧돕 다둠고 몸치와 ᄯᅩ 옷 닙고 〈번박 상:52ㄱ〉

나. 가마 긁싯고 가마예 블디더 덥거든 반잔만 촘기름 두워 〈번노 상:21ㄴ〉

다. 寂滅性ㅅ 가온ᄃᆡ 마시며 ᄃᆡᆨ머구믈 조차 思量 업스며 분별 업서 時流에 섯도다 〈남명 상:19ㄴ〉

위의 예 (13)은 각각 '긁빗다, 긁싯다, ᄃᆡᆨ먹다'의 예를 보인 것이다. 각각 '긁다'와 '빗다', '긁다'와 '싯다', 'ᄃᆡᆨ다'와 '먹다'의 어간이 결합한 것이라 할 수 있다. 예 (13)에 보인 동사들에 대해서는 크게 세 가지의 이해가능성이 열려 있다. 선행요소를 부사로 보는 것이 그 하나이며, 선후행요소를 각각 별개의 동사로 보는 것이 다른 하나이고, 선후행요소가 하나의 동작을 나타내는 동사 즉 복합동사라고 보는 것이 또 다른 하나이다. 문장의 의미 유지를 위해서는 후행요소의 생략이 어려운 반면에 선행요소의 생략은 그만큼 자유로울 수 있다는 점에 선행요소를 부사로 보는 근거를 둘 수 있다. 한편 선후행요소 각각이 구성하는 단위문장의 결합이라고 보아도 단위문장의 상정이 가능할 뿐만 아니라 공통 성분의 생략으로 인한 두 문장의 접속으로 이해할 수도 있다는 점에서 선후행요소를 각각 별개의 동사로 보는 근거를 찾을 수 있다.[20] 다른 한편으로는 예 (13)의 '긁빗다, 긁싯다, ᄃᆡᆨ먹다'가 각각 원전의 '梳, 刷, 喙'의 번역임을 들어 복합동사로 보아야 한다는 근거로 삼을 수도 있다. 어찌 보면 이들을 복합동사로 다루는 것이 가장 온당한 처리라고 할 수 있을 지도 모른다. 하지만 한문 원전과의 대비가 언제나 절대적인 근거가 되는 것은 아니라는 점에 유의할 필요가 있다. 서로 다른 두 언어 사이의 어휘 대응이 언제나 '1 대 1'의 관계를 유지하는 것은 아니며, 의역이 아닌 직역의 경우라고 하더라도 표현 효과를 높이기 위하여 직접 대응되는 어휘를 사용하지 않을 가능성은 얼마든지 있을 수 있기 때문이다. 그러나 이들을 복합동사로 보기 어려운 보다 큰 이유는 복합동사 성립의 제 3 조건 즉 새로운 의미 형성 조건을 충족시키지 못한다는 데에 있다. '긁빗다, 긁싯다, ᄃᆡᆨ먹다'가 가지고 있는 의미는 각각 '빗다', '싯다', '먹다'가 가지고 있는 일차적인 의미에서 벗어나지 못하고 있는 것이다.

지금까지 살핀 '동사어간+동사어간'의 구성을 보이는 용례들은 검토 결과 진정한 복합동사와는 상당한 거리가 있음을 알 수 있었다. 선후행요소가 각각 접사이거나 부사 또는 보조동사 구성을 이루거나 문장 접속의 양상을 드러내 보이고 있는 것이다. 앞서

---

20) 생략되는 공통 성분의 대상에는 두 문장이 공유하는 모든 요소가 포함된다. 따라서 시제나 서법, 대우 등을 나타내는 성분도 생략이 되는 것을 뜻한다. 그 경우에 필요하게 되는 접속어미의 존재는 다음 단계의 문제가 된다.

제시한 복합동사의 성립 조건이란 그들을 가려 진정한 복합동사를 걸러내기 위한 방편에 다름 아니라고 할 수 있다.

이제 다음 예들을 통하여 앞서 상정한 복합동사의 성립 조건에 부합되는 경우를 확인해 보기로 하자.

(14) 가. 情欲앳 이른 ᄆᆞᅀᆞ미 즐거ᄫᅳᅀᅡ ᄒᆞᄂᆞ니 나는 이제 시르미 기퍼 넘난 ᄆᆞᅀᆞ미 업수니 〈월석 2:5ㄱ,ㄴ〉

나. 대홰 대텽에 안쩌든 모든 앗보치들히 미믓고 줄 혀 좌녁 듕집븨 셧다가 차례로 올아가 〈이륜 31ㄱ〉

위의 예 (14)에 보인 '홍겹다' 정도의 의미를 지니는 '넘나다'와 '여미다, 옷매무새를 다듬다' 정도의 의미를 지니는 '미믓다'는 각각 '넘다'와 '나다', '미다'와 '믓다'의 어간이 결합하여 이루어진 것이다. '넘나다'와 '미믓다'가 보이는 양상은 각각 앞서 제시한 복합동사의 성립조건에 부합되는 것으로 보이기 때문이다. 복합동사의 선후행요소가 각각 가지고 있는 의미가 반영되어 있으며,[21] 선후행요소가 각각 단위문장을 구성하는 용례의 존재도 확인할 수 있다. 그렇지만 예 (14)의 '넘나다'와 '미믓다'에서 각각의 구성요소를 생략하는 경우에는 '넘나다'와 '미믓다'가 가지고 있는 의미가 그대로 유지될 수 없으며, '넘나다'와 '미믓다'가 가지고 있는 의미는 각각 '넘다'와 '나다', '매다'와 '묶다'라는 구체적인 동작의 수반을 반드시 필요로 하는 것은 아닌 것이다. 이는 '넘나다'와 '미믓다'가 취하는 논항이 '넘다'와 '나다', '매다'와 '묶다'가 취하는 논항과는 다르다는 것을 뜻하며, 이들이 서술어로서 논항들에 배당하는 의미역에도 차이가 있음을 뜻한다.[22] 다음의 (15)는 이와 같은 논항구조와 관련된 조건들과 앞서 제시한 조건들을 아우르는 내용이라고 할 수 있다.

(15) 복합동사 성립의 제 4 조건(단일 동사 조건)
복합동사는 통사적으로나 의미적으로나 새로운 하나의 동사로 기능하여야 한다.

---

21) 홍겨울 때나 옷깃을 여밀 때에 취하는 동작을 상기해 볼 것. 아울러 그러한 동작 자체가 필수적인 것이 아님도 기억할 것.

22) 현대국어를 대상으로 삼았다는 점에서 본고의 내용과는 다소 거리가 있으나, 김창섭(1996:91)에서는 '선행요소와 후행요소의 격자질이 동일할 경우 그 중 하나만이 계승되거나, 계승되지 못하는 경우도 있음'을 이야기하고 있다. 그 경우의 격자질은 표면격에 한하는 것으로 이해된다. 심층격 또는 의미역으로 관심의 내용을 달리할 경우에는 이해의 내용도 달라질 수 있을 것이다.

이러한 조건들은 '동사어간+동사어간' 구성을 보이는 예들 가운데에서 진정한 복합동사를 가리기 위한 조건들이라고 할 수 있는 것이다. 이들 조건에 대하여 제 1, 제 2와 같은 번호를 부여하였으나 그러한 번호가 그들 사이의 적용 우선 순위를 나타내는 것은 아니다. 단지 본고에서 제시된 순서를 나타내는 것일 뿐, 진정한 복합동사는 이들 모든 조건에 부합이 되어야 하는 것이기 때문이다.

2.2 앞에서 우리는 복합동사가 복합동사이기 위한 여러 가지 조건들을 살펴보았다. 조건들의 내용은 비교적 선명한 것이라 할 수 있으나, 실제적인 적용 과정에서는 몇 가지 점에 유의하여야 할 필요가 있다. 우선, 표면적인 모습이 동일하다고 하여 그들이 동일한 구성을 이루고 있다거나 동일한 의미 또는 기능을 행사하는 것으로 판단해서는 안 된다는 것이다. 다음의 예들을 보자.

(16) 가. 길헤 나겨시거늘 ᄒᆞᆫ 盲眼이 주으려 빌먹다가 王씌 가 ᄉᆞᆯᄫᆞᄃᆡ 〈월석 11:10ㄱ〉
나. 太子ㅣ 것ᄫᅡᅀᅵ ᄃᆞ외야 빌머거 사니다가 마초아 믿 나라해 도라오니 〈석보 24:51ㄴ,52ㄱ〉

위의 예 (16)은 '빌먹다'의 예를 보인 것이다. '빌다'와 '먹다'의 어간이 결합한 것이라는 점에서는 동일한 내용을 가지고 있는 것으로 볼 수 있으나, 그들의 의미 영역까지 동일한 것으로 보기는 어렵기 때문이다. (16가)의 '빌먹다'의 '먹다'가 그 의미를 유지하고 있는 정도에 비하여 (16나)의 '먹다'는 상당히 약화된 것으로 이해할 수 있는 것이다. (16가)의 '빌먹다'가 乞食의 의미를 가지는 것이라면, (16나)의 '빌먹다'는 求乞 정도로 볼 수 있는 것이다.[23] 이러한 이해의 태도가 온당한 것이라면, 선행요소가 부사어인 (16가)와 진정한 복합동사의 예로 들 수 있는 (16나)의 '빌먹다'는 구성 방식부터 다른 것이라 할 것이다. 선행요소 뒤에 어미 '-어'를 취하는 구성이 본고의 주된 관심 대상은 아니나, 다음의 예 (16′)에 보이는 '비러먹다'의 존재는 '빌먹다'의 이러한 다의성을 해소하기 위한 방편인 것으로 이해할 수 있다. 중세국어의 '비러먹다'는 다음의 예에서와 같이 乞食의 의미만을 가지고 있기 때문이다.[24]

---

23) 물론 이들이 동일한 의미 즉 乞食의 의미만을 가지는 것으로 이해할 수도 있을 것이다. 여기서는 그들이 동일한 의미를 가지는 경우보다는 상이한 의미를 가질 수 있다는 가능성에 보다 많은 관심을 둔 것이다.

24) '빌어먹다'가 비유적으로 쓰여 求乞의 의미까지 가지는 것은 현대국어의 경우이다. 이들 구성에 대한 이해 태도에 관해서는 심재기(1982:411-5)와 김창섭(1990:182) 등을 참조할 것.

(16′) 사ᄅᆞ미 제 옷 가온ᄃᆡ 如意珠ᄅᆞᆯ ᄆᆡ오 제 아디 몯ᄒᆞ야 他方애 窮露ᄒᆞ야 비러머거 ᄃᆞᆫ뇸 ᄀᆞᆮᄒᆞ니 〈능엄 4:62ㄴ〉

다음의 예 (17)과 (17′)은 복합동사를 살피면서 유의해야 할 또 다른 측면을 보여주고 있다. 현대국어적인 선입견을 배제할 필요가 있다는 것이 그것이다.

(17) 나그네 네 쉬라 내 문들 보ᅀᆞᆲ피고 자리라 〈번노 상:26ㄱ〉

(17′) 가. 네 네 나라히 니거든 ᄀᆞ장 나ᄅᆞᆯ 보ᅀᆞᆲ피쇼셔 우리 모다 홈ᄭᅴ 가새이다 〈번박 상:9ㄱ〉

나. 노인돌히 자거든 ᄒᆞᆫ 동모ᄒᆞ야 보ᅀᆞᆲ펴 ᄃᆡ후ᄒᆞ게 ᄒᆞ라 〈번노 하:46ㄱ〉

다. 의원 쳥ᄒᆞ야 약 ᄢᅧ 보ᅀᆞᆲ펴 고티며 아폼의 나조히 ᄢᅥ나디 말오 〈번노 하:47ㄱ〉

위의 (17)과 (17′)에 보이는 '보ᅀᆞᆲ피다'에서도 앞서의 '빌먹다'에서와 같이 내용을 달리하는 구성과 그에 따른 의미 차이를 찾아볼 수 있다. 그러나 현대국어의 '보살피다'가 가지고 있는 의미와 기능에 대한 정보가 접속 구성을 보이는 (17)과 같은 예에 대한 이해에 장애가 될 수도 있다는 점에서 현대국어에서의 의미나 기능에 대한 사전 지식은 접어둘 필요가 있다고 하겠다. 여기서 구체적인 예를 드는 번거로움은 피하려 하나, '더브살다, 돌보다, ᄡᅳ다둠다, 엿보다' 등을 살필 경우에도 보다 담백한 시각을 가질 필요가 있다는 점은 지적해 두기로 한다.

2.3 앞서 우리는 예 (16)과 (16′)의 '빌먹다'와 '비러먹다'를 통해서 동일한 구성요소가 '동사어간+동사어간' 구성과 '동사어간+-어+동사어간' 구성을 이루는 경우를 살핀 바 있다. 여기서는 잠시 그러한 경우 몇몇을 살피고 가기로 하자.

(18) 가. 世尊이 須達이 올 ᄄᆞᆯ 아ᄅᆞ시고 밧긔 나아 걷니더시니 須達이 ᄇᆞ라ᅀᆞᆸ고 〈석보 6:20ㄴ〉

나. 門의 나 기들올 거시 업스니 거러녀 自由호ᄆᆞᆯ 아로라 〈두초 22:1ㄴ〉

(19) 가. 집븨 두ᄆᆞ를 두ᄃᆡ ᄒᆞᆫ믈옷 나가면 ᄒᆞᆫᄆᆞ리 음식 아니 먹더니 〈이륜 31ㄴ〉

나. 부톄 석돌 사ᄅᆞ시고 나아가거시ᄂᆞᆯ 大愛道ㅣ 여러 할미 ᄃᆞ리고 부텨를 미조ᄍᆞᄫᅡ

동일한 선후행요소를 취하는 '동사어간+동사어간' 구성과 '동사어간+-어+동사어간' 구성의 예에 대해서는 뒤에서 다시 살피게 될 것이다.

〈월석 10:17ㄱ〉

(20) 가. 비츤 돌왜 돌엿고 주시ᄂᆞᆫ 거슨 金과 銀괘 나오ᄂᆞ니라 〈두초 11:01ㄴ〉

나. 그 ᄡᆞ리 드러 니ᄅᆞᆫ대 護彌長者ㅣ 나아오나ᄂᆞᆯ 婆羅門이 安否 묻고 〈석보 6:14ㄴ〉

(21) 가. 그리 ᄠᅳ데 마ᄌᆞ니 ᄂᆞᆯ뮈요매 關係ᄒᆞ고 篇ᄋᆞᆯ ᄆᆞᄌᆞ 지으니 〈두초 20:36ㄱ〉

나. 비록 다ᄅᆞ나 輕과 擧와ᄂᆞᆫ 이 ᄒᆞᆫ가지니 ᄂᆞ라뮈유믄 ᄃᆞᆷ디 아니ᄒᆞᆯᄊᆡ 〈능엄 8:71ㄱ〉

(22) 가. 論語에 ᄀᆞᆯ오ᄃᆡ 술윗 가온ᄃᆡ셔 돌보디 아니ᄒᆞ며 ᄲᆞᆯ온 말ᄉᆞᆷ을 아니ᄒᆞ며 親히 ᄀᆞᄅᆞ치디 아니ᄒᆞ더시다 〈소학 3:13ㄱ〉

나. 이믜셔 主人의 도라보ᄆᆞᆯ 니버실ᄉᆡ ᄂᆞᆯ개ᄅᆞᆯ 드러 외ᄅᆞ왼 亭子애 우놋다 〈두초 19:34ㄱ〉

(23) 가. 大衆 中에 七寶塔이 ᄯᅡ해셔 솟나아 虛空애 머므니 〈석보 11:16ㄴ〉

나. 多寶如來ㅅ 塔이 法華經 니르거든 드로려 ᄒᆞ신 젼ᄎᆞ로 ᄯᅡ해셔 소사나샤 讚歎ᄒᆞ야 니ᄅᆞ샤ᄃᆡ 〈법화 4:115ㄴ〉

(24) 가. ᄆᆡ햇 매ᄂᆞᆫ 두위텨 프를 엿보고 ᄆᆞ술햇 ᄇᆡᄂᆞᆫ 거스려 시내로 오ᄅᆞ놋다 〈두초 25:23ㄴ〉

나. 솔와 잣과 냇ᄂᆞᆫ 길헤 다시 여ᅀᅥ보아 五色 구루믜 ᄂᆞ로ᄆᆞᆯ 도로 보노라 〈두초 6:25ㄴ〉

(25) 가. ᄆᆞᅀᆞᆷ과 눈과ᄅᆞᆯ 브터 客塵ᄋᆞᆯ 조차 흘러 옮ᄃᆞᆫ뇨ᄆᆞᆯ 取호미 오라니 〈능엄 1:113ㄴ〉

나. ᄠᅳ들 브터셔 그를 지ᅀᅥ 漂蕩히 ᄃᆞᆫ뇨ᄆᆞᆯ 慰勞코 病을 아나셔 ᄌᆞ조 올마ᄃᆞᆫ니노라 〈두초 16:9ㄴ〉

위의 (18-25)의 예는 각각 '걷니다/거러니다,[25] 나가다/나아가다, 나오다/나아오다, ᄂᆞᆯ뮈다/ᄂᆞ라뮈다, 돌보다/도라보다, 솟나다/소사나다, 엿보다/여ᅀᅥ보다, 옮ᄃᆞᆫ니다/올마ᄃᆞᆫ니다'의 예를 보인 것이다. 앞서 우리는 '빌먹다'를 살피면서 '비러먹다'의 출현이 '빌먹다'가 가지고 있는 다의성을 해소하기 위한 방편인 것으로 이해한 바 있다. 그러나 그러한 이해 태도가 언제나 유효한 것은 아니라는 점에는 유의할 필요가 있다. 표면적인 구성 방식이 동일하거나 표면적으로 드러난 관계가 같아 보인다고 하더라도 개별 어휘들의 의미 관계는 그야말로 개별적인 것일 수 있기 때문이다. 우선 앞에서 제시한 바 있는 복합동사의 성립 조건에 비추어 볼 때 (18)~(25)의 예들은 진정한 복합동사와는 어느 정도 거리가 있음을 알 수 있다. 그들 사이의 기본적인 차이는 선행요소의 성격 차이 즉 선행요소가 파생부사인가 아니면 부사형인가의 차이라고 할 수 있다는 것이다. 이러한 이해 태도의 전형적인 예로 다음의 (26)을 들 수 있다.

25) '니다'의 문법화에 관해서는 이선영(1992:90-1)을 참조할 것.

(26) 가. 우리돌히 어리 迷惑ᄒᆞ야 毒藥올 그르 머구니 〈월석 17:17ㄴ〉
나. 乃終내 得디 몯ᄒᆞᄂᆞ니 어리여 迷惑ᄒᆞ야 邪曲올 信ᄒᆞ야 갓고로 볼씨 〈월석 9:57ㄴ〉

위의 예 (26)은 고유어인 '어리다'가 선행요소로 쓰이고 한자어인 '迷惑ᄒᆞ다'가 후행요소로 쓰인 예이다. 어기의 성격부터 차이를 보이고 있어 이 경우의 선행요소를 복합동사의 구성성분으로 보기는 어려운 것이다.

그러나 보다 자세히 살펴보면 미세한 차이들을 확인할 수도 있다. 예 (19)~(20)의 '나가다/나아가다, 나오다/나아오다'의 경우에 '나가다, 나오다'는 그 쓰임에 제약이 없으나 '나아가다, 나아오다'는 〔+인간〕이라고 하는 자질을 요구하는 것으로 보인다.[26] 또한 예 (22)의 '돌보다/도라보다'의 경우에는 다음의 예 (22′)에서처럼 '돌보다'가 복합동사로 쓰인 예도 보인다. '구걸'을 뜻하는 '빌먹다'의 존재와 양상을 같이 하는 것이다.

(22′) 아힛삐 서르 돌오던 사ᄅᆞ미 다ᄋᆞ니 宇宙에 이 人生이 ᄠᅳ도다 〈두초 24:47ㄴ〉[27]

2.4 '동사어간+동사어간'의 구성을 보이는 예들에 대한 복합동사 여부를 가리기 위한 기준으로 선후행요소 사이의 음운현상을 들기도 한다. 이선영(1992:8-13)에서 들고 있는 예들로는 다음의 (27)과 같은 예들이 있다.

(27) 가. ᄀᆞ다ᄃᆞᆷ다
나. 글탏다
다. 건나다, ᄃᆞᆫ니다, 만나다

위의 (27)에 보인 예들은 각각 선행요소 말음의 'ㄹ' 탈락(27가), 유기음화(27나), 비음화(27다)[28]와 같은 현상을 보이고 있다.[29] 이들 예에 국한하여 본다면 복합동사

26) 예외적인 경우의 예로는 소학언해의 다음 예 정도를 겨우 찾아볼 수 있을 뿐이다.
얼운의게 뫼셔 술먹을 시 술이 나아오나ᄃᆞᆫ 니러 尊노ᄒᆞᆫ 곧의 가 절ᄒᆞ고 받오ᄃᆡ 〈소학 2:62ㄱ〉

27) 현대국어의 '돌보다'와 같은 의미로 쓰인 것이다.
'돌보다'가 '돌오다'로 나타나는 것과 같은 경우의 예로는 '엿오다, 엿오다, 엿우다' 등으로도 나타나는 '엿보다'를 들 수 있다.

의 판별 기준 또는 성립 기준으로 음운 현상의 변화가 포함되어야 하는 것으로 이해할 수도 있을 것이다. 그러나 (27)에 든 동사들은 이선영(1992:8-13)에 소개된 예들 가운데 앞서 제시한 복합동사의 성립 기준에 부합되는 예들만을 취한 것이라는 점에 유의할 필요가 있다. 소개된 상당수의 예들이 진정한 복합동사와는 다소 거리를 두고 있다는 의미이다. 이는 음운 현상 자체는 복합동사의 판별 기준이 되기 어려움을 뜻한다.

음운 현상을 복합동사의 판별 기준으로 삼기 어렵다는 데에는 그만한 이유가 있다. 우선 동일한 환경이라고 하더라도 통사적인 복합동사의 경우에는 일어나지 않는 현상이 '동사어간+동사어간' 구성 즉 비통사적인 복합동사에서 일어난다는 것은 복합동사가 음운 현상을 초래하는 조건이 되는 것이 아님을 의미하는 것으로 보아야 하기 때문이다. 하지만 위의 (27)에 보인 음운 현상, 특히 'ㄹ' 탈락과 같은 현상이 나타나지 않는 '믈들다, 일삼다'와 같은 예와의 차이에 대해서는 생각해 볼 필요가 있다. 결국 음운론적인 환경에는 차이가 없으나 구성 요소의 성격에 차이가 있다는 점에서 그 까닭을 찾을 수밖에 없을 것이다. 중세국어 시기에 동사 어간이 유리되어 쓰이는 것이 상대적으로 자유로울 수 있었다고 하더라도, 자유로울 수 있었던 거의 마지막 시기라는 점과 문법적인 경계와 음운론적인 경계가 언제나 일치하는 것은 아니라는 점 따위가 그것이다. 이를테면 하나의 호흡 단위 안에 여러 개의 문법 단위가 들어 갈 수 있는 것과 같은 경우를 가리킨다. 다시 말하자면 '동사어간+동사어간' 구성을 보이는 예에서 선행요소가 접두사나 본동사일 경우는 물론 부사나 문접속의 한 구성 성분이라고 하더라도 동사 어간의 불안한 자유가 후행요소에 대한 의존가능성을 높인 것으로 볼 수 있다는 것이다.[30)]

본고에서 살피고자 한 '동사어간+동사어간' 구성을 보이는 예는 향가에서도 찾아 볼 수 있다. 표기 수단이 거칠며 자료의 절대량도 부족하고 그에 따라 아직 정확한 해독을 기다리고 있는 부분이 많기는 하지만, 아쉬운 대로 '동사어간+동사어간' 구성의 존재와 중세국어보다는 활발한 동사 어간의 유리성을 확인할 수 있는 것이다. 다음의 예 (28)이 그것이다.[31)]

---

28) 유기음화와는 달리 비음화는 수의적인 것이다.

29) 그 밖에 'ㅅ→ㅿ, ㅂ→ㅸ'의 경우를 보이는 'ᄡᅳᆯ다, 엿ᄫᅩ다'와 같은 예도 있으나 본고에서는 이들을 복합동사로 보지 않으므로 들지 않았다.

30) 중세국어 복합동사의 음운 현상을 언급하는 자리에서 성조에 대한 관심을 배제할 수는 없는 것이나, 본고의 주된 관심 대상인 '동사어간+동사어간'의 구성을 보이는 복합동사의 성조에 국한하여 본다면 따로 언급할 만한 내용이 없다. 어기의 성조가 복합동사를 이루고 나서도 그대로 유지되고 있기 때문이다. 물론 구성 방식을 달리하는 경우에는 성조형도 변화를 보인다. 따라서 복합동사의 성조에 관한 언급은 다음 자리로 미루기로 한다.

(28) 가. 白雲音逐于浮去隱安支下(흰 구룸 조초 뗘간 언저레) 〈讚耆婆郎歌〉
나. 夜入伊遊行如可(밤드리 노니다가) 〈處容歌〉
다. 一等沙隱賜以古只內乎叱等邪(ᄒᆞᄃᆞᆫᅀᅡ 숨기주쇼셔 ᄂᆞ리ᄂᆞ옷ᄃᆞ야) 〈禱千手觀音歌〉
라. 後句 達阿羅浮去伊叱等邪(아야 ᄃᆞ라라 뗘갯ᄃᆞ야) 〈彗星歌〉
마. 秋察尸不冬爾屋支墮米(ᄀᆞᄉᆞᆯ 안돌곰 ᄆᆞᄅᆞ디매) 〈怨歌〉
바. 一念惡中涌出去良(一念악히 솟나거라) 〈稱讚如來歌〉

이들 역시 모두가 복합동사인 것은 아니어서, 본고에서 제시한 기준에 따른 검증 과정을 거쳐야 할 것이나 중세국어의 그것과 거리를 두고 있는 예들을 찾아볼 수 있다. (28나,바)와 같은 예들은 중세국어에서도 찾아볼 수 있는 예이나, (28가,다,라,마)와 같은 경우는 중세국어에서라면 원전의 뒤에 든 해독 예에서와 같이 부사형어미 '-어'를 필요로 한다는 차이를 보이는 것이다. 향가가 부사형어미 '-어'를 표기하기 위하여 다음의 예 (29)에서와 같이 '良'자를 장만해 두고 있었다는 사실은 고대로 올라갈수록 동사어간의 유리 가능성이 그만큼 컸음을 시사하는 것이라고 할 수 있다.[32]

(29) 가. 他密只嫁良置古(ᄂᆞᆷ 그ᅀᅳᆨ 어러 두고) 〈薯童謠〉
나. 此矣彼矣浮良落尸葉如(이에 뎌에 ᄣᅥ러딜 닙ᄀᆞᆮ) 〈祭亡妹歌〉
다. 道修良待是古如(道 닷가 기드리고다) 〈祭亡妹歌〉
라. 向屋賜尸朋知良闊尸也(아ᅀᆞ실 번 아라 고티리여) 〈請佛住世歌〉

3.0 중세국어 복합동사의 구성 원리를 찾아보고자 하는 것이 본고의 출발점이었다. 복합동사를 이루는 다양한 구성 방식 가운데 본고에서는 주된 관심의 대상을 일단 '동사어간+동사어간' 구성을 보이는 경우로 한정하였다. 이러한 구성이 중세국어에서 상당히 생산적인 복합동사의 생성 방식이라는 통설의 내용을 확인하는 것으로부터 시작하여 복합동사 전반의 모습에 접근하기로 한 것이다. 논의를 진행하면서 일관되게 유지하려고 한 태도는 현대국어적인 선입견의 배제와 자료의 성격에 대한 꾸준한 관심이

---

31) 예에 보인 해독은 김완진(1980)에서 취한 것이다.

32) 부사형어미 '-어'를 나타내는 수단이 '良'에 국한된 것은 물론 아니다. 다음과 같은 예에서는 '다리+어+내+ㅁ+에'의 '리어'를 표기하기 위하여 '將來'를 취하고 있다.

煩惱熱留煎藏來出米(煩惱熱로 다려내매) 〈請轉法輪歌〉

었다.[33] 현대국어의 복합동사를 검증하는 데에 동원된 기준이나 방법을 취하지 않은 것은 직관의 적용이 가능한 언어와 불가능한 언어에 대한 이해의 태도에는 차이가 있을 수밖에 없음을 인정한 때문이다. 아울러 동일한 표면 형태를 가지고 있다고 하더라도 실제 문장 속에서의 쓰임에 따라 다른 기능을 하는, 그래서 다른 어휘 또는 다른 구성으로 보아야 한다는 사실도 늘 염두에 두었다.

이러한 태도를 바탕으로 삼은 본고의 실제적인 작업 과정은 다음과 같이 이루어졌다. 먼저 중세자료에 보이는 '동사어간+동사어간' 구성을 보이는 경우를 목록화하였다. 목록화하는 과정에서 선행요소와 후행요소 각각이 자료를 통하여 확인되는 경우로 범위를 한정하였다. 선행요소 '것ᄆᆞᄅᆞ'가 독립적으로 쓰인 예의 존재가 확인되지 않는 '것ᄆᆞᄅᆞ죽다'와 같은 예가 목록에서 빠지게 된 것은 그 때문이다. 본고의 뒤에 붙인 〈부록〉이 그 목록이다.

다음 작업은 복합동사는 통사적으로나 의미적으로나 새로운 하나의 동사이어야 한다는 다소 엄격한 기준을 상정한 뒤, 작성된 목록의 예들의 실제 출현 양상을 문장 단위에서 확인하는 것이었다. 진정한 복합동사를 가리기 위하여 제시한 조건 즉 '의미 반영 조건, 구성 요소 생략 불능 조건, 새로운 의미 형성 조건, 단일 동사 조건' 들의 적용 과정이 그것이었다. 그 과정에서 '동사어간+동사어간' 구성이 가지는 다양한 양상을 살필 수 있었다. 그 결과 '동사어간+동사어간' 구성을 보이는 상당수의 예들은 선후행 요소가 각각 부사이거나 접사 또는 보조용언임을 알 수 있었으며, 나아가 문장이 접속된 경우도 '동사어간+동사어간' 구성을 보임도 알 수 있었다. 복합동사의 구성 형식 즉 형성 과정에만 관심을 가질 경우 이러한 다양한 양상들은 하나로 묶일 수밖에 없을 것이나, 동사의 기능 즉 결과에 관심을 가진 뒤 진정한 복합동사가 가려지게 된 것이다. 문장을 검토의 대상으로 삼은 결과 동일한 구성요소로 구성된 동일한 형태라고 하더라도 문장 속에서의 쓰임에 따라 때로는 구로 때로는 복합동사로 기능한다는 점도 알 수 있었다.

동일한 태도와 기준을 가지고 '동사어간+동사어간' 구성과 '동사어간+-어+동사어간' 구성을 이루는 경우도 살펴보았다. '동사어간+-어+동사어간' 구성이 본고의 일차적인 관심 대상은 아니었으나 선후행요소가 동일한 '동사어간+동사어간' 구성과의 비교를 통하여 용법의 차이를 모색하기도 하였다. 끝으로 향가에서의 '동사어간+동사어

33) 중세 자료의 성격에 관한 본고에서의 관심은 논의 과정에서 제대로 반영이 되지 못한 셈이다. 두시언해와 같은 운문자료에서 '동사어간+동사어간' 구성을 보이는 용례의 출현 빈도가 보다 더 높을 것을 기대하였던 것이나, 개별 어휘를 다루는 경우의 빈도수가 가지는 의미 자체에 대한 회의가 그 부분에 대한 작업을 접어두도록 하였다.

간' 구성을 찾아본 것은 중세 이전의 시기로 올라갈수록 동사 어간이 유리되는 성향이 상대적으로 더 강하리라는 생각 때문이었으나 자료의 절대량이 적어 충분히 확인하지는 못한 셈이다. 다만 부사형어미로 쓰인 '良'자의 출현 양상으로 미루어 중세국어보다는 동사 어간의 유리 가능성이 높았던 것으로 짐작할 수 있었다.

3.1 '동사어간+동사어간' 구성만을 일차적인 검토의 대상으로 삼았으나, 본고에서의 논의가 중세국어 복합동사의 구성 원리를 밝히기 위한 기초가 될 수 있으리라고 기대한다. 본고에서 제시한 복합동사의 성립 조건들은 구성 형식을 달리하는 경우에 대해서도 유효하리라고 생각하기 때문이다.

다른 한편으로는 지금까지의 논의 결과를 통하여 복합동사와 관련된 기존 고어 사전의 표제항을 정리할 수 있는 근거를 마련하게 되었다는 점이라든가, 현대국어에서의 복합동사 형성 원리에 대한 이해의 또 다른 가능성을 보게 되었다는 점에서도 어느 정도의 의미를 찾을 수 있으리라고 생각한다. 또한 복합동사에 대한 온당한 인식으로 현행 한글맞춤법의 실제 운용 과정에서 혼동을 일으키기 쉬운 복합동사의 띄어쓰기 규정에 대한 보다 선명한 이해를 도모할 수 있을 것이다.

그러나 본고에서의 논의는 이제 시작에 불과한 것이라는 점만은 분명하다고 하겠다. 복합동사 전반을 살피는 것과는 여전히 상당한 거리를 두고 있을 뿐만 아니라, 검토 대상으로 삼은 범위에 대해서도 진정한 복합동사를 가리기에 급급하여 가려진 복합동사들에 대한 정밀한 검토도 제대로 할 수 없었기 때문이다. 개별 복합동사를 구성하는 요소들 사이의 어순 관계라든가, 어휘 하나하나가 독자적인 생명력을 가지고 있으며 그에 따라 독자적인 일생을 만들어 간다는 사실을 알고 있음에도 불구하고 복합동사들과 그들의 구성 성분들의 시대에 따른 변화 양상과 같은 문제들에 대해서도 적극적인 태도를 취하지 못하였던 것이다. 미처 다루지 못한 문제들과 미진한 부분들에 대한 보완 작업은 복합동사 전반에 대하여 보다 충실하게 살필 수 있는 자리로 잠시 미루기로 한다.

〈부록: '동사어간+동사어간' 구성 예〉

가도혀다	감ᄯᅩᆯ다	거느리치다	거두ᄡᅳᆯ다
가도힐후다	감ᄑᆞᄅᆞ다	거늘이치다	거두잡다
가ᄉᆞ며살다	값돌다	거두들다	거두주이다
감븕다	갑힐후다	거두불다	거두쥐다

거두티다
거두혀다
거둘다
거르ᄠᅱ다
건나다
건내ᄠᅱ다
건네ᄠᅱ다
건네ᄠᅧ다
건네티다
건니다
걷곶다
걷나가다
걷나ᄠᅱ다
걷내다
걷내ᄠᅱ다
걷니다
걸씨다
걸앉다
걸위혀다
검븕다
검어듭다
검프를다
것곶다
것듣다
것ᄆᆞᄅᆞ죽다
것비치다
것티다
겻니다
겻셔다
고ᄉᆞᄆᆡ다
고초드듸다
고티힐후다
구틔우기다
굳ᄇᆞᄅᆞ다

굳세다
굽힐후다
그리힐후다
그우니다
그우니다
그우리티다
그우리ᅘᅧ다
그치누르다
글탏다
글희듣다
긁빗기다
긁빗다
긁싯다
긁쥐다
긋누르다
긋듣다
긋버히다
기르크다
기울히짓다
깁누비다
깁보타다
깁보태다
깁수위다
깁스위다
ᄀᆞ다듬다
ᄀᆞᄃᆞ듬다
ᄀᆞ리둪다
ᄀᆞ리씨다
ᄀᆞ리ᄡᅳ다
ᄀᆞ리티다
ᄀᆞᄅᆞ디ᄅᆞ다
ᄀᆞᄅᆞ막다
ᄀᆞᆯ안초다
ᄀᆞᆯ이막다

ᄀᆞᆯᄒᆡ나다
ᄀᆞᆯᄒᆡ잡다
나들다
나ᄃᆞᆫ니다
나ᄃᆞᆮ다
나돌다
나ᅀᅩ믈리다
나알다
나오혀다
낫ᄃᆞᆮ다
내걷다
내ᄃᆞᆮ다
내밀다
내ᄆᆞᄅᆞ다
내ᄧᅩᆾ다
내살다
내쉬다
내쉬다
내조치다
내조치이다
내좇다
내티다
내티이다
내ᄠᅵᆨ다
너르듣다
넘걷다
넘나다
넘드듸다
넘ᄃᆞᆮ다
넘ᄢᅵ다
넘ᄡᅵ다
넚디다
녀가다
녀ᄃᆞ니다

녀ᄃᆞᆫ니다
노니다
노닐우다
놉ᄂᆞᆽ갑다
누리비리다
누웃굴다
눅놀다
눅자치다
느리혀다
니기알다
니ᄅᆞ혜다
닐뮈다
ᄂᆞ니다
ᄂᆞ리누르다
ᄂᆞ리니ᄅᆞ다
ᄂᆞ리드리오다
ᄂᆞ솟다
ᄂᆞᆯ뮈다
ᄂᆞᆯ붗다
ᄂᆞᆯ우치다
더브살다
더위자피다
더위잡다
덜티다
덥달다
덥수기다
도니다
도도내다
도ᄃᆞᆮ다
돌오다
됴쿶다
두겨시다
두계시다
두르힐후다

두위구우리다
두위눕다
두위드듸다
두위틀다
두위티다
두의걷다
두의틀다
둡덥다
드나ᄃᆞᆯ다
드놓다
드리니ᄅᆞ다
드리디우다
드리ᄃᆞᆮ다
드리비취다
드리쉬다
드리ᄎᆞ다
드리혀다
드리ᅘᅧ다
드위부치다
드위잇다
드위티다
드위혀다
드위힐우다
드위힐후다
드위ᅘᅧ다
듣보다
들오소다
들티다
들혀다
디ᄅᆞ저겨알ᄑᆞ다
디ᄅᆞ져기다
ᄃᆡ머기다
ᄃᆡ먹다
ᄃᆡ좇다

ᄃᆡ주리다
ᄃᆞᆫ니다
ᄃᆞᆮ건니다
ᄃᆞᆮ니다
ᄃᆞᆮ디르다
ᄃᆞᆮ디ᄅᆞ다
ᄃᆞᆯ이니다
막딜이다
막ᄌᆞᄅᆞ다
맛나다
맛닐다
맛ᄃᆞᆮ다
맛보다
맞나다
메지다
모도디니다
모도자피다
모도잡다
모도혀다
몬ᄃᆞᆮ다
무롭쓰다
무루쓰다
무룹스다
묻ᄀᆞᆲ다
묻딜이다
뭇샇다
므너흘다
므르걷다
므르고으다
므르글히다
므르ᄀᆞᆯ다
므르녹다
므르닉다
므르듣다

므르딯다
므르ᄃᆞᆮ다
므르십다
믈러가다
믈리걷다
믈리굽다
믈리그울다
믈리받다
믈리ᄇᆞᆮ다
믈리조치다
믈리좇다
믈리좇다
믈헐다
미존다
미좇다
밀힐후다
밀ᅘᅧ다
ᄆᆞᄅᆞ서흘다
ᄆᆞᄅᆞ써흘다
ᄆᆞᆯ갌다
ᄆᆞᆰ안초다
ᄆᆡ뭇다
ᄆᆡ믓다
ᄆᆡ얼키다
ᄆᆡ얽다
바ᄅᆞᄠᅳ다
받내다
받들다
벅좇다
번드듸다
번디ᄅᆞ다
벗드듸다
베믈다
베서흘다

베티다
보ᄇᆡ호다
보ᅀᆞᆸ피다
봄노솟다
봇닰다
부슷그리다
뷔듣니다
브르돋다
브르ᄠᅳ다
브르쥐다
브르트다
브르티다
브ᅀᅳᄀᆞᆯ다
브ᅀᅳ딯다
브ᅀᅳ왜다
브ᅀᅳ티다
브티들이다
브티ᄃᆞᇰ기다
브티안다
븓들다
븓들이다
븓ᄃᆞᆮ다
븓ᄃᆞᇰ기다
븓ᄃᆞᇰ기이다
븓잡다
븓좇다
븓질긔다
비리누르다
비리누리다
빌먹다
빌ᄢᅮ다
빗거스리다
ᄇᆞᄅᆞ좇다
ᄇᆞᅀᆞᄀᆞᆯ다

ᄇᆞᅀᆞᄲᅳᇂ다
ᄇᆞᅀᆞ티다
ᄇᆞᆮᄃᆞᆯ이다
ᄇᆞᆮᄃᆞᆼ긔다
ᄇᆞᆮᄃᆞᆼᄀᆡ다
ᄇᆞᆯᄠᅳ듸다
ᄇᆞᆲ드듸다
ᄠᅥ내다
ᄠᅥᄂᆞ리다
ᄠᅥ오ᄅᆞ다
ᄠᅧᆯ티다
ᄠᅦᅘᅧ주다
ᄠᅱ놀다
ᄠᅳᆮ듣다
ᄠᅳᆮ들이다
ᄡᅡᄆᆡ다
ᄡᅳ설다
ᄢᅦ듧다
ᄢᅦ불다
ᄢᅦᄉᆞᄆᆞᆾ다
ᄢᅦ알다
ᄢᅵ들다
ᄧᅩᆺ니다
ᄣᅵ티다
ᄣᅵ혀다
ᄢᅱ놀다
사니다
사ᄅᆞ묻다
사ᄅᆞ잡다
서느서늘하다
석배다
섯겯다
섯느리다
섯닐다

섯둪다
섯듣다
섯디르다
섯ᄃᆞᆫ니다
섯ᄃᆞᆮ다
섯ᄆᆞᆮ다
섯ᄆᆡ다
섯ᄆᆡᆽ다
섯박다
섯배다
섯버믈다
섯알ᄑᆞ다
섯얽다
솟긇다
솟나다
솟ᄃᆞᆮ다
슬믜다
슬ᄐᆞᆶ다
ᄉᆞᆺ므르다
ᄉᆞᆺ봇다
ᄉᆡ서늘ᄒᆞ다
시붓다
십두드리다
싯봇기다
ᄉᆞᄆᆞᆺ보다
ᄉᆞᄆᆞᆺ알다
ᄉᆞᄆᆞᇫ알다
ᄉᆞᄆᆞᆾ보다
ᄉᆞᄆᆞᆾ알다
ᄉᆡ자리다
ᄡᅰ나들다
ᄡᅵᄃᆞᆮ다
ᄡᅵ티다
ᄡᅢ혀다

ᄡᅢᅘᅧ내다
ᄡᅢᅘᅧ다
ᄡᅧᆸ듣다
ᄡᅧᆯ먹다
알슳다
어르ᄆᆞᆫ지다
어리미혹하다
어위크다
어흐리들다
얻니다
얽머훌다
얽ᄆᆡ다
얽ᄆᆡ이다
얽ᄆᆡᅇᅵ다
업더리티다
업더리혀다
업듣다
업ᄃᆞᆯ다
업티다
에돌다
여위ᄆᆞᄅᆞ다
여위시들다
열티다
엿보다
여ᇫ보다
영노술갑다
오ᄅᆞᄂᆞ리다
옮기힐후다
옮ᄃᆞᆫ니다
옮ᄃᆞᆮ니다
옴기힐후다
외ᄑᆞ다
우기누르다
우니다

우르적시다
이르ᄉᆞᆲ다
이ᄅᆞᄉᆞᆲ다
이싯다
이우시들다
잡가티다
잡그ᇫ이다
잡달호다
잡들다
잡주이다
잡쥐다
조리혀다
좇드듸다
좇블다
주므르다
죽배다
죽살다
ᄌᆞᆺᄆᆡ다
쥐믈으다
쥐주다
즈르드듸다
즈르들다
지내다
지즐앉다
질긔굳다
ᄌᆞ라나다
ᄌᆞᄆᆞ디르다
ᄌᆞᆷ들다
추들다
ᄎᆡ드듸다
ᄎᆡᄃᆞᆮ다
ᄎᆡ틔다
치잡다
티받다

티티다	ᄑᆞᄂᆞ외다	하솟그리다	하쇼ᄶᅥ리다
하숫그리다	헤ᄃᆞᆫ니다	헤티다	흐나므라다
하슷그리다	헤ᄃᆞᆮ니다	헤혀다	흐르니다
헐믓다	헤ᄃᆞᆮ다	헤ᅘᅧ다	흘리마시다
헐ᄡᅳ리다	헤므르다	헤ᄃᆞᆮ다	ᄒᆞ놀이다
헤듣다	헤ᄡᅳ리다	횟도니다	ᄒᆞ니다
헤디ᄅᆞ다	헤잇다	혹뎍다	ᄒᆞ저즐다
헤딜다	헤젓다	후리티다	

02. 어간교체형의 변화 양상

1.0 국어에는 체언이나 용언의 어간 형태가 어디에, 무엇과 함께 나타나느냐에 따라 그 모습을 달리하는 경우가 있다. 이를테면, '없다'가 경우에 따라 '없으니〔업스니〕, 없고〔업꼬〕, 없는데〔엄는데〕'에서와 같이 '없', '업' 또는 '엄' 등으로 실현되는 것이라든가 '흙'이 '흙이나〔흘기나〕, 흙도〔흑또〕, 흙만〔흥만〕'에서와 같이 '흙', '흑' 또는 '흥' 등으로 실현되는 것들이 그것이다. 하나의 형태가 나타나는 환경에 따라 이와 같이 모습을 달리하는 현상을 교체라 하고, 여러 가지 교체형들 하나하나를 일러 이형태라 하거니와 여기서는 어간의 교체양상 전반을 살펴보는 데에 일차적인 목적을 두기로 한다. 어간의 교체 양상 전반이라는 표현을 취한 것은 통시적인 것으로 개별 형태들의 공시적인 교체 양상이 아니라 개별 형태들의 공시적인 교체 양상들로 구성된 그들의 변화 양상을 나타내기 위함이다. 다시 말하자면 현대국어에 보이는 어간 형태의 교체 양상이 있기까지 어떠한 과정이 있었고, 현대에는 보이지 않는 이전 단계의 교체 양상은 어떠한 과정을 거쳐 사라지게 되었으며, 그러한 과정들을 통하여 찾아볼 수 있는 변화 양상의 방향이라든가 공통적인 특징들에는 어떠한 것들이 있는지와 같은 문제들에 대하여 관심을 가지려는 것이다.

1.1 그를 위하여 교체의 종류에 대하여 알아보고 갈 필요가 있다. 우리가 살피게 될 어간의 교체 양상을 그 성격에 따라 정리하기 위해서도 유용할 것이기 때문이다. 교체는 그가 이루어지는 조건에 따라 자동적 교체와 비자동적 교체라든가 규칙적인 교체와 불규칙적인 교체, 음운론적으로 조건된 교체와 형태론적으로 조건된 교체 또는 조건교체와 자유교체 등으로 구분한다.

먼저 자동적 교체는 그러한 교체가 일어나지 않는다면 그 언어의 음운 패턴을 어기게 되는 교체를 말한다. 위에서 본 '없고, 흙도'와 같은 예에서 'ㅅ'과 'ㄹ'이 탈락하지 않으면 모음과 모음 사이에서 자음이 셋 이상 발음될 수 없다는 음운 규칙에서 벗어나게 되는 것이다. 또한 '없는데', '흙만'의 경우에는 'ㅅ'과 'ㄹ'이 탈락하여 '업는데'와 '흑만'이 되나 국어의 음운규칙에 따르면 'ㄱ'이나 'ㅂ'과 같은 폐쇄음이 'ㄴ'이나 'ㅁ'과 같은 순음 앞에 올 수 없으므로 순음으로 동화되어 '엄는데'와 '홍만'으로 된다. 자동적인 교체의 예가 되는 것이다. 그러나 국어의 교체 현상들 가운데에는 이렇듯 음운 현상만으로 설명되지는 않는 예들이 있음을 보게 된다. 이를테면 동사 '듣다'의 경우에 '듣더라'와 '들어라'에서 보듯이 어간 말음 'ㄷ'이 모음 앞에서 '듣'과 '들'로 모습을 바꾸어 나타남을 볼 수 있는데 이러한 현상이 '듣어라'와 같은 형태의 성립이 불가능하기 때문은 아닌 것이다. '굳다'나 '얻다'와 같은 예들이 아무런 무리 없이 '굳어라', '얻어라'로 실현되는 것에 비추어 '듣다'의 '들어라'는 비자동적인 교체의 예가 되는 것이다. '듣다'의 '듣-' 이외에도 이러한 비자동적인 교체의 예들로는 '걷-, 묻-, 긷-, 깨닫-, 내닫-, 일컫-, 치닫-'과 같은 경우를 들 수 있다.

교체를 달리 규칙적인 교체와 불규칙적인 교체로 분류하기도 한다. 동일한 환경에서라면 언제나 동일한 방식의 교체가 일어난다면 규칙적인 교체이며, 동일한 환경인데도 불구하고 다른 방식의 교체가 일어난다면 불규칙적인 교체이다. 앞서 살핀 자동적인 교체는 규칙적인 교체라 할 수 있지만, 비자동적 교체라 하여 모두 불규칙적인 교체인 것은 아니다. 비자동적인 교체 가운데에는 선행 어간 말음이 자음이냐 모음이냐에 의해 선택이 결정되는 조사나 어미처럼 규칙적인 교체도 있지만, '듣다, 짓다'의 '듣-, 짓-'처럼 불규칙적인 교체도 있다. 국어의 불규칙 활용은 이 불규칙 교체의 전형적인 예라 할 수 있다. 이렇듯 교체의 양상이 불규칙하여 그 교체가 음운론적으로는 설명이 되지 않는 교체를 달리 형태적으로 조건된 교체라 부르기도 한다. 형태론적으로 조건된 교체는 모두 비자동적 교체이다. 그와는 대조적으로 자동적인 교체에서와 같이 이형태의 선택 조건이 음운론적으로 설명되는 경우에는 음운론적으로 조건된 교체라 한다. 형태론적으로 조건된 교체가 모두 비자동적 교체인 것과는 달리, 음운론적으로 조건된 교체 중에는 자동적 교체도 있지만 비자동적 교체도 있음에 대해서는 앞서 살핀 바 있다. 하지만, 자동적 교체는 모두 음운적으로 조건된 교체이다. 자동적 교체는 그 언어의 음운 구조와 그 규칙에 의하여 일어나는 교체이기 때문이다.

지금까지 이야기한 교체의 양상이 모종의 조건에 의한 조건 교체라면, 그와는 달리 특정한 조건없이 화자의 임의로운 선택에 의하여 결정되는 교체 양상도 있다. 자유 교체라고 이름지을 수 있는 것이 그것이다. 목적격 조사 '을'과 '를'의 선택은 선행체언의 말음이 자음이냐 모음이냐에 따른 조건 교체에 의한 것이라 하겠으나, 선행체언의 말음이 모음일 때 나타날 수 있는 또다른 이형태인 'ㄹ'의 선택은 온전히 화자의 선택 여부에 따른 것이라는 점에서 'ㄹ'과 '를'의 교체는 자유 교체라 할 수 있는 것이다. 이제 이들 여러 가지 교체의 역사적인 양상을 구체적인 예들을 통하여 차례로 살펴보기로 하자.

2.0 교체의 여러 가지 양상을 살피기 위해서는 그들을 성격에 따라 몇 가지로 나누어 보는 것이 효율적일 수 있다. 그를 위하여 여기서는 먼저 용언과 체언의 교체 양상으로 나누고 그들은 다시 규칙적인 교체와 불규칙적인 교체로 구분하기로 한다. 이들은 다시 어간의 말음이 자음 혹은 모음인지의 여부라든가 해당 어간이 가지고 있는 형태적인 정보와 같은 개별 특성에 따라 가르기로 한다.

2.1 용언의 규칙적인 교체

1) 자음어간

자음을 말음으로 가지고 있는 용언 어간의 규칙적인 교체 양상은 크게 두 가지 원칙으로 정리할 수 있다. 그 하나는 모음 사이에 올 수 있는 자음 수효의 제약에 의한 것이고, 다른 하나는 음절말 자음의 중화에 의한 것이다. 이들 가운데 모음 사이에 올 수 있는 자음의 수효 제약이라는 원칙은 역사적으로 볼 때 변함이 거의 없었다고 할 수 있지만,[1] 음절말 자음의 중화라는 원칙은 각 시기별로 음절말 자음의 수에 차이가 있다는 점에서 어간 교체형의 변화 양상에 영향을 주었다고 할 수 있다. 음절말에 8개의 자음을 가지는 중세국어와 7개를 가지는 현대국어 사이를 보더라도 'ㅅ'이 'ㄷ'으로 중화된 변화를 찾아볼 수 있는 것이다. 다시 말하자면 중세국어에서 'ㅅ'이 어간 말음으로 오는 경우에, 중세국어의 'ㅅ'은 'ㅅ'을 유지하나 현대국어의 'ㅅ'은 'ㄷ'으로 중화된다는 것이다. 그와 같은 내용이 단지 표면적인 'ㅅ'에만 국한되는 것이 아님은 물론이다. 뒤의 (4)와 (4´)에서 구체적인 예들을 보게 될 것이다. 먼저 현대국어에 이르기까지 교체 양상이 동일한 경우를 살피기로 하자.

(1) 가. 셜ᄫᅳᆫ 잀 中에도 離別 ᄀᆞᄐᆞ니 업스니 일로 혜여보건덴 므슴 慈悲 겨시거뇨 〈석보 6:6ㄱ〉

나. 나ᄂᆞᆫ 어버ᅀᅵ 여희오 ᄂᆞᄆᆡ 그에 브터 사로ᄃᆡ 우리 어ᅀᅵ 아ᄃᆞ리 외ᄅᆞᆸ고 입게 ᄃᆞ외야 〈석보 6:5ㄱ〉

다. 耶輸ㅣ 그 긔별 드르시고 羅睺羅 더브러 노ᄑᆞᆫ 樓 우희 오ᄅᆞ시고 〈석보 6:2ㄴ〉

(1´) 가. 우리 어ᅀᅵ 아ᄃᆞ리 외ᄅᆞᆸ고 입게 ᄃᆞ외야 人生 즐거ᄫᅳᆫ ᄠᅳ디 업고 주구믈 기드리노니 〈석보 6;5ㄱ〉

나. 비느레 혀근 벌에 잇ᄂᆞᆫ 苦와 더ᄫᅳᆫ 몰애 모매 븓ᄂᆞᆫ 苦왜라 〈석보 13:8ㄱ〉

---

1) 역사적으로 볼 때의 어두자음군의 존재 여부에 관한 우리의 태도 표명은 유보하기로 한다.

다. 舍衛國 中에 뭇 벼슬 놉고 가ᅀᆞ며루미 이 나라해 그듸 ᄀᆞᄐᆞ니 〈석보 6:15ㄱ〉

위의 예 (1가,나,다)는 '없다, 븥다, 높다'가 모음이나 매개 모음 앞에서 어간의 말음이 실현된 경우를 보인 것이고, (1′가,나,다)는 어간의 말음 'ㅄ'에서 'ㅅ'이 탈락된 경우와 어간 말음 'ㅌ'과 'ㅍ'이 각각 'ㄷ'과 'ㅂ'으로 중화된 경우의 교체 양상을 보인 것이다. 구체적인 어휘 목록에서는 다소 차이를 보이지만, 이러한 경우의 교체 양상 자체는 현대국어의 그것과 다르지 않다.[2] 다음의 (2)는 중세국어에서 찾아볼 수 있는 'ㅌ→ㄷ, ㅍ→ㅂ'의 예들의 몇몇을 보인 것이다.

(2) 가. 긑-(遺), 낱-(現), 녙-(淺), 밭-(唾), 부릍-(胝), 비밭-(吐), 헡-(散), 흩-(散)
  나. 갚-(報), 깊-(深), 둪-(覆), 딮-(杖)

다음에 살필 (3)과 (3′), (4)와 (4′)은 규칙적인 교체 양상을 보이나 현대국어에서는 찾아볼 수 없는 예들을 소개한 것이다.

(3) 네 겨지비 고ᄫᆞ니여 對答ᄒᆞᅀᆞᄫᅩᄃᆡ 고ᄫᆞ니이다 〈월석 7:10ㄴ〉
(3′) ᄒᆞᆫ 婬女ㅣ 잇거늘 迦尸國王이 곱다 듣고 惑心ᄋᆞᆯ 내야 〈월석 7:14ㄴ〉
(4) 가. ᄒᆞᆫ녀ᄀᆞ론 깃거 구쳐 니러 절ᄒᆞ시고 안ᄌᆞ쇼셔 ᄒᆞ시고 〈석보 6:3ㄱ〉
  나. 곧 이젯 늘그니는 새 말ᄉᆞ미 업스니 들긇 그텟 목 움츤 鯿魚ᄅᆞᆯ ᄉᆞᆨ절업시 낫가 먹놋다 〈두언 16:14ㄱ〉
  다. 諸佛도 出家ᄒᆞ샤ᅀᅡ 道理ᄅᆞᆯ 닷ᄀᆞ시ᄂᆞ니 나도 그리 호리라 ᄒᆞ고 〈석보 6:12ㄱ〉
  라. 麗運이 衰ᄒᆞ거든 나라ᄒᆞᆯ 맛ᄃᆞ시릴ᄊᆡ 東海ㅅ ᄀᆞᅀᅵ 져재 ᄀᆞᆮᄒᆞ니 〈용가 6〉
  마. 座애셔 니러 부텻 알ᄑᆡ 나ᅀᅡ 드르샤 禮數ᄒᆞᅀᆞᆸ고 合掌ᄒᆞ야 ᄉᆞᆯᄫᆞ샤ᄃᆡ 〈석보 11:17ㄱ〉
  바. 이 命終ᄒᆞᆫ 사ᄅᆞ미 殃孽에 버므러 對ᄒᆞ야 마초 ᄢᅧ 됴ᄒᆞᆫ ᄯᅡ해 느지 나게 ᄒᆞ리니 〈월석 21:106ㄱ〉
  사. 萬物로셔 도ᄅᆞᅘᅧ 비취샤 아니 ᄉᆞᄆᆞᆺ촌 ᄃᆡ 업스샤ᄆᆞᆯ 圓通이시다 ᄒᆞᄂᆞ니 〈석보 21:19ㄱ〉
(4′) 가. 올ᄒᆞᆫ 녀그로 세 ᄇᆞᆯ 값도ᅀᆞᆸ고 ᄒᆞᆫ 녀긔 앉거늘 그제ᅀᅡ 須達이 ᄉᆞᆯ우ᅀᆞᄫᅡ 〈석보 6:21ㄱ〉

---

2) 표기형과 음성실현형 사이의 차이에 유의할 것. 중세국어 자료의 대부분이 취하고 있는 표기법은 음소적 원리에 근거한 것인 반면에, 현대의 '한글 맞춤법'이 취하고 있는 원리는 형태음소적인 것임을 기억할 필요가 있다.

나. 입시우리 드리디 아니ᄒᆞ며 윮디 아니ᄒᆞ며 디드디 아니ᄒᆞ며 헐믓디 아니ᄒᆞ며 〈석보 19:7ㄱ〉

다. 夫人과 두 아ᄃᆞᆯ와 眷屬ᄃᆞᆯ콰로 佛法 中에 出家ᄒᆞ야 道理 닷더라 〈석보 21:43ㄴ〉

라. 佛子ㅣ ᄃᆞ외야 부텻 이ᄅᆞᆯ 맛ᄂᆞ니 이 十住始終ㅅ 次第라 〈능엄 8:28ㄴ〉

마. 百足ᄋᆞᆫ 일후미 蚿이니 蠍의 類니 발 하ᄃᆡ 녀믈 낫디 몯ᄒᆞ고 〈법화 2:109ㄱ〉

바. ᄯᅩ ᄲᆞᄅᆞ도 아니ᄒᆞ며 ᄂᆞᆺ도 아니ᄒᆞ야 話頭ᄅᆞᆯ 擧하야 〈몽산 7ㄱ〉

사. 螺ᄂᆞᆫ ᄒᆞᆫ 소리로 다 ᄉᆞᄆᆞᆺ고 부픈 한 사ᄅᆞᄆᆞᆯ 出令ᄒᆞ고 〈석보 13:26ㄴ〉

위의 (3)은 어간 말음으로 'ㅸ'을 가지고 있는 예를 보인 것이며, (4)는 음절말 위치에서 'ㅅ'을 가지고 있는 예들을 보인 것들로 현대국어에서는 그와 같은 양상을 찾아볼 수 없는 예들이다. 예 (3)의 '곱-'은 'ㅸ'을 어간 말음으로 가지고 있어, 'ㅸ'이 'β>ω'로의 변화 과정을 거치는 것과 함께 교체의 양상도 달라지게 된 것이다.[3] 그와 같은 교체의 범주에는 현대국어에서 어간말음이 'ㄼ'으로 바뀐 '엷다(薄), ᄇᆞᆲ다(踏)'와 같은 예들도 속한다. 예 (4)도 현대국어에 와서는 그 교체 양상을 달리하게 된 예들을 보인 것이다. 음절말에 실현되던 'ㅅ'이 'ㄷ'으로 중화됨에 따라 교체의 양상도 달라지게 된 예들을 같은 자리에 모은 것이다. 중세국어에서의 어간 말음 'ㄵ, ㄶ, ㅺ, ㅼ, ㅿ, ㅈ, ㅊ'이 각각 'ㄳ, ㅄ, ㅅ' 등으로 교체됨을 알 수 있다. 그러나 그와 같은 관찰은 피상적인 것임에 유의할 필요가 있다. (4)와 (4´)에 보인 예들은 그 내용을 조금씩 달리하고 있기 때문이다. 먼저 (4가)의 '앉다'는 다음의 (4가´)과 같은 예를 가지고 있음을 기억해야 한다.

(4) 가´. 쥬의 坊의 가 안ᄶᅥ나 셔거나 아니한 ᄉᆞᅀᅵᄅᆞᆯ 드러도 〈석보 19:5ㄴ〉

이는 'ㄵ'이 (4가)와 같이 표기되었다고 하더라도 그 경우의 'ㅅ'은 된소리표기를 위한 것으로 이해하는 것이 온당한 것임을 보인다. 'ㄶ'이 'ㅄ'으로 되어진 것도 같은 맥락 속에서 이해되어야 한다. (4다,라)에 보인 '닭다, 맜다'의 경우는 'ㅺ, ㅼ'이 'ㅅ'으로 교체된 것이기는 하나, 교체의 조건이 중화가 아니라 모음 사이의 자음 제약이라는 점에서 차이가 있는 것이다. 그 밖의 예들은 음절말 위치에 'ㅅ'으로 중화된 예들이다. 현대국어에서라면 모두 'ㄷ'으로 중화되어야 할 예들인 것이다. 참고로 (4)와 (4´)의 교체

3) 'ㅸ'의 'β>ω'로의 변화 과정에 대해서는 김완진(1972)를 참조할 것. 물론 다른 해석가능성도 있다. 어간 말음을 'ㅸ'이 아니라 'ㅂ'으로 보고, 'ㅂ→ㅸ'으로 교체된다고 보는 것이다. 우리의 논의가 취하는 태도와는 상반된 접근 방식이기는 하지만, 이러한 예들에 대하여 교체형이 아니라 별개의 어휘로 다루는 태도로 있을 수 있다.

양상을 보이는 용언의 예들 가운데 몇몇을 다음의 (5)에 소개한다.

(5) 가. 여ᇇ-(揚)
　나. 가ᇧ-(削), 거ᇧ-(折), 겨ᇧ-(經), 기ᇧ-(喜), ᄀᆞᇧ-(勞), 무ᇧ-(束), 보ᇧ-(焦煎), 비ᇧ-(斜), 서ᇧ-(混), 여ᇧ-(編)
　다. 니ᇫ-(繼), ᄃᆞᇫ-(愛), 브ᇫ-(注), 아ᇫ-(奪), 우ᇫ-(笑), 조ᇫ-(稽), 주ᇫ-(拾), 지ᇫ-(作)
　라. ᄀᆞᆽ-(備), 닞-(忘), 맞-(逢), 멎-(惡), ᄠᅳᆽ-(裂), ᄡᅳᆽ-(洗), 젖-(濕), ᄌᆞᆽ-(頻), ᄎᆞᆽ-(尋)
　마. 그릋-(違), 긏-(定), 뉘읓-(悔), 미ᄌᆞᆾ-(尾終), 및-(及), ᄆᆞᆾ-(終), ᄇᆞᆾ-(扇), ᄌᆞᆾ-(隨)

다음으로 'ㄹ'을 어간 말음으로 가지고 있는 예들을 살피기로 하자. 현대국어에서 'ㄹ'을 어간 말음으로 가지는 예들은 매개 모음으로 시작되는 어미 앞에 올 때 어간 말음 'ㄹ'이 탈락된다. 이해를 돕기 위하여 '한글 맞춤법' 제 18 항의 일부를 (6)에 가져오기로 한다.

(6) 다음과 같은 용언들은 어미가 바뀔 경우, 그 어간이나 어미가 원칙에 벗어나면 벗어나는 대로 적는다.

어간의 끝 'ㄹ'이 줄어질 적

갈다 :	가니	간	갑니다	가시다	가오
놀다 :	노니	논	놉니다	노시다	노오
불다 :	부니	분	붑니다	부시다	부오
둥글다 :	둥그니	둥근	둥급니다	둥그시다	둥그오
어질다 :	어지니	어진	둥급니다	어지시다	어지오

〔붙임〕 다음과 같은 말에서도 'ㄹ'이 준 대로 적는다.

마지못하다　마지않다　(하)다마다　(하)자마자　(하)지 마라　(하)지 마(아)

큰 흐름 속에서 본다면, 용언의 어간 말음 'ㄹ'의 교체 양상은 중세국어 이래로 크게 다른 점은 없다고 할 수 있겠으나 다음과 같은 두 가지 점의 차이는 지적되어야 할 것이다. 먼저 중세국어의 예들을 보기로 하자.

(7) 가. ᄆᆞᄅᆞᆯ 조차셔 노ᄅᆞ시다가 뎌레 가 향 퓌우시고 구경ᄒᆞ신 후에 〈번박 상:70ㄴ〉

나. 世尊이 須達이 올 똘 아ᄅᆞ시고 밧긔 나아 걷니더시니 〈석보 6:17ㄴ〉

(8) 가. 이제 져믄 저그란 안족 ᄆᆞᅀᆞᇝ장 노다가 ᄌᆞ라면 〈석보 6:11ㄱ〉

나. 그 王 夫人도 諸佛集 三昧ᄅᆞᆯ 得ᄒᆞ야 諸佛秘密ᄒᆞᆫ 藏ᄋᆞᆯ 아더라 〈석보 21:41ㄱ〉

위의 (7)에 보인 예는 존경법의 '-시-' 앞에서 '가시다, 노시다, 부시다, 둥그시다, 어지시다'와 같이 'ㄹ'이 탈락되는 것과는 달리 'ㄹ'이 유지되고 있어 차이가 있음을 보여주고, (8)의 예는 'ㄷ'이나 'ㅈ' 앞에서 언제나 'ㄹ'이 탈락된다는 점에서 현대국어와 차이를 보이고 있다. 현대국어에서도 어간 말음 'ㄹ'이 'ㄷ'이나 'ㅈ' 앞에서 탈락하는 경우가 있기는 하지만 예 (6)의 〔붙임〕에 든 '말다' 정도에 한한다.

2) 모음어간

어간 말음으로 모음을 가지는 용언 어간의 규칙적인 교체 가운데 모음으로 시작되는 어미와의 결합 양상은 대개 모음의 연접규칙에 따른다. 이를테면 '가-(去)+아서→가서'나 'ᄡᅳ-(用)+어→ᄡᅥ'와 같은 경우를 들 수 있다. 모음 체계의 변화를 고려한다면, 중세국어에서의 어간 말음으로 모음을 가지는 용언 어간의 규칙적인 교체 양상은 현대국어의 그것과 크게 다르지 않다. 다음의 (9)는 그를 정리한 것이다.

(9) 가. ㅏ+ㅏ→ㅏ

나. ㅓ+ㅓ→ㅓ

다. ㅡ+ㅓ→ㅓ

라. ㅡ+ㅜ→ㅜ

마. ㆍ+ㅏ→ㅏ

바. ㆍ+ㅗ→ㅗ

위의 (9)에 보인 내용이 자음 어간의 규칙적인 교체 양상처럼 음운론적인 제약에 따른 것은 아니나, 위와 같은 조건 아래에서는 일정하게 일어난다는 점에서 불규칙적인 교체라 하기는 어렵다 할 것이다. (9가,나,다)의 경우는 현대국어에서도 그 예를 쉽게 찾아볼 수 있는 것이나, (9라,마,바)는 중세국어에서의 경우라는 점에서 구체적인 예들을 (9′)에서 보기로 하자.

(9′) 가. 聲聞辟支佛이 즐겨 춤을 츠며 十方衆生이 孝養ᄋᆞᆯ 아ᅀᆞᄫᆞ니 〈월석 21:190ㄴ〉

나. 몬져 몬져 瞻婆城을 ᄊᆞ니 城 싸 사리ᄅᆞᆯ 始作ᄒᆞ니라 〈월석 1:44ㄱ〉

다. 書冊앳 사솔와 藥 ᄩᆞᆫ 뎐 거믜줄이 얼것고 ᄆᆡ햇 집과 뫼햇 ᄃᆞ리ᄂᆞᆫ 물바ᄅᆞᆯ 보내ᄂᆞ

니라 〈두언 21:4ㄴ〉

(9´)의 예는 'ᄎᆞ-(舞), ᄊᆞ-(築), ᄡᆞ-(包)'에 어미가 결합되어 활용한 경우를 보인 것이다.

지금까지 살핀 어간 말음으로 모음을 가지는 용언 어간의 예들이 모음의 연접 규칙에 따른 것인 반면에 다음에 살필 중세국어의 예들은 그 성격을 달리한다. 이른바 특수어간교체라 불리는 것으로 음운론적으로 조건된 교체는 아니나, 일정한 조건을 갖추어 일어나는 교체라는 점에서 불규칙적인 교체라 할 수는 없는 예들이다. 이들 특수어간교체의 예들은 몇 가지 다른 유형을 보이고 있다. 먼저 해당 용례들을 통하여 교체의 양상과 그 조건들을 살피기로 하자.

(10) ᄒᆞ마 千萬 부텨ᄭᅴ 믈읫 됴ᄒᆞᆫ 根源을 시므시니라 〈석보 13:30ㄴ〉
(11) 곶과 여름괘 가지마다 다ᄅᆞ더니 舍利弗이 神力으로 旋嵐風ᄋᆞᆯ 내니 〈석보 6:30ㄴ〉
(12) 모딘 길헤 뻐러디면 恩愛ᄅᆞᆯ 머리 여희여 어즐코 아ᄃᆞᆨᄒᆞ야 어미도 아ᄃᆞᄅᆞᆯ 모ᄅᆞ며 아ᄃᆞᆯ도 어미ᄅᆞᆯ 모ᄅᆞ리니 〈석보 6:3ㄴ〉
(13) 四天王이 술위 그ᅀᆞᆸ고 梵天이 길 자바 無憂樹 미틔 가시니 〈월석 2:35ㄴ,36ㄱ〉

위에 보인 (10)~(13)은 각각 '시므-(植), 다ᄅᆞ-(異), 모ᄅᆞ-(不知), 그ᅀᅳ-(牽)'의 예들을 보인 것이다. 현대국어로는 각각 '심다, 다르다, 모르다, 끌다'의 의미를 가지는 이들 어간들은 모음어미 앞에서는 어간말 모음이 탈락하여 각기 다른 자음어간으로 교체가 된다. '시므⟶싦-, 다ᄅᆞ⟶달ㅇ-, 모ᄅᆞ⟶몰ㄹ-, 그ᅀᅳ⟶그ᇫㅇ-' 등이 그것이다. 다음에 볼 예 (10´)~(13´)이 그것이다.

(10´) 아마도 福이 조ᅀᆞᄅᆞᄫᅵ이 아니 심거 몯ᄒᆞᆯ 꺼시라 〈석보 6:37ㄴ,38ㄱ〉
(11´) 諸佛 니르시논 마ᄅᆞᆫ 乃終 내 달옳 주리 업스시니이다 〈석보 9:27ㄱ〉
(12´) 부텨 뵈ᅀᆞᆸᄂᆞᆫ 禮數를 몰라 바ᄅᆞ드러 묻ᄌᆞᄫᅩᄃᆡ 瞿曇安否ㅣ 便安ᄒᆞ시니잇가 ᄒᆞ더니 〈석보 6:20ㄴ〉
(13´) 楊子ㅣ 閣애셔 ᄂᆞ려뎌 머믈오 鄒生은 옷기슭 그ᇫ우믈 앗기니라 〈두언 20:34ㄴ〉

예 (10)~(13)과 (10´)~(13´)에 보인 교체의 양상이 음운론적인 제약에 의하여 생긴 것은 아니지만, 일정한 조건을 갖춘 어간에 나타난다는 점에서 불규칙적인 것이라고는 할 수 없다. 이와 같은 교체 양상을 보이는 어간들에서는 표면적인 공통점들을 찾아볼 수 있다. 다음의 (14)가 그것이다.

(14) 가. 어간이 두 음절로 구성되어 있다.
나. 어간말음절의 구성이 'ㄴ,ㄹ,ㅁ,ㅿ'+'ᄋᆞ,으'로 구성되어 있다.
다. 어간 두 음절의 성조가 모두 평성이다.

현재로서는 위의 (14)에 보인 내용들이 특수어간교체와 가지는 직접적인 관계를 밝히는 것이 그리 간단해 보이지는 않는다. 하지만 이들 어간의 기원적인 모습을 알아본다든가, 교체의 조건에 대한 보다 정밀한 이해를 위한 바탕에 (14)의 내용들이 있어야 하리라는 것은 분명하다 하겠다. 어간말 음절을 구성하는 음소가 유성자음이라는 점이라든가 어간의 성조형이 모두 평성이라는 점 등은 중요한 단서를 가지고 있는 것으로 보이기 때문이다. 특히 성조형을 보이고 있는 중세국어에 대한 올바른 이해를 위해서는 성조에 대한 고려가 반드시 필요한 것이라 할 것이다. 참고로 특수어간교체를 보이는 중세국어 용언 어간의 예들을 유형별로 나누어 소개하기로 한다.

(10´´) ᄌᆞᄆᆞ-(鎖)
(11´´) 고ᄅᆞ-(均), 그르-(誤), 기르-(養), 니ᄅᆞ-(謂), 두르-(圍), ᄆᆞᄅᆞ-(裁), 바ᄅᆞ-(直), 오ᄅᆞ-(上)
(12´´) 므르-(退), ᄲᆞᄅᆞ-(速), 부르-(演), 브르-(呼), 흐르-(流)
(13´´) ᄇᆞᅀᆞ-(碎), 비ᅀᅳ-(扮)

이와 같은 교체 양상은 현대국어에 이르면서 그 모습을 달리하게 된다. 현대국어에 이르는 과정에서 경험하게 되는 변화에 관해서는 2.5에서 살피기로 한다.

2.2 용언의 불규칙적인 교체

지금까지 우리는 용언 어간의 규칙적인 교체 양상에 대하여 살폈다. 음운론적인 조건에 의하여 발생하는 자동적인 교체는 물론 음운론적인 조건에 의한 것은 아니나 일정한 조건을 갖추어 일어나 규칙적인 양상을 보이는 예들도 그 대상이었다. 여기서는 앞서 살핀 경우와는 달리 일정한 규칙을 세우기 어려운 불규칙적인 교체를 보이는 용언 어간들에 대하여 살피기로 한다. 이들은 교체가 일어나는 규칙을 세우기 어렵다는 점에서 불규칙적인 교체일 뿐만 아니라 비자동적인 교체이기도 한 예들이다. 이해를 돕기 위하여 앞서와 마찬가지로 자음어간과 모음어간으로 갈라 보았다.

1) 자음어간

현대국어에서 찾아볼 수 있는 불규칙교체의 예들은 '한글 맞춤법' 제 18 항에 소개되어 있다. 특정 위치에서 어간의 말음 'ㄷ'이 'ㄹ'로 교체되는 'ㄷ'변칙 용언을 보이고 있는 다음의 예 (15)가 그 예이다.

(15) 걷다〔步〕: 걸어, 걸으니, 걸었다
　　 듣다〔聽〕: 들어, 들으니, 들었다
　　 묻다〔問〕: 물어, 물으니, 물었다
　　 싣다〔載〕: 실어, 실으니, 실었다

위의 예 (15)에서 보듯이 어간 말음 'ㄷ'이 'ㄹ'로 변하는 것인데, 이러한 교체가 동일한 환경에서 늘 일어나는 것은 아니라는 점에서 불규칙적이며, 비자동적인 교체라 할 수 있는 것이다. 'ㄷ'을 어간 말음으로 가지면서도 규칙적인 교체를 보이는 다음의 예 (15´)과 비교해 볼 필요가 있다.

(15´) 곧다〔直〕: 곧아, 곧으니, 곧았다
　　 얻다〔得〕: 얻어, 얻으니, 얻었다

예 (15)와 같은 불규칙적인 교체 양상은 중세국어에서도 그 존재를 확인할 수 있다. 다음에 살필 (16)과 (16´)으로 그와 같은 양상을 보기로 하거니와, 현대국어에서 살필 수 있는 예들의 소개는 피하기로 한다.

(16) 가. 比丘 ᄃᆞ려 닐오ᄃᆡ 뎌 즁아 닐웨 ᄒᆞ마 다 ᄃᆞᆮ거다 〈석보 24:15ㄴ〉
　　 나. 兵家ㅣ 閒諜ᄒᆞ리ᄅᆞᆯ 아쳗ᄂᆞ니 이 무리 ᄆᆡ샹 자최 니셋더라 〈두언 7:27ㄱ〉
　　 다. 고ᄌᆞᆨᄒᆞᆫ ᄆᆞᅀᆞᄆᆞ로 뎌 如來ㅅ 일후믈 일ᄏᆞᆮᄌᆞᄫᅡ 讚嘆ᄒᆞ야 恭敬 供養ᄒᆞᅀᆞᄫᆞ면 〈석보 9:25ㄴ〉

(16)의 예들은 동사 'ᄃᆞᆮ-(走), 아쳗-(嫌), 일ᄏᆞᆮ-(謂)'이 자음으로 시작되는 어미 '-거-, -ᄂᆞ-, -ᄌᆞᆸ-' 앞에 쓰인 경우를 보인 것이다. 이들 동사는 모음으로 시작되는 어미 앞에 올 경우 어간말 자음 'ㄷ'이 'ㄹ'로 교체된다. 다음의 예 (16´)이 그것이다.

(16´) 가. 모ᄃᆞᆫ 사ᄅᆞ미 막다히며 디새며 돌ᄒᆞ로 텨든 조치여 ᄃᆞ라 머리 가셔 〈석보

19:30ㄴ,31ㄱ〉

나. 滅디 아니커든 보면 곧 憍慢ᄒᆞ며 밠대ᄒᆞᆫ ᄆᆞᅀᆞᄆᆞᆯ 니ᄅᆞ와다 아쳐러 게으른 ᄠᅳ들 머거 〈월석 17:14ㄱ〉

다. 샹녜 諸佛이 일ᄏᆞ라 讚嘆ᄒᆞ시며 慈悲心ᄋᆞ로 몸 닷가 부텻 智慧예 잘 드르샤 〈석보 13:4ㄴ〉

참고로 이와 같이 어간말 자음 'ㄷ'이 불규칙하게 교체되는 그 밖의 예들 가운데 몇몇을 (16´´)에 들어두기로 한다.

(16´´) 겯-(編), 긷-(汲), 내ᄃᆞᆮ-(走), 다ᄃᆞᆮ-(到), ᄠᅳᆮ듣-(滴), ᄭᆡᄃᆞᆮ-(覺), 업듣-(伏), 티ᄃᆞᆮ-(走)

이와 같은 유형에 속하는 또다른 동사로 '흗다'(散)를 들 수 있으나, 동사 '흗다'에 대해서는 현대국어와 관련하여 다소의 설명이 필요하다고 하겠다. 현대국어와는 달리 중세국어에는 '흗다'(散)와 '흩다'(散) 두 형태가 모두 존재하기 때문이다. 다음의 예 (17)과 (18)이 그것이다.

(17) 가. 不斷ᄋᆞᆫ 긋디 아니ᄒᆞᇙ 씨오 不散ᄋᆞᆫ 흗디 아니ᄒᆞᇙ 씨라 〈월석 10:63ㄴ〉

나. ᄒᆡ 기울어늘 고기 ᄯᅩ 나 먹고 소니 흗거늘 새 도로 오ᄂᆞᆺ다 〈두언 15:17ㄴ〉

(18) 散壞非時電雲은 時節 아닌 젯 번게 구르믈 흐터 ᄒᆞ야 ᄇᆞ릴 씨라 〈월석 10:81ㄱ〉

위의 예 (17)에서 보듯이 중세국어의 '흗다'와 '흩다' 사이에는 의미·기능상의 차이가 있음을 알 수 있다. '흗다'가 주로 자동사로 쓰인 반면에, '흩다'는 주로 타동사로 쓰이고 있다는 점이 그것이다.[4] 그러한 의미·기능상의 차이는 교체의 양상에도 차이를 보인다. '흩다'의 교체가 규칙적인 양상을 보이는 것과는 달리 '흗다'는 (17´)과 같이 불규칙적인 양상을 보이는 것이다.

---

4) 다음의 예에서처럼 타동사구문에 나타나는 '흗다'에는 주의를 필요로 한다.

구루믄 灌壇앳 비ᄅᆞᆯ <u>흗고</u> 보ᄆᆞᆫ 彭澤ㅅ 바ᄐᆡ 프르렛도다 〈두언 7:32ㄱ〉

이러한 경우의 '흗다'는 '흩다'가 팔종성가족용법(八終聲可足用法)의 적용을 받은 결과로 이해해야 할 것이기 때문이다.

(17´) 가. 能히 星火ㅣ 흐러 쁘려 空界예 盛히 부츄믈 내ᄂᆞ니라 〈능엄 8:97ㄱ〉
나. 블ᄀᆞᆫ 히 비옛 軍師를 비취옛ᄂᆞ니 블근 旗ᄂᆞᆫ 너븐 내해 흐럿도다 〈두언 22:23ㄴ〉

의미·기능상의 차이를 보이는 '흗다'와 '흩다'와는 달리 의미나 기능상의 차이가 없이 쓰이는 용언들이 있다. 이른바 '쌍형어간'이라고 불리는 '버믈-/범글-(繞), 여믈-/염글-(實), 져믈-/졈글-(暮), ᄆᆞ니-/만지-(摩)'와 같은 용언들이 그것으로, 현대국어에서는 '버물다, 여물다, 저물다, 만지다' 등만이 표준어로 인정되어 다른 형태들은 일부 방언에 남아 있거나 소멸되었다. 그러나 현대국어에서의 이러한 양상과는 달리 중세국어에서는 쌍형 어간 모두가 동일한 자격으로 쓰였다는 점은 기억할 필요가 있다. 다음의 예들이 그것이다.

(19) 가. 힌 瑠璃 구루미 ᄀᆞᄐᆞ야 부텻긔 닐굽 볼 버므러 金盖 ᄃᆞ외오 〈월석 7:30ㄱ〉
나. 빗과 소리와 香과 맛과 모매 범그는 것과 法과의 됴ᄒᆞ며 〈석보 13:38ㄴ〉
(20) 가. 잢간도 즐어듀미 업서 곳 ᄃᆞ외리로 프며 여름 ᄃᆞ외리로 여믈에 ᄒᆞ야 各各 제 일에 ᄒᆞᄂᆞ니 〈법화 3:12ㄴ〉
나. 엇게와 목과 손과 발왜 두루 염그러 됴ᄒᆞ시며 샹녜 光明이 面마다 여듧 자히시며 〈월석 2:41ㄱ〉
(21) 가. 하늘히 칩고 프른 ᄉᆞ매 열우니 히 져믈어늘 긴 대롤 지여 샛도다 〈두언 8:66ㄴ〉
나. 빗돗 글어 가매 歲月이 졈그ᄂᆞ니 어루 春風과 다ᄆᆞᆺ 가리로다 〈두언 22:42ㄴ〉[5]
(22) 가. 化身 地藏菩薩 摩訶薩ㅅ 머리롤 ᄆᆞ니시며 니ᄅᆞ샤ᄃᆡ 〈석보 11:5ㄴ〉
나. 그 샐로미 구브며 울월 ᄊᆞᅀᅵ예 四海 밧글 다시 ᄆᆞᆫ지ᄂᆞ니 賢智롤 비디 아니라 〈법화 6:31ㄱ〉

위의 예들은 '버믈-/범글-, 여믈-/염글-, 져믈-/졈글-, ᄆᆞ니-/만지-'가 나타나는 문장을 대비시켜 보인 것이다. 이들 사이의 출현 조건을 찾기는 어려워 보인다. 자료의 성격으로나 출현 환경으로나 그들 사이에 어떠한 차이가 있는 것으로는 보이지 않기 때문이다. 이들의 이러한 교체 양상은 자유교체라 할 수 있는 것이다.[6] 이러한 자유교

5) '졈글-'과 '졈그-' 사이의 규칙적인 교체는 별개의 문제이다.

6) '버믈-/범글-, 여믈-/염글-, 져믈-/졈글-'의 두 형태가 현대국어에 표준어로든 아니면 방언으로든 남아 있는 것과는 달리 'ᄆᆞ니-/ᄆᆞᆫ지-'의 경우에는 'ᄆᆞᆫ지-'만이 '만지-'의 형태로 남아 있다는

체 현상이 일어나게 되는 원인에 대해서는 구체적인 경우에 따라 달리 설명이 될 수 있을 것이나 크게 보면 기존 형태에 대한 새로운 형태의 출현으로 이해할 수 있을 것이다. 기존 형태와 새로운 형태 사이의 경쟁 과정이 자유 교체라는 현상으로 나타난다는 것이다. 그렇지만 형태들 사이의 경쟁 과정의 확인이 그리 간단한 것만은 아니다. 경우에 따라 다르기는 하지만 일반적으로는 상당한 기간의 관찰과 그에 따른 많은 노력을 필요로 하기 때문이다. 그러한 측면에서 본다면 다음에 볼 예 (23)과 (24)의 '앉-/앗-(坐), 엱-/엿-(置上)'의 경우는 오히려 특별한 경우에 속하는 것이라 하겠다.

(23) 가. 舍利弗이 虛空애 올아 거르며 셔며 안ᄌᆞ며 누ᄫᅳ며 ᄒᆞ고 몸 우희 믈 내오 몸 아래 블내오 〈석보 6:33ㄴ〉
　　나. 제 座ᄅᆞᆯ ᄂᆞᆫ호아 안치면 이 사ᄅᆞ미 功德이 後生애 帝釋 앗ᄂᆞᆫ ᄶᅡ히어나 梵王 앗ᄂᆞᆫ ᄶᅡ히어나 轉輪聖王 앗ᄂᆞᆫ ᄶᅡᄒᆞᆯ 得ᄒᆞ리라 〈석보 19:6ㄱ〉
(24) 가. 노ᄑᆞᆫ 座 ᄆᆡᆼᄀᆞᆯ오 便安히 연ᄌᆞ면 그 ᄢᅴ 四天王이 眷屬과 無量百千天衆 ᄃᆞ리고 〈석보 9:21ㄱ,ㄴ〉
　　나. 典은 尊ᄒᆞ야 여저 둘 씨니 經을 尊ᄒᆞ야 여저 뒷ᄂᆞᆫ 거실씨 經典이라 ᄒᆞᄂᆞ니라 〈석보 13:17ㄱ,ㄴ〉

위의 예 (23가,나)와 (24가,나)는 의도적으로 동일한 자료인 '석보상절'에서 취하였다. 이들 예만으로 본다면 '앉-/엱-'과 '앗-/엿-' 사이에 쓰임의 차이는 없는 듯이도 보인다. 하지만 눈을 조금만 돌려보면 이들 사이의 사용 빈도와 그에 따른 출현 양상에는 엄청난 차이가 있음을 알게 된다. 16세기 자료에서도 간혹 용례가 보이기는 하나 '앗-/엿-'의 쓰임새는 극히 제한된 것이었기 때문이다. 현대국어에서도 여전히 생명력을 가지고 있는, 새로운 형태 '앉-/엱-'과의 경쟁에서 밀린 결과라 할 것이다.[7)]

2) 모음어간

어간 말음으로 모음을 가지는 용언어간의 불규칙적인 교체 양상은 그 경우가 그리 많은 편은 아니다. 한글 맞춤법 제 18 항에 규정된 현대국어의 예로는 어간 말음 'ㅜ'가 줄어지는 경우와 'ㅡ'가 줄어지는 경우가 있다. 다음의 예 (25)와 (26)이 그것이다.

(25) 푸다 : 퍼, 펐다

점에서 차이가 있다. 하지만 그것이 공시적인 교체 현상에 대한 이해에 직접적인 관계를 가지는 것은 아니다.

7) '앉-/엱-'과 '앗-/엿-'에 관한 보다 구체적인 내용에 관해서는 이기문(1964)를 참조할 것.

(26) 가. 끄다 : 꺼, 껐다
뜨다 : 떠, 떴다
크다 : 커, 컸다
고프다 : 고파, 고팠다
담그다 : 담가, 담갔다
따르다 : 따라, 따랐다
바쁘다 : 바빠, 바빴다
나. 가르다 : 갈라, 갈랐다　　부르다 : 불러, 불렀다
거르다 : 걸러, 걸렀다　　오르다 : 올라, 올랐다
구르다 : 굴러, 굴렀다　　이르다 : 일러, 일렀다
벼르다 : 별러, 별렀다　　지르다 : 질러, 질렀다

어간의 끝 'ㅜ'가 줄어지는 예는 (25)에 든 '푸다'에 한하지만, 'ㅡ'가 줄어지는 '으' 불규칙 용언의 경우는 (26가)와 같이 단순히 줄어드는 경우와, (26나)와 같이 어간의 끝음절 '르'의 'ㅡ'가 줄고 그 뒤에 오는 어미 '-아/-어'가 '-라/-러'로 바뀌는 경우가 있어 차이를 보인다. (25)와 같은 양상을 보이는 중세국어의 예는 보이지 않는다. 현대국어의 '푸다'는 중세국어에서 'ᄑᆞ다'로 존재하여 (26가)와 같은 모습의 교체를 보이는 것이다. 그를 제외한다면 어간 말음 'ㅡ'와 관련된 불규칙적인 교체의 내용은 중세국어에서도 (26가,나)와 같은 모습을 가진다고 하겠다. 하지만 예 (27)과 같은 현대국어의 '러' 불규칙 용언인 경우에는 중세국어와 교체 양상에서 차이를 보인다. 예 (28), (29)에 보이는 중세국어 '니를-'의 예들과 비교해 보자.

(27) 이르다〔至〕 : 이르러, 이르렀다
누르다〔黃〕 : 누르러, 누르렀다
푸르다〔靑〕 : 푸르러, 푸르렀다
(28) 가. 一萬 八千 世界를 비취샤ᄃᆡ 아래로 阿鼻地獄애 니를오 우흐로 阿迦膩吒天에 니르니 〈석보 13:13ㄴ〉
나. 期ᄂᆞᆫ 긔지오 致ᄂᆞᆫ 니를에 ᄒᆞᆯ씨라 〈월석 서:19ㄴ〉
다. 이 功德이 ᄀᆞ조ᄆᆞᆯ ᄒᆞᆯ리어나 닐웨예 니를어나 ᄒᆞ면 즉자히 가아 나리니 〈월석 8:47ㄴ〉
라. 여러 德을 ᄀᆞ초 디내야 邪ᄅᆞᆯ 혀 正에 드료매 니를면 一乘의 體 ᄀᆞᄌᆞ며 〈월석 11:24ㄱ〉
(29) 가. 아래로 阿鼻地獄애 니르며 우흐로 有頂에 니르리 보며 〈석보 19:13ㄴ〉

나. 우흐로 梵世예 니르게 ᄒᆞ시고 一切 터럭 구무마다 그지 업스며 〈석보 19:38ㄴ〉

다. 廣長舌 내샤 우흐로 梵世예 니르샤ᄆᆞᆫ 辯說ᄒᆞ시ᄂᆞᆫ 神力을 나토시니라 無量光ᄋᆞᆯ 펴샤 〈월석 18:4ㄴ〉

라. 果德을 일워 灌頂位ᄅᆞᆯ 受호매 니르면 一切 畢竟 堅固ᄒᆞᆫ 이리 다 내게 ᄀᆞᄌᆞ리라 〈능엄 1:9ㄴ〉

위의 예 (28)과 (29)는 현대국어 '러' 불규칙 용언들의 교체 양상과 다소 차이를 보인다. 모음어미와 결합할 때에는 '니를-'이 선택되고, 그 밖의 경우에는 (28라)와 (29라)의 예에서처럼 '니를-'과 '니르-'가 자유롭게 선택되는 것이다. 중세국어에서는 대체로 '니를-'형이 우세하나, 근대국어 이후로는 '니르-'형이 우세하여지고 '니를-'은 모음어미 '-어' 앞에서만 나타난다. 예 (27)에서 본 '누르다, 푸르다'의 소급형 '누를-/누르-, 프를-/프르-' 등도 이와 같은 유형의 용언들에 속한다.

다음에 살필 예들도 현대국어에서는 그 교체 양상을 찾아볼 수 없는 특별한 경우를 보이고 있다.

(30) 가. 가줄비건댄 사ᄅᆞ미 바ᄆᆡ 녀다가 杌ᄅᆞᆯ 보고 도ᄌᆞᄀᆞᆫ가 너겨며 모딘 귀써신가 너겨 〈석보 11:34ㄴ〉

나. 須達이 護彌 지븨 니거늘 護彌 깃거 나아 迎逢ᄒᆞ야 〈석보 6:15ㄴ〉

(31) 가. 나도 그리 호리라 ᄒᆞ고 손소 머리 갓고 묏고래 이셔 道理 ᄉᆞ랑ᄒᆞ더니 〈석보 6:12ㄱ〉

나. 婆羅門ᄋᆞᆯ ᄃᆞ려 닐오ᄃᆡ 어듸ᅀᅡ 됴ᄒᆞᆫ ᄯᆞ리 양ᄌᆞ ᄀᆞᄌᆞ니 잇거뇨 〈석보 6:13ㄴ〉

다. ᄒᆞ마 想元을 다아 生理예 다시 흐르며 ᄀᆞ마니 시며 뮈여 〈능엄 10:14ㄴ〉

(32) 가. 일로 혜여보건덴 므슴 慈悲 겨시거뇨 ᄒᆞ고 〈석보 6:6ㄱ〉

나. 多寶佛은 도로 아직 녜ᄀᆞ티 겨쇼셔 ᄒᆞ시니 〈석보 20:44ㄴ〉

위의 예 (30)은 동사 '녀다'의 교체를 보인 것이고, (31)은 '이시다'의 경우를 든 것이며, (32)는 '겨시다'의 교체 양상을 보인 것이다. (30)의 동사어간 '녀-'(行)는 선어말 어미 '-거-' 앞에서는 '니-'로 교체되고,[8] (31가)의 용언어간 '이시-'(有)는 모음 및 유성자음으로 시작된 어미 앞에 나타나지만,[9] 그 밖의 어미 앞에서는 (31나)에서처럼

8) 동일한 한문 원전에 대하여 '녀다'로 번역하였느냐 아니면 '가다'로 번역하였느냐 하는 문제는 교체와는 다른 성격의 문제이다. 어휘 선택의 차원에서 다루어야 할 문제인 것이다.

9) 선어말 어미 '-ᄂᆞ-'는 제외된다.

'잇-'으로 교체되었다. 이러한 용언 어간 '이시-'는 경우에 따라 i로 끝난 단어 뒤에서 '시-'로 나타나기도 한다. (31다)의 예가 그것이다.[10] (32가)의 '겨시-'는 (32나)에 보인 어미 '-쇼셔' 앞에서는 '겨-'로 나타난다.[11]

2.3 체언의 자동적인 교체

지금까지 우리는 용언 어간의 교체 양상에 대하여 규칙적인 교체와 불규칙적인 교체로 나누어 살펴보았다. 체언과 조사가 통합될 때에도 용언의 어간처럼 교체를 보인다. 그러나 앞서 용언 어간의 교체를 살피던 것과는 달리 여기서는 자동적인 교체와 비자동적인 교체로 갈라 그 내용을 살피기로 한다. 이야기가 진행됨에 따라 자연 드러나게 되겠지만, 비자동적인 교체를 보이는 체언들은 그들 자체만으로는 어느 정도 규칙을 세워볼 수도 있으나 동일한 조건의 체언들이 동일한 교체 양상을 가지는 것은 아니라는 점에서 용언의 경우와는 다소 다른 성격을 보이기 때문이고, 불규칙적인 용언 어간은 현대국어에서도 여전히 존재하는 반면에 체언의 경우에는 그와 같은 양상의 교체 현상이 남아 있지 않기 때문이기도 하다.[12]

체언이 조사와 통합하여 이루는 자동적인 교체의 내용은 음절말과 자음에 관한 규칙에 의한다. 그와 같은 체언의 자동적인 교체는 앞서 살핀 용언 어간의 교체와 크게 다르지 않으며, 현대국어의 그것과 중세국어의 그것들 사이에도 큰 차이를 보이지는 않는다. 구체적인 내용을 예들을 통하여 살펴보기로 하자.

(33) 가. 일훔난 爲頭 ᄒᆞᆫ 오시 갑시 千萬이 ᄊᆞ며 시혹 갑 업슨 오ᄉᆞ로 부텨ᄭᅴ와 즁의게 布施ᄒᆞ리도 보며 〈월석 11:2ㄴ〉
나. 賣花女俱夷善慧ㅅ ᄠᅳ든 아ᅀᆞᄫᅡ 夫妻願으로 고ᄌᆞᆯ 받ᄌᆞᄫᆞ시니 다ᄉᆞᆺ 곶 두 고지 空中에 머믈어늘 〈월석 1:3ㄴ,4ㄱ〉
다. 十一 面은 열ᄒᆞᆫ ᄂᆞᄎᆞ니 열ᄒᆞᆫ ᄂᆞᄎᆞᆺ 觀自在菩薩ㅅ 相ᄋᆞᆯ ᄆᆡᇰᄀᆞ라 供養ᄒᆞᅀᆞᄫᆞᆯ 일 니ᄅᆞ샨 經이라 〈석보 6:44ㄱ〉

10) 부사형어미 '-아'와 '이시-'가 결합될 때에 '이시-'가 '시-'로 나타나기도 한다.

擧ᄂᆞᆫ ᄆᆞᅀᆞ매 연저 가져실씨라 〈몽산 2ㄴ〉

11) '겨시-'의 '-시-'가 본래 존경법의 선어말 어미이며, '-쇼셔'도 존경법과 모종의 관련이 있기 때문인 것으로 생각된다.

12) 이것이 중세국어와 현대국어 사이의 자동적인 교체 현상 자체가 일치한다는 의미는 물론 아니다.

라. 千葉은 곳동앳 니피 ᄌᆞᄆᆞ니라 〈석보 11:2ㄱ〉

마. ᄒᆞᆫ ᄉᆞ랑ᄒᆞᄂᆞᆫ 아기 아ᄃᆞ리 양ᄌᆡ며 ᄌᆡ죄ᄒᆞᆫ 그티니 그딋 ᄯᆞᄅᆞᆯ 맛고져 ᄒᆞ더이다 〈석보 6:15ㄱ〉

(33′) 가. ᄂᆡ년희 믈어디거든 삼년을 맛다셔 갑 받디 말오 ᄡᅳ리라 ᄒᆞ야 〈번박 상:10ㄴ〉

나. 善慧 드르시고 ᄎᆞ기 너겨 곳 잇ᄂᆞᆫ ᄯᅡᄒᆞᆯ ᄎᆞᆽ가 가시다가 俱夷ᄅᆞᆯ 맛나시니 〈월석 1:9ㄴ〉

다. 고히 平코 엷디 아니ᄒᆞ며 뷔트디 아니ᄒᆞ며 ᄂᆞᆾ 비치 검디 아니ᄒᆞ며 〈석보 19:7ㄴ〉

라. 그 고지 五百 니피오 닙 아래마다 ᄒᆞᆫ 童男이 이쇼ᄃᆡ 양ᄌᆡ 端正ᄒᆞ더라 〈석보 11:32ㄱ〉

마. 有와 無왜 다 ᄉᆞᄆᆞ차 正ᄒᆞᆫ 性을 ᄀᆞ장 비취여 믿과 귿과ᄅᆞᆯ ᄉᆞᆯ피실 ᄊᆡ 觀이라 〈월석 8:16ㄱ〉

위에 보인 (33)의 예들은 각각 체언의 말음이 'ㅄ, ㅈ, ㅊ, ㅌ, ㅍ'인 예들을 보인 것으로, 조사의 두음이 모음일 경우에는 체언의 말음이 그대로 실현되지만 조사의 두음이 자음이거나 체언이 단독으로 쓰일 경우에는 (33′)에 보이는 예에서처럼 각각 'ㅂ, ㅅ, ㄷ' 등으로 교체된다. 이러한 교체는 음운론적으로 조건된 교체로, 음절말에서의 자음 제약과 모음 사이의 자음에 관한 규칙에 의한 것이다. 현대국어에서 음절말의 'ㅅ'이 'ㄷ'으로 중화되어 (33′나, 다)와 같은 경우는 'ㄷ'으로 실현된다는 점을 제외한다면 현대국어의 교체 양상과 다르지 않다고 할 수 있다.

역시 자동적인 교체이기는 하나 다음에 살필 말음 'ㅺ, ㅿ'의 'ㅅ'으로의 교체는 현대국어에서는 찾아볼 수 없는 경우의 예들이다.

(34) 가. 萬里外ᄂᆞᆫ 萬里 밧기라 〈월석 1:1ㄴ〉

나. 이 부톄 나싫 저긔 몺 ᄀᆞᅀᅢ 光이 燈 ᄀᆞᄐᆞ실 ᄊᆡ 燃燈佛이시다도 ᄒᆞᄂᆞ니 〈월석 1:8ㄴ〉

(34′) 가. 外道ᄂᆞᆫ 밧 道理니 부텻 道理예 몯 든 거시라 〈월석 1:9ㄱ〉

나. 이 藥王菩薩ㅅ 本事品을 드르면 ᄯᅩ 그지 업스며 ᄀᆞᇫ 업ᄉᆞᆫ 功德을 得ᄒᆞ며 〈석보 20:26ㄱ,ㄴ〉

(34)에 보인 'ㅺ, ㅿ'의 'ㅅ'으로의 교체도 (33)의 예들과 마찬가지로 자동적인 교체의 예에 속한다.[13] 이와 같이 자동적인 교체를 보이는 또 다른 체언의 예들로는 'ㅎ'을

13) 사실은 예 (34나)의 'ᄀᆞᇫ'에 대해서는 보다 많은 관찰이 필요하다 하겠다. 다음과 같은 동일한

말음으로 가지는 명사들을 들 수 있다. 다음의 예 (35)를 보기로 하자.

(35) 가. 笛은 뎌히라 箜篌는 모기 구븓ᄒᆞ고 鳳ᄋᆡ 머리 밍ᄀᆞᆯ오 시울 한 거시라 鐃ᄂᆞᆫ 쥐엽쇠라 〈석보 13:53ㄱ〉

나. ᄂᆞᆷ 브려 풍류호ᄃᆡ 붑티며 角貝 불며 簫와 뎌콰 琴과 箜篌와 琵琶와 鐃와 銅鈸와 〈법화 1:221ㄴ〉

다. ᄇᆞᆯᄀᆞᆫ ᄒᆡᄂᆞᆫ 놀애 브르ᄂᆞᆫ ᄉᆞ매예 옮고 프른 하ᄂᆞᆯᄒᆞᆫ 뎌 부ᄂᆞᆫ 平床애 갓갑도다 〈두언 15:29ㄴ〉

예 (35)에서 보듯이 'ㅎ' 말음을 가지는 체언의 'ㅎ'은 모음 앞에서는 그대로 'ㅎ'으로 실현되고, 'ㄱ, ㄷ'이 연결이 되면 'ㅋ, ㅌ'으로 나타나나 'ㅅ' 앞이나 단독으로 쓰일 경우에는 나타나지 않는다. 그와 같은 교체 양상을 보이는 'ㅎ' 말음의 체언들을 예 (35´)에 들어두기로 한다.[14)]

(35´) 갈(刀), 겨슬(冬), 고(鼻), 긴(紐), 길(道), ᄀᆞᄂᆞᆯ(陰), ᄀᆞᅀᆞᆯ(秋), ᄀᆞ올(州), 나(年), 나라(國), 나조(暮), 내(川), 네(四), 노(繩), 니마(頂), 님자(主), ᄂᆞ믈(菜), ᄂᆞᆯ(刀, 經), 뎌(笛), 돌(石, 梁), 둘(二), 뒤(後), 드르(野), ᄃᆞᆯ(等), 마(薯), 말(橛), 모(方), 뫼(山), 밀(小麥), ᄆᆞᅀᆞᆯ(村), ᄆᆡ(野), 바다(海), 별(崖), ᄇᆞᆯ(臂), ᄠᅳᆯ(庭), 세(三), 셔울(京), 소(潭), 쇼(俗), 수(藪), 수(雄), ᄉᆞ믈(二十), 시내(溪), ᄉᆞᆯ(肉), ᄯᅡ(地), ᄉᆡᆷ(源), 안(內), 알(卵), 암(雌), 언(堤), 여러(諸), 열(十, 麻), 올(今年), 우(上), 울(籠), 움(窟), 자(尺), 조(粟), 촐(源), 터(基), 하ᄂᆞᆯ(天), ᄒᆞ나(一)

2.4 체언의 비자동적 교체

앞서 우리는 용언 어간의 교체를 살피면서 특수어간교체라 불리는 경우의 예들에 대하여 살핀 바 있다. 예 (10)에서 (13)에 이르는 중세국어의 예들이 그것이다. 그와 같은 성격의 교체 양상을 보이는 예들이 중세국어의 체언에도 있음을 알 수 있다. 용언

환경의 예를 통하여 'ᅎ'의 존재를 확인할 수 있기 때문이다.

어미 地獄애 이션 디 오랄 써 더브러 恒河水ㅅ ᄀᆞ새 가 믈 머겨 비 안홀 싯겨지이다 〈월석 23:90ㄱ〉

14) 중복된 단어가 있기는 하나 이조어사전의 표제항에는 140개 정도가 등재되어 있다.

어간의 경우와 마찬가지로 음운론적으로 조건된 교체라 할 수는 없어 비자동적인 교체 양상을 보이는 예들이다. 다음의 예 (36)~(39)를 먼저 보기로 하자.

(36) 오직 太子祇陁ᄋᆡ 東山이 ᄡᅡ토 平ᄒᆞ며 나모도 盛ᄒᆞ더니 〈석보 6:23ㄴ〉
(37) 獐 노ᄅᆞ 쟝 〈훈몽-예 상:10ㄱ〉
(38) 여스슨 髻珠喩ㅣ니 中道實相이 極果ᄋᆡ ᄆᆞᄅᆞ 사모ᄆᆞᆯ 가ᄌᆞᆯ비시니 〈법화 1:6ㄴ〉
(39) 그 王이 즉자히 나라ᄒᆞᆯ 아ᅀᆞ 맛디고 夫人과 두 아ᄃᆞᆯ와 眷屬ᄃᆞᆯ콰로 佛法 中에 出家 ᄒᆞ야 〈석보 21:43ㄴ〉

위의 예 (36)~(39)는 각각 '나모(木), 노ᄅᆞ(獐), ᄆᆞᄅᆞ(棟), 아ᅀᆞ(弟)'를 보인 것으로, 단독형으로 쓰이거나 자음으로 시작되는[15] 조사 앞에 쓰인 경우의 예들이다. 이들 체언이 모음으로 시작되는 조사 앞에 쓰일 때에는 각각 그 모습을 달리하게 된다. 다음 (36´)~(39´)의 예들이 그것이다.

(36´) 내 므스 거시 不足ᄒᆞ료 젼혀 이 東山ᄋᆞᆫ 남기 됴ᄒᆞᆯ ᄊᆡ 노니논 ᄯᅡ히라 〈석보 6:24ㄱ〉
(37´) 졸애 山 두 놀이 ᄒᆞᆫ 사래 ᄢᅦ니 天縱之才ᄅᆞᆯ 그려ᅀᅡ 아ᅀᆞᄫᆞᆯ까 〈용가 43〉
(38´) 이ᄅᆞᆯ 브터 너비 디니게 ᄒᆞ샤ᅀᅡ ᄆᆞᆯᄅᆞᆯ 일티 아니ᄒᆞ야 妙法에 두려이 마ᄌᆞ시리라 〈법화 1:16ㄱ〉
(39´) 내 다ᄆᆞᆫ ᄒᆞᆫ ᄋᆞᇫ이 뎌런 모딘 ᄠᅳ들 머그니 아ᄆᆞ례나 고티게 ᄒᆞ리라 〈석보 24:27ㄱ〉

예 (36)~(39)와 (36´)~(39´)을 비교하여 보면 교체의 양상에 차이가 있음을 알게 된다. 즉 '나모~낡, 노ᄅᆞ~놀ㅇ, ᄆᆞᄅᆞ~ᄆᆞᆯㄹ, 아ᅀᆞ~ᄋᆞᇫㅇ'이 그것이다. 이와 같은 교체 양상을 보이는 체언들의 표면적인 공통점은 용언 어간의 공통점을 정리해 본 (14)와 크게 다르지 않다.[16] 이들과 같은 유형을 보이는 몇몇 체언들을 유형에 따라 다음 (36´´)~(39´´)에 들어두기로 한다.

---

15) 여기서의 '자음'에는 반모음도 포함한다.

16) 여기서 '크게 다르지 않다'라는 표현을 취한 까닭은 '나모, 구무'에 있다. 말음의 구성이 'ㅗ, ㅜ'로 다른 예들과는 차이가 있기 때문이다. '나모'와 유사한 조건을 가지고 있으면서도 자동적인 교체를 보이는 '아모'(某)는 RL 즉 상거형을 보이고, '녀느'와 유사한 조건을 가지면서 자동적인 교체를 보이는 '어느'(何)가 LH 즉 평거형의 성조를 취하여 성조가 특수어간교체의 중요한 변수가 됨을 시사하고 있다. 성조 언어가 아닌 현대국어에서는 특수어간교체라는 현상 자체가 보이지 않는 것이다.

(36´´) 구무/굼(窟), 녀느/녀(餘), 불무/붊(冶)
(37´´) ᄂᆞᄅᆞ/ᄂᆞᆯㅇ(津), 시르/실ㅇ(甑), ᄌᆞᄅᆞ/ᄌᆞᆯㅇ(袋), ᄌᆞᄅᆞ/ᄌᆞᆯㅇ(柄)
(38´´) ᄒᆞᄅᆞ/ᄒᆞᆯㄹ(一日)
(39´´) 여ᅀᆞ/엿ㅇ(狐)

(36)~(39)의 경우와 비슷한 교체를 보이는 다른 예로 의문대명사 'ᄆᆞᅀᆞ'를 들 수 있다. 예들을 통하여 다른 점을 찾아보기로 하자.

(40) 太子ㅣ 우ᅀᅳ며 닐오ᄃᆡ 내 ᄆᆞᅀᆞ 거시 不足ᄒᆞ료 〈석보 6:24ㄱ〉
(41) 가. 阿難이 묻ᄌᆞᄫᆞᄃᆡ 아홉 橫死ᄂᆞᆫ ᄆᆞᅀᅳ기잇고 〈석보 9:35ㄴ〉
　　나. 오직 아바닚 病이 됴ᄒᆞ실씨언뎡 모ᄆᆞᆯ 百千 디위 ᄇᆞ료민ᄃᆞᆯ ᄆᆞᅀᅳ기 어려ᄫᅳ료 〈석보 11:20ㄱ〉

위에 보인 바와 같이 의문 대명사 'ᄆᆞᅀᆞ/ᄆᆞᅀᆞᆨ'(何)은 단독형으로 나타나거나 자음 앞에 나타날 때에 'ᄆᆞᅀᆞ'형을 취하여 예 (36)~(39)의 경우와 같지만, 모음 앞에서도 둘째 음절의 모음을 그대로 가지고 있다는 점에서 차이를 보인다. 성조형에서도 'ᄆᆞᅀᆞ/ᄆᆞᅀᆞᆨ'(何)은 LH 즉 평거형을 보이고 있어 이들을 특수어간교체를 보이는 부류로 함께 다루기는 어렵다 하겠다.

말음으로 모음 'ㅣ'를 가지고 있는 중세국어의 체언들 가운데 몇몇은 속격조사 및 호격조사와 통합될 때 그 말음을 탈락시키는 경우가 있다. 다음의 예 (40)과 (40´)은 서로 비교하여 보기 위하여 제시한 것이고, (40´´)은 같은 유형의 교체를 보이는 예들을 소개한 것이다.[17)]

(40) 가. 그 아비ᄂᆞᆫ 仙人ᄋᆞᆯ 니르니라 〈석보 11:26ㄱ〉
　　나. 모딘 즁ᄉᆡᆼ이 ᄒᆞᆫ ᄢᅴ 慈心을 가지며 아기 나ᄒᆞ리다 〈월석 2:33ㄴ〉
(40´) 가. ᄇᆞᆯ 가져오라 ᄒᆞ야ᄂᆞᆯ 그 ᄯᆞ니미 아빅 말 드르샤 北堀로 가시니 〈석보 11:26

---

17) 말음 'ㅣ'가 조사와 통합하면서 말음을 탈락시키는 경우로 다음의 예를 들기도 한다.(이기문 1972:155)

ᄇᆞ야미 가칠 므러 즘겟 가재 연ᄌᆞ니 聖孫將興에 嘉祥이 몬졔시니 〈용가 7〉

'가지'(枝)에 처격 조사 '-애'가 통합된 형태이다. 그러나 '가지'를 예 (40)과 같은 유형의 교체로 다루는 것에 대한 우리의 태도 표명을 유보하기로 한다. '용비어천가'가 가지는 자료상의 성격 즉 운문자료라는 사실에 영향을 받았을 가능성을 열어두려는 것이다.

ㄱ〉

나. 아가 大慈悲 우니논 鴛鴦鳥와 功德修行ᄒᆞ논 이 내 몸과 成等正覺 나래ᅀᅡ 반ᄃᆞ기 마조 보리여다 〈월석 8:101ㄱ,ㄴ〉

(40´´) 어미, 늘그니, 병ᄒᆞ니

하지만 'ㅣ' 모음을 말음으로 가지는 체언이 속격조사와 통합되면서 언제나 (40´)과 같은 교체형을 취하는 것은 아니라는 사실에 유의할 필요가 있다. 다음의 예 (41)과 (41´)을 비교해 보자.

(41) 가. 그 ᄢᅴ 諸子ㅣ 아비의 便安히 안존 둘 알오 다 아비게 가 아비게 닐오ᄃᆡ 〈법화 2:138ㄴ〉

나. 窮子ㅣ 아비의 큰 力勢 이슈믈 보고 즉재 두리요ᄆᆞᆯ 머거 〈법화 2:194ㄴ〉

다. 窮子ㅣ 아비의 豪貴尊嚴호ᄆᆞᆯ 보고 너교ᄃᆡ 〈법화 2:239ㄱ〉

(41´) 가. 그 ᄢᅴ 諸子ㅣ 아비 니ᄅᆞ논 珍玩앳 거시 제 願에 마존 둘 드를ᄊᆡ 〈법화 2:69ㄱ〉

나. 그제 貧窮ᄒᆞᆫ 아ᄃᆞ리 ᄆᆞᅀᆞᆯ돌해 노녀 國邑을 디나 제 아비 잇논 城에 다ᄃᆞᄅᆞ니 〈법화 2:188ㄱ〉

위의 예 (41)과 (41´)을 잘 살펴보면 그들 사이에 중요한 차이가 있음을 알게 된다. (41´)은 '아비'가 각각 '것, 城'과의 관계를 갖는 속격 구성을 보임에 반해, (41)은 '아비'가 각각 '앉다, 잇다, 富貴尊嚴ᄒᆞ다'의 주어로서 동명사 구문을 구성하고 있어 속격 조사의 통사적인 기능에서 차이를 보이는 것이다.

현대국어에서는 완전히 소실되어 쓰이지 않는 중세국어의 형식명사 'ᄃᆞ'와 'ᄉᆞ'도 여기에 들어둘 필요가 있다. 동명사어미 '-ㄴ'과 '-ㅭ' 뒤에 나타나는 'ᄃᆞ'와 동명사어미 '-ㄴ' 위에 나타나는 'ᄉᆞ'는 주격조사 '-이'와 계사 '이-' 앞에서 모음 'ㆍ'를 탈락시켜 비자동적인 교체를 보이는 예에 속하기 때문이다. 다음의 예 (42)와 (43)은 'ᄃᆞ'와 'ᄉᆞ'를 보인 것이고, (42´)과 (43´)은 그들의 교체형을 보인 것이다.

(42) 가. 내 이 고줄 나ᅀᆞ리니 願ᄒᆞᆫ 든 내 生生애 그딋 가시 ᄃᆞ외아지라 〈월석 1:11ㄴ〉

나. 부톄 이 震旦國 衆生이 因緣이 니근 둘 아ᄅᆞ시고 〈월석 2:49ㄴ,50ㄱ〉

다. 아ᄃᆞᆨᄒᆞᆫ 後世예 釋迦佛 ᄃᆞ외싫 둘 普光佛이 니ᄅᆞ시니이다 〈월석 1:3ㄱ〉

(42´) 가. 더러본 거슬 ᄇᆞ리고 다른 ᄃᆡ 가 微妙ᄒᆞᆫ 이룰 얻논 디 아니라 〈석보 13:33ㄴ〉

나. 沙門과 婆羅門과롤 恭敬ᄒᆞᆫ 디면 내 처엄 모ᄃᆞᆫᄃᆡ 드러 니거든 한 사ᄅᆞ미 날 위

ᄒᆞ야 禮數ᄒᆞ리라 〈석보 6:29ㄱ〉

다. 다 阿羅漢이니 筭數ᄋᆡ 能히 아ᄅᆞᇙ 디 아니며 諸菩薩衆도 ᄯᅩ 이 ᄀᆞᆮᄒᆞ니 〈아미 14ㄱ,ㄴ〉

라. 이 무른 다 增上慢人 이론 고ᄃᆞᆯ 아ᄅᆞᇙ 디니 엇뎨어뇨 〈석보 13:61ㄴ〉

(43) 가. 부톄 法 ᄀᆞᄅᆞ치샤 煩惱 바ᄅᆞ래 건내야 내실 ᄡᆞᆯ 濟渡ㅣ라 ᄒᆞᄂᆞ니라 〈월석 1:11ㄱ〉

나. 네 이제 見과 塵과ᄅᆞᆯ 보아 種種히 發明ᄒᆞᇙ ᄉᆞᆯ 일후미 妄想이니 〈능엄 2:61ㄱ〉

(43′) 가. ᄆᆞᅀᆞᆷ 조ᄒᆞᆯ 씨 信이오 … 제 사오나ᄫᆞᄆᆞᆯ 붓그려 어디로ᄆᆞᆯ 위와ᄃᆞᆯ 씨 慚이오 … 부텻 ᄀᆞᄅᆞ치샤ᄆᆞᆯ 만히 듣ᄌᆞᄫᆞᆯ 씨 聞이오 내 거슬 내야 ᄂᆞᆷ 줄 씨 施오 〈석보 11:43ㄱ〉

나. 命終은 목숨 ᄆᆞᄎᆞᆯ 씨라 〈석보 6:3ㄴ〉

표면상으로는 차이가 없는 듯이 보여 자동적인 교체로 인식될 수 있는 인칭대명사와 재귀대명사의 교체도 여기서 살피고 갈 필요가 있다. 표면성조형에서 차이를 보이는 주격형과 속격형 사이의 차이가 성조 규칙에 비추어 설명 가능한 형태가 있는가 하면, 그렇지 못한 형태도 있기 때문이다. 성조의 관점에서 볼 때 설명이 불가능한 형태는 비자동적인 교체로 이해할 수밖에 없을 것이다. 구체적인 예들을 살펴보기로 하자.

(44) 가. :네 이·대 드르·라 너 :위·ᄒᆞ·야 닐·오리·라 〈석보 13:47ㄱ〉

나. :됴·타 :네 阿僧祇劫·을 :디·나·가 부:텨ᄃᆞ외·야 號·ᄅᆞᆯ 釋迦牟尼·라 ᄒᆞ·리·라 〈월석 1:15ㄴ〉

다. 善慧 니ᄅᆞ·샤·ᄃᆡ 그·러·면 네 願·을 從·호리·니 〈월석 1:12ㄴ〉

(45) 가. ·우리 비·록 佛法 寶藏·ᄋᆞᆯ 니ᄅᆞ·나 저·ᄂᆞᆫ ·ᄠᅳᆮ 願 :업수·미 ·ᄯᅩ ·이 ·ᄀᆞᆮ·다이·다 〈법화 2:248ㄱ〉

나. :제 너·교·ᄃᆡ 바·ᄆᆡ ·가다·가 귓 것·과 모딘 즁ᄉᆡᆼ·이 므·ᅀᅴ엽·도소·니 므·스므·라 바·ᄆᆡ ·나·오나·뇨 ·ᄒᆞ·야 〈석보 6:19ㄴ〉

다. 가·ᅀᆞ며·러 布施·도 :만·히 ·ᄒᆞ더·니 제 :겨집·도 :됴ᄒᆞᆫ 相·이 ᄀᆞᆽ·고 世間·앳 情欲·이 :업더·라 〈석보 6:12ㄱ〉

위에 든 예 (44)와 (45)는 이인칭 대명사 '너'와 재귀대명사 '저'의 예들이다. 이해를 돕기 위하여 이들의 성조형을 정리하여 보면 다음의 (46)과 같다.

(46) 대명사　　주격　　속격

너	:네	네
저	:제	제

위의 (46)은 대명사 '너'와 '저'가 가지는 주격과 관형격의 성조형이 규칙적이고 그래서 자동적임을 보이고 있다. 체언 어간의 성조가 각각 평성이고, 주격 조사 'ㅣ'의 성조는 거성이며, 속격 조사 'ㅣ'의 성조가 평성이라고 볼 때[18] 통합과정이나 결과에 대한 이해에 아무런 문제가 없다. 물론 이와 같은 태도를 취하는 데에는 상성을 평성과 거성의 결합으로 본다는 전제가 깔려 있다. 따라서 이중모음 'ㅔ'로 구성된 '너'와 '저'의 주격형이 상성으로 나타나는 것은 평거형에 다름이 아닌 것이라 할 수 있으며, 평성으로 나타나는 속격형은 실상 평평형으로 이해해야 할 것이다.

그러나 주격과 속격 자리에 오는 일인칭 대명사 '나'와 의문대명사 '누'의 성조형은 (44)의 '너'나 (45)의 '저'에서 살핀 내용과는 상당한 거리를 보인다. 다음의 예 (47)과 (48)이 그것이다.

(47) 가. ·나·ᄂᆞᆫ 어버·ᅀᅵ 여·희·오 ᄂᆞ·ᄆᆡ 그ᅌᅦ 브·터 사·로·ᄃᆡ 〈석보 6:5ㄱ〉
나. ·내 太子·ᄅᆞᆯ 셤·기ᅀᆞ·ᄫᅩ·ᄃᆡ 하·ᄂᆞᆯ 셤·기:ᄉᆞᆸ ·ᄃᆞᆺ·ᄒᆞ·야 ᄒᆞᆫ 번·도 디·만ᄒᆞᆫ :일 :업수·니 〈석보 6:4ㄱ〉
다. ·이제 ·ᄯᅩ 내 아·ᄃᆞ·ᄅᆞᆯ ᄃᆞ·려 :가·려 ·ᄒᆞ·시ᄂᆞ·니 眷屬 ᄃᆞ외ᅀᆞ·ᄫᅡ·셔 :셜ᄫᅳᆫ :일·도 ·이·러ᄒᆞᆯᄊᆡ 〈석보 6:5ㄴ〉

(48) 가. 百姓·ᄃᆞᆯ·히 시·름·ᄒᆞ·야 王·ᄭᅴ ·와 ᄉᆞᆯ·ᄫᅩ·ᄃᆡ 王·곳 :업스시·면 ·누·를 믿ᄌᆞ·ᄫᆞ·리잇·고 〈월석 7:54-2ㄱ,ㄴ〉[19]
나. 四那身·이 :뵈·샤 :보·ᄇᆡ·옷 니브·샤 頓教·ᄅᆞᆯ ·뉘 아·라 듣ᄌᆞ·ᄫᆞ·리 〈월곡 97〉
다. :뉘 - 善友ㅣ 닐·오·ᄃᆡ 그:듸 :뉘 짓 ·ᄯᆞ·리완ᄃᆡ 내 :겨지비 ᄃᆞ외·요·려 ·ᄒᆞᄂᆞᆫ·다 〈월석 22:56ㄱ〉

---

18) 대명사와의 통합 이외의 자리에서도 'ㅣ'가 속격 조사로 실현되는 경우가 있다.

<u>臣下ㅣ</u> 말 아니 드러 正統애 有心ᄒᆞᆯ 쎠 〈용가 98〉

19) 월인천강지곡에서는 '누'의 성조가 상성으로 실현되고 있다. 월인천강지곡이 운문자료라는 자료상의 성격에 영향을 받았을 가능성을 기억하여 월인석보의 예를 취하기로 한다. 다른 자료에서 찾아보기가 어려운 경우가 아니라면 자료가 가지고 있는 성격을 반영하는 것이 온당한 태도라 여기기 때문이다.

:ᄌᆞᇰ·과 ᄆᆞᆯ·와·ᄅᆞᆯ ·현맨·ᄃᆞᆯ :알리·오 어·느 <u>:누·를</u> 더·브·르시·려·뇨 〈월곡 52〉

위의 (47)과 (48)을 통하여 알 수 있는 일인칭 대명사 '나'와 의문대명사 '저'가 주격과 속격으로 쓰일 경우의 성조형을 (46)에서와 같이 정리하여 보면 다음의 (49)와 같다.

(49) 대명사	주격	속격
·나	·내	내
·누	·뉘	:뉘

앞서 우리는 (44)와 (45)의 예를 살피면서 주격 조사 'ㅣ'의 성조는 거성이며, 속격 조사 'ㅣ'의 성조가 평성이라는 사실을 기억한 바 있다. 그러한 사실이 여전히 유효한 것이라고 할 때 거성의 '나'와 '누'에 거성의 주격조사가 결합된 '내'와 '뉘'가 거성을 보이는 것은 규칙적인 것이라 할 수 있으나[20], (47다)와 (48다)의 '나'와 '누'의 속격형 '내'와 '뉘'가 보이는 성조형은 규칙적인 것이라고 하기 어렵다고 하겠다. 즉 속격 조사 'ㅣ'가 평성이라면 '나'와 '누'의 거성어간이 각각 평성과 상성으로 바뀐 것이어서 비자동적인 교체를 보이는 것으로 이해해야 할 것이다. 이와 같이 표면 성조형을 달리하여 비자동적인 교체를 보이는 체언의 예로는 '갈ㅎ'과 '고ㅎ'를 들 수 있다. 다음의 예들이 그것이다.

(50) 가. 觀世音菩薩ㅅ 일·후·믈 일ㅋㄹ·면 ·뎌·의 자·본 ·갈·콰 막다·히·왜 동도·이 버·혀·디·여 버·서나·리어·며 〈석보 21:4ㄱ〉

나. 마·순:둘차·힌 ·귀 ·눈 ·입 ·고·히 :됴흔 相·이 :다 ᄀᆞᄌᆞ·시·며 〈월석 2:57ㄴ〉

(50´) 가. 諸天·둘·히 阿修羅·와 싸·홇 저·긔 갈·해 :헌 ·짜·홀 旃檀香 ᄇᆞᄅᆞ·면 ·즉자·히 암·ᄀᆞᄂᆞ·니·라 〈월석 1:26ㄴ,27ㄱ〉

나. 귀·예 :됴흔 소·리 듣·고져 ᄒᆞ·며 고·해 :됴흔 ·내 맏·고져 ᄒᆞ·며 이·베 :됴흔 ·차반 먹·고져 ᄒᆞ·며 〈월석 1:32ㄱ〉

그러나 이와 같은 표면성조형의 변화를 보이는 경우가 모두 같은 성격을 가지는 것은 아니라는 점에는 유의해야 할 것이다. 율동규칙, 이를테면 '셋 이상의 거성이 연속

---

20) 그 경우의 거성이 '나'와 '누'의 거성과 성격을 달리하는 것이라는 점은 기억할 필요가 있다. 중세국어의 'ㅐ'와 'ㅟ'는 이중모음이므로 그 때의 거성은 상성과 같은 길이를 가지는 것으로 보아야 할 것이기 때문이다. 굳이 따지자면 거거형으로 보아야 한다는 것이다.

으로 오지는 못한다'와 같은 규칙의 적용에 의하여 표면형이 바뀌는 경우의 성조 변화는 비자동적인 교체와는 다른 성격의 문제이기 때문이다.

2.5 변화의 양상

어간 형태가 나타나는 자리에 따라 그 모습을 달리하는 교체 현상이 형태론적인 문제이기는 하나, 그 변화의 원인은 형태론의 범주 밖에서 찾아야 할 경우가 많다. 이미 내용을 살피면서 일부 지적한 바 있으나 여기서는 현대국어와 중세국어 사이에 차이를 보이는 경우에 주로 주목하여 정리하기로 한다.

어간 형태의 교체 양상에 변화를 가져온 주된 원인은 음운 변화에서 찾아야 할 것이다. 중세국어에서 근대국어를 거쳐 현대국어에 이르는 국어의 변화 과정에 존재하는 음운 체계와 음운 규칙의 변화에 그 주된 원인이 있다는 것이다.

먼저 어간을 구성하던 음소가 소멸됨에 따라 나타나게 된 변화를 들 수 있다. 앞서 살핀 (3)과 (4나,마) 그리고 (9´)과 같은 예에서 찾아볼 수 있는 'ㅵ→ㅄ, ㅸ→ㅂ, ㅿ→ㅅ'의 교체라든가 'ㆍ→ㅏ, ㆍ→ㅗ'와 같은 교체 현상은 'ㅵ, ㅸ, ㅿ, ㆍ' 과 같은 음소의 소멸과 운명을 같이 하였다. 예 (4다,라)에서 본 'ㅺ→ㅅ, ㅼ→ㅅ'의 교체는 어간을 구성하던 음소 'ㅺ'과 'ㅼ'이 각각 근대국어시기에 'ㄲ'과 'ㅌ'으로 변화하여 현대국어에서는 찾아볼 수 없는 교체 현상이 되었다. 음절말의 'ㅅ'이 'ㄷ'으로 중화된 현상도 어간 교체 유형의 변화와 무관하지 않다. (4바,사)의 'ㅈ→ㅅ, ㅊ→ㅅ'으로의 교체 예들은 현대국어에서 각각 'ㅈ→ㄷ, ㅊ→ㄷ'의 모습으로 바뀌었다. 하지만 (4가)의 'ㄵ→ㅥ'에서 볼 수 있는 'ㅅ'은 '앉거나〔안꺼나〕, 앉다가〔안따가〕'에서와 같이 된소리 실현의 기능을 유지하고 있어 'ㄷ'으로의 중화와는 거리를 두고 있다.

중세국어에서 특수어간교체를 보이던 예들의 교체 양상은 각각 그 변화의 내용과 시기에서 차이를 보인다. 용언의 예를 보인 (10)~(13)과 체언의 예를 보인 (36)~(39)는 교체 유형의 변화에서 각각 공통점을 가지고 있다. 이해를 돕기 위하여 그들을 (51)에서 비교하여 보기로 하자.

(51) 용언 체언

가. 시므-~ᄉᆞᇝ- 나모~ᄂᆞᇝ

나. 다ᄅᆞ-~달ㅇ- 노ᄅᆞ~놀ㅇ

다. 모ᄅᆞ-~몰ㄹ- ᄆᆞᄅᆞ~ᄆᆞᆯㄹ

라. 그ᅀᅳ-~ᄀᆕᇫㅇ- 아ᅀᆞ~ᄋᆞᇫㅇ

위의 (51)은 체언과 용언이라는 차이는 있지만, 어간 형태가 교체하는 모습이 동일한 경우를 각각 묶은 것이다. 이들은 현대국어로의 변화 과정도 함께 경험하게 된다. (51가)와 같은 유형은 근대국어까지 유지된다. 현대국어의 일부 방언에서 그 존재를 찾아볼 수 있다는 점도 공통점으로 지적되어야 할 것이다. 어간말 음절이 'ᄅᆞ/르'인 경우는 (51나)와 (51다)와 같이 두 유형의 교체를 보여 준다. 근대국어 시기에 이르면서 (51나)의 교체 유형은 (51다)에 합류가 되지만, 현대국어로 오면서 (51다)의 체언과 용언은 각기 다른 길을 걷게 된다. 용언은 현대국어의 '르' 불규칙용언을 구성하게 되고, 체언은 음절말의 'ᄅᆞ/르'가 18세기에 이르러 '로'로 변한 뒤 현대국어와 같은 모습에 이르게 된다. (51라)와 같은 유형의 교체는 15세기 후반에서 16세기 전반에 걸쳐 일어난 'ㅿ'의 소실 과정과 무관하지 않다. 어형이 바뀌어 교체의 유형마저 소멸되고 만 것이다.

예 (35)와 (35′)에서 살핀 'ㅎ' 말음의 체언들은 근대국어에 들어와서 말음 'ㅎ'이 소실됨에 따라 점차 현대국어의 모습을 가지게 되었다. '수탉(←수ㅎ닭), 조팝(←조ㅎ밥)' 등의 예에서 겨우 그 흔적을 찾아볼 수 있을 뿐이다. 예 (47)과 (48)에서 살핀 어간 성조형의 변화 방식에 의한 교체 유형도 성조의 소멸과 운명을 같이한다.[21)]

그렇지만 예 (31)에서 살핀 여러 가지 교체형을 가지는 어간 '이시-, 잇-, 시-'가 어느 시기에, 어떤 이유로 현대국어의 '있-'으로 변하였는지에 대한 분명한 답을 구하기는 어려운 형편이다. 시기에 관한 한 근대국어의 어느 시기에 변한 것으로 짐작해 볼 수는 있으나, 그 변화의 원인을 음운체계의 변화와 같은 어휘 외적인 조건에서 찾을 수는 없기 때문이다.

3.0 지금까지 우리는 중세국어와 현대국어를 중심으로 체언과 용언의 어간 형태가 나타나는 환경에 따라 모습을 달리하는 교체와 그 교체 유형의 변화 양상에 대하여 살펴보았다. 교체의 유형을 가르는 기준은 여러 가지를 들 수 있겠으나, 여기서는 규칙적인 교체와 불규칙적인 교체, 자동적인 교체와 비자동적인 교체의 관점에서 살폈다. 아울러 중세국어의 교체 유형이 현대국어에서 어떻게 반영되고 있는지, 그 변화의 과정에 작용한 힘은 무엇인지에 대하여서도 생각해 보았다. 특히 음운론적인 측면의 원인들, 이를테면 개별음소의 소멸이라든가 변화는 물론 성조의 소실도 교체 유형의 변화에 영향을 미치는 요소로 이해하였다. 중세국어가 방점을 취하여 성조를 반영하고 있

---

21) 좀더 엄밀한 검토 과정이 있어야 할 것이나 성조 변화의 시기에 따라서 이들 성조 변화에 따른 교체 양상이 다른 양상을 보일 가능성은 충분히 있다고 할 것이다.

다는 점에서 성조형에 대한 적극적인 이해 태도는 중세국어와 관련된 문제에 대한 올바른 접근을 위하여 필요한 것으로 생각한 것이다. 아직 그에 대한 선명한 답을 구할 수 있는 형편과는 상당한 거리가 있으나, 특수어간교체를 보이는 예들의 성조형이 일치한다는 점도 간과해서는 안될 것으로 보았다.

3.1 여기서 앞서 살핀 내용을 새삼 정리하는 번거로움은 피하여 하거니와 앞으로의 과제 몇 가지는 들어 두기로 한다. 먼저 쌍형 어간과 특수어간교체에 대한 이해의 문제이다. 이들의 기저를 어떻게 보느냐 하는 문제는 그러한 교체 유형의 존재 이유와도 관계가 되는 것이다. 현대국어에서의 방언에 대한 면밀한 검토 작업도 또다른 과제의 하나이다. 방언을 통하여 이전의 교체 유형을 만날 수 있을 뿐만 아니라 그들이 가지고 있는 문제에 대한 답을 구할 수도 있으리라 생각되기 때문이다. 마찬가지 이유로 중세국어 이전 시기의 자료에 대하여 교체와 관련된 시각을 가지고 이해할 필요가 있다. 표기 방식 자체가 거칠어 교체와 같은 섬세한 내용을 모두 반영하는 데에는 무리가 있었을 것임은 분명하다 하겠으나, 그러한 선입견으로 검토 작업 자체를 포기하는 것은 온당한 태도라 하기 어렵다.[22] 검토의 결과가 기대하는 내용과 거리를 두게 된다고 하더라도, 거리를 두는 결과는 향가나 계림유사와 같은 자료에 대한 기존의 이해에 대한 새로운 문제 제기의 계기가 될 수도 있다는 점에서 의미가 있는 작업이 될 것이다. 참고로 향가에서 찾아볼 수 있는 '이시-, 잇-'의 경우를 소개해 두기로 한다.[23] 일차적으로는 '叱' 자의 용법에 관심을 가질 수 있겠으나, 역으로 해독의 결과를 바탕으로 '이시-'와 '잇-'의 관계를 추궁해 볼 수도 있을 것이다.

(52) 가. 蓬次叱巷中宿尸夜音有叱下是 / 다보짓 굴헝ᄒᆡ 잘 밤 이샤리 〈1.8〉
나. 吾衣身不喩仁人音有叱下呂 / 내ᄋᆡ 모마 안ᄃᆞᆫ 사ᄅᆞᆷ 이샤리 〈19.4〉
다. 吾衣身伊波人有叱下呂 / 내ᄋᆡ 모마 뎌버 사ᄅᆞᆷ 이샤리 〈24.10〉
라. 此矣有阿米次肹伊遣 / 이에 이샤매 머믓그리고 〈11.2〉
마. 慕人有如白遣賜立 / 그리리 잇다 ᄉᆞᆲ고쇼셔 〈9.8〉
바. 彗星也白反也人是有叱如 / 彗星이여 ᄉᆞᆲᄫᆞ녀 사ᄅᆞ미 잇다 〈12.8〉

22) 이기문(1962:147)에서는 특수어간교체가 이루어진 시기가 대략 12세기 이전부터 16세기 이후까지 걸치는 것이라고 지적한 바 있다.

23) 김완진(1980)의 해독을 취한 것이다. 출전을 나타내기 위한 번호는 삼국유사에 실린 순서와 향가에서의 행수를 나타낸다.

03. '老乞大'類의 종합적 검토(Ⅰ)

- 副詞를 중심으로 -

1. 서론

본고는 노걸대류가 가지고 있는 국어학적인 정보를 종합적으로 살펴보고자 하는 데에 목적이 있다. 주지하다시피 노걸대는 사역원에서 가르치고, 譯科에서 科試用으로 쓰인 譯學書이다. 우리가 이러한 노걸대에 주목하는 이유는 자명하기까지 하다.

우선 대부분의 우리말에 관한 역사자료들이 文語資料라는 점에서 본다면, 會話를 내용으로 하는 노걸대류는 口語의 모습을 어느 정도 반영하고 있다는 점에서 당시 언어의 실제적인 모습에 보다 가까운 내용을 반영하고 있어, 의미를 가지고 있는 자료이다. 게다가 오랜 기간 외국어 학습서로 사용되어 오면서 여러 차례 간행되어 다른 시기의 언어를 반영하고 있기도 한 것이다. 더군다나 노걸대는 동일한 臺本을 바탕으로 중국어와 몽골어 그리고 만주어를 학습하기 위한 판본으로 간행이 되어 번역 과정에서 각기 다른 언어의 영향을 받았을 가능성도 가지고 있는 다양한 얼굴의 자료인 것이다. 외국어 학습서로서의 노걸대는 다양한 상황 중심의 회화 장면을 담고 있다. 언어가 가지고 있는 다양한 모습을 원하는 방향에서 살필 수 있는 자료라는 의미이다. 노걸대가 가지고 있는 이러한 자료적인 특징은 노걸대를 다른 문헌자료를 살펴 온 이해의 태도와는 달리 대할 것을 요구하고 있다고도 하겠다. 다양한 언어 정보를 가지고 있기 때문이며, 가지고 있는 정보의 성격이 언어를 구성하고 있는 다양한 층위에 걸쳐 있으며, 게다가 동일한 저본의 자료가 시대를 달리하여 간행되어 전하고 있다는 점은 기존의 문헌 자료와는 전혀 다른 자료적인 성격을 가지고 있기 때문이다.

여기서는 일단 노걸대에 보이는 부사에 주된 관심을 갖기로 하나, 노걸대류에 대한 다양한 이해 가능성에 관해서도 잠시 살펴보기로 하거니와, 본고는 다음과 같은 순서로 논의를 진행하기로 한다. 먼저 논의의 진행을 위하여 노걸대의 자료적 성격과 현전하는 상황을 살피고, 그간 노걸대에 관하여 가져왔던 관심의 주제도 검토하기로 한다.

그를 통하여 새로운 과제 목록을 도출할 수 있으리라는 기대도 가지고 있다. 그런 과정에서 국어학적이거나 국어사적인 범위를 넘어 응용언어학적인 이해의 가능성에 관해서도 그 일단을 제시하여 보기로 한다.

논의가 진행됨에 따라 드러나게 되겠지만, 본고에서 주로 살피고자 하는 부사에 관한 이해에도 역시 유사한 태도를 견지하기로 한다. 부사에 관심을 가지되 부사가 보여주는 다양한 이해 가능성에 주목하자는 것이 그것이다. 개별 어휘 하나하나에 대한 관심을 가지되 그들이 자료와 장면에 따라 달리 나타나는 점에 주목하여 개별 어휘로서의 부사는 물론 부사들 사이의 통시적 또는 공시적인 관계에도 유념하고자 한다. 아울러 문장 속에서의 개별 부사의 역할이 중국어와 몽골어 그리고 만주어와 같은 언어 사이의 차이와 자료의 간행 연대가 보여주는 시간상의 차이와의 관련성에도 관심을 가지기로 한다.

1.1. 노걸대의 자료적 성격과 현황

먼저 노걸대의 자료적인 성격을 간단히 살펴보면 다음과 같다.

첫째, 노걸대는 회화 교재이다. 외국어를 학습하기 위한 자료로서 상황 중심, 장면 중심으로 이루어진 구어의 모습을 반영하고 있다. 낯선 이들이 처음 만나 인사를 나누는 장면이라든가 와점(瓦店)에서 숙박 장면과 북경으로 가는 여정에서 일어나는 여러 장면 등을 상정하여 해당 장면에서 필요한 대화로 교재를 구성하고 있다.[1] 이는 다른 문어 자료에 비하여 간행 당시 언어의 현실적인 모습을 상대적으로 더 반영하고 있다는 의미이고, 언어교육적인 측면에서 본다면 당시의 외국어교수법과 교재의 일단을 보여주고 있다는 의미이기도 하다.

둘째, 노걸대는 언어적인 다양성을 보여주는 자료이다. 현전하는 노걸대의 언해 자료들은 16세기 전반의 '번역노걸대'로부터 18세기 후반의 '몽어노걸대언해'에 이르기까지 근 200년 동안 진행된 다양한 층위의 언어적인 변화 양상을 반영하고 있다. 본고에서의 주된 관심사와는 다소 거리가 있으나 음운론적인 측면은 물론 문법적인 면, 통사적인 면, 어휘적인 면과 표기와 관련된 문제에 이르기까지 노걸대가 보여주는 다양한 모습들은 자못 흥미진진하기까지 하다.[2] 또한 외국어 학습용 교재로서 다양한 이본이

1) 참고로 노걸대에 제시된 장면은 크게 다음의 6가지 주제로 나누어 볼 수 있다. 주제별 제목은 정광(2006)에서 취한 것이다. 보다 구체적인 하위 장면의 내용에 관해서는 정광(2006)을 참조할 것.
① 만남 ② 와점(瓦店)에서의 숙박 ③ 북경으로 ④ 북경에서의 장사와 생활 ⑤ 사람 사는 도리 ⑥ 귀국 준비

2) 노걸대에 보이는 다양한 층위에서의 언어변화의 양상에 관해서는 2010년 8월 12일에 고려대

존재한다는 사실은 제시된 외국어를 번역할 때에 생기는 번역 태도에 따른 표현의 차이를 확인할 수 있게 한다. 아울러 노걸대는 조선시대의 4대 외국어인 중국어와 몽골어 그리고 만주어를 제시하고,[3] 그의 우리말 번역을 보이고 있어 우리말 번역에 반영된 중국어와 몽골어, 만주어의 영향을 살필 수도 있으리라는 기대를 가지게 한다.

셋째, 노걸대는 생활상을 보여주는 자료이다. 눈에 보이는 시대적인 모습은 '高麗, 朝鮮, 北京, 皇城, 셔울, 山東 濟寧府, 東昌縣 高唐縣' 등의 지명 정도에 한하는 듯이 보인다. 물건을 세는 단위는 물론 物價와 같이 현실을 반영하는 정보는 자료들 사이에서 차이를 찾아보기가 어렵다. 하지만 대화의 장면을 통하여 하룻밤 잘 곳을 얻기 위하여 애를 쓰는 모습이라든가, 물건값을 흥정하는 모습, 음식점에 들러 주문하여 음식을 먹는 모습 등을 통하여 당시의 생활상의 면면을 살필 수 있다. 이해를 돕기 위하여, 하룻밤 묵어 갈 곳을 얻으러 가기 위한 대화 장면인 〈제36화〉를 '번역노걸대'에서 가져와 보기로 한다. 다음의 예(1)은 중국인과 고려인의 대화이다.

(1) 중국인: 히 ᄒᆞ마 이리 늣도고나 예셔 夏店에 가매 당시론 十里ㅅ 짜히 이시니 가디 몯ᄒᆞ리로다 그저 이 길 븍녁 人家의 드러가 잘 ᄃᆡ 어드라 가져
고려인: 그리ᄒᆞ져 우리 가져
중국인: 다 가면 뎌 人家ㅣ 사ᄅᆞ미 만ᄒᆞᆫ 주를 보면 즐겨 자게 아니ᄒᆞ리니 둘흘 ᄒᆞ야 짐 보게 ᄒᆞ고 우리 둘히 무르라 가져

일행이 많을 경우에 숙소를 구하기가 어려울 수도 있어 두 사람만 가서 부탁하는 장면은 오늘날 현대인의 시각으로 보더라도 전혀 어색하여 보이지 않는 모습이기도 하다. 다소 장황한 듯하여 이 자리에서 구체적인 내용은 소개하지 않으려 하나, 〈제50화〉의 술값을 치르는 장면도 역시 낯설지 않은 모습이라 하겠다.

넷째, 외국어교육의 시각에서 볼 때에 '노걸대' 자체가 외국어 학습교재로서 가지는 나름대로의 의의가 있을 것이나, 외국어교수법의 측면에서 볼 때에 '노걸대'에 상정하고 있는 당시의 외국어 학습 방법에 대한 대화 내용은 외국어로서의 한국어 교육에도 많은 시사점을 제시한다고 하겠다. 다음의 예(2)는 외국어 학습자의 학습 내용과 방법을 보여주고 있다.

학교에서 '譯學書 硏究의 現況과 課題'라는 주제를 가지고 열린 '제2회 譯學書學會 국제학술회의'에서 노걸대의 자료별 차이를 중심으로 구두 발표한 바 있다.

3) 조선시대 4대 외국어에는 일본어도 포함이 되나, 아쉽게도 '왜어노걸대'는 전하지 않는다.

(2) 가. 네 뉘손ᄃᆡ 글 ᄇᆡ혼다
내 되ᄒᆞᆨ당의셔 글 ᄇᆡ호라
네 므슴 그를 ᄇᆡ혼다
論語 孟子 소학을 닐고라
네 ᄆᆡ실 므슴 이력 ᄒᆞᄂᆞᆫ다
ᄆᆡ실 이른 새배 니러 ᄒᆞᆨ당의 가 스승님ᄭᅴ 글 듣ᄌᆞᆸ고 ᄒᆞᆨ당의 노하든 지븨 와 밥 머기 ᄆᆞᆺ고 ᄯᅩ ᄒᆞᆨ당의 가 셔품쓰기 ᄒᆞ고 셔품쓰기 ᄆᆞᆺ고 년구ᄒᆞ기 ᄒᆞ고 년구ᄒᆞ기 ᄆᆞᆺ고 글이피ᄒᆞ고 글입피 ᄆᆞᆺ고 스승님 앏픠 글 강ᄒᆞ노라
므슴 글을 강ᄒᆞᄂᆞ뇨
소학 論語 孟子를 강ᄒᆞ노라
글 사김ᄒᆞ기 ᄆᆞᆺ고 ᄯᅩ 므슴 공부 ᄒᆞᄂᆞ뇨
나죄 다듣거든 스승님 앏픠셔 사술 ᄲᅢ혀 글 외오기 ᄒᆞ야 외오니란 스승님이 免帖 ᄒᆞ나ᄒᆞᆯ 주시고 ᄒᆞ다가 외오디 몯ᄒᆞ야든 딕실 션ᄇᆡ ᄒᆞ야 어피고 세 번 티ᄂᆞ니라

나. 엇디ᄒᆞᆯ 시 사술 ᄲᅢ혀 글 외오기며 엇디ᄒᆞᆯ 시 免帖인고
ᄆᆡ ᄒᆞᆫ 대ᄧᅩᆨ애 ᄒᆞᆫ 션ᄇᆡ 일훔 쓰고 모든 션ᄇᆡ 일후믈 다 이리 써 ᄒᆞᆫ 사술통애 다마 딕실 션ᄇᆡ ᄒᆞ야 사술통 가져다가 흔드러 그 듕에 ᄒᆞ나 ᄲᅢ혀 ᄲᅢ혀니 뉘고 ᄒᆞ야 믄득 그 사ᄅᆞᆷ ᄒᆞ야 글 외오요ᄃᆡ 외와든 스승이 免帖 ᄒᆞ나ᄒᆞᆯ 주ᄂᆞ니 그 免帖 우희 세 번 마조ᄆᆞᆯ 면ᄒᆞ라 ᄒᆞ야 쓰고 스승이 우희 쳐 두ᄂᆞ니라 ᄒᆞ다가 다시 사술 ᄲᅢ혀 외오디 몯ᄒᆞ야도 免帖 내여 ᄒᆡ야ᄇᆞ리고 아릐 외와 免帖 타 잇던 공오로 이 번 몯 외온 죄를 마초아 티기를 면ᄒᆞ거니와 ᄒᆞ다가 免帖곳 업스면 일뎡 세 번 마조믈 니브리라

다. 네 이리 漢人손ᄃᆡ 글 ᄇᆡ호거니 이 네 ᄆᆞᅀᆞ모로 ᄇᆡ호ᄂᆞᆫ다 네 어버ᅀᅵ 너를 ᄒᆞ야 ᄇᆡ호라 ᄒᆞ시ᄂᆞ녀
올ᄒᆞ니 우리 어버ᅀᅵ 나를 ᄒᆞ야 ᄇᆡ호라 ᄒᆞ시ᄂᆞ다

라. 네 ᄇᆡ환 디 언머 오라뇨
내 ᄇᆡ환 디 반 ᄒᆡ 남즉ᄒᆞ다
알리로소녀 아디 몯ᄒᆞ리로소녀
ᄆᆡ실 漢兒 션ᄇᆡ돌콰 ᄒᆞ야 ᄒᆞᆫᄃᆡ셔 글 ᄇᆡ호니 이런 젼ᄎᆞ로 져기 아노라

마. 네 스승이 엇던 사ᄅᆞᆷ고
이 漢人이라
나히 언메나 ᄒᆞ뇨
셜흔 다ᄉᆞ시라
즐겨 ᄀᆞᄂᆞ녀 즐겨 ᄀᆞᄅᆞ치디 아닛ᄂᆞ녀

우리 스승이 셩이 온화ᄒᆞ야 ᄀᆞ장 즐겨 ᄀᆞᄅᆞ치ᄂᆞ다
네 모든 션비 듕에 언메나 漢兒人이며 언메나 高麗ㅅ 사ᄅᆞᆷ고
漢兒와 高麗 반이라

위의 (2)를 통하여 알 수 있는 교육 관련 정보는 (3)과 같다.

(3) 교육 장소: 중국 학당
교육 내용: 논어, 맹자, 소학
교육 방법:
이른 새벽- 강의 청강,
오전- 글쓰기, 연구하기, 낭독하기, 외우기, 풀이하기
저녁- 외운 내용 검사
검사 방법: 제비뽑아 외우기, 상과 벌
교사의 출신과 연령: 중국인, 35세
학생 구성: 중국인과 고려인 반반으로 구성

1.2. 그간의 연구 내용과 연구 영역의 확장가능성

하지만, 그토록 다양한 모습을 가지고 있는 '노걸대'에 대한 그간의 관심이 그리 충분하였다거나 적절하였다고 하기는 어려운 형편이다. '노걸대'에 관한 기존의 업적을 중심으로 '노걸대'에 관하여 가져왔던 관심의 목록과 관심의 태도를 잠시 살펴보면 다음과 같다.4)

(4) 음운: 모음조화, 음계, 음운 체계 변천, 표기와 음운, 중국어음
문법 형태: '거/어', 'ㅅ', '원인'을 나타내는 연결어미, 안맺음씨끝, 어미, 어미 체계, 이음씨끝, 단위성 의존명사
문법 범주: 否定法, 부정표현, 사동(사동문, 사동사 파생, 사동사의 변화), 의도형의 붕괴, 의문법, 인과관계 접속, 인용문 구성, 조건 형태, 명령법 종결어미, 서법소, 형태음소적 변동물음법
표기: 한글 전사법
어휘: 어휘 비교, 어휘색인, 부사 대조 색인, 漢字語, 시간부사
의미: 공간 개념 은유, 대화 구조

4) 노걸대에 관한 기존의 연구업적의 목록은 중앙어문학회 제33차 전국 학술대회 발표자료집에 소개한 바 있다. 분량이 많아 이 자리에서는 생략하기로 한다.

漢語文: 한어 운모의 표기법, 한어음, 한음 성조, 한어문에 보이는 어휘와 문법
자료: 간행 시기, 문화사적 가치, 외국어 교재

위의 (4)에 보인 내용은 노걸대에 관한 문제를 다룬 기존 업적의 제목만을 중심으로 아주 거칠게 정리하여 본 주제목록이다. 기존의 노걸대 관련 논의의 주제 목록으로 볼 때 노걸대에 대한 이해를 위해서는 아직도 많은 빈칸을 보이고 있음을 알 수 있거니와 논의가 이루어진 주제라고 하더라도 그 내용이 의미를 가지는 것인가 하는 문제에 이르면 자신이 있다고 하기는 역시 어려운 형편이라고 하겠다.

특히 다양한 이본이 전하고 있고, 동일 원전 자료를 바탕으로 하여 다른 언어를 학습하기 위한 번역 자료가 존재하는 자료가 가지는 장점을 활용하기 위해서는 자료들 사이의 내용 비교가 이미 이루어졌어야 할 작업이라고 할 것이나 아직 자료들을 꼼꼼하게 비교하였다는 보고는 대하지 못하고 있는 것이다.

이렇듯 '노걸대'는 그를 대하는 시각과 태도에 따라 그를 통하여 얻을 수 있는 정보의 양과 질은 무궁무진하다고도 할 수 있겠다. 범위를 좁혀 응용언어학과 관련하여 살펴보더라도 노걸대는 '노걸대의 화용론, 노걸대의 사회언어학, 노걸대의 담화분석학, 노걸대의 사전학, 노걸대의 한국어교육학/교수법' 등등의 주제에 부합하는 유의미한 정보를 제공하여 줄 수 있으리라 생각한다.

1.3. 종합적 검토의 방법론

여기서는 일단 '노걸대'에 보이는 부사에 주목하기로 한다. '노걸대' 이본들 사이에 보이는 부사의 출현 양상을 중심으로 부사와 관련된 문제는 물론 그와 관련된 다양한 문제들에 대해서도 관심을 가지기로 한다.

'노걸대'에 관한 기존의 업적들 가운데에 현전 노걸대 사이의 비교와 대조 작업을 진행한 경우가 있기는 하나, 대부분 개별 '노걸대'의 언어 현상이나 서지사항에 주된 관심을 두어왔던 것이 사실이다. 비교와 대조 작업을 하는 경우에도 '노걸대'의 현전 이본들을 한자리에 놓고 비교와 대조 작업을 진행한 경우는 거의 없었던 것이다. 개별 자료를 통하여 얻을 수 있는 정보와, 자료들 사이의 비교와 대조를 통하여 얻을 수 있는 정보가 가지는 정보의 성격이 같지 않으리라는 것은 자명하다고 하겠다. 그런 점에서 본다면 현전하는 '노걸대'의 이본들을 한 자리에서 비교하고, 대조하는 작업은 다소 늦은 감조차 느끼게 한다.

여기서 검토의 대상으로 삼은 '노걸대'의 목록은 다음의 (5)와 같다. 중국어 학습을 위한 '노걸대'만이 아니라 만주어와 몽골어 학습을 위한 '청어노걸대'와 '몽어노걸대'까

지도 검토의 대상으로 삼은 것이다.5)

(5) 가. 15** 번역노걸대(중국어)
　　나. 1670 노걸대언해(중국어)
　　다. 1745 중간노걸대언해(평양감영, 중국어)
　　라. 1765 청어노걸대(만주어)
　　마. 1790 몽어노걸대(몽골어)
　　바. 1763? 노걸대신석언해(중국어)6)

검토의 대상으로 삼은 위의 (5)의 자료들을 개별 장면으로 구분하고, 구분된 장면을 다시 대화별로 갈라서 비교하였다. 다음의 (6)과 (7)은 검토를 위하여 기초 작업을 진행한 결과의 일부로, (6)은 개별 장면의 일부를 보인 것이고, (7)은 구분된 장면의 대화를 각각 비교가 쉽도록 재정리한 것이다. 장면과 대화 중심으로 살피다 보니 기존의 출전 표시 방법과는 다른 방법으로 자료의 출현 위치를 제시하게 되었다. 다소 번거로운 면이 있으나 크게 어려운 점은 없으리라 생각한다.7)

(6) 1. 만남
　　〈제01화: 001~012〉: 네 어드러로셔브터 온다
　　〈제02화: 013~022〉: 네 뉘손ᄃᆡ 글 ᄇᆡ혼다
　　〈제03화: 023~026〉: ᄯᅩ 므슴 공부 ᄒᆞᄂᆞ뇨
　　〈제04화: 027~036〉: 漢人의 글 ᄇᆡ화 므슴ᄒᆞᆯ다
(7) 가. 011A번: 네 이 ᄃᆞᆳ 그믐ᄭᅴ 北京의 갈가 가디 몯ᄒᆞᆯ가

---

5) 한학서인 (5가, 나, 다, 바)의 서지적인 정보에 관해서는 안병희(1996)을 참조하고, 몽학서인 '몽어노걸대'에 관해서는 이기문(1964)와 최기호(1994)를 참조하였으며, 만주어 학습서인 '청어노걸대'에 관해서는 송기중(1998)과 정광 편(1998)을 참조하였다. 하지만 여기서는 개별 자료의 형태서지학적인 내용에 관해서는 관심의 영역 밖에 두기로 한다.

6) 연대순으로 본다면 (5바)의 '노걸대신석언해'는 (5다)의 '중간노걸대언해'의 다음에 두는 것이 타당하고, 실제 언어 자료의 비교 결과도 '중간노걸대언해'와 가장 가깝기는 하나, '노걸대신석언해'는 상권만이 전하고 있어 후속작업을 염두에 두고 뒤에 배열을 한 것이다. 본고에서 일차적인 검토 대상으로 삼은 '노걸대'의 범위를 '번역노걸대'를 기준으로 '상권'까지로 한 것은, 분량이 일치하는 것은 아니나, 우리가 볼 수 있는 자료가 '노걸대신석언해'의 경우 〈제1화〉부터 〈제36화〉에 한하기 때문이었다.

7) 번거로움을 덜기 위하여 출전 위치를 알 수 있는 대조표를 별도로 제공할 예정이다.
성격에 따라 묶어 정리하기 위하여 붙인 부호이다. 다음의 '번, 언, 중, 청, 몽, 신'은 위의 (5)에 보인 자료명의 약호이다.

011A언: 네 이돌 그몸쯰 北京의 갈가 가디 못홀가
011A중: 네 이 돌 금음쯰 能히 北京 갈싸 가지 못홀싸
011B청: 네 혜아리니 이 돌 그믐쯰 皇城에 니르랴 니르지 못ᄒᆞ랴
011C몽: 네 이돌 금음쯰 北京에 밋출싸 못 밋출싸
011D신: 네 이 돌 금음쯰 能히 北京 갈가 가지 못홀가

나. 012A번: 모로리로다 그 마롤 엇디 니르리오 하놀히 어엿비 너기샤 모미 편안ᄒᆞ면 가리라
012A언: 모로리로다 그 말을 엇디 니르리오 하놀이 어엿비 너기샤 몸이 편안ᄒᆞ면 가리라
012A중: 이 말을 내 능히 혜아리지 못ᄒᆞᄂᆞ니 萬一 하놀이 어엿비 너기샤 몸이 平安ᄒᆞ면 싱각건대 또 可히 가리로다
012B청: 내 엇지 시러곰 알리오 하놀이 어엿비 너겨 몸이 平安ᄒᆞ면 니롤싸 ᄒᆞ노라
012C몽: 모로리로다 그 말을 엇지 니르리 하놀이 어엿비 너겨 몸이 平安ᄒᆞ면 가리라
012D신: 이 말을 내 能히 혜아리지 못ᄒᆞᄂᆞ니 萬一 하놀이 어엿비 너기샤 몸이 平安ᄒᆞ면 싱각건대 가리로다

참고로 위의 예문 앞에 붙인 번호와 부호에 관해서 잠시 설명을 하자면 다음과 같다. 예문의 앞에는 '011A번, 011A언, 011A중, 011B청, 011C몽, 011D신' 등과 같은 번호와 부호를 붙였다. 앞의 세 자릿수는 대화로 구성된 노걸대의 대화를 각각의 대화 순서에 따라 번호를 붙여 구분한 것이고, 다음의 로마자 A, B, C, D는 자료의 성격에 따라 묶어 정리하기 위하여 붙인 부호이다. 다음의 '번, 언, 중, 청, 몽, 신'은 위의 (5)에 보인 자료명의 약호이다. 본고에서 검토 대상으로 삼은 노걸대류를 한자리에서 비교하기 위하여 편의상 취한 방법이다.

2. 노걸대의 부사

이제 노걸대 권상에 보이는 부사의 모습들을 구체적으로 살펴가기로 한다. 그를 위하여 검토의 대상으로 삼을 노걸대 권상의 부사를 찾아 정리하여 보면, 아직 다소 거칠기는 하나, 다음의 (8)과 같다.

(8) ᄀᆞᄃᆞ기곰/ᄀᆞ득/ᄀᆞ득이, ᄀᆞ장/ᄀᆞ장, ᄀᆞ만이, ᄀᆞᆺ, ᄀᆞᆺ곰, ᄀᆞᆺ비, ᄀᆞᆺ치, 눙히/능히/能히,

당시론, ᄃᆞᆫᄃᆞᆫ이, ᄆᆞᄉᆞ모로, ᄆᆞᄉᆞᆷᄭᆞ장/ᄆᆞᄉᆞᆷ조초, ᄆᆞᄋᆞᆷ대로, 몰이/ᄆᆡ이, ᄆᆡ실/每日/每日에, 볼셔/ᄒᆞ마, ᄲᅩ로/ᄲᆞ로, ᄯᅩ, ᄯᅩᄒᆞᆫ, 섈리, 쟝ᄎᆞᆺ/쟝ᄎᆞ, 졍히/正히/졍히, ᄌᆞᅀᅧᆫ히/自然이/自然히, ᄌᆞ셰히/仔細히, ᄎᆞ라리, ᄒᆞ다가/만일/萬一/만이레/만일에/萬一에, ᄒᆞ믈며, ᄒᆞᆫᄃᆡ, ᄒᆞᆫ가지로/ᄒᆞᆷᄭᅴ/ᄒᆞᆷ과, ᄒᆡ마다, ᄒᆡ여곰, 힝혀, 可히, 각각/各各, 각벼리/각별이/별로, 간대로, 감히/敢히, 갓가이, 거의, 계요, 故로, 곧/곳, 구ᄐᆞ여/구ᄐᆡ여/구틔여, 구디, 굵즉이, 그러ᄒᆞ면/, 그러면, 그러므로/그러모로/젼ᄎᆞ로, 그르/그릇, 그리, 그저/그져, 극진히, 급히, 긔어, 날마다, 날호여/날회여, 낫낫치, 너모/너무/너므, 넉넉이, 네대로, 니기/닉이, 다, 다ᄃᆞᆺ도록, 다문/다만/다믄, 다ᄆᆞᆺ, 다시, 당시론/당시롱, 대가ᄒᆞᆫ디, 대되, 더브러, 더옥/더욱, 덧덧이, 도로, 도로혀, 독벼리/독별이, 되도록, 됴히, 두로, 마좀/마촘, 마치/맛치, 마히/만히, 맛당이, 멀쓱이/멀즈시/멀즉이, 明白히, 모다, 모로매/모로미, 몬져, 몯/못, 믄득, 믈읫/물읫, 미처/밋처/밋ᄎᆞ, 바히, 반ᄃᆞ시/번ᄃᆞ시, 밧비, 법다이, 별로, 별히, 본ᄃᆡ/본ᄃᆡ로, 不過, 부러, 부졀업시, 부즈런이/브즈러니, 브르도록, 비로소, 비록, 산산이, 새도록, 새로이, 새배/새볘, 서ᄅᆞ/서르, 손조, 쇽졀업시, 수이, 時價대로, 시러곰, 시방, 甚히, ᄯᅩ, 아ᄆᆞ라나/아ᄆᆞ려나/아므려나, 아니, 아오로, 아조, 아직/안직, 앗가, 약간, 어ᄃᆡ/어듸, 어ᄌᆡ/어재/어제, 어드러, 어엿비/어옛비, 언ᄌᆡ/언제, 언마/언마나/언머/언머나/언메나/얼머나, 엇디/엇지, 엿해, 예, 오늘, 오래, 오히려, 유여히, 응당, 이ᄣᆡ도록, 이ᄌᆡ/이제, 이대, 이러므로, 이리/이리도록, 이믜/임의/이믜셔/아직/임의셔, 이ᄉᆞᆨ이, 일/일쓱/일즉/일즙/일ᄌᆞ기/일즉이, 일뎡/일뎡/一定, 일졀이, 임의로/任意로, 잇ᄉᆞᆺ/잇긋, 잘, 잠싼, 절로, 제, 져기/젹이, 져리, 젼혀, 죠히/이대, 죵시, 즉금/즉금즉시/즉시/卽時/즉재, 지그기, 지도록, 진실로/眞實로/眞寀로, 진짓/짐즛, 채, 친히, 텬텬이/쳔쳔이, 편안이, 혹/或

위의 (8)에 제시된 부사들을 살펴 정리하며 '거칠다'고 하는 표현을 사용한 까닭은 (8)의 목록에 제시된 어휘들에 대하여 부사로 인정하지 않을 수도 있는 예들을 포함하였기 때문이다. 부사를 논의의 대상으로 삼는 자리에서라면, 관심 어휘가 부사인가 또는 부사가 아닌가 하는 보다 원초적인 문제도 관심의 대상이 되어야 한다고 믿는다. (8)의 목록에 보인 예들을 살펴보기 위해서는 일단 그들이 가지고 있는 문제의 성격에 따라 분류를 할 필요가 있다. 여기서 이야기하는 '문제의 성격'이라고 함은 부사 자체의 성격일 수도 있지만, 어휘 외적인 문제 이를테면, 표기상의 문제라든가 음운 변화와 관련한 문제 등도 아우르는 것이다. 부사 자체가 가지고 있는 문제의 성격을 파악하기 위해서 여기서는 부사에 관한 기존 논의 목록을 참조하였다.[8] 이제 위의 (8)에 보이는

8) 부사에 관한 기존 연구업적의 구체적인 목록은 중앙어문학회 제33차 전국 학술대회 발표자료

'노걸대'의 부사 목록을 대상으로 부사파생, 부사의 어휘 변화, 부사에 반영된 음운 변화, 유의어, 한글과 한자 또는 연철과 분철 등의 표기, 부사의 수식 범위, 부사와 관련된 어순 등의 문제에 관하여 살펴보기로 한다.

(8´) ᄀᆞ장/ᄀᆞ장, 다ᄆᆞᆫ/다만/다믄, 다ᄆᆞᆺ, 다시, 오히려, 몬져, 몯/못, 믄득, 믈읫, 아조,
아직/안직, 앗가, ᄯᅩ

위의 (8´)의 예는 (8)의 부사들 가운데 파생에 의하지 않은 원래부사라고 할 수 있는 예들이다. 이들 예들의 분포와 다른 파생부사들과의 관계도 흥미로운 내용이 될 것이나 우리의 우선 관심 대상에서는 일단 미루어두기로 한다.

2.1. 부사 파생

'노걸대'에 보이는 부사 파생 접미사로는 '-ø, -다이, -대로, -도록, -오/로, -이/히, -조' 등이 있다. 이제 부사 파생 접미사에 의한 파생부사들의 출현 양상을 순서대로 살펴보기로 한다.

2.1.1. -ø

'노걸대'에 보이는 ø-파생 부사의 예로는 '그르/그릇'과 '일', 'ᄇᆡ브르' 그리고 '오래'가 있다. 다음의 예 (9)가 그것이다.

(9) 295A번: 내 어제 그르 ᄉᆡᆼ각ᄒᆞ돗더라 오ᄂᆞᆯ 다시 ᄉᆡᆼ각ᄒᆞ니 三十里 남ᄌᆞ기 잇ᄂᆞᆫ ᄯᅡ히로다
295A언: 내 어제 그릇 ᄉᆡᆼ각ᄒᆞ엿더니 오ᄂᆞᆯ 다시 ᄉᆡᆼ각ᄒᆞ니 三十里 남즉ᄒᆞᆫ ᄯᅡ히 잇다
295A중: 내 어제 그릇 긔록ᄒᆞ엿더니 오ᄂᆞᆯ ᄉᆡᆼ각ᄒᆞ니 三十里 남즉ᄒᆞᆫ ᄯᅡ히 잇다
295B청: 내 어제 그릇 記錄ᄒᆞ엿다가 오ᄂᆞᆯ이야 고쳐 ᄉᆡᆼ각ᄒᆞ여 알앗노라
295C몽: 내 어제 그릇 生覺ᄒᆞ엿더니 오ᄂᆞᆯ 다시 生覺ᄒᆞ니 三十里 남아 잇다

위 (9)의 '그르'와 '그릇'이 유사한 의미를 가지고는 있으나 그들을 동일한 구성 방식에 의한 부사로 보기는 어렵다. '그르'는 '그르다'의 어간에 근거한 것이나, '그릇'은 그 자체가 부사이기 때문이다. 두 어휘 모두 15세기 자료는 물론 그 이후 자료에서도 쉽게 찾아 볼 수 있다.

집에 소개한 바 있다. 분량이 많아 이 자리에서는 생략하기로 한다.

다음의 예 (10)은 '일다(早)'의 어간 '일'이 부사로 쓰인 예이다. 청어노걸대언해에서는 '일즉이'로 번역이 되었고, 몽어노걸대언해에서는 굳이 번역하지 않고 문맥에 기대어 알 수 있도록 하고 있다. 이렇듯 청어노걸대와 몽어노걸대는 한어노걸대류와는 많은 부분에서 차이를 보인다.

(10) 068A번: 뎨 가 곧 일어도 ᄯᅩ 됴ᄒᆞ니 우리 ᄆᆞ쇼 쉬워 ᄂᆡ싈 일 녀져
068A언: 뎌긔 가 곳 일러도 됴흐니 우리 ᄆᆞ쇼 쉬워 ᄂᆡ일 일 녜쟈
068A중: 져긔 가 비록 져기 일러도 죠흐니 즘싱을 쉬워 ᄂᆡ일 일 녜쟈
068B청: 일즉 니ᄅᆞ면 우리 ᄆᆞ쇼ᄅᆞᆯ 쉬엿다가 ᄂᆡ일 일즉이 가쟈
068C몽: 져긔 가 일러도 ᄆᆞ쇼 쉬워 ᄂᆡ일 아ᄎᆞᆷ에 가쟈
068D신: 져긔 가 ᄣᅢ 비록 일러도 죠흐니 즘싱을 쉬워 ᄂᆡ일 일 녜미 맛당ᄒᆞ다
(10´) 218A번: 제대로 두라 너희 다 머그라 지븨 당시론 바비 잇다 머기 ᄆᆞ차든 가져가라 너희 손 도읜 양 말오 날회여 빅브르 머그라
218A언: 제대로 두고 너희 다 머그라 집의 당시론 밥이 이시니 먹기 ᄆᆞ차든 가져 가라 너희 손 도읜 양 말고 날회여 빅브로 머그라
218A중: 아직 너희대로 먹으라 집의 도로혀 밥이 이시니 먹어 ᄆᆞᆺ거든 ᄯᅩ 져를 주라 가져가라 너희 나그닌 쳬 말고 날호여 브르게 먹으라
218B청: 너희 맛당ᄒᆞ믈 보와 다 먹으라 내 집의 밥 만히 이시니 너희 먹거든 다시 ᄯᅩ로 다마 가져가라 너희 나그닌 쳬 말고 쳔쳔이 빅브르도록 먹으라
218C몽: 말라 너희 가 먹어라 집의 밥 이시니 먹어ᄃᆞᆫ 가져 가라 너희 손인 쳬 말고 날호여 빅부르도록 먹으라
218D신: 아직 져들대로 먹게 ᄒᆞ라 집의 당시롱 밥이 이시니 먹어 ᄆᆞᆺ거든 ᄯᅩ 져를 주라 가져가라 너희 나그닌 쳬 말고 날호여 브르도록 먹으미 무던ᄒᆞ다

예 (10)의 '일'과 같은 중세국어의 ø-파생부사를 살필 때에는 어간 끼리 결합한 복합용언과 함께 고려하여야 한다는 점에서 유의할 필요가 있다. 중세국어에서 복합용언을 생성하는 생산적인 방식의 하나라고 이야기되고 있는 단어 형성 방식에 용언어간 끼리의 결합이 있는 바, 선행하는 용언어간이 ø-파생부사인지 복합용언의 구성 요소인지를 구분하는 것은 중요한 문제이기 때문이다.[9] (10´)의 '빅브르'도 '배불리'의 의미를 가

9) 한재영(1999)에서는 복합동사는 통사적으로나 의미적으로나 새로운 하나의 동사이어야 한다는 다소 엄격한 기준을 상정한 뒤, 작성된 목록의 예들의 실제 출현 양상을 문장 단위에서 확

지는 ø-파생부사의 예이다. '비부르도록'에 보이는 '-도록'과 관련하여서는 뒤에서 다시 살피게 될 것이다.

(11) 100A번: 애 또 王가 형님이로괴여 오래 몯 보왜 이대 이대 너희 이 여러 벋돌히 어듸브터셔 모다 오뇨
100A언: 애 또 王가든 형이로괴야 오래 보디 못ᄒᆞ엿더니 이대 이대 너희 이 여러 벗이 어듸셔브터 못ᄃᆞ라 오뇨
100A중: 嗳王가 큰 형이 왓ᄂᆞ냐 오래 보지 못ᄒᆞ엿더니 편안ᄒᆞ냐 네 이 여러 벗이 어ᄃᆡ로 조차 ᄒᆞᆫ가지로 오니고
100B청: 王哥 큰 형이 왓ᄂᆞ냐 오래 보지 못ᄒᆞ엿더니 너희 여러 벗이 어ᄃᆡ셔 만나 온다
100C몽: 내 王哥ㅣ로라 오래 보지 못ᄒᆞ얏ᄃᆞ니 兄의 渾家ㅣ 됴히 잇ᄂᆞ냐 너희 이 여러 벋이 어ᄃᆡ셔 모다 온다
100D신: 嗳呀 王가 큰형이 왓고나 오래 보지 못ᄒᆞ엿더니 편안ᄒᆞ냐 네 이 여러 벗이 어ᄃᆡ로셔 ᄒᆞᆫ가지로 오니고

예 (11)에 보이는 '오래'가 '오래다'의 어간에 근거한 ø-파생부사인가 하는 데에는 이견이 있을 수도 있겠다. '오래다'의 의미를 가지는 용언으로는 예 (11′)의 '오라다'도 있기 때문이다. 다음의 예들이 그것이다.

(11′) 가. 奉天討罪실씨 四方諸侯ㅣ 몯더니 聖化ㅣ 오라샤 西夷 또 모ᄃᆞ니 〈용가 9장〉
나. 閻浮提예 ᄂᆞ려와 닐오ᄃᆡ 如來 아니 오라 涅槃애 드르시리라 〈월석-중 21:200〉

'오래'가 '오라다'에 근거한 것이라는 입장에서 본다면 '오래'는 '오라다'의 어간 '오라-'와 부사파생접사 '-이'가 결합된 것으로 볼 수도 있을 것이다. 최소한 역사적으로는 그럴 수 있다. 여기서는 다음 (11″)과 같은 근대국어의 용례에 기대어 기본형을 '오래다'로 간주한 것이다.

(11″) 가. 연향 일은 오래지 아냐 ᄒᆞ려 ᄒᆞ시는 ᄠᅳ즌 ᄀᆞ장 됴ᄉᆞ오니 〈개첩 10中:7〉
나. 벗들아 쌜리 닐거라 ᄃᆞᆰ이 우런 지 세 홰니 오래지 아녀 東이 트리라 〈노신

인하였다. 진정한 복합동사를 가리기 위하여 '의미 반영 조건, 구성 요소 생략 불능 조건, 새로운 의미 형성 조건, 단일 동사 조건' 등의 조건을 제시하였다.

1:48〉

2.1.2. -다이

다음의 (12)에 보이는 예는 부사파생접사 '-다이'의 예이다. 우리가 살피고 있는 노걸대류에서는 번역노걸대와 노걸대언해에서만 보이고, 그 이후의 노걸대류에서는 나타나지 않는다. 15세기와 16세기 자료에서는 물론[10] 접사 '-다이'는 현대국어에서 '정다이'와 같은 예에서 찾아볼 수는 있는 접사이기는 하나 생산적인 접사는 아니다. '법대로' 정도의 의미를 가진다.

(12) 144A번: 볼셔 고텨 잇ᄂᆞ니 아러두곤 두 자히 놉고 석 자히 어위오 법다이 밍ᄀᆞ로믈 됴히 ᄒᆞ엿ᄂᆞ니라
144A언: 볼셔 고텻ᄂᆞ니 在前에 比컨댄 두 자히 놉고 석 자히 너ᄅᆞ니 법다이 밍글기롤 됴히 ᄒᆞ엿ᄂᆞ니라
144A중: 볼셔 고쳐시되 이젼에 比컨대 두자히 놉고 석자히 너ᄅᆞ니 더욱 ᄆᆞᆫᄃᆞᆯ기롤 잘ᄒᆞ엿ᄂᆞ니라
144B청: 볼셔 고쳐시되 前에셔 두 자 놉고 석 자 너르니 셩령ᄒᆞᆫ 거시 ᄀᆞ장 잘 ᄒᆞ엿ᄂᆞ니라
144C몽: 볼셔 고쳐시되 녜에 比ᄒᆞ면 두 자히 놉고 석 자히 너ᄅᆞ니라
144D신: 볼셔 고쳐시되 이젼에 比컨대 두 자히 놉고 석 자히 너ᄅᆞ니 더욱 ᄆᆞᆫᄃᆞᆯ기롤 잘 ᄒᆞ엿ᄂᆞ니라

노걸대류에 보이는 접사 '-다이'의 모습은 이 시기가 '-다이'가 가지고 있는 생산력이 약화되고 있음을 짐작하게 한다. 우리의 검토 대상 영역 밖에 있는 예이기는 하나 번역노걸대와 노걸대언해의 하권에 보이는 다음의 예 (12´)은 '-다이'에서 '-대로'로의 변화 양상을 보이는 것으로 이해할 수 있다.

(12´) 가. ᄂᆞᄆᆡ 올ᄒᆞ니 외니 니ᄅᆞ디 말라 이다이 용심ᄒᆞ야 ᄃᆞᆫ니면 〈번노 하:43〉
나. ᄂᆞᆷ의 是非 닐으디 말라 ᄒᆞ다가 이대로 용심ᄒᆞ여 ᄃᆞᆫ니면 〈노걸 하:39〉

---

10) 15세기와 16세기 자료에서 찾아볼 수 있는 접사 '-다이'의 예로는 다음과 같은 것들이 있다. 'ᄆᆞᅀᆞᆷ다이, ᄠᅳᆮ다이, 졍다이, 期約다이, 례다이, 말다이, 法다이, 喪禮다이, 實다이, 아ᄅᆞᆷ다이, 얼운다이, 이다이, 正다이, 젼례다이, 次第다이, 텬셩다이'
근대국어자료에서도 접사 '-다이'가 결합하여 생성된 파생부사들이 있기는 하나 중세국어에서 찾아볼 수 있는 예들만큼 다채롭지는 못하다.

2.1.3. -대로

위에서 본 접사 '-다이'에 대신하여 생산력을 발휘하게 된 접사 '-대로'의 노걸대에서의 예들은 다음과 같다. '너희대로/제대로/져들대로', '네대로'와 'ᄆᆞ음대로', '時價대로'가 그것이다. 그리고 '간대로'의 경우에도 표면적으로는 '-대로'를 보인다는 점에서 검토가 필요하다. 이들이 각각 '-대로'를 취하고 있기는 하나 그들의 성격에는 차이가 있다. 순서대로 살펴가기로 하자.

(13) 218A번: <u>제대로</u> 두라 너희 다 머그라 지븨 당시론 바비 잇다 머기 ᄆᆞ차든 가져가라 너희 손 도읜 양 말오 날회여 ᄇᆡ브르 머그라

218A언: <u>제대로</u> 두고 너희 다 머그라 집의 당시론 밥이 이시니 먹기 ᄆᆞ차든 가져가라 너희 손 도읜 양 말고 날회여 ᄇᆡ 브로 머그라

218A중: 아직 <u>너희대로</u> 먹으라 집의 도로혀 밥이 이시니 먹어 몿거든 ᄯᅩ 져롤 주라 가져가라 너희 나그낸 체 말고 날호여 브르게 먹으라

218B청: 너희 맛당ᄒᆞ믈 보와 다 먹으라 내 집의 밥 만히 이시니 너희 먹거든 다시 ᄯᅩ로 다마 가져가라 너희 나그낸 쳬 말고 천쳔이 ᄇᆡ브르도록 먹으라

218C몽: 말라 너희 가 먹어라 집의 밥 이시니 먹어든 가져 가라 너희 손인 체 말고 날호여 ᄇᆡ부르도록 먹으라

218D신: 아직 <u>져들대로</u> 먹게 ᄒᆞ라 집의 당시롱 밥이 이시니 먹어 몿거든 ᄯᅩ 져를 주라 가져가라 너희 나그낸 체 말고 날호여 브르도록 먹으미 무던ᄒᆞ다

위의 예 (13)에 보이는 '너희대로/제대로/져들대로'는 동일한 문맥에 쓰인 예들이다.[11] 위의 예에 보이는 '제대로'는 '자기대로' 정의의 의미로, 현대국어에서의 부사 '제대로'와는 거리가 있는 것임을 기억할 필요가 있다. 현대국어에서의 '제대로'는 '제 격식이나 규격대로, 마음먹은 대로, 알맞은 정도로, 본래 상태 그대로'의 의미를 가지는 부사이나 예 (13)에 보이는 '제대로'가 부사인가 하는 문제에 관해서는 선뜻 답을 하기가 어렵기 때문이다. 이 경우의 '-대로'를 대하는 우리의 시각은 일견 온당하여 보인다. 경우에 따라 접사로 보기도 하고, 조사로 보기도 하며, 의존명사로 보기도 하는 것이 그것이다. '-대로'에 선행하는 요소를 기준으로 하여 볼 때에 관형사형에 후행하는 '-대로'를 의존명사로 보는 데에는 별다른 이의를 제기할 수 없을 것이나, 체언에 후행하는 '-

11) 중간노걸대언해와 노걸대신석언해가 동일한 부사 사용의 양상을 보이는 경우가 많지만 여기서는 각각 '너희대로'와 '져들대로'를 사용하고 있다. 이들 부사는 다른 자료에서는 별로 보이지 않는 예들이다.

대로'를 접사와 조사로 구분하는 기준을 찾기란 그리 간단하여 보이지 않으며, 그를 구분하여 얻게 되는 문법적인 설명의 득실 관계도 그리 선명하여 보이지 않는다. '멋대로'와 '제멋대로'에 대하여 모두 부사라고 하나, 그와 등치관계에 있는 '뜻대로'나 '마음대로'와 '제 뜻대로'나 '제 마음대로'에 대해서는 '뜻대로'와 '마음대로'에 대해서만 부사로 처리하고 있기 때문이다.[12] 이는 결국 '-대로'의 결합과 관련한 문제가 파생인가 굴절인가 하는 문제에 귀결되는 것으로, 그를 구분하는 여러 기준과 근거에 비추어 볼 때 파생으로 처리하는 것이 일관된 처리 방안으로 보인다.[13] 그와 같은 이해의 태도는 다음의 예 (14)에 보이는 'ᄆᆞᅀᆞᆷ조초'의 '-조초'에 대한 처리방식을 택하는 데나, 예 (15)의 '時價대로'의 처리에도 의미있는 선택이 될 수 있을 것이다.

(14) 266A번: 내 새배 져기 밥 머근 후에 이 늣도록 다ᄃᆞ라도 바블 먹디 몯ᄒᆞ야시니 ᄀᆞ장 ᄇᆡ곫패라 네 밧고아 왓는 ᄡᆞ래셔 나를 져기 논힐훠 다고려 우리 져기 죽을 쑤워 머거지라 이 일ᄇᆡᆨ 낫 돈내 네 ᄆᆞᅀᆞᆷ조초 져그나 다고려

266A언: 내 새배 져기 밥 먹고 이 느즈매 다ᄃᆞ라 밥을 먹디 못ᄒᆞ여시니 ᄀᆞ장 ᄇᆡ 골패라 네 밧괴여 온 ᄡᆞᆯ에셔 나를 져기 노닐워 주고려 우리 져기 죽쑤어 먹어지라 이 一百 낫 돈에 네 ᄆᆞᄋᆞᆷ대로 져기 주고려

266A중: 우리 일즉 져기 밥 먹고 이 ᄣᆡ 다ᄃᆞᆺ도록 일즉 져기 아모란 것 먹지 못ᄒᆞ여시니 ᄇᆡ ᄀᆞ장 곫흐니 네 져 밧고와 온 ᄡᆞᆯ에셔 져기 ᄂᆞᆫ화 나를 주어든 저기 죽 쑤어 먹으미 ᄯᅩ 죠타 이 一百낫 돈에 네 ᄆᆞᄋᆞᆷ대로 져기 ᄡᆞᆯ을 주라

266B청: 형의 말을 ᄀᆞ장 ᄭᅵ쳣거니와 다만 우리 새배 밥 먹고 ᄒᆞᄅᆞ ᄒᆡ 지도록 ᄌᆞᆺ비 ᄃᆞᆫ녀 ᄀᆞ장 ᄇᆡ 곫흐니 네 밧고와 가져온 ᄡᆞᆯ을 우리게 젹이 더러다고 우리 粥 쑤어 먹쟈 이 一百낫 돈에 네 任意로 맛당홈을 보와 주렴으나

266C몽: 우리 새벽에 젹이 밥 먹고 져녁이 되도록 밥먹지 못ᄒᆞ야시매 ᄇᆡ ᄀᆞ장 골푸니 네 밧고와 둔 ᄡᆞᆯ을 우리게 젹이 주라 粥 ᄲᅮ어 먹쟈 이 一百 낫 돈에 네 任意로 가져 오라

266D신: ******[14]

(15) 332A번: 내 엇디 은 모ᄅᆞ리오 ᄆᆞᄉᆞᆷ호려 다ᄅᆞ니 ᄒᆞ야 뵈라 가리오 돈 밧고와도 믿디디 아니면 ᄒᆞᆯ 거시니 네 각벼리 닷분만 됴ᄒᆞᆫ 은을 밧고와 주면 곧 올커

12) 이들 예에 대한 사전적인 처리에 관해서는 '표준국어대사전(국립국어원)'을 참조할 것.

13) 파생과 굴절의 구분 기준에 관해서는 송철의(2008)의 제2장을 참조할 것.

14) 예문에 보이는 '******' 표지는 대응하는 예문이 전하지 않는 부분임을 뜻한다.

니ᄯᅡ나 므스므라 입힐후리오

332A언: 내 엇디 은을 아디 못ᄒᆞ여 므슴아라 다른 사름 ᄒᆞ여 뵈라 가리오 돈 밧고와 밋디디 아니면 흘 써시니 네 각별이 五分 됴흔 은을 밧고와 줌이 곳 올커니ᄯᅡ냐 므슴아라 입힐홈 ᄒᆞ리오

332A중: 내 엇지 은을 아지 못ᄒᆞ여 므슴 ᄒᆞ라 다른 사름 ᄒᆞ여 뵈리오 돈을 밧고아 밋지지 아니ᄒᆞ면 곳 무던ᄒᆞ다 네 별로 오픈 은을 밧고와 나롤 주미 곳 올흐니 말 한 양 말라

332B청: 므슴 緣故로 다른 ᄃᆡ 뵈리오 돈 밧고는 곳에 가져가 거리 <u>時價대로</u> 어드면 므던 ᄒᆞ리라 네 즉시 다른 오 푼 죠흔 銀을 밧고 와 주렴으나 므슴 錄故로셔 와 지져괴는다

332C몽: 내 엇지 아지 못ᄒᆞ야 놈의게 뵐 곳은 엇지오 돈 밧골 쎄 本數롤 일치 아니리라 네 됴흔 銀을 밧고와 주미 맛당ᄒᆞ다 무슴 緣故로 지져괴는다

332D신: ******

(16) 209A번: 므던ᄒᆞ니 믄득 쟉거든 우리 다시 져기 ᄒᆞ면 곧 긔어니ᄯᅡ나 상 가져오라 나그내돌 ᄒᆞ야 그저 이 가개 아래 안자셔 밥 먹게 ᄒᆞ져 믠바블 <u>간대로</u> 머그라 아므란 니근 ᄂᆞᄆᆞ새 잇거든 져그나 가져다가 나그내네 주워 먹게 ᄒᆞ라 ᄒᆞ다가 업거든 댓무수와 파와 가지 잇거든 가져오라 이믜셔 쟝 조쳐 가져오라

209A언: 므던ᄒᆞ니 곳 젹거든 우리 ᄯᅩ 져기 지으면 곳 이어니ᄶᅡ녀 상 가져 오라 나그내들 ᄒᆞ여 그저 이 가개 아래 안자셔 밥 먹게 ᄒᆞ쟈 믠밥을 <u>간대로</u> 먹으라 아므란 니근 菜蔬 잇거든 져기 가져다가 나그내들 주어 먹게 ᄒᆞ라 ᄒᆞ다가 업거든 댓무우와 파와 가지 잇거든 가져 오고 이믜셔 져기 쟝 가져오라

209A중: 일에 해롭지 아니타 곳 적으면 내 다시 지어도 쓰리라 상 가져다가 나그닉들로 ᄒᆞ여 곳 이 가개 아릐셔 안자 밥을 먹게 ᄒᆞ라 그저 믠 밥을 <u>간대로</u> 져기 먹으라 좋들이 어ᄃᆡ 잇ᄂᆞ뇨 아모란 닉은 ᄂᆞ믈 잇거든 져기 가져와 나그닉들 주어 먹이라 나그닉들 네 므슴 반찬을 즐겨 먹을ᄶᅡ 뭇지 말고 집의 잇는 거슬 가져다가 져를 주어 먹이라 아모란 먹엄즉흔 采 업다 댓무우와 파와 가지 잇거든 가져오고 醬 가져오라 직어먹쟈

209B청: 관겨치 아니ᄒᆞ니 만일 젹으면 ᄯᅩ 지어도 可ᄒᆞ리라 床을 노흐라 나그닉들을 이 草堂 아릐 안쳐 밥 먹이라 비록 믠밥이나 브르도록 먹으쇼셔 아희야 닉은 ᄂᆞ믈 잇거든 가져와 나그닉들의게 드리라 업거든 무우 파 가지 잇거든 가져오라

209C몽: 올타 眞實로 적거든 우리 ᄯᅩ 적이 지으면 맛당ᄒᆞ다 床 가져 오라 손들히 草屋에셔 밥 먹게 ᄒᆞ쟈 ᄆᆡᆫ밥이나 만히 먹으라 힝혀 닉은 ᄂᆞ믈 잇거든 가져 와 손들의게 주라 닉은 ᄂᆞ믈 업ᄂᆞ냐 무우 파 가지 잇거든 가져 오고 ᄯᅩ 적이 ᄆᆞᆰ은 醬 가져 오라

209D신: 일에 해롭지 아니타 곳 밥이 적으면 내 ᄯᅩ 져기 지으면 ᄡᅳ리라 상 가져다가 나그ᄂᆡ들로 ᄒᆞ여 이믜셔 이 가개 아ᄅᆡ 안자 밥 먹게 ᄒᆞ라 그저 ᄆᆡᆫ밥을 <u>간대로</u> 져기 먹으라 죵들이 어ᄃᆡ 잇ᄂᆞ뇨 아모란 니근 ᄂᆞ믈 잇거든 가져와 나그ᄂᆡ들 주어 먹이라 나그ᄂᆡ들 네 므슴 반찬을 즐겨 먹을ᄶᅡ 뭇지 말고 집의 잇ᄂᆞᆫ 거슬 가져다가 주어 먹게 ᄒᆞ라 아모란 먹음즉ᄒᆞᆫ 거시 업다 댓무우와 파와 가지 잇거든 가져오고 醬 가져오라 직어 먹쟈

그러나 위의 예 (16)에 보이는 '간대로'의 '-대로'를 접사로 처리하는 데에는 부담이 여전히 남아 있다고 하겠다. '간대로'의 '-대로'가 접사이기 위해서는 '간'의 어원이나 의미가 분명하여야 하나 '간'의 어원은 아직 분명하지 않다. '간'의 의미를 '(각자가 선호하는) 음식물의 짠 정도'로 보아 '원하는 대로' 정도의 의미로도 볼 수도 있겠으나, 그 경우의 '간'은 예 (16´)에서 보듯 'ᄀᆞᆫ'이어서 '간대로'의 '간'과는 거리가 있기 때문이다.

(16´) 이러면 <u>ᄀᆞᆫ</u> ᄐᆡᆫ 외 잇ᄂᆞ니 이제 즉재 가져오마 〈번노 上:63〉

다음의 예 (16´´)은 '간대로'가 '간'과 '-대로'의 결합이 아니라 '간대'와 조사 '로'의 결합으로 보는 것이 온당한 처리가 될 것이라는 근거를 보여주는 것으로 이해된다. (16´´)의 '간대'는 해당하는 한문원전 '公曰自不妄語始'의 '妄'에 해당하는 어휘로 확인된다. 하지만 이 경우의 '간대로'가 '망령되이' 정도의 의미를 가진다는 점에서 위의 예 (16)의 '간대로'와는 의미상의 거리가 있어 부담이 된다.

(16´´) 公이 ᄀᆞᆯ오ᄃᆡ <u>간대옛</u> 말 아니홈으로브터 비르ᄉᆞᆷ디니라 〈소학 6:123〉

다음의 예 (17)에 보이는 '네대로'는 '네 말대로, 네 생각대로' 정도의 의미를 가진다. '네대로'도 다른 자료에서는 별로 보이지 않는 예임에도, 중간노걸대언해와 노걸대신석언해의 동일한 자리에서 다른 자료들과는 달리 일치된 부사를 사용하고 있다는 점은 두 자료 사이의 관계가 밀접하다는 사실을 이야기하여 주는 또 한 예가 된다.

(17) 155A번: 닐오미 올타 네 말 드러 하ᄂᆞᆯ ᄇᆞᆰ거든 가리라

155A언: 닐오미 올타 네 말대로 하ᄂᆞᆯ 붉거든 가리라
155A중: 니ᄅᆞ미 올타 <u>네대로</u> 하ᄂᆞᆯ이 붉거든 가쟈
155B청: 하ᄂᆞᆯ이 붉거든 다시 가쟈[15]
155C몽: 네 말이 올ᄒᆞ니 하ᄂᆞᆯ이 붉거ᄃᆞᆫ 네 任意로 가라
155D신: 니ᄅᆞ미 올타 <u>네대로</u> 하ᄂᆞᆯ이 붉거든 다시 감이 무던ᄒᆞ다

2.1.4. -도록

파생부사를 형성하는 다른 접사로 '-도록'이 있다. 노걸대류에서 찾아볼 수 있는 '-도록'의 예로는 '다ᄃᆞᆺ도록, 되도록, ᄇᆞ르도록, 새도록, 이ᄣᅢ도록, 이리도록, 지도록' 등이 있다.[16] 하지만 앞서 '-대로'에서 '-대로'를 취한 어형들에 대하여 모두 부사로 다루고 있지는 않음을 보았듯이 이들 모두를 파생부사로 다루고 있지는 않는 듯하다. 박성훈(2009)에서는 노걸대류에서 '-도록'을 취하는 부사로 '뎌대도록, 뎌리도록, 이대도록, 이리도록'만을 들고 있다.[17] 국립국어원의 표준국어대사전에서 다루고 있는 현대국어 '-도록'의 파생부사도 '되도록, 오래도록, 이대도록, 이슥도록, 저대도록, 저물도록' 정도에 그친다. '-도록'을 보이는 다음 예들을 보자.

(18) 197A번: ᄲᆞᆯ리 딥과 콩ᄃᆞᆯ 가져다가 버므려 주라 제 <u>ᄆᆞᅀᆞᆷᄭᆞ장</u> 먹게 ᄒᆞ져 우리 자라 가져
197A언: ᄲᆞᆯ리 딥과 콩을 가져다가 버므려 주어 <u>잇ᄀᆞᆺ</u> 뎔로 ᄒᆞ여 먹게 ᄒᆞ고 우리 자라 가쟈
197A중: ᄲᆞᆯ리 여믈과 콩을 가져다가 버무려 주어 ᄯᅩ <u>잇ᄭᆞᆺ</u> 먹게 ᄒᆞ고 우리 죠히 가자쟈
197B청: 여믈과 콩을 가져와 범으려 주어 <u>ᄇᆞ르도록</u> 먹게 ᄒᆞ고 우리 자라 가쟈
197C몽: 번아 네 집과 콩을 밧비 가져 와 버무려 주어 <u>ᄇᆞ르도록</u> 먹게 ᄒᆞ라 우리도 자라 가쟈
197D신: ᄲᆞᆯ리 여믈과 콩을 가져다가 버무려 주어 ᄯᅩ <u>잇ᄭᆞᆺ</u> 먹게 ᄒᆞ고 우리 죠히 가자쟈

15) 청어노걸대언해에는 다른 노걸대류에 보이는 '네 말이 옳다. 네 말대로' 정도로 해석이 되는 부분이 빠져있다.

16) 현대국어의 예이기는 하나, 접사 '-토록'을 취하는 '그토록, 이토록, 일생토록, 저토록, 종신토록, 종일토록, 진일토록, 평생토록'도 성격을 같이하는 부사들이다.

17) 본고에서의 목록과 차이가 나는 까닭은 두 가지 점에서 찾을 수 있다. 하나는 본고에서는 노걸대 상권만을 대상으로 하였기 때문이고, 다른 하나는 본고에서는 일단 '-도록'과 결합한 형태 모두를 관심의 범위 안에 두었기 때문이다.

위의 예(18)에 보이는 'ᄆᆞᅀᆞᆷᄭᆞ장, 잇긋/잇ᄭᅳᆺ, 브르도록'의 의미는 각각 '마음껏, 만족히, 배불리' 정도가 된다. '-ᄭᆞ장'과 마찬가지로 '-도록'도 부사파생접사로서의 기능을 하고 있는 것으로 이해할 수 있다. 이 경우 '브로도록'의 '-도록'이 파생접사인가 하는 데에는 이견이 있을 수 있다. 하지만 '브르도록'의 의미가 '배가 부르게'가 아니라 '만족할 만큼 충분히 배가 부를 정도로'라면 그리하여 '브르게'가 아니라 'ᄆᆞᅀᆞᆷᄭᆞ장, 잇긋/잇ᄭᅳᆺ'과 대응이 되는 것이라면 파생부사로 다루는 것이 온당한 처리라고 판단한 것이다. 다음에 보이는 예 (18´)의 '되도록'의 '-도록'은 '될 때까지'의 의미를 가진다는 점에서, '될 수 있는 대로'의 의미로 쓰이는 부사 '되도록'의 '-도록'과는 거리가 있다.

(18´) 266A번: 내 새배 져기 밥 머근 후에 이 늣도록 다ᄃᆞ라도 바블 먹디 몯ᄒᆞ야시니 ᄀᆞ장 ᄇᆡ곫패라 네 밧고아 왓ᄂᆞᆫ ᄡᆞᆯ래셔 나ᄅᆞᆯ 져기 ᄂᆞᆫ힐훠 다고려 우리 져기 쥭을 쑤워 머거지라 이 일빅 낫 돈내 네 ᄆᆞᅀᆞᆷ조초 져그나 다고려

266A언: 내 새배 져기 밥 먹고 이 느즈매 다ᄃᆞ라 밥을 먹디 못ᄒᆞ여시니 ᄀᆞ장 ᄇᆡ골패라 네 밧괴여 온 ᄡᆞᆯ에셔 나를 져기 노닐워 주고려 우리 져기 쥭쑤어 먹어지라 이 一百 낫 돈에 네 ᄆᆞ옴대로 져기 주고려

266A중: 우리 일즉 져기 밥 먹고 이 ᄣᆡ 다ᄃᆞᆺ도록 일즉 져기 아모란 것 먹지 못ᄒᆞ여시니 ᄇᆡ ᄀᆞ장 곪흐니 네 져 밧고와 온 ᄡᆞᆯ에셔 져기 ᄂᆞᆫ화 나ᄅᆞᆯ 주어든 져기 쥭 쑤어 먹으미 ᄯᅩ 죠타 이 一百낫 돈에 네 ᄆᆞ옴대로 져기 ᄡᆞᆯ을 주라

266B청: 형의 말을 ᄀᆞ장 ᄭᆡ쳣거니와 다만 우리 새배 밥 먹고 ᄒᆞᄅᆞ 히 지도록 ᄌᆞᆺ비 ᄃᆞᆫ녀 ᄀᆞ장 ᄇᆡ 곪흐니 네 밧고와 가져온 ᄡᆞᆯ을 우리게 젹이 더러다고 우리 粥 쑤어 먹쟈 이 一百낫 돈에 네 任意로 맛당홈을 보와 주렴으나

266C몽: 우리 새벽에 젹이 밥 먹고 져녁이 되도록 밥먹지 못ᄒᆞ야시매 ᄇᆡ ᄀᆞ장 골푸니 네 밧고와 둔 ᄡᆞᆯ을 우리게 젹이 주라 粥 ᄡᅮ어 먹쟈 이 一百 낫 돈에 네 任意로 가져 오라

266D신: ******

(18´)에 보이는 '늣도록, 다ᄃᆞᆺ도록, 지도록, 되도록'은 각각 '늦게, 될 때까지, 질 때까지' 등의 의미를 가진다.

2.1.5. -마다

'-마다'를 파생접사로 볼 것인가 하는 처리 문제도 앞서 살핀 '-대로'나 '-도록'과 유사

한 문제를 가지고 있다. 본고에서 검토 대상으로 삼고 있는 노걸대 권상에서 찾아볼 수 있는 '-마다'의 예들은 'ᄆᆞᆯ마다, ᄡᅢ마다, ᄒᆡ마다, 간곳마다, 날마다, 뒤보기마다/뒤보라가기마다, 밤마다, 사ᄅᆞᆷ마다, 집문마다/門마다/집마다' 등이 있다. 이들 예에 대해서 박성훈(2009)에서는 'ᄒᆡ마다, 날마다, 밤마다'에 대해서 부사로 처리하고 있다.[18] 다음의 예 (19)와 (19′)은 'ᄆᆡ실/每日/날마다'와[19] '밤마다/每夜'의 예이다.

(19) 019A번: 네 ᄆᆡ실 ᄆᆞ슴 이력 ᄒᆞ는다
019A언: 네 每日 ᄆᆞ슴 공부 ᄒᆞ는다
019A중: 네 每日 ᄆᆞ슴 공부ᄒᆞᄂᆞ뇨
019B청: 네 날마다 ᄆᆞ어슬 工夫ᄒᆞ는다
019C몽: 네 날마다 무어술 工夫ᄒᆞ는다
019D신: 네 每日 ᄒᆞ는 거시 ᄆᆞ슴 공부고

(19′) 075A번: 네 이 여러 ᄆᆞ쇼ᄃᆞᆯ히 밤마다 먹는 딥과 콩이 대되 언머만 쳔이 드는고
075A언: 네 이 여러 ᄆᆞ쇼ᄃᆞᆯ히 밤마다 먹는 딥과 콩이 대되 돈이 언메나 ᄒᆞᆫ고
075A중: 네 이 여러 즘ᄉᆡᆼ이 每夜에 언멋 집과 콩을 먹으며 대되 언멋 돈을 쓰ᄂᆞ뇨
075B청: 네 이 여러 ᄆᆞ쇠 밤마다 먹는 집과 콩이 대되 언머 돈 허비ᄒᆞ는다
075C몽: 네 이 ᄆᆞ쇠 밤마다 먹는 집과 콩이 대되 언마ㅅ돈고
075D신: 네 이 여러 즘ᄉᆡᆼ이 每夜에 언머 집과 콩을 먹이며 대되 언멋 돈을 쓰ᄂᆞ뇨

위에 보인 (19)와 (19′)의 'ᄆᆡ실/每日/날마다'와 '밤마다/每夜'의 예들은 이들에 대한 판단이 그리 쉬운 문제가 아님을 여실히 보여 주고 있다고 하겠다. '날마다'와 '밤마다'에 대한 기존 사전에서의 처리가 '해마다'와 다르게 되어 있다고는 하나, '해마다'와 동일하게 부사로 처리하는 데에 별다른 문제는 없어 보인다. 하지만 그에 비하여 '每日'와 '每夜'의 경우에는 기존 사전에서 모두 부사로 처리하고 있으나 위의 예에서 보듯이 둘 사이의 용법에는 조사와의 관계에서 차이를 보인다. '每夜'의 경우에는 '每日'와 달리 조사 '에'를 취하고 있기 때문이다. '每夜'가 단독으로 쓰이는 경우가 없다면 이를 부사

18) 그에 해당하는 '매년(每年), 매야(每夜), 매일(每日)'과 함께 '매월(每月)'까지 부사로 처리하고 있다. 현대국어의 모습을 반영하고 있는 표준국어대사전에서는 '매년(每年), 매야(每夜), 매일(每日), 매월(每月)' 등은 부사로 처리하면서도 '-마다'가 결합된 형태에 대해서는 '저마다, 저저마다, 해마다'만을 부사로 등재하고 있어 처리 기준이 모호한 면을 보이고 있다.

19) 'ᄆᆡ실'과 '每日'의 표기와 관련된 문제에 관해서는 후술 참조.

로 다룰 만한 근거는 찾기 어려워지는 것이라고 하겠다. 다시 일관성있는 처리와는 거리가 멀어지게 된다는 점은 부담으로 남게 된다.

2.1.6. -오/우

노걸대류에 보이는 부사파생접사로 '-오/우'가 있다. '도로, 두로, 비로소'와 'ᄆᆞ숨조초'의 '조초'가 그것으로, '돌-, 두르-, 비롯-, 좇-'에 '-오/우'가 결합한 것이다. 'ᄆᆞ숨조초'의 예는 앞서의 예 (14)의 예문으로 미루고, 여기서는 (20)과 (20′)에서 '도로'와 '두로'의 예를 보기로 한다. '도로'와 '두로'의 시기적 또는 자료적인 분포가 제한되는 것은 아니나 한어노걸대에서는 일단 보이지 않는다.

(20) 329A번: 수울 풀리여 와 돈 혜여 바ᄃᆞ라 이 닷분 은이니 돈 여슷 낫만 거스려 날다고려
329A언: 술 풀 리야 와 돈 혜라 이 五分 은이니 여슷 낫 돈을 거스려 날 주고려
329A중: 술ᄑᆞᄂᆞᆫ 이야 와 돈을 혜라 이 오픈 은이니 여숫낫 돈을 거스려 나롤 주고려
329B청: 술 ᄑᆞᄂᆞᆫ 사ᄅᆞᆷ 왓시니 돈 數 혜여 주렴으나 이 銀이 오 푼이니 네 六厘銀을 도로 날 다고
329C몽: 술 ᄑᆞᄂᆞᆫ 사ᄅᆞᆷ아 와셔 돈 혜라 이 五 分 銀이니 여숫 낫 돈을 도로 내게 다고
329D신:

(20′) 239A번: 우리 모든 사ᄅᆞ미 에워 막쟈
239A언: 우리 모든 사ᄅᆞᆷ이 에워 막쟈
239A중: 우리 다 에워 막쟈
239B청: 우리 대되 여러히 에워 막쟈
239C몽: 우리 여러 사ᄅᆞᆷ이 두로 에우쟈
239D신: 우리 다 막아 잡쟈

2.1.6. -로

다음으로 살필 부사파생접사는 '-로'이다. '-로'를 부사파생접사로 다루는 데에도 선뜻 동의를 구하기는 쉽지 않은 셈이다. 하지만 다음의 각주에 보이는 현대국어의 예에서도 마찬가지지만, 이들 예에 보이는 '-로'의 기능을 격조사의 하나로만 보아서는 '실로, 진실로'와 같은 부사에 보이는 '-로'를 설명하는 데에 많은 부담을 가질 수밖에 없

다.

노걸대 권상에서 찾아볼 수 있는 '-로'를 취한 형태로는 '임의로/ᄆᆞᅀᆞ모로/ᄆᆞᄋᆞᆷ으로, 비브로, 實로, 진실로/眞實로/진실노[20], ᄒᆞᆫ가지로' 등이 있다.[21] (21)~(24)의 예를 통하여 살펴보기로 하자.

(21) 256A번: 비록 이러ᄒᆞ나 지비 <u>진실로</u> 조브니 자디 몯ᄒᆞ리라
256A언: 비록 이러ᄒᆞ나 집이 <u>진실로</u> 조브니 자디 못ᄒᆞ리라
256A중: 비록 이리 니ᄅᆞ나 집이 <u>實로</u> 좁으니 머무지 못ᄒᆞ리라
256B청: 네 말을 드르니 아조 疑心ᄒᆞ염즉 ᄒᆞᆫ 곳 업스나 집이 <u>진실노</u> 좁으니 자지 못ᄒᆞᆯ 거슬 엇지 ᄒᆞ리오
256C몽: 그러나 집이 <u>眞實로</u> 좁으니 자지 못ᄒᆞ리라
256D신: ******

(21´) 050A번: 이러면 우리 ᄒᆞᆷ쾌 가져
050A언: 이러면 우리 ᄒᆞᆷ씌 가쟈
050A중: 이러면 우리 <u>ᄒᆞᆫ가지로</u> 가쟈
050B청: 이러ᄒᆞ면 죠토다 우리 ᄒᆞᆷ씌 가쟈
050C몽: 이러면 우리 ᄒᆞᆷ씌 가쟈
050D신: 이러면 우리 <u>ᄒᆞᆫ가지로</u> 가쟈

위의 예 (21)과 (21´)에 보이는 '-로'는 조사 '로'로서의 기능을 가지는 것으로 보기는 어려운 반면에[22], '진실'과 'ᄒᆞᆫ가지'에 '-로'가 결합하여 명사 '진실'이나 '한가지'와는

---

20) 표기와 관련한 문제에 관해서는 후술 참조.

21) 현대국어에서도 '-로'는 부사파생접사의 하나이다. 표준국어대사전에 수록된 '-로' 파생부사로는 다음과 같은 예들이 있다.

건으로, 고래로, 고리로, 공으로, 국으로, 그리로, 꾀꾀로, 날로, 내풀로, 넘넘으로, 노량으로, 다각도로, 다짜고짜로, 대체로, 단허리로, 때때로, 모로, 무시로, 새로, 생으로, 수시로, 시고로, 시시때때로, 시시로, 실로, 실제로, 실지로, 쏜살로, 에멜무지로, 안다미로, 억지로, 여러모로, 연고로, 열심히, 영골로, 예사로, 요까지로, 용코로, 은혈로, 의외로, 이까지로, 이리로, 이말무지로, 자고로, 자고이래로, 자래로, 자소로, 자소시로, 자소이래로, 자수로, 자아시로, 저까지로, 저리로, 절대로, 정말로, 제냥으로, 제물로, 제출물로, 제풀로, 조까지로, 조날로, 조리로, 좀체로, 종고이래로, 종래로, 주로, 죽기로, 진실로, 진짜로, 차차로, 참말로, 참으로, 켜켜로, 통으로, 허허실실로, 홑으로

22) 표준국어대사전에서 제시하고 있는 조사 '로'의 기능은 다음과 같다.

거리가 있는 '사실이나 이치에 조금도 어긋남이 없이 과연'과 '한꺼번에 같이 또는 서로 더불어'의 의미를 가지게 되어 새로운 품사인 부사가 된 것으로 이해하는 것이 온당하다고 하겠다. 다음의 (22)에 보이는 '임의로/ᄆᆞᅀᆞ모로/ᄆᆞ옴으로'의 '-로'도 같은 맥락에서 이해할 수 있다.[23)]

(22) 031A번: 네 이리 漢人손듸 글 비호거니 이 네 ᄆᆞᅀᆞ모로 비호ᄂᆞᆫ다 네 어버ᅀᅵ 너를 ᄒᆞ야 비호라 ᄒᆞ시ᄂᆞ녀

031A언: 네 이리 漢ㅅ 글을 비홀 쟉시면 이 네 ᄆᆞ옴으로 비호ᄂᆞᆫ다 네 어버이 널로 ᄒᆞ야 비호라 ᄒᆞᄂᆞ냐

031A중: 네 이리 中國ㅅ 사ᄅᆞᆷ의 글을 비홀 ᄯᅢ시면 이 네 ᄆᆞ옴으로 비호려 ᄒᆞᆫ 것가 도로혀 네 父母ㅣ 너로 ᄒᆞ여 가 비호라 ᄒᆞᆫ 것가

031B청: 네 이 漢 글을 비호ᄂᆞᆫ 거시 혹 네 任意로 비호ᄂᆞ냐 네 父母ㅣ 비호라 ᄒᆞ더냐

031C몽: 네 이리 漢 글을 비호면 네 任意로 비혼다 네 부모ㅣ 널로 비호라 ᄒᆞᄃᆞ냐

031D신: 네 이리 中國ㅅ 사ᄅᆞᆷ의 글을 비홀ᄯᅢ시면 이 네 임의로 비혼 것가 당시롱 네 父母ㅣ 널로 가 비호라 ᄒᆞᆫ 것가

---

① 움직임의 방향을 나타내는 격 조사.
② 움직임의 경로를 나타내는 격 조사.
③ 변화의 결과를 나타내는 격 조사.
④ 어떤 물건의 재료나 원료를 나타내는 격 조사.
⑤ 어떤 일의 수단·도구를 나타내는 격 조사.
⑥ 어떤 일의 방법이나 방식을 나타내는 격 조사.
⑦ 어떤 일의 원인이나 이유를 나타내는 격 조사. '말미암아', '인하여', '하여' 등이 뒤따를 때가 있다.
⑧ 지위나 신분 또는 자격을 나타내는 격 조사.
⑨ 시간을 나타내는 격 조사.
⑩ 시간을 셈할 때 셈에 넣는 한계를 나타내는 격 조사.
⑪ 특정한 동사와 같이 쓰여 대상을 나타내는 격 조사. '하여금'을 뒤따르게 하여 시킴의 대상이 되게 하거나, '더불어'를 뒤따르게 하여 동반의 대상이 되게 한다.
⑫ (('-기로 …하다' 구성으로 쓰여))약속이나 결정을 나타내는 격 조사.
⑬ ((주로 인지나 지각을 나타내는 말과 함께 쓰여))어떤 사물에 대하여 생각하는 바임을 나타내는 격 조사.

23) 물론 예 (21)의 '진실로'가 생략이 가능한 문장 구성 요소라는 점과는 달리 (22)의 '임의로/ᄆᆞᅀᆞ모로/ᄆᆞ옴으로'는 생략이 불가능한 필수 요소라는 점에서 차이가 있다. 부사가 가지고 있는 문장 속에서의 자격에 관해서는 별도의 자리에서 다룰 예정이다.

다음의 예 (23)은 'ᄇᆡ브로'의 예이다. 노걸대류에서는 '노걸대언해'에 한 예만 보이나, 두시언해에도 몇 예가 보여 이를 단순히 오류라고 할 수는 없다. 'ᄇᆡ브르-'에 '-오'가 결합하여 '배불리' 정도의 의미를 가지는 파생부사로 이해하는 것이 온당한 이해 태도라 하겠다. 혹 원순모음화와 관련지어 생각하고자 할 수도 있겠으나, 원순모음화가 17세기 말엽에 이루어진 현상이라는 점을 기억한다면 '노걸대언해'나 '중간두시언해'의 간행시기와 차이가 있어 개연성은 낮다고 하겠다.

(23) 218A번: 제대로 두라 너희 다 머그라 지븨 당시론 바비 잇다 머기 ᄆᆞ차든 가져가라 너희 손 도읜 양 말오 날회여 ᄇᆡ브르 머그라
218A언: 제대로 두고 너희 다 머그라 집의 당시론 밥이 이시니 먹기 ᄆᆞ차든 가져가라 너희 손 도읜 양 말고 날회여 ᄇᆡ브로 머그라
218A중: 아직 너희대로 먹으라 집의 도로혀 밥이 이시니 먹어 ᄆᆞᆾ거든 ᄯᅩ 져롤 주라 가져가라 너희 나그ᄂᆡ 체 말고 날호여 브르게 먹으라
218B청: 너희 맛당ᄒᆞ믈 보와 다 먹으라 내 집의 밥 만히 이시니 너희 먹거든 다시 ᄯᅩ로 다마 가져가라 너희 나그ᄂᆡ 체 말고 쳔쳔이 ᄇᆡ브르도록 먹으라
218C몽: 말라 너희 가 먹어라 집의 밥 이시니 먹어ᄃᆞᆫ 가져 가라 너희 손인 체 말고 날호여 ᄇᆡ부르도록 먹으라
218D신: 아직 져들대로 먹게 ᄒᆞ라 집의 당시롱 밥이 이시니 먹어 ᄆᆞᆾ거든 ᄯᅩ 져를 주라 가져가라 너희 나그ᄂᆡ 체 말고 날호여 브르도록 먹으미 무던ᄒᆞ다

2.1.7. -이/히

여기에 소개하는 부사파생접사는 '-이/히'이다. '-이/히'는 현대국어에서도 여전히 왕성한 생산력을 가지고 파생부사를 형성하는 접사이다. 이 자리에서 구체적인 예를 제시하기 보다는 노걸대 권상에 보이는 '-이/히' 파생 부사 목록을 제시하는 것이 오히려 보탬이 되리라고 생각한다. 다음의 예 (24)가 그것이다.

(24) ᄀᆞᄃᆞ기곰/ᄀᆞ득이/(ᄀᆞ득), ᄀᆞ만이, ᄀᆞᆽ비, ᄀᆞᆽ치, ᄃᆞᆫᄃᆞᆫ이, ᄆᆞᆯ이/ᄆᆡ이, 쌜리, 각벼리/각별이, 갓가이, 구디, 굵즉이, 극진히, 급히, 넉넉이, 니기/닉이, 덧덧이, 독벼리/독별이, 됴히, 마치/맛치, 마히/만히, 맛당이, 멀쯕이/멀즈시/멀즉이, 반ᄃᆞ시, 밧비, 번ᄃᆞ시, 부졀업시, 부즈런이/브즈러니, 쇽졀업시, 수이, 유여히, 져기/젹이, 쳔쳔이, 친히, 편안이

위의 (24)에 보이는 예들이 접사 '-이/히'를 취하는 예들이라고는 하나 '-이/히'에 선행하는 요소의 성격이 같다든가 그들의 구성 방식이 동일한 것은 아니다.[24]

2.1.8. -ᅀᅩ/조

다음의 예 (25)에 보일 부사파생접사는 '손조'와 '몸소'의 '-소/조'이다. 15세기와 16세기 자료에서는 '손ᅀᅩ'와 '몸ᅀᅩ'로 나타나던 예들이다.[25]

(25) 351A번: 음식은 우리 뎜에 집사ᄅᆞ미 요제 나가니 진실로 달홀 사ᄅᆞ미 달호리 업세라 너희 나그내네 <u>손조</u> 밥 지ᅀᅥ 머그라
351A언: 음식은 우리 뎜에 집사ᄅᆞᆷ이 요ᄉᆞ이 나가시니 진실로 달홀 사ᄅᆞᆷ이 업ᄉᆞ니 너희 나그내들 <u>손조</u> 밥 지어 먹으라
351A중: 차반은 우리 店에 아희들이 요ᄉᆞ이 나가시므로 진실로 출홀 사ᄅᆞᆷ이 업스니 너희 나그ᄂᆡ들 <u>손조</u> 밥 지어 먹으라
351B청: 우리 店 사ᄅᆞᆷ이 요ᄉᆞ이 다 나가시니 먹을 거슬 쟝만홀 사ᄅᆞᆷ이 진실로 업스니 나그ᄂᆡ들 너희 <u>친히</u> 밥 지어 먹으라
351C몽: 우리 店에 사ᄅᆞᆷ이 요ᄉᆞ이 나가시니 飮食 달홀 사ᄅᆞᆷ이 업스니 너희 <u>몸소</u> 지어 먹으라

부사파생접사에 관한 문제 이외에, 위의 예 (25)에서 관심을 가질 만한 내용으로는 두 가지를 들 수가 있다. 하나는 '손조'와 '몸소' 그리고 '친히' 사이의 의미 관계이고, 다른 하나는 '청어노걸대언해'에 보이는 '먹을 거슬 쟝만홀 사ᄅᆞᆷ이 진실로 업스니'와 관련하여 부사의 수식 범위와 어순에 관한 문제이다. 본고에서는 논의가 장황하게 흐르는 것을 피하기 위하여 구체적인 검토는 일단 다음 기회로 미루기로 한다.

2.1.9. -곰

여기서 살피려고 하는 '-곰'은 부사나 부사어와 결합하여 강세 또는 강조를 나타내는

---

24) 지면의 제약으로 인하여 그들 각각의 구성 방식에 대한 구체적인 소개와 논의는 피하기로 한다.

25) 이기문(1998:162-3)에서는 "이 접미사가 매우 특이한 것으로 이 두 파생어에만 나타나는데, '*소'가 'ㅁ', 'ㄴ' 뒤에서 'ᅀᅩ'로 변한 것이다. 16세기에는 이 변화를 입지 않은 방언형 '몸소'(소학 6:25)가 있었고('손소'가 17세기 초엽의 문헌에 보이므로 이것도 16세기에 존재했을 가능성이 크다.) 또 'ㄴ', 'ㅁ' 뒤에서 'ㅿ>ㅈ' 변화를 입은 '손조'(번박 상:63)가 있었다.('몸조'는 17세기 초엽의 문헌에 나타난다.)"고 이야기하고 있다. 이기문(1998)에서 지적한 가능성은 16세기 자료인 '순천김씨묘출토간찰'에서 '손소'의 세 예를 확인할 수 있다.

보조사로 이야기되고 있으나, 이야기되고 있는 강세나 강조가 뜻하는 바가 그리 선명한 것이라고 하기는 어렵다. 체언과 결합하는 경우에는 '그 수량이나 크기로 나뉘거나 되풀이됨'을 뜻하여 '-씩'의 의미를 나타내는 '접사'로 다루어져 '-곰'이 가지고 있는 성격을 보다 선명한 것으로 다루는 것과 대조가 된다. '-곰'의 성격 파악을 위하여 우리는 잠시 '-씩'의 분포와 의미를 염두에 둘 필요가 있다. '조금, 한가득, 며칠, 하나, 열 그릇, 한 걸음' 등과 같은 수량을 나타내는 부사나 체언 뒤에 붙어 몫몫으로 나뉘거나 되풀이되는 것을 나타내는 데에 '-씩'이 쓰이며, 그 경우의 '-씩'은 부사파생의 접사로 쓰인다는 것이 그것으로, '-곰'에 대해서도 그와 같은 이해의 태도를 취하려는 것이다.

이처럼 '-곰'을 이해하기 위해서는 '-곰'이 나타나는 예를 충분히 살펴 '몫몫'의 의미를 파악할 수 있는지를 확인하여야 하나, 노걸대류에 보이는 '-곰'의 예는 그리 많지 않다. 그나마 번역노걸대에 보이는 'ᄀᆞᄃᆞ기곰', 청어노걸대에 보이는 '시러곰', 노걸대언해에 보이는 'ᄒᆞ여곰' 그리고 번역노걸대와 노걸대언해에 보이는 '히여곰' 정도가 그것이다.[26] 여기서는 다음의 예 (26)으로 'ᄀᆞᄃᆞ기곰'을 살펴보기로 하자.

(26) 326A번: 그러면 너 ᄒᆞ야 슈례ᄒᆞ게 홀 거시로고나 ᄒᆞ야ᄂᆞᆯ 구디 잡고 듣디 아니ᄒᆞ다 ᄒᆞᆫ 잔 ᄀᆞᄃᆞ기곰 먹고 수울 흘리디 마져

326A언: 그러면 너 ᄒᆞ여 受禮ᄒᆞ라 호ᄃᆡ 堅執ᄒᆞ고 듯디 아니ᄒᆞ니 ᄒᆞᆫ 잔 ᄀᆞ득이 먹고 술을 흘리디 마쟈

326A중: 그러면 널로 ᄒᆞ여 禮롤 바ᄃᆞ라 호ᄃᆡ 堅執ᄒᆞ고 즐겨 아니ᄒᆞ니 이제 널로 ᄒᆞ여 ᄀᆞ득이 ᄒᆞᆫ 잔 먹게 ᄒᆞᄂᆞ니 可히 一点 ᄃᆡ쥬롤 머무로지 말라

326B청: 여러 벗들의 덕에 온갓 거슬 내게 ᄉᆡ기 아니홈애 내 아조 辛苦ᄒᆞᆫ 곳 업슨지라 오늘 이 술은 내 사셔 먹이는 거시니 엇지ᄒᆞ여 내 몬져 可히 먹으리오

326C몽: 네게 禮롤 밧으라 ᄒᆞ믈 네 이리 세위 좃지 아니면 그리 ᄒᆞ쟈 우리 各各 ᄒᆞᆫ 盞을 ᄀᆞ득 먹고 술을 ᄭᅴ오지 마쟈

326D신: ******

위의 예 (26)에 보이는 'ᄀᆞᄃᆞ기곰'은 번역노걸대의 예는 부사 'ᄀᆞᄃᆞ기'에 '-곰'이 결합한 예이다. 'ᄀᆞᄃᆞ기곰'이 '가득'에 몫몫의 의미를 더하여 '가득씩' 정도의 의미를 가지는 것은 (26)의 몽어노걸대에 보이는 '우리 各各'으로 확인할 수 있다. 'ᄀᆞᄃᆞ기곰'은 부사 'ᄀᆞᄃᆞ기'와는 다른 새로운 부사인 것이다. 다른 예들에 대해서도 '-곰'이 나타나는 예문

---

26) 번역노걸대 권하에는 '이리곰'과 'ᄒᆞ야곰'도 보인다.

의 문맥을 충분히 살피게 된다면 파생부사임을 알 수 있게 될 것이다.[27]

노걸대언해에 보이는 'ᄒᆞ여곰'과 '희여곰'에 관해서는 다음의 예 (27)에 들어두기로 한다.

(27) 가. 이러면 이제 <u>희여곰</u> 가져 오게 ᄒᆞ마 〈노걸 상:51a〉
나. ᄯᅩ 여긔들로 <u>ᄒᆞ여곰</u> ᄀᆞ라 도라 오게 ᄒᆞ여 〈노걸 상:51b〉

동일한 자료의 앞면과 뒷면에 다른 형태가 보인다는 사실은 그들 형태가 혼용되고 있었다고 이해할 수 있다. 실제로 중세국어와 근대국어 자료에 보이는 'ᄒᆞ여곰'과 '희여곰'은 혼용되고 있었음을 확인할 수 있다.

2.2. 음운변화

노걸대류에 보이는 부사들을 통하여 확인할 수 있는 국어의 음운변화 양상으로는 자음 'ㅿ'와 모음 'ㆍ'의 소실, 구개음화 등이 있다. 다음의 예들이 그것이다.

(28) 133A번: 버다 네 콩을 건뎌 내여다가 ᄎᆞᆫ 므레 거텨 ᄆᆞ리 ᄒᆞᆫ 디위 ᄀᆞ장 쉬어든 기들워 날회여 머기라 <u>처ᅀᅥᆷ</u> 머길 저긘 다믄 콩므를다가 버므려 주고 오경의 다ᄃᆞᆮ거든 흠ᄢᅴ 콩을 다 주워 머기라 이리 ᄒᆞ면 ᄆᆞᆯ돌히 분외로 머구믈 비브르러니와 ᄒᆞ다가 몬져 콩을 주면 그 ᄆᆞ리 다ᄆᆞᆫ 콩만 ᄀᆞᆯ희여 먹고 딥프란 다 허텨 더디ᄂᆞ니라 ᄌᆞ가ᄒᆞᄂᆞᆫ 뎌란 믈 머기디 말라 ᄒᆞᆫ 번 버므린 딥 머거든 기들워 믈 머기라

133A언: 네 콩을 건뎌 내여다가 ᄎᆞᆫ 믈에 것텨 ᄆᆞᆯ이 ᄒᆞᆫ 디위 <u>ᄀᆞ장</u> 쉬믈 기ᄃᆞ려 날호여 머기라 <u>처음</u> 머길 제란 그저 콩믈을다가 버므려 주고 五更의 다ᄃᆞ라 흠ᄢᅴ 콩을 다 주어 머기라 이리 ᄒᆞ면 ᄆᆞᆯ들히 分外로 머거 비브려니와 ᄒᆞ다가 몬져 콩을 주면 그 ᄆᆞᆯ이 다만 콩만 ᄀᆞᆯ희여 먹고 딥플다가 다 헤텨 ᄇᆞ리ᄂᆞ니라 ᄌᆞ바ᄒᆞᆯ 제란 믈 머기디 말고 ᄒᆞᆫ 번 버므린 딥 머거든 기ᄃᆞ려 믈 머기라

133A중: 벗아 네 콩을다가 건져내여 ᄎᆞᆫ믈에 ᄎᆡ와 ᄒᆞᆫ 지위 기ᄃᆞ려 날호여 ᄆᆞᆯ을 먹이되 <u>처음</u> 먹일 ᄢᅢ란 곳 콩믈을다가 여믈에 버무려 져롤 주어 먹이고 五更에 다ᄃᆞᆺ거든 ᄯᅩ 콩을다가 다 져롤 더주어 먹이라 이러ᄐᆞ시 먹이면 그

---

27) 아직은 망상의 단계에 머무는 생각이기는 하나 '제가끔, -게끔' 등에 보이는 '끔'이 우리의 '-곰'과 그리 멀지 않은 것은 아닌가 한다. '제가끔'의 의미가 '저마다 따로따로'의 의미인 '제각기(-各其)'인 바, '제가끔'은 '*제각곰(-各-)'에서 온 것으로 보이기 때문이다.

ᄆᆞᆯ이 分外로 먹어 브르려니와 만일 몬져 콩을 주면 그 ᄆᆞᆯ이 그저 ᄉᆞᄅᆞ여 콩만 ᄀᆞᆯ희여 먹고 여믈을다가 다 ᄒᆞ터 ᄇᆞ리ᄂᆞ니라 그 ᄆᆞᆯ이 ᄀᆞᆺ바ᄒᆞᆯ ᄢᅢ란 즉시 믈먹이지 말고 ᄒᆞᆫ 지위 여믈 먹기ᄅᆞᆯ 기ᄃᆞ려 다시 가 믈먹이라

133B청: 벗들아 네 콩을 건져 가져 와 ᄎᆞᆫ믈에 ᄎᆡ오고 ᄆᆞᆯ이 ᄒᆞᆫᄣᅢ 쉬기ᄅᆞᆯ 기ᄃᆞ려 쳔쳔이 먹이라 처음 먹일 제 그 저 콩믈을 석고 五更의 니ᄅᆞ러 콩을 다 주어 먹이라 이러틋 ᄒᆞ면 ᄆᆞᆯ이 먹기 만히 ᄒᆞ여 ᄇᆡ 부르리라 힝혀 콩을 미리 주면 그 ᄆᆞᆯ이 다만 콩만 ᄀᆞᆯ힉여 먹고 집흘 다 허이저 ᄇᆞ리ᄂᆞ니라 ᄀᆞᆺ분ᄃᆡ 아직 믈 먹이지 말고 ᄆᆡᆫ 집흘 젹이 씹히고 다시 믈 먹이게 ᄒᆞ라

133C몽: 벋아 네 콩을 건져 ᄎᆞᆫ 물로 ᄢᅵ서 ᄆᆞᆯ이 잇것 쉬믈 기ᄃᆞ려 텬텬이 먹이라 처음 먹일 ᄶᅴ 콩물을 석거 주고 五更에 다ᄃᆞᆺ거든 콩을 주어 먹이라 이러면 ᄆᆞᆯ이 限ᄒᆞᆫ ᄃᆡ셔 만히 먹어 ᄇᆡ부로리라 萬一 콩을 주면 그 ᄆᆞᆯ이 다만 콩만 ᄀᆞᆯ힉야 먹고 집흘 다 훗터ᄇᆞ리ᄂᆞ니라 困ᄒᆞᆫ ᄃᆡ 물 먹이지 말고 ᄒᆞᆫ 번 석근 여물 먹기ᄅᆞᆯ 기ᄃᆞ려 물 먹이라

133D신: 벗아 네 콩을다가 건져 내여 ᄎᆞᆫ 믈에 ᄎᆡ와 이슥이 ᄒᆞᆫ 지위 기ᄃᆞ려 ᄀᆞ장 날호여 ᄆᆞᆯ을 먹이되 처음 져ᄅᆞᆯ 머길 제란 이믜셔 콩믈을다가 여믈에 버무려 져ᄅᆞᆯ 주어 먹이고 五更에 다ᄃᆞᆺ거든 ᄯᅩ 콩을다가 다 져ᄅᆞᆯ 주어 머기라 이러ᄐᆞ시 먹일 法이면 이 ᄆᆞᆯ이 分外로 먹어 ᄇᆡ브르려니와 만일 몬져 콩을 주면 그 ᄆᆞᆯ이 ᄉᆞᄅᆞ여 콩만 ᄀᆞᆯ희여 먹고 여믈을 다 ᄒᆞ터 ᄇᆞ리ᄂᆞ니라 져 ᄆᆞᆯ이 勞苦ᄒᆞᆯ 제란 즉시 믈 먹이지 말고 ᄒᆞᆫ 지위 여믈 먹기ᄅᆞᆯ 기ᄃᆞ려 다시 가 믈 먹이라

위의 예 (28)에 보이는 '처ᅀᅥᆷ'은 번역노걸대에만 보인다.[28] 이후 자료에는 '처음'으로 나타나 'ᅀ'의 소실 시기가 16세기 초반이라는 점을 기억할 때, 번역노걸대의 'ᅀ'은 단순히 의고적인 표기가 아니라 실제 존재하였던 음소의 표기라고 하겠다. 번역노걸대의 부사에 보이는 'ᅀ'는 'ᄆᆞᅀᆞ모로/ᄆᆞᅀᆞᆷᄭᆞ장/ᄆᆞᅀᆞᆷ조초'에서도 찾아볼 수 있다.

예 (28)에 보이는 부사 가운데 'ᄀᆞ쟈ᇰ'과 'ᄀᆞ장'에서의 음절말 'ㆁ'의 표기에 차이를 보이고 있으나 이는 음소 'ㆁ'과 관계가 있는 것은 아니다. 음절말에서의 'ㆁ'의 음가에는 변화가 없는 표기상의 차이일 뿐이기 때문이다. 노걸대류에 보이는 그와 같은 예로는 음소 '·'의 변화 양상을 살피기 위하여 가져온 예 (29)에서의 'ᄌᆟᇰ히/졍히'에서도 찾아볼 수 있다.[29]

---

28) 노걸대류에 국한하여 볼 때에 '번역노걸대'에만 나타나는 부사로는 '안직'이 있다. 다른 자료에서는 '아직'으로 나타난다.

29) 이와 같이 표면적으로는 음운 현상의 변화에 의한 것처럼 보이는 예로는 'ᄇᆡ브르/ᄇᆡ브로'가

(29) 271A번: 쥬신 형님 닐오미 졍히 올타 나도 드로니 올히 여긔 뎐호를 거두디 몯ᄒᆞ다 ᄒᆞᄂᆞ다 ᄒᆞ마 이러ᄒᆞ거니 쥬신 형님하 小人둘히 뒤헤 쥭 쑤라 가고져 ᄒᆞ니 이빼 어두은듸 나드리 쉽사디 아니며 또 네 이 가히 모디니 아므라나 마나 네 나를 져기 쥭 쑤워 주듸 엇더ᄒᆞ뇨

271A언: 쥬인 형아 니롬이 졍히 올타 나도 듯보니 올히 여긔 田禾를 거두디 못ᄒᆞ다 ᄒᆞ더라 임의 이러ᄒᆞ면 쥬인 형아 小人들히 ᄒᆞ마 뒤헤 쥭쑤라 가고져 호듸 이 져므러 어두온듸 出入이 편당티 아니ᄒᆞ고 또 네 이 개 모디니 아므라나 골히디 말고 네 날를 져기 쥭쑤어 줌이 엇더ᄒᆞ뇨

271A중: 主人의 니ᄅᆞ미 올타 나도 일즉 듯보니 올히 여긔 년싀 죠치 아니타 ᄒᆞ더라 이믜 이러면 主人아 우리 뒤히 粥 쑤라 가려 ᄒᆞ되 이 어두은 ᄶᅢ히 出入이 便當치 아니ᄒᆞ고 네 집 이 개 또 사오나오니 煩勞를 혐의치 아니ᄒᆞ거든 네 곳 져기 粥 쑤어다가 나롤 주어 먹이미 엇더ᄒᆞ뇨

271B청: 네 니ᄅᆞᄂᆞᆫ 거시 올타 나도 드ᄅᆞ니 올히 여긔 밧 곡식을 ᄀᆞ장 거두지 못ᄒᆞ다 ᄒᆞ더라 내 이 뒷 집의 粥 쑤라 가고져 ᄒᆞ나 어두온 밤 出入에 平安치 못ᄒᆞ고 네 집 개 또 사오나오니 네 내 듸예 粥 쑤어 줌이 엇더ᄒᆞ뇨

271C몽: 主人 兄의 닐ᄋᆞᄂᆞᆫ 거시 ᄀᆞ장 올타 나도 드ᄅᆞ니 여긔 올히 穀食을 거두지 못ᄒᆞ다 ᄒᆞ더라 이 뒤히 밥 지ᄋᆞ라 가고져 ᄒᆞ되 이리 어두온듸 나며 들기 平安치 못ᄒᆞ고 또 네 이 개 모지니 아므려나 粥 ᄲᅮ어 우리게 주미 엇더ᄒᆞ뇨

271D신: ******

(29´) 149A번: ᄆᆞ던ᄒᆞ니 내 다ᄆᆞᆫ 이 아니 여러 ᄆᆞᆯ 모라 가며 또 아ᄆᆞ란 쳔도 업스니 그 놈돌히 날 ᄒᆞ야 ᄆᆞᄉᆞᆷᄒᆞ료

149A언: ᄆᆞᄉᆞ 일 걸리끼리오 내 다만 이 여러 ᄆᆞᆯ을 모라 가며 또 아므란 쳔도 업스니 그놈들히 우리를 ᄒᆞ여 므엇ᄒᆞ리오

149A중: 므슴 일이 저프리오 우리 그저 이 여러 ᄆᆞᆯ을 몰고 또 아모란 銀錢 가져온 거시 업스니 곳 져롤 만나도 관계치 아니ᄒᆞ다 져 도적들이 우리롤 ᄒᆞ여 무엇ᄒᆞ료

149B청: 네 우리 위ᄒᆞ여 근심말라 관겨치 아니ᄒᆞ다 우리 다만 ᄆᆞᆯ을 몰아 가ᄂᆞᆫ 듸 또 아조 죠흔 貨物 업스니 그 盜賊 놈이 우리롤 어이ᄒᆞ리오

149C몽: 므슴 일에 疑心ᄒᆞ리오 내 다만 여러 ᄆᆞᆯ을 모라갈 ᄯᆞᄅᆞᆷ이오 또 다ᄅᆞᆫ 財物

있다. '비브르'와 '비브로'가 원순모음화와 같은 류의 음운 변화에 의한 것이 아니라 접사 '-ø'와 '-오/우'의 차이라는 점에 관해서는 전술한 2.1.6.을 참조할 것.

업ᄉᆞ니 그 盜賊이 우리ᄅᆞᆯ 어이리
149D신: ᄆᆞᄉᆞᆷ 일이 저프리오 우리 그저 이 여러 ᄆᆞᆯ을 몰고 ᄯᅩ 아무란 銀錢 가져 온 거시 업스니 이믜셔 져ᄅᆞᆯ 만나도 관계치 아니ᄒᆞ다 져 도적들이 우리ᄅᆞᆯ ᄒᆞ여 무엇ᄒᆞ료

(29´´) 030A번: 이제 됴뎡이 텬하ᄅᆞᆯ 一統ᄒᆞ야 겨시니 셰간애 ᄡᅳ노니 漢人의 마리니 우리 이 高麗ㅅ 말소ᄆᆞᆫ <u>다믄</u> 高麗ㅅ ᄯᅡ해만 ᄡᅳᄂᆞᆫ 거시오 義州 디나 中朝 ᄯᅡ해 오면 다 漢語 ᄒᆞᄂᆞ니 아뫼나 ᄒᆞᆫ 마ᄅᆞᆯ 무러든 ᄯᅩ 뎌답디 몯ᄒᆞ면 다ᄅᆞᆫ 사ᄅᆞ미 우리ᄅᆞᆯ다가 ᄆᆞᄉᆞᆷ 사ᄅᆞᄆᆞᆯ 사마 보리오
030A언: 이제 朝廷이 天下ᄅᆞᆯ 一統ᄒᆞ여시니 셰간에 ᄡᅳᄂᆞᆫ 거슨 한말이니 우리 이 高麗ㅅ 말은 <u>다만</u> 高麗ㅅ ᄯᅡ히만 ᄡᅳ고 義州 디나 漢ㅅ ᄯᅡ히 오면 다 한말이라 아믜나 ᄒᆞᆫ 말을 무러든 ᄯᅩ 뎌답디 못ᄒᆞ면 다ᄅᆞᆫ 사ᄅᆞᆷ이 우리ᄅᆞᆯ다가 ᄆᆞᄉᆞᆷ 사ᄅᆞᆷ을 사마 보리오
030A중: 이제 朝廷이 天下ᄅᆞᆯ 一統ᄒᆞ여시니 간 곳마다 ᄡᅳᄂᆞᆫ 거시 다 이 한말이오 우리 이 朝鮮ㅅ 말은 <u>다만</u> 朝鮮ㅅ ᄯᅡ히만 ᄡᅳ고 義州 지나 中國ㅅ ᄯᅡ히 가면 다 이 한말이라 만일 사ᄅᆞᆷ이 ᄒᆞᆫ 구 말을 무르리 이셔든 ᄯᅩ 니ᄅᆞ지 못ᄒᆞ면 다ᄅᆞᆫ 사ᄅᆞᆷ이 우리ᄅᆞᆯ다가 엇더ᄒᆞᆫ 사ᄅᆞᆷ으로 보리오
030B청: 이제ᄂᆞᆫ 朝廷이 四海ᄅᆞᆯ 統一ᄒᆞ여 天下ᄅᆞᆯ 오로 다 거ᄂᆞ려시니 世上에 漢 말을 ᄡᅳᄂᆞᆫ 곳이 ᄀᆞ장 만흔지라 우리 이 朝鮮 말은 <u>다만</u> 朝鮮 ᄯᅡ히만 ᄡᅳ고 義州ᄅᆞᆯ 지나 漢 ᄯᅡ히 오면 젼혀 오로 漢 말임애 아뫼나 만일 ᄒᆞᆫ 말 무러든 눈 멀거니 보고 능히 ᄃᆡ답지 못ᄒᆞ면 다ᄅᆞᆫ 사ᄅᆞᆷ이 우리ᄅᆞᆯ ᄆᆞᄉᆞᆷ 사ᄅᆞᆷ이라 ᄒᆞ여 보리오
030C몽: 이ᄌᆡ 朝廷이 天下ᄅᆞᆯ 대되 ᄀᆞ옴 아니 世上의 다 漢 말이라 우리 이 朝鮮 말은 <u>다만</u> 朝鮮 ᄯᅡ히ᄲᅮᆫ ᄡᅳ고 義州 지나 漢 ᄯᅡ히 오면 다 漢 말이라 힝혀 ᄒᆞᆫ 말을 무러ᄃᆞᆫ 능히 니ᄅᆞ지 못ᄒᆞ면 다ᄅᆞᆫ 사ᄅᆞᆷ이 우리ᄅᆞᆯ ᄆᆞᄉᆞᆷ 사ᄅᆞᆷ이라 ᄒᆞ야 보리오
030D신: 이제 朝廷이 天下ᄅᆞᆯ 一統ᄒᆞ여시니 간 곳마다 ᄡᅳᄂᆞᆫ 거시 다 이 한말이오 우리 이 朝鮮ㅅ 말은 <u>다만</u> 朝鮮ㅅ ᄯᅡ히만 ᄡᅳ고 義州 지나 中國ㅅ ᄯᅡ히 가면 디 이 한말이라 만일 사ᄅᆞᆷ이 ᄒᆞᆫ 구 말을 무러든 ᄯᅩ 니ᄅᆞ지 못 ᄒᆞ면 다ᄅᆞᆫ 사ᄅᆞᆷ이 우리ᄅᆞᆯ다가 ᄆᆞᄉᆞᆷ 사ᄅᆞᆷ으로 보리오

'ㆍ'의 변화와 관련하여, 예 (29)는 '아ᄆᆞ라나/아므려나'의 예이고, (29´)과 (29´´)는 각각 '다ᄆᆞᆫ/다믄/다만'의 예들을 보여준다. 16세기에 들어 완성된 비어두음절에서의 'ㆍ>ㅡ'의 일단계 변화를 보여주는 '다ᄆᆞᆫ'과 '다믄'의 예는 번역노걸대에만 보인다. 일단

계 변화의 과정이 번역노걸대에서 이루어지고 있음을 보여주고 있는 것으로 이해할 수 있는 것으로, 번역노걸대 권상에 '다ᄆᆞᆫ'은 3회 나타나고, '다믄'은 6회 나타나고 있으니 변화의 후반부를 보여주고 있다고 하겠다. 이후의 노걸대류에는 모두 '다만'으로만 나타나니 'ㆍ'의 이단계 변화가 이루어진 모습을 보여주고 있다고 할 것이다.

다음의 예 (30)은 구개음화를 보여주는 '엇디'에서 '엇지'로의 변화 예이다.

(30) 138A번: 이런 ᄆᆡᆫ ᄒᆞᆰ 구드레 엇디 자료 아ᄆᆞ란 딥지즑 잇거든 두ᅀᅥ 닙 가져오라
138A언: 이런 ᄆᆡᆫ ᄒᆞᆰ구들에 엇디 자리오 아므란 딥 지즑 잇거든 여러 닙 가져 오라
138A중: 이 ᄆᆡᆫ ᄒᆞᆰ 구들에 엇지 자리오 아므란 집 지즑 잇거든 여러 닙 가져다가 펴라
138B청: 이 ᄀᆞᆺᄒᆞᆫ ᄒᆞᆰ구돌에 엇지ᄒᆞ여 자리오 만일 집자리 잇거든 여러 닙 가져오라
138C몽: 이 ᄀᆞᆺᄐᆞᆫ ᄒᆞᆰ구돌에 엇지ᄒᆞ야 쟈료 힝혀 집자리 잇거ᄃᆞᆫ 여러 낫 가져오라
138D신: 이 ᄆᆡᆫᄒᆞᆰ구들에 엇지 자리오 아므란 집지즑 잇거든 여러 닙 가져다가 펴라

앞서 살핀 예 (28)에 보이는 '텬텬이'와 '쳔쳔이' 사이의 관계도 구개음화와 관련이 있는 예이기는 하나, 그들의 이해에는 그리 단순하지 않은 문제가 있다. '텬텬이'를 보이는 '몽어노걸대'가 1741년에 간행된 자료인데 반하여 '쳔쳔이'를 보이는 '청어노걸대'는 1704년에 간행되었기 때문이다. '몽어노걸대'와 '청어노걸대'는 수차례 개간이 이루어졌으므로 이들 예에 대한 이해는 해당 자료를 반영하고 있는 자료의 판본과 간행지역 등을 아울러 염두에 두고 살펴야 할 것이다.

2.3. 유의어

노걸대류를 한자리에서 비교를 하다 보면 같은 자리에 다른 형태의 부사를 사용하고 있음을 보게 된다. 유의어 관계를 형성하는 부사들의 예라고 할 수 있는 것들이다. 이들 유의어 각각이 가지고 있는 의미 영역과 시대별 차이와 같은 문제의 성격은 실로 다양하다고 하겠다. 노걸대류의 유의어 목록은 다음 (31)로 소개한다.

(31) 가. 간대로/任意로
나. 곳/즉시
다. 그저/종시

라. 나죄/져녁
마. 다뭇/더브러
바. 다ᄆᆞᆫ/다만/그저
사. ᄆᆡ실/ᄆᆡ일/每日/每日에/날마다
아. ᄆᆞᆫ져/볼셔
자. 몸소/손조/친히
차. ᄆᆞᆫ득/ᄀᆞᆺ/만일
카. 바로/正히/맛치
타. 번드기/번드시
파. 샐리/밧비
하. 손조/혼자/몸소
거. ᄯᅩ/다시
너. 요제/요ᄉᆞ이
더. 이ᄣᅢ도록/엿해
러. 일즉/볼셔
머. 일즉/일즙
버. 쟝춧/쟝ᄎᆞ/즉금/즉금 즉시
서. 졍히/졍히/正히/반ᄃᆞ시
어. 즉재/즉제/즉시/급히
저. 진짓/짐즛
처. 텬텬이/쳔쳔이/날회여/날호여
커. 혹/或/힝혀/萬一
터. ᄒᆞ다가/만일
퍼. ᄒᆞ마/앗가
허. ᄒᆞ마/거의
갸. ᄒᆞ마/이믜/긔이
냐. ᄒᆞᆫᄃᆡ/ᄒᆞᆷᄢᅴ/ᄒᆞᆫ가지로

이들 유의어 가운데 (31냐) 'ᄒᆞᆫᄃᆡ/ᄒᆞᆷᄢᅴ/ᄒᆞᆫ가지로'를 (32)에서 잠시 보기로 하자.

(32) 177A번: 세히 <u>ᄒᆞᆫᄃᆡ</u> 길 녀매 져므니 슈고ᄒᆞᄂᆞ니라 우리 세히 가져
177A언: 세 사ᄅᆞᆷ이 <u>ᄒᆞᆷᄢᅴ</u> 녜매 져므니 슈고ᄒᆞᄂᆞ니라 우리 세히 가쟈
177A중: 녜브터 니ᄅᆞ되 세 사ᄅᆞᆷ이 <u>ᄒᆞᆫ가지로</u> 가매 졈은이 슈고ᄒᆞᆫ다 ᄒᆞ니 우리 세 사ᄅᆞᆷ이 가쟈

177B청: 세 사룸이 홈믜 둔닐 제 졈은이 반드시 슈고훈다 후니 이롤 혜아리면 우리 세히 맛당이 감즉후니라
177C몽: 세 사룸이 홈믜 갈 쩍 졈은 사룸이 受苦훈다 후누니라
177D신: 녜로브터 니루되 세 사룸이 훈가지로 가매 졈은이 슈고훈다 후니 우리 세 사룸이 가미 무던후다

여기서의 '훈디'와 '홈믜' 그리고 '훈가지로'는 '어울려, 더불어' 정도의 의미를 가지는 예이다. '훈디'와 '홈믜' 그리고 '훈가지로'의 경우에는 그들 사이의 차이를 찾기 위하여 자료의 간행 시기에 주목하기보다는 그들과 호응하는 표현과의 관계 속에서 각각의 의미 영역의 차이를 찾아가는 것이 온당한 접근 방안이 될 것이다. 그들이 출현하는 시기가 고르게 분포되어 시기상의 차이를 찾기는 어려운 형편이기 때문이다. 부사 유의어 사이의 의미영역에 관한 논의는 별도의 과제로 삼기로 한다.[30]

(31머)의 '일즉'과 '일즙'에 대해서는 유의어 관계가 아니라 표기나 발음과 관련지어 이해하고자 할 수도 있을 것이다. 하지만 여기서 이들을 유의관계 목록에 넣은 까닭은 '일즙'이 '번역노걸대와 '노걸대언해'에만 나타나기는 하나 동일한 자료에 '일즉'도 보이기 때문이다. 부사를 대하는 본고에서의 기본적인 태도는 표면 형태가 다르면 그들의 의미와 기능도 다르다는 것이다. 시기상으로는 '일즙'이 활발하게 쓰이는 시기는 17세기와 18세기이나 같은 시기에 '일즉' 역시 많이 쓰이고 있다. 이들의 유의 관계에 주목한다면 17세기와 18세기 자료로 관심의 폭을 줄여야 할 것이다.

(31터)의 '후다가'와 '만일'은 '萬一/만이레/만일에/萬一에' 등으로 표기되어 나타난다. 이들을 유의어 목록에 넣어 놓기는 하였으나 다른 유의어들과는 다소 성격을 달리하여 살펴야 할 것이다. 이들이 혼재되어 나타나는 까닭은 고유어와 한자어 사이의 어휘 경쟁 양상을 반영하고 있는 것으로 보는 것이 온당할 것이기 때문이다.

2.4. 유일예

자료를 살피다 보면 다른 데에서는 찾아지지 않는 예들을 대하게 된다. 이른바 유일예라고 하는 것이다. 하지만 검토의 대상으로 삼은 자료 즉, 노걸대류에서 유일예라는 의미이지 절대적인 유일예라는 의미는 아니다. 혹 유일예인 듯 보이는 경우에는 오류일 가능성이 오히려 높다고 하겠다. 노걸대류에 보이는 유일예라 할 수 있는 부사로는 '홈콰, 약간, 죵시, 긔이[31]'가 있다. 하지만 '약간'은 18세기 자료에 많이 나타나며, '죵

---

30) 노걸대류에 보이는 부사들의 유의어 관계에 대하여 다룬 논문으로는 이수진(2011)이 있다.
31) '이미'를 뜻하는 한자어 부사인 '긔이(旣已)'이다.

시'는 17세기와 18세기 자료에 보이고, 'ᄀᆡ이'와 같은 예는 16세기부터 17세기와 18세기 자료에서도 쉽게 찾아볼 수 있어 유일예라고 하기는 어렵다. 다만 'ᄒᆞᆷ콰'의 경우에는 다른 자료에서는 찾을 수 없는 예이다. 다음의 예 (33)이 그것이다.

(33) 050A번: 이러면 우리 ᄒᆞᆷ콰 가져
050A언: 이러면 우리 ᄒᆞᆷᄭᅴ 가쟈
050A중: 이러면 우리 ᄒᆞᆫ가지로 가쟈
050B청: 이러ᄒᆞ면 죠토다 우리 ᄒᆞᆷᄭᅴ 가쟈
050C몽: 이러면 우리 ᄒᆞᆷᄭᅴ 가쟈
050D신: 이러면 우리 ᄒᆞᆫ가지로 가쟈

안병희(1996:385)에서는 위에 보이는 'ᄒᆞᆷ콰'에 대하여 복각에 기인하는 오류라고 설명하고 있으나 그를 'ᄒᆞᆷᄭᅴ'의 오류라고 보기에는 'ᄒᆞᆷ콰'가 엉뚱하기까지 한 모습을 보이고 있는 셈이다. 하지만 'ᄒᆞᆷ콰'를 보이고 있는 '번역노걸대'가 복각본이라는 사실과 'ᄒᆞᆷ콰'가 보이는 문면의 '우리'가 가지고 있는 방점의 형태를 보면 'ᄒᆞᆷᄭᅴ'와 그리 먼 모습의 형태는 아님을 알 수 있다. 'ᄒᆞᆷ콰'에 대한 이해를 위하여 'ᄒᆞᆷ콰'가 보이는 부분의 사진 〈그림 1〉과 이해에 도움을 줄 〈그림 2〉를 통하여 잠시 보기로 하자.

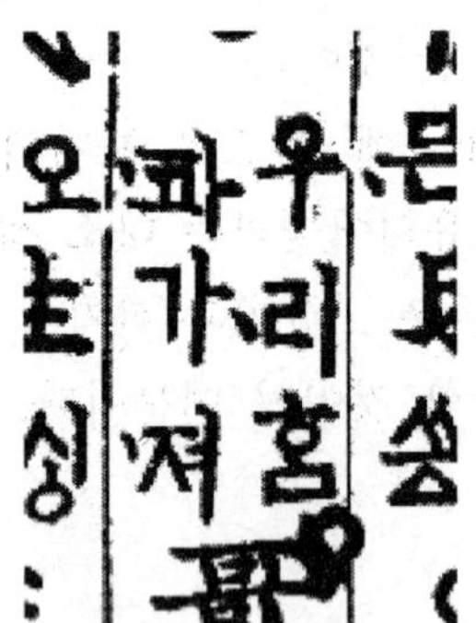
〈그림 1〉 번노 상:8a

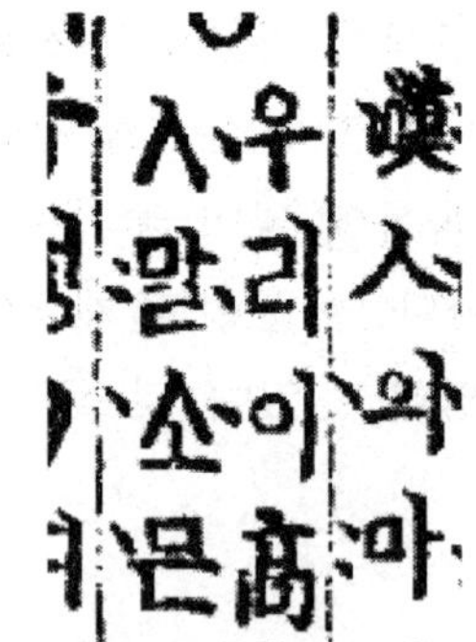
〈그림 2〉 번노 상:5b

2.5. 한자어 부사의 표기

노걸대류에 보이는 한자어 부사들을 살펴보면 동일한 부사에 대한 표기 양상이 세 가지 정도로 나뉘어짐을 알 수 있다. 예 (34)와 같이 한글과 한자 표기가 섞여 나타나는 경우와 (35)와 같이 한자로만 표기되어 나타나는 경우 그리고 (36)과 같이 한자어 부사임에도 한글로만 표기되어 나타나는 경우가 그것이다.

(34) ᄂᆞᆼ히/능히/能히, ᄆᆡ실/每日/每日에, 졍히/졍히/正히, ᄌᆞ연히/自然이/自然히, ᄌᆞ세히/仔細히, 각각/各各, 감히/敢히, 일뎡/일뎡/一定, 임의로/任意로, 즉금/卽今, 즉시/卽時, 진실로/眞實로/眞実로, 혹/或

(35) 可히, 故로, 明白히, 不過, 時價대로, 甚히

(36) 긔이, 별로, 별히, 시방, 약간, 잠싼, 죵시, 친히, ᄒᆡᆼ혀

이들 부사에 대한 충분한 이해를 위해서는 이들이 나타나는 동시기의 다른 문헌에서의 출현 양상도 살펴야 할 것이나, 그에 관한 구체적인 논의는 별도로 한자어 부사어에 관하여 다루는 자리로 미루기로 한다. 다만 여기서는 잠정적으로 한자어 부사 어휘에 대한 당시 언중들의 어원 의식과 관련지어 이해하기로 한다. 예 (36)과 같이 한자어임에도 한자로 표기되지 않는 부사들에 대하여 당시 언중들은 그들 한자어 부사가 한자어라는 인식을 거의 하지 않았던 까닭이라고 보려는 것이다.

2.6. 의미 변화

노걸대의 부사를 살피면서 염두에 두어야 할 것으로는 현대국어에도 존재하는 어휘라고 하여 그 의미까지 현대국어와 동일할 것이라고 하는 낙관적인 생각은 접어야 한다는 것이다. 역사자료에 대한 바른 이해를 위해서는 될 수 있는 한 선입견을 배제하고 자료를 대하여야 하기 때문이다. 노걸대에 보이는 다음의 예 (37)의 '아직'은 그 좋은 예가 된다.

(37) 203A번: ᄒᆡᄂᆞᆫ 이리 놉고 앏픠 아므란 뎜도 업스니 우리 <u>그저</u> 뎌 신가의 가 ᄡᆞᆯ 밧고와 손조 밥 지ᅀᅥ 먹고 가져

203A언: ᄒᆡ 이리 노ᄑᆞᆺ고 앏픠 ᄯᅩ 아므른 店도 업ᄉᆞ니 우리 <u>그저</u> 뎌 人家의 드러가 ᄡᆞᆯ 밧고와 손조 밥 지어 먹고 가쟈

203A중: ᄒᆡ 이리 놉핫고 앏흐로 향ᄒᆞ여 ᄯᅩ 아모란 店도 업스니 우리 <u>아직</u> 져 人家에 드러가 져기 ᄡᆞᆯ 밧고아 손조 밥 지어 먹고 行李 부리오고 즘싱 쉬오고 쉬여 ᄀᆞ쟈

203B청: ᄒᆡ 이리 놉핫고 앏히 ᄯᅩ 店 업스니 우리 져 村에 가셔 ᄡᆞᆯ 밧고와 밥 지어 먹고 가쟈

203C몽: ᄒᆡ 낫계엿고 앏히 아모란 店 업ᄉᆞ니 우리 져 村에 가 ᄡᆞᆯ 사셔 밥지어 먹고 가리라

203D신: ᄒᆡ 이리 놉핫고 앏흐로 ᄯᅩ 아모란 店도 업스니 우리 <u>아직</u> ᄒᆞᆫ 人家에 드러

가 져기 ᄡᆞᆯ 밧고와 손조 밥 지어 먹고 行李 부리오고 즘싱 쉬오고 쉬여 가쟈

현대국어에서의 '아직'의 의미는 '어떤 일이나 상태 또는 어떻게 되기까지 시간이 더 지나야 함을 나타내거나, 어떤 일이나 상태가 끝나지 아니하고 지속되고 있음을 나타내는' 것이지만, (37)의 중간노걸대언해'와 '노걸대신석언해'에서의 '아직'은 '우선', '당분간' 또는 '그냥' 정도의 의미로 쓰이고 있다. '번역노걸대'와 '노걸대언해'에서의 '그저'가 참고가 된다. '그저'는 '다른 일은 하지 않고 그냥, 어쨌든지 무조건, 다른 것이 아니라 오로지'의 의미이다.

3. 어휘 외적인 문제

부사에 관한 문제는 부사 외적인 문제와도 밀접한 관계를 가지고 있다. 그 대표적인 문제가 부사의 수식 범위와 관련하여 생각하여야 할 어순 문제가 있다. 그와 아울러 역사 자료를 대하면서 마주하게 되는 표기 문제와 부사 선택의 문제가 있을 수 있다. 여기서는 간단히 예를 소개하여 일단 문제를 제기하여 두기로 한다.

앞서 우리는 예 (25)를 살피면서 '청어노걸대'에서의 '진실로'의 어순이 다른 노걸대류에서와는 달리 용언 '업스니' 바로 앞에 오는 경우를 본 바가 있다. '진실로'의 수식 범위가 '다룰 사람이 없다'는 문장 전체인지 '없다'에 한정되는 것인지에 차이가 있다는 것이다.

이와는 다소 성격이 다르기는 하나, 예 (38)에서와 같이 '몯'으로 나타내는 능력부정문이 단형부정문인가 아니면 장형부정문인가에 따라 부사 '몯'의 위치에 차이를 보이게 된다.

(38) 100A번: 애 ᄯᅩ 王가 형님이로괴여 오래 몯 보왜 이대 이대 너희 이 여러 벋둘히 어듸브터셔 모다 오뇨
100A언: 애 ᄯᅩ 王가든 형이로괴야 오래 보디 못ᄒᆞ엿더니 이대 이대 너희 이 여러 벗이 어듸셔브터 못ᄃᆞ라 오뇨
100A중: 噯王가 큰 형이 왓ᄂᆞ냐 오래 보지 못ᄒᆞ엿더니 편안ᄒᆞ냐 네 이 여러 벗이 어ᄃᆡ로 조차 ᄒᆞᆫ가지로 오니고
100B청: 王哥 큰 형이 왓ᄂᆞ냐 오래 보지 못ᄒᆞ엿더니 너희 여러 벗이 어ᄃᆡ셔 만나 온다
100C몽: 내 王哥ㅣ로라 오래 보지 못ᄒᆞ얏ᄃᆞ니 兄의 渾家ㅣ 됴히 잇ᄂᆞ냐 너희 이

여러 벋이 어ᄃᆡ셔 모다 온다
100D신: 嗳呀 王가 큰형이 왓고나 <u>오래 보지 못ᄒᆞ엿더니</u> 편안ᄒᆞ냐 네 이 여러 벗이 어ᄃᆡ로셔 ᄒᆞᆫ가지로 오니고

부사의 표기와 관련한 문제로는 앞서 언급한 바 있듯이 한자와 한글의 선택 문제가 있으나, 그 밖에도 연철에서 분철로의 이행 과정을 보여주는 예들도 있다. 앞서 살핀 바 있는 예 (15)에서의 '각벼리'와 '각별이'가 그러한 경우의 예이다.

다음의 예 (39)에 보이는 '다ᄆᆞᆺ'은 부사의 선택이 전적으로 화자에게 속한 문제임을 보여주는 예라고 할 수 있다. '같이, 더불어, 견주어' 정도의 의미를 가지는 '다ᄆᆞᆺ'을 단지 '중간노걸대언해'에서만 선택하고 있는 것이다.

(39) 080A번: 네 이 ᄆᆞᆯ와 뵈를 北京의 가 ᄑᆞᆯ오 ᄯᅩ 므슴 홍졍ᄀᆞ숨 사 高麗ㅅ ᄯᅡ해 도라가 ᄑᆞᄂᆞ뇨
080A언: 네 이 ᄆᆞᆯ과 뵈ᄅᆞᆯ 北京의 가 ᄑᆞᆯ고 ᄯᅩ 므슴 貨物을 사 高麗ㅅ ᄯᅡ히 도라가 ᄑᆞᄂᆞ뇨
080A중: 네 이 ᄆᆞᆯ과 <u>다ᄆᆞᆺ</u> 뵈ᄅᆞᆯ 北京 가 ᄑᆞᆯ고 ᄯᅩ 져기 므슴 貨物을 사 朝鮮에 도라가 ᄑᆞᄂᆞ뇨
080B청: 네 이 ᄆᆞᆯ과 뵈ᄅᆞᆯ 皇城에 가져 가 ᄑᆞᆯ고 다시 므슴 貨物ᄅᆞᆯ 사셔 朝鮮 ᄯᅡ히 도로 가져 가ᄑᆞ는다
080C몽: 네 이 ᄆᆞᆯ과 뵈ᄅᆞᆯ 北京에 가져가 ᄑᆞᆯ고 다시 므ᄉᆞᆷ 物貨ᄅᆞᆯ 사 朝鮮 ᄯᅡ히 도라가 ᄑᆞ는다
080D신: 네 이 ᄆᆞᆯ과 뵈ᄅᆞᆯ 北京 가 ᄑᆞᆯ고 ᄯᅩ 므슴 貨物을 사 朝鮮에 도라가 ᄑᆞᄂᆞ뇨

4. 결론을 대신하여

본고는 노걸대류의 종합적인 검토를 목적으로 진행하는 작업의 일환으로 진행이 되었다. 본고에서는 우선 노걸대류에 보이는 부사에 먼저 관심을 두기로 하였다. 하지만 종합적인 검토의 첫걸음이라는 점에서 노걸대의 자료적 성격과 현황, 노걸대에 관한 그간의 연구 내용과 연구 영역의 확장가능성도 간단히 살펴보았다. 아울러 종합적인 검토를 진행하기 위한 방법도 제시하였다.

논의를 진행하면서 먼저 노걸대류에 보이는 부사의 총목록을 확보하고, 그들을 원래 부사와 파생부사로 구분하였다. 본고에서는 파생부사를 우선 관심대상으로 삼아 파생접사의 목록과 파생관계를 살폈다. 검토 대상이 된 파생접사는 '-ø, -다이, -대로, -도

록, -마다, -오/우, -로, -이/히, -소/조, -곰' 등이었던 바, 기존의 논의에서는 파생접사로 다루지 않았던 형태도 목록으로 추가할 수 있었다.

부사와 관련하여 노걸대의 부사에 반영된 음운변화에 대해서도 관심을 가졌다. 아울러 노걸대류를 한자리에 비교하며 알 수 있었던 유의어에 주목하여 노걸대 부사의 유의어 목록을 작성하여 제시하였다. 한편 유일예로서 그동안 복각에 기안하는 오류예로 다루어져 온 '홈과'에 대해서도 원문 사진을 통하여 오류의 성격을 파악하기도 하였다.

부사 어휘 자체에 관한 그 밖의 관심 내용은 한자어 부사에 대한 언중의 인식 변화를 한글과 한자의 표기 양상 변화에 착안하여 살폈으며, 현대국어와 동일한 형태를 보이는 부사라고 하더라도 의미에는 차이가 있음도 부사 '아직'을 통하여 알 수 있었다. 어휘 외적인 문제로는 어순이라든가, 연철에서 분철로의 이행 과정 그리고 부사의 선택 여부와 관련한 문제도 관심의 대상이 될 수 있음도 예를 통하여 살펴보았다. 실로 다양한 성격의 문제가 부사를 둘러싸고 있음을 알 수 있었던 것이다. 그런 만큼 부사에 관한 논의는 아직도 가야할 길이 많이 남아있다고 하겠다.

노걸대류의 종합적인 검토를 목표로 하고 있다는 점에서 본다면, 노걸대가 가지고 있는 언어자료로서의 장점을 보다 적극적으로 활용할 수 있는 방안을 모색하여야 한다는 보다 큰 과제도 극복할 수 있는 구체적인 방안이 모색되어야 할 것이다. 중국어, 몽고어, 만주어가 번역의 과정에서 간섭을 할 수 있으리라는 추정이 충분히 가능하나 아직은 그에 대한 배려를 전혀 못하고 있기 때문이다. 아울러 간행 시기에 따른 차이와 번역자와 간행 지역의 차이 등이 자료에 반영되는 양상 등에 관해서도 보다 꼼꼼히 살펴야 하는 일로서 과제 목록에 추가되어야 할 것이다.

04. 조사 중첩 원리의 모색

- 16세기 국어를 중심으로 -

1.1. 국어의 형태적인 특징이 첨가적인 성격을 띠는 데에 있다는 점에 대해서는 많은 설명이 필요하지 않다고 할 수 있다. 어떻게 보면 국어의 첨가되는 요소에 대한 연구가 국어 문법 연구의 중심을 이루고 있다고 하여도 지나친 표현은 아닐 것이다. 개별 요소에 대한 관심의 성격에 따라 형태, 통사, 의미와 같이 그들의 접근 태도와 내용에는 차이가 있을 수 있겠으나 피사동 파생이라든가, 시제라든가, 대우법이라든가, 아니면 문장의 종결이나 접속에 관한 문제들이 결국 첨가되는 요소가 가지고 있는 기능과 의미의 파악에 닿아 있다고도 할 수 있기 때문이다. 사실 그간의 연구 결과는 첨가되는 요소 각각에 대한 기능과 의미의 파악에 대한 더 이상의 논의가 불필요한 듯이 보이게 한다고도 할 수 있다.

본고에서 관심을 가지려는 조사에 관한 논의도 개별 조사의 기능과 의미에 관한 한 기존의 논의와 검토로 그 전모가 거의 드러나 있다고 할 수 있다. 물론 격조사의 경우에는 격의 개념과 범주의 설정부터 상이한 견해를 발견할 수 있으며, 보조사 또는 후치사 등으로 불리는 특수조사의 경우에는 그 대상 목록조차 일치되지 못하는 양상을 보이고 있어, 국어 조사의 내용이 무엇이냐 하는 데에 관해서는 그 의견이 다소 갈려 있다고 할 수 있겠으나, 여기서 그러한 원론적인 문제에 대한 논의는 피하기로 한다.[1] 논의의 진행 과정에서 자연 드러나게 되겠지만, 대상 자료의 범위가 16세기 국어의 조사라는 점과 그 가운데에서도 조사의 중첩이라는 모습으로 나타난 예들을 대상으로 삼았다는 점에서 원론적인 문제와는 어느 정도 거리를 둘 수 있기 때문이다.

1.2 본고에서 특히 관심을 가지려는 내용은 조사의 중첩과 관련된 문제이다. 개별 조사의 기능과 의미에 대한 충분한 논의에 비한다면, 첨가어로서의 한 특징을 보이는

1) 따라서 여기서는 '체언 또는 체언 상당어와 결합하는 문법 형태'라는 정도의 소박한 의미로 '조사'라는 용어를 사용하기로 한다.

조사의 중첩에 관한 문제는 거의 관심 영역 밖에 있었다고 할 수 있을 것이다. 물론 김승곤(1992:56-7)나 허웅(1975:395-408, 1989) 등에서 현상에 대한 소개는 있었으나 현상의 파악도 다소 투박할 뿐만 아니라 중첩의 원리 파악과는 상당한 거리가 있는 것이기 때문이다. 조사의 중첩에 관심을 둔 업적으로는 허웅(1975)와 임동훈(1991ㄴ) 정도를 들 수 있다. 허웅(1975)에서 '연결토씨(공동격조사) - 자리토씨(격조사) - 도움토씨(보조조사)'의 순서로 겹쳐진다고 파악한 것이나, 현대국어 격조사만을 논의의 대상으로 삼은 임동훈(1991ㄴ:127)에서 '구조격과 내재격, 내재격과 내재격은 중첩할 수 있으나, 구조격과 구조격은 중첩할 수 없다'는 지적 등이 그러한 예이다. 도움토씨나 내재격의 중첩 현상과 그의 질서에 대해서는 전혀 언급도 되어 있지 않은 형편인 것이다.

조사 중첩의 예들을 살피기 위하여 본고에서는 16세기 국어 자료에 주목하기로 한다.[2] 16세기 국어가 보여 주는 조사의 특징은 조사 목록과 개별 조사에서 찾아지는 기능 변화로 정리될 수 있어, 16세기 국어 조사 중첩 원리의 특징도 그를 통하여 파악될 수 있을 것이다. 그러나 그를 통하여 파악된 조사 중첩의 원리가 16세기 국어만의 것이며, 16세기 국어의 특징이라고 이야기하기에는 아직 이르다고 하겠다. 여기서 16세기 국어를 먼저 살피려고 하는 것이 16세기 국어 조사 중첩이 가지는 특성에 이유를 둔 것이라고 하기 보다는 16세기 국어 전반이 전환기적인 특성을 보인다는 일반론에 근거를 두고 있기 때문이다. 따라서 다른 시기 국어 조사 중첩 양상과의 비교없이 본고의 논의 결과만을 두고 16세기 국어의 한 특징으로 판단하는 오류는 경계하기로 한다. 그보다는 오히려 본고를 통하여 파악될 중첩의 원리가 국어 조사 중첩의 일반적인 원리가 될 수 있으면 하는 기대를 가져보는 것이다.

2.1 앞서 논의 진행에 관한 태도를 표명한 바 있듯이 본고는 16세기 국어 자료에서 찾아지는 조사 중첩의 예들을 검토 대상으로 삼아 그들이 가지고 있는 중첩의 원리를 모색하기로 한다. 조사가 중첩되는 예들을 살피기로 하였지만, 사실 16세기 국어 자료에 보이는 조사 중첩의 예들은 현대국어의 그것에 비한다면 그리 다양한 양상을 보인다고 하기는 어려운 형편이다. 16세기 국어의 모든 조사가 중첩에 참여하는 것은 아닐 뿐더러 넷 이상의 조사가 중첩되는 경우도 보이지 않기 때문이다.

구체적인 중첩 예들을 검토하기에 앞서 다음 (1)과 같은 예가 본고에서 살피려고 하는 대상에서 제외된다는 점은 먼저 밝혀둘 필요가 있다. 표면적으로는 중첩의 예로 보

2) 대상 자료로 삼을 16세기 국어 자료의 목록에 대하여서는 한재영(1994:6-7)을 참조할 것. 출전에 대한 약호도 한재영(1994)의 것을 취하기로 한다.

이나 진정한 조사의 중첩과는 거리가 있기 때문이다.

(1) 仁이 父子<u>애와</u> 義ㅣ 君臣<u>에와</u> 禮ㅣ 賓主<u>에와</u> 智ㅣ 賢者<u>애와</u> 聖人이 天道애 命이나 性이 인ᄂᆞ니라 〈맹자 14:15ㄷ〉

위의 예 (1)은 조사 '에'와 '와'가 중첩되어 나타난 듯이 보이는 예이다. 그러나 예 (1)은 '仁이 父子애'와 '義ㅣ 君臣에'와 '禮ㅣ 賓主에'와 '智ㅣ 賢者애'가 '聖人이 天道애'와 마찬가지로 각각의 명사구를 이루어, 조사 '에'와 '와'는 이차적인 결합 관계를 가지고 있어 중첩으로 볼 수는 없는 예들이다. 여기서 조사들 사이의 일차적인 관계와 이차적인 관계라는 표현에 대해서는 다소의 설명이 필요할 것이다. 명사구 내에 위치하는 조사이냐 아니냐 하는 것이 문제의 핵심이기 때문이다. 여기서 명사구 내에 위치하는 조사라고 하는 것은 문장의 접속을 위하여 삭제나 축소가 이루어지기 전의 문장 내에 존재하는 조사라는 의미이다. 다음의 (1′)은 명사구의 개별 구성 단위를 보이기 위해 위의 예 (1)을 다시 가져온 것이다.

(1′) '仁이 父子애'와 '義ㅣ 君臣에'와 '禮ㅣ 賓主에'와 '智ㅣ 賢者애'와 聖人이 天道애 命이나 性이 인ᄂᆞ니라

예에 보이는 명사구 '仁이 父子애'와 '義ㅣ 君臣에'와 '禮ㅣ 賓主에' 그리고 '智ㅣ 賢者애'를 각각 작은따옴표로 묶은 것은, 생략된 서술어가 회복되어 명사절이 될 경우 조사 '에'와 '와'가 직접적인 통합관계를 보이지는 않음을 나타내기 위한 것이다. 이러한 직접적인 통합관계가 아닌 경우를 이차적인 관계라고 표현한 것이다. 이를테면, '경주부터가 아니다.'라는 문장에서 표면적으로는 조사 '부터'와 '가'가 중첩되어 있으나, 생략된 부분을 회복시켜 볼 경우 '(발굴 작업이) 경주부터 (시작된 것)이 아니다.'와 같이 되어 '발굴 작업이 경주부터 시작된 것'이 주어명사구임을 알 수 있는 것과 같은 내용이다. 따라서 '경주부터'는 주어명사구에서 생략가능한 요소들이 생략된 명사구로서 주격조사 '가'는 주어명사구 내의 성분이 아니며, 아울러 조사 '부터'와 '가'는 직접적인 관계를 가지는 것이 아니다. 이렇듯 표면적으로는 중첩된 것으로 보이지만 실질적으로는 이차적인 관계를 가지는 예들은 조사 중첩에 관한 논의의 대상이 되지 못하는 것이다.

다음의 예들도 같은 의미로 배제가 되어야 할 대상들이다.

(2) ㄱ. 우리 손조 밥 지ᅀᅥ 머그면 가마와 노곳 자리와 사발와 뎝시<u>왜</u> 다 잇ᄂᆞ녀 〈번노

상:68ㅇ〉

ㄴ. 느릅 힌 거픐 ᄀᆞᄅᆞ ᄒᆞᆫ되와 밠 ᄀᆞᄅᆞ ᄒᆞᆫ홉과롤 더운 므레 골오쳐 떡 ᄆᆡᆼᄀᆞ라 글른 므레 녀허 닉게 술마 시겨 머그라 〈구황 7ㅇ〉

ㄷ. 어버싀 가히와 몰 디졉호몰 반ᄃᆞ시 내 가히와 몰와애 달이호디 〈번소 7:43ㄷ〉

ㄹ. 믈읫 향듕엣 긔약이 네가지니 ᄒᆞᆫ나ᄒᆞᆫ ᄀᆞ론 덕과 업과로 서ᄅᆞ 권ᄒᆞ미오 〈여씨 1ㄷ〉

위의 예 (2ㄱ)은 공동격조사 '과'에 주격조사 '이'가 통합된 예를 보인 것이고, (2ㄴ)은 대격조사 '롤'이 통합된 경우를 보인 것이며, (2ㄷ)과 (2ㄹ)은 각각 비교격의 '애'와 구격의 '로'가 통합된 예를 보인 것이다.[3] 이미 허웅(1975:395-408)와 같은 논의를 통하여, '시계와 만년필이 있다'나 '사과와 배를 먹었다'에서와 같이 맨 뒤에 오는 명사구에 공동격조사 '과'를 취하지 않는 현대국어의 용법과 다른 점으로 밝혀진 내용이다. 그러나 그것이 현대국어와 중세국어 사이의 차이에 근거하는 것이 아님에는 유의할 필요가 있다. 현대국어의 '시계와 만년필과가 있다'나 '사과와 배와를 먹었다'가 비문법적인 문장이 아닌 것과 마찬가지로[4] 16세기 자료를 통하여 맨 뒤에 오는 명사구에 공동격조사 '과'를 취하지 않은 다음 (3)과 같은 예의 존재를 확인할 수 있기 때문이다.

(3) ㄱ. 또 이듬ᄒᆡ예 王涯와 賈餗이 다 화란 만나 주그니라 〈번소 10:18ㄷ〉[5]

ㄴ. 父母와 싀부모ᄉ 옷과 니블와 삳과 돗과 벼개와 궤롤 옴기혈후디 아니ᄒᆞ며 막대와 신올 공경ᄒᆞ야 敢히 갓가이 말며 대와 牟와 卮와 匜롤 자시다가 남은 것 아니어든 敢히 ᄡᅳ디 아니ᄒᆞ며 〈소학 2:6ㅇ〉

ㄷ. 죵셩 사롬 뎡휴명과 부녕 사롬 조규와 경셩 사롬 박셩쟝으로 더브러 도적의게 들어가 〈續三 충:4ㅇ〉

위의 예 (3)은 공동격조사를 취하는 16세기 국어 문장의 일반적인 모습과는 조사의 쓰임에서 차이를 보인다. 이러한 예들에 대하여 소수의, 그래서 단지 예외적인 것으로 이해할 수도 있을 것이다. 더구나 (3ㄷ)과 동일한 원전을 번역한 (3ㄷ´)에 대하여 조

3) '과로'의 경우에 표면적으로는 같은 모습을 보이나 진정한 중첩의 예도 있을 수 있다. 대칭동사를 서술어로 취한 예들이 그것이다. 구체적인 예들에 대한 검토는 후술 참조.

4) '시계와 만년필과가 있다'와 '사과와 배와를 먹었다'가 비문법적인 문장이 아니라는 점에 대해서는 후술 참조.

5) 같은 부분에 대한 소학언해의 조사 사용도 같은 양상을 보인다.

또 이듬ᄒᆡ예 王과 賈ㅣ 다 화란을 만나니 〈소학 6:117a〉

사의 쓰임만을 달리하였을 뿐 의미상의 차이는 없는 예외적인 경우로 처리할 수도 있는 것이다.[6)]

(3) ㄷ´. <u>鍾城사ᄅᆞᆷ 鄭休明과 富寧 사ᄅᆞᆷ 曺糾와 鏡城 사ᄅᆞᆷ 朴成章과로</u> 도ᄌᆞᆨ의게 드러가 〈속삼 충:4ㅇ〉

그러나 예외에 대한 본고의 태도는 그 존재를 인정하지 않는 데에 두기로 한다. 본고는 오히려 예 (2)와 (3)을 통하여 접할 수 있는 의미상의 차이에 주목하려는 것이다. 예 (2)에서의 조사의 쓰임이 진정한 중첩과 거리가 있음은 예 (2)와 (3)의 차이에 대한 이해의 과정에서 자연 드러나게 될 것이다. 이해를 돕기 위하여 먼저 현대국어의 예를 살피기로 한다.

(4) ㄱ. 사과와 배를 먹었다.
ㄴ. 사과와 배와를 먹었다.

예 (4)의 두 문장이 모두 '사과를 먹었다'와 '배를 먹었다'라는 문장의 접속문이라는 데에는 이견이 있을 수 없다. 그만큼 두 문장은 동일한 의미 내용을 담을 수도 있다. 그러나 두 문장 사이에는 간과해서는 안 될 중요한 차이가 있음에 유의해야 할 것이다. 차이를 좀더 부각시키기 위하여 다소의 과장이 허용될 수 있다면 사과와 배가 각각 따로 있는 경우와 사과와 배를 섞어 분쇄기로 갈아 놓은 장면을 상정해 보기로 하자. (4ㄱ)의 문장이 두 장면 모두를 표현하는 데에는 무리가 없다고 할 수 있겠으나, (4ㄴ)의 문장으로 '분쇄기로 섞어 갈아 놓은 사과와 배'를 먹는 장면을 표현하기는 어렵기 때문이다. 같은 맥락에서 (4ㄴ)의 문장에서는 사과를 먹은 사건과 배를 먹은 사건 사이에 시간상·공간상의 차이가 개재될 수 있다는 점도 지적할 수 있다. 먹은 대상의 집합을 A라고 한다면 예 (4)로 표현된 집합 A는 각각 다음의 (4´)으로 달리 나타낼 수가 있다.

(4´) ㄱ. A = {사과, 배}
ㄴ. A = {{사과}, {배}}

이로써 예 (2)와 (3) 사이에 존재하는 의미상의 차이는 자명해진 셈이다. 그와 함께

6) (3ㄷ)은 중간본의 예이고, (3ㄷ´)은 원간본의 예이다.

예 (2)에서와 같은 조사의 용법은 개별 요소의 독립성이 그만큼 부각된 것으로 볼 수 있음도 알게 되었다. 예 (2)와 (3)에서 본 조사 '이, 롤, 애, 로' 등은 집합 A의 개별 요소가 아닌 전체 집합에 결합되었던 것이지만, 예 (2)는 집합 A를 구성하는 요소들의 개별성을 의식한 표현인 반면에 예 (3)은 집합 A를 구성하는 요소들의 집합성을 의식한 표현이라고 할 수 있는 것이다.[7] 다시 예 (4)를 취하여 보면 다음 (4˝)과 같이 이해할 수 있다.

(4˝) ㄱ. {사과와 배}를
　　ㄴ. {{사과와}, {배와}}를

위의 (4˝)는 예 (1)에 대해서와 마찬가지 이유로 예 (2)가 조사 중첩의 예에서 배제됨을 보다 선명하게 보여준다고 하겠다. 표면적으로는 중첩된 것으로 보이는 조사들의 관계가 이차적인 것임을 보이고 있기 때문이다.

공동격조사가 후치사들과 결합된 다음의 예 (5)도 같은 의미에서 진정한 중첩의 예는 아니다.

(5) ㄱ. 서르 닐오ᄃᆡ 님금과 어버이와 스승과ᄂᆞᆫ ᄒᆞᆫ가지로 셤ᄭᅳᆯ디라 〈삼강 효:35ㅇ〉
　　ㄴ. 여름과 닙과도 ᄯᅩ 가히 ᄲᅳᆯ거시라 〈구황 3ㄷ〉
　　ㄷ. 飮食ᄀᆞᄐᆞᆫ 일에도 밥과 ᄀᆡᆼ과란 다시 더 주라 ᄒᆞ고 〈번소 9:6ㄷ〉
　　ㄹ. 과시를 ᄇᆡ와 밤과 대초와 감과ᄲᅮᆫ ᄒᆞ고 안쥬를 포육과 젓과 ᄂᆞ몰호로 ᄒᆞᆫ ᄀᆡᆼ과ᄲᅮᆫ ᄒᆞ고 그르슨 사긔와 옷칠ᄒᆞᆫ 것ᄲᅮᆫ ᄡᅮᄃᆡ 〈번소 10:32ㅇ〉

위의 예 (5)는 공동격조사에 후치사인 'ᄂᆞᆫ, 도, 란, ᄲᅮᆫ'이 결합된 예들이다. 이들 예에 보이는 공동격조사와 후치사 사이의 관계가 이차적인 것임은 앞서 살핀 예들과 동일하다.[8]

2.2 지금까지 우리는 조사 중첩의 원리를 찾아가기 위한 기초 작업으로 중첩된 듯이 보이나 중첩과는 거리가 있어 검토의 대상에서는 제외되어야 할 내용들을 먼저 살펴보

---

7) 그러한 의식의 차이는 화자 개인적인 것일 수도 있지만, 사회적 또는 시대적인 것일 수도 있다. 동일한 장면에서의 동일한 화자의 이해 태도도 대상에 따라 달라질 수 있는 것이다. 다음에 보일 예 (5ㄹ)의 '그르슨 사긔와 옷칠ᄒᆞᆫ 것ᄲᅮᆫ ᄡᅮᄃᆡ'에서 'ᄲᅮᆫ'만 쓰인 경우가 그러한 경우에 속하는 것이며, 중세국어와 현대국어가 용법상의 다른 경향을 보이는 것도 좋은 예라 하겠다.

8) 후치사와 관련된 문제에 대해서는 뒤에 다시 살피게 될 것이다.

았다. 이제 진정한 중첩의 다양한 예들을 하나하나 살펴가기로 하자.

(6) ㄱ. 봉양ᄒᆞᆷ애ᄂᆞᆫ 그 즐김을 닐위고 병에ᄂᆞᆫ 그 근심을 닐위고 상ᄉᆞ애ᄂᆞᆫ 그 슬허ᄒᆞᆷ을 닐위고 祭예ᄂᆞᆫ 그 엄숙ᄒᆞᆷ을 닐윌디니 〈소학 2:33ㅇ〉

ㄴ. 그러ᄒᆞ면 오ᄃᆡ 시절에도 거상애 고기 먹ᄂᆞ니ᄅᆞᆯ 사ᄅᆞ미 오히려 고이ᄒᆞᆫ 이리라 ᄒᆞ니 〈번소 7:16ㅇ〉

(7) ㄱ. 반ᄃᆞ시 관ᄃᆡᄒᆞ야 유화로이 ᄒᆞ며 죵돌히게ᄂᆞᆫ 화열히 호ᄃᆡ 삼가ᄒᆞ더라 〈번소 9:84ㅇ〉

ㄴ. 집을 다ᄉᆞ리ᄂᆞᆫ 이 敢히 가신과 쳡의게도 그르 아니ᄒᆞ니 〈효경 12ㅇ〉

(7´) ㄱ. 故로 어믜게ᄂᆞᆫ 그 ᄉᆞ랑ᄒᆞᆷ을 취ᄒᆞ고 님금ᄭᅴᄂᆞᆫ 그 공경ᄒᆞᆷ을 취ᄒᆞᄂᆞ니 〈효경 6ㅇ〉

ㄴ. 두 지븨 열권식ᄒᆞ니 도쉬 스므궈니 ᄆᆞᆮ형님ᄭᅴ도 열권 가니 대되 셜ᄒᆞᆫ권 가닉 〈간찰 64〉

(8) ㄱ. ᄒᆞ마 그러ᄒᆞ면 ᄋᆞᆲ프로 ᄎᆞᆫ애 다ᄃᆞᆮ디 몯ᄒᆞ고 뒤후로ᄂᆞᆫ 뎜에 다ᄃᆞᆮ디 몯ᄒᆞ리니 〈번노 상:10ㅇ,ㄷ〉

ㄴ. 비록 聖人이라도 ᄯᅩᄒᆞᆫ 아디 몯ᄒᆞᄂᆞᆫ 배 이시며 夫婦의 不肖로도 可히 ᄡᅧ 能히 行호ᄃᆡ 〈중용 9ㄷ〉

위의 예 (6), (7), (7´), (8)은 각각 처격조사와 여격조사 및 구격조사[9] 뒤에 후치사 '는'과 '도'가 중첩되어 나타난 예들이다.[10] 이와 같은 배열 순서를 취하는 까닭을 우리는 후치사가 가지는 기본적인 성격에서 찾을 수 있다. 자립형태소는 아니나 어휘적인 자질을 가지는 준자립형태소라는 것이 그것으로,[11] 특히 부사적인 의미 특성을 가지고 있으나 문법적으로는 독립하여 쓰일 수 없다는 것이다. 예 (6), (7), (7´), (8)에 보이는 '는'과 '도'의 경우에는 '단지, 오직', '역시' 정도의 의미를 가지는 것으로

9) 조사 '로'를 구격이라고 이른 것이지만, 엄밀하게 말하자면, '로'의 기능이 구격에 한하는 것은 아니다. 구체적인 도구를 가리키는 이외에 원인이나 수단 또는 자격, 방향, 경유 등을 나타내는 데에도 쓰이기 때문이다. 여기서 그들 사이의 분명한 의미 차이에도 불구하고 구격이라고 칭하는 것은 '구격'이라는 표현이 가지는 확대해석 가능성에 의한다.

10) 하나의 형태에 대한 다양한 이형태의 예들을 일일이 드는 번거로움은 피하기로 한다. 아울러 개별 후치사의 의미 내용에 관한 접근도 논의 진행상 필요한 경우가 아닌 경우에는 그들을 다룬 기존의 업적들로 그 설명을 미루기로 한다.

11) 후치사의 성격에 관해서는 이승욱(1966:220)과 서종학(1983:185)을 참조할 것.

이해할 수 있는 후치사이다. 후치사가 그 용법상으로 의존적인 성격을 가지는 것이기는 하지만, 그가 가지는 어휘적인 특성으로 인하여 명사와 그의 격조사 사이에 위치하는 것은 부자연스러운 것이라 하겠다. 격조사와 후치사 사이에 요구되는 이러한 어순 관계에 대하여 '격표지 우선의 원칙'이라고 부르기로 한다.

(9) 격표지 우선의 원칙

여러 조사들이 중첩될 경우에는 격을 나타내는 조사가 우선한다.12)

위에 보인 예들 이외에도 이와 같은 '격표지 우선의 원칙'에 부합되는 조사 중첩의 다른 예는 그리 어렵지 않게 찾아볼 수 있다. 문면을 통하여 대할 수 있는 용례가 고른 것은 아니나, 확인 가능한 여러 중첩의 양상들을 살펴보기로 하자.

(10) ㄱ. 귓일 호믈 집일ᄀᆞ티 ᄒᆞᆫ 후<u>에ᅀᅡ</u> 내 ᄆᆞᅀᆞᆷ ᄭᆞ장 다ᄒᆞ요미니 〈번소 7:24ㅇ〉
ㄴ. <u>흐르ᄂᆞᆫ</u> 므레 ᄃᆞᆷ가 사나홀만 디나거든 내여 ᄢᅧ 벼<u>틔나</u> 구드레 나몰 외여 디허 ᄀᆞᄅᆞ 밍ᄀᆞᆯ면 그 마시 ᄀᆞ장 됴ᄒᆞ니라 〈구황 4ㄷ〉
ㄷ. 픈ᄌᆞᆺ긔 업슨 직금ᄒᆞᆫ ᄀᆞᄂᆞᆫ 됴ᄒᆞᆫ 비단<u>의란</u> ᄯᅩ 언메예 풀다 구틔여 〈번노 하:27ㄷ〉

(11) ㄱ. 이개 만장을 아ᄌᆞ바님<u>ᄭᅴ나</u> 의론히여 셔리게 맛디게 히여라 〈간찰 68〉
ㄴ. 회광이 도족 자블 ᄠᅳ디 업승이다 ᄒᆞ라 ᄒᆞ야ᄂᆞᆯ 님금<u>ᄭᅴ란</u> 아니 가고 회광ᄋᆡ 아ᄃᆞᆯ 최의게 ᄃᆞ라가 〈삼강 충:17ㅇ〉

위에 보인 예 (10)과 (11)은 처격조사 '에'와 여격조사 'ᄭᅴ'에 각각 후치사 'ᅀᅡ, 나, 란' 등이 중첩되어 나타난 예들이다. (10ㄷ)의 '의란'은 노걸대언해에서 '으란'으로 나타나지만, 중간노걸대언해에서는 '에ᄂᆞᆫ'으로 나타나 처격조사와 후치사 '란'이 통합된 것임을 알 수 있다.

후치사 'ᅀᅡ, 나, 란' 등이 구격조사 '로'와 통합된 예가 문증되지는 않지만, 그들의 통합이 불가능하여서가 아니라는 점은 기억해 둘 필요가 있다. 구격조사 '로'와 중첩되어 나타나는 후치사들의 분포 양상이 다른 격조사들과는 다른 양상을 보인다는 점도 눈에 띄는 내용이다.

---

12) 격조사와 후치사를 특별히 갈라 구분하여야 할 필요가 생기지 않는 한 편의상 격조사와 후치사를 아울러 조사라 부르기로 한다.

(12) ㄱ. 손ᄶᅡ라고로다가 그 헐므슨 부리 우희 추모로 나져 바며 머므디 말오 ᄇᆞᄅᆞ라 그리면 즉재 스러디리라 〈번박 상:13ㄷ〉

ㄴ. ᄆᆡ ᄒᆞᆫ 집의셔 가댱ᄒᆞᆫ 나히 ᄒᆞᆫ 긔약읫 사ᄅᆞᆷ으로다가 볼디니 편지ᄒᆞ야 무ᄅᆞᆯ 저긔도 ᄯᅩ 그 ᄀᆞᆮ티 ᄒᆞ라 〈여씨 26ㄷ〉

(13) 그러ᄒᆞᆫ 則 吾子ㅣ 管仲으로ᄃᆞ려 뉘 賢ᄒᆞ뇨 曾西ㅣ 艴燕히 悅티 아니ᄒᆞ야 ᄀᆞᆯ오ᄃᆡ 네 엇디 곧 나를 管仲애 比ᄒᆞᄂᆞ뇨 〈맹자 3:2ㅇ〉

(14) ㄱ. 神農의 言ᄒᆞᄂᆞᆫ 者 許行이 楚로브터 滕에 가 門애 踵ᄒᆞ야 文公ᄭᅴ 告ᄒᆞ야 ᄀᆞᆯ오ᄃᆡ 〈맹자 5:17ㅇ〉

ㄴ. 번디란 거슨 그 덕글 벗삼ᄂᆞ니 님굼므로브터 샹인네 니르히 뉘 아니 번들 ᄌᆞ뢰ᄒᆞ여 덕글 일우리오 〈정속 14ㅇ〉

위의 예 (12), (13), (14)는 구격조사 '로'와 중첩되어 나타나는 후치사 '다가, ᄃᆞ려, 브터'의 예들이다.13) 이들 후치사들이 가지는 공통점은 그들의 기원을 '닥다, ᄃᆞ리다, 븥다' 등의 용언에 두고 있다는 점이다.14) 다음의 예들은 '닥다, ᄃᆞ리다, 븥다' 등이 용언으로 쓰인 15세기 국어의 예들이다.

(15) ㄱ. 네 바리ᄅᆞᆯ 어듸 가 어든다 도로 다가 두어라 〈월인석보 7:8ㅇ〉

ㄴ. 阿育王이 그저긔 臣下ᄃᆞᆯ ᄃᆞ려 雞雀精舍애 가 〈석보상절 24:32ㄷ〉

ㄷ. 貪欲을 滅ᄒᆞ면 브터 이숋ᄠᅵ 업스니라 〈법화경언해 2:151ㄷ〉

위의 예에서와 마찬가지로 동사 '닥다, ᄃᆞ리다, 븥다' 등의 부동사형 '다가, ᄃᆞ려, 브터'와 같은 예들이 후치사가 아니라 동사로 쓰이고 있다는 사실은 이들 동사에 기원을 두고 있는 후치사의 문법화 과정이 아직 초기 단계에 있음을 의미하는 것으로 이해할 수 있다.15) 그럴 경우에 이들 후치사를 취한 체언은 언중들의 의식 속에서 후치사로서

---

13) '브터'가 보이는 선행어와의 통합관계와 한문 원전에서의 의미 내용에 관해서는 서종학(1983ㄴ)을 참조할 것.

14) 용언에 기원을 두는 이와 같은 후치사들이 다른 조사와 중첩되어서만 나타나는 것은 아니다. 체언에 바로 연결되어 나타나기도 하고, 다른 후치사들과 통합하여 또 다른 중첩의 양상을 보이기도 한다. 다른 후치사들과의 중첩 양상에 대하여는 후술 참조.

15) 이들 후치사의 문법화 과정이 현대국어라 하여 완전히 끝난 것으로 보기는 어려운 형편이다. 이들의 현대어형인 '다가, 더러, 부터'에 대한 언중의 어원의식이 아직도 분명한 것으로 보이기 때문이다.

의 '다가, ᄃᆞ려, 브터'가 아닌 동사 '다가, ᄃᆞ려, 브터'와 관련을 맺는 명사구로 인식되고 있을 가능성도 있다. 그와 같은 가능성은 다음의 예 (16), (17), (18)에 대한 이해에도 여전히 유효하다 하겠다. (12), (13), (14)의 예로만 본다면 후치사 '다가, ᄃᆞ려, 브터'와 중첩을 이루는 조사가 '로'에 국한된 것으로 오해를 초래할 수도 있을 것이나, '로' 이외에 대격의 'ᄅᆞᆯ'이라든가 처격의 '에'도 후치사 '다가, ᄃᆞ려, 브터'와 중첩을 이루는 예를 보이고 있다. 다음의 예들이 그것이다.

(16) ㄱ. 믈읫 ᄀᆞ장 것 골후미 ᄒᆞᆫ디위만 ᄒᆞ거든 이 사ᄒᆞ론 디플다가 콩우희 둡고 블딛디 말오 〈번노 상:20ㅇ〉

ㄴ. 비단 깁 어더와 다 지븨다가 펴 노하 두고 형뎨 제 ᄆᆞᅀᆞᆷᄆᆞ로 ᄀᆞᆯᄒᆡ여 가져가라 ᄒᆞ더니 〈이륜 20ㅇ〉

(17) 아비 주것다가 ᄭᆡ야 닐오ᄃᆡ ᄒᆞᆫ 신인이 날ᄃᆞ려 닐오ᄃᆡ 네 아ᄃᆞ리 효도ᄒᆞᆯᄉᆡ 하ᄂᆞᆯ 황뎨 너를 열두 나ᄒᆞᆯ 주시ᄂᆞ다 ᄒᆞ더라 〈삼강 효:30ㅇ〉

(18) ㄱ. 삼도 슈고 근본은 어ᄃᆡᄅᆞᆯ브터 나뇨 오직 이 다 ᄉᆡᆼ애ᄋᆡ 졍을 탐호미라 〈초발 54ㅇ〉

ㄴ. 내 젼년 正月에브터 ᄆᆞᆯ와 뵈 가져 셔울 가다 ᄑᆞᆯ오 〈번노 상:15ㅇ〉

위의 (16), (17), (18)은 후치사 '다가, ᄃᆞ려, 브터'가 각각 대격조사, 처격조사와 중첩되어 나타난 예들을 보이기 위하여 든 예들이다. 그렇지만 '다가, ᄃᆞ려, 브터'가 기원적으로 가지고 있는 어휘적인 의미 내용을 취하여 이들을 용언으로 이해한다면 '딮, 집, 나, 어ᄃᆡ, 正月' 등은 그들 용언의 논항으로 볼 수도 있다.[16] 우리는 앞서 '해당 명사구의 격표지가 다른 조사에 비하여 선행한다'는 원칙을 상정한 바 있다. 그러한 우리의 원칙이 온당한 것이라면 위의 예들 특히 (16)과 (17)의 '다가'와 'ᄃᆞ려'에 대하여 용언으로 이해하는 태도는 상당한 지지 기반을 가지는 것으로 보인다. 우선 다음의 예들을 보자.

(19) ㄱ. 나그내 조차가 뎌 번다가 주고 머구믈 ᄆᆞ차든 ᄯᅩ 그릇ᄃᆞᆯ 설어저오라 〈번노 상:43ㅇ〉

---

16) 여기서 '용언'이라는 용어를 사용하면서는 다소의 양해를 구해야 할 필요가 있다. 구체적인 의미 내용을 가지는 용언이라기 보다는 기원적으로 가지고 있는 의미가 약화되어 문법적인 기능만을 행사하는 용언이라는 의미로 쓴 것이기 때문이다.

ㄴ. 내 너ᄃᆞ려 ᄀᆞᄅᆞ쵸마 〈번박 상:10ㅇ〉

위의 예 (19)에서 '다가'와 'ᄃᆞ려'가 체언에 바로 연결된 것으로 보는 태도를 취한다면[17] '벋다가'와 '너ᄃᆞ려'는 각각 '벗에게'와 '너에게' 정도의 의미를 가지는 것으로 이해하게 될 것이다. 그리하여 '다가'와 'ᄃᆞ려'를 여격표지로 보아야 한다면, 예 (16ㄱ)과 (17)의 '다가'와 'ᄃᆞ려' 앞에 온 대격표지는 우리의 원칙에서 벗어나는 예외가 되는 셈이다. 그러나 (16ㄴ)과 다음 (16´)의 예는 '다가'가 여격과 같은 특정한 격표지이기 어려움을 보이고 있다.

(16´) ᄆᆞᄉᆞ 거ᄉᆞ로 가 볼모드릴다 ᄒᆞᆫ쌍 귀엿골회와 ᄒᆞᆫ쌍 풀쇠다가 호리라 〈번박 상:20ㅇ〉

이와 같은 경우에 대한 온당한 이해의 길은 역시 '다가'와 'ᄃᆞ려'를 용언으로 보는 것이다. 위의 예 (16´)과 (19)도 조사가 아니라 용언으로 이해한다면 '다가'와 'ᄃᆞ려'가 체언에 바로 연결된 것이 아니라, '벋, 너, ᄒᆞᆫ쌍 풀쇠' 뒤에 오는 격표지가 생략된 것으로 볼 수 있다.[18] 그렇게 본다면 예 (16), (17), (18)은 결국 조사 중첩의 예가 아니라고 할 수 있을 것이다. 그러나 '다가, ᄃᆞ려, 브터'와 같은 후치사의 문법화 정도가 일정한 내용을 가지는 것도 아니며, 그들 문법화의 정도가 수치화할 수 있는 대상도 아니라는 점에서 여기서는 두 가지 이해의 가능성을 모두 열어 놓기로 한다. 문법화의 정도는 예에 따라 달리 이해해야 할 필요가 있기 때문이다. 같은 범주에 드는 예를 하나만 더 보고 가기로 하자.

(19´) 싱원ᄃᆞ려란 니ᄅᆞ디 말다 〈간찰 41〉

위의 (19´)은 'ᄃᆞ려'에 '란'이 결합된 예이다. 현대국어적인 직관에만 기댄다면, '란'의 분포로 보아 'ᄃᆞ리다'의 부동사형 'ᄃᆞ려'에 '란'이 결합된 것으로 이해하기보다는 조사 'ᄃᆞ려'에 '란'이 결합된 것으로 이해하는 것이 나은 접근 태도라 할 수 있을 것이다. 그러나 그러한 판단은 안이한 것이라는 비판을 면하기 어려울 것이다. 논어언해와 맹자언해에 국한되어 나타나기는 하지만, 용언의 부동사형에 '란'이 결합된 다음 (19´´)과

17) '다가'의 예에 국한된 것이기는 하지만, 그와 같은 태도에 관해서는 허웅(1989:117)을 참조할 것.

18) 격표지의 생략에 관해서는 안병희(1966), 유동석(1990), 이기백(1977), 이남순(1988) 등을 참조할 것.

같은 예들이 보이기 때문이다.

(19´´) ㄱ. 得디 몯ᄒᆞ야란 可히 ᄡᅧ 悅티 몯홀꺼시며 財ㅣ 업서란 可히 ᄡᅧ 悅티 몯홀꺼시니 〈맹자 4:19ㅇ〉

ㄴ. 子ㅣ ᄀᆞᆯᄋᆞ샤ᄃᆡ 愛ᄒᆞ야란 能히 勞케 말랴 忠ᄒᆞ야란 能히 誨티 말랴 〈논어 3:53ㄷ〉

문법화에 관해서 이야기할 때 보다 좋은 예로는 '셔'를 들 수 있다. '잇다'가 문법화된 '셔'의 예는 그리 어렵지 않게 찾아볼 수 있다.[19] 다음의 예들이 그것이다.

(20) ᄆᆞ읫 존ᄒᆞᆫ 사ᄅᆞᆷ과 댱샹읫 샤ᄅᆞᆷ을 뵈요ᄃᆡ 문 밧기 몰 ᄇᆞ려 밧긔셔 기들오고 유무 드리라 〈여씨 20ㄷ〉

(21) ᄆᆞᆯ누의 남진 아ᅀᆞ 누의 남진 ᄯᆞ리 사회 동셩 ᄉᆞ촌 형뎨 아븨 누의 어미 오라비게셔 난 형뎨 륙촌 형뎨 어믜 겨집 동싱의게셔 난 형뎨 〈번노 하:34ㄷ〉

(22) 네 虔州ㅅ 사ᄅᆞᆷ으로셔 開封戶籍에 드리면 님금 셤김을 求코져 ᄒᆞ며셔 몬져 님금을 소김이니 〈소학 6:45ㄷ〉

(23) 올히 대운이 병술에 다ᄃᆞ라 이시니 이후애ᄂᆞᆫ 쳔량이 만히 모다 이 젼수두고셔 더으리로다 〈번노 하:71ㄷ〉

위의 (20), (21), (22), (23)은 각각 처격, 여격, 구격, 비교격조사가 '셔'와 중첩된 예를 보인 것이다. '셔'가 '잇다'에 기원을 두고 있다고는 하나, 이미 상당히 문법화가 진행된 '셔'에서 존재나 소재의 의미를 찾아보기가 어려운 경우도 있다. 위의 (20),

19) '셔'가 '잇다'의 문법화 결과라는 데에는 이견이 없다. 현대국어의 처격조사 '에서'가 '있다, 없다, 많다, 적다' 등과 같은 존재동사와 함께 쓰이지 못하는 까닭도 '셔'의 기원에서 찾을 수 있다. 구체적인 논의는 한재영(1994:97-9)를 참조할 것. 역으로 '잇다' 동사를 가지는 다음 예들에의 '집의 이셔ᄂᆞᆫ', '밧긔 이셔ᄂᆞᆫ'과 '집의 이셔'를 각각 '집에셔ᄂᆞᆫ', '밧긔셔ᄂᆞᆫ'과 '집의셔'로 바꾸어 볼 수 있는 까닭도 마찬가지다.

업이라 ᄒᆞᆫ 거슨 닐온 집의 이셔ᄂᆞᆫ 부형을 셤기며 ᄌᆞ뎨롤 ᄀᆞᄅᆞ치며 계집과 쳡을 ᄃᆡ졉ᄒᆞ고 밧긔 이셔ᄂᆞᆫ 댱샹읫 사ᄅᆞᆷ을 셤기며 버들 ᄃᆡ졉ᄒᆞ며 〈여씨 4ㄷ〉

고올히 니ᄅᆞ런디 열홀이 몯ᄒᆞ여실 제 아비 易ㅣ 집의 이셔 병을 만낫더니 〈소학 6:27ㄷ〉

(21), (22), (23)에서 '셔'를 소거하여도 문장에 별다른 손상을 주지 않는 까닭이다.[20] 다음 (24)의 예에 보이는 '셔'는 오히려 군더더기인 듯이도 보이는 것이다.

(24) 네 어드러로셔브터 온다 내 高麗 王京으로셔브터 오라 〈번노 상:1ㅇ〉

위의 (24)은 '로셔브터'를 보인 예이다. '셔'가 소거된 '로브터'만으로도 충분한 예로,[21] '셔'가 가지는 의미나 기능적인 면에서의 역할은 찾아보기 어려운 형편이다.[22] 일견 '셔'의 출현 위치가 자유로운 듯이 보이는 다음 (24´)과 같은 예들의 출현을 허용하는 것도 '셔'가 가지고 있는 그와 같은 성격 때문으로 보인다.

(24´) ㄱ. 이대 이대 너희 이 여러 벋둘히 어듸브터셔 모다오뇨 〈번노 상:17ㄷ〉
ㄴ. 네 이른 모매 쁘는 거시라 안ᄆᆞ숨오로브터셔 밧긔 이를 디졉ᄒᆞᄂᆞ니 〈번소 8:8ㅇ〉

위의 예 (24´)은 (24)와는 달리 '셔'를 '브터'에 후행시킨 예이다.[23] (24)와 (24´)의 예에서 '셔'가 특별한 의미를 가지거나 기능을 행사하는 것이 아님은 마찬가지이다. 오히려 이 경우에 기억할 필요가 있는 내용은 '셔'의 위치가 자유롭다고 하여도 격을 나타내는 조사 '로'에 선행하지는 않는다는 점이다. 앞서 우리는 격을 나타내는 조사가 다른 조사들에 우선한다는 원칙을 상정한 바 있는 것이다. 그러나 조사 '로'가 언제나 격을 나타내는 기능을 가지는 것은 아니다. 조사 '로'가 격표지로 쓰이지 않을 경우에는 물론 격을 나타내는 조사가 '로'에 선행한다. 최소한 우리가 상정한 원칙에 대한 예외가

---

20) 비교격조사 '두고'만 쓰인 예로는 다음과 같은 것이 있다.

나는 사라 잇거니와 방듸도 몯ᄒᆞ게ᄒᆞ니 구향두고 심ᄒᆞ예라 〈간찰 69〉

21) '로브터'와 '브터' 사이의 의미 차이에 관해서는 한재영(1994:96-7)을 참조할 것.

22) '셔'가 가지고 있는 의미나 기능상의 공허함은, 우리가 대할 수 있는 자료의 대다수가 한문 원전을 언해한 것이라는 데에서 그 근거를 찾을 수도 있을 것이다. 국어에는 나타나지 않는 요소인 전이어 따위를 충실히 언해에 반영하는 모습을 보아온 까닭이다. 다른 한편으로, 한문 원전에 '셔'를 반영할 만한 내용이 없는 경우가 많은 것은 이미 국어화된 때문으로 이해해야 할 것이다. 현대국어의 '가지고'가 '가지다'라는 의미와는 상당한 거리를 둔 채 쓰이는 예를 기억함직하다. 좀더 엄밀하게 이야기하자면 '셔'는 그의 문법화 정도에 따라 몇 가지 다른 '셔'로 구분이 될 수 있는 것이나, 그에 대한 보다 깊은 논의는 본고의 일차적인 관심 영역 밖에 있다.

23) 후치사의 중첩 양상에 관해서는 뒤에 다시 살피게 될 것이다. 그러나 (23)과 (23´)이 보이는 '셔'와 관련된 중첩의 성격에 특별한 의미를 두기는 어렵다.

존재하지 않기 위해서는 그러해야 하는 것이다. 다음의 예 (25)는 공동격조사 '과'와 조사 '로'가 중첩된 예이다.

(25) ㄱ. 하나비와 할미ᄂᆞᆫ 내 아비 어미ᄅᆞᆯ 나ᄒᆞ시니 부모와로 다ᄅᆞ디 아니ᄒᆞ니라 〈경민 3ㅇ〉
ㄴ. 그 병이 時氣와 덥듯ᄒᆞᆫ 병과로 ᄒᆞᆫ가지니 一歲內예 시졀 긔운이 됴화티 아니ᄒᆞ며 〈벽온 1ㅇ,ㄷ〉

위의 예는 앞서 비중첩의 예로 든 예 (2ㄹ)과 표면적으로는 같은 모습을 보이고 있다. 그렇지만 예 (2ㄹ)과는 달리 (25)는 각각 '다ᄅᆞ다'와 'ᄒᆞᆫ가지이라'로 상대논항을 필요로 하는 대칭동사를 가진 예라는 점에서 차이가 있다. 이와 같은 예에서 조사 '로'의 기능은 격을 나타내는 데에 있지 않다. 대칭동사 '다ᄅᆞ다'와 'ᄒᆞᆫ가지이라'에 의하여 부여된 '부모'와 '병'의 격은 공동격이라 할 수 있는 것으로 조사 '과'에 의하여 표현되고 있는 것이다. 그럴 경우에 문제가 되는 것은 조사 '로'의 기능과 성격이지만, 여기서 그에 대한 명확한 답을 제시하기는 어려운 형편이다. 자료의 시기는 다르지만, 그에 대한 답을 구하기 위하여 다음의 예 (25′)을 들 수도 있을 것이다.

(25′) ㄱ. 光明마다 一千化佛이 現ᄒᆞ샤 다 合掌ᄒᆞ야 摩耶ᄭᅴ로 向ᄒᆞ야 ᄉᆞᆯᄫᆞ샤ᄃᆡ 〈석보상절 23:29ㅇ〉
ㄴ. 대학생에게로 간다.

위의 예 (25′ㄱ,ㄴ)은 각각 여격조사인 'ᄭᅴ'와 '에게'에 조사 '로'가 결합된 예들로, (25′ㄱ)은 15세기 국어의 예이고 (25′ㄴ)은 현대국어의 예이다. 예 (25′)에서의 조사 'ᄭᅴ'나 '에게'만으로 충분히 지향점을 나타내는 기능을 수행하고 있다는 점에서, '로'는 오히려 잉여적인 것으로 보아야 할 것이다. '로'가 잉여적인 성격을 가지고, 그에 따라 '摩耶ᄭᅴ 向ᄒᆞ야'와 '대학생에게 간다'로 쓰여도 그의 문법성에 전혀 손상을 주지 않는다고 하여, (25′)의 '로'를 ø와 동일시할 수는 없는 일이다. '向ᄒᆞ다'나 '가다'라는 동사가 취하는 논항이 구체적인 인물이 아닐 경우에는 조사 'ᄭᅴ'나 '에게'없이 조사 '로'만으로 지향점을 나타내기 때문이다.[24] '로'의 기본적인 기능으로 미루어 (25′)의 '로'는, 조사

24) '서울로 향했다.'라든가 '대학생으로 간다.'와 같은 예들이 그것이다. 지향하는 내용이 장소이거나 구체적인 인물이 아니라 '대학생'이 되고자 할 때처럼 추상적인 목표일 경우에는 여격표지가 없이 쓰여야 하는 것이다. '*서울에게로 향했다.'와 '*대학생에게로 간다.'는 비문법적인 문장이 된다.

'끠'나 '에게'에 의하여 표시되는 지향의 내용을 보충 또는 강조하는 역할을 수행하는 것으로 볼 수 있는 것이다. 그러나 이를 확대 해석하여 예 (25)의 '로'를 이해하는 데에 적용하는 데에는 적지 않은 무리가 있다. (25′)과 같은 중첩의 예가 16세기 국어 자료에서 문증되지 않는다는 점도 부담이 된다면 된다고 할 수 있으나, 보다 큰 문제는 서술어의 내용이 다르다는 것이다. 예 (25)의 '로'가 가지고 있는 기능과 성격에 대한 우리의 태도 표명을 유보하는 이유이다.

지금까지 조사 중첩의 예들을 살펴보면서 중첩의 원리로 상정하였던 것은 격을 나타내는 조사가 다른 조사들에 비하여 선행한다는 것이었고, 우리의 예들은 그에 부합되는 양상을 보임을 확인할 수 있었다. 처격과 여격, 구격 그리고 적은 예이었지만 비교격조사가 다른 조사들보다 선행하는 예들이 그것이다. 사실 '격표지 우선의 원칙'이 일단 현상에 근거하여 상정된 것이기는 하지만, (9)의 원칙은 원리적으로도 온당한 것임을 알 수 있다. 문장 속의 명사구가 가지는 격이 격표지인 조사에 의하여 부여되는 것은 아니며, 조사의 역할은 단지 서술어에 의하여 심층에서 부여된 격 범주를 나타내는 것이라고 할 수 있다. 격이 이렇듯 문장 구성의 초기 단계와 관련된 문제라는 사실은, 격을 나타내는 조사가 그만큼 체언과 밀접한 관계를 가진다는 것을 뜻하며, 역설적으로 격조사의 출현이 필수적으로 요구되는 내용은 아니라는 것을 뜻한다. 문장 속의 체언은 격조사의 출현 여부와 관계없이 원초적으로 부여받은 격을 가지고 있으며, 조사는 단지 체언이 가지고 있는 격의 내용만을 드러내는 역할을 하는 것이기 때문이다.[25)]

2.3 여기서 잠시 우리가 앞서 살핀 조사 중첩예들이 처격, 여격, 구격 그리고 비교격 조사가 선행하는 예들에 한정된 것이었다는 점을 상기할 필요가 있다. 주격조사와 대격조사가 선행하는 중첩예는 보이지 않는다는 점을 기억하려는 것이다. 격조사를 취하지 않은 몇몇 예들을 모습을 다음 (26)과 (27)을 통하여 살펴보기로 하자.

(26) ㄱ. <u>나ᄂᆞᆫ</u> 어리고 미혹ᄒᆞᆫ 사ᄅᆞ미라 뎌긧 법을 아디 몯ᄒᆞ노니 〈번박 상:9ㅇ〉
ㄴ. <u>열 숤가락도</u> ᄯᅩ 기니 뎌르니 잇ᄂᆞ니 잇ᄀᆞ졋 뎐피예 네 ᄀᆞᆯ히야 가지라 〈번박 상:32ㅇ〉

(27) ㄱ. <u>은은</u> 너롤 됴ᄒᆞ니 주마커니와 황호 살 사ᄅᆞ미 어듸 가 앏픠셔 즉재 은을 다 주리오 〈번노 하:57ㄷ〉

25) 격조사가 쉽게 생략이 가능한 것도 격조사가 가지고 있는 이러한 운명적인 속성에서 이유를 찾을 수 있을 것이다.

ㄴ. 우리 남지니 ᄆᆞᆯ 업스면 엇디 디낼고 <u>반거름도</u> ᄃᆞᆫ니디 몯ᄒᆞ리라 〈번박 상:43ㄷ〉

ㄷ. <u>암ᄒᆞ란</u> 사디 말오 다 악대로 ᄒᆞ라 〈번박 상:2ㅇ〉

위의 예 (26)과 (27)은 각각 주어와 목적어가 후치사를 취한 예들이다. 이들 밑줄 친 예들에 대한 온당한 이해의 방법은 주격조사와 대격조사가 생략되었다고 보는 것이다. 여기서 '생략'이라는 용어를 사용하는 것은 잠정적인 조처이다. 생략이란 회복가능성을 전제로 하는 것일 뿐만 아니라 생략이라고 부를 수 있기 위해서는 생략된 것과 생략되지 않은 것 사이의 의미에 차이가 없어야 하기 때문이다. 그렇지만 예 (26)이나 (27)과 같은 예에서 주격조사나 대격조사가 쓰인 예가 전혀 보이지 않을 뿐더러, 현대국어의 경우에는 주격조사나 대격조사가 들어간 문장이 오히려 비문법적인 문장이 되기도 하는 것이다. 그러한 이유를 주격과 대격이 다른 격에 비하여 문법적인 기능을 보다 강하게 가지고 있다는 데에서 찾을 수 있다.[26] 체언이 그 자체로 이미 격을 가지고 있다는 점과, 주격이나 대격이 특히 문법적인 기능만을 수행한다는 점, 그리고 체언이 주격조사나 대격조사 이외의 다른 조사를 취하는 경우에[27] 단지 문법적인 기능만을 가지고 있어 잉여적인 것으로도 보일 수 있다는 점에서 주격조사와 대격조사의 생략은 자연스러운 것이라 하겠다.

아무튼 격과 격조사의 원리적인 성격에 비추어 볼 때, 비록 생략된 격조사의 회복이 현실적으로는 곤란하다고 하더라도 생략된 격조사의 자리는 체언 바로 뒤로 보는 것이 온당하다면, 표면적으로는 조사 중첩의 예에 넣을 수 없는 (26)이나 (27)과 같은 예도 앞절에서 살핀 예들과 같은 범주에 드는 것으로 보아야 할 것이다. '격표지 우선의 원칙'은 여전히 유효한 셈이다.

2.4 이제 앞서 상정한 '격표지 우선의 원칙'에 벗어난 듯이 보이는 몇몇 예들을 살펴보기로 하자. '만'의 예들이 그것이다.

---

26) '문법적인 기능을 보다 강하게 가지고 있다'는 표현을 받아들이는 데에는 많은 양보가 필요하다. 상대적인 내용을 담고 있을 뿐만 아니라 동일한 조사라고 하더라도 문장 속에서의 쓰임에 따라 그 정도를 달리하는 것으로 보이기 때문이다. 앞서 살핀 조사 '로'가 좋은 예가 될 것이다. 조사의 생략에 관해서는 유동석(1990)을 참조하고, 생략된 조사의 성격에 관해서는 안병희(1966)을 참조할 것.

27) 하나의 문장에서 하나의 체언은 단지 하나의 격만을 취한다. '주격조사나 대격조사 이외의 다른 조사'란 결국 격조사가 될 수 있는 것은 아니다.

(28) ㄱ. 두어 ᄃᆞᆯ 만에 ᄯᆞᆯ이 婚姻 몯ᄀᆞ지로브터 도라와 〈소학 6:115ㄷ〉
ㄴ. 마시의 어버이 노ᄒᆞ야 ᄉᆞ죵ᄒᆞ니 셜귀 말고 나가 거ᄂᆞᆯ 삼년 만의 어버이 다ᄅᆞ니을 얼요려ᄒᆞᆫ대 〈續三 열:7ㅇ〉

표면에 드러난 모습만을 본다면, 위의 (28)은 앞서 상정한 바 있는 '격표지 우선의 원칙'에서 벗어난 것이라는 혐의를 둘 수 있는 예가 된다. 더군다나 '격표지 우선의 원칙'에 부합되는 다음의 예 (28´)이 그들의 순서를 바꾼 '에만'을 보인다는 점에서, 위의 예 (28)은 단지 예외적인 존재로 다룰 수 있을런지도 모른다.[28)]

(28´) ㄱ. 우리 이 高麗ㅅ 말소믄 다ᄆᆞᆫ 高麗ㅅ ᄯᅡ해만 ᄡᅳᄂᆞᆫ 거시오 中朝 ᄯᅡ해 오면 다 漢語ᄒᆞᄂᆞ니 〈번노 상:5ㄷ〉
ㄴ. 말ᄉᆞᆷ ᄇᆡ호ᄂᆞᆫ 사ᄅᆞᆷ믈조차 오직 이베만 취ᄒᆞ여 일우디 마ᄅᆞᆯ디니라 〈초발 16ㅇ〉 우리끼리

그러나 (28)의 '만에'와 (28´)의 '에만' 사이에는 간과할 수 없는 중요한 차이가 있다. 이해를 돕기 위하여 현대국어의 예를 (29)로 취하여 보기로 하자.

(29) ㄱ. 1990년 만에 세계의 평화라는 우리의 소원이 이루어졌습니다.
ㄴ. 1990년에만 인구는 백만 명이 늘었다.

위의 예 (29ㄱ)은 '1990년 동안 기다린 끝에'의 의미를 가지는 것이고, (29ㄴ)은 '단지 서기 1990년 한 해에'의 의미를 가지는 것이다. '만'으로 인한 (29ㄱ)과 (29ㄴ) 사이의 이러한 차이를 의미적인 차이로만 이해하려는 태도는 안이한 생각이라는 비난을 면키 어렵다. 그들 둘 사이에는 의존 명사와 후치사라고 하는 커다란 차이가 있기 때문이다. 사실 표면적으로 동일한 형태에 대하여 의존 명사와 후치사로 구별하는 작업이 언제나 선명한 것은 아니다. 그를 판단할 수 있는 절대적인 기준을 내세우는 것이 그리 만만한 일은 아니기 때문이다. 그렇지만 그에 대한 보다 깊은 논의 진행은 본고의 영역 밖의 일이다. 여기서는 의존 명사로 쓰인 '만'을 보이는 다음의 예 (30)을 제시하는 것으로 일단 만족하기로 한다.

---

28) 예 (28)에서 '두어 ᄃᆞᆯ 만에'와 '삼년 만의'를 각각 띄어 씀으로써 본고에서 취하려는 이해의 태도는 드러낸 셈이다. '만'을 의존 명사로 보는 것이다.

(30) ㄱ. 버딘 쁘디 업세라 ᄒᆞ야 슬허ᄒᆞ면 비록 오분만ᄒᆞᆫ 병이라도 닷분 맔 병이라도 더어 열분이 도의여 가ᄂᆞ니라 〈번노 하:47ㄷ〉

ㄴ. 인ᄒᆞ야 싀어미를 효양케 ᄒᆞ니 스믈여듧힛 만애 싀어미 여든 나마 삼긴 나호로 죽거늘 〈번소 9:57ㅇ〉

위의 예 (30ㄱ)과 (30ㄴ)은 각각 '만'의 앞뒤에 속격조사 'ㅅ'을 취하고 있는 예이다. 속격조사가 쓰일 수 있는 환경이 명사와 명사 사이라는 점을 기억한다면 '만'이 의존 명사라는 데에 큰 무리없이 동의할 수 있을 것이다.

결국 '격표지 우선의 원칙'에서 벗어난 것처럼 보였던 앞서의 예 (28)은 예외적인 존재가 아니었던 셈이다. 검토 대상 밖의 예인 것이다. 참고로 의존 명사 '만'이 후치사를 취한 몇몇을 예 (31)로 들어두기로 한다.

(31) ㄱ. 名利衲子ᄂᆞᆫ 草衣 니븐 野人 만도 ᄀᆞᆮ디 몯ᄒᆞ다 ᄒᆞ시니라 〈선가 하:51ㅇ〉

ㄴ. 지최씨 삼씨의 큼 만ᄀᆞ티 ᄒᆞ야 줄가 혜오믄 수량이 잇거니와 이 뉵ᄌᆞ신셩굥ᄂᆞᆼ은 수량 업ᄉᆞ니라 〈육자 17ㅇ〉

끝으로, 표면적으로 볼 때에는 '격표지 우선의 원칙'에서 벗어난 것처럼 보이는 다음의 예 (32)를 보기로 하자. 후치사 '브터'가 대격조사 '를'에 선행하는 것으로 받아들여질 수도 있기 때문이다.

(32) 父母ᄂᆞᆫ ᄒᆞᆫ사ᄅᆞᆷ을 ᄉᆞ랑ᄒᆞ시고 아ᄃᆞᆯ은 ᄒᆞᆫ사ᄅᆞᆷ을 ᄉᆞ랑커든 衣服과 飮食과브테며 일 잡옴브터를 敢히 父母 ᄉᆞ랑ᄒᆞ시ᄂᆞᆫ 바와 ᄀᆞᆯ와 마라 〈소학 2:17ㅇ〉

그러나 위의 예 (32)는 앞서 예 (1), (2) 등과 같은 맥락에서 이해되어야 할 비중첩의 예이다. '일 잡옴브터'가 명사화된 예이기 때문이다. 격조사가 아니라 후치사 '은'을 취한 예이기는 하지만 다음의 예 (32′)도 역시 '스므날로셔 스믈닷쇄ᄭᆞ장'이 명사화된 예이다. '브터'와 '를', 'ᄭᆞ장'과 '은' 사이의 경계로 인하여 이들을 조사 중첩의 예로 다룰 수는 없는 것이다.

(32′) 칙녀글 가져다가 보니 스므날로셔 스믈닷쇄ᄭᆞ장은 ᄉᆞ방 귀시니 다 동의 간ᄂᆞᆫ 나리니 〈간찰 130〉

3.1 지금까지 우리는 16세기 국어를 대상으로 삼아 조사 중첩의 양상을 살펴 조사

중첩의 원리를 찾아 보고자 하였다. 그를 위하여 먼저 표면적으로는 중첩된 듯이 보이나 중첩과는 거리가 있는 예들을 가려내었다. 공동격조사가 선행하는 일련의 예들이 중첩과는 거리가 있는 것으로 판단되어 검토의 대상에서 제외되었다.

선별된 대상 자료의 일차적인 검토를 통하여 상정된 원칙은 '격표지 우선의 원칙'이었다. 여러 조사들이 중첩될 경우에는 격을 나타내는 조사가 우선한다는 것이 그것이다. '격표지 우선의 원칙'이 일단 현상에 근거하여 상정된 것이기는 하였지만, 이후 살핀 예들에서 그에 어긋나는 모습을 보인 예들은 찾아볼 수 없었다. 격표지가 우선한다고는 하였지만, 우리가 살핀 예들 가운데 주격조사와 대격조사를 선행시킨 예가 없다는 사실에도 유의하였다. 문법 범주로서의 격과 격표지 사이의 관계 속에서 주격조사와 대격조사를 선행시킨 예가 보이지 않는 사실을 이해할 수 있었으며, 같은 맥락에서 상정된 우리의 원칙은 원리적으로도 온당한 것이었음도 알 수 있었다. 아울러 일견 '격표지 우선의 원칙'에 벗어나는 예들처럼 보이는 '만에'라든가 '만ᄉ', 그와 함께 '만도, 만ᄀ티'에서의 '만'은 의존 명사임을 알 수 있었으며, '브터를'과 'ᄭ장은'을 가진 예들은 명사화 현상을 보이고 있음도 알 수 있었다.

3.2 그렇지만 16세기 국어라는 한정된 시기의 문헌 자료를 검토 대상으로 삼았다는 점에서 본고는 그 출발점부터 제약을 가지고 있었던 셈이다. 16세기 국어에 보이는 조사 모두가 중첩의 모습으로 나타나는 것은 아닐 뿐더러, 현대국어를 통하여 대할 수 있는 다채로운 중첩의 양상도 찾아볼 수 없기 때문이다. 특히 후치사끼리의 중첩 양상이 보이는 원리와 찾아진 원리들 사이의 상호 관계도 현재의 자료를 통하여 살펴보기는 어려운 형편인 것이다. 후치사끼리의 중첩이 복합어 구성의 원리와 유사하리라는 기대도 가져 보고, 그들의 배열 순서와 배열 제약에 개별 후치사의 문법화 정도가 모종의 역할을 담당할 것이라고 짐작해 보지만, 지금 우리의 자료로는 아직 기대와 짐작에 머물 수밖에 없는 형편이다.

05. 中世國語의 '-으란'

1. 본고는 중세국어 '-으란'의 정체를 좀더 분명히 하려는 데에 있다. 조사 '-으란'에 대한 기존의 논의는 '-는'을 논의하는 자리에서 의미상의 공통점과 분포상의 차이점을 언급하는 정도에 만족하고 있는 형편이다. '설명의 대상으로 앞에 세우거나 대조의 뜻을 나타낸다'는 점에서 공통점을 가지고 있으며, '-는'이 주로 주어와 결합하는 데에 비하여 '-으란'은 대부분 목적어와 결합한다는 점에서 차이가 있다는 것이다.[1] '-으란'의 이러한 의미와 분포에 주목하여 '-으란'이 대격과 주제격의 복합격으로서 대제격의 기능을 수행하는 것이라는 논의도 있었다.[2]

'-으란'에 대한 이러한 기존의 논의들이 사실과 거리를 두고 있는 것은 아니나 논의의 중심이 '-는'에 있었다는 점에서 '-으란'에 관한 충분한 논의가 있었다고는 하기 어려운 형편이다. 특히 '-으란'이 주로 목적어와 결합한다고 하나 '-으란'이 나타날 수 있는 자리에 나타나는 '-는'이 '-으란'과 가지고 있는 관계나 그의 의미·기능이라든가 '-으란'의 통시적인 변화 과정에 관해서는 깊이 있는 검토가 이루어지지 못하였던 것이다.

여기서는 중세국어 '-으란'의 분포와 의미·기능에 주된 관심을 가지기로 한다. 중세국어의 '-으란'을 검토의 대상으로 삼았다고는 하나 그것이 15세기와 16세기의 '-으란'이 동일한 양상을 보이는 것이라는 전제로부터 출발하는 것은 아니다. 오히려 본고에서는 15세기와 16세기의 '-으란'이 보이는 분포와 용법의 차이에 많은 관심을 가지려는 것이다. 아울러 그를 통하여 '-으란'의 의미와 기능에 좀더 다가갈 수 있으리라는 기대도 가지고 있다.

2. 중세국어 '-으란'의 분포와 기능은 '-는'과의 대비를 통하여 이루어져 왔다. 다음과 같은 예를 통한 접근이 그것이다.

---

1) 허웅(1975:389)를 참조할 것.

2) 대제격에 관해서는 정연찬(1984)를 참조할 것. 그러나 기본적으로 '-으란'은 격표지가 아니며, 격체계 속에서 주제격과 대제격을 적절히 수용하기 어렵다는 문제를 가지고 있다.

(1) ㄱ. 宮中에 드르샤 <u>比丘란</u> 노피 안치시고 〈월석 8:90ㄴ〉
  ㄴ. ᄒᆞ마 <u>주그니란</u> 곳굼긔 녀흐라 〈구간 1:49ㄴ〉
  ㄷ. 사ᄅᆞᆷ <u>져근 ᄃᆡ란</u> 삼가 가디 말옥 범 한 ᄃᆡ는 진실로 디나갈 배니라 〈두언 22:47ㄴ〉

현대국어로는 대조·배타의 '-는'에 해당하는 형태이지만, 15세기 국어에서는 '-는'과 '-으란'이 나타나는 자리에 차이가 있었다. (1)의 예에서 보듯이 '-으란'은 주어 자리에는 오지 않는 것이다. (1ㄱ)은 '-를'의 대격 자리이고, (1ㄴ)은 '-에게'의 여격 자리이며, (1ㄷ)은 '-에'의 처격 자리라는 점에서 다음의 예 (1´)의 '-는'이 주격 자리에 오는 것과 비교가 되는 것이다.

(1´) 如來 니ᄅᆞ샨 金剛般若波羅蜜이 法을 주샤 일훔ᄒᆞ샨 그 <u>ᄠᅳ든</u> 엇뎨오 <u>金剛은</u> 世界ㅅ 보ᄇᆡ라 〈금강 서:7ㄱ〉

다음의 예 (1´´)은 하나의 문장에 '-으란'과 '-는'이 함께 나타나 좋은 대비를 보여준다.

(1´´) 그럴ᄉᆡ <u>아로미 녀ᄃᆞᆫ 무리는</u> <u>回을란</u> 輕히 너기고 <u>果를</u> 重히 너기ᄂᆞ니 〈선가 상:24ㄴ〉

'-으란'의 이러한 쓰임 자체에는 16세기 국어에 와서도 크게 달라지지 않는다. 대격 자리의 '-으란'을 보여주는 (2ㄱ)과 여격 자리의 '-으란'을 보여주는 (2ㄴ), 그리고 처격 자리에 나타나는 16세기 국어에서의 '-으란'을 보여주는 (2ㄷ)이 그것이다.

(2) ㄱ. 됴ᄒᆞᆫ 털긘 <u>양으란</u> ᄯᅩ 언메예 폴고 〈번노 하:22ㄱ〉
  ㄴ. <u>사회돌란</u> 알외디 마라 〈간찰 10〉
  ㄷ. 셩보기를 <u>뇌일란</u> 장만 하오 자바 보내소 〈간찰 116〉

(1)과 (2)의 예에서 '-으란'을 취하는 명사구는 별도의 명사구 표지를 가지고 있지 않음을 알 수 있다. 쉽사리 생략되어 문맥에 의해 자격이 파악되는 대격 자리의 '-으란'은 15세기나 16세기 자료에서 따로 대격을 취하는 경우가 없다. 처격의 경우에는 (1ㄷ)의 'ᄃᆡ'와 같이 처소로 쓰였음을 분명히 드러내는 경우에는 별도의 처소격을 나타내는 표지를 취하지 않는다. 이는 시간 명사인 '뇌일'의 예이기는 하지만 16세기 국어인

(2ㄷ)에서도 찾아 볼 수 있는 현상이다. 그러나 처소적인 의미가 분명하지 못할 때에는 '-에'를 취하여 문장의 의미를 선명하게 하고 있는 것이다. 다음 (3)과 (4)의 예들이 그것이다.

(3) ㄱ. 겨스레란 므레 블휘ᄅᆞᆯ 달혀 머그라 〈구급 하:53ㄱ〉
ㄴ. 앏뒤흘 도라보디 아니ᄒᆞ고 利와 爵祿애란 저허 避ᄒᆞ야 믈러 두류ᄃᆡ 사오나온 사ᄅᆞᆷ ᄀᆞᆮ더라 〈내훈 1:35ㄴ,36ㄱ〉

(4) ㄱ. 아래 올ᄒᆞᆫ소내란 슈졍렴쥬ᄅᆞᆯ 가지시고 〈육자 10ㄱ〉
ㄴ. 우희 왼소내란 빅식광을 펴시니 〈육자 10ㄱ〉

15세기와 16세기의 '-으란'과 '-는'의 분포는 15세기의 예 (5)와 16세기의 예 (6)과 같은 경우에도 차이를 보이지 않는다.

(5) ㄱ. 여ᅀᆞ와 숡과ᄂᆞᆫ 足히 議論티 몯ᄒᆞ리로다 〈두초 8:12ㄱ〉
ㄴ. 사ᄅᆞᆷ ᄃᆞ외야 王ᄋᆡ ᄉᆞ랑ᄒᆞ샤미 ᄃᆞ외야ᄂᆞᆫ 도ᄅᆞ혀 나ᄅᆞᆯ ᄇᆞ리ᄂᆞ다ᄒᆞ고 〈석보 11:29ㄴ,30ㄱ〉

(6) ㄱ. 飮食ᄀᆞᄐᆞᆫ 일에도 밥과 짓과란 다시 더 주라 ᄒᆞ고 〈번소 90:6ㄴ〉
ㄴ. 子ㅣ ᄀᆞᆯ아샤ᄃᆡ 愛ᄒᆞ야란 能히 勞케 말랴 忠ᄒᆞ야란 能히 誨티 말랴 〈논어 3:53ㄴ〉

그러나 여격의 경우에는 15세기와 16세기 국어 사이에 다소 차이를 보인다. 다음의 (7)에 보이는 것과 같은 여격표지를 취하는 '-으란'이 15세기에는 보이지 않는 것이다.

(7) ㄱ. 일빅궈ᄂᆡ 스다 다 스랴 싱원ᄃᆞ려란 니ᄅᆞ디 말댜 〈간찰 41〉
ㄴ. 님금ᄢᅴ란 아니 가고 회광ᄋᆡ 아ᄃᆞᆯ 최의게 ᄃᆞ라가 널어늘 〈삼강충:17ㄱ〉

15세기 국어에서는 찾아 볼 수 없었던 여격표지를 취하고 있는 예이다. '-으란'의 이러한 모습은 '-으란'의 성격 변화를 드러내는 좋은 예라 할 것이다. 다음의 예 (8)에서 보듯이 여격을 취하게 되는 경우에는 일반적으로 현대국어에서와 같이 '-이게/의게'와 '-ᄂᆞᆫ'이 결합되는 양상을 보이게 되기 때문이다.

(8) ㄱ. 이 열 사오나온 몰게ᄂᆞᆫ 내 혜요믄 여든 량이라 〈번노 하:11ㄴ〉

ㄴ. 魔境은 夢事ㅣ라 셴 사ᄅᆞᄆᆡ게ᄂᆞᆫ 업ᄂᆞ니라 〈선가 상:19ㄱ〉
ㄷ. 내게ᄂᆞᆫ 진실로 친ᄒᆞ며 소호미 잇건마ᄅᆞᆫ 〈번소 7:49ㄱ〉
ㄹ. 반ᄃᆞ시 관ᄃᆡᄒᆞ야 유화로이 ᄒᆞ며 죵둘히게ᄂᆞᆫ 화열히 호ᄃᆡ 삼가ᄒᆞ더라 〈번소 9:84ㄱ〉
ㅁ. 각각 여ᄃᆞᇔ냥식 보내요ᄃᆡ 네게ᄂᆞᆫ ᄒᆞᆫ 여ᄃᆞᇔ냥이 더 가ᄂᆞ니라 〈간찰61〉
ㅂ. 대강의 내의게ᄂᆞᆫ 화혈ᄒᆞᆫ 이리 업세라 〈간찰69〉
ㅅ. 故로 어믜게ᄂᆞᆫ 그 ᄉᆞ랑홈을 취ᄒᆞ고 님금믜ᄂᆞᆫ 그 공경홈을 취ᄒᆞᄂᆞ니 〈효경 6ㄱ〉[3)]

이러한 분포 변화의 양상들에 대한 우리의 이해 수준은 선명한 이해와는 아직 상당한 거리를 두고 있다. 단지 그러한 양상이 언어적인 것에 기인한다기보다는 자료적인 성격의 차이에 기인하는 것이라고 볼 수도 있으리란 생각을 해 볼 수는 있을 것이다. 16세기 자료와 15세기 자료 사이의 구어적인 요소와 문어적인 요소의 상대적인 반영 비율이 그것이다. 16세기 자료가 상대적으로 구어를 적극적으로 반영하고 있는 자료임에 비하여 15세기 자료들은 다분히 문어적인 성격을 띠고 있기 때문이다. 현대국어에서도 여격 조사의 '-에게'는 문어체에, '-한테'라든가 '-더러'는 구어체에 더 많이 쓰이고 있다는 점을 상기해 봄직하다.

3. '-는'이 주어 자리에서 주제 표지 또는 대조·배타의 기능을 행사하는 것과는 달리 '-으란'은 대격이나 여격 또는 처격 자리에 나오는 것으로 그 기능은 역시 주제 표지 또는 대조·배타에 있다는 것이 그간의 논의의 결과라고 할 수 있다.[4)] 그러나 '-으란'에 그러한 이해는 다소 수정될 필요가 있다. 문장의 목적어라 할지라도 주제가 되어 문장의 앞으로 나올 때에는 여전히 '-은'을 취하게 되기 때문이다. 다음의 예 (9)가 그를 보여 준다.

(9) ㄱ. 可히 써 어렵다 ᄒᆞ려니와 仁ᄋᆞᆫ 내 아디 몯게라 〈논어 3:51ㄱ〉
ㄴ. 沈猶行이 골오ᄃᆡ 이ᄂᆞᆫ 네 알 빼 아니라 〈맹자 8:31ㄱ〉
ㄷ. 旻天과 父母ᄭᅴ 號ᄒᆞ야 泣ᄒᆞ심은 내 아디 몯ᄒᆞ노이다 〈맹자 9:2ㄱ,ㄴ〉

예 (9ㄱ)은 憲問의 두 번째 대목으로, 원헌이 인에 대하여 물은 데에 대한 공자의 대

3) 존칭체언의 여격 표지의 '-ᄭᅴ'와 결합하는 '-ᄂᆞᆫ'도 15세기에는 보이지 않는다.
4) 정연찬(1984)에서 '-으란'을 대제격으로 상정한 것은 '주제'에 보다 많은 관심을 두었던 데에서 까닭을 찾을 수 있을 것이다.

답이다. 앞선 질문에 '인'이 이미 거론된 내용인 것이다. (9ㄴ)은 중자가 난리를 피하였다가 돌아온 사실을 주변에서 비난하는 데에 대하여 심유생이 하는 이야기이다. (9ㄴ)의 '이는'은 '주변에서 비난하는 이야기'를 가리키는 것으로 이미 구정보가 된 내용인 것이다. 예 (9ㄷ)은 순임금의 고사이다. 순임금이 하늘과 부모에 대하여 소리쳐 부르며 운 사실 역시 이미 알려진 정보인 것이다. (9ㄷ)에서 알지 못한다고 한 것은 '소리쳐 부르며 운 까닭'이다.

예 (9)에서 '-는'을 취한 명사나 명사구가 대조·배타의 의미를 가지는 것이라면 응당 '-으란'을 취하였어야 할 것이나 주제화되었기 때문에 '-는'을 취하고 있는 것이다. 이는 중세국어의 '-으란'이 가지고 있다고 생각해 왔던 대조·배타와 주제 표지로서의 기능 가운데, 주제 표지로서의 기능으로 이해하여 온 부분에 대해서는 그간의 태도에 다소의 오해가 있었음을 뜻한다.

그와 같이 이해한다면 다음의 예 (9´)과 같은 예들은 명사구 표지로 '-은'을 취할 수도 있고, '-으란'을 취할 수도 있는 예라 하겠다. 생략된 주어의 위치를 어떻게 상정하느냐에 따라 다른 모습을 취할 수 있을 것이기 때문이다.

(9´) ㄱ. 내의 살며 주구믄 아디 몯홀 거시니 〈번소 9:55ㄱ〉
ㄴ. 道의 行치 몯홈은 이믜 아ᄅᆞ시ᄂᆞ니라 〈논어 4:51ㄴ〉

이렇게 명사구표지 '-은'에 대하여 대조·배타와 주제를 구분하고는 있지만 실제 예들에서 그들이 언제나 선명하게 구분이 되는 것은 아니다. 다음의 예들은 오히려 어순이 상당히 중요한 역할을 담당하고 있음을 보여 주는 예라 할 것이다.

(10) ㄱ. 효도롭고 인ᄌᆞ로오믈 사ᄅᆞᆷᄋᆞᆫ 아디 몯ᄒᆞ고 오직 하ᄂᆞᆯ히 아라 〈번소 9:100ㄱ〉
ㄴ. 그러ᄒᆞ나 趙州ㅣ 닐온 无를 너ᄂᆞᆫ 엇뎨 아ᄂᆞᆫ다 〈몽산 70ㄴ〉

위의 예 (10)은 'NP를 NP는 V'의 구조를 취한 '알다' 구문이다. 예에 보인 'NP는'의 위치가 그가 일단 대조와 배타의 의미로 쓰였음을 보여 주는 것이다.

여기서 우리는 15세기와 16세기 국어 사이에 약간의 분포 차이를 보이고는 있으나 중세국어 '-으란'의 용법을 다음의 (11)과 같이 정리할 수 있다.

(11) 중세국어 '-으란'의 용법
중세국어의 '-으란'은 주어 이외의 자리에서 대조와 배타의 기능을 수행하는 조사이다. 즉 '-으란'이 주제 표지로서의 기능을 가지는 것은 아니다.

위의 (11)과 같이 '-으란'의 용법을 정리하는 것이 현상에 바탕을 둔 것이기는 하지만, 그를 통하여 '-으란'을 둘러싼 우리의 궁금증이 모두 해소되는 것은 아니다. 우리의 기준에 비추어 볼 때에 다음의 (12)와 같은 예외적인 예가 보이기 때문이다.

(12) ᄂᆞ일 디나거든 <u>싱션톄엿고기ᄂᆞᆫ</u> 머거도 므던타 ᄒᆞᄂᆡ 〈간찰 141〉

위의 예 (12)에 보이는 '싱션톄엿고기ᄂᆞᆫ'의 '-ᄂᆞᆫ'은 현대국어에서의 '-는'의 용법과 다르지 않다. 이는 15세기 자료에서라면 우리의 '-으란'으로 실현되어야 할 것이다. 15세기 국어 자료인 다음의 (12′)의 예들은 같은 자리에서 '-으란'으로 실현되어 있다.

(12′) ㄱ. ᄯᅩ ᄒᆞᆫ 복을 머고딕 <u>마ᄂᆞᆯ란</u> 먹디 말라 〈구간 1:30ㄱ〉
ㄴ. 毒이 즉재 업스리니 <u>믈란</u> 먹디 말라 〈구급 하:51ㄱ〉

예 (12)의 '싱션톄엿고기ᄂᆞᆫ'의 존재는 이미 '-으란'의 쓰이는 범위가 줄어드는 단계에 들어섰음을 보여 주는 것으로 이해할 수 있다.[5] 대격 자리에서의 대조・배타를 나타내는 '-으란'의 기능을 조사 '-는'이 점차 담당하게 되고, 대격 표지 '-를'이 주제와 대조・배타의 기능을 가지고 있었다는 점에서 본다면 '-으란'의 소멸은 어쩌면 당연한 것이라고도 할 수 있을 것이다.[6]

4. 지금까지 우리는 중세국어에서의 '-으란'의 분포와 그 의미 기능을 간단하게 살펴보았다. 기존의 논의에 바탕을 둔 검토이기는 하였으나 조사 '-는'과의 대비를 통하여 '-으란'의 상대적인 분포와 의미상의 특징을 살피고자 한 것이다.

그 결과 15세기와 16세기 국어에서의 '-으란'의 분포에 다소 차이가 있음을 알 수 있었으며, '-는'과의 의미・기능상의 차이도 좀더 분명히 할 수 있었다. '-는'이 주어 자리에 쓰여 주제 표지와 대조・배타의 기능을 가지는 데에 반하여 '-으란'은 주어 이외의 자리인 목적어나 여격어 또는 처격어 자리에 쓰여 대조・배타의 기능만을 수행한다는 것이다. 이는 중세국어의 '-으란'이 가지고 있는 범위가 그 동안 생각하여 온 '-으란'의

---

5) 물론 근대국어 시기인 17세기 국어 자료를 통해서도 '-으란'의 쓰임을 확인할 수 있으나 상당히 제한적이었다.

6) 중세국어의 대격과 대격 표지 '-를'의 주제화에 관해서는 이광호(1972, 1988)를 참조할 것.

기능 범위보다는 다소 작았음을 의미한다.

근대국어의 예를 좀더 살핀 후에야 보다 정확하게 말할 수 있는 것이기는 하나, 중세국어 '-으란'이 점차 쓰이지 않게 된 까닭도 '-으란'의 의미 · 기능이 이처럼 그리 크지 않은 것이었다는 점에서 찾을 수 있는 것으로 생각하였다.

06. 先語末語尾 -오/우-

1. 본고는 국어 문법의 연구가 본격적으로 시작된 이래로 상당히 많은 논란이 있어 왔고 아직도 그 성격이 분명히 드러난 것으로 보기는 어려운 문제 가운데 하나인 '-오/우-'에 관한 그 동안의 연구업적들을 살펴보는 데에 그 목적이 있다. 이러한 작업이 단순히 연구 업적들을 살펴 정리하는 것 이상의 의미를 가지리라는 것은 분명하다. 아직도 안개 속에 있는 듯한 '-오/우-'의 모습을 찾아가는 단서를 제공해 줄 수 있으리라는 기대 때문이기도 하지만, '-오/우-'에 관한 그간의 논의가 중세국어에 관한 내용이 주종을 이루고 있다고는 하더라도, 어떤 면에서 보면 '-오/우-'는 현대국어에도 여전히 살아 있는 형태이어서 이를 다루어 살피는 것은 의미가 있는 작업이 될 수 있을 것이기 때문이다.

우리가 여기서 살피고자 하는 문제의 성격을 보다 선명하게 하기 위하여 우선 다음의 예를 보기로 하자.

(1) ㄱ. 내 반ᄃᆞ기…一生에 ᄒᆞᄂᆞᆫ 이리 願 ᄀᆞᆮ게 호리이다 〈능엄 7:61ㄴ〉
　ㄴ. 一切衆生이 다 버서 나과ᄃᆡ여 願ᄒᆞ노이다 〈석보 11:3ㄴ〉
　ㄷ. 네 이제 衆生ᄃᆞᆯᄒᆞᆯ 爲ᄒᆞ야 利益을 지수리라 ᄒᆞ야 〈월석 10:69ㄱ,ㄴ〉
(2) ㄱ. 淨飯王이 깃그샤 부텻 소ᄂᆞᆯ 손ᅀᅩ 자ᄇᆞ샤 ᄌᆞ걋 가ᄉᆞ매 다히시고 누ᄫᅮᆫ자리예 겨샤 〈월석 10:9ㄱ,ㄴ〉
　ㄴ. 無量衆의 尊ᄒᆞᆯ 빼라 〈법화 1:205ㄱ〉
(3) ㄱ. 됴ᄒᆞᆫ 여름 여루미 前生앳 이릐 因緣으로 〈월석 1:12ㄱ〉
　ㄴ. 거름 거루미 곤 ᄀᆞᄐᆞ시며 〈월석 2:57ㄱ〉
(4) ㄱ. 太子 닐오ᄃᆡ 내 롱담ᄒᆞ다라 〈석보 6:24ㄴ〉
　ㄴ. 點 더우믄 ᄒᆞᆫ 가지로ᄃᆡ ᄡᅳᄂᆞ니라 〈정음 14ㄱ,ㄴ〉
(5) ㄱ. 내 지븨 이셔 날마다 五百僧齋ᄒᆞ다라 〈월석 23:74ㄱ〉
　ㄴ. 風物에 나 한 사ᄅᆞ미 슬프도다 〈두언 22:22ㄴ〉
　ㄷ. 아릐 잇디 아니턴 이ᄅᆞᆯ 得과라 〈능엄 2:10ㄴ〉

ㄹ. 王이 니ᄅᆞᄃᆡ… ᄆᆞᅀᆞᄆᆞᆯ 슬허 우노이다 〈월석 8:93ㄱ〉
ㅁ. 녯 사ᄅᆞᄆᆡ ᄠᅳ들 因ᄒᆞ야 보리로다 〈두언 23:52ㄱ〉
ㅂ. 諸佛이 비록 實로 滅티 아니ᄒᆞ시나 滅度 니ᄅᆞ샤ᄆᆞᆯ 眞實로 아ᅀᆞ오리로다 〈법화 4:131ㄴ〉

(6) ㄱ. 긼ᄀᆞᇫ 百姓이 큰 功을 일우ᅀᆞᄫᆞ니 〈용가 57〉
ㄴ. 자비심 뮈우ᄆᆞ로 ᄆᆞᄅᆞᆯ 사ᄆᆞᇙ디니 〈월석 9:22ㄱ〉

위에 보이는 예들의 성격을 보면 (1)의 예들은 서술 구문의 예들이며, (2)는 관형 구문의 예들을 보인 것이다. 이들 (1)과 (2)의 경우는 '-오/우-'를 수반하기도 하고, 또 다른 경우에는'-오/우-' 없이도 나타나는 예들인 반면에 '-옴/움-' 구문의 예인 (3)과 '-오ᄃᆡ/우ᄃᆡ-' 구문의 예인 (4)의 예들은 항상 '-오/우-'를 가지고 나타난다는 점에서 그 성격을 달리 하는 것으로 볼 수 있다. (5)의 예들은 이른바 융합형들의 예라고 할 수 있는 것이며, (6)은 사동문에 나타나는 '-오/우-'를 보인 것이다.

2. 위의 용례를 통해 정리할 수 있는 문제의 성격은 다음과 같다.

(6) ㄱ. '-오/우-'의 기본적인 의미·기능은 무엇인가?
ㄴ. '-오/우-'와 '-옴/움-' 그리고 '-오ᄃᆡ/우ᄃᆡ-'에서 보이는 '-오/우-'는 과연 같은 성격을 갖는 것인가?
ㄷ. 융합형들에 대한 이해는 과연 온당한 것인가?
ㄹ. 사동문의 '-오/우-'가 논의의 대상에 포함되어야 하는가? 포함된다면 그것이 기댈 수 있는 근거는 무엇인가?

이러한 문제와 함께 생각해 볼만한 문제로는 다음과 같은 것들이 있다.

(7) ㄱ. '-오/우-'의 소멸 시기가 유형에 따라 다른 까닭은 무엇인가?
ㄴ. 소멸되었다고 하는 '-오/우-'의 잔영을 현대국어의 예에서 찾아볼 수는 없는가? 있다면 어떤 경우가 있는가?

2.0. 이제 위에서 제기된 문제점들을 중심으로 그 동안 있어 왔던 '-오/우-'에 관한 논의들을 살피기로 한다. 논의 진행의 편의상 '-오/우-'만을 직접적으로 다루지 않은 논의는 가급적 배제하였다.

2.1. 그동안의 '-오/우-'에 대한 논의의 대부분이 추구하였던 주제는 '-오/우-'의 기

본적인 의미 · 기능이 무엇이냐에 있었다고 할 수 있다. 그들에 의해 밝혀진 '-오/우-'의 의미와 기능은 '-오/우-'를 다룬 논의의 수만큼이나 다양한 모습을 보이고 있으나 문제에 대한 접근 태도로 보아 크게 두 가지로 대별할 수가 있다. 형태론적인 접근 태도와 의미론적인 접근 태도가 그것으로, 전자는 허웅(1958, 59, 63ㄱ, 64, 65)로 대표되는 인칭 · 대상 활용설이고, 후자는 이숭녕(1959, 60, 64ㄱ, ㄴ)로 대표되는 의도법설이다.[1] 인칭 · 대상 활용설은 형태론적인 분석을 통한 '-오/우-'의 분석에 주목하고 있는 것으로, 'ᄒᆞ다'에 대응되는 '호라' 즉 종결어미에 나타나는 '-오/우-'는 주어가 일인칭일 때에 나타나는 인칭활용어미이고, 'ᄒᆞᆫ, ᄒᆞᄂᆞᆫ, ᄒᆞᇙ'에 대응되어 나타나는 '혼, ᄒᆞ논, 홇' 등에 나타나는 '-오/우-'는 대상활용어미라는 것이다. 그에 반해, 하나의 형태에 대한 일관된 해석을 추구하고자 한 의도법설은 '-오/우-'의 의미와 기능이 화자의 의도를 가미하는 데에 있음을 주장하는 것이다.

이들 이외에도 많은 논의가 '-오/우-'의 주변에서 있어 왔다. 김형규(1962)에서는 앞서의 논의들에 예외가 되는 용례가 많다는 점을 들어 '-오/우-'가 삽입모음임을 주장하면서, 석보상절과 월인석보의 똑같은 문장의 비교를 통하여 "조모음이 'ᄋᆞ/으'로 되어지기 전에 또 아무 필요를 느끼지 않는 곳에 즐겨 삽입했던 모음"이라고 보고 있다. 김형규(1962)의 이러한 논의는 大江孝男(1968)에 의해 다시 검토되는데 그에 따르면 大江孝男(1968)에 이어 '-오/우-'의 의미가 "(외부적 행동이 아닌 점에서 혹은 외부적 행동에 되지 않은) 심리적 주관적 활동"과 관계가 있다는 가설을 제기하고 있다. '-오/우-'의 의미와 기능에 접근하는 박형달(1968)은 다소 색다른 방법을 취하고 있다. '-오/우-'가 삽입된 관형형에 주목하여 '-오/우-'가 나타나는 불경의 번역문과 한문 원전을 대조하고 한문 원전의 '所'와 '-오/우-'의 호응 관계를 통하여 강화된 수식어 즉 "수식어가 그 피 수식어를 제한하는 정도에서 그 제한이 특수적이며 국한적"인 경우에 사용되는 것으로 보는 것이다. 이남덕(1971)은 15세기 국어의 서법체계를 다룬 박사학위 논문 가운데 '-오/우-' 부분을 확대한 것으로, '-오/우-'의 기능을 직설법과 대응되는 情動法 어미로 보고 있다. 특히 15세기 국어의 서법체계가 主客觀의 대립만으로는 성립이 되지 않는다고 하여 情動性 유무의 대립으로 직설법과 정동법을 양분하고, 정동법을 다시 화자가 자기나 자기 자신의 행동을 강조하는 서법인 주관정동법과 화자가 사물을 구경하는 것과 같은 관조적인 태도로써 강조하는 서법인 객관정동법으로 구분하고 있다. 강길운(1972)에서는 '-오/우-'가 한정법어미라고 하는 바, 한정법이란 "文의 내용이거나 피수식어의 내용이 화자가 한정한 것임을 뜻하는 서법 즉 화자의 한정

---

1) 허웅(1958, 59, 63ㄱ)은 그들이 다시 실린 허웅(1963ㄴ)을 통하여 보았고, 이숭녕(1960, 64ㄱ, s)eh 그들이 다시 실린 이숭녕(1972)를 통하여 살펴 보았다.

이 가해진 결과는 사고의 대상인 문이나 피수식어의 성질·한계가 화자에 의해 확정지어지는" 것으로 보고 있다. 그에 따라 그동안의 여러 견해들은 화자의 한정 행위라는 원인 행위의 결과가 겉에 나타난 것을 그것의 본질로 오해했다고 한다. 한편 이인모(1967, 76)에서는 종결·연결어미와 결합하여 나타나는 내용의식법의 '-오/우-'와 전성어미 즉 관형사형과 명사형에 결합하여 나타나는 종속적인 전달관계의 '-오/우-'로 나누어 살피어 있다. 정재영(1985)에서는 '-오/우-'가 가지고 있는 기본적인 의미를 찾기 위하여 형태론적인 분포의 확인과 통사의 미론적인 접근을 시도하고 있는바, 특히 시상 형태와 결합이 된 '호라, ᄒᆞ노라, 호리라, ᄒᆞ다라, ᄒᆞ과라'형의 용례 검토를 통하여, 화자가 명제에 대하여 자신의 감정이나 주관적 판단을 나타내는 것으로 보고 있다.

한편 손주일(1979)는 용언의 활용형을 살펴 '-오/우-'가 동작동사에만 개재되고 상태동사에는 개재되지 않고 있음을 들어 그 까닭을 '-오/우-'의 "행동 주체의 의도 표현"에서 찾고 있다. 아울러 서법과, 경어법, 시상, 사·피동을 나타내는 요소와 '-오/우-'의 결합 관계를 살펴 그들 사이의 공기 제약 현상도 "행동 주체의 의도"와 관계가 있다고 한다. 차현실(1981)은 '-오/우-'의 통사적인 특성을 이행문 이론에 입각하여 살펴본 것으로, 주로 종결어미 '-라' 앞에서 실현되는 '-오/우-'에 주목한 것이다. 즉 변형문법적인 입장에서 서법에 보이는 '-오/우-'의 통사 현상을 심층구조 쪽에서 접근한 것이다. 그 결과 '-오/우-'는 심층구조의 '말하다'류의 동사구 보문구조에서 상위문의 주어와 하위문의 주어가 상호지시적일경우에 삽입되어 응축보문을 이루는 것으로, 그러한 응축보문구성은 종결어미를 중심으로 서법응축구성, 인식양상응축구성, 정감응축구성, 의지응축구성 등으로 분류될 수 있다고 하고 있다. 번형문법적인 접근 태도를 보이고 있는 논의로는 전정례(1990ㄱ,ㄴ)도 보인다.

그 밖에 '-오/우-'가 "어떤 사실의 확실성에 대한 화자의 믿음을 나타내는 형태소"라는 결론을 보이는 임홍빈(1980)의 논의는 그간의 논의에 대한 회의로부터 시작된다. 의도설이 불투명하다는 점과 인칭·대상활용설도 난점을 가지고 있다는 데에서 출발하여 중세국어의 '-오/우-'가 현장성으로 특징지워질 수 있는 사실의 진술에는 나타나지 않는다는 전제하에 현대국어에 남아 있는 '-오/우-'의 기능을 검토한 것이다. 기본적으로는 인칭·대상활용설의 태도를 취하고 있는 김승곤(1974)와 최남희(1987)의 논의도 색다른 면이 있다고 할 수 있다. 김승곤(1974)는 노걸대와 박통사를 중심으로 한 논의를 펼치고 있다는 점에서 그렇고, 최남희(1987)은 신라와 고려의 향가 자료에서의 '-오/우-'의 기능을 찾아 보고자 하였다는 점에서 그렇다.

2.2. 지금까지 우리는 '-오/우-'의 기본적인 의미와 기능을 찾아 나섰던 그간의 논의

의 대강을 살폈다. 그들 논의의 결과가 다양한 모습을 보여주고는 있지만, 논의의 바탕이 된 예들의 중심이 위의 (1)과 (2)의 예문 즉 서술구문과 관형구문에 있어 왔다는 사실에는 유의할 필요가 있다. 물론 위의 예 (3), (4), (5), (6)에 관한 논의가 없었다는 것은 아니다. 그간의 논의들이 '-오/우-'의 분포와 이형태의 모습들을 충분히 밝혀 왔지만, 예 (1), (2) 와는 다른 성격을 가지는 예 (3), (4), (5), (6)이 보이는 '-오/우-'의 모습을 찾아 보고자 하는 노력은 상대적으로 충분하지 못했던 것으로 생각되기 때문이다. 그간의 논의들은 '-옴/움'의 '-오/우-'와 '-오뒤/우뒤'의 '-오/우-'가 항상 수반되는 형태소로 간주해 왔다. 특히 이숭녕(1959)에서는 예 (3), (4)의 '-오/우-'도 '의도'로 [2] 보고 있으나 허웅(1959)에서는 'ø'와의 대립이 없다는 점에서 문법적인 의의를 찾을 수 없는 것이라고 한다. 강길운(1972)에서는 (3)과 (4)에 보이는 예들에 대해서도 한정법으로 보고 있다.

예 (5)에 보이는 이른바 융합형들에 대해서는 그 결합의 양상이 거의 밝혀져 있는 셈이라고 할 수 있다. 그러나 음운론적으로는 설명이 되지 않는 그들의 이해를 위한 적극적인 노력이 있었다고 보기는 어려운 형편이다. 단지 임홍빈(1980)에서는 이러한 융합형들의 이해를 위해 이형태 '-아-'를 상정한 바 있고, '-이로-'의 '로'는 보충법으로 수용할 것을 제안하고 있다.

예 (6)에 보이는 사동의 '-오/우-'가 과연 예 (1), (2)에 보이는 '-오/우-'와 그 성격을 같이 하는 것이냐 하는 문제에 대해서도 그 견해는 갈려 있다. 이숭녕(1559)에서는 "목적어 지배의 구실을 가지고 주인의 주관적 행동성에 이바지 하는 것"으로 보아 앞서의 예들에서 보이는 '-오/우-'와 함께 다루는 반면에, 허웅(1959)에서는 예 (1), (2) 등의 '-오/우-'와 사동의 '-오/우-'의 외형이 다름을 들어 별개의 문제로 다루고 있다. 손주일(1979)에서는 직접 (6)과 같은 예를 다룬 것은 아니나 사·피동 접사와 '-오/우-'의 공기관계를 살피고 있어 그들 둘을 별개의 문제로 다루고 있다.

3. 지금까지 '-오/우-'의 기본적인 의미·기능에 대하여 접근을 시도한 논의들과 '-옴/움', '-오뒤/우뒤', '-샤-', '-다-, -과-, -도-' 등의 융합형, 그리고 사동의 '-오/우-'에 대한 그간의 논의들의 대강을 살펴 보았다. 크게 보아 형태론적인 입장과 의미론적인 입장으로 정리될 수 있는 그간의 논의는 최근 들어 새로운 방법과 이론으로 접근해 보고자 하는 경향을 띠고 있다.

4. 우리가 살핀 '-오/우-'는 16세기에는 소멸된 것으로 알려져 있다. 그동안의 논의

2) 이숭녕(1959, 60, 64ㄱㄴ)에 보이는 '의도'에 대한 정리는 임홍빈(1980: 92) 참조.

의 중심이 '-오/우-'의 의미·기능을 추구하는 데에 있어서 '-오/우-'의 소멸과정과 그 결과에 대해서는 오히려 상대적으로 주변적인 문제로 생각해 왔던 셈이다. 그러나 '-오/우-' 문제의 주변에 있는 소멸의 과정과 결과는 '-오/우-'의 본질을 찾아가는 데 많은 것을 시사하고 있는 것으로 보인다. '-오/우-'의 소멸이 예 (1), (2)의 유형에서 16세기 전반에 먼저 일어나고, 예 (3), (4)유형의 '-오/우-'가 16세기 후반에 소멸되었다는 사실은 예 (1), (2)와 예 (3), (4) 사이의 관계에 대하여 재고를 요구하고 있기 때문이다.

아울러 이미 사라진 것으로 간주되고 있는 '-오/우-'가 '-노니, -노라, -도다' 등으로 현대국어에 살아 있음을 확인한 임홍빈(1980)의 논의도 현대국어를 바탕으로 하여 중세국어의 '-오/우-'를 찾아가는 데 많은 것을 시사하고 있다.

07. 중세국어 선어말어미 '거/어'의 문법

1. 서론

본 연구는 중세국어의 선어말어미 '거/어'가[1] 가지고 있는 문법적인 성격을 분명히 밝히고자 하는 데에 목적을 두고 있다. 중세국어의 문법 요소 가운데 아직도 그 정체를 분명히 드러내지 않고 있는 존재의 하나인 '거/어'에 대한 정확한 이해는 중세국어 문법의 모습을 밝혀 가는 중요한 과정 중의 하나라고 할 것이다.[2] 그러나 '거/어'의 문법적인 성격에 대한 기존의 이해는 아직도 견해의 일치와는 상당한 거리를 두고 있다.

우선 '거/어'에 관하여 기존의 연구 업적들에서 다루고 있는 양상은 크게 두 가지로 나누어 볼 수 있다. 하나는 '거/어'의 교체 조건 및 양상을 살피고자 하는 것이고, 다른 하나는 '거/어'의 문법적인 기능과 의미를 밝혀 보고자 하는 것이 그것이다.

'거/어'의 교체 조건을 다루는 경우를 보면 '거/어'가 동일한 기능을 수행한다고 보는 태도와 '거'와 '어'가 상이한 기능을 수행한다고 보는 견해로 나누어 볼 수 있다. 이와 같은 작업에는 먼저 '거/어' 가운에 '거'의 'ㄱ'이 'ㄹ'이나 모음 'ㅣ' 뒤에서 탈락하여 생긴 '어'의 존재에 대한 인식과 진정한 '어'의 구분이 선행되어야 한다. '거/어'는 동일한 기능 수행한다고 보는 견해로는 유창돈(1963), 고영근(1980), 김소희(1996) 등을 들 수 있으며, '거'와 '어'가 상이한 기능 수행을 수행한다고 보는 견해로는 시요타(1993), 이숭녕(1961/1981), 고영근(1980), 안병희(1967), 이승욱(1967, 1973), 나진석(1971) 등을 들 수 있다.[3]

---

1) 별도의 구분이 필요하지 않은 경우에는 선어말어미 '거', '어', '야' 그리고 '나'를 대표하는 형태 표지로 '거/어'를 쓰기로 한다. 다만 경우에 따라 '거'와 '어'의 구별이 굳이 필요할 때에는 그를 갈라 각각 '거', '어' 등으로 나타내기로 한다.

2) 이러한 '거/어'는 중세국어에 국한된 문제만은 아니어서 현대국어에도 여전히 그 모습을 드러내고 있는 요소이기도 하다. 물론 그의 성격이 현대국어라고 하여 명쾌한 것은 아니다. '가거라, 먹어라' 등의 '거/어'의 기능이 그것이다.

3) '거/어'의 구체적인 연구사는 김소희(1996:2-7)을 참조할 것.

'거/어'의 의미나 기능을 살핀 논의는 크게 세 가지로 갈라 볼 수 있다. 안병희(1967), 이승욱(1967, 1973), 나진석(1971), 안병희·이광호(1990) 등에서는 시상범주에서 다루고 있으며, 이숭녕(1961/1981), 유창돈(1963), 허웅(1975) 등에서는 서법범주로 다루고 있다. 한편 고영근(1980, 1981)에서는 선행용언의 타동성 여부 즉 '통합 용언의 종류'를 나타낸다고 하고 있다.[4] 그 밖에도 '거/어'에 대하여 강조법이라고 한 논의들도 있으나 여기서 그들을 구체적으로 들지는 않기로 한다. 문법적인 용어로서의 '강조'가 가지는 의미와 기능 자체가 분명하지 않다는 점에서 검토의 대상에서 제외하려는 것이다.[5]

이제 '거/어'가 나타나는 구체적인 예들을 살펴 '거/어'가 가지고 있는 문법적인 기능과 의미를 찾아 나서기로 한다. 그를 위하여 본고에서는 '거/어'와 '더'의 관계, '거/어'의 통합양상 특히 선행요소 및 후행요소와의 구성 조건, '거/어'가 나타나는 경우와 나타나지 않는 경우 사이의 차이 등에 관하여 보다 많은 관심을 가지려고 한다. 하지만 '거'와 '어'의 교체 조건에 관련된 문제는 '거/어'의 의미와 기능이 밝혀진 다음의 작업 내용으로 미루어 두기로 한다.

중세국어 '거/어'의 모습을 살피기 위한 주된 대상 자료는 15세기와 16세기의 국어 자료들이나, 검토 대상 자료 전체 목록을 드는 것은 오히려 번거로울 듯하여 본고에서 들어 소개하고 있는 자료의 목록만을 제시하기로 한다. 본고에서 예로 다룬 중세국어 자료의 목록을 가나다순으로 배열하면 다음의 (1)과 같다.

(1) 救急簡易方, 南明集諺解, 內訓, 論語諺解, 杜詩諺解, 孟子諺解, 牧牛子修心訣諺解, 蒙山和尙法語略錄諺解, 飜譯老乞大, 飜譯朴通事, 飜譯小學, 三綱行實圖, 釋譜詳節, 小學諺解, 續三綱行實圖, 詩經諺解, 呂氏鄕約諺解, 龍飛御天歌, 圓覺經諺解, 月印釋譜, 月印千江之曲, 六祖法寶壇經諺解, 二倫行實圖, 七大萬法

이들 자료들을 통하여 얻어진 예들을 통하여, '거/어'의 모습을 밝히기 위한 본 연구에서는 일단 문면에 나타나는 용례를 중심으로 출현 양상들을 살피기로 한다. 그리하여 밝혀진 조건들에 대해서는 동일한 조건을 충족시키면서도 예외적인 양상을 드러내는 경우를 중심으로 조건의 수정·보완 과정을 거치기로 한다. 아울러 각각의 문법 범주와 품사 범주 등과 관련된 조건들에 대해서도 부단한 관심을 기울이기로 한다.

---

4) 통시적인 변화의 연구에 이와 같은 태도들이 일관된 견해를 가지기는 어려울 것으로 보인다. 중세국어를 대상으로 한 이들 견해의 흔적을 현대국어의 '거/어'에서 찾아보기는 힘들기 때문이다.

5) 이들 논의에 대한 구체적인 검토와 비판에 관해서는 김소희(1996)을 참조할 것.

2. '거/어'는 과거시제인가?

선어말어미 '거/어'가 과거시제라는 견해는 '거/어'가 과거시제요소인 '더'와 보이는 대립 관계에 근거를 두고 있다. 다음의 예 (2)와 (3)을 통하여 살필 수 있는 관계가 그것이다.

(2) 光有聖人이 勝熱婆羅門比丘ᄃᆞ려 무르샤ᄃᆡ 沙羅樹王이 八婇女 보낼 나래 앗가ᄫᆞᆫ ᄠᅳ디 업더녀 對答ᄒᆞᅀᆞᄫᅩᄃᆡ 大王이 앗가ᄫᆞᆫ ᄠᅳ디 곧 업더시이다 〈월석 8:91ㄴ〉

(3) 辟支佛ㅅ 道理ᄅᆞᆯ 일우고 父母ㅅ 알ᄑᆡ 와 ᄉᆞᆯᄫᅩᄃᆡ 父母하 出家ᄒᆞᆫ 利益을 이제 ᄒᆞ마 得ᄒᆞ과이다 ᄒᆞ고 〈석보 11:37ㄴ〉

예 (2)의 '업더녀, 업더시이다'의 '더'가 과거를 나타내듯이 (3)의 '得ᄒᆞ과이다'의 '거' 도 예에 보이는 'ᄒᆞ마'에 기대어 과거시제 요소라고 설명하는 것이다.

'더'에 기댄 '거/어'의 이해 방법은 번역소학과 소학언해에 보이는 '거/어'와 '더'의 비교를 통하여 상당한 근거를 가지는 것으로 받아들여지기도 하였다. 다음의 예 (4)가 그것이다. 표면적인 양상만으로는 동일한 원전을 바탕으로 하는 언해에서 앞선 시기의 자료에 보이는 '거/어'가 후에 '더'로 실현되는 양상은 시제 요소의 변화인 듯이 보일 수도 있기 때문이다.

(4) 가. ᄒᆞᄅᆞᆺ나래 병이 ᄀᆞ장 되여 얼운과 아ᄒᆡ 다 모닷거늘 長孫夫人이 닐우ᄃᆡ 〈번소 9:30ㄱ〉
　　나. 홀ᄅᆞᆫ 병이 듕커늘 얼운과 아ᄒᆡ 다 모닷더니 베퍼 닐오ᄃᆡ 〈소학 6:27ㄱ〉

그러나 '거/어'를 온전히 과거시제로 보기 위해서는 다음의 (5)와 (6)의 예에 대한 납득할 수 있는 설명이 필요하다고 할 것이다.

(5) 가. 王이 怒ᄒᆞ야 니ᄅᆞ샤ᄃᆡ 畜生ᄋᆡ 나ᄒᆞᆫ 거실ᄊᆡ 그러ᄒᆞ도다 ᄒᆞ시고 즉자히 夫人ㅅ 벼슬 아ᅀᆞ시고 그 蓮花ᄅᆞᆯ ᄇᆞ리라 ᄒᆞ시다 〈석보 11:31ㄱ〉
　　나. 보안이 나가 죽고 겨집도 주거셔 시톄를 몯 가져왓거ᄂᆞᆯ 〈이륜 37ㄱ〉

(6) 네 어마니미 날 여희오 시르ᄆᆞ로 사니다가 이제 ᄯᅩ 너를 여희오 더욱 우니ᄂᆞ니 어셔 도라니거라 〈월석 8:101ㄱ〉

석보상절에 보이는 예 (5가) 'ᄒᆞ시다'의 시제는 'ø' 형태로 나타난 과거시제이다.[6] 기존의 논의대로라면 중세국어의 과거시제를 나타내는 형태소는 상당히 다양한 모습을 가지는 것이 된다. 'ø'와 '더' 그리고 '거/어'가 그것이다. 양보하여 그와 같은 이해의 태도를 받아들인다고 할 경우에 그들 사이의 차이를 설명해야 하는 새로운 부담을 져야 할 것이다.

중세국어의 과거시제가 'ø' 형태로 나타난다는 점에서 'ø'와 함께 자리하는 '거/어'에 대하여 과거로 다루는 것은 이해할 만한 여지가 있다고 하겠지만, 그러한 경우에 보이는 '거/어'의 과거성은 'ø'에서 온 것이라는 사실을 인식할 필요가 있다. 위의 예 (5나)는 가시적인 과거시제 '엇'을 가지고 있다는 점에서 '거/어'가 과거시제라는 견해에 반하는 보다 좋은 예라 할 수 있다.[7] '거/어'가 과거시제라면 또 다른 과거시제인 (5나)의 '엇'과의 관계를 수용할 만한 적당한 방안을 찾아야 하는 그리 쉽지 않은 새 과제에 당면하게 되는 것이다. 또한 '거/어'가 과거시제 요소라면 '거/어'는 예 (6)에서와 같은 명령법으로는 쓰일 수 없어야 한다. 명령의 기본적인 속성은 미래적인 것으로 과거시제와는 호응할 수 없는 것이기 때문이다.

이제 일단 'ø'와 '더', '엇' 그리고 '거/어' 사이의 관계를 정리해둘 필요가 있다. 다음의 (7)이 그것으로, 모습을 달리하는 형태는 어떤 양상으로든 다른 기능을 수행한다고 보는 본고의 기본적인 태도로는 '거/어'에 대하여 어떠한 내용으로도 과거와 관련이 있는 것으로 판단하기 어렵다는 것이다.

(7) 가. 'ø' : 중세국어의 시점(時點)시제체계 속의 과거시제 형태소
　　나. '더' : 중세국어의 시점(視點)시제체계 속의 과거시제 형태소[8]
　　다. '엇' : 중세국어 이후의 시점(時點)시제체계 속의 과거시제 형태소
　　라. '거/어' : 과거시제 형태소로 보기에는 어려운 우리의 과제 형태소

그럼에도 불구하고 염두에 두어야 할 것은 '거/어'와 '더'가 가지고 있는 관계에 대한 인식이다. 이는 '거/어'의 본질적인 모습에 다가서는 길목에 '더'가 있다는 의미로, 여기서는 다음의 (7′)로 문제를 정리하여 그 답을 추구하기로 한다.

---

6) 형태소 'ø'가 중세국어의 과거시제를 나타낸다고 하는 견해에 관해서는 고영근(1981, 1982) 등을 참조할 것.

7) '어 잇'의 축약형인 '엇'이 아직은 완료상을 나타내는 요소로서 기능을 행사하기는 하나(고영근 1981:48), 그렇다고 하여 16세기 국어의 '엇'이 과거시제 요소로서의 기능도 가지고 있다는 사실이 간과되어서는 안 될 것이다.

8) '더'에 대한 이와 같은 이해 태도에 대해서는 한재영(1986)을 참조할 것.

(7′) 가. 무엇이 '거/어'와 '더'가 같은 자리에 오는 것을 저지하는가?
　　나. '거/어'와 '더'가 그 자리를 바꾸어올 수 있는 까닭은 무엇인가

위의 (7′)과 같은 문제는 '더'와 '거/어'가 가지고 있는 공통적인 요소와 이질적인 요소가 무엇인가를 밝히는 문제와 다르지 않다. 이제 그들을 살펴 나가기로 한다.

3. '거/어'는 타동성 여부의 표지인가?

'거/어'에 관한 다른 중요한 논의로는 '거/어'가 동사의 타동성 여부를 나타내는 기능을 가지고 있다고 보는 것이다. 즉 자동사문과 형용사문 그리고 계사문에는 '거'가 쓰이며, 타동사문에는 '어'가 쓰인다는 것으로,[9] 다음의 예들이 그것이다.

(8) 가. 粥을 좌시고 바리ᄅᆞᆯ 더뎌시ᄂᆞᆯ 天帝釋이 塔애 ᄀᆞ초ᅀᆞᄫᆞ니 〈월곡 64〉
　　나. 이바딜 듣고 그 ᄠᅳ들 무러ᄂᆞᆯ 부텻 功德을 護彌 ᄀᆞ장 니ᄅᆞ니 〈월곡 150〉
(9) 가. 未來世예 衆生ᄃᆞᆯ히 시혹 ᄭᅮ미어나 시혹 자거나 鬼神ᄃᆞᆯᄒᆞᆯ 보ᄃᆡ 〈월석 21:94ㄴ〉
　　나. 므레 주근 사ᄅᆞ미 반 날만 디나니어든 큰 독을 ᄧᅡ해 업고 〈구급간 1:69ㄴ〉
(10) 가. 가지ᄅᆞᆯ 자ᄇᆞ샤 무틔 나거시ᄂᆞᆯ 兜率天이 袈裟 니피ᅀᆞᄫᆞ니 〈월곡 64〉
　　나. 祭壇ᄋᆞᆯ 보다가 제 눈이 어듭거늘 부텨 恭敬을 버디 다시 알외니 〈월곡 150〉

위의 예 (8)은 타동사 '더디다, 묻다'와 '어'가 결합한 양상을 보이며, (9)는 'ᄭᅮᆷ이다, 디난 이이다'의 계사 '이다'에 결합된 '어'를 보이고, (10가)는 자동사 '나다', (10나)는 형용사 '어듭다'와 '거'가 결합한 모습을 보이고 있다. (8)과 (9) 그리고 (10)의 예에 의하면 '거/어'는 선행동사의 타동성 여부를 나타내는 표지라고도 할 수 있을 것이다.

그러나 다음의 예 (11)에 보이는 양상이 그러한 접근 자체가 다시 검토되어야 할 만한 충분한 이유가 있음을 드러내고 있다.

(11) 가. 혹 塔寺ᄅᆞᆯ 修補커나 시혹 經典을 ᄭᅮ미거나 ᄒᆞᆫ 터럭 ᄒᆞᆫ 드틀 ᄒᆞᆫ 몰애 ᄒᆞᆫ 처듐만 ᄒᆞ야도 〈월석 21:147ㄱ〉
　　나. 몯 미처 피ᄒᆞ야든 몰브려 읍ᄒᆞ고 디나니거든 몰ᄐᆞ라 〈여씨 23ㄱ〉

---

9) 구체적인 예들에 대해서는 고영근(1980)을 참조할 것.

위의 예 (11)은 타동사 '꾸미다, 디나니다'에 '거'가 결합된 모습을 보이고 있어 앞서의 예 (8)과 (9) 그리고 (10)의 '거/어'와는 다른 결합 양상을 보이고 있기 때문이다.

다소 성격을 달리 하는 것이기는 하나 중세국어에서의 'ㄹ'과 모음 'ㅣ' 뒤에서 '거'의 'ㄱ'이 탈락하는 규칙으로 인하여 나타나는 '거'와 '어'의 출현 양상도 다음의 예 (12)와 (13)의 경우를 보면 상당히 혼란된 모습을 보이고 있다. 자료상으로 보아서는 16세기 자료들에서 보다 많이 혼란된 양상을 보이고 있어 'ㄹ'과 모음 'ㅣ' 뒤에서 '거'의 'ㄱ'이 탈락하는 규칙의 동요가 이미 16세기에는 상당히 진행되었음을 보이고 있다.[10)]

(12) 가. 李氏ㅣ 周公에셔 가ᄋᆞᆷ열거늘 求ㅣ 爲ᄒᆞ야 聚斂ᄒᆞ야 〈논어 3:8ㄱ〉
나. 悠悠ᄒᆞᆫ 내 思ㅣ로다 길히 멀거니 엇디 能히 來ᄒᆞ리오 〈시경 2:13ㄱ〉
다. 네 月로 이예 征ᄒᆞᆯ 따라 일 興ᄒᆞ고 밤들거든 寐ᄒᆞ야 네 生ᄒᆞᆫ 바ᄅᆞᆯ 忝티 마롤 띠어다 〈시경 12:5ㄴ〉
라. 소리 그치디 아니ᄒᆞ야 울거늘 할림혹시 디나가다가 듯고 우더라 〈삼강 孝:28ㄴ〉

(13) 가. 의거 업슨 사ᄅᆞᆷ을 만이레 제집이 가ᄉᆞᆷ열어든 위ᄒᆞ야 긔걸ᄒᆞ야 〈여씨 35ㄱ〉
나. 生ᄒᆞ면 길히 멀어니 엇뎨 ᄉᆞᄆᆞ초ᄆᆞᆯ 得ᄒᆞ리 〈육조 상:94ㄱ,ㄴ〉
다. 겨지븨 이ᄅᆞᆯ 다ᄉᆞ리샤 일 니ᄅᆞ시고 밤들어든 자샤 게으르디 아니ᄒᆞ시며 〈내훈 2하:42ㄱ〉
라. 百千 바오리 절로 울어늘 ᄀᆞᄆᆞᆫᄒᆞᆫ ᄇᆞᄅᆞ미 부니 微妙ᄒᆞᆫ 소리나더라 〈석보 11:16ㄴ〉

예 (12)는 선행 용언 어간의 말음이 'ㄹ'임에도 'ㄱ'의 탈락없이 '거'가 그대로 나타나는 예들로서 모두 16세기 자료에 보이는 것들이다.[11)] 물론 16세기 자료 모두가 그렇다는 의미는 아니다. (13가,다)와 같은 16세기 국어의 모습을 보이는 자료에서도 아직은 여전히 'ㄹ' 아래에서 어미의 'ㄱ' 탈락 규칙이 적용되고 있는 것이다.

다음의 예 (14)~(16)의 경우는 '거/어' 교체의 또 다른 양상을 보이는 예들이다. 'ᄒᆞ다' 동사와 통합관계를 형성할 경우에는 (14가), (15가), (16가)에서와 같이 '야'로 교체가 되어야 함에도 불구하고 (14나), (15나), (16나)에서와 같이 '거'를 취하고 있

10) 15세기에도 이미 'ㄱ'의 탈락이 규칙적으로 이루어지지 않은 예들이 있다. 뒤에 들 예 (22) 참조.

11) 삼강행실도가 세종의 명에 의하여 설순 등이 1434년(세종 16)편찬 간행한 15세기의 자료이기는 하나, 우리의 영인본은 1581년판인 성균관대학본을 저본으로 하여 1972년 세종대왕기념사업회에서 간행한 것이다.

는 것이다. 특히 예 (14가′), (16가′)는 (14가), (16가)와 각각 동일한 자료인 맹자언해와 여씨향약언해라는 점에서 '거/어'의 교체조건이 지켜지지 않게 되어 가는 일면을 살필 수 있다.

(14) 가. 齊人이 燕올 伐ᄒᆞ야ᄂᆞᆯ 或이 묻ᄌᆞ와 ᄀᆞᆯ오ᄃᆡ 〈맹자 4:21ㄴ〉
가′. 萬乘ㅅ 國으로 ᄡᅥ 萬乘ㅅ 國을 伐ᄒᆞ거늘 簞食와 壺漿으로 ᄡᅥ 王師를 迎홈은 엇디 他ㅣ 이시리오 〈맹자 2:30ㄱ〉
나. 木을 阪의셔 伐ᄒᆞ거ᄂᆞᆯ 釃ᄒᆞᆫ 酒ㅣ 衍ᄒᆞ도다 〈시경 9:10ㄴ〉
(15) 가. 나히 아홉인 제 아븨 거상 니버 侍墓ᄒᆞ여ᄂᆞᆯ 恭定大王朝애 엳ᄌᆞ와ᄂᆞᆯ 〈속삼 효:4ㄱ〉
나. 나히 아홉인 제 아븨 거상 니버 시묘ᄒᆞ거ᄂᆞᆯ 공뎡대왕ᄭᅴ 엳ᄌᆞ와 〈續三 효:4ㄱ〉[12]
(16) 가. 동븍을 향ᄒᆞ야 셔븍을 우사마 약졍을 절ᄒᆞ야든 약졍이 례 바도ᄆᆞᆯ 법다이 ᄒᆞ라 〈여씨 40ㄴ〉
가′. ᄀᆞᄐᆞᆫ 사ᄅᆞᆷ이어든 절ᄒᆞ디 마로ᄃᆡ 쥬쉰 곳 절ᄒᆞ거든 답례ᄒᆞ고 〈여씨 27ㄱ〉
나. 歸敬 供養ᄒᆞ야 讚歎ᄒᆞ야 절ᄒᆞ거든 보고 〈월석 21:89ㄱ〉

이와 유사한 양상을 보이는 다른 예로 예 (17)과 (18)을 들 수 있다. '거/어'의 교체가 동사 '오다'와 통합할 경우에는 '나'로 교체가 되어야 하나, 역시 혼동된 양상을 보이고 있기 때문이다.

(17) 가. 더디고 올 저긔 원각이 그 담산ᄂᆞᆯ 가져오거늘 아비 닐오ᄃᆡ 흉ᄒᆞᆫ 그르슬 므스게 ᄡᅳᆯ다 〈삼강 효:13ㄱ〉
나. 이슥고 어미 밥 가져오나ᄂᆞᆯ 머구려 ᄒᆞ시ᄂᆞᆫ ᄆᆞᄃᆡ예 〈석보 11:41ㄱ〉
(18) 가. 使者ㅣ 더욱 急히 자바 구틔여 잇거 ᄃᆞ려오거ᄂᆞᆯ 그 제 窮子ㅣ 너교ᄃᆡ 〈월석 13:16ㄴ〉
나. 그 주글 노ᄅᆞᆯ ᄃᆞ려오나ᄂᆞᆯ ᄠᅳᆯ ᄀᆞᄉᆡ 기름 ᄀᆞᄃᆞ기 ᄃᆞ문 소라ᄅᆞᆯ ᄀᆞᄅᆞ쳐 〈칠대 22ㄱ〉

그러한 혼동된 양상의 원인을 다음 (19)~(22)까지의 예에서 보듯이 출현자료의 성격이나 시대적인 변화 등의 측면에서 찾기란 그리 쉽지 않다.

---

12) 문헌약호를 〈續三〉으로 나타낸 것은 1581년의 중간본임을 나타낸다.

(19) 가. 세 번 ᄉᆞ양호ᄃᆡ 그 ᄉᆞ양을 듣거든 읍ᄒᆞ고 믈러가 〈여씨 21ㄴ〉
나. 어딘 일을 보고 조ᄎᆞ며 맛당ᄒᆞᆫ 일을 드러든 힝ᄒᆞ며 온공ᄒᆞ며 〈소학 1:13ㄴ〉
(20) 가. 블근 殿陛ㅣ 眞實로 갓갑더라 狼狽ᄅᆞᆯ 얻거늘 서르 보니 〈두언 7:27ㄴ〉
나. 나히 열ᄒᆞᆫ나힌 제 아비 모딘 病 어더늘 제 손ᄭᅡ락을 버혀 〈속삼 효:30ㄱ〉
(21) 가. 올ᄒᆞᆫ 녀그로 세 ᄇᆞᆯ 값도ᄉᆞᆸ고 ᄒᆞ 녀긔 앉거늘 그제ᅀᅡ 須達이 설우ᅀᆞᄫᅡ 〈석보 6:21ㄱ〉
나. 네나 살라 ᄒᆞ고 ᄡᅡ해 안자늘 반종이 도ᄌᆞᄀᆡ게 마조가 〈삼강 효:20ㄱ〉
(22) 가. 法을 바ᄃᆞ면 法이 두렵다 아니홈 업거니와 得호ᄆᆞᆫ 사ᄅᆞᄆᆞᆯ 븓ᄂᆞ니 〈원각 상 1-2:17ㄱ〉
나. 蓮ㅅ 고ᄌᆡ 안자 뵈실ᄊᆡ 國人ㅅ 疑心이 ᄒᆞ마 업서니와 한 부텨 서리예 아바님 아라 보실ᄊᆡ 國人ㅅ 疑心이 더욱 업ᄉᆞ니이다 〈월곡 137〉

'거/어'와 '야' 그리고 '나'의 쓰임이 보이는 이러한 혼동된 양상은 '거/어'의 쓰임이 선행용언의 타동성 여부에 의한 것이 아닐 가능성을 시사하는 것으로 이해할 수 있다. 타동성 여부의 문제를 '거/어'의 문법적인 기능이 아니라 '거'와 '어'의 단순한 교체 조건일 뿐이라고 하여도 상황은 크게 나아지지 않는 것이다. '거/어'의 기본적인 의미·기능이 무엇인가 하는 보다 본질적인 문제에 대한 답과는 여전히 상당한 거리를 두고 있기 때문이다.13)

다음 (23)과 (24)의 향가 예에 보이는 '거/어'의 양상은 우리가 살핀 내용과 크게 다르지 않다.14)

(23) 가. 法界毛叱所只至去良(法界 업ᄃᆞ록 니르거라) 〈禮敬諸佛歌〉
나. 一念惡中涌出去良(一念악히 솟나거라) 〈稱讚如來歌〉
다. 灯油隱大海逸留去耶(燈油는 大海 이루거야) 〈廣修供養歌〉
라. 迷反群无史悟內去齊(이ᄫᅡᆫ 물 업시 ᄭᅵᄃᆞᄅᆞ거져) 〈普皆廻向歌〉
(24) 가. 咽嗚爾處米 露曉邪隱月羅理(늣겨곰 ᄇᆞ라매 이슬 ᄇᆞᆯ갼 ᄃᆞ라리) 〈讚耆婆郎歌〉
나. 烽燒邪隱邊也藪耶(홰 ᄐᆡ얀 어여 수프리야) 〈彗星歌〉

차자표기법이 가지고 있는 문자 운용의 제약으로 인하여 '거/어'의 표기에 구분을 두

13) '거/어'의 교체 조건을 타동성 여부에서 찾기로 한다면, 예 (22나)와 같은 경우에 대하여는 고영근(1986)에서와 같이 능격구문으로 이해할 수도 있을 것이다. 그러나 그럴 경우에는 비타동사 구문에 나타나는 '어'에 대한 일관된 설명이 어렵다는 점에서 부담이 된다.

14) 향가의 해독은 김완진(1980)에 기댄 것이다.

지 않은 것으로도 이해할 수 있겠으나 '거/어'의 표기를 위하여 서술 구문에 쓰인 '去'와 관형구문에 쓰인 '邪'의 모습에서 '去'와 '邪' 어느 것에서도 '거'와 '어' 사이의 타동성 여부의 용법 차이를 찾기는 어렵다 하겠다.[15)]

4. 장면 상정의 '거/어'

선어말어미 '거/어'의 본질적인 모습을 찾아보고자 한 우리의 시도는 '거/어'를 과거시제 요소로 보는 데에도 적잖은 문제가 있으며, 타동성 여부를 나타내는 표지로 간주하기도 어렵다는 사실을 확인하는 데에 만족할 수밖에 없는 단계에 와 있다.

여기서 우리는 '거/어'에 관한 기존의 접근 태도를 잠시 돌아볼 필요가 있다. 드러난 '거/어'의 모습을 살피는 데에만 관심을 두어 동일한 조건이나 환경에서 '거/어'가 나타나지 않는 경우에 대한 고려에 상대적으로 소홀하였던 것은 아닌가 하는 회의를 가져볼 필요가 있다는 의미이다.[16)]

'거/어'의 의미·기능을 살피기 위하여 우선 '거/어'를 살피면서 주목하였던 '더'와의 배타적 분포 양상으로부터 자유로워지기로 한다. 그를 위해서 배타적 분포가 가지는 의미에 관해서는 유의할 필요가 있다. 서로 다른 두 형태가 서로 배타적인 분포를 보인다면 그들 둘 사이에는 문법적이거나 의미적이거나 또는 기능적으로 일치하는 부분이 있다는 점을 염두에 두고자 하는 것이다.[17)]

하지만 앞서 지적한 바 있듯이 '거/어'가 보이는 '더'와의 배타적인 분포의 원인이 '더'의 시제와 관련이 있는 것이 아니라는 점은 기억할 필요가 있다. 한재영(1986)에서는 '더'가 '視點時制體系 속의 과거 시제 형태소'로 파악한 바 있다. '더'의 기본적인 기능이 과거시제형태소이기는 하나 화자가 사건의 현장과 거리를 두고 있음을 나타내는 형태라는 것이다. 여기서는 '거/어'가 과거와 모종의 관계를 가지고 있다고 설명하는 데에는

---

15) 향가의 차자표기가 언어 현실을 충분히 반영하지 못하였을 가능성은 충분히 있다. 다음의 예는 '야'에 해당하는 표기가 반영되었음직함에도 그러한 기대를 충족시키지 못하는 좋은 예이다.

法界居得丘物叱丘物叱 爲乙吾置同生同死(法界 ᄀᆞ독 구믈ㅅ구믈ㅅ ᄒᆞ야놀 나도 同生同死) 〈恒順衆生歌〉

16) 이러한 태도는 그동안 국어의 역사를 다루는 이들에게는 어느 정도는 금기시되어 온 태도라 할 수 있다. 예가 보이지 않아 확인이 어려운 언어 사실에 대하여 언급을 하는 것을 피하여 온 것이다. 문제의 성격에 따라 차이가 있을 수는 있겠으나, 보이지 않는 형태에 대하여 일단은 존재하지 않는 것으로 다루어 접근하는 것은 사실에 다가서는 길에 다름 아니며, 오히려 연구의 폭을 넓히는 한 방편이라 생각한다.

17) 선어말어미 '더'의 의미와 기능에 대해서는 한재영(1986)을 참조할 것.

상당한 부담이 있다는 점을 들어, 일단 사건의 현장과 거리를 두는 것을 나타내는 형태라는 데에 주목하기로 한다. 여기서 우리는 '거/어'의 기본적인 기능이 '장면의 상정'에 있다고 가정하기로 한다. '장면의 상정'이란 명제로 표현된 내용의 현장에 화자가 함께 하지 않음을 뜻하는 것으로, 어느 정도 거리를 두어 관찰자적이며 객관자적인 태도를 취하고 있음을 나타내는 것이다. 하지만 상정된 장면이 관찰의 대상이 된다는 점에서 그 장면은 구체적인 것이어야 할 필요가 있다.[18] 이제 잠시 '거/어'와 '더'의 예들을 살펴 그들 사이의 어떤 점이 배타적인 분포를 이루게 하는지 살펴보기로 하자.

(25) 가. 제 ᄆᆞᅀᆞᆷ ᄡᅥᆺ장 먹게ᄒᆞ져 우리 자라 가져 〈번노 상:38ㄱ〉
나. 내 너ᄃᆞ려 닐오마 쇽절업시 간대로 갑슬 ᄭᅬ와 므슴홀다 〈번박 상:32ㄴ〉

위의 예 (25가)는 청유법 어미 '-져'가 쓰인 청유문이며, (25나)는 약속법 어미 '-마'가 쓰인 약속문이다. '더'나 '거/어'가 결합한 '*가더져'나 '*가거져', '*니ᄅᆞ더마'나 '*니ᄅᆞ거마'의 존재가 확인되지 않을 뿐만 아니라 상정하기도 어려운 형편이다. 과거시제 형태소인 '더'가 미래적인 속성을 가지는 청유나 약속과 어울리지 못하는 것은 원리적인 것이라 할 수 있다.

하지만 '*가더져'와 '*니ᄅᆞ더마'의 부재 이유를 '*가거져'와 '*니ᄅᆞ거마'의 부재와 동일한 것으로 판단하는 것은 성급한 것으로 생각된다. 우리는 앞서 '거/어'가 과거의 '더'와는 성격이 다른 것으로 판단한 바 있다. '*가거져'와 '*니ᄅᆞ거마'의 부재 이유를 이해하기 위해서는 먼저 청유와 약속의 바탕에 1인칭이 있다는 사실에 유념할 필요가 있다. 화자 자신은 상정된 장면의 관찰자 입장을 취하게 되는 까닭에 화자가 자기자신을 장면 상정의 내용으로 삼기는 어렵다는 것이다.

'더'와 '거/어'가 현재시제의 'ᄂᆞ'와 함께 나타나지 못하는 현상에 대하여서는 '더'와 '거/어'가 각각 그 이유를 달리한다. '더'가 'ᄂᆞ'와 통합적인 관계를 이루지 못하는 것은 과거시제와 현재시제가 한 자리에 할 수 없다는 데에 이유가 있으나, '거/어'가 'ᄂᆞ'와 통합적인 관계를 이루지 못하는 것은 'ᄂᆞ'에 담긴 '장면 상정'의 기능에서 이유를 찾을 수가 있기 때문이다.[19]

(26) 네 어마니미 날 여희오 시르ᄆᆞ로 사니다가 이제 ᄯᅩ 너를 여희오 더욱 우니ᄂᆞ니 어

18) 상정되는 장면이 구체적인 내용이 되어야 한다는 점에 관해서는 후술 참조.

19) 'ᄂᆞ'에도 '장면 상정'의 기능이 있다는 점에 관해서는 한재영(1986)을 참조할 것. 그에 기대면 여기서의 'ᄂᆞ'는 '중세국어의 시점(視點)시제체계 속의 현재시제 형태소'를 가리키는 것이 된다.

셔 도라니거라 〈월석 8:101ㄱ〉

위의 예 (26)은 명령법에 쓰인 '거/어'의 예이다. 우리가 관심을 가지려고 하는 것은 예 (26)의 예가 공손법의 'ᄒᆞ라체' 문장이라는 점이다. '거/어'가 명령법 문장에 쓰인다는 사실은, 과거시제 형태소 '더'가 미래적인 속성을 가지는 명령법 문장에 쓰일 수 없다는 점에서 차이를 보인다. 그러나 공손법과 관련하여 눈을 조금만 돌리면 '더'와 '거/어' 사이에 공통점을 찾을 수 있다. 현대국어에서의 '더'가 높이는 표현에 사용될 수 없다는 사실과 중세국어 'ᄒᆞ쇼셔체'의 명령법 문장에서는 '거/어'가 쓰인 예를 찾을 수 없다는 사실이 그것이다. 이도 또한 '거/어'가 가지고 있는 '장면의 상정'의 기능에서 그 까닭을 찾을 수 있다. 높여야 할 대상에 대해서 언어적인 응답이든 동작적인 반응이든 무엇인가를 요구하는 장면에서, 의식 속에서의 거리이기는 하지만, 화자가 명제와 거리를 두는 것은 예의에 어긋나는 것으로 보아야 한다는 것이다. '장면의 상정'이란 문장으로 표현된 장면과 함께 하는 것이 아니라 어느 정도의 거리를 두는 것이기 때문이다.

중세국어 선어말어미의 배열 순서에 대한 이해에도 '장면의 상정'은 유효한 것으로 보인다. 다음의 예 (27)을 보자.

(27) 가. 辟支佛이 第一 ᄀᆞᆮᄒᆞ야 이 經도 一切 如來 니ᄅᆞ거시나 菩薩이 니르거나 聲聞이 니르거나 〈월석 18:49ㄴ〉

나. 方便力으로 우리ᄅᆞᆯ 조차 니ᄅᆞ시거든 우리ᄂᆞᆫ 眞實ㅅ 佛子ㅣᆫ돌 모ᄅᆞ다이다 〈월석 13:35ㄴ〉

위의 예 (27가)와 (27나)는 '거/어'와 존경법의 '시'가 배열 순서를 달리한 예이다. 그간의 논의에서 이러한 예의 존재가 언급되기는 하였으나 그들에 대한 적극적인 이해의 태도는 별로 보이지 않는다. 그러나 그들 사이에 아무런 차이 없이 배열 순서를 달리하는 것이라고 이해하는 것은 지나치게 낙관적인 태도라 할 수 있다. '거/어'에 대한 우리의 이해 태도에 따르면, (27가)는 '〔〔〔니ᄅᆞ〕거〕시〕나'와 같이 되어 "'니ᄅᆞᆫ' 상황을 상정한 것을 높인" 것으로 볼 수 있으며, (27나)는 '〔〔〔니ᄅᆞ〕시〕거〕든'과 같이 되어 "'니ᄅᆞ신' 상황을 지시한" 것으로 볼 수 있다. '거시'와 '시거' 순서가 바뀌는 경우의 해석에도 '거/어'의 기능을 '장면의 상정'으로 이해하는 것이 충분한 가능성이 있는 것임을 알 수 있다.[20]

---

20) '거시늘'이나 '거신마ᄅᆞᆫ'과 같은 배열에 대하여 고영근(1981:38)에서는 불연속형태로 다루고 있다.

이제 '거/어'의 후행요소들의 분포 양상들의 몇몇을 잠시 살펴보기로 한다. '거/어'가 시제 요소라든가 타동성 여부를 나타내는 표지라면 동일한 동사와의 결합에는 후행요소와 무관한 분포를 보여야 할 것이다. 그러나 '거/어'와 결합하는 후행요소의 분포는 상당히 제약을 받기도 하고, '거/어'의 결합 여부에 따른 의미 차이를 나타내기도 하는 것으로 보인다. 문제의 성격에 대한 이해를 돕기 위하여 몇몇 속담을 먼저 살펴보고 가기로 하자.

(28) 가. 귀에 걸면 귀걸이, 코에 걸면 코걸이
　　나. 달면 삼키고 쓰면 뱉는다
　　다. 사람은 죽으면 이름을 남기고, 범은 죽으면 가죽을 남긴다
　　라. 호랑이도 제 말하면 온다
(29) 시거든 떫지나 말고 얽거든 검지나 말지

위의 예 (28)은 조건의 '면'이 쓰인 속담이고, 예 (29)는 역시 조건의 '거든'이 쓰인 속담이다. 속담에는 조건을 나타낼 때에 '거든' 보다는 압도적으로 '면'이 많이 쓰이고 있다. 이는 속담이 가지는 일반화의 속성 때문이라고 생각한다. '면'과 '거든'이 모두 조건을 나타내는 형태이기는 하나, '면'이 일반적인 조건이나 일반적인 진리의 제시를 뜻한다면, '거든'은 장면 상정의 '거'로 인하여 보다 구체적인 조건 제시 또는 상황 제시의 의미를 가지게 된다. 예 (28)과 (29)의 '면'과 '거든'을 서로 바꾸어 놓았을 때에 성립이 불가능하게 되거나 어색하게 되며 원래의 의미와는 달라진 의미를 가지게 되는 까닭이다. 그와 같은 양상은 중세국어의 다음 자료들을 통해서도 확인할 수 있다.

(30) 麗運이 衰ᄒᆞ거든 나라ᄒᆞᆯ 맛ᄃᆞ시릴ᄊᆡ 〈용가 6〉
(30´) 무로ᄃᆡ 上上앳 사ᄅᆞᄆᆞᆫ 드르면 곧 수ᄫᅵ 알오 〈목우 14ㄴ〉

위의 예 (30)은 '거든'의 예를 보인 것이고, (30´)은 '면'의 예를 보인 것이다. 각각에 대하여 '*衰ᄒᆞ든'과 '*듣거면'으로의 교체 상정은 어려운 것으로 생각된다. 앞서의 (28), (29)에서 보인 것과 같이 '거'가 가지고 있는 구체적인 장면 상정의 기능과 '면'이 가지고 있는 조건 제시라는 각각의 의미 영역에 차이가 있기 때문이다. '거든'과 관련하여 다음 (30´´)에 보이는 '더든'의 예는 흥미롭다.

(30´´) ᄇᆞᆯ셔 아더든 보라 가미 됴탓다 〈번박 상:37ㄴ〉

위의 예 (30´´)의 '아더든'은 '알았거든' 정도로 해석이 되는 것이다. '더'가 가지고 있는 과거시제로서의 의미와 사건이나 명제의 내용을 본다고 하는 의미를 모두 반영하고 있어, '더'의 전형적인 용법을 보이고 있는 예라고도 할 수 있기 때문이다.

(31) <u>브르거니</u> <u>對答거니</u> ᄒᆞ야 威와 福과ᄅᆞᆯ 짓ᄂᆞ니 뉘 罪ㅣ 업숨 ᄀᆞᆯᄒᆡ요ᄆᆞᆯ 肯許ᄒᆞ리오 〈두언 6:38ㄴ,39ㄱ〉

(31´) <u>외니</u> <u>올ᄒᆞ니</u> ᄒᆞ야 是非예 ᄠᅥ러디면 了義ᄅᆞᆯ 모ᄅᆞ릴ᄊᆡ 〈남명 상:39ㄱ〉

(32) 뮈나 ᄀᆞ마니 <u>잇거나</u> 호매 〈몽산 18ㄴ〉

(32´) <u>오나 가나</u> 다 새지비 兼ᄒᆞ얫도소니 〈두언 7:16ㄴ〉

위의 예는 '거니'와 '니', '거나'와 '나'의 쓰임을 보인 것이다. 그러나 그들 사이에서도 역시 의미·기능상의 차이를 찾아볼 수 있다. '거'가 쓰인 (31)과 (32)의 경우는 구체적인 장면의 상정을 나타내는 반면에 (31´)과 (32´)의 경우에는 일반적인 조건을 제시하는 것으로 이해하여야 하는 것이다.

앞서 살핀 '거/어'와 관련된 예들을 통하여 '거/어'의 기본적인 의미·기능이 '장면의 상정'에 있음을 알 수 있었다. 그러한 과정에서 유의하고자 한 것은 '거/어'의 후행요소들의 분포 양상에도 관심을 가지고자 하였다. 그러한 태도는 '거/어'가 시제를 나타내는 표지이거나 타동성 여부를 나타내는 표지라면 동일한 조건에서는 후행요소와 무관한 분포를 보여야 하리라는 생각에 바탕을 둔 것이었다. 특히 조건의 '-면'과 '-든' 등과의 어울린 '거/어'의 의미와 기능을 문장 층위에서 살펴, 그 차이를 밝히고자 한 것이다.

5. 결론

지금까지 중세국어 선어말어미 '거/어'의 기능과 의미를 찾아보기 위하여 중세국어에 나타나는 '거/어'의 예들을 살펴보았다. 그를 통하여 기존의 논의들이 취하고 있는 결론에 대한 일차적인 이해를 도모하였다.[21] 아울러 그들이 가지고 있는 문제점들에 대하여 예들을 통하여 검토하여 보았다.

우리는 먼저 '거/어'에 관한 논의를 진행하면서 '거/어'의 이형태가 동일한 기능을 수행하는 것을 전제로 하였다. 그렇지만 상반된 견해를 가진 기존의 논의들의 내용이 우리의 논의에서 어떻게 이해되거나 수용될 수 있을 것인가 하는 문제도 염두에 두고자

21) 기존 업적들에서의 결론이 적절한 것인지의 여부와는 관계없이 그와 같은 결론이 도출되게 된 까닭에 대한 이해를 도모하였음을 뜻한다.

하였다.

또한 자료의 검토를 통하여 '거/어'의 교체 조건이 타동성 여부가 아닐 가능성을 배제하지 않고자 하였다. 다시 말하자면 교체의 조건과 형태의 의미·기능을 아울러 생각하는 것은 경계하고자 한 것이다. 아울러 16세기에 들어 'ㄹ'과 'ㅣ' 모음 뒤에서의 'ㄱ' 탈락 규칙이 약화되고 나아가 소실의 과정을 거치게 되었을 가능성에 대해서도 열어두었다.

본고에서 용례를 통하여 살핀 '거/어'에 대한 기능과 의미는 '장면의 상정'이었다. 하지만 아직도 문제는 남아있는 셈이다. '거'와 '어' 사이의 교체의 조건이 그리 선명하지 못하다는 것이 그것이며, 장면의 상정이 가지는 의미 내용에 대한 검토도 보다 면밀하게 이루어져야 할 것이다.

'거/어'의 분포와 교체 조건을 살피기 위해서는 '거/어'의 분리가 용이한 경우와 '거/어'의 분석이 공시적으로 어려운 경우를 면밀히 검토할 필요가 있으나 본고에서는 아직 손도 대지 못하였다. 중세국어의 '거/어'와 현대국어에서의 '거/어' 비교도 우리의 손을 기다리고 있는 과제 목록이 된다. 통시적인 변화 과정에 대한 검토 작업이 그것이다. 사소한 문제이기는 하나 피사동사 파생의 경우에 나타나는 '거/어'의 교체 양상 변화에도 주목할 필요가 있으며, 'ᄒᆞ야늘'이 아니라 'ᄒᆞ거늘'이 가능하여야 축약형 '커늘'이 가능하다는 점에서 '커늘'류에 대한 검토도 추후에 이루어져야 할 작업 내용이라고 할 것이다.

08. 鄕歌 '良'字 小考

1.1 역사자료로서의 향가가 가지고 있는 의미와 가치는 그를 대하는 시각에 따라 달라질 수 있을 것이다. 문화적인 측면이거나 사회적인 측면, 또는 문학적인 측면이거나 언어적인 측면 아니면 종교적인 측면에서 그를 대하게 될 때 향가가 전하는 이야기의 내용은 사뭇 다양한 모습으로 우리에게 다가설 것이기 때문이다. 그러나 그러한 우리의 바람은 아직 바람의 단계를 크게 벗어나지는 못하고 있는 형편이라 하겠다. 대상이 가지고 있는 가치의 판단을 위해서는 대상에 대한 정확한 이해가 앞서야 할 것이나, 향가를 대하는 현재의 처지는 정확한 이해라든가 이해를 위한 해독의 수준과는 다소 거리가 있는 것이 사실이기 때문이다. 현재 전하고 있는 향가의 절대량이 적다거나 향가를 적고 있는 차자표기 방식 자체가 불완전하다는 데에 까닭을 두고 있는 것이기는 하지만, 주어진 상황과 조건 속에서 모색할 수 있는 모든 가능성을 찾아 나서는 것이 우리가 갖추어야 할 기본적인 덕목이라는 점에서 본다면, 원하는 바와는 거리가 있는 자료의 양과 질이 현실 안주에 대한 넉넉한 명분이 될 수 없음은 분명하다 하겠다. 그렇다고 하여 향가에 대한 기존의 업적들이 현실에 안주하였다거나 그래서 그 의미가 별로 없다는 뜻은 전혀 아니다. 향가에 대한 관심 영역과 결과에 차이를 보이고 있음에도 불구하고, 김완진(1980), 김준영(1979), 소창진평(1929), 안병희(1987), 양주동(1942, 1965), 유창균(1994), 이재선(1979), 이탁(1958), 정렬모(1965), 지헌영(1948), 홍기문(1956) 등의 업적들은 각각 향가 본연의 모습에 그만큼씩 가까이 가 있다고 할 수 있기 때문이다. 해독에 대한 전반적인 원칙의 확립이라든가 개별 향가의 배경과 노래 내용에 대한 이해라든가 하는 큰 흐름에는 이견이 거의 없어 그만큼 사실에 다가서 있는 셈이라 하겠다. 그러나 세부적인 해독 결과의 상당 부분에서는 사뭇 다른 접근을 꾀하고 있음을 보여 향가 해독에 관한 문제 자체가 그리 만만한 성격의 작업이 아님을 이야기하고 있는 것이다.

1.2 본고는 기존 업적들에서 논의된 결과들을 논의의 바탕이자 출발점으로 삼는다. 논의 결과에서 일치를 보인다고 하여 문제가 전혀 없다고 할 수는 없겠으나, 일치를 보이는 부분보다는 불일치되는 부분에 먼저 주목하는 것이 자연스러운 것이라 할 수 있

을 것이다. 여기서 잠시 '논의 결과의 불일치'라는 표현에 대해서는 다소의 설명이 있어야 하겠다. 서로 다른 두 가지 의미를 가지고 있기 때문이다. 먼저 하나는 기존 업적들 사이에서 해독에 대한 의견이 갈려 있는 경우를 뜻한다. 이를테면, '모죽지랑가'의 '蓬次叱'에 대하여 '뿍질, 다봊(다봊ㅅ, 다보잿), 부짇'과 같이 해독자에 따라 달리 보는 경우이다. 기존의 논의들을 바탕으로 삼아 향가를 살펴보고자 하는 경우에 일차적으로 관심을 가져야 할 부분들이라 할 수 있는 것이다. 또 다른 하나는 하나의 노래, 하나의 구절에서의 해독에는 이견이 없다고 하더라도 어떤 한 문자에 대한 해독의 결과가 노래에 따라 달라지는 경우이다. 동일한 한자가 여러 가지 의미와 기능으로 쓰일 수 있는 가능성까지 배제하는 것은 아니나, 이 또한 향가에 관한 논의에서 다른 무엇보다 먼저 관심을 가질 만한 의미가 있는 대상이 되는 것이다. 한자를 차자 표기의 수단으로 가지는 경우에 일차적으로는 하나의 한자에 대하여 하나의 의미나 기능을[1] 부여하는 것이 기대되기 때문이다.[2]

후자와 같은 성격의 불일치에 대한 관심은 한자 하나하나의 구체적인 운용에 관한 전반적인 검토를 필요로 하게 된다. 향가를 해독하는 과정에서 일정한 기준을 상정하고[3] 상정된 기준을 충실하게 따라 해독을 하였다고 하더라도, 동일한 한자가 노래에 따라 달리 쓰이게 되는 경우가 발생한다면, 더구나 그렇게 해독된 결과가 다소의 무리를 수반하게 된다면, 개별 한자의 향가 전반에서의 쓰임을 정리·검토하여 기존 해독의 결과를 검증하는 작업은 해독의 정확도를 높이기 위해서도 필요한 작업이라 할 수 있을 것이다.

여기서 관심을 가지려고 하는 내용은 '良'자의 의미와 기능이다. 검토를 하기로 들자면 향가에 쓰인 한자 모두가 검토의 대상이 되어야 할 것이나, 특별히 '良'자를 먼저 들기로 한 것은 그가 보이는 용법과 독법의 다양성에 근거한다.[4] 기존의 해독 결과에 기댄 것이기는 하지만, 혹은 어미로 혹은 조사로 혹은 어간의 말음 첨기로 쓰인 '良'자의 모습은 우리의 시선을 끌기에 충분한 조건을 갖추고 있기 때문이다.

물론 향가에 관한 기존의 업적들 가운데 개별 한자 하나하나에 대한 검토가 전혀 없

1) 여기서 말하는 기능에는 훈차자와 음차자를 모두 포함하는 것이다.

2) 김완진(1980:14)에서는 "일자일음의 원리는 그 역으로서의 일음일자까지를 뜻하는 것은 아니다"라고 지적하고 있다. 본고에서도 전적으로 동의하는 내용이기는 하지만, 본고는 하나의 의미나 음에 대하여 다른 한자를 취하게 되는 원인이 노래, 즉 시대와 작가에 있을 수 있음을 염두에 두기로 한다.

3) 김완진(1980:12-33)에서의 '일자일음의 원리, 훈주음종의 기준, 맥락일치의 기준, 율조적 기준'과 같은 것이 그것이다.

4) '良'자가 사용된 구체적인 모습에 대해서는 논의의 진행에 따라 드러나게 될 것이다.

었던 것은 아니어서 김완진(1980ㄱ), 유창균(1971), 이종철(1989) 등을 들 수 있으나, 그들에서 관심을 가지고 있는 내용은 '支' 또는 '攴'과 같은 특수한 용법의 한자에 국한된다. 개별 한자의 용법에 대한 검토가 해독의 결과를 검증해 보는 좋은 수단일 수 있다는 점에서 본다면, 그간 개별 한자의 용법에 대한 검토 작업이 그리 활발하지 않았다는 사실이 오히려 이상하다고도 할 수 있겠다.

2.1 향가에 보이는 '良'자의 구체적인 예들을 그 성격에 따라 분류·검토해 가기에 앞서, 본고에서 향가를 대하는 태도는 먼저 밝혀둘 필요가 있겠다. 이는 차자로 기록된 자료를 다룰 때 염두에 두어야 할 전제 조건들이 될 수도 있기 때문이다. 하나는 차자 표기를 대하는 시각과 관련된 문제이다. 이숭녕(1955), 김완진(1980) 등을 통하여 해독의 원리와 기준이 제시된 바는 있으나, 향가와 관련된 상당수의 논의들은 원리와 기준보다는 개별 현상의 해결을 위하여 해독자의 상상력에 보다 많이 기대고 있음을 보이고 있다. 각각의 방법이 그 나름대로 해독에 이바지하고 있다고는 할 수 있으나 일정한 원리와 기준 안에서 살펴나가는 것이 보다 객관적일 수 있다는 데 대해서는 이견이 있을 수 없다. 본고는 김완진(1980) 등에서 제시된 해독의 원리와 기준에 충실하고자 하나, 원리와 기준의 적용과 함께 고려해야 할 조건들이 있음을 기억하기로 한다. '삼국유사'가 가지고 있는 원전 자체의 불안정성도 염두에 두어야 할 것이지만, 그를 기록대로 수용한다고 하더라도 현전하는 향가의 차자체계를 균질의 것으로 보기는 어렵기 때문이다. 향가 각각의 시대적·작가적인 차이를 이야기하는 것이다. 개별 향가의 연대를 파악하는 근거에는 물론 많은 문제가 있지만, 그들 노래가 동일한 작가, 동일한 시기의 것은 아니기 때문이다. 원리와 기준에 벗어나는 용법이 나타날 때 고려해 볼 만한 조건인 것이다.

아울러 향가가 입으로 불리어진 노래라고는 하나 '향찰'이라는 표기체계로 이루어진 것임도 기억하기로 한다. 향가에 반영된 국어의 모습에는 문어적인 특성도 있을 수 있음을 염두에 둘 필요가 있다는 것이다. 이는 차자표기라는 문자체계가 가지는 표현상의 제약과는 그 성격을 달리하는 문제이다. 문법적으로 또는 의미적으로 동일한 기능을 행사하는 형태의 표기를 위하여 동일한 문자를 택하는 경우를 가리키는 것으로, 문자 표기가 가지는 의미의 보존성과 시각적인 효율성이라는 측면에서 이해할 수 있는 내용이 된다.[5] 이를테면, 환경에 따라 '올, 을, 롤, 를' 등으로 나타나는 대격표지를 문자화하는 데에 '乙'자만을 취한 것을 차자표기가 가지는 제약으로 이해할 수도 있겠으

5) 물론 하나의 한자가 노래에 따라 음독자로도 쓰이고 훈독자로도 쓰이는 경우가 있을 수는 있으나, 여기서 이야기하는 문제와는 그 성격을 달리하는 것이다.

나, 역으로 그가 시각적인 점에서는 보다 효율성이 높이는 것으로 볼 수도 있다는 것이다. 향찰이 말음표기를 위한 장치를 마련해 놓은 것도 독자의 눈을 의식한 표기 방식이라는 점에서 본다면, 같은 맥락 속에서 이해할 수 있는 내용이 된다.

본고의 검토 과정에서 한 가지 더 염두에 두기로 하는 것은 이두에서의 독법 및 용법이다. 향가를 기록하고 있는 향찰은 향찰만이 가지는 질서를 보이고는 있으나 개별 한자의 운용이라는 면에서는 이두의 독법 및 용법과 공유하고 있는 내용이 많기 때문이다. 이제 구체적인 예들을 살펴보기로 하자.

2.2 기존의 해독에 기대어 볼 때, '라' 또는 '아'로 읽히는 향가에서의 '良'자의 일차적인 기능은 부사형어미로 쓰이는 데 있다고 할 수 있다. 그 빈도가 가장 높은 것이다. 다음과 같은 예들이 그것이다.

(1) ㄱ. 他密只嫁良置古 〈6.2〉[6]
ㄴ. 兩手集刀花乎白良 〈9.6〉
ㄷ. 今日此矣散花唱良 〈10.1〉
ㄹ. 道修良待是古如 〈11.10〉

위의 (1)은 각각 '어러, 고조ᄉᆞᆯᄫᅡ, 블러, 道 닷가'로 해독이 되는 예들이다.[7] 동사 어간 '얼-, 고조ᄉᆞᆲ-, 브르-, 다ᇧ-' 등에 부사형어미 '-아/어'가 결합된 형태인 것이다. '良'자의 이와 같은 용법은 이두를 통하여서도 쉽게 확인이 되는 예들이다.[8]

(1´) 此矣彼矣浮良落尸葉如 〈11.6〉

위의 (1´)도 부사형어미로서의 '良'을 가지는 것이지만, 그의 해독에는 다소의 설명이 필요하다. 'ᄠᅥ딜' 또는 'ᄠᅥ러딜'의 유형으로 해독이 갈려 있기는 하지만, 그를 하나의 동사로 보는 데에는 기존의 해독들 사이에 이견이 없는 듯하기 때문이다. 그러나 '浮良

---

6) 숫자는 출전을 나타낸다. 앞의 숫자는 노래를, 뒤의 숫자는 해당 노래의 행수를 표시한다. 노래는 삼국유사와 균여전에 실린 순서에다 끝에 '도이장가'를 더한 것이다. 다음의 순서가 그것이다.
慕竹旨郎歌, 獻花歌, 安民歌, 讚耆婆郎歌, 處容歌, 薯童謠, 禱千手觀音歌, 風謠, 願往生歌, 兜率歌, 祭亡妹歌, 彗星歌, 怨歌, 遇賊歌, 禮敬諸佛歌, 稱讚如來歌, 廣修供養歌, 懺悔業障歌, 隨喜功德歌, 請轉法輪歌, 請佛住世歌, 常隨佛學歌, 恒順衆生歌, 普皆廻向歌, 總結無盡歌, 悼二將歌

7) 해독의 근거를 특별히 들지 않는 경우에는 김완진(1980)에서의 해독을 취한 것이다.

8) 구체적인 이두의 예들에 대해서는 안병희(1987ㄴ)을 참조할 것.

落尸'를 '떨어지다'라는 하나의 동사로 보는 데에는 문제가 있다. '떨어지다'라는 의미를 나타내기 위해서는 '落尸'로 족하기 때문이다. '落尸'를 '딜'로 보는 해독에는 동의하나, 유사한 의미를[9] 나타내기 위하여 '浮良'을 더한 것으로 보지는 않으려는 것이다. 더구나 '浮良'의 동사 어간은 '뜨-'인 것이다. 따라서 보다 온당한 해독은 '浮良'과 '落尸' 사이에 경계를 두어 '뻐 딜'로 보아, '(바람에 여기 저기) 떠서 질' 또는 '(바람에 여기 저기) 떴다가 질' 정도로 이해하기로 한다. 다음의 예 (2)는 부사형어미 '-아/어'와 접속어미 '-서'가 결합된 예이다.

(2) 入良沙寢矣見昆 〈5.3〉

'뻐서'라고 이해할 때의 부사형어미 '-아/어'와 결합하는 '-서'는 구어에서도 쉽게 생략되는 속성을 가지는 것이나 예 (2)의 '드러ᅀᅡ'는 '-서'를 표기에 반영하고 있는 것이다. 그러나 보다 일반적인 것은 '-서'를 생략한 형태라 하겠다. 다음의 (2´)은 보현십원가의 예들로, '-서'를 넣어 이해를 하여도 아무런 문제가 되지 않아 '-서'가 생략된 경우로 이해하여도 무리가 없다.

(2´) ㄱ. 九世盡良禮爲白齊 〈15.8〉
ㄴ. 毛等盡良白乎隱乃兮 〈16.10〉
ㄷ. 向屋賜尸朋知良閪尸也 〈21.6〉

'-서'가 생략된 예라는 점에서는 공통점을 가지고 있으나, 예 (2´)의 '盡良'과 '知良'을 각각 '다ᄋᆞ라'와 '아라'로 읽는 김완진(1980)에서의 해독에 따른다면 그들 사이의 독법에는 상당한 차이가 존재하게 된다. (2´ㄷ)의 경우에는 '알+아'로 부사형어미를 '-아'로 읽고 있으나, (2´ㄱ,ㄴ)의 경우에는 '다ᄋᆞ+라'로 읽고 있기 때문이다.[10] 그러나 독법의 일관성이라는 점에서 본다면 '다하여서'라는 정도의 의미를 가지는 '다아' 정도로 해독하는 것이 나을 것이다.[11] '內'자의 이해에 문제가 남아 있기는 하지만, 다음 (2´´)의 예도 (2´ㄷ)과 같은 성격의 문제를 가지고 있는 예이다. 부사형어미 뒤에서의 '-서'의 생략과 '良'의 독법과 관련된 문제가 그것이다. 다른 해독자들과는 달리 김완진

9) '지다'와 '떨어지다'가 동일한 의미 내용을 가지는 것은 아니기 때문이다.

10) 김완진(1980:14)에서는 "처격이나 부동사 어미로서의 '라'가 일정한 규칙에 따라 그 'ㄹ'을 탈락시키는 것"으로 가정하고 있다.

11) 소창진평, 양주동, 지헌영, 김준영 등과 같은 해독자들에 의한 해독의 결과와 일치하는 것이다.

(1980:101)에서는 '모도ᄂᆞ라' 즉 '라'로 읽고 있는 것이다.

(2´´) 二尸掌音<u>毛乎攴內良</u> 〈7.2〉

그러나 부사형어미를 취하는 모든 예에 대하여 '-서'와 같은 요소의 생략가능성을 기대하는 것은 옳지 않다. 생략이란 의미의 변이나 손상이 없는 회복가능성을 전제로 하는 것인 바, '뎌롯나마'로 해독이 되는 다음의 예 (2´´´)는 부사형어미 '良' 뒤에 다른 요소의 상정이 어렵기 때문이다.

(2´´´) <u>伊留叱餘音良</u>他事捨齊 〈25.10〉

부사형어미 '-아/어'에 다른 요소가 결합된 예들은 보현십원가에서 보다 쉽게 찾아볼 수 있다. 다음의 예 (3)이 그것이다.

(3) ㄱ. 吾焉頓叱<u>進良只</u> 〈20.3〉
ㄷ. 身靡只<u>碎良只</u>塵伊去米 〈22.5〉
ㄹ. 他道不冬<u>斜良只</u>行齊 〈22.10〉
ㅁ. 大悲叱水留<u>潤良只</u> 〈23.3〉
ㅂ. 一切善陵頓部叱<u>廻良只</u> 〈24.2〉

위의 (3)은 부사형어미 '-아/어'에 강세를 나타내는 '-ㄱ'이 결합된 것으로, 각각 동사 '낫다, ᄇᆞᆺ다, 빘다, 젓다, 돌다'의 어간에 부사형어미 '-아/어'와 강세의 '-ㄱ'이 결합되어 '나ᄉᆞᆨ, ᄇᆞᄉᆞᆨ, 빗격, 저적, 돌악'으로 해독이 되는 예들이다. '울어곰'으로 해독이 되는 (3´)도 같은 성격의 예로 더할 수 있다.

(3´) 手乙寶非<u>鳴良尒</u> 〈21.3〉

지금까지 살핀 예들의 경우에는 부사형어미라는 점에서 공통점을 가지는 것으로, '아/어'로 읽어도 무리가 없는 예들이었다. 이는 '良'을 '아/어'로 읽는 전통적인 이두의 독법과도 부합하는 것이다.[12] 그렇지만 보현십원가의 다음 (4)의 예들에 대해서까지 '아

12) 이두에서 '除良, 論罪除良, 除除良' 등을 '더러'로 읽는 경우를 보고, 얼핏 '良'의 독법이 '러'인 것으로 오해할 수도 있겠다. 하지만 '더러'는 '덜+어'인 바, 역시 '아/어'로 읽는 예에 속하는 것이다.

/어'를 고집할 수는 없는 일이다.

(4) ㄱ. 此良夫作沙毛叱等耶 〈15.10〉
ㄴ. 來際永良造物捨齊 〈18.10〉

해독자에 따라서는 '아/어'로 읽기도 하지만, (4)의 예들은 부사형어미를 보인 예 (1)~(3)과는 달리 부사파생접미사 또는 부사화접미사로 쓰인 '良'의 예를 보이기 때문이다. 이에 대하여 김완진(1980)에서는 각각 '이렁'과 '오랑'으로 읽고 있다. 부사와는 거리가 있으나 다음 (5)의 예는 '자술랑'의 '랑'으로 예 (4)에 대한 김완진(1980)에서의 독법가능성을 열어 놓고 있다.

(5) 乾達婆矣游烏隱城叱肹良望良古 〈12.2〉

'랑'과 차이가 있다고는 하지만, 이두의 '未盡條件乙良, 暗受立案乙良, 今後乙良, 侵民取利之物乙良' 등에서 읽히는 '으란'의 '안'도 '랑'의 지지예로 동원될 수 있을 것이다. 그렇지만 (4)의 해독에 대한 본고에서의 태도 표명은 유보하기로 한다. 심정적으로는 '此良, 永良'을 '이에, 오래'로 읽어 '良'에 대한 독법으로 '에/애'를 더하고 싶으나,[13] '良'의 전통적인 독법과 거리가 있을 뿐만 아니라, 양보하여 '이에, 오래'를 수용한다고 하더라도 '이에'의 '에'와 '오래'의 '애'가 가지는 기본적인 성격에도 상당한 차이가 있다는 점에서 설명의 부담이 막중하기 때문이다.

'良'자를 '아/어'로 읽는 경우로는 지금까지 살핀 부사형어미 이외에 호격조사가 있다. 다음의 예 (6)이 그것이다.

(6) ㄱ. 哀反多矣徒良 〈8.3〉
ㄴ. 巴寶白乎隱花良汝隱 〈10.2〉
ㄷ. 道尸迷反群良哀呂舌 〈21.8〉
ㄹ. 可二功臣良 〈26.6〉

위의 예 (6)의 '徒良, 花良, 群良, 二功臣良'은 각각 '물아, 고자, 물아, 두 功臣아'로 해독되는 것들로, '良'이 '아' 이외에 달리 읽히지 않음을 보여준다. 지금까지의 예들을

13) 뒤에서 보게 될 처격 표지의 '良'을 고려한다면, '에' 또는 '애'로 읽을 수 있는 가능성은 더욱 높아진다고 할 수 있겠다.

통하여 보인 '良'의 독법은 '아/어'에 있었다. 그러나 '良'이 훈독되는 대상이 아닌 이상 '良'의 음과 앞서의 독법 '아/어' 사이에는 적지 않은 거리가 있음을 인정하지 않을 수 없다. '良'의 음에 충실한 독법을 보이는 것으로는 다음의 예 (7)과 (8)을 들 수 있다.

(7) ㄱ. 阿邪也 吾良遣知支賜尸等隱 〈7.9〉
ㄴ. 彌勒座主陪立羅良 〈10.4〉
ㄷ. 法界毛叱所只至去良 〈15.4〉
ㄹ. 一念惡中涌出去良 〈16.4〉
ㅁ. 迷火隱乙根中沙音賜焉逸良 〈23.2〉
ㅂ. 法性叱宅阿叱寶良 〈24.7〉

(8) ㄱ. 乾達婆矣游烏隱城叱肹良望良古 〈12.2〉
ㄴ. 道尸掃尸星利望良古 〈12.7〉

위의 (7)은 종결어미로 쓰인 '良'이 '라'로 읽히는 예를 보이는 것이고, (8)은 말음첨기를 위하여 쓰인 '良'이 '라'가 나타날 자리에 나타난 예를 보이는 것이다. 먼저 (7)은 각각 '나라고, 벌라, 니르거라, 솟나거라, 사ᄆᆞ시니라, 寶라'로 해독이 되는 예들이다. 종결어미로 쓰인 '良'이라고는 하지만 이들이 가지는 내용은 서로 다른 양상을 보인다. (7ㄱ)은 계사문의 종결어미 '-다'가 내포문화 하면서 '-라'로 바뀐 내포문의 종결어미를 보이는 것이고, (7ㄴ, ㄷ, ㄹ)은 명령의 종결어미이며, (7ㅁ, ㅂ)은 설명의 종결어미를 보이는 것이다.

예 (7)이 '라'로 음독되는 '良'의 예를 보이고는 있으나, 보다 순수하게 '良'이 '라'라는 음으로만 기능하는 예를 말음첨기로 쓰인 예 (8)에서 찾아 볼 수 있다. 예 (8)의 '良'은 문법적인 기능을 행사하는 것이 아니라 'ᄇᆞ라다'라는 동사 어간의 말음이 '라'임을 나타내는 역할을 하는 것이기 때문이다. 순수히 음으로만 기능을 하는 '良'의 모습은 예 (8)에서 보듯이 '혜성가'에 한한다.

지금까지 살핀 내용만으로 본다면, 부사형어미를 나타내는 '良'은 '아/어'로 읽히고, 부사화접미사의 경우에는 '랑'으로 읽히며, 종결어미의 경우에는 '라'로 읽히어 일견 단순한 모습을 가지고 있는 듯이 보일 수도 있겠다. 그러나 다음 (9)의 예들은 '良'의 독법이 그리 단순한 것만은 아님을 보이고 있다.

(9) ㄱ. 東京明期月良 〈5.1〉
ㄴ. 千手觀音叱前良中 〈7.3〉

ㄷ. 一等隱枝良出古 〈11.7〉
ㄹ. 阿也彌陀刹良逢乎吾 〈11.9〉
ㅁ. 南无佛也白孫舌良衣 〈16.2〉
ㅂ. 手良每如法叱供乙留 〈17.6〉
ㅅ. 緣起叱理良尋只見根 〈19.2〉

위의 예 (9)는 처격표지가 나타날 자리에 쓰인 '良'의 예들이다. 김완진(1980:14)에서는 이들의 경우에 자음 아래에서는 '아'로 읽고, 모음 아래에서는 '라'로 읽는 태도를 취하고 있다. 그에 따라 (9ㄱ, ㄷ, ㅁ, ㅅ)의 경우에는 '라'로 읽은 것이고, (9ㄴ, ㄹ, ㅂ)의 경우에는 '아'로 읽은 것이다. 각각 'ᄃᆞ라라, 가지라, 혀라히, 緣起ㅅ理라'와 '알파히, 彌陀刹아, 香아'로 읽은 것이 그것이다.[14] 처소를 나타내는 이두 표기 '良中'의 독법이 '아히'임을 고려한다면 '良'을 '아'로 읽는 데에 별 무리가 없다고 할 것이나, 처격의 '良'을 '良'의 음에 따라 '라'로 읽기 위해서는 상당한 설명부담량을 감수할 수밖에 없다 하겠다. 앞서 예 (4)를 살피면서 '에' 또는 '애'로의 독법가능성에 대하여 조심스런 제안을 한 바 있지만, 여기서도 그러한 가능성은 열어두기로 한다. 문자가 눈을 위한 도구라는 점을 기억한다면, '良'이 가지는 음가와는 관계없이 처격의 자리에 그것이 처격임을 나타내는 기능으로만 쓰였을 가능성도 배제할 수 없기 때문이다. 하지만 그러한 주장을 수용하기에는 그가 가지는 위험 부담이 그리 적지 않다. 차자체계를 구성하는 원리와 기준 자체가 무색해 질 수도 있기 때문이다.

다음의 예들은 앞서와는 달리 선어말어미 자리에 나타나는 '良'을 보여준다. 그 예가 그리 많지 않을 뿐더러 말음첨기 예와 마찬가지로 삼국유사에 수록된 향가에 국한되어 있음을 알 수 있다.

(10) ㄱ. 此肹喰惡支治良羅 〈3.6〉
ㄴ. 心未際叱肹逐內良齊 〈4.8〉
ㄷ. 脚烏伊四是良羅 〈5.4〉

먼저 예 (10)이 선어말어미로 이해할 수 있는 '良'을 보여 준다고는 하지만, 그들의 성격은 그리 단순하지 않다. '다ᄉᆞ릴러라'로 해독이 되는 (10ㄱ)의 '良'을 선어말어미라고 할 경우에는 '더'의 이형태라고 볼 수밖에 없을 것이나, 지금 (10ㄱ)의 문맥에 '더'가 나타나는 것을 자연스러운 해독으로 받아들이기는 어려운 형편이다. 오히려 앞서 살핀

14) 예 (9ㅂ)의 '手'를 '香'으로 읽는 것은 김완진(1980:171-2)에 한한다.

'良'의 독법에서 '아/어'를 취하여 '다ᄉᆞ리어라'로 읽는 것이 나을 듯하다. 그럴 경우에도 김완진(1080:76)에서의 지적대로 (10ㄱ)이 명령문이 되기는 어렵다. 문학적인 효과를 기대한다면 감탄문 정도로 이해하는 것이 온당한 해독이라 할 것이다. (10ㄴ, ㄷ)의 예를 같은 맥락에서 이해한다면, 역시 시제 요소로 '良'을 이해하는 것이 아니라 '아/어'로 읽어 감탄의 의미를 가지는 것으로 이해하는 것이 나을 것이다. '좇ᄂᆞ라져, 네히러라'로 해독되는 (10ㄴ, ㄷ)의 예들을 각각 '쫓누나, 넷이어라' 정도로 이해하려는 것이다.

문법적인 기능에 대한 정확한 성격 규정은 어렵다고 하더라도 선어말어미 자리에 나타난 '良'을 '아/어'로 읽는 독법은 '아ᅀᅡ놀'로 읽히는 다음의 예 (11)을 통하여 확인할 수 있다.

(11) 奪叱良乙何如爲理古 〈5.8〉

위의 예에 나타나는 '아'는 중세국어의 선어말어미 '-거/어-'에 해당하는 것으로 이해할 수 있는 예이다.[15] 선어말어미를 '아/어'로 읽기로 한다면, 그간 별 의심없이 '고티란ᄃᆡ'로 읽혀 오던 다음의 예 (12)도 다시 검토해 볼 필요가 있다.

(12) 佛前灯乙直體良焉多衣 〈17.2〉

위의 예 (11)과 마찬가지로, 예 (12)의 '良'을 '어'로 읽는다면 '고티언ᄃᆡ'로 되어 '良' 자의 운용이라는 점에서는 그리 문제가 되지 않는 것으로 보이기 때문이다.

끝으로 '良'자의 용법으로는 독특한, 그리하여 하나밖에 없는 예를 소개하기로 한다. 의도를 나타내는 어미 '-러'를 표기한 것으로 이해할 수 있는 다음의 예 (13)이 그것이다.

(13) 功德修叱如良來如 〈8.4〉

기존 논의에서의 행 전체의 해독은 '功德 닷ᄀᆞ라 오다'가 되어 '功德 닦으러 온다'는 의미로 이해한 것이다. 어떠한 자료를 대하는 경우에도 마찬가지이겠으나 유일한 예

15) '거/어'의 기능에 대한 판단은 본고의 논의의 범위를 넘어서는 것이라는 점에서 여기서는 다루지 않기로 한다. 고영근(1980)에서의 논의를 수용한다면 예 (11)의 '아'는 타동사 표지가 되는 셈이다.

그래서 예외적인 것으로 보이는 예에 대하여 그 존재가능성부터 의심하는 것은 자료를 대하는 이들이 갖추어야 할 기본적인 자세라 하겠다. 예 (13)도 '良'자의 용법으로는 예외적인 존재라는 점에서 다시 한번 살펴볼 필요는 있다. '良'자를 '아/어'로 읽는 독법을 취한다면 '功德 닷가 오다' 즉 功德을 닦은 것을 과거의 사건으로 보아 '功德 닦아서 온다'고 볼 수도 있기 때문이다. 그럴 경우에 문맥 속에서의 일치 관계를 아울러 살펴야 할 것이나, 예 (13)을 가지고 있는 '풍요'가 너무 짧은 내용으로 구성되어 있을 뿐만 아니라 자료의 기본적인 성격이 노래라는 점에서 '功德 닷가 오다'에 대한 미련을 쉽게 접어두기는 어려운 형편이다.

3.1 지금까지 우리는 향가에 나타난 '良'자의 쓰임에 대하여 살펴보았다. 한자 하나 하나의 용법에 대한 종합적인 검토는 해독의 정밀화를 도모하는 데에 기여하는 바가 클 수 있다는 생각이 작업의 출발점이었다. '良'자의 독법으로는 '아/어', '라', '랑' 등을 확인할 수 있었고, 용법으로는 부사형어미, 특수조사, 호격조사, 처격조사, 종결어미, 말음 첨기와 선어말어미로서의 '어', 의도를 나타내는 '-러'[16] 등이 있었다. 검토의 과정에서 해독의 결과가 '良'자의 독법이나 용법과 거리가 있을 경우에는 다른 독법과 용법의 가능성도 모색해 보았다.

3.2 차자표기가 가지는 기본적인 속성과 자료가 가지는 제약 등을 염두에 두고 접근하려 하였으나, 아직 처음의 의도와 그에 따른 만족과는 상당한 거리가 있는 셈이다. 개별 한자의 쓰임에 대한 검토 작업이 이제 시작이라는 점에서 본다면 의도와 만족은 욕심이라고도 할 수 있을 것이다. 현전하는 자료의 불충분과 불안정으로 인하여 그러한 욕심을 채우기란 불가능한 것이라 하겠지만, 향가를 구성하고 있는 개별 한자 하나 하나에 대한 전반적인 검토 과정과 본고에서 취한 작업과정과는 반대 방향의 작업이라 할 수 있는, 동일한 기능을 나타내는 다른 한자들의 용법을 살펴 정리해 나갈 때 우리의 욕심은 어느 정도 달래볼 수 있게 될 것이다.

16) 앞서 이야기한 바 있듯이 의도의 '-러'에 대한 우리의 태도는 아직 유보적이다.

09. 中世國語 時制體系에 對한 管見

- 先語末語尾 {더}의 位置定立을 中心으로 -

1. 本稿는 中世國語의 先語末語尾 {더}의 위치가 시제체계 속에서[1] 정당한 자리를 차지하고 있는 것임을 확인하고, 그에 기대어 先語末 {더}의 기본적인 의미와 기능을 밝히는 데 그 목표를 둔다. 그를 위하여 우리는 시제체계가 시간적인 위치를[2] 언어적으로 표현하는 문법범주라는 점과, 언어적으로 표현하기 위해서는 시간에 대한 인간의 認識이 어떤 방법으로든 앞서야 하리라는 사실을 바탕으로 하여, 서로 다른 통사적인 구성에 나타나는 {더}에 대해서 두루 살필 것이지만 그 결과 서로 다른 통사적인 구성에 나타나는 {더}가 一貫된 논리 속에서 이해될 수 있음을 밝히게 될 것이다.

현대국어에 대한 {더}의 논의와 비교해 볼 때, 중세국어의 {더}에 대한 논의는 그리 많다고 할 수 없는 것이어서 河野六郎(1948), 李承旭(1958, 1970, 1977), 高永根(1981) 등에 限한다. 물론 그 밖에도 李男德(1970), 李崇寧(1961), 李仁模(1976), 허웅(1975) 등에서 논의가 되기도 하였으나 그들이 {더}만을 논의하는 자리는 아니었다. 특히 河野(1948)에서는 過去로 보고, 李承旭(1977)에서는 {다}는 과거의 時相으로, {더}는 회상의 敍法으로 보며,[3] 高永根(1981)에서는 회상법으로 보는 등 각각 다른 논의를 보여 주고 있다. 현대국어에서와 같은 복잡한 양상은 차치하고라도 이들 논의가 모두 진실을 담고 있는 한, 우선 제기될 수 있는 의문은 다음과 같다.

(1) (a) 과연 {더}의 기본적인 의미・기능은 무엇인가?

---

1) {더}의 문제가 시제와 관련된 것이냐 아니면 동작상과 관련된 것이냐 하는 문제는 본고의 대상에서는 제외된다. 그 자체로도 큰 문제라 할 수 있을 것이지만, 동작상의 문제라고 하더라도 시제체계 전체 속에서의 정당한 위치 확보가 선행되어야 하리라고 믿기 때문이다.

2) 무엇의 시간적인 위치냐가 문제의 關鍵이 된다. 즉 사건이나 명제내용의 시간적인 위치냐, 話者(보다 구체적으로는 화자의 意識)의 시간적인 위치냐가 그것이다. 그에 대해서는 본고 2.1. 참조.

3) 李承旭(1970)에서는 {다}와 {더}의 구분없이 '과거시제이기는 하지만 단순한 과거는 아닌 상싶다'고 하며 경험과 회상을 그 특징으로 들고 있다.

(b) {다}와 {더}를 별개의 형태소로 보는 것은 하나의 {더}로 보는 것과 비교하여 얼마만한 설명력을 지니는 것인가?

(1a)의 문제는 {더}가 "과거"라면 "회상"이라는 논의만큼, {더}가 "회상"이라면 "과거"라는 논의만큼의 양보가 필요할 것이기 때문에 야기되는 것으로, 그들 둘이 모두 진실인 한 그들 둘을 모두 수용할 수 있는 {더}의 기능이 문제가 된다. (1b)의 문제는 본질적으로는 선어말어미 {오/우}와 관련이 되는 문제로서 형태소의 분석을 어떻게 하는가와 밀접한 관계를 가지고 있다.[4] 논의가 진행됨에 따라 차츰 드러나게 되겠지만, (1)에서 제기된 의문점들은, 현대국어에서의 무수한 {더} 논의와 그로 인해 야기된 문제점들과 내용을 같이하거나 밀접한 관련을 맺고 있기도 하다.

서로 다른 언어의 연구에서나, 직관이 작용할 수 없는 언어의 연구에서 先入見을 배제할 것은 절대적으로 요구되는 바이지만, 한 언어(여기서는 현대국어)에서 얻어진 결과를 다른 언어(중세국어)의 그것과 동일한 것으로 전제하지 않는 한, 한 언어에서 제기되었던 문제점들을 확인하는 것은 다른 언어의 상대적인 특징을 밝힐 수 있다는 점에서 그 방법론상의 정당성을 찾을 수 있을 것이다. 사실 중세국어에 대하여 우리가 가지고 있는 지식의 대부분은 현대국어에 대한 지식에 바탕을 두고 있다고 해도 과언이 아닐 것이기 때문이다.

현대국어에서의 {더}에 대한 논의의 출발점은 일단 {더}의 의미가 무엇이냐 하는 데에 있었다고 할 수 있다.[5] {더}의 의미에 대해, 崔鉉培(1937) 이후 최근까지 "回想"으로 보는 견해가 일반론을 형성해 왔으나(高永根 1965, 1966, 1971, 1976; 박창해 1967; 金錫得 1974; 성낙수 1975; 김차균 1980 등), 손호민(1975)의 "과거, 지각, 보고자"와 서정수(1977)의 "보고" 등으로 시작된 회의는 柳東碩(1981)에서 "무의도, 비현장성, 비로소 인지, 객관적 전달"로, 李南淳(1981)에서 "이때-이곳"에 대응되는 "그때-그곳"으로 김영희(1981)에서는 "무책임성"으로, 任洪彬(1982)에서는 관심(또는 의식)의 지속을 나타내는 {느}와 대립되는 "단절"로,[6] 정문수(1983)에서는 "경

4) 현대국어에서 형태소의 분석이 문제가 된 것은 접속구문의 {더니}와 관형구문의 {던}이 '더+니'와 '더+ㄴ'으로 각각 분석될 수 있느냐 없느냐 하는 것이었다. 그와 같은 문제는 중세국어를 논의하는 자리에서도 마찬가지로 제기될 수 있는 문제이다. 본고 2.3.과 2.4. 참조.

5) 우리가 취하는 개별형태소의 의미 추구 태도는 그 형태소가 존재하는 체계 전체에 대한 인식이 선행되어야 한다는 것이다. 치계 전체에 대한 인식없는 개별형태소의 의미 추구는 체계를 왜곡시킬 우려가 있기 때문이고, 그리하여 밝혀질 진실은 전체적이기보다는 부분적인 것일 가능성이 있기 때문이다.

6) {더}와 {느}의 대립관계에 대해서는 본고 2.2.와 2.3. 참조. 李承旭(1977:304)에서도 {다}를 {ᄂᆞ}나 {리}와 대립하는 時點을 지시하는 것으로 보고 있으나, 그들에 대해서도 층위의 구

험"으로, 張京姬(1983)에서는 "과거의 지각행위"로, 그리고 韓東完(1985)에서는 "인식시의 先時性"이란 의미로 이어지고 있다.

여기서 우리가 가지고 있는 문제의 심각성은, 무수한 논의의 대부분이 시제체계 전체 속에서의 {더}의 위치 확인과 그에 따른 의미와 기능의 추구가 아니라 개별형태소로서의 {더}의 의미 추구라는 일관된 방법론 속에 머물러 있다는 데에 있고, 아울러 그들의 논의 모두가 논의되어 드러난 만큼은 모두 유효하다는 데에 있으며, 따라서 그들 {더}의 의미들은 {더}의 기본적인 의미나 기능에 모두 수용되어야 할 것이라는 데에 있다. 개별형태소로서의 {더}의 의미 추구라는 면에서 본다면, 서로 다른 통사적인 구성에 나타나는 {더}가 보여주는 통사・의미상의 제약 차이에 주목하여 단순문과 접속구문(특히 '더니'), 그리고 관형구문에 나타나는 {더}가 각각 서로 다른 형태소라고 본 남기심(1978)과 서정수(1978, 1979) 등도 이해가 될 수 있는 것이다.[7)]

그러나 회상이나 경험 또는 과거 등이 모두 무시될 수 없는 {더}의 의미・기능이라고 할 경우 우리는 그것이 예사로운 논리는 아니라는 점에 주목할 필요가 있다. 한 형태소의 기능은 원칙적으로 하나의 기능에 국한되어야 하리라는 생각 때문이다. 보통 관형형어미 '-은, -을'의 경우에 관형성과 시제성을 동시에 나타낸다고도 하기는 하지만, 그것도 관형성은 '-ㄴ'이 나타내고 시제는 {ø}와 {느}와 {리}가 나타낸다고 이해한다면 예외적인 존재는 아닌 것이다.[8)] 본고에서는 {더}에 대한 논의에서 찾아진 {더}의 기능들을 모두 수용하려는 데에 기본적인 태도를 두지만, 그들이 {더}가 위치하고 있는 시제체계상의 특성에 따른 부차적인 것임을 밝히게 될 것이다.

또한 본고는 현대국어에서 얻어진 결과, 즉 현대국어에서 논의된 {더}의 의미를 전제로 하는 것이 아니라 그들의 논의에서 비롯되는 문제성에 대한 인식을 논의의 출발점으로 하여 관련형태소 간의 대립관계 속에서 {더}의 기본적인 기능을 찾아보려는 것이다. 그를 위하여 우리는 인간이 시간을 인식하고 그것을 표현하는 가능한 방법에 대하여 검토하고 그를 통하여 일원적인 시제체계 속에서 기형적인 존재로 남아 있을 수밖에 없던 {더}가 이원적인 체계 속에서 정당한 자격을 지닌 구성요소가 되고 있음을 확인하게 될 것이다. 필자는 앞서 기존의 {더}에 관한 논의들이 모두 진리를 담고 있는 것이라고 한 바 있거니와, 이원체계 속의 {더}는 그들 논의가 모두 수용 가능한 것임도 보여 줄 것이다. 아울러 현대국어에서의 {더}를 논의하는 과정에서 드러난 (2)의 문제

분이 필요할 것이다. 여기서는 그들이 동일층위의 1:1 대립관계를 이루는 것이 아니라는 점만을 지적해 두기로 한다.

7) 관형구문에 대해서는 王汶鎔(1986)과 본고 2.3. 참조.

8) 高永根(1982:13)에서는 '홀'이 '*ᄒᆞ린'에서 온 것으로 재구하고 있다. 보다 자세한 것은 본고 2.3. 참조.

점들에 대한 설명의 실마리도 제공해 줄 것을 기대한다.

(2) (a) {더} 구문에 보이는 인칭제약은 과연 {더}에 기인하는 것인가?9)
(b) {더}가 명령, 청유, 약속, 허락 등과 호응하지 못하는 이유는 무엇인가?
(c) 현대국어 종결어미에서의 예이기는 하지만 {더} 구문이 존대의 의미를 지니기 어려운 까닭은 무엇인가?10)
(d) {더}에 연결되는 어미가 제한되는 이유는 무엇인가?
(e) {더} 구문이 가지는 未完의 의미는 어디에서 기인하는 것인가?

(2)에 나열된 의문점들에 대한 추구는 우리가 찾고자 하는 {더}의 기본적인 기능 추구 과정과 별개의 것은 아니다. 우리가 얻어낸 결과가 (2)의 의문들 가운데 어느 것 하나라도 배제하게 될 경우—설사 그것이 {더}와 직접적인 관계를 가지는 것이 아니라 할지라도—우리가 찾은 {더}의 기본적인 기능은 원초적인 것, 본질적인 것과는 그만큼 거리가 있는 것이 될 것이기 때문이고, (2)의 의문점들은 {더}의 기본적인 기능과 밀접한 관계가 있거나, {더}를 보는 우리의 눈, 즉 직관의 오류와도 밀접한 관계가 있을 것이기 때문이다.

또한 {더}가 시제나 서법과 모종의 관계를 가지고 있는 한, 그리고 현대국어와 관련지어 생각해야 할 (2) 특히 (2c) 등의 문제와 무관한 것이 아닌 한 우리의 논의는 그 대상폭이 문장단위가 아닌 텍스트(text) 단위까지 확장되어야 할 필요가 있다는 인식을 바탕으로 한다. 뒤에 가서 다시 이야기가 되겠지만, 우리는 우리가 가지고 있는 중세자료의 특수한 성격 즉 상당수가 불경언해 등의 종교적인 것이라는 점도 아울러 고려해야 할 것이다. 자료의 성격파악이 선행되지 않은 채 기술되어진 문법이란 당시 언어의 정확한 문법기술과는 거리가 생길 수도 있기 때문이다.11) 그러나 본고에서는 자료의 성격을 대화와 지문으로 구분하지는 않는다. 대화가 장면 속에서 이루어지는 것이라는 점에서 지문과는 차이가 있지만, 지문은 지문이 발화되는 또다른 장면의 설정이 가능하기 때문이고, 화자의 사건이나 명제내용에 대한 태도는 사건이나 명제내용의

9) {더}와 인칭제약에 대해서는 본고 2.2.과 주 28) 참조. 인칭제약의 문제는 {다}와 {더} 그리고 {오/우}와도 관련된 문제이지만 여기서는 일단 {더}+{오/우}→{다}로 보고 논의를 진행한다.

10) 경상도 방언에서는 {더}의 이형태인 {디}로 이루어진 존대문이 전혀 거부감 없이 들린다고 한다.

11) 任洪彬(1983)에서는 절대문이 인간의 언어가 아니라 신의 언어라고 한 바 있거니와, 만일 절대문으로만 이루어진 자료가 전하고, 그 자료로써만 문법이 기술될 경우, 그 기술이 당시 언어의 현실을 충분히 반영한 것이라고 볼 수는 없는 것이다.

실현성 여부와는 무관한 것이기 때문이다.

본고에서는 서로 다른 통사적인 구성에 나타나는 {더}에 대하여 일관된 설명을 꾀하고자 하는 바, 이제 단순문에서의 {더}, 관형구문에서의 {더} 그리고 접속구문에서의 {더}에 대하여 앞서 제기된 문제점들과 함께 순서대로 살펴 나가기로 한다. {더}에 대하여 이렇듯 여러 가지 측면과 다양한 통사구성을 고려의 대상에 망라하고자 하는 것은 보다 근원적인 {더}의 기능이 그들 모두를 수용할 수 있는 곳에서 찾아질 수 있을 것이라는 믿음 때문이다.

2.1. {더}에 대한 논의를 위해서는 인간의 시간에 대한 인식과 그 표현방식에 대하여 먼저 살펴볼 필요가 있다. {더}에 대한 기존의 논의들은 {더}가 어떠한 모습으로든 시간과 모종의 관계를 가지고 있음을 보여주고 있기 때문이다.

절대시간이란 결국 하나이지만, 절대시간은 인간의 수만큼이나 많은 것이라고도 할 수 있다. 우주 속의 개체인 인간은 그 나름대로 결코 작다고 만은 할 수 없는 각자의 우주를 형성하고 있기 때문이고, 각각의 우주는 각자의 시간 속에 존재하기 때문이다. 그 무수한 시간을, 그래서 결국 하나인 시간을 인간이 어떻게 인식을 하고, 어떻게 언어적으로 표현하는가 할 때, 크게 두 가지 가능성을 생각해 볼 수 있다. 그 하나는 인간이 움직이는 것으로 인식하는 것이고, 또 다른 하나는 시간이 움직이는 것으로 인식하는 것이다.[12] 그들 둘이 모두 시간과 관계를 가진다는 점에서 공통점을 지니고 있지만, 우리는 인간이 움직이는 것으로 인식하는 것을 "時點의 문제"라 하기로 하고, 시간이 움직이는 것으로 인식하는 것에 대해서는 "視點의 문제"라고 하기로 한다. 이러한 두 가지의 인식방법 모두가 모든 언어에 반영되는 것은 아니라고 할지라도, 다른 인식방법의 존재가능성조차 무시되어서는 안 될 것이다. 중세국어의 시제에 관한 기존의 논의는 전부가 時點의 문제에 주목했던 것으로 이해된다.[13]

(3) (a) 王이 怒ᄒᆞ야 니ᄅᆞ샤ᄃᆡ 畜生이 나ᄒᆞᆫ 거실ᄊᆡ 그러ᄒᆞ도다 ᄒᆞ시고 夫人ㅅ 벼슬 아ᅀᆞ

---

12) Traugott(1978:369-400) 참조. 어느 것이 기준이 되든 현실세계에서는 그들 둘이 모두 움직이는 것이라는 점에 유의해야 할 것이다. 또 한 가지 유의해야 할 것은 우리의 의식 속에서 시간이 움직인다고 하는 것이 보편적인 사고라 할지라도 그것이 언어적인 표현과 일치해야만 하는 당위적인 관계에 있는 것은 아니라는 점이다. 다시 말하자면 현실세계의 논리와 언어의 논리는 각각 별개의 것이라는 말이다.

13) 우리의 궁극적인 목표를 보편문법의 추구에 둘 경우 그를 위하여 우리가 취해야 할 태도는 다른 언어에서 밝혀진 현상을 국어에서 확인하는 것이 아니라 개별언어로서의 국어의 특징을 정확히 밝히는 데에 두어야 할 것이다.

시고 그 蓮花를 ᄇᆞ리라 ᄒᆞ시다 〈석보 11:31ㄱ〉

(b) 父母ㅅ 알픠 와 ᄉᆞᆯᄫᆞᄃᆡ 父母하 出家ᄒᆞᆫ 利益을 이제 ᄒᆞ마 得ᄒᆞ과이다 ᄒᆞ고 〈석보 11:37ㄴ〉

(4) (a) 이제 惡趣예 이셔 至極 受苦ᄒᆞᄂᆞ다 〈석보 21:53ㄴ〉

(b) 이 蓮花ㅣ 五百 니피오 닙 아래마다 하ᄂᆞᆳ 童男이 잇ᄂᆞ이다 〈석보 11:32ㄱ〉

(5) (a) 내 願을 아니 從ᄒᆞ면 고즐 몯 어드리라 〈월석 1:12ㄴ〉

(b) 이 사ᄅᆞᆷᄃᆞᆯ히 당다이 恭敬ᄒᆞ야……됴ᄒᆞᆫ 이리 하리이다 〈석보 13:46ㄱ〉

(3a)의 예는 {ø}가 過去時點을,[14] (3b)의 예는 {과}가 過去時點을 나타내고,[15] 예 (4)는 {ᄂᆞ}가 現在時點을, 그리고 예 (5)는 {리}가 未來의 時點을 나타낸다.[16] 예 (3), (4), (5)의 경우 화자의 현실세계의 위치는 절대적인 현재이지만 화자의 사건이나 명제 내용에 대한 위치 즉 상대적인 위치는 과거의 현재, 현재의 현재, 미래의 현재라고 할 수 있고, 예 (3), (4), (5)에 보이는 시제 요소, {ø}, {ᄂᆞ}, {리} 등은 각각 과거의 현재, 현재의 현재, 미래의 현재를 보여주는 기능의 형태소라 할 수 있다. 이는 흡사 일련의 사건을 시간의 흐름에 따라 찍은 사진을 고정된 벽에 순서대로 전시하고, 전시된 순서에 따라 사진을 찾아가서 보는 것에 비교될 만한 것으로 時點의 문제를 나타낸 〈그림 1〉과 같이 이해될 수 있는 것이다.[17]

{ø}[18]

14) 그에 대한 구체적인 논의는 高永根(1981)에서의 不定法 참조.

15) {과}가 {거/어}에 선어말어미 {오/우}가 결합된 것으로 보는 것에 대해서는 高永根(1981:35) 참조. 특히 {거/어}에 대해서는 高永根(1980b)와 본고의 주 18) 참조.

16) 여기서의 미래라는 의미는, 명제 또는 사건 내용의 실현이 현재시점 이후라는 정도의 소박한 것이다. 미래시제에 대한 구체적인 논의는 후일로 미룬다.

17) 시간축을 둘로 나누는 것에 대해서는 任洪彬(1980, 1982, 1984) 참조.

18) 高永根(1980b)에서처럼 {거/어}의 기능이 타동사와 비타동사를 나타내 주는 표지라고 한다면 예 (3b)에서 析出되는 '과거'는 {거}가 아니라 '거+ø'의 {ø}에서 온 것으로 이해할 수 있다. 그렇게 이해할 경우 서로 다른 통사적인 구성 특히 단순문과 관형구문의 시제 형태가 일치한다는 장점이 있다. 그러나 그럴 경우 {거} 구문의 과거가 '거+ø', 미래가 '거+리' 등으로 文證되는데 반하여 현재의 '*거+ᄂᆞ'가 文證되지 않는다는 약점을 지니고 있다.

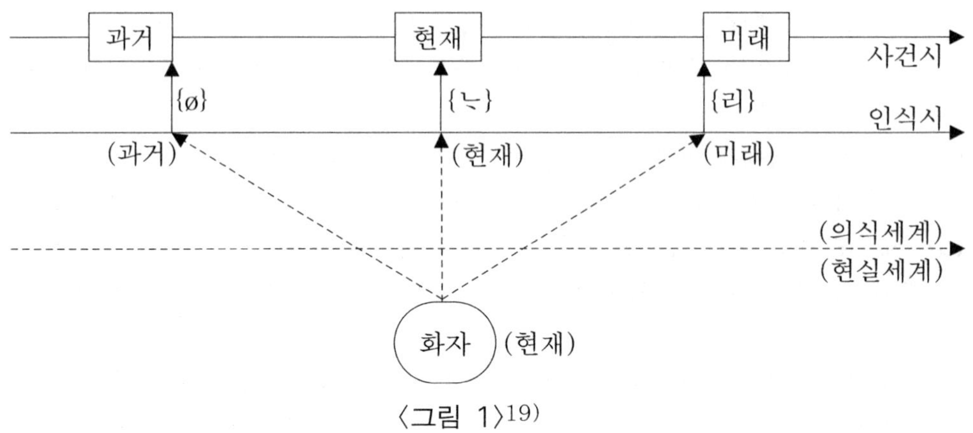

〈그림 1〉[19]

현실세계에서의 화자의 위치는 언제나 절대적인 현재이지만, 명제내용이 시제형태소와 결합되어[20] 발화될 때는 화자의 위치가 의식적이든 무의식적이든 사건 현장으로 이동한다고 이해하는 것으로 〈그림 1〉의 점선은 의식의 이동방향을 나타낸다. 현대국어의 {더}를 논의하는 자리인 任洪彬(1982:435)에서의 "{더}의 核心的인 의미를 回想이라고 하는 것은 '-았-'이나 '-았었-'을 회상이라고 하는 것만큼이나 불합리한 것이다. 과거의 일을 말하는 것은, 비록 그것을 생생하게 말하는 것이든 희미하게 말하는 것이든 회상이 된다는 데에는 변함이 없기 때문이다"라는 지적이 유효할 수 있는 것도 화자의 현실세계의 위치가 현재이고, 화자의 사건(명제) 내용에 대한 의식은 과거의 사건현장으로 이동하였기 때문이라고 할 수 있다. (3a)의 예는 화자의 의식이, 왕이 怒하여 말을 하는 현장으로 이동하였음을 나타내고, (3b)의 예에서는 太子들이 道理를 이루고 난 후 부모에게 와서 이야기하는 장면으로 이동하였음을 보여 준다. 이는 현실세계에서의 화자의 위치와는 별개의 문제로서, 여기서 화자의 이동이란 의식의 이동이며 그러한 의식은 화자 자신이 느낄 수도 있고 느끼지 못할 수도 있다. 그러나 그것이 문제가 되지는 않는다. 물론 화자의 표현 의도를 알기란 그리 용이한 일은 아니며, 그것이 직관이 작용할 수 없는, 시대를 달리하는 언어일 경우에는 거의 불가능에 가까운 일이 된다. 또한 하나의 사건을 하나의 문장으로 표현하는 중세국어의 문장구조상의 특징은 그러한 어려움을 가중시킨다. 선입견을 배제하고 체계 속에서 기능을 밝혀 보고자 하는 이유가 여기에 있다.

다음의 예 (3´a)는 형용사의 경우를 보여 주고, (3´b)의 예는 지정사의 경우를 보여

19) 사건시축의 □는 사건(또는 명제) 내용을 의미하고 인식시축의 점(·)은 사건내용에 대한 화자의 인식위치를 나타낸다.

20) 가시적인 형태소는 물론 {ø} 형태소까지 포함한다.

준다.

(3´) (a) 내 오늘 實로 無情호라 〈월석 21:219ㄱ〉
(b) 사ᄅᆞᄆᆡ 목수미 無常ᄒᆞᆫ 거시라 〈월석 7:2ㄱ〉

형용사와 지정사의 시제는 현대국어에서도 동사문과는 다른 양상을 보여주지만 본고에서는 그들을 구체적으로 다룰 만한 여력을 가지지 못한다. 동사와 형용사 그리고 지정사의 특성에서 찾아져야 할 차이점이 본고의 주안점과는 다소 거리가 있기 때문이다. 그러나 (3´a)나 (3´b)와 같은 문장에서 주목하려 하는 것이 그들의 현재적인 의미가 아니라 (3´)의 예에서의 {ø}가 과거적으로도 기능한다는 점이라는 사실은 지적할 필요가 있다. 또한 형용사나 지정사가 現在時點을 나타내는 {ᄂᆞ}와 공기하지 못한다는 점은 과거를 나타내는 {ø}가 사건(또는 명제) 내용의 완료를 의미한다는 점과 아울러 시사하는 바가 크다고 할 수 있다. 그런 점에서 볼 때, 예(4)에서 보이는 형태소 {ᄂᆞ}는 화자의 현실세계의 위치는 현재이지만 화자의 의식은 '수고하는 현장, 하늘의 童男이 있는 현장'에 있음을 나타내 주는 것이라고 할 수 있다. 마찬가지로, 예 (5)에서의 {리}도 발화시 이후의 사건 현장 즉 '꽃을 못 얻다'와 '좋은 일이 많다'라는 내용이 전개되려는 미래의 현장으로의 의식 이동을 나타내는 것으로 이해된다.

지금까지 우리는 〈그림 1〉에 보인 {ø}, {ᄂᆞ}, {리} 등의 時點要素들을 예 (3)~(5) 등을 통하여 확인해 보았다.

시간에 대한 인간의 또 다른 인식 가능성은 시간이 움직인다고 보는 것이다. 이는 흡사 시간의 순서에 따라 찍은 사진을 고정된 위치에서 넘겨 가며 보는 것에 비교될 수 있을 것이다. 시간이 움직인다고 보는 것이 시간과 밀접한 관계를 가지고 있는 것이 사실이지만 〈그림 1〉에 보인 "時點의 문제"와 비교하여 그를 "視點의 문제"라 이름지은 바 있다. "視點의 문제"는 〈그림 2〉를 통하여 이해될 수 있다.

〈그림 1〉과 비교해 볼 때 〈그림 2〉에서는 두 가지 다른 점을 찾아 볼 수 있다. 첫째로는 화자의 위치 즉 의식의 위치가 고정된 현재 위치라는 점이고, 둘째로는 사건(명제)의 장면 속에 화자의 視線이 함께 하느냐 하지 않느냐 하는 것으로 사건이나 명제 내용의 현실성을 나타낸다는 점이다. 그림에서는 화살표의 끝이 □의 중앙에 닿는 것으로 나타내었다. 〈그림 1〉에서 과거와 미래를 보이는 화살표가 사건이나 명제 내용을 나타내는 □의 처음과 끝에 각각 표시된 것과 비교된다. 첫 번째의 차이가 시간을 인식하는 방법상의 차이에서 기인하는 보다 본질적인 것이라면, 두 번째 차이점은 그를 언어적으로 표현하는 과정에서 비롯되는 부차적인 것이라고 할 수 있다.

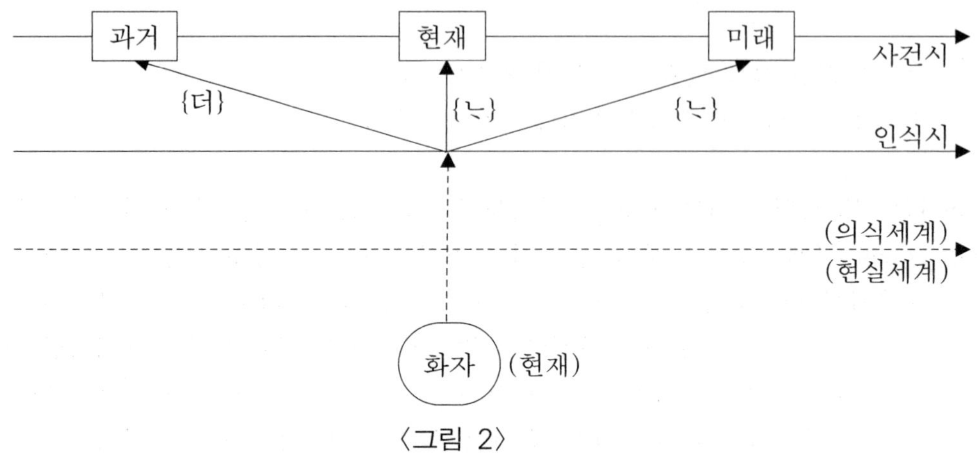

〈그림 2〉

(6) (a) 朱崖ㅣ 머리터리 브텃ᄂᆞᆫ ᄃᆞᆺ고 碧海ㅣ 내 옷ᄀᆞ외롤 부더라 〈두언 25:5ㄴ〉
(b) 내 지븨 이셔 還刀ㅣ며 막다히롤 두르고 이셔도 두립더니 〈월석 7:5ㄴ〉
(c) 아릭 잇디 아니턴 이롤 得파라 ᄒᆞ더라 〈릉엄 2:10ㄴ〉

(6a)의 예는 두시언해의 "又上後園山脚"이라는 시의 일부로, 시 전체의 내용은 옛일을 돌이켜 생각하는 것으로 되어 있다. 그러나 단순한 추억이 아니라 돌이켜 생각하는 내용이 아쉬움이나 반성이나 후회 등이라고 할 경우에는 화자의 현재 위치에 대한 인식이 앞서야 함이 오히려 당연한 것이라 할 수 있다. (6b)의 예는 '전에는 두려웠었는데 지금은 무덤 사이에 있는 나무 아래 있어도 두려움이 없다'는 내용으로, 화자는 '지금 두려움이 없다'는 데에 중심을 두고 발화한 것으로 생각된다. 예 (6)에서 보이는 {더}는 바로 이러한 화자의 움직이지 않는 현재 위치에 대한 인식을 나타내 주는 형태소라 할 수 있는 것이다. 또한 예 (6c)의 'ᄒᆞ더라'는 우리의 논의에 많은 것을 시사한다. (6ㄱ, b)의 예에서의 {더}가 話者(또는 筆者)의 회상이나 경험과 모종의 관계를 가지고 있는 반면, 예 (6c)의 'ᄒᆞ더라'의 {더}는 불경원전에 나타나는 요소가 아니라 口訣을 달 때 도입된 것으로,21) 회상이나 경험보다는 오히려 과거로 보는 것이 온당한

21) (6c)에 해당하는 능엄경의 원전 부분은 다음의 밑줄부분과 같다.
王聞是言信知身後捨生趣生與諸大衆踊躍歡喜得未曾有
원전에 충실히 번역을 한다면 '미증유를 얻었다' 내지는 양보를 한다고 해도 '미증유를 얻더라' 정도가 될 것이다. 따라서 (6c)와 같이 '얻었다고 하더라'로 번역을 하는 것은 원전과는 다소 거리가 있는 것이라고 할 수 있다. 安秉禧(1973)에서는 이를 번역자의 태도 즉 意譯에서 오는 차이로 설명하고 있다. 그러나 우리는 번역의 경우 어떠한 방법으로든 사건이나 명제 내

것이겠지만 '*…得과라 ᄒᆞ니라' 따위로 나타내질 ø형의 과거와는 다른 기능이 있음을 보이기에 충분하다 할 수 있다. 논의의 진행에 따라 차차 드러나겠지만, 본고는 (6c)와 같은 예의 {더}는 물론 (6ㄱ, b)에서의 {더}도 같은 논리 속에서 이해되어야 한다는 것을 전제로 한다. {더}의 원초적인 기능이 문제가 되는 한, {더}의 형태가 어떠하든, 그 환경이 어떠하든 {더}의 출현은 {더}가 가지고 있는 원초적인 기능과 전혀 무관한 기능으로 행사될 수는 없을 것이기 때문이다. 기존의 논의에서의 회상이나 경험, 과거나 보고 등을 모두 수용할 수 있는 최대공약수를 찾고자 하는 所以도 바로 여기에 있는 것이다. 여기서 문제가 되는 것은, {더} 구문이 지니는 未完의 의미는 어디에 기인하는가 하는 것이지만, 그것은 2원적인 시제 체계 자체와 관련된 1차적인 것이 아니라, 언어적인 표현과정에서 비롯된 2차적인 것으로 이해된다. (7)과 (7′)의 현대국어 예들은 우리의 체계를 이해하는 데에 도움을 줄 것이다.

(7) (a) 어제 비가 왔다.
(b) 어제 비가 오더라.
(7′) (a) 내일 비가 오겠다.
(b) 내일 비가 온다.

각각의 예에서 a는 時點의 문제에, b는 視點의 문제에 정연하게 자리 잡고 있기 때문이다.

2.2. 사실 앞절 〈그림 1〉에서의 {ø}, {ᄂᆞ}, {리}의 대립과 〈그림 2〉에서의 {더}, {ᄂᆞ}, {ᄂᆞ}의 대립관계의 설정은 논의의 편의를 위한 것이었을 뿐이다. 그러나 文例를 통하여 살펴 본 중세국어의 시제체계는 〈그림 1〉과 〈그림 2〉에 부합되는 것으로 볼 수 있어, 복합적인 것으로 이해된다. 이제 우리는 〈그림 2〉에 기대어 {더}의 성격을 우선 (8)과 같이 정의하고 文例를 통하여 확인해 나가기로 하자.

(8) {더}는 완료되지 않은 지나간 사건이나 인지된 명제내용에 대한 화자의 인식 위치가 현재임을 나타내는 視點形態素이다.

용이 일단 번역자의 눈을 통하는 것이라는 사실에 주목하고자 한다. 그 경우 우리는 번역자가 번역의 場에 나타나는 경우와 나타나지 않는 경우로 볼 수 있는데 '미증유를 얻더라'와 '미증유를 얻었다고 하더라'는 정도의 차이는 있으나 나타난 것이고, '미증유를 얻었다'는 나타나지 않는 것이라 할 수 있다.

{더}에 관한 기존의 논의에서 (8)과 같은 기능이 파악되지 못했던 것은 전혀 아니다. 그들이 비록 과거라든가 회상이라든가 경험이라든가 혹은 보고나 무의도, 비현장성, 무책임성이라든가 그때-그곳, 단절 등의 각기 다른 용어를 사용하여 {더}의 속성을 밝히고 있으나 그들은 모두 (8)이 지닌 속성의 일부가 될 수 있는 것이기 때문이다. 高永根(1981:74-81)에서 {더}구문을 회상법으로 보고, 그의 시제가 과거(발화시 기준)로도, 현재(경험시 기준)로도 말하여질 수 있다고 한 지적도 같은 맥락 속에서 이해될 수 있다. 다시 말하자면 {더}의 기능이나 의미라고 하는 것들은 (8)에 부수되는 2차적인 의미로 볼 수 있다는 것이다. 그러나 〈그림 1〉과 〈그림 2〉에 의해 대표될 수 있는 시제 표현의 2가지 가능성을 염두에 둔 체계 속에서의 {더} 논의가 아닌 이상, 무수한 {더} 논의에도 불구하고 {더}는 아주 독특한 존재이며, 여러 가지 기능을 지니는 복합적인 존재이고, 나아가 기묘하기까지 할 수밖에 없는 존재로 남아 있을 수밖에 없을 것이다.

(9) (a) 그 ᄢᅴ 燈照王이……부텨를 맛ᄌᆞᄫᅡ 저ᅀᆞᆸ고 일훔난 고ᄌᆞᆯ 비터라 〈월석 1:13ㄴ〉
(b) 즈믄 디위 블러도 맛ᄀᆞᆯᄫᆞᆶ 사ᄅᆞ미 입더이다 〈월석 23:83ㄱ〉
(c) 自然히 蓮花ㅣ 나아 바ᄅᆞᆯ 받ᄌᆞᆸ더라 〈월석 2:37ㄴ〉
(d) 그 도ᄌᆞ기 菩薩ㅅ 前世生ㅅ 怨讐ㅣ러라 〈월석 1:6ㄴ〉

(9)의 예들은 모두 3인칭을 주어로 하는 문장으로 종결어미와 결합된 {더}의 예들이다. (9a)와 (9c)는 동사에, (9b)는 형용사에 그리고 (9d)는 지정사에 결합된 {더}를 보여 준다. {더}에 대한 일체의 선입견을 배제한다고 할 경우 (9)의 예들은 過去時點을 나타내는 것으로도 이해될 수 있다. 즉 현대어로는 '꽃을 뿌렸다, 사람이 없었습니다, 발을 받들었다, 원수였다'로도 해석될 수 있어 (3a) 등에서 보인 過去時點을 나타내는 형태소 {ø}와 차이가 없는 것으로도 볼 수 있다. 여기서 우리는 현대국어의 {더}가 단순한 과거를 나타내는 {었}과 다른 양상을 보인다는 점을 간과할 수 없다. 따라서 例에 보이는 상황을 살펴볼 필요가 있는데 (9a)의 경우 그 상황은 크게 두 장면으로 나누어 볼 수 있다. 즉 우리가 든 예 (9a)에 앞서는 부분인 俱夷와 善慧가 대화를 나누는 장면 (A)와 우리가 든 부분인 燈照王이 꽃을 뿌리는 장면 (B)가 그것이다. 장면 (A)는 {ø}형태소를 이용한 過去時點으로 묘사되고 있는 데 비해 장면 (B)는 {더}를 이용한 過去時點으로 묘사되고 있다. 〈그림 1〉과 〈그림 2〉에 기대어 이해할 때, 발화시에 장면 (A)로 이동했던 화자의 의식이, 그대로 현재 위치에서 움직임이 없이 장면 (B)를 묘사한 것으로 볼 수 있다.[22] (9b)의 예도 역시 문맥에 의해 화자의 의식은 木

蓮이 부처에게 가서 질문하는 장면으로 이동한 것이라고 할 수 있고, 우리가 취한 (9b) 부분은 부처에게 가기 전을 기술하고 있는 것이라고 볼 수 있다. (9c)의 예는 부처의 탄생신화와 관련이 있는 것으로 아래 (9c´)의 예에 바로 이어지는 문장이다.

(9) (c´) 이 ᄀᆞᆺ나샤 ᄌᆞᄫᆞ리 업시 四方애 닐굽 거름곰 거르시니〈월석 2:37ㄱ〉

(9a)의 예에 대한 이해의 경우와 마찬가지로 볼 때, 우리는 예 (9c´)의 장면과 예 (9c)의 장면이 비록 밀접한 관계는 가지고 있다고 하더라도 부처가 일곱 걸음씩 걷는 장면 (9c´)와 연꽃이 그 발을 만드는 장면 (9c)로 나누어 볼 수 있다. (9c)에서의 {더}는, (9c´) 장면으로 이동했던 화자의 의식이 그대로 이동함이 없이 현재 위치에서 (9c)의 장면을 기술하였음을 나타낸다.[23] (9a)와 (9c)의 예를 살피면서, 우리는 (10)과 같은 현대국어의 예들이 비문법적이라는 사실도 기억할 필요가 있다.

(10) (a) *충무공이 거북선을 만들더라.
(b) *철수가 10년 전에 자동차를 사더라.

{더}를 視點과 관련지을 때, 예 (10ㄱ, b)의 {더}는 視點의 한계를 보여 주는 것으로, 그 비문법성은 柳東碩(1981:224)에서라면 "비교적 발화시에 가까운 時點"이 아니기 때문이라고 설명될 만한 예이다.[24] (9a)와 (9c)는 예에서 보이는 10년이나 400년 정도보다는 훨씬 긴 視點 이동을 행하고 있다. 그럼에도 불구하고 (9a)와 (9c)가 가능한 것은 그들이, 종교적인 내용을 담았기 때문일 수도 있고,[25] 그들 예에서 나타낸 사건 현장이 '비교적 발화시에 가까운 時點'에 화자가 종교서적 등을 통하여 인식한

---

22) 물론 {더}에 대한 지식이 전무하다고 할 경우 그 역으로의 설명도 가능하지만 후술될 서로 다른 통사적인 구성에 나타나는 {더}의 일관된 설명을 위하여 장면 (A)에 대해서는 〈그림 1〉적인 것으로, 장면 (B)에 대해서는 〈그림 2〉적인 것으로 파악하였다.

23) 연결된 두 문장을 각각 어떠한 층위에서 인식하느냐 하는 화자의 태도에 따라 時點의 문제(가)와 視點의 문제(나)가 연결될 수 있는 가능성은 다음의 4가지가 된다.
① 가, 가 ② 가, 나 ③ 나, 가 ④ 나, 나
이에 대한 구체적인 논의는 2.4. 참조.

24) (10) (b´) 철수가 10년 전에 자동차를 샀더라.
예 (10b´)의 문법성에 대한 이해를 위해서는 아래의 그림 참조.
아래의 그림은 〈그림 1〉과 〈그림 2〉로 보인 時點의 문제와 視點의 문제가 서로 통합될 수도 있는 관계임을 보여 준다. 그러나 이들 체계가 모두 언어에 반영되는지의 여부는 전혀 필연적인 관계가 아니다.

현장이기 때문일 수도 있다. 종교적인 내용이 아닌 예를 통하여 다시 검토해 볼 필요가 있다.

(9d)의 예는 다음의 (9d´)와 비교가 되는 것이다.

(9) (d´) *그 도ᄌᆞ기 菩薩ㅅ 前世生ㅅ 怨讐ㅣ라

(9d)의 예를 현대국어로 옮길 경우 '원수(이)다'와 '원수이었다'의 두 가지가 모두 가능할 것이지만, 동일한 상황을 전제로 하여 (9d)가 '원수이더라'로 되는 것과 비교하면 '원수이었다'로 되는 것이 온당한 것으로 보인다. 설명의 편의를 위하여 잠시 현대국어의 예 (11)을 보기로 하자.

(11) (a) 책상 위에 있는 책은 내 책이더라.
(b) 책상 위에 있는 책은 내 책이었다.

현실적인 책의 소유관계와는 상관없이 (11a)의 예는 화자가 책의 소유권이 자신에게 있음을 나타내는 것인 반면, (11b)의 예는 책의 소유권이 이미 자신에게 있는 것이 아님을 나타내는 것이다.[26] 그러한 차이는 바로 화자의 의식이 절대적인 현재위치에서 책의 소유장면을 바라보는 것인지 ((11a)), 아니면 책의 소유장면으로 화자의 의

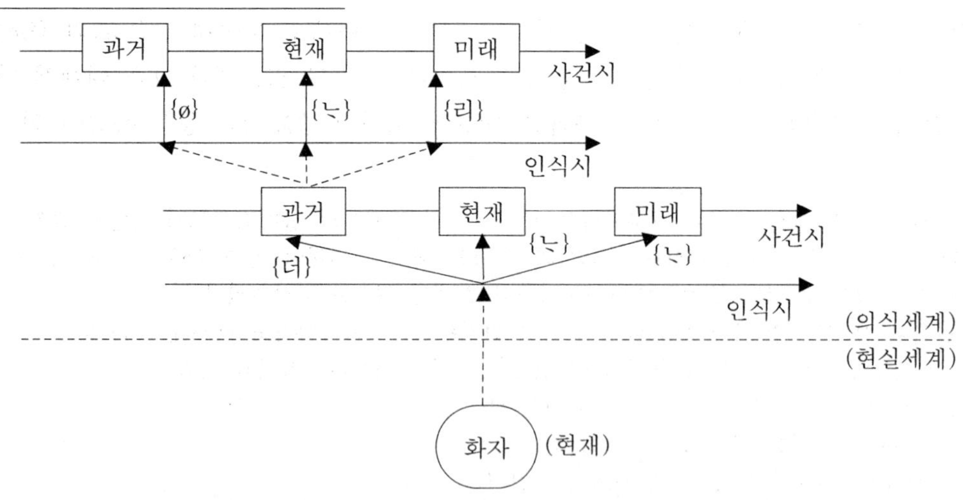

25) 종교적인 내용 속에서는 등장인물이 비록 神이 아닐지라도 전지전능한 능력을 부여받을 수 있을 것이기 때문이다.

26) (11b)의 예가 (11a)적인 의미를 가질 수는 있지만 그 역방향은 성립되지 않는다. 본고에서의 논의는 역방향의 성립 불가능에 주목한 것이다.

식이 이동한 것인지 ((11b))에 따른 것이라 할 수 있다. 같은 맥락 속에서 이해한다면 (9d)의 '怨讐ㅣ러라'는 비록 '전세생의 원수관계'이기는 하나 보살의 생각으로는 여전히 그 관계가 유지되고 있음을 나타내는 것으로 볼 수 있다.

예 (9)를 이해하는 우리의 방법론은 다음의 예(12)에 의해서도 뒷받침될 수 있다.

(12) (a) 내 롱담ᄒᆞ다라 〈석보 6:24ㄴ〉
(b) 내 지븨 이셔 날마다 五百僧齋ᄒᆞ다라 〈월석 23:74ㄱ〉

(12a)와 (12b)의 예는 1인칭 주어 문장에 나타나는 {더}의 예로[27] 현대국어의 {더}와 인칭제약의 문제를 논의할 때 자주 인용되는 것들이다.[28] (12a)의 예는 須達이 東山을 사겠다고 했을 때, 太子가 팔 의도가 없이 땅에 빈틈없이 金을 깔면 팔겠다고 제의하자 須達이 그렇게 하겠다고 한 다음에 이어지는 대화다. 화자 자신이 앞서의 발화 내용(즉 금을 깔면 팔겠다고 말한 것)이 농담(거짓)이었음을 보여 주고 있는 것이다. '*내 롱담호라'의 예가 화자의 의식이 농담하는 장면에 함께 하여 농담한 것에 대한 책임을 보여준다면, (12a)의 예는 羅卜의 어미가 益利에게 한 이야기로 (12a)에서 보여주는 것과 같은 책임회피를 강력하게 보여 주는 내용은 아니지만, 화자(羅卜의 어미) 스스로는 '집에서 날마다 五百僧齋하다'라고 하는 내용이 거짓임을 알고 있다는 점에서 (12a)와도 통하는 면이 있다. 화자(羅卜의 어미)든, 필자(월인석보의 필자)든

---

27) 李承旭(1977:308)에서의 가정대로 시상과 서법의 포괄개념에서 분화된 개념이 15세기에는 시상법과 서법으로 정착된 단계라 할 경우, 2인칭이나 3인칭을 주어로 하는 문장에서의 {다}의 출현이나, 1인칭을 주어로 하는 문장에서의 {더}의 출현이, 그전의 논의들에서 예외로 처리될 정도로 일반적인 것이 아니라는 점은 {다}의 {오/우} 결합설에 기대도록 하는 또 하나의 근거가 되는 것이다.

28) {더}가 인칭과 무관한 것이라는 지적은 河野(1948)과 高永根(1965) 참조. 특히 高永根(1965:62)에는 현대국어의 {더}도 인칭과는 무관하다는 지적이 있거니와, 필자도 {더}는 인칭제약을 가지고 있는 형태소가 아니라는 점에 의견을 같이한다. 다만 한 가지 덧붙일 것은 〈그림 2〉와 관련지어 볼 때 예 (12′)가 시사하는 바는 실로 큰 것이라는 사실이다. 자신의 일도 객관화된 장면으로 인식될 수 있을 경우에는 視點의 {더}가 자연스럽기 때문이다. (12′a)는 꿈이라는 무대에 의하여, (12′b)는 특수 조사들에 의하여 객관화된 장면의 설정이 가능한 것이다.

(12′) (a) (꿈에서) 내가 춤을 추더라.
(b) 나는(만, 도, 조차…) 춤을 추더라.

아울러 주 24의 그림과 관련지어 (12″a)의 예보다는 (12″b)의 예가 기묘성이 덜하다는 것도 이해될 수 있는 것임을 덧붙인다.

(12″) (a) 내가 춤을 추더라.
(b) 내가 춤을 췄더라.

간에, 존재하지 않는 장면으로의 인식의 이동은 불가능하다는 것을 보여 주는 예라 할 수 있다.[29)]

〈그림 1〉과 〈그림 2〉에 따르면 현재 시제로는 時點이 {ᄂᆞ}와 視點의 {ᄂᆞ}가 동일한 형태를 취하고는 있으나 현대국어의 다음 예는 그들의 구분이 불가능한 것이 아님을 보여 준다.

(13) (a) 나는 지금 음악을 듣는다.
(b) 철수는 지금 음악을 듣는다. (철수=화자)

(13a)의 예는 現在時點을 보여 주고, (13b)의 예는 철수와 화자가 동일 인물일 경우 現在視點을 보여 준다. 자신의 일에 대하여 제 3자적인 태도나 관찰자적인 태도를 취하고자 할 경우에는 視點의 요소를 도입하는 것으로 이해된다. (14)에 보이는 중세국어의 예도 같은 맥락 속에서 이해되어야 할 것이다.

(14) 能이 닐오ᄃᆡ 能은 字ᄅᆞᆯ 아디 몯ᄒᆞ노니 請ᄒᆞᆫᄃᆞᆫ 上人이 爲ᄒᆞ야 닐그라 〈육조 상: 23-24〉

예 (14)의 밑줄 친 부분에 나오는 '能'은 화자 자신임이 분명하기 때문이다. (14)의 예에서와 같은 고유명사가 아니라고 하더라도, '妾, 臣, 小子, 小人' 등으로 화자 자신을 지칭하는 경우에는 같은 방법으로 이해되어야 할 것이다.[30)]

지금까지 우리는 〈그림 1〉과 〈그림 2〉로 나타낼 수 있는 이원적인 시제체계 속에서 단순문의 {더}를 살펴보았다. 그 결과 {더}는 화자가 현재위치(발화시)에 대한 인식을 바탕으로 하여 지나간 사건이나 인지된 명제내용을 기술·표현하고 있음을 보여주는 형태소임을 알 수 있었다. 이제 그러한 사실이 관형구문의 {더}와 접속구문의 {더}에 대해서도 찾아질 수 있는 것인가를 살펴보기로 하자.

2.3. 관형구문에 대한 논의는 다음의 두 가지 전제를 바탕으로 한다. 첫째는 관형구문이 서술성구문에서 왔다는 것이요,[31)] 둘째는 'ᄒᆞ다'의 관형사형 'ᄒᆞᆫ, ᄒᆞᄂᆞᆫ, ᄒᆞᆯ'에서의

---

29) 존재하지 않는 장면의 성격은, 꿈과 같은 특수한 경우를 제외한다면, 두 가지로 생각해 볼 수 있다. 그 하나는 (12)의 예에서와 같은 거짓이고, 다른 하나는 가정의 경우이다. 가정의 경우에는 실제로 존재하지는 않지만 의식의 이동을 허용한다는 점에서 차이가 있다.

30) 신분을 나타내는 1인칭 대명사에 대해서는 李崇寧(1983) 참조.

31) 구체적인 논의는 高永根(1982) 참조.

'ᄒᆞᆯ'을 高永根(1982)에 기대어 '*ᄒᆞ린'으로 보아 '-ㄴ'을 시제요소가 아닌 관형사형 어미로서의 기능만을 가진 것이라고 본다는 것이다. 그럴 경우 시제요소의 대립관계는 {ø}:{ᄂᆞ}:{리{로 되어 2.1.에서 살핀 체계에도 부합된다. 물론 {더}에 대한 인식도 2.1.에서와 같은 태도로 일관한다. 즉 視點의 문제로 이해하려는 것이다.

우선 다음과 같은 예를 보기로 한다.

(15) (a) 내 이제 네 어미 간 싸ᄒᆞᆯ 뵈요리라 〈월석 21:21ㄴ〉
(b) 明行足ᄋᆞᆫ ᄇᆞᆰᄀᆞᆫ 힝뎌기 ᄀᆞᄌᆞ실씨라 〈석보 9:3ㄱ〉
(16) (a) 이 지븨 사ᄂᆞᆫ 얼우니며 아히며 現在未來百千歲中에 惡趣를 기리 여희리니 〈월석 21: 99ㄱ〉
(b) 罪苦 잇ᄂᆞᆫ 衆生ᄋᆞᆯ 너비 方便을 펴 解脫케 ᄒᆞ야지이다 〈월석 21:29ㄴ〉
(17) ᄒᆞ마 命終ᄒᆞᇙ 사ᄅᆞᄆᆞᆯ 善惡 묻디 말오 〈월석 21:125ㄴ〉
(18) (a) 馬兵은 ᄆᆞᆯ톤 兵이오 〈월석 1:27ㄴ〉
(b) 象兵은 ᄀᆞᄅᆞ쳐 싸호매 ᄇᆞ리ᄂᆞᆫ 고키리오 〈월석 1:27ㄴ〉
(b´) 獸ᄂᆞᆫ 긔ᄂᆞᆫ 즁ᄉᆡᆼ이라 〈월석 21:113ㄱ〉
(c) 禽은 ᄂᆞᇙ 즁ᄉᆡᆼ이라 〈월석 21:113ㄱ〉
(19) (a) 우리 前生애 업스니 爲ᄒᆞ야 齋 아니ᄒᆞ고 三寶恭敬 아니ᄒᆞ단 젼ᄎᆞ로 〈월석 23:80ㄱ〉
(b) 大慈悲 世尊ㅅ긔 버릇 업ᄉᆞᆸ던 일을 魔王이 뉘으츠니이다 〈월곡 75〉
(c) 맛날쎠 ᄒᆞ던 사ᄅᆞ미니 〈월석 23:79ㄴ〉

위의 (15), (16), (17)의 예들에 내포된 문장만을 단순문으로 고치면 아래 (15´), (16´), (17´)의 예와 같이 된다.

(15´) (a) *네 어미 가다
(b) *힝뎌기 ᄇᆞᆰ다
(16´) (a) *얼우니 이 지븨 사ᄂᆞ다
(b) 衆生이 罪苦 잇ᄂᆞ다
(17´) *ᄒᆞ마 命終ᄒᆞ리라

2.2.절에서와 같은 이해의 태도를 취하면 위의 예들에서의 화자의 의식은 (15´a)의 경우 지나간 사건 즉 '너의 어미가 갔다'고 하는 사건시로 이동한 것이고, (16´)와 (17´)의 예도 각각 현재와 미래의 사건시로 화자의 의식이 이동한 것을 나타낸다.

(15´b)는 형용사의 예로 현재의 의미로도 해석될 수 있다. (18)의 예는 定義를 나타내는 것으로 구체적인 사건시가 적용될 수 없는 영역이다. 따라서 구체적인 사건이 아닌 한 視點의 영역에 들 수는 없기 때문에 {더}를 취할 수는 없지만 화자가 '몰ᄐᆞ다, ᄇᆞ리다, 기다, 놀다'의 가상적인 사건시를 언제로 잡고 의식을 이동시키느냐에 따라 {ø}, {ᄂᆞ}, {ᄅᆞ} 등의 형태소를 취할 수 있는 것이다. (19)의 예도 내포된 문장만을 단순문으로 고치면 (19´)와 같이 된다.

(19´) (a) *엄ᄉᆞ니 爲ᄒᆞ야 齋 아니ᄒᆞ고 三寶恭敬 아니ᄒᆞ다라
(b) *大慈悲 世尊ㅅ긔 버릇 업숩더라
(c) *(이) 사ᄅᆞ미 맛날써 ᄒᆞ더라

(12)에서 본 예와 유사하게 후회와 뉘우치는 태도를 보여주어 화자의 현재 위치에 대한 인식과 사건시가 이미 지나간 시점임을 나타내 주는 것이다. (19c)의 예는 후회나 뉘우침은 아니지만, 화자 (獄主)가 지옥에 들어가 있는 사람이 '맛날써'하며 중생을 잡아먹던 현장을 현재 위치에서 바라봄을 나타낸다. 현대국어의 관형구문에서도 '-ㄴ'을 관형화소로만 볼 경우 관형절의 시제 요소는 〈그림 1〉에 따른 {ø}:{ᄂᆞ}:{리}와 〈그림 2〉에 따른 {더}:{ᄂᆞ}:{ᄂᆞ}의 이원체계로 이해할 수 있다. 또한 時點과 視點이 복합된 현대국어에서의 {었던}, {겠던}의 존재로 중세국어에서도 {ø던}, {리던} 등의 출현을 예상할 수 있다. 그러나 {ø던}은 {던}과의 구별에 어려움이 있으며 {리던}은 文證이 되지 않는다.

아울러 구체적인 시간(6월 15일, 7시 등)이 관형구문에 나올 경우에는 반드시 사건시로의 화자의 의식이 이동을 요구한다는 점을 덧붙인다.

(20) (a) ?*7시에 보던 영화는 재미있었다.
(b) 7시에 본 영화는 재미있었다.
(c) 7시에 봤던 영화는 재미있었다.

구체적인 시간의 제시는 동시에 구체적인 시간으로의 의식의 이동을 요구하기 때문이라 생각된다.[32)]

위에서 살펴 본 바와 같이 관형구문이 서술성구문에서 온 것이고, {-ㄴ}이 관형형어미이어서 관형구문이 두 개의 장면으로 나뉠 수 있는 한, 관형구문의 예에서도 시제체

---

32) 습관적, 규칙적인 행위에 대한 시간제시의 경우에는 그 기묘성이 다소 해소될 수 있다.

계가 이원적인 체계로 이루어진 것을 확인할 수 있었으며 관형구문의 {더}도 視點의 문제에 속하는 요소임을 알 수 있었다.

2.4. 접속구문도 관형구문에서와 마찬가지로 두 개의 사건 또는 명제의 결합이라고 할 수 있다. 관형구문과 접속구문의 다른 점은, 관형구문의 두 사건 또는 명제 내용은 항상 두 개의 장면으로 구분되어 인식되는데 반하여 접속구문의 그것들은 두 장면으로 구분되기도 하고, 두 개의 사건이나 명제가 하나의 장면 속에서 인식되기도 한다는 것이다. 두 장면으로 인식하느냐 아니면 하나의 장면으로 인식하느냐 하는 것은 전적으로 화자의 소관이지만, 관점을 달리하면 유사한 의미와 기능을 지닌 접속어미들에서도 서로 다른 제약현상이 보인다는 점에서[33] 접속어미 각각의 기능과도 밀접한 관계가 있다고 하겠다.

앞서 우리는 연결된 두 문장을 화자가 각각 어떠한 층위에서 인식하느냐에 따라 時點의 요소와 視點의 요소가 연결될 수 있는 가능성에 대하여 주(23)에서 잠시 언급한 바 있다. {더}의 출현에만 국한할 경우 다음의 세 가지 다른 양상으로 구분될 수 있다.

(21) (a) ……더…, …………('나, 가'의 예)
(b) …………, ……더…('가, 나'의 예)
(c) ……더…, ……더…('나, 나'의 예)

두 개의 장면이 접속문으로 연결되어 나타날 경우의 {더}의 출현양상은, 두 장면 사이의 관계와 의식의 위치 관계를 화자가 어떻게 인식하느냐에 따라 (21)에서와 같이 세 가지 경우로 나누어 볼 수 있다. 다음의 예들을 보기로 하자.

(22) (a) 구든 城을 모ᄅᆞ샤 갏 길히 <u>입더시니</u> 셴 하나비ᄅᆞᆯ 하ᄂᆞᆯ히 브리시니 〈용가 19〉
(b) 兄弟 變이 이시나 因心則友ㅣ 실씨 허므를 <u>모ᄅᆞ더시니</u> 〈용가 119〉
(c) 偸羅國 婆羅門 迦葉이 三十二相이 ᄀᆞᆽ고 글고 만히 가ᅀᆞ며러 布施도 <u>만히 ᄒᆞ더니</u> 제 겨집도 됴ᄒᆞᆫ 相이 ᄀᆞᆽ고 世間앳 情欲이 <u>업더라</u> 〈석보 6: 12ㄱ〉

접속어미로 연결된 두 문장에 時點이든, 視點이든 시제요소가 나타날 경우에는 연결된 각각의 문장이 각각의 장면으로 인식됨을 보여 준다. (22)의 예들은 모두 각각의 장면으로 인식된 것으로 이해된다. 그렇지만 각각의 장면에 대한 인식태도는 화자의

---

33) 접속어미와 시제요소 특히 {더}와의 공기제약에 대해서는 권재일(1985:53-79) 참조.

소관일 수밖에 없는 것이다.

時點과 視點의 요소가 통합관계를 이룰 수도 있다는 점에서 필자는 {ø던}과 {리던}의 존재 가능성을 지적한 바 있는데, 접속구문에서도 현대국어의 {었더니}, {겠더니}에 대응되는 {ø더니}, {리더니} 등을 찾아볼 수 있다. 시간을 언어적으로 나타내는 가능한 방법으로는 문법형태소에 의한 방법과, 특정어휘에 의한 방법 그리고 어순에 의한 방법 등을 들 수 있다. 어순에 의한 방법을 배제하지 않는 한 연결된 뒤의 문장이 과거시제일 경우 앞의 문장에 보이는 視點의 {더(니)}는 단순한 {더(니)}가 아니라 {ø더(니)}로 이해될 수도 있다. {리러니}는 다음의 예 (23)으로 文證된다.

(23) 讒口ㅣ 만ᄒᆞ야 罪 ᄒᆞ마 <u>일리러니</u> 功臣ᄋᆞᆯ 살아 救ᄒᆞ시니 〈용가 123〉

우리는 앞서 {더}가 인칭제약과는 무관한 현태소라는 견해를 피력한 바 있다.

(24) (a) 술을 마셨더니 얼굴이 빨개졌다.
(b) 술을 마시더니 얼굴이 빨개졌다.

현대국어의 예인 (24a)는 1인칭만이 가능하고 (24b)의 예는 2,3인칭만이 가능하다. {더}가 인칭 제약을 보인다고 할 때의 논리대로라면 (24)의 예에서는 過去時點의 {었}이 인칭제약을 지닌 요소라고 해야 할 것이다. 그러나 단순문과 관형구문 그리고 접속구문의 예들에서 보듯이 인칭제약은 개별 형태소나 특정어휘가 가지고 있는 것이 아니라 문장해석층위에서 설명되어야 할 것이다. 다음의 예 (25)는 중세국어의 접속구문에 있어서도 {더}구문이 인칭제약을 지니지 않음을 보여 준다.

(25) (a) 내 그저긔 됴ᄒᆞᆫ 瓔珞을 <u>가젯다니</u> ᄒᆞᆫ 사ᄅᆞ미 밦中 後에 파내야 〈월석 10: 25ㄴ〉
(b) 이 열두 夜叉大將이 各各 七千夜叉로 眷屬 <u>사맷더니</u> ᄒᆞᆫᄢᅴ 소리 내야 ᄉᆞᆯᄫᆞᄃᆡ 〈석보 9:39ㄱ, ㄴ〉

현대국어 過去時點의 {았}의 소급형인 {아 잇}과 결합된 {더니}의 예인 (25) 특히 (25b)의 예는 (26)의 예와 좋은 대조를 이룬다.

중세국어에서 {더}와 결합되는 접속어미로는 {니}이외에도 가정이나 조건을 나타내는 {더든}, {던댄} 따위가 있다.

(26) (a) ᄒᆞ다가 人天이 本來ㅅ ᄆᆞᅀᆞᄆᆞᆯ 아더든 엇뎨 어리미혹ᄒᆞ야 귀를 기우려 드로ᄆᆞᆯ 쁘리오 〈금삼 4:41ㄴ〉

(b) ᄒᆞ다가 내 큰 法 즐기던댄 오로 맛디샤미 오ᄅᆞ시리랏다 〈법화 2:232ㄱ〉

우리는 앞서 화자가 의식하고 있는 '거짓'과는 달리 가정이나 조건의 장면에는 특별한 제약이 없이 화자의 의식이 이동할 수도 있음을 보았다. 그러나 우리가 취한 (26)의 {더}구문은 의식의 이동을 보이지 않고서 조건이나 가정의 장면을 설정하고 있는 예들이다.

지금까지 우리는 접속구문에 나타나는 {더}의 모습들을 살펴보았다. 접속된 두 문장이 각각의 장면으로 인식될 수도 있다는 가정이 정당한 한, 우리는 접속구문에 보이는 {더}도 視點의 문제로 이해될 수 있음을 알 수 있었다.

2.5. 앞서 우리는 인간의 시간에 대한 인식방법에는 두 가지 가능성이 있음을 살펴 그들을 각각 時點의 문제와 視點의 문제라 일컫고, {더}는 바로 視點의 문제에 속하는 것으로 보았다. 그러나 역으로 {더}가 時點의 문제에 속하고, 우리가 時點의 문제에 속하는 것이라고 보았던 요소들이 視點의 문제에 속하는 것이라고 이해할 수 있는 가능성도 있다. 여기서 우리는 우리의 작업이, {더}에 관한 기존의 논의들이 모두 나름대로의 진리를 담고 있음을 인정하고, 그들 모두가 수용될 수 있는 {더}의 본질을 찾고자 하는 데 있는 것이었음을 기억할 필요가 있다.

{더}의 의미가 과거나 회상에 국한되는 것이라고 한다면,[34] {더}는 時點으로도 해석될 수 있고, 視點으로도 해석될 수 있을 것이다. 그러나 앞서 살펴본 바와 같이 기존의 논의들은 {더}의 의미·기능이 단순한 과거나 회상만은 아님을 보여 주고 있다. 특히 한문 원전을 意譯할 경우에 원전에는 없는 제 3 자의 발화를 이용하여 인용의 의미를 나타낼 경우에 사용되는 {더}는 視點으로써만 설명이 가능하였고,[35] 현대국어의 예인 '10년 전에 차를 사더라'가 비문법적인 것도 視點 이동의 한계 즉 시야의 한계로써 이해할 수 있었다. 아울러 대단히 암시적인 것이기는 하지만 '갔음, 감, 가겠음; 갔기, 가기, 가겠기' 등의 명사화가 자연스러운 반면 '*가덤, *가늠, *가늠'이나 '*가더기' 등이 비문법적인 것이 되는 것도 視點이동의 한계를 보여 주는 것으로 생각된다. 명사

34) 그럴 경우라 하더라도 둘 상에는 상당한 양보가 요구되거나, '과거=회상'이라는 등식이 성립되어야 할 것이다.

35) 주 21 참조.

화가 視點이동에 대한 장벽을 구성하고 있기 때문이다. '*갔덤, *가덤, *가겠덤 ; *갔더기, *가더기, *가겠더기' 등의 성립 불가능함도 마찬가지로 이해될 수 있다. 또한 {더} 구문이 지니고 있는 보고나 비현장성, 무책임성이나 단절 등의 의미도 {더}가 視點의 문제에 위치하는 요소라는 데에 기인하는 화자의 관찰자로서의 태도로 설명이 가능하였다.

앞서 우리는 {더}와 관련된 문제점들을 (2)에 정리한 바 있다.

{더}와 인칭제약의 문제는 (24) 등의 예를 통하여 {더}가 인칭제약과는 무관한 것임을 알 수 있었다. 또한 {더}가 과거의 사건이나 명제 내용에 대한 화자의 현재적인 인식위치를 나타낸다는 기능을 지님으로써 미래적인 속성을 가지는 명령, 청유, 약속, 허락 등에 나타나지 못함은 오히려 당연한 것이라 할 수 있다. 그렇지만 視點의 문제에 속하는 요소들은 아직 실현되지 않은 사건이나 명제 내용이라 하더라도 화자의 의식세계 속에서는 실현되어 있는 것으로 인식하고 있어야만 사용이 가능한 요소라는 점에서 화자가 사건이나 명제 내용의 실현을 전제로 하는 한 未來視點의 {ㄴ}는 미래적인 속성을 지닌 명령, 청유, 약속, 허락 등에 사용될 수 있다.[36]

그러나 (2c)와 (2d)의 문제에 대해서는 그 명확한 답을 후일로 미룰 수밖에 없는 형편이다. 다만 {더}에 연결되는 접속어미가 제한되는 이유는 물론 {더}에 1차적인 책임이 있는 것이겠지만, 접속어미 자체의 속성 또한 상당히 중요한 요인이 되리라는 점과 현대국어에서 {더} 구문이 존대의 의미를 지니지 못하는 것도 {더} 자체의 문제가 아니라 사회적인 의식의 변화 등에서 찾아져야 할 문제라는 점만은 지적해 두기로 한다.[37] (2e)의 문제는 {더}가 화자의 視點과 관련된 요소라는 점에서 찾아야 할 것으로, 이미 끝나 버린 사건이나 명제 내용은 우리의 視點 속에 담길 수 없다는 사실로 이해될 수 있다.

3. 인간이 시간을 어떻게 인식하고, 그것을 어떻게 언어적으로 표현하느냐 하는 문제로부터 출발하여 2원적인 시제체계 즉 時點의 체계와 視點의 체계를 설정해 보았다. 모든 언어가 그들 두 체계를 언어에 반영하고 있지는 않다고 하더라도 국어에는 그들

---

36) 군대 등의 특수집단에서는 명령에 未來視點의 {느}를 사용하는 경우가 있다.
(a) 귀관들은 내일부터 새로 오는 대대장의 지시를 받는다!
(b) 귀관들은 내일부터 새로 올 대대장의 지시를 받아라!

37) 손님이 왔을 경우, 방에 그대로 앉아서 '누구시냐고 여쭈어라' 하던 예전의 풍습이 현대에 와서는 심한 결례가 된다는 점이 시사하는 바는 실로 크다. {더}는 화자의 의식이 고정된 현재(발화시) 위치를 나타내는 기능을 지니고 있기 때문이다. 하지만 경상도방언 화자에게는 '갑디다, 먹습디다' 등의 예가 여전히 존대의미를 갖는다.

두 체계가 반영되어 있음을 알 수 있었다. 특히 {더}는 視點과 관계된 요소로서, 2원적인 시제체계 속에서 비로소 정당한 위치를 부여받을 수 있다는 사실도 알 수 있었다.

중세국어의 {더}를 2원적인 시제체계 속에서 이해함으로써, 단순문과 관형구문 그리고 접속구문에 나타나는 {더}를 포괄적으로 수용할 수 있는 기능을 파악할 수 있었고, 그간 과거, 회상, 보고, 경험, 무의도, 무책임, 그때—그곳, 단절 등으로 논의된 {더}의 의미들은 (8)과 같은 {더}의 원초적인 속성에서 비롯되는 부차적인 것임도 알 수 있었다. 물론 시제를 직접시제와 회상시제로 나누어 살핀 崔鉉培(1955=1937) 등에서 시제를 2원적인 것으로 보기도 하였지만, 그것이 인간의 시간에 대한 인식방법과 그의 언어적인 표현 방법을 염두에 둔 체계 전체의 모습은 아니었고, 그 이후 논의가 거듭될수록 체계 전체의 모습보다는 개별형태소의 의미추구에 보다 많은 노력을 경주해 왔다고 할 수 있다.

2원적인 시제체계 속에서 우리는 서로 다른 통사적인 구성에 나타나는 제약현상에 대한 올바른 이해의 근거도 찾아보고자 하였다. 그러나 관형구문과 접속구문에 대해서는 시제요소뿐만 아니라 연결되는 어미 자체에 대한 문제점들로 인하여 충분한 논의를 할 수 없었다. 2원적인 시제체계 속의 요소들이 보여주는 통합관계와 未來視點의 {ᄂᆞ}에 대한 충분한 논의도 후일로 미룰 수밖에 없었다. 현재시제의 {ᄂᆞ}도 時點과 視點의 두 층위로 이해될 수 있다는 가능성을 보았을 뿐이다. 사건이나 명제내용에 대한 화자의 인식태도를 시제요소에서 찾아보고자 한 것도 이제 겨우 제안의 단계를 거치는 중이다. 2원적인 시제체계의 설정이 정당한 것이라 할 경우, 화자가 어떤 경우에 어떤 체계를 선택하느냐 하는 문제 즉 문체 선택의 문제나 양태와 관련된 문제 자체가 보다 큰 문제로 부각이 될 것은 틀림이 없다. 많은 보완이 요구된다고 하겠으나, 그러한 작업이 언제나 전체적인 체계 속에서 이루어져야 함은 물론이다.

10. 16세기 국어의 시제체계와 변화 양상

1.0 본고는 16세기 국어 시제 체계의 모습을 파악하고, 그를 바탕으로 하여 시제 체계 변화의 내용을 파악하는 데에 일차적인 목적을 둔다.1) 이는 본고를 통하여 접근하려는 시제 체계의 모습이 정태적인 성격의 것이 아니라는 사실을 의미한다. 언어와 같이 변화를 본질적인 속성으로 가지고 있는 대상에 대한 올바른 접근은 정태적인 측면뿐만 아니라 그 동태적인 측면에서도 이루어져야 한다는 인식을 논의 진행의 바탕으로 삼고 있기 때문이다.

언어의 변화가 언어를 구성하고 있는 모든 층위에 걸친 것이라는 사실이 별도의 설명을 요구하는 명제는 아니라 하겠으나, 현실적으로 언어 변화에 대한 기존 논의들의 상당수가 음운부나 형태부 또는 어휘부에 치우쳐 있음은 인정해야 할 것이다. 통사부가 다른 언어 층위에 비하여 상대적으로 안정된 모습을 보인다는 데에 이유를 두고 있으나 그것이 통사부의 변화를 인정하지 않는다는 것과는 상당한 거리가 있다고 하겠다.

언어의 변화를 다룬 논의들이라고 하더라도 체계 파악이 용이한 음운부에 관한 논의를 제외하고는 대개 체계보다는 구성 요소의 출현과 소멸 또는 기능이나 의미의 변화에 관심을 가져온 셈이다. 하지만 체계를 이루고 있는 구성 요소의 변화가 체계의 변화와 별개의 것일 수 없음은 오히려 자명하다 할 것이다.

또한 16세기 국어에 국한된2) 통사부 또는 문법부의 체계 변화라고 하더라도 그것이

---

* 이 논문은 2000년도 한국학술진흥재단의 지원에 의하여 연구되었음(KRF-2000-041-00060)

1) 국어 시제의 본질이 무엇이냐 하는 데에 관한 논의는 피하기로 한다. 여기서는 국어의 시제 형태소가 양상의 의미를 보이거나, 상적인 속성을 띠고 있다고 하더라도, 그것이 시제 형태소의 일차적인 의미는 아니라는 태도를 취하기로 한다. 시제의 구분도 일단 과거, 현재와 미래의 3분법을 가져오기로 한다. 한재영(1986)에서의 태도를 참조할 것.

2) 국어의 시대를 세기별로 구분하는 데에 관해서는 이의가 있을 수 있을 것이다. 하지만 후기 중세 국어를 이루는 15세기의 국어가 안정적인 모습을 보이는 반면에, 근대국어로의 전환기적인 성격을 가지는 16세기는 상대적인 역동을 보인다는 점에, 세기별 시대 구분의 근거를 둘 수 있을 것이다. 16세기 국어 자료와 그들의 성격에 관해서는 한재영(1994:5-10)을 참조할 것.

해당 통사범주나 문법범주에 따라 서로 다른 변화의 양상으로 나타나리라는 것을 상상하는 데에 그리 큰 노력이 필요한 것은 아니다. 주지하는 바와 같이, 격조사들의 경우 그 목록이 간결화되기는 하였으나 그들이 이루는 격체계 자체에 변화가 있었다고 하기는 어려운 반면에, 대우법의 경우에는 겸양법의 '-숩-'이 소멸 내지는 기능 약화되어 체계의 축소 변화 양상을 보이고, 우리가 살피려는 시제 체계의 경우에는 새로운 시제형태소의 마련을 통하여 체계가 확충되어 가는 양상을 보여 서로 다른 문법 범주에 따라 체계의 변화도 다른 모습으로 나타남을 확인할 수 있기 때문이다.

체계 변화에 대한 이러한 인식은 본고를 통하여 살피게 될 16세기 국어 시제 체계에 대한 기본적인 태도를 이룬다. 이제 먼저 16세기 국어에 보이는 시제형태소들에 대한 구체적인 예들의 검토를 통하여 16세기 국어 시제 체계의 모습을 확인해 가기로 하자.

1.1 16세기 국어의 시제가 그간의 개론서 등에서 다루어지지 않았던 것은 아니나, 본격적인 검토의 대상이 된 것은 허웅(1977) 등에 와서의 일이다. 허웅(1977)은 15세기 이래의 국어 시제의 역사적인 변천 과정을 다루는 작업의 일환으로 이루어진 것으로, 현실법·확정법·추정법·회상법(경험법)으로 나누어 그들의 표현 형태에 주목한 것이다.[3] 사실 겉으로 드러나는 표현 형태의 변천에만 관심을 가지기로 한다면, 허웅(1977, 1989) 등에서 지적된 현실법의 '-ᄂᆞ다'가 내포문에서 '-ㄴ다'로 바뀐다든가, 15세기 말에 나타나기 시작한 '앗'이[4] 확립되었다든가 하는 정도의 내용으로도 만족할 수 있을 것이다.

그러나 16세기 국어의 시제체계와 그의 변화 양상에 대한 온당한 이해를 위해서는 각각의 개별 자료에 대한 충실한 접근이 선행되어야 한다. 통시적인 작업의 내용이 표면적인 현상의 나열로만 채워지는 것에 대해서는 물론 동의하기가 어렵다. 표면적인 변화가 담고 있는 구체적인 내용, 즉 의미·기능상의 차이나 변화의 동인(動因) 또는 변화의 성격과 같은 문제들이 관심의 대상이 되어야 할 것이기 때문이다. 그렇지만 그러한 논의도 자료에 대한 충실한 검토 내용이 바탕이 되어야 한다는 점에 대해서 많은 설명이 필요한 것은 아닐 것이다.

이제 본고는 다음과 같은 순서로 논의를 진행해 가기로 한다. 먼저 본고에서 논의 진행의 전제로 삼게 되는 국어 시제 체계의 모습을 15세기 국어의 시제 체계를 근거로 삼아 제시하고, 그에 기대어 16세기 국어 시제를 구성하고 있는 요소들을 확인하여,

---

3) 용어를 '현실법·확정법·추정법·회상법(경험법)'으로 사용하고 있으나, 일반적인 시제 논의에서 사용되는 '현재시제·과거시제·미래시제·회상시제'에 대응되는 것으로 보아도 무리가 없다. 용어상의 차이는 문제로 삼지 않으려는 것이다.

4) '앗'의 이형태로 '엇', '엿' 등이 있으나, 구분의 필요가 있을 경우를 제외하고는 '앗'으로 나타내기로 한다. 마찬가지로 '앳, 엣, 옛' 등에 대해서도 '앳'을 대표로 삼는다.

그들의 의미와 기능들을 살펴보고자 한다. 16세기 국어 시제의 내용은 그러한 과정에서 자연 드러나게 될 것이다. 그를 바탕으로 국어 시제 체계의 구성 요소들 사이의 역할 부담에 대한 변화 양상도 살피게 된다.

2.0 국어 시제 체계의 모습에 대해서는 한재영(1986)을 통하여 제시한 바 있다. 중세국어에서의 '-더-'의 자리 매김을 위한 작업이었으나,[5] 그를 통하여 국어가 가지고 있는 시제 체계가 다른 언어와는 달리 '시점(時點)시제체계'와 '시점(視點)시제체계'의 이원적인 구조로 이루어져 있음을 이야기한 것이다. '-더-'의 의미나 기능에 대한 여러 가지 해석과는 무관하게, '-더-'가 시간과 모종의 관계를 가지고 있는 이상 시간축 위에 일정한 자리를 차지하고 있으리라는 생각으로부터 시제 체계에 대한 접근을 꾀한 것이었다. 시제에 관한 일반적인 논의에서 취하는 〈그림 1〉과 같은 단일 체계에서는 '-더-'의 자리를 찾을 수 없었기 때문이다.

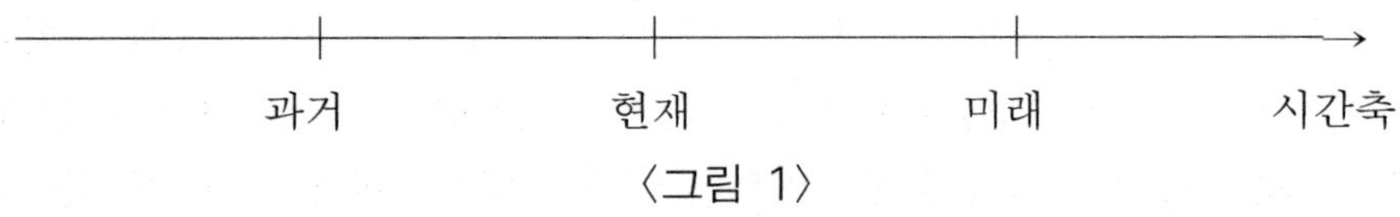

〈그림 1〉

'-더-'에 대한 상당수의 기존 논의들이 일반적인 시제에 대한 이해와는 다소 거리가 있는 회상시제라는 표현을 가져오거나 시제와의 직접적인 관계를 찾기는 어려운 설명들로 접근하려 하였던 까닭 중의 하나를, '-더-'가 시제와 무관하지 않다는 점은 인정하면서도 시간축 위에서 그 자리를 찾을 수 없었던 데에 있다고 이해한 것이다.

시간에 대한 인간의 인식 방식과 그에 대한 언어적인 표현이라고 하는 보다 원초적인 문제로부터 검토를 시작하였던 것은 그와 같은 문제의 해결을 위하여 취한 그간의 태도에 적지 않은 문제가 있었다는 판단에 근거한 것이었다. 한재영(1986)에서는 사건이나 명제의 현장으로 인간이 이동하여 보는 것으로 인식하느냐 아니면 고정된 위치에서 사건이나 명제의 현장을 바라보는 것으로 인식하느냐 하는 것과 그러한 인식의 내용이 언어적으로는 어떻게 반영되느냐 하는 것을 일차적인 관심의 대상으로 삼았던 것으로, 다른 언어에서의 시제 표현이 인간의 시간에 대한 두 가지 인식 가능성 가운데 어느 하나만을 취하고 있는 반면에,[6] 국어의 시제는 그들 두 가지 서로 다른 인식의

5) '중세국어'라고 하였으나 보다 정확히는 '15세기 국어'라고 하는 편이 옳다. 검토 대상 자료가 모두 15세기 자료였었기 때문이다.

6) 우리의 용어로는 '시점(時點)시제체계'를 뜻한다. 보다 구체적인 내용에 관해서는 한재영(1986)을 참조할 것.

내용을 언어적으로 모두 반영하고 있음을 알 수 있었다. 다음의 〈그림 2〉와 〈그림 3〉은 15세기 국어 자료를 대상으로 한 두 가지 시제체계의 모습을 보인 것이다.

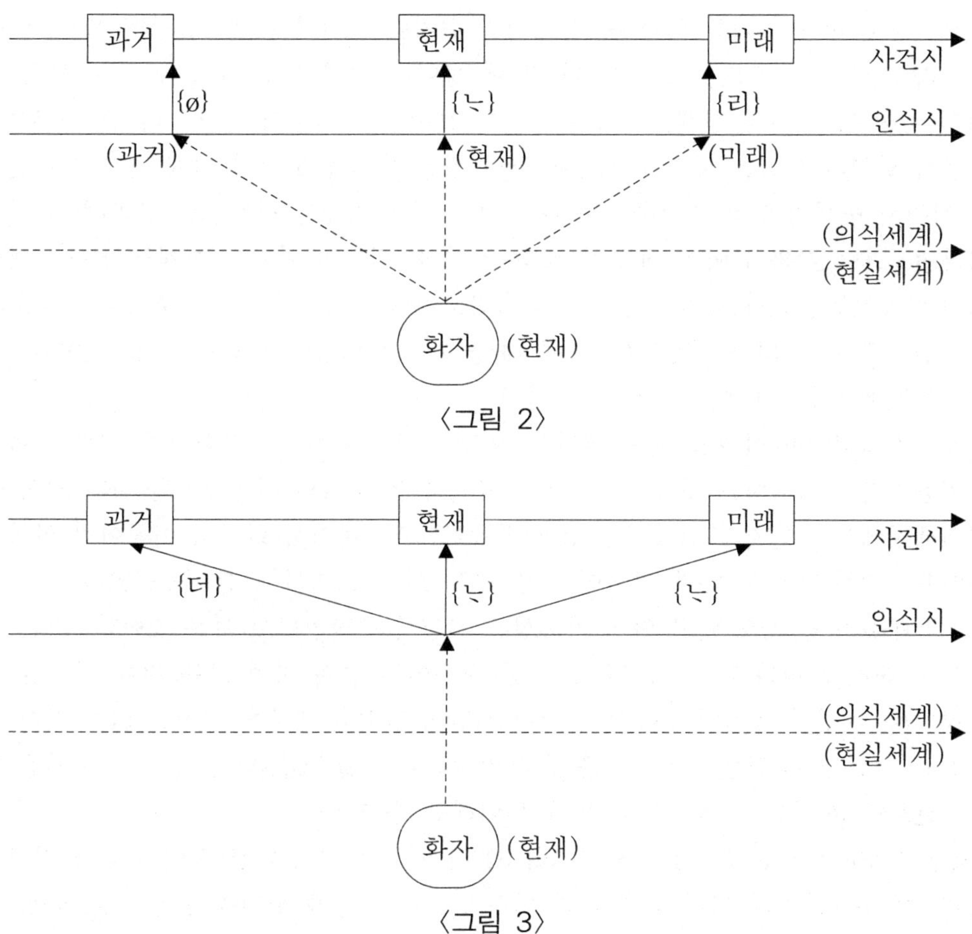

〈그림 2〉

〈그림 3〉

먼저 위의 〈그림 2〉는 화자의 의식이 사건이나 명제의 현장으로 이동하여 사건이나 명제의 현장에 함께한 것을 나타낸 것이다.

다음의 예들이 그것이다.[7)]

(1) 가. 王이 怒ᄒᆞ야 니ᄅᆞ샤ᄃᆡ 畜生ᄋᆡ 나혼 거실ᄊᆡ 그러ᄒᆞ도다 ᄒᆞ시고 夫人ㅅ 벼슬 아ᅀᆞ시고 그 蓮花ᄅᆞᆯ ᄇᆞ리라 ᄒᆞ시다 〈석보 11:31ㄱ〉

나. 이제 惡趣예 이셔 至極 수고ᄒᆞᄂᆞ다 〈월석 21:53ㄴ〉

7) 이원적인 시제체계를 취하고 있는 한재영(1986)에서의 예들을 가져온 것이다.

다. 내 願을 아니 從ᄒᆞ면 고졸 몯 어드리라 〈월석 1:12ㄴ〉

위의 예 (1가,나,다)에서의 화자의 현실세계의 위치는 절대적인 현재이지만 화자의 사건이나 명제 내용에 대한 위치 즉 상대적인 위치는 과거의 현재, 현재의 현재, 미래의 현재라고 할 수 있으며, 예 (1가,나,다)에 보이는 시제 요소, 'ø', 'ᄂᆞ', '리' 등은 각각 과거의 현재, 현재의 현재, 미래의 현재를 보여주는 기능의 형태소라 할 수 있다. 이는 흡사 일련의 사건을 시간의 흐름에 따라 찍은 사진을 고정된 벽에 순서대로 전시하고, 전시된 순서에 따라 사진을 찾아가서 보는 것에 비교될 만한 것으로 時點의 문제를 나타낸 〈그림 2〉와 같이 이해될 수 있는 것이다. 하지만 여기서 한재영(1986)에서와 같이 時點時制體系의 과거시제 요소를 'ø'라고 하는 것은 잠정적인 조처로서 다소의 수정이 필요하다. 논의가 진행되어 감에 따라 수정의 내용이 드러나게 될 것이다.

이는 현실세계에서의 화자의 위치는 언제나 절대적인 현재이지만, 명제내용이 시제 형태소와 결합되어[8] 발화될 때는 화자의 위치가 의식적이든 무의식적이든 사건 현장으로 이동한다고 이해하는 것으로 〈그림 2〉의 점선은 의식의 이동방향을 나타낸다. 이는 현실세계에서의 화자의 위치와는 별개의 문제로서, 여기서 화자의 이동이란 의식의 이동이며 그러한 의식은 화자 자신이 느낄 수도 있고 느끼지 못할 수도 있다.

시간에 대한 인간의 또 다른 인식 가능성은 시간이 움직인다고 보는 것이다. 이는 흡사 시간의 순서에 따라 찍은 사진을 고정된 위치에서 넘겨 가며 보는 것에 비교될 수 있을 것이다. 시간이 움직인다고 보는 것이 시간과 밀접한 관계를 가지고 있는 것이 사실이지만 〈그림 2〉에 보인 "時點의 문제"와 비교하여 그를 "視點의 문제"라 이름지은 바 있다. "視點의 문제"는 〈그림 3〉을 통하여 이해될 수 있다.

한재영(1986)에서는 〈그림 2〉와 〈그림 3〉 사이에 두 가지 다른 점이 있음을 지적하고 있다. 하나는 화자의 위치 즉 의식의 위치가 고정된 현재 위치라는 점이고, 다른 하나는 사건(명제)의 장면 속에 화자의 視線이 함께 하느냐 하지 않느냐 하는 것으로 사건이나 명제 내용의 현실성을 나타낸다는 점이다. 그림에서는 화살표의 끝이 □에 닿는 위치의 차이로 나타내었다. 〈그림 2〉에서는 과거와 미래를 보이는 화살표가 사건이나 명제 내용을 나타내는 □의 처음과 끝에 각각 닿아있음에 비하여 〈그림 3〉에서는 □의 중앙에 닿아있다는 것이 그것이다. 첫 번째의 차이점이 시간을 인식하는 방법상의 차이에서 기인하는 보다 본질적인 것이라면, 두 번째 차이점은 그를 언어적으로 표현하는 과정에서 비롯되는 부차적인 것이라고 할 수 있다. 논의가 진행되어 감에 따라 드러나게 되겠지만 이러한 두 가지 차이는 16세기 국어에서 보이는 시제 구성 요

8) 가시적인 형태소는 물론 'ø' 형태소까지 포함한다.

소들의 변화에 중요한 요인이 되는 것으로 보인다.

다음의 예 (2가,나,다)는 〈그림 3〉이 나타내고 있는 視點時制體系의 과거와 현재, 미래의 예들을 각각 보인 것이다.

(2) 가. 朱崖ㅣ 머리터리 브텃ᄂᆞᆫ ᄃᆞᆺ고 碧海ㅣ 내 옷ᄀᆞ외롤 부더라 〈두언 25:5ㄴ〉
　　나. 能이 닐오ᄃᆡ 能은 字ᄅᆞᆯ 아디 몯ᄒᆞ노니 請ᄒᆞᆫᄃᆞᆫ 上人이 爲ᄒᆞ야 닐그라 〈육조 上:23ㄷ-24ㅇ〉
　　다. 이 南堀ㅅ 仙人이 ᄒᆞᆫ ᄯᆞᄅᆞᆯ 길어내니 양ᄌᆡ 端正ᄒᆞ야 世間애 쉽디 몯ᄒᆞ니 그 ᄯᆞᆯ ᄒᆞᇙ 時節에 자최마다 蓮花ㅣ 나ᄂᆞ니이다 〈석보 11:27ㄴ〉

(2가)의 예를 보이는 시의 전체 내용은 옛일을 돌이켜 생각하는 것으로 되어 있다. 단순한 추억이 아니라 돌이켜 생각하는 내용이 아쉬움이나 반성이나 후회 등이라고 할 경우에는 화자의 현재 위치에 대한 인식이 앞서야 함이 오히려 당연한 것이라 할 수 있다. 視點時制體系의 현재의 예를 보이고 있는 (2나)는 화자 자신이 자신을 표현하면서 자신의 이름을 사용하여 자신의 일에 대하여 제 3자적인 태도나 관찰자적인 태도를 취한 것으로 이해할 수 있다. (2나)의 예에서와 같은 고유명사가 아니라고 하더라도, '妾, 臣, 小子, 小人' 등으로 화자 자신을 지칭하는 경우에는 역시 같은 방법으로 이해하여야 할 것이다.

視點時制體系의 과거와 현재를 보이는 (2가,나)에 관해서는 한재영(1986)에서 살핀 바가 있으나, 미래시제에 관해서는 현대국어의 예를 통하여 간접적으로 살피는 데에 그쳤기 때문에, (2다)의 'ᄂᆞ'에 관해서는 다소의 설명이 필요하다고 할 수 있다. (2다)의 예는 南堀 仙人의 딸이 움직일 때에는 자취마다 연꽃이 생긴다는 내용이다. 이 경우에 보이는 '나ᄂᆞ니이다'의 'ᄂᆞ'는 'ᄒᆞᇙ 時節'에 보이는 시제와 호응하는 시제요소로서 보아야 한다. '이번 방학에는 제주도에 놀러 간다.'에 보이는 시제와 동일한 미래시제인 것이다. '리'와는 視點時制體系를 구성하는 요소로서 기능과 의미에 차이를 보이는 것으로 현대국어의 그것과 다르지 않다.[9] 視點時制體系의 미래시제로 이해할 수 있는 경우로는 다음의 (3)과 같은 예들이 있다.

---

9) 視點時制體系의 미래시제 예를 보이는 'ᄂᆞ'에 대하여 고영근(1981:95)에서는 직설원칙법으로 이해하면서 원칙법의 사건시는 보통 발화시와는 무관한 것으로 보고 있다. 고영근(1981)에서 제시하고 있는 원칙법으로는 직설원칙법 이외에도 회상법, 추측법, 추측회상법, 확인법을 바탕으로 하여 성립하는 경우가 있다. 이들 원칙법에 대해서 의무, 허락, 금지 등의 의미를 함축할 수 있다고 하는 바 의무, 허락, 금지의 기본적인 속성이 미래적인 것임도 상기할 필요가 있다.

(3) 가. 王ㅅ ᄆᆞᅀᆞ매 아모 ᄃᆡ 나가고져 ᄒᆞ시면 그 술위 절로 그우러 아니한 ᄉᆞᅀᅵ예 天下 를 다 도ᄅᆞ시ᄂᆞ니 〈월석 1:26ㄱ〉

나. 남기 높고도 불휘를 바히면 여름을 다 ᄣᅡ 먹ᄂᆞ니 〈월곡 99〉

다. 福올 닷가 하늘해 나앳다가 福이 다ᄋᆞ면 도로 ᄂᆞ리ᄂᆞ니라 〈월석 1:42ㄱ〉

위의 (3)에 보이는 'ᄂᆞ'의 예들은 '~하면 ~한다'와 같은 접속 형식의 구문이다. 이와 같은 형식의 구문에서의 후행 명제의 시제적인 속성을 미래적인 것으로 이해하는 것은 온당한 것이라 하겠다. 이러한 'ᄂᆞ'의 미래적인 용법은 현대국어에서도 다르지 않다. 다음 (3′)에 보이는 '공부한다'의 'ㄴ'가 그것이다.

(3′) 여러분은 내일부터 새로운 책으로 공부한다.

2.1 앞서 간단히 살핀 바와 같이 국어의 시제체계는 '시점(時點)시제체계'와 '시점(視點)시제체계'의 이원적인 구조로 이루어져 있으며, 그 내용에 있어서도 중세국어와 현대국어가 그리 큰 차이를 보이지는 않음을 알 수 있었다. 과거와 현재 그리고 미래로 이루어진 각각의 시제체계가 그렇고, 그들을 구성하고 있는 요소들의 표면적인 모습도 일견 시점(時點)시제체계의 과거시제 표지가 'ø'에서 '았/었'으로 바뀌었다는 점 이외에는 큰 차이를 보이지 않는 것으로 이해할 수도 있다는 것이다.[10]

15세기 국어의 시제체계와 16세기 국어의 시제체계에 관해서도 그와 유사한 태도의 이야기를 할 수 있을 것이다. 이미 기존의 논의들을 통하여 언급된 바와 같이 현대국어의 과거시제를 나타내는 '았/었'이 15세기 국어에서는 'ø' 형태였으나 16세기를 거치면서 '아 잇 〉 앳 〉 앗'과 같은 과정을 통하여 생성된 것이라는 태도를 취한다면 시제체계의 변화에 관한 더 이상의 논의는 무의미한 것으로 생각할 수도 있다.

그러나 그와 같은 태도에는 15세기와 16세기의 자료를 조금만 살펴보면 적지 않은 문제가 있음을 알 수 있다. 여기서 우리는 일단 관심의 범위를 시점(時點)시제체계의 과거시제에 국한하기로 한다. 과거시제는 표면적인 변화가 두드러진 부분이라는 점에서 시제체계의 변화와 관련된 논의의 출발점이 되어야 한다고 생각한 것이다. 논의 진행의 편의를 위하여 시점(時點)시제체계의 과거시제와 관련된 문제를 정리하여 보면 다음의 (4)와 같다.

10) 중세국어의 'ᄂᆞ'가 현대국어에 와서 'ㄴ'로 된 것과 같이 음운체계의 변화에 기인하는 경우는 언급 대상으로 삼지 않기로 한다.

(4) 가. 통설화되어 있는 '아 잇 〉 앳 〉 앗'의 변화 과정의 내용은 무엇인가?
나. '아 잇', '앳', '앗'의 자료별·시기별 출현 양상은 어떠한가?
다. '아 잇', '앳', '앗'이 공존한다면 각각의 의미와 기능은 동일한 것인가?
라. 나아가 15세기 국어의 과거시제 요소에 대하여 'ø'로만 이해하는 것은 온당한 것인가?

이제 이들 문제에 대한 답을 찾아 나서기 위하여 먼저 15세기와 16세기의 구체적인 예들을 먼저 살펴보기로 하자. 위의 (4)에 제기한 문제에 대한 답은 그 과정에서 자연 드러나게 될 것이다.

2.2. 현대국어에서의 과거시제를 나타내는 '았'의 기원이 중세국어의 '아 잇'에 있다는 점에 대해서는 이론이 없는 듯하다. '아 잇'이 축약되어 '앳'이 되었다가 '앗'을 거쳐 현대국어의 '았'이 되었다고 하는 것이다.

그러나 '앗'의 기원이 '아 잇 〉 앳 〉 앗'에 있다고 하는 것이 이들 형태의 순차적인 출현 시기를 반영하는 것이 아니라는 점에는 유의할 필요가 있다. 다시 말하자면 그것이 과거시제를 나타내던 'ø' 형태를 대신하여 '아 잇'이 쓰였고, '아 잇' 대신에 '앳'이 쓰였으며, '앳'을 대신하여 '앗'이 쓰이게 되었음을 의미하는 것은 아니라는 것이다. 이는 15세기와 16세기의 국어 자료에 보이는 '아 잇'과 '앳' 그리고 '앗'의 전반적인 분포 양상이 '아 잇 〉 앳 〉 앗'의 양상을 보인다는 것과는 다른 의미이다.[11] 이는 한자와 같은 중국의 선진 문화가 한국을 거쳐 일본에까지 전파되었다고 할 때 전파된 문화적인 요소인 한자가, 전파가 완료된 시점이라고 하여 이전의 나라 즉 중국이나 한국에서는 더 이상 존재하지 않는다는 것을 의미하지는 않는다는 사실에 비견됨직하다.

다음의 예 (5), (6), (7)을 통하여 그러한 내용을 살필 수 있다. 모두 15세기 자료에서 찾아볼 수 있는 '도라오다'의 예들이다.

(5) 내 祇陀林 中에 도라와 잇거든 室羅城에 이션 나 업ᄃᆞᆺ ᄒᆞ야 〈능엄 3:22ㄴ〉
(6) 善友ㅣ 이제 바ᄅᆞ래 드러가 몯 도라왯ᄂᆞ니 〈월석 22:55ㄴ〉
(7) 하ᄂᆞᆯᄒᆞᆫ 오ᄂᆞᆳ 아ᄎᆞᄆᆡ 비 오고져 코 뫼핸 萬古앳 보미 도라왓도다 〈두언 14:6ㄱ〉

위의 (5), (6), (7)에 보이는 바와 같이, 동일한 시기에 표면형이 다른 형태가 유사한 기능을 수행하며 존재한다는 사실은 그들 사이에 모종의 차이가 있음을 의미하는

11) 뒤에 가서 다시 살피게 되겠지만, 16세기 국어에서는 '앳'의 예는 거의 보이지 않는다.

것으로 이해하는 것이 온당한 태도라 할 것이다. '아 잇'의 기본적인 기능은 '어떤 동작이 진행 중이거나 어떤 상태가 지속됨'을 나타내는 데에 있으며, '앗'의 기본적인 기능은 과거시제를 나타내는 데에 있다. '아 잇'과 '앗'의 이러한 기능은 16세기를 거쳐 근대국어와 현대국어에 이르기까지 크게 다르지 않다.

여기서 우리는 한재영(1986)에서 이야기하고 있는 시점(時點) 시제체계에서의 과거시제요소인 'ø'와 예 (7)에서의 '앗'과의 차이에 관하여 관심을 가질 필요가 있다. 'ø'와 '앗'이 아무런 차이도 없이 과거시제를 나타내는 것이라고 하기는 어렵기 때문이다. 시제를 나타내는 형태인 'ø'와 '앗' 사이의 차이를 살피기 위해서는 두 가지 측면에서 다가설 필요가 있다. 그 하나는 'ø'와 '앗'이 나타나는 대상 자료이며, 다른 하나는 'ø'와 '앗'이 출현하는 조건이 그것이다.

먼저 '앗'을 찾아 볼 수 있는 15세기와 16세기 자료 목록은 다음의 (8)과 같다.[12)]

(8) 가. 구급간이방언해, 구급방언해, 금강경언해, 금강경삼가해, 남명집언해, 내훈, 능엄경언해, 두시언해, 법화경언해, 삼강행실도, 석보상절, 선종영가집언해, 원각경언해, 월인석보, 육조법보단경언해

나. 간찰, 개간법화경언해, 경민편언해, 계초심학인문·발심수행장, 구황촬요, 논어언해, 대학언해, 맹자언해, 번역노걸대언해, 번역박통사언해, 번역소학, 벽온신방, 부모은중경언해, 선가귀감, 소학언해, 속삼강행실도, 여씨향약언해, 우마양저염역병치료방, 육자신주, 이륜행실도, 정속언해, 중용언해, 칠대만법, 효경언해

'앗'의 출현 양상만으로 본다면 '앗'의 출현 시기에 따른 (8가)의 15세기 국어와 (8나)의 16세기 국어 사이의 차이를 찾기란 그리 간단해 보이지는 않는다.[13)] 위의 (8)에 정리한 '앗'의 자료별 출현 양상과 같이 목록화하기는 어렵지만 과거시제 요소인 'ø'의 출현 양상에 대해서도 15세기와 16세기 국어의 차이를 찾아보기는 쉽지 않다.

(9) 가. 내 오ᄂᆞᆯ 實로 無情ᄒᆞ라 〈월석 21:219ㄱ〉

나. 므스므라 오시니잇고 〈석보 6:3ㄱ〉

(10) 가. 이믜셔 발조쳐 피 내오려 고티기 ᄆᆞ차다 〈번박 상:43ㄱ〉

나. 블디더 두면 아니한 ᄉᆞᅀᅵ에 넉ᄂᆞ니라 이 고기 넉거다 네 맛보라 〈번노 상:22

12) 제시하는 자료명은 갖춘 이름이 아니라 국어학계에서 통용되는 명칭을 사용하기로 한다.

13) 현전하는 '내훈'과 '삼강행실도'가 16세기 자료이기는 하지만 과거시제 요소의 출현 양상은 15세기 자료들과 같은 양상을 보여 (8가)에 함께 넣었다.

ㄱ〉

(11) 가. 傳ᄒᆞᄂᆞ니 ᄒᆞ마 고ᄃᆞᆫ 노ᄀᆞᆫᄒᆞᆫ ᄆᆞᅀᆞᄆᆞᆯ 보앗ᄂᆞ니라 〈두언 21:35ㄴ〉

나. 뫼햇 남기 구루믈 아나 하니 치운 虛空ᄋᆞᆫ 머리 우희 휫돌엇도다 〈두언 14:22 ㄱ〉

(12) 가. ᄲᆞᆯ리 ᄃᆡ답ᄒᆞ고 諾디 아니ᄒᆞ야 손애 일을 잡앗거든 더디며 〈소학 2:15ㄴ〉

나. 관져ᄂᆞᆫ 모시 편명이니 어딘 겨집븨 일 닐엇ᄂᆞ니라 〈정속 5ㄴ〉

위의 예 (9)와 (10)은 각각 (8)의 15세기와 16세기 자료에 보이는 과거시제의 형태 'ø'의 예를 보인 것이고,[14] 예 (11)과 (12)는 각각 (8)의 15세기와 16세기 자료에 보이는 과거시제의 형태 '앗'의 예를 보인 것이다. 그러나 이들 예만으로 15세기와 16세기 국어에서의 과거시제를 나타내는 데에 쓰인 형태로 'ø'와 '앗'이 있었으며, 그들 사이에 아무런 차이도 없는 것으로 이해하는 것은 안이한 태도라 할 것이다.

15세기 국어의 과거시제를 나타내는 데에 (8가)에 든 자료들에서 '앗'을 찾아볼 수 있다고는 하지만, 주로 쓰인 형태는 'ø'인 것이다. 특히 예 (11)에서와 같은 서술구문에 쓰인 '앗'의 예는 두시언해를 비롯한 몇몇 자료에 한한다. 15세기 국어에서의 'ø'가 과거를 나타내는 데에 쓰였고, 그것으로 과거시제를 나타내는 데에 충분하였다면 '앗'의 출현은 불필요한 것이었다고도 할 것이다. 다음의 예 (13)은 '앗'을 보이는 또 다른 15세기 국어의 예이다.

(13) 가. ᄯᅩ 과ᄀᆞᆯ이 ᄀᆞ오눌엿거든 雄黃ᄋᆞᆯ ᄀᆞᄂᆞ리 ᄀᆞ라 〈구급방 상:23ㄱ〉

나. 阿難아 므리 어름 ᄃᆞ외얏다가 어르미 도로 믈 ᄃᆞ외ᄃᆞᆺ ᄒᆞ니라 〈능엄 3:67ㄴ〉

위의 예 (13)은 서술구문을 보인 앞의 예 (9)~(12)와는 달리 '-거든'과 '-다가' 접속구문에 쓰인 '앗'의 예를 보인 것이다. 이들 (13)의 예에서 '앗'을 제거하여 보면 다음의 (13´)의 예와 같이 될 것이다.

(13´) 가. ᄯᅩ 과ᄀᆞᆯ이 ᄀᆞ오눌이거든 雄黃ᄋᆞᆯ ᄀᆞᄂᆞ리 ᄀᆞ라

나. 阿難아 므리 어름ᄃᆞ외다가 어르미 도로 믈 ᄃᆞ외ᄃᆞᆺ ᄒᆞ니라

위에 든 (13´)의 예를 보면 예 (13)에서의 '앗'이 필요한 이유가 보다 선명하여진다. 과거시제가 'ø' 형태로 반영된 (13´)의 예에서 (13)과 동일한 의미를 찾기는 어렵기 때

14) 예 (10)에 보이는 '거/어'가 과거시제나 타동성 여부를 나타내는 요소가 아니라는 논의에 관해서는 한재영(2002)를 참조할 것.

문이다. 특히 진행이 아닌 이미 이루어진 사건이나 동작을 나타내기 위하여서는 '앗'의 존재가 필요한 것이라 할 수 있다. 이해를 돕기 위하여 '-다가' 구문의 예를 좀더 살펴 보기로 하자.

(14) 가. 安樂國이 그 말 듣고 길ᄒᆞ로 向ᄒᆞ야 가다가 아바니믈 맛나ᅀᆞᄫᅡ 〈월석 8:100ㄴ〉
나. 아래 제 버디 주거 하ᄂᆞᆯ해 갯다가 ᄂᆞ려와 須達일ᄃᆞ려 닐오ᄃᆡ 〈석보 6:19ㄴ〉
다. 닶가와 房公ᄋᆡ 못 우희 갓다가 안자셔 楊子ᄋᆡ 東州에 鎭ᄒᆞ요ᄆᆞᆯ 맛보라 〈두언 15:27ㄴ〉

(15) 가. 오ᄋᆞᆫ 모미 고ᄅᆞᆫ 더러본 내 나거늘 天下앳 醫員이 고티다가 몯ᄒᆞ야ᄂᆞᆯ 〈석보 24:50ㄱ〉
나. 나ᄃᆞᄅᆞᆯ 미조차 고티며 일훔 둔 거슬 다시 고텟다가 만이레 패ᄒᆞ여 나면 〈번소 7:29ㄴ〉

(16) 가. 衛ㅅ 輒의 難애 나가다가 門이 다닷거늘 〈소학 4:42ㄱ〉
나. 죠고맛 일로 샤님ᄃᆞ려 아니 니르고 오래 나갯다가 오나ᄂᆞᆯ 〈월석 22:56ㄴ〉
다. ᄒᆞᆯᄅᆞᆫ 머리 나갓다가 오니 집븨셔 ᄡᅳᆯ 것 업세라 니르더니 〈이륜 43ㄴ〉

(17) 가. ᄯᅩ 비야 남진과 ᄒᆞ야 父母ㅅ 지븨 오다가 길헤 ᄀᆞᄅᆞ미 잇더니 〈월석 10:23ㄴ〉
나. 갓가온 이우제 가노라 갯다가 ᄒᆞᆫ갓 二妙ㅣ 왯다가 도라가다 드로라 〈두언 22:9ㄴ〉
다. 대강은 나왓다가 드더니거ᄃᆞᆫ 〈간찰 11〉

(18) 가. 오직 迷ᄒᆞᆫ 時節에 有ᄅᆞᆯ 잡다가 이제 輯이 다 아ᅀᅡ 〈원각 상2-2:37ㄴ〉
나. 珠體ᄅᆞᆯ 아디 몯ᄒᆞ야 오직 青黃ᄋᆞᆯ 자뱃다가 ᄒᆞ다가 摩尼ᄅᆞᆯ 보면 〈원각 상2-2:65ㄴ〉
다. 毎兵이 牌 ᄒᆞ나콰 ᄎᆞᆯ 환도 ᄒᆞ나ᄒᆞᆯ 자밧다가 환도ᄅᆞᆯ 손구비예 연ᄶᅩ 〈무보 16ㄱ〉

(19) 가. 忠誠이 이러ᄒᆞ실ᄊᆡ 죽다가 살언 百姓이 아ᄃᆞᆳ긔 衰服 니피ᅀᆞᄫᆞ니 〈용가 25〉
나. 禮예 너무ᄒᆞ야 ᄆᆡ양 울오 ᄂᆞ소소매 믄득 주겟다가 ᄭᆡ더니 〈번소 9:32ㄴ〉
다. 들어오디 아녀신 젼에 사ᄅᆞ미 진실로 죽엇다가 도로 살리 이시니 〈소학 5:55ㄴ〉

위의 예 (14)~(19)의 예는 동사 '가다, 고티다, 나가다, 오다, 잡다, 죽다'가 보이는 '-다가' 구문의 예이다.[15] 각각의 예 (가)는 '가다가, 고치다가, 나가다가, 오다가,

15) 예 (17다)는 '왓다가'의 예가 적절하지 않아 '나왓다가'의 예를 들었다.

잡다가, 죽다가'의 경우를 보인 것이고,[16] 예 (나)와 (다)는 각각 '앳'과 '앗'이 쓰인 예를 보인 것으로[17] '갔다가, 고쳤다가, 나갔다가, 왔다가, 잡았다가, 죽었다가'의 경우를 보인 것이다. 만일 '앗'이 'ø' 형태 대신에 쓰인 것이라 하여 '앗을 생략한다면 그들 사이에 존재하는 의미의 차이를 쉽게 드러내기 어려운 중의적인 문장이 될 것이다. 이는 '앗'의 출현이 '아 잇 〉 앳 〉 앗'의 과정을 거쳐 이루어진 15세기의 사건이 아님을 뜻한다. 다시 말하자면, 'ø' 형태를 취할 경우에 생기게 되는 중의성을 해소하기 위하여 '앗'이 존재하는 것이라면 '앗'은 15세기보다는 훨씬 이른 시기부터 있어 왔을 것이라는 의미이다. 과거시제 요소를 필요로 하는 경우는 아니나 다음의 예 (20)에 보이는 처용가의 '-如可'(다가)는 중의성 해소를 위한 과거시제 표지의 존재 가능성을 짐작하기에는 충분한 예라 할 수 있다.

(20) 夜入伊<u>遊行如可</u>(밤드리 노니다가) 〈처용가〉

여기서 우리는 15세기와 16세기 국어의 時點時制體系의 과거에 대하여 일단 다음의 (21)과 같이 정리할 수 있다.

(21) 가. 15세기 국어의 시점(時點) 시제체계의 과거는 'ø'와 '앗'으로 구성되어 있다.
나. 서술구문의 과거와 같은 쓰임에는 'ø' 형태가 선택되지만, 접속구문 등에서 문장의 의미를 선명히 할 필요가 있을 경우에는 '앗'을 취하여, 제한된 분포를 보인다.
다. 15세기에 제한된 분포를 보이던 '앗'은 16세기에 들어서 전면적인 분포를 보인다.

2.3 위의 예 (14)~(19)에서의 (나)의 예는 또 다른 과거시제 형태인 '앳'을 보이는 예를 든 것이다. '앗'의 쓰임이 아직은 제한적인 양상을 보일 때에 위의 (14)~(19)와 같은 접속구문에서의 'ø' 형태가 가지는 중의성을 해소하기 위하여 쓰였던 것이다.

---

16) '고치다, 잡다'의 경우에는 '고치다가, 잡다가'와 '고쳤다가, 잡았다가'와는 또 다른 의미를 가지는 '고쳐다가, 잡아다가'의 예를 구성하기도 한다. 이와 같은 구성의 성립 여부는 '-다가'에 선행하는 서술어의 상적 특성과 밀접한 관계가 있는 것으로 보인다. 다음 (18′)의 예는 월인석보에 보이는 '자바다가'의 예이다.

(18′) 爲頭 도ᄌᆞ기 나ᄅᆞᆯ <u>자바다가</u> 겨집 사마 사더니 〈월석 10:25ㄱ〉

17) '앗'과 '앳'의 시기별, 자료별 분포에 관해서는 후술 참조.

하지만 '앳'과 '앗'은 두 가지 측면에서 차이를 가지고 있다. 하나는 자료상의 분포에 관한 것이고, 다른 하나는 그들이 가지고 있는 의미에 관한 것이다. 먼저 '앳'이 나타나는 자료들을 살펴보면 다음의 (22)와 같다.

(22) 가. 금강경언해, 남명집언해, 내훈, 능엄경언해, 두시언해, 법화경언해, 삼강행실도, 석보상절, 용비어천가, 원각경언해, 월인석보, 월인천강지곡
나. 개간법화경, 번역소학, 여씨향약언해

'앳'을 보이는 자료상의 분포를 앞서 살핀 '엇'의 분포와 비교하여 보면 상대적으로 적음을 알 수 있다. (22가)는 '앳'을 보이는 15세기 자료이고, (22나)는 '앳'을 보이는 16세기 자료를 든 것이다. 운문자료인 '용비어천가'와 '월인천강지곡'을 제외하고는 '엇'이 나타나는 자료에 '앳'이 함께 나타나는 양상을 보인다. 특히 16세기 국어 자료의 경우에는 (22나)에 보인 초기 자료를 제외하고는 거의 '앳'을 찾아보기 어렵다.[18] (22나)의 목록은 16세기 초반에 간행된 자료들로서 15세기 국어의 특성들로부터 아직은 자유롭지 못한 자료라는 공통점을 가지고 있다.

이러한 분포상의 특성 이외에 '앳'이 가지고 있는 다른 특성 하나는 그의 쓰임에 있다. 이미 기존의 논의들에서 '앗'의 성립 과정을 '아 잇 〉 앳 〉 앗'으로 상정한 데에는 자료상의 분포 이외에 '앳'이 가지고 있는 용법에도 근거한 것으로 보인다. 다음의 예 (23)을 통하여 '앳'의 쓰임을 살펴보기로 하자.

(23) 가. 부뫼 병ᄒᆞ야 잇거늘 씌 그르디 아니ᄒᆞ며 약ᄋᆞᆯ 제 모로매 맛보더라 〈삼강 孝:17ㄱ〉
나. 后ㅣ 아래 오래 病ᄒᆞ얫거시늘 大夫人이 占卜ᄒᆡ신대 〈내훈 2상:41ㄱ〉
다. 내 형의 아ᄃᆞᆯ이 일즉 病ᄒᆞ엿거늘 ᄒᆞᄅᆞᄢᅡ미 열 번 가되 믈러와 편히 자고 〈소학 6:101ㄴ〉

위의 (23)은 각각 '아 잇'과 '앳' 그리고 '앗'의 예를 보인 것이다. 특히 (23나)의 '앳'은 '아 잇'이 가지고 있는 상태 지속의 의미를 그대로 보이고 있어 '앳'이 '아 잇'으로부터 온 것임을 이야기하고 있는 셈이다. 음운론적으로 볼 때에도 중세국어의 'ㅐ, ㅔ,

18) (22나)의 자료들을 제외하고 16세기 국어 자료에서 찾아볼 수 있는 예는 소학언해의 다음 예가 유일한 것이다.

네 司徒ㅣ 되옛ᄂᆞ니 다ᄉᆞᆺ 가지 ᄀᆞᄅᆞ쵸ᄆᆞᆯ 공경ᄒᆞ야 베푸ᄃᆡ 〈소학 1:9ㄴ〉

ㅒ, ㅖ' 등이 이중모음이었다는 사실은 '얫'이 '아 잇'과 음운론적으로도 크게 다르지 않았음을 뜻한다고 할 것이다.[19)]

(23다)의 예에 대해서도 (23가,나)에서와 같은 상태 지속의 의미를 찾아볼 수 있다고 한다면, 그것은 서술어 '病ᄒᆞ다'가 가지고 있는 속성에 기인하는 것이지 '엇'에 의한 것은 아닌 것으로 보아야 할 것이다. 다음의 예 (24)는 동사 '가다'의 경우를 보인 것이다.

(24) 가. 훤히 幽蘇ㅅ 녀글 ᄉᆞ쵸니 王師ᄂᆞᆫ 어듸 가 잇ᄂᆞᆫ고 〈두언 10:19ㄴ〉
나. 아래 제 버디 주거 하ᄂᆞᆯ해 갯다가 ᄂᆞ려와 須達일ᄃᆞ려 닐오ᄃᆡ 〈석보 6:19ㄴ〉
다. 길지 구실 ᄇᆞ리고 지븨 갓거늘 〈삼강 충:34ㄱ〉

위의 예 (24)는 (23)과는 다른 모습을 보인다. (24가)가 '가 있는' 상태에 관심을 나타낸 것이라면, (24다)는 '집에 간' 동작을 나타낸다는 점에서 차이가 있다. 또한 (24나)의 '갯다가'는 상태와 동작 두 가지 이해가능성을 가지고 있다는 점에서 (23)의 예와는 다른 양상을 보이는 것이다.[20)] 이는 '아 잇 〉 얫 〉 앗'으로의 단계 설정이 정당성을 가지기 위해서는 서술어의 상적 특성도 고려하여야 함을 의미한다.

2.4 지금까지 우리는 15세기와 16세기 자료에 보이는 '아 잇'과 '얫' 그리고 '앗'의 분포와 그의 쓰임에 대하여 살펴보았다. 그 결과 '앗'의 생성은 '아 잇 〉 얫 〉 앗'의 과정을 거친 15세기 국어의 사건이 아니라 이미 그 이전부터 존재하여 왔으며, 제한적이기는 하나 'ø' 형태가 가지고 있는 중의성을 해소하기 위한 필요에 의하여 쓰여 왔음을 알 수 있다. 다음의 (25)에 보일 향가의 예들은 '앗'의 기원이 상당히 오랜 것임을 짐작하게 한다.[21)]

(25) 가. 後句 達阿羅浮去伊叱等邪(아야 ᄃᆞ라라 떠갯ᄃᆞ야) 〈혜성가〉

---

19) 아직 확언하기에는 이르나 '용비어천가'나 '월인천강지곡'으로부터 보이는 '얫'이 운문자료인 '두시언해'에서 특히 많이 보인다는 사실은 두 음절보다는 짧은, 그러나 한 음절보다는 긴 길이의 이중모음이 가지고 있는 음운론적인 효과에도 영향을 받았을 가능성을 충분히 가지고 있다고 할 수 있다.

20) 개인적으로는 '갯다가'가 '가 있다가' 정도의 상태를 나타내는 것으로 이해하는 것이 온당한 것이라고 생각하지만, '갔다가'의 의미로 이해할 수도 있다는 가능성을 열어 두려는 것이다. 하지만 문맥에 보다 적합한 이해가 '갔다가' 보다는 '가 있다가'라는 점은 지적해 둘 필요가 있다.

21) 김완진(1980)에서의 해독을 취한 것이다.

나. 倭理叱軍置來叱多(여릿 軍도 왯다) 〈혜성가〉

예 (25가)의 '浮去伊叱'은 '떠가+아 잇'으로 해독이 되는 것으로 향가에서의 '아 잇'의 존재를 보여 주지만,[22] 이와는 대조적으로 (25나)의 '來叱多'에서는 '앗'의 모습을 엿볼 수 있는 것으로 보인다. '來叱多'에 대한 기존의 해독으로는 예 (25나)에서와 같은 '왯다' 이외에 '옷다'가 있으나 안병희(1987:1046)에서의 지적대로 '옷다'는 차자에 지나치게 집착되어 문법적으로는 설명이 어려운 해독이라 할 것이며, '왯다'로의 해독은 이두 자료에 나타나는 '有'의 결여라는 부담을 가지고 있는 해독이라고 할 것이다.

여기서 우리는 '叱'에 주목하려고 한다. 'ㅅ'을 표기하는 데에 쓰인 '叱'을 과거시제를 나타내는 문법적인 기능을 표기하는 수단으로도 이해하고자 하는 것이다. 중세국어의 과거시제 요소인 'ø'의 존재를 염두에 둔다면, (25나)의 '叱'은 불필요한 것이라 할 수도 있을 것이다. 그러나 명제 내용의 시제가 과거임을 선명히 하기 위한 문법적인 요소 즉 '앗'이라면 그의 존재 이유를 받아들일 수 있으리라 생각한다. 다음의 향가 예 (26)과 (27)에 보이는 '有'와 '有叱'의 차이는 단순한 '叱'의 유무에 있는 것이 아니라 '있다'와는 다른 의미의 '있었다'를 나타내기 위한 조처로 이해하는 것이 자료에 충실한 접근 태도라 할 수 있기 때문이다.

(26) 가. 彗星也白反也人是有叱如(彗星이여 숣바녀 사ᄅᆞ미 잇다) 〈혜성가〉
나. 此也友物葚(比)所音叱彗叱只有叱故(이에 버믈 므슴ㅅ 彗ㅅ 다ᄆᆞᆺ닛고) 〈혜성가〉
다. 蓬次叱巷中宿尸夜音有叱下是(다보짓 굴헝히 잘 밤 이샤리) 〈모죽지랑가〉
(27) 가. 慕人有如白遣賜立(그리리 잇다 ᄉᆞᆲ고쇼셔) 〈원앙생가〉
나. 此矣有阿米次肹伊遣(이에 이샤매 머믓그리고) 〈제망매가〉

3.0 언어 변화의 내용은 체계의 변화이며 그를 구성하고 있는 요소들의 변화이기도 하다. 국어의 시제 체계 변화에 대한 정확한 이해를 위해서도 체계와 구성 요소들에 대한 인식이 선행되어야 한다. 16세기 국어 시제 체계의 구성 내용과 변화 양상을 살피기 위한 지금까지의 논의를 정리하여 보면 다음과 같다.

---

22) 그와 같은 해독에 아무런 문제가 없는 것은 아니다. '伊叱'을 '아 잇'의 '잇'으로 해독하는 것이 가지고 있는 문제가 그것이다. 이 경우의 '잇'이 존재의 의미를 가지는 '잇'이라면 특별한 예가 되기 때문이다. 존재의 '있다'를 나타내기 위해서 향가의 다른 작품들에서는 '有'를 쓰고 있기 때문이다. 따라서 '伊叱'의 '잇'은 실질적인 의미를 가지는 '잇'이 아니라 문법적인 기능을 수행하는 '잇'으로 이해하는 것이 온당한 접근이라 생각한다.

16세기 국어의 시제체계를 살피기 위하여 우리는 국어의 시제체계가 時點時制體系(time-point category)와 視點時制體系(view-point category)의 이원적인 구조로 이루어져 있다는 인식으로부터 출발하였다. 국어의 시제체계를 이루는 時點時制體系와 視點時制體系의 과거, 현재, 미래는 각각 'ø:ᄂᆞ$_1$:리'와 '더:ᄂᆞ$_2$:ᄂᆞ$_3$'로 구성되어 있다는 것이 그것이다.

이들 시제체계의 구성 요소들 가운데 時點時制體系의 과거시제 요소인 'ø'가 현대국어에 와서 '았'으로 바뀌었다는 점에 대해서는 이론의 여지가 없다고 할 수 있다. 기존의 논의에 의하면 현대국어의 '았'은 '아 잇 〉 앳 〉 앗'의 과정을 거친 결과라는 것이다. 하지만, 우리는 표면적인 형태가 '아 잇 〉 앳 〉 앗'의 과정을 거쳤다는 사실이 그들 사이의 의미와 기능이 동일하다는 사실을 전제로 하는 것은 아니라는 점에 유의하고자 하였다.

여기서는 '아 잇'과 '앳' 그리고 '앗'의 의미와 기능을 살피기 위하여 이들과 어울려 나타나는 후행어미와의 관계와 분포 양상에 관심을 가지기로 하였다.

그 결과 '앗'의 생성이 15세기에 이루어진 '아 잇 〉 앳 〉 앗'으로의 변천 과정에 의한 것이 아니라 15세기에 이미 세 가지 형태가 모두 존재하고 있었으며, 그들은 각각 자신의 영역을 가지고 있음을 확인할 수 있었다. 우리는 향가에서의 예들을 살펴 '앗'의 존재 가능 시기를 신라시대까지 소급할 수 있다는 가능성도 열어 두었다. '아 잇'은 진행이나 미완의 상태를 나타내는 의미를 가지는 반면에 '앳'은 선행하는 서술어의 특성에 따라 상태를 나타내거나 과거를 표시하기도 하였다. 15세기의 '앗'은 아직 중의성을 해소하기 위하여 필요로 하는 자리에 주로 쓰였으나 점차 'ø'가 담당하던 영역까지 그 쓰임이 넓어져 16세기 초반의 몇몇 자료를 제외하고는 현대국어에서와 같은 용법으로 쓰이게 되었다. '앗'의 이러한 세력 확장은 어찌 보면 'ø' 형태가 가지고 있는 표면적인 공백으로부터 기인하는 필연적인 것이라고도 할 수 있다. 이제 16세기 국어 시제 체계와 변화 양상을 간단히 정리하여 보면 다음의 (28)과 같다.

(28) 가. 16세기 국어의 시제 체계는 時點時制體系와 視點時制體系의 이원적인 구조로 이루어져 있다. 이는 15세기 국어는 물론 현대국어와도 다르지 않다.
나. 時點時制體系의 과거, 현재, 미래는 '앗:ᄂᆞ$_1$:리'로 이루어져 있다.
다. 視點時制體系의 과거, 현재, 미래는 '더:ᄂᆞ$_2$:ᄂᆞ$_3$'로 구성되어 있다.
라. 15세기 국어와 16세기 국어의 시제상의 차이는 제한적인 조건에서만 쓰이던 '앗'의 전면적인 확산에 있다.
마. '아 잇'의 축약형태인 '앳'의 분포는 15세기 자료 및 15세기적인 특성을 보이는 16세기 초반의 몇몇 자료에 국한되었다. 특히 '두시언해'와 같은 운문자료에서

의 빈번한 쓰임은 그와 같은 축약이 음운론적인 효과를 취하고자 하는 의도와도 관계가 있는 것으로 이해하였다.

3.1 지금까지 논의한 16세기 국어의 시제 체계와 그를 구성하고 있는 요소들에 대한 검토로 16세기 국어의 시제체계는 어느 정도 그 모습을 드러났다고도 할 수 있다. 하지만 세부적으로는 아직도 면밀한 검토를 기다리고 있는 문제들이 남아있다고 할 수 있다.

시제요소들 사이의 배열 순서라든가, 결합 제약의 문제가 그렇고, 현대국어의 '았었'의 '았'에 대한 이해가 그렇다. '앗'이 '아 잇 〉 앳 〉 앗'의 과정과는 무관하게 이미 존재하였던 것이라고는 하였으나, 상적 특성을 보이는 '았었'의 또 다른 '았'은 '아 잇 〉 앳 〉 앗'으로의 발전 과정과 모종의 관계를 가지고 있는 것으로 보이기 때문이다. 앞으로 보다 면밀한 검토를 기다리고 있는 과제라 할 것이다.

11. '엇'과 '더'의 통합관계

1. 들어가며

본고의 목적은 중세국어의 과거를 나타내는 두 가지 시제 요소인 '엇'과 '더'가 '엇더'의 모습으로 통합관계를 이루는 까닭을 밝히려는 데에 있다. 중세국어에 보이는 '엇'과 '더'가 모두 시제를 나타내는 형태소이며,1) 그것도 모두 과거와 관련된 시제요소라는 점에서 그들이 한 자리에 나타날 수 있는 까닭과 '엇'과 '더'의 통합관계를 이루는 까닭을 살피는 작업은, 국어 시제의 特質을 밝히는 데에 보탬이 되리라 생각한다.

국어의 시제가 가지고 있는 체계상의 특징에 관해서는 이미 한재영(1984, 2002ㄱ) 등을 통하여 밝힌 바 있다. 時點時制體系인 'ø:ᄂ:리'와 視點時制體系인 '더:ᄂ1:ᄂ2'의 二元的인 시제체계로 구성되어 있다는 것이 그것이다. 두 가지 시제체계 가운데 영어나 일본어 등은 時點時制體系만이 적용된 언어이며, 중국어와 같은 언어에는 그들 두 가지가 모두 적용되지 않은 언어이고, 국어는 두 가지 시제체계가 모두 적용되었다는 점에서 특징이 있다는 것이었다. 중세국어를 대상으로 삼은 논의였으나 시제체계의 구성에 관한 한 현대국어에 와서도 크게 달라지지 않았다는 점에서 여전히 유효한 것이라 하겠다. 우리의 논의는 국어의 시제체계가 이렇듯 이원적으로 이루어져 있다는 인식을 바탕으로 한다. 이해를 돕기 위하여 현대국어의 예를 잠시 가져와 보기로 하자.

(1) 가. 동규가 책을 읽었다.
    나. 동규가 책을 읽는다.
    다. 동규가 책을 읽겠다.

---

1) 중세국어의 과거시제형태소로서 '엇'이 존재한다는 언급에 관해서는 異論이 있을 수 있다. 일반적으로는 '엇'의 출현이 '어 잇'의 축약에 의한 '엣'으로부터 '엇'이 생성되어진 것으로 이해하고 있으며, 그에 따라 '엇'이 나타나는 것은 상당히 후대에 일인 것으로 생각하고 있기 때문이다. 그에 관해서는 뒤에서 다시 살피게 될 것이다.

(2) 가. 동규가 책을 읽더라.
나. 동규가 책을 읽는다.(동규 자신이 말하는 상황)
다. 동규가 책을 읽는다.(미래의 상황)

위의 예 (1)은 時點時制體系의 과거와 현재와 미래 시제 문장이고, 예 (2)는 視點時制體系의 과거와 현재와 미래 시제 문장이다. 특히 (2가)는 친구에게 동규가 자기자신을 자신의 이름으로 가리켜 부르는 상황이며, (2다)는 '동규가 내일 책을 읽을 것이다' 정도에 해당하는 미래를 나타내는 문장이다. 영어나 일본어 또는 중국어로 (2)의 예들을 번역하는 경우에 그리 매끄럽지 않은 까닭은 그들 언어와의 사이에 있는 시제체계상의 차이에 기인하는 것이다. 번역이 더욱 곤란해지는 경우는 예 (3)에서 찾아볼 수 있다.[2)]

(3) 가. 동규가 책을 읽었더라.
나. 동규가 책을 읽겠더라.

(3)의 예를 보면서 우리는 국어의 두 가지 시제체계 사이의 관계를 분명히 할 필요가 있음을 느끼게 된다. 다음의 (3′)과 같은 예들이 비문법적인 문장이 되는 까닭이 두 가지 시제체계가 가지고 있는 본질적인 차이에 있는 것으로 보이기 때문이다.

(3′) 가. *동규가 책을 읽더었다.
나. *동규가 책을 읽더겠다.

우리의 논의는 먼저 중세국어에 존재하는 '엇'의 출현 양상을 살피고, '엇'과 '더'가 속하는 체계 각각의 기본적인 속성을 검토하여 '*더엇'의 통합관계가 원리적으로 성립 불가능한 존재임을 확인하기로 한다.

2. 중세국어의 '엇'

중세국어의 과거시제에 대하여 관심의 초점을 맞추고 있는 우리의 논의가 제대로 진

2) 우리의 논의 내용과는 거리가 있기는 하지만, 다음의 예들에 이르면 거의 번역 포기 상태에 이르게 된다고 할 수 있다.
가. 동규가 책을 읽었었더라.
나. 동규가 책을 읽었겠더라.

행되기 위해서는 우선 중세국어 시제체계 속에서 '엇'의 존재를 확인할 필요가 있다. 기존의 견해에 따르면 '앗'의 출현은 '-아 잇-'으로부터 그의 축약형태인 '앳' 그리고 '앗'에 이르는 과정을 거친 것으로 16세기에 이르러 비로소 일반화된 것으로 알려져 있다.[3] '앗'은 일단 중세국어에서의 과거시제를 나타내던 형태소는 아니었다는 것이다.[4]

중세국어의 과거시제 형태소에 관한 기존의 논의 내용은 몇 가지로 갈린다. '거/어'와 '더'가 과거를 나타내는 형태소였었다는 견해가 그 하나이며,[5] 다른 하나는 고영근(1981, 1982)나 한재영(1986, 2002ㄱ) 등에서 취하고 있는 견해로서 중세국어의 과거시제 형태소는 'ø'였다는 것이 다른 하나이다.

우선 '거/어'가 과거시제 형태소로 오해되었던 데에는 그만한 까닭을 가지고 있었던 것으로 보인다. 중세국어의 과거시제 형태소로 'ø'가 쓰였던 만큼 과거를 나타내는 자리에 'ø'와 함께 나타난 '거/어'를 과거시제 형태소로 오해할 가능성은 충분히 있었던 것으로 이해할 수 있기 때문이다.

한편, '더'에 대하여 과거시제라고 이야기하였던 것도 그만큼 타당한 근거가 있었던 셈이다. 실제로 '더'가 과거와 무관한 형태소가 아니었기 때문이다. 하지만 '더'에 관한 그간의 논의가 '더'가 가지고 있는 기능과 의미에 대하여 정확하게 이해하고 있었던 것으로 보이지는 않는다.[6] '더'의 의미와 기능에 대하여 그동안 많은 논의가 있어왔음은 주지의 사실이거니와, 그들 서로 다른 의견들이 모두 부분적인 진리를 담고 있으며 그리하여 그들 모두를 수용할 수 있는 방안으로 제시된 것이 한재영(1986)에서의 견해이다. 즉 '더'는 '視點時制體系' 속의 과거시제 요소라는 것이 그것이다. 아무튼 과거시제로서의 기능을 가지고 있는 만큼 '더'를 과거시제로 다루어왔던 견해들은 어느 정도는 사실을 이야기하고 있었던 것이라 하겠다.

하지만 '더'를 단순히 과거시제라고만 이해한다면 과거를 나타내는 기능을 가진 'ø'와의 관계를 분명히 하기 어려울 뿐만 아니라 그들이 구성하는 통합관계에 대해서도 이해하기 어렵게 된다. 실제로 'ø'와 '더'와의 통합관계를 확인하는 것은 그리 간단하지 않은 셈이다. 'ø'가 가지고 있는 원초적인 성격으로 인하여 'ø+더'의 형태는 단순한 '더'의 모습과의 차이를 찾기 어렵기 때문이다.

---

3) 이기문(1972:157)을 참조할 것. 하지만 '앗'을 '동작의 완료 상태'를 나타내는 것으로 이해하고 있다는 점에서 시제요소로 파악하고 있는 본고에서 보는 견해와는 차이가 있다.

4) '엇'의 통시적인 생성 과정에 대한 한동완(1986)에서의 이해 태도도 통설과 크게 다르지 않다.

5) 그에 대한 논의는 여럿이 있으나 기본적으로는 이기문(1972:173-4)를 참조할 것. 특히 '거/어'에 관해서는 이인모(1968, 1975) 등을 참조하고, '거/어'의 기능이 과거를 나타내는 것이 아니라는 논의에 관해서는 고영근(1980ㄴ)과 한재영(2002ㄴ) 등을 참조할 것.

6) '더'와 관련하여 기존 논의에 대한 검토와 대안 제시에 관해서는 한재영(1986)을 참조할 것.

그렇다고 하여 'ø+더'의 통합관계의 존재가능성 자체가 부정될 수는 없다고 하겠다. 'ø'는 'ø'대로의 기능이 있으며, '더'는 '더'대로의 기능이 있고, 그들의 통합형태인 'ø+더'는 역시 그 나름대로의 기능을 가지고 있을 것이기 때문이다. '더'가 '더'대로의 기능을 가지고 있고, 통합형태인 'ø+더'도 별도의 기능을 가지고 있다고 할 때, 그들 사이의 의미차이를 드러낼 필요가 있을 때에는 별도의 방편을 취하였으리라는 짐작을 하는 것이 그리 어려운 일은 아닐 것이다. 이를테면 현대국어에서의 '먹으니'와 '먹었으니' 그리고 '먹더니'와 '먹었더니' 사이에 존재하는 의미 차이를 드러내기 위해서 '먹ø으니'나 '먹ø더니'와 같은 형식에만 기댄다면 비효율적인 언어생활을 야기할 수 있을 것이기 때문이다.

우리가 중세국어의 과거시제 형태를 나타내는 형태소가 기본적으로 'ø'였다는 데에 이견을 가지고 있는 것은 아니다. 여기서는 단지 비가시적인 'ø'의 기능을 보다 적극적으로 나타낼 필요가 있을 경우에 'ø'가 '엇'의 모습을 취하는 경우가 있음을 확인하고자 하는 것이다. 다음의 예 (4)~(6)을 보기로 하자.

(4) 가. 房公ᄋᆡ 못 우희 갓다가 안자셔 楊子ᄋᆡ 東州에 鎭ᄒᆞ요ᄆᆞᆯ 맛보라 〈두초 15:27ㄴ〉
   나. 큰 신 쓰스고 나지어든 갓다가 바미어든 오ᄂᆞᆫ 거셔 〈번박 상:40ㄱ〉
   다. 韓約이와 婚姻ᄒᆞ엿더니 韓約이 日本틸 제 조차 갓다가 싸호매 죽거ᄂᆞᆯ 〈속삼 열:11ㄱ〉

(5) 가. 솔과 잣과ᄅᆞᆯ 오륙리ᄅᆞᆯ 심것더니 〈삼강 효:18ㄱ〉
   나. 피 황뎨 오새 ᄲᅳ렷더니 후에 자위 쌔로려커ᄂᆞᆯ 〈삼강 충:10ㄴ〉
   다. 내 아ᅀᆡ 오래 병ᄒᆞ여 누엇더니 날만솔지디 몯ᄒᆞ니라 〈이륜 6ㄱ〉
   라. 弘의 술위 메ᄂᆞᆫ 쇼ᄅᆞᆯ 뽀아 주겻더니 〈번소 9:77ㄴ〉
   마. 人으로 ᄒᆞ여곰 臣을 사맛더니 病이 間ᄒᆞ심애 ᄀᆞᆯᄋᆞ샤ᄃᆡ 〈논어 2:43ㄱ〉
   바. 므ᄉᆞ거시 이시리마ᄂᆞᆫ 반도 아니 바닷더니 거니 바다주고 번동 ᄡᆞᆯ 셜흔말 셔올로 갈 제 〈간찰 80〉

(6) 가. 누ᄂᆞᆯ 避ᄒᆞ야 羅浮에 왓더니라 〈두초 17:20ㄴ〉
   나. 灑落히 幽隱ᄒᆞᆫ 사ᄅᆞᄆᆞᆯ 말오 도라와 셔우레 潛藏ᄒᆞ얏더라 〈두초 24:32ㄴ〉

위의 예 (4)는 '엇다가'의 예이며, (5)는 '엇더니'의 예이고, (6)은 서술구문의 종결어미에 쓰인 '엇더'를 보인 것이다. 모두 중세국어에서 취한 예들로, 각각 '다가'와 '더니' 그리고 '더니라'나 '더라'와는 현저한 의미 차이가 있는 예들이다. 이러한 경우에 과거시제 형태소인 'ø'로 실현된다면 정확한 의미 전달이 어렵게 된다는 사실은 자명하다고 하겠다. 과거시제를 나타내는 '엇'의 존재와 그 쓰임새가 현대국어에서와 같은 전면적인 것은 아니라고 하더라도 '엇'의 필요성은 '다가'와 '더니' 그리고 '더니라'나 '더라'가 나타나는 문장들에서 더욱 절실하였던 것이었던 셈이다. 위에 보인 예 (4)~(6)에 나타나는 '엇'의 존재는 '엇'이 단순히 '어 잇'의 축약 형태인 '엣'으로부터 발달된 것이라고 이해하기 위해서는 보다 많은 설명이 필요하다는 점을 이야기하고 있는 것으로 보인다. '엇'에 대하여 '어 잇 〉 엣 〉 엇'과 같은 발달 과정을 상정하기 위해서는 음운론적으로도 부담스러울 뿐만 아니라, 중세국어 자료를 통하여 확인할 수 있는 '어 잇'과 '엣' 그리고 '엇'의 공존 현상을 설명하기가 어렵기 때문이다.

하지만 'ø'와 '엇'이 공존하는 시기의 'ø'와 '엇'의 기능과 의미를 동일한 것이라고 할 수는 없을 것이다. 실제로 중세국어에 보이는 '엇'의 존재는 앞서 든 예 (4)~(6) 정도에 한한다. 이들은 각각 다음의 예 (4′)~(6′)과 대비되는 예들이다.

(4′) 길히 머러 <u>가다가</u> 泥滯ᄒᆞᆯ가 저허 ᄉᆞ랑칸마ᄅᆞᆫ 興이 기퍼 ᄆᆞᄎᆞ매 〈두초 16:64ㄴ〉

(5′) 가. 祇陁ㅣ 뵌 <u>받더니</u> 須達ᄋᆡ ᄠᅳ들 알오 즘게를 부러 아니 ᄑᆞ니 〈월곡 56ㄴ〉
나. 맛ᄃᆞ론 사ᄅᆞᄆᆞ란 貴히 ᄒᆞ고 아쳗논 사라ᄆᆞ란 <u>주기더니</u> 그 ᄢᅴ 諸侯ㅣ 叛ᄒᆞ리 잇거늘 〈내훈 서:3ㄴ〉
다. 한 시절 운챵이 ᄒᆞᆫ ᄀᆞ올 오쟝일 스승 <u>삼더니</u> 왕망이 오쟝일 주기오 〈이륜(옥산) 44ㄱ〉
라. 니마ᄒᆞᆯ 티니 피 ᄶᅡ해 <u>ᄲᅳ리더니</u> 쥬ᄌᆡ 나ᄃᆞᆫ거늘 슈실이 쥬ᄌᆡ의 물ᄃᆞ려 닐오 〈삼강(동경) 충:16ㄴ〉

(6′) 가. 翠華ㅣ 하ᄂᆞᆯ해 다텨 東녀그로셔 向ᄒᆞ야 <u>오더니라</u> 〈두초 16:39ㄴ〉
나. 늘거ᄂᆞᆫ ᄠᅳ디 ᄀᆞ장 <u>至極ᄒᆞ더라</u> 아디 몯ᄒᆞ리로다 〈두초 16:21ㄱ〉

위의 예들은 각각 중세국어에서 찾아볼 수 있는 '다가'와 '더니' 그리고 '더니라'나 '더라'의 예들이다. '엇'을 취하지 않고 있다는 점에서 (4)~(6)의 예와는 차이를 보인다. 특히 (5′다)의 '삼더니'나 (5′라)의 'ᄲᅳ리더니'에서는 'ø'의 형태로라도 과거시제가 들어갈 경우에 전혀 의미가 달라지거나 문법성을 잃게 된다는 점에서 (5)의 '더니' 문장 예들과는 차이가 있다고 하겠다.

그와 같은 양상은 '던'의 경우에도 크게 다르지 않다. '던'을 취하는 문장들의 검토를 통해서도 중세국어에서의 '엇'의 존재를 확인할 수 있는 것이다. 다음의 예 (7)을 보기로 하자.

(7) 가. 送終ᄒᆞᆫ 거슨 오직 홁ᄲᅮᆫ니오 ᄉᆞ랑ᄋᆞᆯ <u>ᄆᆡ잣던</u> ᄃᆡ ᄒᆞ오ᅀᅡ 가ᄉᆡ남기 잇도다 〈두초 20:29ㄴ〉

나. 반 날 <u>주것던</u> 사ᄅᆞ미 곧 숨 쉬리니 숨 쉬어든 부듸 말라 〈구간 1:61ㄴ〉

위의 예 (7)은 '엇던'의 예들로서, 현대국어로는 각각 '맺었던'과 '죽었던'으로 해석이 되는 예들이다. 이들 역시 앞서 살핀 예 (4)~(6)의 경우와 마찬가지로 과거시제가 빠진 '믿던'이나 '죽던'과는 의미 차이를 보인다. 과거시제가 'ø'로 실현이 되어 '믿ø던'이나 '죽ø던'과 같은 모습을 취하게 된다면 의미 변별력은 그만큼 떨어지게 된다고 할 수 있다. '엇'의 존재필요성을 확인할 수 있는 다른 한 예라 할 수 있다.

여기서 우리는 '엇'에 관련된 통설이 가지고 있는 문제점들을 잠시 검토하고 갈 필요가 있다. 중세 당시의 과거시제 형태소는 'ø'이며, '엇'은 후대에 출현한다는 것이 일반적인 통설이기 때문이며,[7] 이른바 통설에 의한 선입견으로 인하여 눈에 보이는 자료에 대한 온당한 이해가 어려운 형편이기 때문이다. 우선 '엇'이 '어 잇' 〉 '엣' 〉 '엇'과 같은 과정을 거쳐 생성된 것으로 보는 것이 온당한 이해라고 한다면 다음의 몇 가지 의문에 대하여 납득할 만한 답을 구할 수 있어야 할 것이다.

먼저 동일 자료에 공존하는 '어 잇', '엣', '엇' 사이의 차이에 대한 이해가 있어야 한다. 무엇보다도 이들 예가 실제로 공존한다는 현실을 부인할 수는 없기 때문이다. 하나의 자료에 나타나는 다른 형태들의 기능이 완전히 동일한 것이라고 볼 수는 없다는 점에서 그들 사이의 의미와 기능의 차이에 대한 정확한 인식이 있어야 한다는 것이다. 아울러 '엇'과 'ø'의 역할 분담에 대한 고려도 필요하다. 앞서 살핀 바와 같이 'ø'와 '엇'이

---

7) 그와 같은 내용에 관해서는 한동완(1986)에 잘 정리되어 있다. 고광모(2004)에서는 통설이라는 표현보다도 강한 '정설'이라는 표현을 취하고 있다. 중세국어에서의 '엇'의 존재를 인정하지 않는다는 태도로서, "어느 시대, 어느 언어에도 중의성의 문제는 존재할 수 있다는 점에서 굳이 '다가'나 '더니'와 같은 경우에만 특히 더 중의성을 해소하기 위한 장치가 필요한 것은 아니라"는 주장이다. 양보하여 고광모(2004)에서의 주장을 받아들인다고 하더라도 동일한 자료에 보이는 '어 잇'과 '엣' 그리고 '엇'의 차이에 대해서는 충분한 설명이 있어야 할 것이다. '엇'이 '엇'으로서의 기능을 행사하고 있었다고 보는 것 이외의 이해 가능성을 찾기는 쉽지 않을 성싶다. 또한 존경법의 '시' 뒤에 '엇'이 연결되는 예가 보이지 않는다는 점을 들어 '엇'의 존재에 회의를 표하기도 한다. 예상되는 '시엇'을 '어 겨시'가 대신하고 있다는 것이다. 그러나 그러한 논의가 힘을 가지기 위해서는 '어 겨시'를 취하는 중세국어의 예들 가운데 중의적으로 해석이 될 수 있는 문장들이 있음을 먼저 증명하여야 할 것이다. 아직 우리의 '엇'은 문장의 의미를 보다 선명히 하여야 할 필요가 있을 경우에 나타나는 제한적인 분포를 보이고 있기 때문이다.

과거시제를 나타낸다고 하더라도 아직은 '엇'의 분포가 제한적이었음을 지적하려는 것이다. 또한 양보하여 '엇'이 '어 잇 〉 엣 〉 엇'의 과정을 거쳐 생성된 것이라고 하더라도 그러한 진행 과정이 음운론적으로 성립 가능한 것인가에 대한 논의가 있어야 할 것이다. 적어도 '엣'이 '엇'으로 진행되거나, '에'가 '어'로 바뀌는 것과 유사한 음운론적인 변화 현상은 찾아보기 힘들기 때문이다.

그와 같은 맥락에서 기능과 분포가 제한적이기는 하지만, 중세국어에서의 '엇'의 존재를 인정할 수 있다면, 그 존재 시기의 소급가능성에 관심을 가지게 된다. 다음 향가의 예들을 잠시 살펴보기로 하자.

(8) 倭理叱軍置來叱多 〈혜성가〉

예 (8)에서 우리가 주목하려는 것은 혜성가의 '來叱多'이다. 시제를 나타내는 부분으로 과거시제를 나타내고 있는 것으로 보이기 때문이다. 이 부분에 대한 그간의 해독들은 다음의 (9)와 같다.[8]

(9) 김완진: 여릿 軍도 왯다
小倉進平: 예내ㅅ 軍도 왓다(고)
양주동: 예ㅅ 軍두 옷다
지헌영: 예ㅅ돌두 왯다
김선기: 야마릳 군도 왿다
서재극: 여릿 軍두 옷다
김준영: 옛 군두 옷다

위의 (9)에 보인 혜성가의 '來叱多'에 대한 해독은 크게 세 가지로 그 성격을 갈라볼 수 있다. 하나는 '叱'을 '앳' 또는 '앧'으로 읽는 것이고, 다른 하나는 'ㅅ'으로 읽는 것이며, 또 다른 하나는 '앗' 즉 우리의 '엇'으로 읽는 것이다.

먼저 '앳' 또는 '앧'으로 읽는 것은 '叱' 자체를 과거시제로 인식하는 태도라 할 수 있다. 이는 '엇'의 출현이 상당히 후대에 이루어진 것이라는 통설에 기댄 해독이라고 할 것이다. 그러나 그러한 해독이 정당성을 확보하기 위해서는 예 (10)에서처럼 동일한 향가의 '去伊叱'이 '갯' 또는 '가 잇'으로 해독되는 것과의 차이를 설명할 수 있어야 한

8) 김선기(1967-75), 김완진(1980), 김준영(1979), 서재극(1974), 小倉進平(1929), 양주동(1942), 지헌영(1948) 등에서의 해독을 취하기로 한다. 편의상 소개에는 업적의 연도는 제외하고 제시하기로 한다.

다.[9]

(10) 後句 達阿羅浮去伊叱等邪 〈혜성가〉

'앳' 또는 '앋'으로 해독하기 위해서는 '去' 즉 '가다'의 '가'가 '아'를 가지고 있다는 점에서 '아'에 대한 별도의 표기는 접어둔다고 하더라도 '伊' 또는 그의 역할을 수행할 표기는 필요한 것이기 때문이다. 달리 '來叱多'를 '왓다'로 읽어, '叱'을 '앗' 또는 '엇'으로 해독하는 것도 그만한 부담은 가지고 있다. '來'가 경우에 따라 '오' 또는 '와'로 해독된다고 하기 전에는 '叱'만으로 '앗' 또는 '엇'으로 읽기는 어렵기 때문이다.[10] 더구나 處容歌에는 '엇'을 표기하기 위하여 '於'자를 사용하고 있음도 볼 수 있기 때문이다. 다음의 예 (11)이 그것이다.

(11) 二肹隱吾下於叱古 〈처용가〉

해독의 일관성을 위해서라면 '叱'에 대하여 'ㅅ'으로 읽어야 할 것이나 모음 'ㅏ'나 'ㅓ'를 제외한 다른 모음 아래에서 'ㅅ'만으로 과거시제를 나타내는 경우가 있었다고 하여야 하는 부담이 있다. 다른 이해 방법으로는 'ㅅ'의 분포가 모음 'ㅏ'와 'ㅓ' 이외의 모음 아래에서도 가능한 것이라고 하거나, 향찰이 가지는 표기상의 불완전성에서 찾아볼 수도 있겠으나 최선의 이해 태도라고 할 수는 없는 노릇이다.

그렇지만 분명한 것은 '어 잇' 또는 '앳'과는 성격이 다른 '엇'의 존재가능성은 충분히 있다는 것이다. 여기서는 일단 제한된 환경에서이기는 하지만 중세국어에서의 '엇'이

---

9) 그 경우의 '잇'은 存在의 그것과 거리가 있는 것으로 보인다. 향가의 다음 예들을 통하여 존재의 의미를 가지는 '잇'은 '有叱'로 표기되어 나타나기 때문이다. 김완진(1980)에서의 해독을 참고로 소개한다.

蓬次叱巷中宿尸夜音有叱下是(다보짓 굴헝히 잘 밤 이샤리) 〈모죽지랑가〉
彗星也白反也人是有叱如(彗星이여 술ᄫᆞ녀 사ᄅᆞ미 잇다) 〈혜성가〉
此也友物甚(比)所音叱彗叱只有叱故(이예 버믈 므슴ㅅ 彗ㅅ 다ᄆᆞ닛고) 〈혜성가〉
吾衣身不喩仁人音有叱下呂(내ᄋᆡ 모마 안딘 사ᄅᆞᆷ 이샤리) 〈수희공덕가〉
吾衣身伊波人有叱下呂(내ᄋᆡ 모마 더버 사ᄅᆞᆷ 이샤리) 〈보개회향가〉

10) 차자표기가 가지고 있는 한계 때문이라고는 하지만, 하나의 문자가 출현 환경에 따라 다른 해독가능성을 가지는 것은 될 수 있으면 피해야 할 것이다. '來'의 경우 '오'와 '와'로의 해독을 인정한다고 하면, 수희공덕가에서의 '올'과 다른 향가 곳곳에서 보이는 '將來'까지 4가지 다른 독법을 가지게 된다. 향가 해독의 기본적인 원리인 '일자일음의 원칙'은 가능한 한 지켜져야 할 원칙임을 기억할 필요가 있다.

'엇'의 형태로 존재하고 있었음을 확인하는 데에 만족하기로 한다. 중세국어에서는 'ø'가 과거시제 형태소의 기능을 가지는 것이지만, 문장의 중의성 해소에 필요한 경우에는 '엇'을 취하였다는 것이다.11)

3. '엇'과 '더'의 상호관계

앞서 논의한 바와 같이 중세국어의 과거시제 형태소로 '엇'이 있었음을 인정하게 될 때에 '엇'과 '더'가 이루는 통합관계에 대한 문제는 보다 선명한 모습으로 우리에게 다가섬을 느낄 수 있다. 물론 'ø+더'의 경우에도 '엇+더'와 문제의 성격 자체는 동일한 것이지만, 'ø'가 가지는 속성으로 인하여 표면적으로는 동일한 '더'가 'ø+더'인지 아니면 '더+ø'를 이야기하는 것인지를 가리기 어려웠기 때문이다.

이제 '엇'과 '더'가 '엇+더'의 모습을 가지고 있음을 확인하게 되면서 '엇'과 '더'의 관계에 대한 분명한 인식이 필요하게 된 것이다. 그를 위하여 우리는 먼저 '엇'과 '더'가 가지는 기본적인 속성과 그들 사이의 관계에 대하여 간단히 살펴보기로 하자.

한재영(1986, 2002ㄱ)을 통하여 중세국어의 시제체계는 2원적인 구조로 구성이 되어 있음을 확인한 바 있다. 時點時制體系인 'ø:ᄂᆞ:리'와 視點時制體系인 '더:ᄂᆞ1:ᄂᆞ2'의 二元的인 시제체계가 그것으로, 우리가 관심을 가지고 있는 '엇'은 제한적인 분포를 보이기는 하지만 時點時制體系의 과거인 'ø'가 가지고 있는 기능을 수행하고 있음을 앞서 살핀 바 있다. 이에 비하여 '더'는 視點時制體系 속의 과거시제를 나타낸다는 점에서 차이를 가진다. 분포에 제약은 가지고 있으나 時點時制體系에 속하는 '엇'과 視點時制體系에 혹하는 '더'가 모두 과거시제를 나타내는 요소임에도 불구하고, 한 자리에 함께 할 수 있는 까닭은 서로 다른 층위에 속하여 있기 때문이라고 할 수 있다.

이해를 돕기 위하여 時點時制體系와 視點時制體系가 가지고 있는 성격에 관하여 잠시 살펴볼 필요가 있다. 이원적인 시제체계에 대한 논의는, 자연세계의 시간은 하나이나 인간이 그를 인식한 시간을 표현하는 방식에는 두 가지 다른 방법이 있을 수 있다는 것과 두 가지 다른 표현 방법이 개별 언어에 반영되는 양상은 각각의 언어마다 다를 수 있다는 전제를 바탕으로 한다. 그 하나는 時點時制體系로서, 사건의 현장으로 화자가 이동하여 묘사하는 것이며, 다른 하나는 視點時制體系로서, 고정된 현재 위치에서 사건을 바라보며 묘사하는 것이다.12)

---

11) 한재영(2002ㄴ)에서는 중세국어에서의 '엇'의 존재에 관해서 인식하고 있었으나 본고에서와 같이 '엇'의 기능이 부분적인 과거시제형태소였었다고 보지는 않았었다는 점에서 차이가 있다.

12) 그에 관한 보다 구체적인 논의는 한재영(1986, 2002ㄱ) 등을 참조할 것.

사건의 현장으로 화자가 이동한다는 것은 화자의 의식 자체가 사건 현장에 함께 하고 있음을 뜻하는 것인 반면에, 사건을 바라본다는 것은 視點時制體系를 취하는 문장에 등장하는 어떠한 대상도 의식의 주체가 아니라 단순한 관찰의 대상물임을 뜻한다. 이는 관찰의 대상이 화자 자신이 되는 경우일지라도 대상인 한 의식 주체는 되지 못한다는 말이다.

이제 우리가 애초에 품었던 '엇'과 '더'의 통합관계에 대한 의문은 어느 정도 자명해졌다고 할 수 있다. 다음의 예 (12)~(14)를 잠시 보도록 하자. 이해의 편의를 위하여 현대국어의 예를 취하였지만, 중세국어에서도 차이는 없다.

(12) 술을 마시고 나서 옷을 입은 채로 잤다.
(13) 술을 마시고 나서 옷을 입은 채로 자더라.
(14) 술을 마시고 나서 옷을 입은 채로 잤더라.

위의 예 (12)~(14)의 주체는 인칭에 제약을 받지 않는다. 1인칭이든 2인칭이든 또는 3인칭이든 문장의 성립에 지장을 주지 않는다. 다만 예 (13)의 주어가 1인칭이기 위해서는 '옷을 입은 채로 자는' 장면을 화자 자신이 자신을 의식하거나 볼 수 있는, 꿈속과 같은 특정한 조건이 갖추어져야 할 것이다. 예 (14)는 '술을 마시고 나서 옷을 입은 채로 잔' 과거의 상황을 보고 묘사하는 문장이다. 다음의 (14´)가 그러한 내용을 보여준다. 성립에 별다른 문제가 보이지 않는다.

(14´) 〔〔(내가) 술을 마시고 나서 옷을 입은 채로 잤〕더〕라

예 (13)의 문장 주어가 1인칭이기 위해서 별도의 상황 설정이 필요한 것과는 달리 예 (14)의 주어가 1인칭이기 위한 별도의 설명은 불필요한 듯이 보인다. 예 (13)은 현재라는 시제체계 상의 위치에서 '옷을 입은 채로 자는' 현재의 자기자신을 관찰할 수 있는 일정한 거리를 두는 데에는 그만큼 부담을 가지고 있는 반면에, 예 (14)는 자신의 일임에도 '옷을 입은 채로 잔' 과거의 사건이라는 점에서 관찰하는 데에 별다른 부담이 없기 때문이다.

그러나 '술을 마시고 나서 (자기자신이) 옷을 입은 채로 자는 것을 보는' 과거의 사건 현장으로 의식이 이동하는 것은 원리적으로 가능해 보이지 않는다. (14´´)과 같은 문장의 성립은 원리적으로 불가능한 것이기 때문이다.

(14´´) *〔〔(내가) 술을 마시고 나서 옷을 입은 채로 자더〕었〕다

이해를 돕기 위하여 자기자신의 모습을 거울을 통하여 바라보는 상황을 상정하여 보자. 거울을 통하여 보이는 거울 속의 내가 나를 볼 수 있다고 생각하기는 어렵다. 볼 수 있는 능력은 의식을 가지고 있는 자기자신만이 가지고 있는 것이다. 무의식 속의 나를 의식 속의 내가 바라볼 수는 있으나 의식을 가지고 있는 나 자신을 무의식의 내가 의식한다는 것은 원리적으로 모순된 것이기 때문이다.

時點時制體系 속의 화자는 사건 현장에 함께 하는 순간부터 현실세계의 자신과는 단절이 되지만, 視點時制體系 속의 화자는 사건이나 명제의 시제가 과거든 현재든 아니면 미래든 언제나 고정된 현재 위치에서의 의식을 가지고 있는 관찰자로서의 지위를 유지한다는 점을 기억할 필요가 있다. 이것이 '*더었'이 존재할 수 없는 이유가 되는 것이며, '*더겠'의 부재에 대해서도 동일한 원리의 적용이 가능하다.

4. 나가며

본고는 중세국어에 보이는 '엇'과 '더' 그리고 그들이 이루는 통합관계를 살펴보고자 하는 의도로 출발한 것이었다. '엇더'가 가지는 문법성에 비하여 '*더엇'이 비문법적인 구성이 되는 까닭이 관심의 주된 내용이었다. 그를 위하여서는 먼저 중세국어에 보이는 '엇'의 존재 확인 작업이 선행되어야 했다. 기존의 논의에 의하면 종세국어 당시에는 '엇'이 존재하지 않았다는 것이 통설이었기 때문이다. 본고에서는 제한적인 분포와 기능을 가지는 것이기는 하나, 중세국어에 이미 과거를 나타내는 '엇'이 존재하였음을 확인하고, '엇'의 출현 연대가 더 소급될 수 있는 가능성도 향가의 검토를 통하여 제시하였다.

'엇'과 '더'의 통합관계를 밝히기 위해서는 그들 각각이 속한 시제체계의 본질적인 속성을 인식하는 것으로부터 논의를 출발하였다. 그리하여 '엇'을 비롯한 時點時制體系의 요소들은 화자의 의식이 사건 현장으로 이동하는 것인 반면에, '더'를 비롯한 視點時制體系 속의 요소들은 언제나 고정된 현재 위치에서 사건을 바라보는 것이라는 점에서 두 요소 사이의 본질적인 차이를 찾을 수 있었다. 그를 통하여 '엇더'가 '엇'과 '더'의 순서로 통합관계를 유지하는 것은 원리적으로 당연한 것임을 알 수 있었다. 무의식 속의 자기자신을 의식 속의 자신이 바라볼 수는 있으나 의식을 가지고 있는 자기자신을 무의식의 자신이 의식한다는 것은 원리적으로 모순된 것이기 때문이다.

12. 16세기 국어의 대우 체계

1. 서론

본고는 국어 대우 체계의 전반적인 모습을 파악하고 대우 체계의 변화 양상과 변화의 원리를 살피려는 작업의 일환으로 이루어지는 것이다.[1] 국어의 대우법은 국어가 가지고 있는 특징적인 현상의 하나로 인식되어 국어에 관한 본격적인 연구가 이루어지기 시작한 초기부터 관심의 중심에 자리해 왔다고 할 수 있다. 대우법에 관한 그간의 논의는 그만큼 충분하였다고 할 수 있으며, 상당한 기간 동안의 논의와 논쟁을 통하여 국어의 대우법이 가지고 있는 구체적인 내용들의 대강은 드러났다고도 할 수 있다.[2]

그럼에도 불구하고 여기서 새삼 국어의 대우 체계에 관심을 가지려는 이유는 다음의 몇 가지로 정리될 수 있다. 첫째로 대우법을 국어가 가지고 있는 특징적인 현상의 하나로 이해하고 있는 태도에 대한 반성이 필요하다는 것이다. 일반적인 언어의 존재 의의를 사회적인 측면을 통하여 찾을 수 있다는 점에서 국어 이외의 다른 언어들에도 사회적인 관계를 반영하는 모종의 대우 체계가 존재한다는 사실을 수용할 수 있다면, 대우 체계의 확인을 위하여 언어보편적인 관점에서 체계를 상정하고 확인해 나가는 것이 온당한 접근 태도라 할 수 있을 것이기 때문이다. 둘째로 기존의 논의를 통하여 얻어진 대우의 도입 절차가 그리 간단한 것이 아니라는 것이다. 존대의사를 가진 화자가 주체와 객체,[3] 상대에 대한 상하 관계를 파악하여 서열을 매기고 그에 따라 적절한 등분을

1) '높임'이라든가 '경어', '존경' 등의 표현을 피하고 '대우'라는 용어를 취하기로 하는 데에 관해서는 임홍빈(1990ㄱ:705 주1)을 참조할 것.

2) 그동안의 국어 대우법 연구에 관한 전반적인 내용에 관해서는 김충회(1990), 박양규(1991), 서정목(1993, 1997), 성기철(1990), 임홍빈(1990ㄴ) 등을 참조할 것. 기존 논의들의 보다 구체적인 내용들은 본고의 진행 과정을 통하여 어느 정도 드러나게 될 것이다. 아울러 본고의 '참고문헌'에 소개한 논저들의 목록을 통해서도 그간 이루어진 연구 양상의 대강은 살필 수 있을 것이다.

3) '주체'와 '객체'라는 용어가 담고 있는 내용도 그리 선명한 것이라고 하기는 어려운 셈이다. '주체'와 관련하여서는 임홍빈(1985ㄱ)을 참조하고, '객체'와 관련하여서는 안병희(1982ㄱ,ㄴ),

선택한다고 하는 과정은 발화의 매 순간마다 치러야 할 부담으로는 지나친 것이라고 할 수 있다. 인간의 언어가 가지는 대우 절차는 보다 간단한 것이어야 하리라는 바람이 국어 대우 체계에 대한 새삼스러운 검토를 요구하고 있는 것이다. 셋째로 한 문장에 나타나는 하나의 대우 대상에 대하여 거듭하여 대우표현을 선택한다고 이해하는 것이 그리 합리적인 태도는 아니라는 것이다. '할머니가 아저씨에게 (할머니의) 나이를 말해 주었다.'라는 문장의 청자를 할머니로 상정할 경우 대우 표현이 적절히 실현된 문장은 '할머님께서 아저씨에게 연세를 말씀해 주셨습니다.' 정도가 될 것이다. 기존의 논의에 기대어 이해할 경우 '할머니'는, 각기 성격에는 차이가 있다고 할 수 있으나, 하나의 문장 속에서 '-님'으로, '-께서'로, '연세'로, '말씀'으로, '주셨습니다'의 '-시-'와 '-습니다'로 모두 여섯 차례나 높이는 대우를 받는 것으로 이해해야 한다는 것이다.

그렇지만 이와 같은 이해의 태도가 타당한 것이라면 국어의 대우 체계는 그리 경제적인 것이라 하기 어렵다 하겠다.4) 대우 표현에 대하여 '과정'과 '결과'를 보다 엄격히 구분하여 이해할 필요가 있음을 지적하려는 것이다.5) 이를 달리 표현하자면, 대우 표현의 결과가 대상을 대우하고 있다고 하더라도 대우의 체계나 절차와는 구분이 되어야 할 문제로 인식할 필요가 있다는 의미이다. 대우 체계에 대한 온당한 이해는 '대우'와 '대우법'의 혼동을 피하는 것으로부터 출발해야 하리라고 생각한다. 대우 자체는 존귀한 대상에 대한 것이라 할 수 있으나, 대우법은 문장을 구성하는 성분과 관련된 것으로 이해하려는 것이다.6)

아울러 본고가 국어의 대우 체계 전반의 모습을 살피려는 데에 목적을 두고 있으면서도 일차적인 검토 대상 자료를 16세기 국어로 삼은 것이 단순히 작업의 편리를 도모하려는 것 때문만은 아니라는 사실도 지적해 두어야겠다. 대우법에 관한 기존의 논의들이 관심을 가져온 시기를 살펴보면 중세, 근대, 현대에 걸쳐 있어7) 일견 비교적 안정적으로 기술될 수 있는 국어문법사의 대상 시기는 망라된 듯한 인상을 가질 수도 있을 것이다. 그러나 그들의 내용을 조금만 더 자세히 살펴보면 기존의 대우 관련 논의에

한재영(1992ㄴ) 등을 참조할 것.

4) 이에 대해서는 한재영(1992ㄴ)에서 이미 지적한 바 있다.

5) 박양규(1993)에서는 대우의 '문법적인 측면'과 '화용적인 해석'이라는 표현을 취하고 있다. 그 논의의 출발점은 본고에서의 그것과 상당히 가까운 곳에 있다고 할 수 있겠으나 구체적인 내용에서는 차이를 보인다. 논의의 진행에 따라 드러나게 될 것이다.

6) 보다 구체적인 논의는 후술 참조.

7) 여기서 개별 논저들이 다루는 자료들의 시기에 따른 분류와 소개는 피하기로 한다. 뒤에 붙여둔 참고문헌의 목록을 일별하는 것만으로도 그에 대한 어느 정도의 답을 제공할 수 있으리라고 생각한다. 참고문헌에 본고와 직접적인 관계를 가지지는 않는 방언의 대우법 관련 문헌들을 들어둔 것도 그간의 대우법 관련 연구사의 대강을 보이려는 의도에 기인한다.

서 지칭하는 '중세'는 주로 15세기에 한정된 것임을 알 수 있으며, '근대'도 18세기 이후의 국어에 대한 충분한 논의와는 상당한 거리가 있음을 알 수 있게 된다.[8] 대우 체계에 관한 한 갖추어진 문법사의 기술은 아직 어려운 형편임을 뜻한다. 본고에서 16세기 국어를 대상으로 삼은 첫 번째 이유이다. 하지만 단순히 역사 속의 빈칸을 채우는 데에 본고의 의미를 두는 것은 아니다. 역사에 관심을 갖는다는 것은 변화에 흥미를 갖는다는 것이고, 변화에 대한 역사적인 의미를 부여한다는 것을 의미한다. 정치, 사회, 경제적으로 많은 변화를 보이는 16세기는 국어 문법적인 면에서도, 특히 대우 체계에 한정하여 보더라도, 역시 많은 변화를 보이는 시기이다. 기존의 논의에 기대어[9] 피상적으로 살피더라도 '숩'의 이형태 목록이 축소되었다든가, '숩'의 기능이 약화되는 경향을 보인다든가, 'ᄒᆞ야쎠체'의 부재로 인하여 공손법의 등분에 변화가 생겼다든가, 대우 어휘의 목록에 변화가 보인다든가 하는 경우를 들 수 있다. 어떤 측면에서 보면 이와 같은 사실들이 16세기 국어의 대우법을 살피는 데에 제약이 되는 것이라고 할 수도 있겠으나, 대우 체계의 변화에 대한 이해의 실마리를 제공해 줄 수 있다는 점에서 본다면 16세기 국어가 보이는 변화의 양상은 역사적인 검토의 과정에서 오히려 장점으로 작용할 것이 기대된다. 16세기 국어를 대상으로 삼은 두 번째 이유이다.[10]

본고는 국어의 대우 체계에 대하여 새삼스러이 관심을 가지려는 이유와 그를 위한 검토의 출발점을 16세기로 삼은 까닭에 대한 이해를 구하는 것으로부터 시작한 셈이 되었다. 이제 다음과 같은 순서로 진행하기로 한다.

먼저 논의 진행의 근거를 마련하기 위하여 기존의 논의들의 대강을 살펴보기로 한다. 하지만 그 과정에서 본고는 구체적인 논점들과 그들 사이의 차이보다는 기존의 논의들이 가지는 대우법에 대한 태도와 기존의 논의들이 가지는 문제점들에 대하여 주목하기로 한다. 그를 위하여, 개별 언어들이 대우표현의 방식에서 차이를 보일 수는 있을 것이나 각각 모종의 언어적인 대우 장치를 마련하고 있으며, 그들을 아우를 수 있는 원리가 존재하리라는 믿음을 바탕으로 삼기로 한다. 이는 대우법이 국어만의 것은 아니라는 것을 의미하고, 국어의 대우법이 일반언어적인 원리 속에서 이해될 수 있어야 한

8) 이것이 16세기와 18세기의 국어자료의 부족 때문이 아님은 물론이다. 16세기 국어자료의 목록과 그 성격에 관해서는 한재영(1996ㄱ)을 참조하고, 18세기 및 19세기 국어자료의 목록에 관해서는 홍윤표(1997)을 참조할 것.

9) 여기서 '기존의 논의에 기댄다'는 표현으로 나타내려는 것은, 본고에서 취하려는 대우 체계의 모습과 기존 논의의 체계와의 사이에 존재하는 상당한 거리이다. 본고에서의 체계가 드러나게 되기까지 이해를 돕기 위한 잠정적인 조처라는 의미이다.

10) 본고에서 16세기 국어 연구의 대상으로 삼은 자료와 약호의 부여 및 해당 자료의 성격에 관한 내용은 한재영(1996ㄱ:18-25)을 참조할 것.

다는 것을 뜻하며, 그에 따라 대우법에 대한 접근에는 순수히 언어적인 시각이 필요하다는 것을 나타낸다. 국어의 대우 체계를 크게 단어대우법과 문장대우법으로 가르고, 단어대우법은 다시 체언대우와 용언대우, 그들의 각각을 문법적인 대우와 어휘적인 대우로 가른 것은 바로 대우법을 대하는 본고에서의 태도에 근거를 둔 것이다.[11)]

논의의 진행 과정에서 본고는 대우 체계의 변화 양상도 염두에 두기로 한다. 앞서 본고에서 16세기 국어의 대우 체계를 살피고자 한 것이 16세기 국어의 대우 체계 추구에만 목적을 두는 작업이 아니라, 대우체계 전반의 모습을 밝히고 그 변화의 내용과 변화의 원리를 살피려는 데에 있음을 피력한 바 있다. 본고에서 살피려는 16세기 국어의 대우 체계는 논의의 일부이며, 따라서 논의의 출발점으로 보아도 무방하다는 의미이다. 일차적인 관심 영역을 16세기 국어로 한정하면서도, 검토된 내용을 중심으로 대비되는 다른 시기의 예들도 살피고자 하는 것은 본고의 후속 작업으로 예정하고 있는 국어 대우 체계의 변화 양상을 의식한 조처라고 할 수 있다.

2. 대우와 대우법

기존의 국어 대우법에 관한 업적들의 연구는 국어의 연구가 가능한 거의 모든 자료들을 대상으로 삼아왔다고 할 수 있다. 대상 자료의 다양함을 뜻한다. 시기적으로는 고대와 중세, 근대 및 현대의 국어에 대한 대우법의 연구가 행하여졌고, 공간적으로도 다채로운 지역방언과 사회방언들이 연구의 대상이 되어 왔으며,[12)] 그와 함께 대우법의 역사적인 변화를 정리한 업적들도 있다.[13)]

하지만 그들 하나하나에 대한 구체적인 관심의 표명은 피하기로 한다. 이미 기존의 업적들을 통하여 충분히 개관이 되어 동일한 방식으로의 검토는 불필요한 것이라 할 수도 있을 것이다. 논의의 진행을 위해서라면 그간의 논의들을 통하여 부각된 문제점들을 정리하여 보는 것이 유익하리라고 생각한다. 드러난 문제점들이 오히려 문제 해결의 출발점으로서의 역할을 할 수도 있을 것이기 때문이다. 이제 기존의 대우법과 관련하여 논의된 업적들을 통하여 제기될 수 있는 문제들에 대하여 '-시-', '-습-', '-이-' 등의 개별 형태를 중심으로 먼저 정리하여 보면 다음과 같다.[14)]

---

11) 다소 생소하게 보일 수도 있는 용어인 단어대우법과 문장대우법, 체언대우와 용언대우, 문법적인 대우와 어휘적인 대우 등이 가리키는 내용에 관해서는 후술 참조.

12) 구체적인 내용에 관해서는 참고논저 목록을 참조할 것. 연구사의 대강은 김충회(1990), 성기철(1990), 임홍빈(1990ㄴ) 등을 통하여 살필 수 있다.

13) 대우법의 변천에 관한 연구로는 박양규(1991), 서정목(1993, 1997) 등을 참조할 것.

14) '-시-', '-습-', '-이-' 등으로 대표되는 대우법은 각각 존경법, 겸양법, 공손법 또는 주체경어

(1) 가. '-시-'로 존대되는 대상은 누구인가?
나. 중주어문에서의 '-시-'의 기능은 무엇인가?
다. '-시-'의 어원론이 '-시-'에 대한 이해에 수용될 수 있는 방안은 무엇인가?
라. '-시-'의 기능은 역사적으로 일관된 것인가?

(2) 가. '-습-'으로 존대되는 대상은 누구인가?
나. '-습-'의 기능은 무엇인가?
다. '-습-'의 화용론적인 해석은 가능한 것인가?
라. '-시-'와 '-습-'의 관계는 무엇인가?[15)]
마. '-습-'의 소멸 이유는 무엇인가?

(3) 가. '-이-'로 존대되는 대상은 누구인가?
나. 국어의 화계는 몇 개의 등분으로 이루어지는가?
다. 등분의 구분은 적절한가?
라. '친밀도, 격식성, 나이'와 같은 자질의 속성은 투명한 것인가?
마. 서법 체계들 사이에 나타나는 등분의 불균형은 어떻게 이해되어야 하는가?
바. 등분 체계의 역사적인 변천 과정과 변천의 원인은 무엇인가?

위의 (1), (2), (3)은 각각 '-시-'와 '-습-' 그리고 '-이-'와 관련하여 그동안의 논의를 통하여 제기되었거나 그들을 통하여 제기할 수 있는 문제들의 대강이라고 할 수 있다. 따라서 그간의 논의를 통하여 어느 정도 그 정체가 드러난 문제들도 있으며, 아직은 답을 기다리고 있는 문제들도 있다. 한편 '-이-'로 대우되는 대상과 같은 경우에는 자명한 것으로 생각하여 전혀 관심의 대상이 되지도 못한 경우도 있다.

여기서 '-시-', '-습-'과 '-이-'를 앞세운 것은 국어의 대우 체계 논의에 관한 지금까지의 일반적인 경향을 반영하고자 하는 의도 때문이었다. 그러나 국어에서 대우에 동원되는 요소가 이들에 국한되는 것이 아님은 물론이다. '-님'이라든가, 대우 어휘와 같은 대우 관련 요소들이 그간 논의된 대우 체계 속에서 온당한 대접을 받고 있었다고 이해

법, 객체경어법, 상대경어법 등으로 불리던 것이나 여기서 그와 같은 용어의 선택을 피하기로 한 것은 기존의 논의들이 전제로 삼고 있는 체계를 본고에서는 전제로 삼지 않겠다는 의도를 담고 있다. 보다 구체적인 내용은 논의의 진행에 따라 점차 드러나게 될 것이다.

15) 16세기 국어 자료에서 '-시-'와 '-습-'이 같은 자리에 오는 예는 보이지 않으나, 흐름과 체계를 이해한다는 점에서 '-숩시-'와 같이 15세기 국어에 존재하는 용례도 염두에 두기로 한다.

하기는 어렵다 할 것이다. 그와 관련된 문제는 다음의 (4)와 같이 정리할 수 있다.

(4) 가. '-님'이 대우 체계 속에 수용될 수 있는 방안은 무엇인가?
나. 대우 어휘는 '-시-', '-습-', '-이-'로 이루어지는 대우법과 어떠한 관계를 가지는가?

본고에서는 위의 (4)에 제시된 문제들도 앞서 살핀 문제들과 함께 하나의 체계 속에서 설명이 되어야 한다는 태도를 취하기로 한다. 이는 임홍빈(1990ㄱ:708)에서와 같이 대우의 호응이라든가 문체론적인 대우로 (4)와 같은 문제를 수용하려는 것과는 다소 거리를 가진다고 할 수 있다. "대우의 호응"이라든가 "문체론적인 대우" 자체가 이미 '-시-', '-습-', '-이-'로 구성되는 대우 체계와 동일한 층위에서 다루어지는 것은 아니라는 점에서 각기 다른 별개의 체계로 보아야 할 것이기 때문이다.

위에 제시된 대우와 관련된 제반 문제들이 하나의 체계 속에 수용이 되기 위해서는, 드러난 문제들에 대한 체계 내적인 문제와 체계 외적인 문제의 구분 작업이 선행되어야 할 것이다. 대우와 대우법의 구분 작업은 대우 체계를 찾아가기 위한 전제가 되는 것이라고도 할 수 있다.

대우법에 관련된 기존의 논의들에서 관심을 가졌던 문제점들과 그들을 통하여 제기된 문제들을 정리하여 본 문제들은 대우법에 대하여 관심을 가지는 이들이라면 응당 제기할 만한 의문들이며, 그만큼 대우법이 가지는 기본적인 속성과 밀접한 관계를 가지는 문제들이라고 할 수 있을 것이다. 그러나 이미 살핀 바와 같이 이들 문제들에 대한 기존 논의들에서의 태도와 그들이 얻어낸 결과가 일치된 모습을 보여주지는 않고 있다. 아울러 어떤 문제들에 대해서는 아주 심각한 논쟁이 펼쳐지기도 하였으며, 어떤 문제들에 대해서는 자명한 것으로 인식하여 그다지 큰 주목거리가 되지 못하기도 하였다. 그에 따라 기존의 논의들에 기대어 정리하여 본 문제점들에 대한 답이 선명하여졌다고 하기는 여전히 어려운 형편이다. 여기서 본고가 기존 논의들의 주장 내용이 모두 그릇된 것이라는 태도를 취하려는 것은 전혀 아니다. 오히려 기존의 논의들은 모두 논의된 만큼의 진리는 담고 있다는 태도를 취한다. 단지 얻어진 결론들이 부분적이며 표면적인 진리임을 뜻하는 것으로, 대우법의 본질과는 어느 정도의 거리를 두고 있음을 인정하려는 것이다. 이와 같이 기존의 논의들이 대우법의 본질과 어느 정도의 거리를 두고 있다고 보는 데에는 그만한 이유가 있다. 이유를 살피기 위해 다음과 같이 문제를 정리하는 것으로부터 출발하기로 하자.

(5) 가. 대우 체계를 살피기 위한 논의의 전제는 무엇인가?
나. 국어의 대우 관련 요소를 망라할 수 있는 방안은 무엇인가?
다. 앞의 (1)~(4)에서 제기된 문제들에 대한 답은 무엇인가?
라. '대우' 현상이 과연 국어만의 것인가?

문제가 되는 현상의 올바른 이해를 위해서는 무엇보다 현상 파악에 부합하는 시각을 가지는 것이 필요하다고 할 수 있다. 동일한 하나의 현상을 대하면서도 현상을 대하는 태도에 따라 본질과의 거리는 각기 다를 수 있기 때문이다. 국어의 대우법에 관한 기존의 논의들이 대우법의 본질과 어느 정도의 거리를 두고 있다고 보는 이유는 '누구'를 높이느냐를 추구해 온 그들의 태도가 현상의 본질적인 내용을 파악하는 데에는 그리 적절하지 않다는 데에 있다.

국어의 대우법에 관한 논의들이 전제로 삼은 것은 대우법의 선택으로 인하여 누군가를 높인다는 것이었다고 할 수 있다. 대우법을 논의하면서 대우법에 대하여 시소 타기로 비유하거나, 방석 권하기로 비유하여 본 것은[16] 높이는 대상을 추구하는 한 방편이었다고 할 것이다. 그러나 높이는 대상이라고 하는 것은 대우법의 선택 결과로서, 대화에 직접 또는 간접으로 참여하는 인물에 한정된다는 점에 유의할 필요가 있다. 대우의 결과에만 관심을 갖는다면, 하나의 대상에 대하여 여러 차례 대우가 되는 현상이 어색하기는 하지만 불가능한 것은 아니라고 할 수도 있을 것이며, 주체나 객체 또는 주어나 객어가 구체적인 인물이 아니라 사물이라고 하더라도 대화 참여자 가운데에서 상위자를 찾아 대우와 관련짓기를 시도하는 것이 그리 잘못된 것은 아니라고도 할 수 있을 것이다. 나아가 대우와는 직접적인 관련을 가지지 않을 것으로 보이는 '격식성'과 같은 요소가 대화의 상대방과 모종의 관계를 가진다고 보는 것도 자연스러운 설명이라고 할 수도 있을 것이다. 양보하여 단지 직접적이든 간접적이든 간에 대화에 참여한 인물들 가운데에서 대우되어진 누군가를 찾을 경우에 국한한다면 그렇게 이해할 수도 있다는 의미이다.

그렇지만 대우법이 높이는 대상의 존재를 상정하고 그 존재가 누구인가를 밝히고자 하는 태도를 갖는 한, 그들 논의의 태도는 스스로의 논의에 제약을 가하고 있는 것으로 보인다. 이는 기존의 많은 논의에도 불구하고 제기된 문제들에 대한 답의 대부분이 여전히 모호하고 불명료한 상태를 보이는 주요한 까닭을 그들이 가지고 있는 논의의 전제에서 찾을 수 있기 때문이며, 지금과 같은 상황이 의식적이든 무의식적이든 간에 그 동안의 논의들이 보여온 태도 즉 문법적인 현상과 화용적인 현상 사이에 존재하는 명

16) 이와 같은 비유에 관해서는 김정수(1984:15)를 참조할 것.

확한 구분에 대한 관심의 부족에서 기인하는 것으로 보아야 할 것이기 때문이다.[17)]

문제의 본질에 다가서려는 데 가장 큰 장애가 되는 것이 선입견임을 잘 알고 있다. 대우법과 관련하여 제기된 문제들의 대부분이 대우법에 대한 선입견에서 비롯된 것이라 할 수 있다. 대우를 한다는 것이 누군가를 높이려는 의도에 의한 것이기는 하지만, 대우법 자체는 대상이 되는 인물을 높이는 대우와는 구분이 되어야 한다는 의미이다. 달리 표현하자면, 절차와 과정으로서의 '대우법'과 결과로서의 '대우'에 대한 구분이 필요하다는 것이다.

국어의 대우법이 결과적으로 '누구'라는 대상을 대우하게 된다고 하더라도 대우법 자체가 대우의 대상과 관련되는 것은 아니라고 할 수 있다. 대우법은 대우를 나타내는 인간 행위의 한 방편일 뿐인 것이다. 이는 '대우'의 본질적인 내용을 이해하기 위해서라도 '대우법'의 체계 파악은 필요한 것이며, 그를 위해서라면 사회적이거나 화용적인 또는 의미 해석적인 접근 태도를 지양하고 문법적인[18)] 접근을 도모할 필요가 있음을 뜻한다. 이렇듯 대우와 대우법을 굳이 가르려는 것은 '대우'가 대우의 요소와는 관계없이 대우의 대상과 결과에 관심을 가져 '대우법'을 구성하는 체계적인 문제와는 거리를 두기 때문이다. 대우법의 체계적인 모습을 파악하기 위해서는 '누구'가 아니라 '무엇'을 추구하여야 하고, 대우되는 대상을 문제 삼을 것이 아니라 대우되는 요소와 성분을 문제 삼아야 할 것이다. 그를 위하여 국어가 가지는 일반언어적인 성격과 함께 교착어로서 특징도 기억하기로 한다. 개별 언어에 따라 대우를 나타내는 방식과 절차에는 차이가 있을 수 있겠으나, 대우법 자체는 언어보편적인 현상이라는 것이며, 따라서 대우법이 국어만의 것은 아니라는 것이다.

이제 본고에서 대우법을 대하면서 취하려는 태도는 드러낸 셈이 되었다. '무엇'을 대우하느냐에 관심을 가지되, 일반언어적인 측면과 함께 교착어로서의 국어의 특징도 염두에 두자는 것이 그것이다. 먼저, 여기서 '무엇'이 의미하는 것은 문법 단위로서의 단어와 문장이다. 국어 대우 체계의 구성을 크게 단어 대우법과 문장 대우법으로 이해하는 것이다.

단어 대우는 문장을 구성하는 각각의 단어가 대우의 대상이 되는 대우법을 뜻한다. 개별 단어가 대우의 대상이 되는 한, 한 문장 속의 동일한 인물에 대해서 여러 차례 대우하게 되는 것으로 이해하거나, 대우의 대상이 인물이 아니어서 존대의 파급으로 이

---

17) '누구'에 대한 관심은 여전하다고 할 것이나, '대우'를 논하면서 문법과 현실 세계의 논리를 구분하고자 한 업적으로는 박양규(1993)이 있다.

18) 여기서 '문법적'이라는 표현으로 나타내고자 하는 것은 형태적인 것과 통사적인 것을 아우른 것이다. 어휘적인 대우를 포함하려는 조처로, 구체적인 내용을 뒤에서 살피게 될 것이다.

해하는 등, 객체의 범위를 확대하면서 제기되었던 문제들은 원인 무효가 되는 셈이다. 뒤에 가서 구체적인 내용이 소개되겠지만, 단어 대우는 대상의 성격에 따라 다시 체언에 대한 대우와 용언에 대한 대우로 나뉘고, 그들은 각각 대우의 방법에 따라 어휘적인 대우와 문법적인 대우로 나뉜다. 어휘적인 대우란 대우를 위하여 별개의 어휘를 취하는 경우를 가리키며, 문법적인 대우란 문법적인 방법을 취하는 경우를 가리킨다. 어휘적인 대우가 일반언어적인 성격을 가지는 것이라면, 문법적인 대우는 교착어로서의 국어가 보이는 특징적인 방법이라고 할 수 있을 것이다.[19] 국어의 대우법에 관한 논의들의 대부분이 '-시-', '-습-', '-이-'에 관심을 가졌던 것은 어찌 보면 국어 대우법의 부분적인 모습에만 관심을 가졌던 것이라고도 할 수 있을 것이다.

문장 대우법은 대우의 대상이 되는 단위가 문장인 대우법을 가리킨다. 기존의 논의에서 문장 외적인 요소인 청자를 대우하는 것으로 알려져 온 것이지만, 본고에서는 상대대우법이 취하였던 층위의 구분 즉 화계를 수용하지 않기로 한다. 단지 단어 대우에서와 마찬가지로 높이는 경우와 그렇지 않은 경우로 구분될 뿐이다. 격식성이라든가 친밀도 또는 나이와 같은 요소들은 문장 대우법과 일차적인 관계는 없는 것으로 보는 것이다.

3.1. 체언 대우

'체언 대우'라는 용어로 의미하려는 것은 대우되는 대상이 인물에 국한하는 것은 아니라는 것이다. 현대국어에서도 많이 쓰이고 있는 '진지, 연세, 춘추, 댁, 말씀, 병환'과 같은 체언들은 대우 표현에 쓰이기는 하지만, 인물 자체는 아닌 것이다. 체언을 대우하기 위하여 이와 같이 새로운 어휘를 취하는 방식이 다른 언어에서도 확인 가능한 것이기는 하지만, 체언 대우가 이러한 방식으로만 존재하는 것은 물론 아니다. 새로운 어휘를 취하는 방식을 어휘적인 대우라 하고[20], 체언에 대한 문법적인 절차를 거친 대우를 문법적인 대우라 하기로 한다.

가. 체언의 문법적인 대우

---

19) 국어와 마찬가지로 교착성을 공통 특질의 하나로 하는 알타이 제어에서의 대우법이 어떠한 모습을 가지는가에 관해서는 아직 충분히 검토하지 못하였다. 사석에서 송기중 선생님께 여쭈어 본 바로는 알타이 제어에 어휘적인 대우는 존재하나 문법적인 대우는 존재하지 않는다는 것이었다.

20) '새로운' 어휘의 도입이라고 하는 것은 그와 대응되는 어휘가 이미 존재하고 있음을 전제로 하는 것임에 유의할 필요가 있다. 자세한 내용에 관해서는 후술 참조.

교착어인 국어는 새로운 의미나 기능을 더하기 위하여 문법 요소를 취하는 것을 형태적인 특징으로 한다. 문법적인 체언 대우의 경우에는 명사 뒤에 접사 '-님'을 취하여 대우를 나타낸다. 다음의 예들이 그것이다.

(6) ㄱ. 어마니믜 ᄉᆞ랑ᄒᆞ샤미 세 고대 니르히 올ᄆᆞ시던 주를 ᄉᆡᆼ각ᄒᆞ야 〈번소 6:10ㄱ〉
　ㄴ. ᄂᆞᄎᆞ란 ᄂᆞᄌᆞ기ᄒᆞ야 우리 아바님 ᄀᆞᄅᆞ치시ᄂᆞᆫ 마ᄅᆞᆯ 듣더니 〈번소 7:41ㄴ〉
　ㄷ. 사술 ᄲᅢ혀 글 외오기 ᄒᆞ야 외오니란 스승님이 免점 ᄒᆞ나ᄒᆞᆯ 주시고 〈번노 상:3ㄴ〉
　ㄹ. 山南의 한할마님 長孫夫人이 나히 만ᄒᆞ야 니 업거늘 할마님 唐夫人이 **ᄉᆡ어미** 셤곰ᄋᆞᆯ 효도로이 ᄒᆞ야 ᄆᆡ일 아ᄎᆞᄆᆡ 머리 비서 縱ᄒᆞ고 빈혀 고자 섬 아래 가 절ᄒᆞ고 즉재 堂에 올라 그 **ᄉᆡ어마님을** 졋 먹이니 長孫夫人이 난 먹디 몯ᄒᆞᆷᄋᆞᆯ 두어 ᄒᆡ로ᄃᆡ 편안ᄒᆞ더니 〈소학 6:26ㄴ〉

위의 예 (6)은 각각 '어미, 아비, 스승, 한할미, ᄉᆡ어미'에 '-님'이 결합하여 만들어진 '어마님, 아바님, 스승님, 한할마님, ᄉᆡ어마님'을 보이고 있다.[21] (6)의 예에 보인 '-님'을 취하기 전의 어휘들은 가리키는 대상이 어느 정도 존귀한 자질을 가지고 있다는 공통점을 가지고 있다.[22] 그러나 존귀한 자질을 가지고 있다고 하여 언제나 '-님'을 취하는 것은 아니다. 예 (6ㄹ)에 굵은 글씨로 보인 'ᄉᆡ어미'와 'ᄉᆡ어마님'은 '대우'의 기본적인 속성 자체가 화자의 '존대 의향'에 절대적으로 의존하는 것이기는 하지만, '-님'의 선택 여부가 결정되는 단위는 장면이나 문장이 아니라 개별 어휘임을 보이고 있다. '번역소학'과는 달리 '소학언해'라는 자료가 한문 원전의 내용을 직역을 하고 있어[23] 대우법이 정확하게 반영되지는 않았다고 하더라도, 동일한 면에서 동일한 대상에 대한 대우를 달리하고 있다고 이해하기는 쉽지 않기 때문이다. 대우법의 선택 대상을 문법 단

21) 여기서는 '어미, 아비, 한할미, ᄉᆡ어미'에 '-님'이 결합하면서 '어마님, 아바님, 스승님, 한할마님, ᄉᆡ어마님'으로 되는 형태론적인 과정에 대한 추구는 피하기로 한다. 그러나 '-님'이 결합된 이들 어휘에서 호격어미와 형태를 같이하는 '아'를 석출할 수 있다는 사실과 임홍빈(1990ㄱ:727)에서 '-님'의 기능에 대하여 "어떤 대상을 높여 부르는 호칭적인 용법"이라고 추측을 시도한 내용은 기억해 둘 필요가 있다. 물론 그럴 경우 '아'와 '님' 가운데 어느 하나는 잉여적인 것이라는 부담은 남게 된다. '-님'의 선택 원리에 관해서는 안병희(1963ㄴ)과 임홍빈(1990ㄱ)을 참조할 것.

22) '어머니, 아버지, 할머니'와 같은 단어들이 언제나 존귀한 자질을 가지는 것은 물론 아니다. 단지 중립적인 의미로 쓰이는 경우가 일차적인 관심의 대상에서 제외되어 있음을 뜻하는 것일 뿐이다.

23) 자료의 성격에 관해서는 안병희(1973)을 참조할 것.

위인 단어로 보는 것에 대한 타당한 근거로 다음의 예 (6ㄹ´)을 들 수도 있다.

(6) ㄹ´. 아비 나ᄒᆞ시고 스승이 ᄀᆞᄅᆞ치시고 님금이 먹이시ᄂᆞ니 〈소학 2:73ㄴ〉

주체나 주어 또는 경험주를 대우하는 것으로 알려진 '-시-'가 쓰이고 있음에도 정작 대우의 대상이라고 여겨지던 '아비, 스승'에 대한 대우는 이루어지지 않고 있는 것이다. 16세기 국어의 '아비'와 '스승'이 이미 '-님'을 알고 있던 어휘들이라는 점에서 (6ㄹ´)의 예는 예사롭다고 하기 어려운 것이다.[24] 대우의 대상과 요소들 사이에서 호응 관계를 모색하고자 한 기존의 시도들은 대우의 과정보다는 결과에 주목한 것이라고 할 수 있으며, 그러한 시도 속에서의 (6ㄹ´)과 같은 예는 단지 예외적인 존재로 머물 수밖에 없을 것이다. 그러나 예외를 예외로 인정하는 그 순간 대할 수 있는 세계는 그만큼 줄어들 수밖에 없으며, 이야기할 수 있는 진리도 그만큼 작아질 수밖에 없다는 것이 예외에 대한 기본적인 태도이다. 다음 (6´)의 예들은 위의 (6ㄹ´)과는 대조적인 예들이다. 서술어가 '-시-'를 취하지는 않았으나 서술어와 관계를 가지는 '형'이 '-님'을 취하고 있는 것이다. 더구나 (6´)의 예들은 의역을 하고 있는 자료들이라는 점에서 또 다른 의미를 가지고 있는 것이다.

(6´) ㄱ. 夫人의 어머님은 申國夫人의 형님이니 홀ᄅᆞᆫ 자내 ᄯᆞᆯ을 보라 와 〈번소 9:7ㄱ〉
ㄴ. 쥬ᅀᅵᆫ 형님 닐오미 졍히 올타 나도 드로니 올히 여긔 뎐호를 거두디 몯ᄒᆞ다 ᄒᆞᄂᆞ다 〈번노 상:54ㄴ〉
ㄷ. ᄒᆞᆫ 나그내 ᄒᆞᆫ 물 양 모라 디나가더니 큰 형님 네 이 양을 ᄑᆞᆯ다 그리어니 ᄑᆞᆯ리라 〈번노 하:21ㄴ〉

다음에 살필 예 (7)은 '-님'을 취한 예들을 보이고 있으나, '-님'을 취한 어휘들의 성격이 (6)과 (6´)의 예들과는 사뭇 다르다는 점에서 살필 필요가 있다.

(7) ㄱ. 셔방님도 청쥐 가 유무ᄒᆞ도더라 됴히 갓더라 〈간찰 18〉
ㄴ. 동싱님네ᄭᅴ 대되 요ᄉᆞ이 엇디 겨신고 긔별 몰라 분별ᄒᆞᄋᆞᆸ뇌 〈간찰 53〉

24) 현대국어와는 달리 중세국어의 '님금'은 '-님'을 필요로 하지 않던 어휘이다. 현대국어의 '임금'이 '-님'을 필요로 하게 된 까닭은 '임금'이라는 어휘가 가지는 의미가 가치 중립적인 것이 된 데에서 찾아야 할 것이다. 보다 구체적인 설명에 관해서는 한재영(1998ㄱ)을 참조할 것. 혹 '대통령'에 대해서 '대통령님'이라고 한다면, 이는 대우를 하는 것이 아니라 오히려 대통령 자체에 대한 가치의 평가 절하를 의미하는 것이라 할 수 있다.

ㄷ. 빅희ᄂᆞᆫ 노션공의 ᄯᅡ님이니 송공공의 부인이 도얏ᄶᅡ가 공공이 주근 후에 바ᄆᆡ 블 나거ᄂᆞᆯ 모션ᄂᆞᆫ 사ᄅᆞ미 ᄉᆞᆯ오ᄃᆡ 부인이 ᄇᆞᄅᆞᆯ 피ᄒᆞ쇼셔 ᄒᆞᆫ대 빅희 닐ᄋᆞ샤ᄃᆡ 〈삼강열:1ㄱ〉

ㄹ. 武王 아ᄋᆞ님이라 〈소학 4:13ㄱ〉

위의 (6)과 (6′)에서 살핀 '-님'을 취한 어휘들이 어느 정도 존귀한 자질을 가지고 있는 것과는 달리, (7)에 보인 '셔방, 동ᄉᆡᆼ, ᄯᆞᆯ, 아ᄋᆞ' 등의 어휘는 대우 중립적이거나 오히려 하대의 대상이라고도 할 수 있는 예들이다. '-님'을 취하고는 있으나 (7ㄴ)의 '겨신고'를 제외하고는 '-님'을 취한 어휘와 대우 호응하는 서술어의 모습은 보이지 않는다. 대우의 대상이 문법 단위로서의 단어라는 사실은 다음 (7′)의 예에서도 확인할 수 있다.

(7′) 집 사ᄅᆞ미 대되 블근 ᄑᆞᆺ 두닐굽 나ᄎᆞᆯ ᄒᆡ님 향ᄒᆞ야 ᄉᆞᆷᄭᅵ라 〈온역 8ㄱ〉

위의 예 (7′)은 'ᄒᆡ님'을 보이고 있다. 이와 같은 예는 현대 국어에서도 찾아 볼 수 있는 것으로, '해님, 달님, 별님, 꽃님'과 같은 예들이 그것이다.[25] '-님'을 취한 이러한 예들에 대하여 의인화한 것이라는 해석을 하기도 한다. 그러나 의인화라는 해석은 대우의 대상이 '누구'인가를 모색하는 과정에서 도출된 결론이라고 할 수 있는 것으로, 설명 자체가 그리 자연스러운 것이라고는 하기 어려운 형편이다. '의인화'라고 한다면 의인화할 수 있는 대상의 목록은 열려 있어야 할 것이나 그렇지 못하기 때문이며, (7′)의 예에서 보듯이 '의인화'라는 절차가 의도하는 내용과 그 효과가 선명하여야 할 것이나 그렇지 못하기 때문이다. 이처럼 '대우'되는 대상을 '누구'에게서 찾고자 하는 그간의 태도는 대우의 체계를 파악하는 데에 장애가 되어 왔다고 할 수 있다. '-님'의 수용도 문제였을 뿐만 아니라 대우 어휘들에 대한 처리도 그리 만만한 작업이 아니었다고 할 것이다. '해'에 대하여 대우한 '해님'이 의인화한 것이라고 하더라도, '밥, 나이, 이'에 대하여 대우한 '진지, 연세, 치아'조차 의인화한 것이라고 할 수는 없었기 때문이다.

대우 체계의 구성 내용이 되는 것은 아니나 체언에 대한 대우를 살피면서 속격 표지 '-ㅅ'과 호격 표지 '-하'에 관해서는 아울러 다룰 필요가 있다. 다음의 예 (8)과 (9)가 그것이다.

---

25) 15세기 국어의 예로 'ᄃᆞᆯ님'을 찾아 볼 수도 있다. 다음 '월인천강지곡'의 예가 그것이다. 15세기 국어 자료임에도 서술어 '몯ᄌᆞᆺ더시니'에 '-ᄉᆞᆸ-'이 쓰이지 않고 있음에 유의할 필요가 있다.

前生애 修行 기프신 文殊普賢ᄃᆞᆯ히 ᄃᆞᆯ니ᇝ긔 몯ᄌᆞᆺ더시니 〈월곡 83〉

(8) ㄱ. ᄆᆞᄉᆞᆷ 됴ᄒᆞ신 원판형님하 어듸 가시ᄂᆞᆫ고 쇼ᄉᆡᆼ이 례부에 가노이다 〈번박 상:7ㄴ〉
ㄴ. 쥬ᄉᆡᆼ형님하 小人ᄃᆞᆯ히 뒤헤 쥭 ᄡᅮ라 가고져ᄒᆞ니 이 ᄢᅢ 어두은 ᄃᆡ 나드리 쉽사디 아니며 ᄯᅩ 네 이 가히 모디니 아ᄆᆞ라나마나 네 나를 져기 쥭 ᄡᅮ워 주ᄃᆡ 엇더ᄒᆞ뇨 〈번노 상:55ㄱ〉

(9) ㄱ. 子思ᄂᆞᆫ ᄌᆞ오 일호ᄆᆞᆫ 伋이니 孔子ㅅ 손ᄌᆞ라 〈소학 1:1ㄴ〉
ㄴ. 효도ᄒᆞ며 공경ᄒᆞᄂᆞ니ᄂᆞᆫ 父母와 싀부모ㅅ 命을 거스리디 말며 〈소학 2:12ㄱ〉

위의 예 (8)과 (9)는 각각 '-하'와 '-ㅅ'의 예를 보인 것으로, 이들 '-하'와 '-ㅅ'은 대우 체계와 모종의 관계를 가지는 것으로 이해되어 온 형태들이다. 그러나 이들 형태가 대우와 가지는 관계가 앞서 살핀 '-님'의 성격과 동일한 것이 아니라는 점은 지적해 둘 필요가 있다. '-하'와 '-ㅅ'은 그 자체가 체언을 대우하는 것은 아니기 때문이다. '-하'와 '-ㅅ'이 대우와 관계를 가지는 까닭은 그들이 가지고 있는 형태적인 정보에서 찾을 수 있다. 호격 표지와 속격 표지로서의 기능을 행사할 수 있는 대상이 존칭 체언이라는 것[26], 즉 특정한 선택 제약을 조건으로 하는 문법 형태라는 것이 그것이다.[27] 현대국어의 '-에게'가 〔+유정〕의 자질을 갖는 체언을 요구하는 조사인 것과 마찬가지로 '-하'라든가 '-ㅅ'은 〔+대우〕의 자질을 가지는 체언을 필요로 하는 '조사'라는 의미이다.[28] 여기서 이들이 조사라고 하는 사실에 각별히 유의할 필요가 있다. 조사인 이들이 대우를 나타내는 기능을 가지고 있다면 이들은 '하나의 형태는 하나의 기본적인 의미를 수행한다'는 국어적인 상식에서는 벗어나는 예외적인 존재가 될 수밖에 없기 때문이다. 이들이 대우와 관련되는 것으로 이해되어 온 까닭은 그들이 가지고 있는 형태적인 정

26) 본고에서의 '존칭 체언'이 대우 어휘 가운데에서 명사를 의미하는 것은 아니다. '대우 어휘'가 대우 대 비대우의 어휘적인 대립 관계의 존재를 전제로 하는 반면에, '존칭 체언'은 〔+상위〕라고 하는 어휘 자질을 가지고 있다는 점에서 차이가 있다. 이해를 돕기 위하여 달리 표현하자면 대우를 하고자 하는 의도가 없는 경우에는 '대우 어휘'가 선택될 수 없으나, '존칭 체언'은 대우의 의도가 전혀 없는 경우에도 쓰일 수밖에 없다는 차이가 있다. 어떠한 경우에도 존칭 체언인 부처는 부처이고, 왕은 왕이라는 의미이다.

27) 현대국어의 예이기는 하지만, 조사 자체가 대우의 기능을 가지는 것을 보이는 것과는 거리를 두는 경우를 참고로 들어 두기로 한다. '-께'를 사용하였다고 하여 '동생'이 대우된 것이라 할 수는 없는 것이다. 이는 아래 문장의 어색함이 대우법의 이상에서 오는 것이 아니라 부적절한 조사의 사용에 기인하는 것임을 의미한다.

?어머니께서 동생께 과자를 주셨다.

28) 현대국어의 '-께서'도 같은 맥락에서 이해되어야 할 것이다.

보에서 찾아야 할 것이다. 이는 '-ㅅ'과 '-긔'의 결합형태인 'ᄭᅴ'도 역시 마찬가지이다. 다음의 예 (10)이 그것이다.

(10) ㄱ. 제 아븨 거상 니버 시묘ᄒᆞ거늘 공뎡대왕ᄭᅴ 엳ᄌᆞ와 홍문 셰니라 〈續三 효:4ㄱ〉
　　ㄴ. ᄒᆞᆨ당의 가 스승님ᄭᅴ 읍ᄒᆞ고 글 바틴 후에 지븨 도라와 밥 먹고 〈번박 상:49ㄴ〉

그러나 이와 같은 '-하'와 '-ㅅ'의 선택 제약이 16세기 국어에서 절대적인 것으로는 보이지 않는다. 존칭 체언이라고 하기 어려운 경우에도 호응하여 쓰이고 있기 때문이다. 다음의 예들이 그것이다.

(8′) ㄱ. 舍人하 ᄒᆞ다가 너옷 믿디 몯ᄒᆞ거든 다ᄅᆞ니 ᄒᆞ야 보라 ᄒᆞ면 믄득 올ᄒᆞ니 아니니를 보리라 〈번박 상:73ㄴ〉
　　ㄴ. 이리 人家를 버므리ᄂᆞ니 엇디 너를 머믈워 재리오 쥬신하 네 어딋 마롤 니ᄅᆞᄂᆞ뇨 〈번노 상:50ㄴ,51ㄱ〉

(9′) 만일 아비ㅅᄭᅴ어든 눈을 둘오ᄃᆡ ᄂᆞᆾ치 올리디 말며 씌에 ᄂᆞ리오디 말올디니라 〈소학 2:15ㄱ〉

(10′) ㄱ. 公父文이 됴회로셔 믈러와 그 어미ᄭᅴ 뵈ᄋᆞ올ᄉᆡ 그 어미 보야흐로 삼 삼더니 〈소학 4:44ㄱ〉
　　ㄴ. 술위를 ᄡᅳ어 본향 ᄆᆞ올히 도라가 싀어미ᄭᅴ 뵈ᄋᆞᆸᄂᆞᆫ 례도를 ᄆᆞᆺ고 〈소학 6:54ㄴ〉

먼저 (8′)의 '舍人'과 '쥬신'은 문맥으로 보아 존대를 나타내는 대우 어휘가 아님을 알 수 있으며, (9′)과 (10′)의 '아비, 어미, 싀어미'도 '-님'을 취하지 않아 대우 어휘로 다루는 데에는 무리가 있다. 이에 반하여 '아비, 어미, 싀어미'가 이미 존칭 체언이어서 '-님'을 필요로 하지 않는다거나, (9′)과 (10′)의 예를 보이고 있는 '소학언해'라는 자료가 직역체 자료이어서 대우법이 충실히 반영되지 못하였다고 설명할 수도 있을 것이다. 그러나 다음의 예 (11)은 '아비, 어미, 싀어미'의 대우에는 '-님'을 필요로 하고, '소학언해'라고 하는 자료도 역시 '-님'을 아는 자료임을 보이고 있다.

(11) ㄱ. 孔子ㅅ 뎨ᄌᆞ니 曾子 아바님이라 曾子 아ᄃᆞᆯ이라 〈소학 4:15ㄴ〉
　　ㄴ. 孟軻ㅅ 어마님이 그 집이 무덤에 갓갑더니 〈소학 4:3ㄴ〉

ㄷ. 즉재 堂에 올라 그 <u>싀어마님을</u> 졋 먹이니 〈소학 6:26ㄴ〉

나. 체언의 어휘적인 대우

앞에서 체언 뒤에 '-님'을 취하는 체언의 문법적인 대우를 살펴보았다. 교착어로서의 특징이 반영된 대우법이라고 할 수 있는 것이다. 그러나 체언에 대한 보다 언어일반적인 대우의 방법은 새로운 대우 어휘를 마련하는 것이라 할 수 있다. 현대 국어의 예이기는 하지만, '아들딸, 밥, 나이, 집, 말, 병' 등에 대하여 '자제분, 진지, 연세·춘추, 댁, 말씀, 병환' 등의 대우 어휘를 가지고 있는 경우가 그에 해당한다. 그러나 이 자리에서 일반적인 대우 방법이라고 할 수 있는 대우 어휘의 예를 16세기 국어에서 찾아보기란 그리 쉽지 않은 형편이다. 우선 현대 국어에서 쓰이는 대우 어휘의 대부분은 그의 존재 확인이 어렵다. '자제(子弟), 댁(宅)'과 같은 한자어의 예를 찾을 수 있기는 하나, 대우와는 거리를 두고 있는 것이다. 여기서는 16세기 국어에 보이는 '진지'와 '분'을 살피는 것으로 만족하기로 하고, 어휘적인 대우의 보다 구체적인 내용에 관해서는 현대 국어 대우 어휘의 생성과 변천 과정을 통시적으로 살피는 별도의 작업으로 미루기로 한다.

(12) ㄱ. <u>진지</u> 오를 제 반ᄃᆞ시 시그며 더운 졀ᄎᆞᆯ ᄉᆞᆯ펴 보시며 <u>진지</u> 믈으ᄋᆞ와ᄃᆞᆫ 자신 바를 무르시고 <u>진지</u> 가음안 사ᄅᆞᆷᄃᆞ려 命ᄒᆞ야 ᄀᆞᆯᄋᆞ샤ᄃᆡ 다시 들임이 잇디 말라 ᄒᆞ야시ᄃᆞᆫ 〈소학 4:12ㄱ〉

ㄴ. 도ᄌᆞᆨ기 갈홀 간슈ᄒᆞ고 닐우ᄃᆡ 두 <u>분니</u> 어딘 사ᄅᆞᆷ미어ᄂᆞᆯ 우리 간대로와 ᄀᆞᆯ외놋다ᄒᆞ고 다 ᄇᆞ리고 가니라 〈이륜 9ㄱ〉

예 (12ㄱ)의 '진지'는 다음 (12′ㄱ)에 보이는 '밥'의 대우 어휘이며, (12ㄴ)의 '분'은 (12′ㄴ)에 보이는 '놈'의 대우 어휘이다.[29)]

(12′) ㄱ. ᄌᆞ식이 能히 <u>밥</u> 먹거든 ᄀᆞᄅᆞ츄ᄃᆡ 올ᄒᆞᆫ 손으로ᄡᅥ ᄒᆞ게 ᄒᆞ며 〈소학 1:3ㄴ〉

ㄴ. 샹녜 強布ᄒᆞᆫ <u>노미</u> 더러일가 저허 갈 ᄎᆞ고 노 ᄣᅵ여셔 盟誓ᄒᆞ야 닐오ᄃᆡ 〈속삼 열:21ㄱ〉

---

29) '놈'이 '분'과 대응되는 비대우 어휘로서의 의미만을 지니는 것은 아니다. 중세국어에서도 현대국어의 '놈'과 같은 쓰임새를 확인할 수 있다. '번역박통사'의 다음 예는 평칭의 '사ᄅᆞᆷ'과 대비되는 것으로, 그 경우의 '놈'은 어휘적인 대우 체계의 밖에 존재하는 것이다.

네 그 놈 츄심ᄒᆞ야 ᄆᆞ슴 ᄒᆞᆯ다 뎨 내 은 닷량을 ᄢᅧ 디워 두셰라 녀나ᄆᆞᆫ 사ᄅᆞᄆᆞᆫ ᄒᆞᆫ 량의 니쳔 ᄒᆞᆫ 량식 바도려 ᄒᆞ야 ᄢᅱ이거ᄂᆞᆯ 〈번박 상:34ㄱ〉

하지만 '진지'와 '밥' 사이가 '존대-비존대'의 관계를 가지는 것이 제한된 경우에 한한다는 점은 기억해 둘 필요가 있다.[30] '진지'가 '넓은 의미의 식사나 음식'을 가리킨다는 점에서, 다음 (12´´)의 '밥'처럼 '쌀 따위의 곡식으로 지은 음식'을 뜻하는 경우에는 '밥'이 비대우 어휘가 아니기 때문이다.[31]

(12´´) ㄱ. 님금믜 뫼셔 밥 자실 저긔 님금이 祭ᄒᆞ거시든 몬져 자시더시다 〈소학 2:41ㄴ〉
ㄴ. ᄒᆞᆫ 가지로 밥 먹을 제 손에 ᄯᆞᆷ 잇게 아니ᄒᆞ며 밥을 뭉킈디 말며 밥을 크게 ᄯᅳ디 말며 흘리마시디 말며 〈소학 3:22ㄴ,23ㄱ〉

앞서 보다 구체적인 대우 어휘의 양상에 관해서는 별도의 자리에서 다루기로 한 바 있다. 하지만 어휘적인 대우와 관련하여 다음 (13)의 두 가지 문제에 관해서는 대우 체계의 본질적인 내용과 밀접한 관계가 있다는 점에서 그들에 대한 본고에서의 태도를 피력해 두기로 한다.

(13) ㄱ. '소인(小人), 소생(小生), 과인(寡人)'이나 '저, 저희' 등과 같은 소위 겸양어에 대한 이해의 방안은 무엇인가?[32]
ㄴ. '아버지'와 '장인'에 대한 존대를 나타내는 '춘부장(春府丈), 빙장(聘丈)'과 같은 어휘에 대한 수용 방안은 무엇인가?

먼저, (13ㄱ)에 보인 예들은 화용론적으로는 대우로 인정될 수 있으나 본고에서의 어휘적인 대우의 범주에는 들지 않는다. 이들 어휘는 자기자신을 가리키는 데에 일반명사나 3인칭 대명사를 취한 예들이다. 이는 자기자신을 객관화시켜 겸손을 나타내는 것으로 화용론적인 방법일 수는 있어도, 문법적인 절차를 거친 것이라 할 수는 없다고 할 것이다. (13ㄴ)의 경우에는 '존대-비존대' 관계를 충족시키기는 하나 제한적이어서, 어휘적인 대우에 속하기는 하나 한정적임을 기억할 필요가 있다.

---

30) '진지'와 '밥'이 다른 의미를 가질 수 있음에 대해서는 임홍빈(1976)을 참조할 것.

31) '진지ᄒᆞ다'의 경우에는 '진지'와 달리 대우와 비대우의 구분 없이 쓰인다. '식사를 올리다'의 의미로도 쓰이고, '식사를 하다'라는 의미로도 쓰이는 것이다. 다음의 예가 그것이다.

양지ᄒᆞ며 셰슈홀 제 노픈 소리로 고츰 받디 말며 진지홀 제 당돌히 셔츠 너모디 말며 〈초발 5ㄱ〉

32) 현대 국어의 겸양 어휘에 관해서는 최현배(1959)를 참조하고, '저'의 기원에 관해서는 황문환(1991)을 참조할 것.

여기서 새삼스럽게 '존대-비존대' 관계가 충족되어야 한다는 대우 어휘의 성격을 지적하는 것은 존대를 나타내는 것으로 이해되어 온 상당수의 어휘들이 '대우'라기 보다는 특정한 용법을 지니는 어휘로 이해해야 할 경우가 있기 때문이다.[33] 그러한 성격의 어휘로는 대우와 관련된 듯이 보이는 몇몇 부사들도 들 수 있다. 다음의 예 (14)에 보이는 '親히, 몸소, 몸ᅀᅩ, 손소, 손ᅀᅩ'와 같은 어휘들이 그것이다.

(14) ㄱ. 어미을 지그기 효도ᄒᆞ다가 죽거늘 侍墓ᄒᆞ야 <u>親히</u> 나모 지여 祭物 밍ᄀᆞ더니 〈속삼 효:25ㄱ〉
ㄴ. 文ᄋᆞᆫ 아니 내 사ᄅᆞᆷ ᄀᆞᄐᆞ냐 君子를 <u>몸소</u> 行홈은 곧 내 得홈이 잇디 몯호라 〈논어 2:26ㄱ〉
ㄷ. ᄒᆞᆫ 죵을 보내여 제 아ᄃᆞ를 주고 유무ᄒᆞ여 닐오ᄃᆡ 네 아ᄎᆞᆷ나죄 머굴 이레 <u>몸ᅀᅩ</u> ᄃᆞᆫ뉴미 어려올시 〈번소 9:92ㄱ〉
ㄹ. 너ᄅᆞᆯ 하 닛디 몯ᄒᆞ고 그리워 오셔늘 <u>손소</u> 기워 보내려 두고 네 형 보내노라 〈간찰 55〉
ㅁ. 후에 아비 죽거늘 三年 侍墓ᄒᆞ며 <u>손ᅀᅩ</u> 祭ᄅᆞᆯ 밍ᄀᆞᆯ오 〈속삼 효:28ㄱ〉

위의 예에 보이는 '親히, 몸소, 몸ᅀᅩ, 손소, 손ᅀᅩ' 등에 대하여 현대 국어 사용자들의 상당수는 이들이 '스스로'에 대한 존대의 의미를 가지는 것으로 생각하고 있으나, (14)의 예에서 보듯이 이들은 '직접 행하여' 정도 이상의 의미를 가지는 것은 아니다. 이들 부사로 수식되는 서술어의 동작이 '자식'이나 '아들' 또는 '제자' 등의 동작이어서 대우의 대상과는 거리를 가지고 있기 때문이다.

16세기 국어에서도 '스스로'가 존재하여 (14)의 경우와 대조를 이루기도 하나, '스스로'의 경우에는 무의도적인 동작도 가리킨다는 점에서 '親히, 몸소, 몸ᅀᅩ, 손소, 손ᅀᅩ' 등과는 의미상의 차이를 보인다. 다음 (15)의 예가 그것으로, 본고에서 단어 대우법의 범주에서 부사를 제외한 이유가 된다.

(15) ㄱ. 진실로 밧긧것 됴호믈 득ᄒᆞᆯ 저기면 도로혀 제 몸과 ᄆᆞᅀᆞ미 불셔 <u>스스로</u> 몬져 사오나왯ᄂᆞᆫ 주를 아디 몯ᄒᆞᄂᆞ니라 〈번소 8:7ㄱ〉
ㄴ. ᄒᆞ과댜 ᄇᆞ라더니 네 이제 ᄀᆞᆯ오ᄃᆡ 엇뎨 <u>스스로</u> 편안티 아니ᄒᆞᄂᆞ뇨 〈소학 4:46ㄴ〉

---

33) 그러한 태도에 관해서는 황부영(1959:23)을 참조할 것. 보다 구체적인 문제에 관해서는 별도의 자리에서 다룰 예정이다.

3.2. 용언 대우

용언 대우도 체언 대우에서와 마찬가지로 문법적인 대우와 어휘적인 대우로 나뉜다. 이제부터 살피게 되는 용언 대우는 대우의 대상을 바로 용언 자체에서 찾고자 하는 것이다. 여기서 취한 '용언 자체'라는 표현은 서술어로 나타내어지는 동작이나 상태 등을 가리킨다. '누구'에 관심을 가지는 대우에서는 동작이나 상태 자체보다는 동작이나 상태의 참여자를 찾고자 하였던 것이라고 할 수 있다. 그러나 '누구'를 찾는 과정이 늘 간단한 것만은 아닐 뿐만 아니라, '누구'를 대우하는 과정에 대한 이해도 그리 쉬운 것은 아니었던 것이다. 용언 대우에 관한 그간의 이해 태도가 가지는 문제점에 관해서는 앞서 이미 지적한 바 있으므로 여기서는 다음의 예 (16)을 들어 두는 것으로, 지리한 반복은 피하기로 하자.

(16) ㄱ. 할아버님은 오늘 기분이 좋으시다.
ㄴ. 여러분께서 지참하시고 오신 글을 옆에 계신 분과 바꾸시어 잘못되신 부분을 고치십시오.

위의 (16)의 예는 서술어 자체가 대우의 대상이 되는 것이라는 사실을 보이는 예로 받아 들여도 좋을 것이다. 기존의 논의들에서도 이와 같은 예들이 다루어지지 않은 바는 아니고, 그들에 대하여 주체나 객체 이외에 경험주 등으로 이해하고자 한 시도가 없었던 것은 아니나 그를 수용할 경우에 하나의 대상에 대하여 대우하고 다시 대우하고 되풀이하여 대우하는 것으로 이해할 수밖에 없다고 하겠다. 물론 기존의 논의들이 그와 같은 이해 태도를 취한 데에는 그럴 만한 이유가 있다. 용언은 논항을 취하는 것을 기본적인 속성으로 하는 바 '누구'에 주목하려 하는 한 논항에 이끌리기 쉽기 때문이다. 그러나 '계시다, 주무시다, 편찮으시다' 등의 용언이 그가 취하는 논항의 내용과 상관없이 대우 어휘로 이해된다는 사실이 시사하는 바는 적지 않다고 할 것이다. 먼저 용언의 문법적인 대우부터 살펴가기로 하자.

가. 용언의 문법적인 대우

주지하는 바와 같이 용언의 문법적인 대우는 '-시-'와 '-숩-'을 취하는 방식을 취한다. '-시-'와 '-숩-'은 기존의 대우 관련 논의들에서 주체 대우와 객체 대우로 인식되어 온 형태들로서, '-시-'는 현대 국어에서도 여전한 생명력을 유지하고 있으나 '-숩-'은 그 기능과 역할이 거의 스러진 것으로 이해되고 있다. 앞서 대우법의 대상이 주체나 객체 또

는 청자가 아니라 문법 단위로서의 단어와 문장이며, 체언과 용언임을 지적한 바 있다.[34)]

대우의 대상이 되는 용언이라고 함은 논항의 존재에 대한 일체의 정보가 걸러진 것으로, 용언 자체의 의미만을 가리킨다. 화자가 용언에 대한 대우를 선택하는 과정에서 논항에 대한 사전 정보를 바탕으로 삼을 수는 있겠으나, 그것이 곧 논항에 대하여 대우를 한 것으로 볼 수는 없다는 것이다.

'용언의 문법적인 대우'라는 동일한 범주에 속하는 요소인 '-시-'와 '-숩-'은 용언으로 진술되는 사건의 동작이나 상태에 대한 방향과 밀접한 관계를 가지는 것으로 이해된다.[35)] 동일한 사건에 대한 관점의 차이가 '-시-' 또는 '-숩-'에 대한 선택 조건이 된다는 의미이다. 이는 동일한 사건에 대하여 관점이나 의도하는 표현의 효과에 따라 능동사를 취하거나 피동사를 취하는 것에 비견될 수 있다. 먼저 '-시-'를 중심으로 구체적인 예들을 통하여 살펴가기로 하자.

(17) ㄱ. 康靖大王이 <u>드르시고</u> 驛馬로 블려 보시고 어디다 ᄒᆞ샤 〈속삼 효:26ㄱ,ㄴ〉
ㄴ. 내 그ᄃᆡ를 ᄀᆞᄅᆞ츄리니 만일에 님금이 <u>무르시거든</u> 안즉 내 닐온대로 ᄒᆞ라 〈번소 9:44ㄱ〉
ㄷ. 싀부모ᄭᅴ 드리올디니 싀부모ㅣ <u>받아시든</u> 깃거 새로 주는 것슬 받는 ᄃᆞ시 ᄒᆞ고 〈소학 2:13ㄴ〉
ㄹ. 上이 평상ᄭᅢ애 걸안자셔 <u>보시고</u> 丞相 弘이 샹해 뵈ᄋᆞᆸ거든 〈소학 6:38ㄱ〉

위의 예 (17)은 동사 '듣다, 묻다, 받다, 보다'가 '-시-'를 취한 예들이다. 예 (17)의 동사들이 취한 '-시-'에 대하여 각각 '康靖大王, 님금, 싀부모, 上'을 대우한 것으로 이해하는 기존의 태도는 그만큼의 타당한 근거는 있었다고 할 수 있으나, '-시-'의 기능에 대한 본고의 태도와는 거리가 있다고 하겠다. 동작이나 상태를 구성하는 요소로서의 논항의 존재 자체를 부정하는 것은 아니나, 본고에서는 '-시-'의 기능이 동작이나 상태 자체에 대하여 대우하는 데에 있는 것으로 이해하고 있기 때문이다. 따라서 '康靖大王, 님금, 싀부모, 上'과 '-시-' 사이의 호응은 부차적인 것이지 본질적인 것은 아니라는 뜻이다. 다음의 예 (17′)은 동사 '듣다, 묻다, 받다, 보다'가 구성하는 비대우 구문의 예들로서, (17)의 예들과 대비가 되는 것이라 하겠다.

---

34) '-숩-'에 대하여 '동사에 사용되는 경어법'으로 규정한 안병희(1982ㄱ)의 지적은 기존의 논의들에 비하여 대우법의 본질에 더욱 다가선 것이라 할 수 있다.

35) 용언의 문법적인 대우가 용언이 담고 있는 사건의 '방향성'과 관계가 있음에 관해서는 한재영(1992ㄴ)에서 그 일단을 피력한 바 있다.

(17′) ㄱ. 내 너희 물이 사룸의 허믈 듣고 父母ㅅ 일홈 드롬ᄀᆞ티 ᄒᆞ야 귀예 可히 시러곰 드를 이언뎡 〈소학 5:12ㄱ〉

ㄴ. ᄀᆞᄅᆞ샤ᄃᆡ 아니라 沈同이 燕을 可히 伐ᄒᆞ얌즉ᄒᆞ냐 묻거늘 내 應ᄒᆞ야 ᄀᆞᆯ오ᄃᆡ 可타 호니 〈맹자 4:21ㄴ〉

ㄷ. 손돌홀 블로ᄃᆡ 얼운이라 ᄒᆞ야 다 절을 받게 ᄒᆞ고 일즉 우움 웃고 〈소학 6:112ㄱ〉

ㄹ. ᄀᆞᄅᆞ샤ᄃᆡ 이제 成人은 엇디 반ᄃᆞ시 그러리오 利를 보고 義를 思ᄒᆞ며 危를 보고 命을 授ᄒᆞ며 〈논어 3:56ㄱ〉

예 (17′)과 (17)은 동사가 필요로 하는 논항이라고 하는 것이 내용이 아니라 자리를 뜻하는 것임을 보이기도 한다.[36] 이는 동사 '듣다, 묻다, 받다, 보다'가 취하는 논항의 내용이 대우의 대상이 되는 것은 아님을 뜻한다. 기존의 논의들 가운데, '-시-'로 대우되는 대상을 주체가 아니라 '주어'에서 찾고자 한 태도를 보이는 것은 논항의 내용이 아니라 자리에 염두를 두었던 것으로 볼 수 있다. 논항을 자리라고 이해하여도 문제는 그대로 남는다. 서술어인 동사가 취하는 자리로서의 논항이 여럿일 경우, 그 가운데 어떠한 자리가 대우를 나타내는 문법 요소와 관계를 가지는지에 대하여 언제나 선명한 판단을 하기란 그리 쉽지 않기 때문이다. 용언에 대한 문법적인 대우가 '-숩-'에 이르면 문제는 보다 복잡한 방향으로 전개된다. 다음의 (17″)은 동사 '듣다, 묻다, 받다, 보다'가 '-숩-'을 취한 예들이다.

(17″) ㄱ. 아롬답다 네 무룸 ᄀᆞᆮᄐᆞᆷ이여 나ᄂᆞᆫ 曾子ᄭᅴ 듣ᄌᆞᆸ고 曾子ᄂᆞᆫ 夫子ᄭᅴ 듣ᄌᆞ오시니 ᄀᆞᄅᆞ샤ᄃᆡ 〈소학 4:18ㄱ〉

ㄴ. 子貢이 묻ᄌᆞ오ᄃᆡ 師와 다ᄆᆞᆺ 商이 뉘 賢ᄒᆞᄂᆡᆼ잇고 子ㅣ ᄀᆞᄅᆞ샤ᄃᆡ 師ᄂᆞᆫ 넘고 商은 밋디 몯ᄒᆞᄂᆞ니라 〈논어 3:7ㄴ〉

ㄷ. 사돈짓 아ᄌᆞ미 ᄇᆞ리ᄂᆞᆫ 죵돌 다 청ᄒᆞ야 오라 ᄀᆞᆺ와 문 들어든 슌빈 ᄒᆞᆫ잔곰 받ᄌᆞ오라 쳥ᄒᆞ되 〈번노 하:34ㄴ,35ㄱ〉

ㄹ. 녜 摩竭陀國에 ᄒᆞᆫ 婆羅門이 이쇼ᄃᆡ 일후미 俱博이러니 부텨 보ᅀᆞᆸ디 몯 ᄒᆞ며 法 듣디 몯ᄒᆞ고 〈영험 8ㄱ〉

객체를 높이는 것으로 이해되어 오던 '-숩-'의 예들이다. 그러나 예 (17″)에 국한하

36) 동사를 분류하는 한 방법으로 한 자리 서술어, 두 자리 서술어, 세 자리 서술어 등으로 가르는 데에서 '자리'라는 용어를 취하고 있는 것도 예사로운 것이라 하기는 어렵다.

여 보더라도, 객체로 지칭되어 온 논항의 내용은 다채롭기까지 하다고 할 것이다. 앞서 '-시-'의 기능이 동사가 나타내는 동작이나 상태 자체에 대하여 대우하는 데에 있다는 태도를 취한 바 있다. 예 (17´´)에 보인 '-습-'의 기본적인 기능도 역시 동사가 담고 있는 동작이나 상태 자체에 대한 대우라고 할 수 있다. '-시-'와 '-습-'을 용언의 문법적인 대우라는 하나의 범주에 넣은 것이다. 그럴 경우에 문제가 되는 것은 '-시-'와 '-습-' 사이의 관계라 할 수 있다.[37] 현대 국어에서는 '-습-'이 생산적인 기능을 잃었다는 점에서 다소 불편하기는 하나, 이해를 돕기 위하여 능동과 피동의 관계를 담고 있는 다음의 예 (18)을 보기로 하자.

(18) ㄱ. 왕자가 공주의 손을 잡았다.
ㄴ. 공주의 손이 왕자에 의해 잡혔다.
ㄷ. 왕자가 공주의 손을 잡으시었다.
ㄹ. 공주의 손이 왕자에 의해 잡히시었다.

위의 예 (18ㄱ~ㄹ)은 동사 '잡다'로 이루어진 동일한 사건에 대한 진술이다. 차이가 있다면, (18ㄱ)을 객관적인 기술이라고 할 때 (18ㄴ)은 '잡힌 공주의 손'에 관심의 초점이 있다는 것이고, (18ㄷ)과 (18ㄹ)은 각각 '잡다'와 '잡히다'를 대우하고 있다는 것이다. 여기서 대우가 되는 대상은 왕자나 공주가 아니라는 점에 유의할 필요가 있다.[38] '잡다'와 '잡히다'를 대우한다는 의미는 '손가락 따위로 움켜 쥐고 놓지 않는 동작' 자체이며, '손가락 따위로 움켜 쥐고 놓지 않는 동작을 당하고 있는 피동적인 행위' 자체인 것이다.

(18´) ㄱ. [왕자] ——→ [공주의 손]

ㄴ. [공주의 손] ——→ [왕자]
잡다 (위) / 잡히다 (아래)

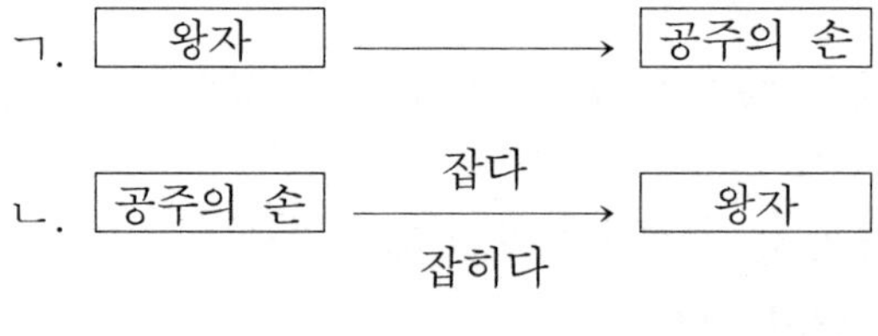

(18ㄴ,ㄹ)은 (18´ㄱ,ㄴ)의 동사인 '잡다'와 '잡히다'를 대우한 것이다. 주목하려는 것은 (18´ㄱ)과 (18´ㄴ)사이의 차이가 동작의 방향에 국한하는 것이라는 사실이다.

37) 그와 관련된 문제를 앞서 (2라)에 제기한 바 있다. '-시-'와 '-습-'의 관계에 대해서는 한재영(1992ㄴ)에서 이미 살펴본 바 있다. 기본적인 이해의 태도는 그와 크게 다르지 않다.

38) 왕자와 공주를 대우하기 위한 방편으로는 체언에 대한 문법적인 대우인 '-님'이 있다. 왕자님과 공주님이 그것이다.

(18´ㄱ)과의 비교를 위하여 (18´ㄴ)을 (18´ㄴ´)으로 나타내면 다음과 같다.

(18´) ㄴ´. [왕자] ←――――― [공주의 손]
잡다[39]

이를 다시 표면적인 구문의 모습에 비추어 이해를 하자면, (18ㄱ)의 구문을 취하되 (18ㄹ)의 의미를 가지도록 만들어 본다면 (18ㄹ´) 정도가 될 수 있을 것이다.

(18) ㄹ´. 왕자가 공주의 손을 잡삽다.

그러나 모든 동사가 '잡다'와 '잡히다'와 같은 양상을 보이는 것은 아니다. 타동사라고 하더라도 피동사의 상정이 어려운 동사들은 얼마든지 찾아 볼 수 있다.[40] '-숩-'의 선택은 그러한 경우에 더욱 절실했던 것이라 하겠다. 이와 같은 대우의 관계를 동사 '주다'와 '받다'를 들어 살피자면, 결국 '주시다'는 '받삽다'와 동일한 대우의 내용을 보이는 것이라 할 수 있으며, '받으시다'는 '주삽다'와 동일한 대우의 내용을 가지는 것이라 할 수 있을 것이다. 동사의 목록이 타동사가 아니라 자동사, 형용사, 계사로 이루어진 구문에서도 어렵지 않게 '-숩-'을 대할 수 있는 까닭도 '-숩-'이 가지는 역방향에 대한 대우의 기능에서 찾아야 할 것이다.[41] 다음 (19)는 자동사와 형용사 그리고 존재사에 대하여 '-숩-'으로 대우하고 있는 예들이다.[42]

(19) ㄱ. 帝釋이 닐웻자히 善住天子와 부텻긔 <u>가ᅀᆞ온대</u> 그 ᄢᅴ 世尊이 金色 블홀 펴샤 〈영험 18ㄱ〉

---

39) 중세국어 피동구문의 생성 방법 가운데 ø-접사를 취하는 경우에 관해서는 한재영(1984)를 참조할 것.

40) 국어 피동사의 생성이 어려운 경우에 관해서는 이익섭·임홍빈(1983)을 참조할 것.

41) 이렇듯 '-시-'와 '-숩-'의 관계를 능동과 피동의 관계를 들어 비유할 수는 있으나 그들 사이에 중요한 차이가 있음을 간과해서는 안될 것이다. '-시-'와 '-숩-'이 형태 층위의 문제라는 점에서 동일한 문장에 실현될 수 있음에 반하여 능동과 피동은 문장 차원의 문제이어서 하나의 문장 속에 능동과 피동이 공존할 수 없다는 점이 그것이다.

42) 16세기 국어 자료에서 계사문에 나타나는 '-숩-'은 보이지 않는다. 참고로 15세기 국어에서 찾을 수 있는 예를 들어두기로 한다. '법화경언해'의 것이다.

내 부텻 몯아ᄃᆞ리ᅀᆞ오니 〈법화 1:109〉
羅睺羅ᄂᆞᆫ 이 부텻 아ᄃᆞ리ᅀᆞ오니 〈법화 4:48〉

ㄴ. 君子ㅣ 님금을 셤교딕 나아가는 튱셩다홈을 싱각ᄒᆞ며 믈러와는 허믈 깁ᄉᆞ옴을 싱각ᄒᆞ야 〈효경 19ㄱ〉

ㄷ. 아ᄆᆞ려나 펴니 겨시며 ○○○ 효되 어디어디 잇ᄉᆞ올고 근일 크게 혜샤 슬흔 뫼도 고달파 자쇼셔 〈언간 2〉

위의 예 (19ㄱ)은 자동사 '가다'가 '-습-'을 취한 경우를 보인 것이고, (19ㄴ)은 형용사 '깁다'가 '-습-'과 결합한 모습을 보인 것이며, (19ㄷ)은 존재사 '잇다'가 '-습-'으로 대우되는 경우를 보인 것이다. 16세기 국어에서 계사가 대우되는 예를 찾기는 어려우나 계사 구문이 가지는 방향성만을[43] 기억하기로 한다면 다음의 대칭동사 '맛나다'가 취한 '-시-'와 '-습-'에 대해서도 큰 부담없이 이해할 수 있을 것이다.

(20) ㄱ. 말셰롤 맛나시나 부텨 ᄀᆞᄅᆞ치샤ᄆᆞᆯ 바다 힝ᄒᆞ면 엇디 샹해 ᄒᆞ리오 〈초발 42ㄱ〉

ㄴ. 臣下로셔 堯舜ᄀᆞ티 다ᄉᆞ리샤ᄆᆞᆯ 맛나ᅀᆞ와 벼ᄉᆞ론 놉고 지죄 맛디 몯ᄒᆞ야 〈번소 6:27ㄱ〉

이렇듯 용언의 문법적인 대우를 위하여 선택되는 '-시-'와 '-습-'의 관계가 동사가 가지는 의미의 방향과 관련지어 이해하는 것이 온당한 것이라고 하더라도 동사가 가지는 의미의 방향이 (19)와 같은 자동사·형용사·존재사 구문 등에 이르러서는 그리 선명한 내용이 되지 못할 뿐만 아니라, 경우에 따라서는 잉여적인 것이기도 하여 부담이 되는 것이었음을 짐작하는 데에는 그리 많은 노력이 필요한 것은 아니다. '-습-'의 구체적인 소실 과정에 관해서는 보다 면밀한 검토가 이루어져야 하겠지만, 앞서 (2마)에 제기한 소멸의 원인은 '방향성'이 가지고 있는 복잡성, 불투명성, 비효율성 등에서 찾아야 할 것이다. 기존의 논의에서와 같이 '-습-'이 대우하는 대상을 객체나 객체의 주변에서 찾고자 한다면, 객체에 대한 대우가 더 이상 의미가 없는 것이거나 불필요한 것이라고 하여야 하나 그와 같은 이해의 태도가 가지는 설명 부담이 그리 만만한 것이라 하기는 어려울 것이기 때문이다.

나. 용언의 어휘적인 대우

앞서 체언의 어휘적인 대우를 살피면서 어휘적인 대우의 방법이 보다 언어일반적인 것임을 지적한 바 있다. 대우를 위하여 새로운 어휘를 취하는 것은 용언의 경우에도 다르지 않다. 기존의 논의에서 가려낸 용언의 대우 어휘의 예를 다음 (21)로 가져와 소

---

43) '이것은 책이다.'와 '책은 이것이다.' 사이의 거리가 방향성의 존재 근거를 제시한다고 할 것이다.

개하기로 한다.[44)]

(21) ㄱ. 계시다, 돌아가시다, 드리다, 드시다, 모시다, 바치다, 받들다, 뵈다, 뵈옵다, 뵙다, 세상을 버리시다, 여쭈다, 여쭙다, 올리다, 우러르다, 자시다, 잡수시다, 주무시다, 편찮으시다
ㄴ. 謹啓하다, 拜受하다, 伏望하다, 崩御하다, 昇遐하다, 侍立하다, 仰望하다, 仰祝하다, 進上하다, 下覽하다, 下賜하다

(21ㄱ)의 예는 순수국어의 예이고, (21ㄴ)은 한자어의 예이다. 그러나 본고에서는 이들 모두를 대우 어휘로 보지는 않는다. 앞서 체언의 대우 어휘를 살피면서도 피력한 바 있듯이, 대우 체계 속의 대우 어휘가 되기 위해서는 일단 '존대-비존대' 관계의 상정이 가능한 경우에 국한되어야 할 것이기 때문이다. 특정 상황이나 특정한 대상에게만 쓰이는 어휘가 가지고 있는 듯이 보이는 존대의 의미는 어휘 자체가 가지고 있는 것이 아니라 바로 특정 상황이나 특정한 대상에서 비롯하는 것으로 보아야 할 것이다. 그와 같은 기준으로 본다면 한자어를 보인 (21ㄴ)의 대부분은 대우 어휘에 속하기 어려운 예들이다. 순수국어인 (21ㄱ)의 경우에도 그와 같은 범주에 드는 예를 찾아볼 수 있다. '세상을 버리시다'와 같은 표현은 대우 어휘의 범주 밖에 자리하는 것으로 보아야 할 것이다. 시간의 흐름에 따라 특정 상황이나 특정한 대상에 대하여 쓰이던 어휘들이 대우 어휘의 범주 속에 수용이 되거나 일반적으로 쓰이던 대우 어휘가 특정 상황이나 특정한 대상에 대해서만 쓰이게 되는 경우가 있을 수는 있겠으나, 그러한 현상 자체가 본고의 일차적인 관심 대상은 아니다.[45)] 여기서는 16세기 국어의 몇몇 예를 들어 용언의 어휘적인 대우의 체계를 확인하는 데에 만족하기로 하고, 보다 다양한 예에 대한 보다 구체적인 논의는 별도의 자리를 기약하기로 한다. 다음의 예 (22)를 보자.

(22) ㄱ. 샹위 일즉 武帳 안해 안자 겨시거늘 黯이 나사가 공ᄉᆞ롤 엳ᄌᆞ오려 ᄒᆞ더니 〈번소 9:41ㄴ〉
ㄴ. 님금이 병이 겨샤 약을 자시거든 신해 몬져 맛 보며 어버이 병이 겨샤[46)] 약을

44) 현대국어를 다룬 임홍빈(1990ㄱ:733-4)에서 취한 것이다.

45) 체언의 어휘적인 대우와 마찬가지로 용언의 어휘적인 대우도 개별 어휘 하나하나에 대한 면밀한 검토를 필요로 한다. 특히 통시적인 검토 작업이 필요한 바, 대우 어휘 여부가 시대에 따라 달라질 수도 있기 때문이다. 대우 어휘의 전반적인 모습을 살피기 위한 별도의 자리를 마련할 예정이다.

46) 현대국어에서라면 '계시다'가 아니라 '있으시다'로 쓰여야 할 자리이다. 개별적인 대우 어휘 하

자시거든 ᄌᆞ식이 몬져 맛볼 디니라 〈소학 2:23ㄴ〉

ㄷ. 그듸ᄂᆞᆫ 님금 겨신 당안해 ᄃᆞᆫ니며 괴이ᄂᆞᆫ 신해니 죄 잇거든 몬져 올ᄒᆞᆫ대로 엳ᄌᆞ오면 힝혀 죄롤 아니 주시려니와 〈번소 9:43ㄱ〉

(22′) ㄱ. 殿門에 ᄂᆞ릴제 나ᅀᆞ며 그츄믈 일뎡ᄒᆞᆫ 짜히 잇더니 郎과 僕射ㅅ 벼슬ᄒᆞ연ᄂᆞᆫ 사ᄅᆞᆷ돌히 ᄀᆞ마니 보람ᄒᆞ여셔 보니 〈번소 9:37ㄱ〉

ㄴ. 네 부못 거상애ᄂᆞᆫ 빙소ᄒᆞ고 쥭 머그며 녀ᄂᆞ 齊衰홀 거상애ᄂᆞᆫ 사오나온 밥과 믈만 먹고 ᄂᆞ몰와 과시롤 먹디 아니ᄒᆞ더니라 〈번소 7:10ㄴ〉

ㄷ. 令女ㅣ ᄀᆞ마니 자ᄂᆞᆫ 방의 드러가 갈호로 고ᄒᆞᆯ 버히고 니블에 ᄡᅧ여 누엇거ᄂᆞᆯ 그 어미 블러 말ᄒᆞ니 ᄃᆡ답디 아니ᄒᆞᆯ식 〈번소 9:62ㄱ〉

위의 예 (22)는 대우 어휘인 '겨시다, 자시다, 엳쫍다'를 보인 것이다. 이들은 각각 (22′)의 '잇다, 먹다, 말ᄒᆞ다'와 '존대-비존대'의 관계를 가지는 것이다. (22ㄱ,ㄴ)의 '겨시다, 자시다'와 (22ㄷ)의 '엳쫍다'에 용언의 문법적인 대우에 쓰이는 '-시-'와 '-ᄉᆞᆸ-'이 보인다 하여 이들을 어휘적인 대우에서 배제하기는 어렵다. 기원적으로는 이들의 '-시-'와 '-ᄉᆞᆸ-'이 문법적인 대우와 모종의 관계를 가지고 있다고 하더라도, 16세기에 국한하여 본다면 '겨시다, 자시다, 엳쫍다'에서 '-시-'와 '-ᄉᆞᆸ-'을 제거한 '*겨다, *자다, *엳다'의 존재는 확인할 수 없기 때문이다.

4. 문장대우법

지금까지 살핀 단어 대우가 문법 단위로서의 단어를 대우의 대상으로 삼은 것이라면 문장대우법은 보다 큰 문법 단위인 문장을 대우의 대상으로 삼은 것이다. 여기서 공손법 또는 상대경어법이라는 용어를 피하고 문장대우법이라는 용어를 취하는 데에는 그만한 까닭이 있다.

앞서 상대경어법을 다루고 있는 기존의 논의들이 관심을 가지고 있는 문제들의 대강을 (3ㄱ,ㄴ,ㄷ)으로 정리하여 본 바가 있다. 등분의 수와 등분 결정에 관여하는 요소의 성격 등이 그것으로, 격식체라든가 친소관계 등에 의하여 등분이 결정되고 그에 따라 등분의 수가 정하여진다는 것이다. 대우의 대상에 대하여 '무엇'보다는 '누구'에 관심을 기울인 결과이다. 그러나 간과해서는 안될 것은 격식체라든가 친소 관계와 같은 요소들 자체가 언어 내적인 요소는 아니라는 것이다. 언어의 체계에 대한 보다 본질적인 접

나하나의 쓰임에 대한 면밀한 검토가 필요함을 일깨워 주는 예라 할 수 있다.

근을 도모하려는 한, 의미 해석이라든가 화용론적인 쓰임의 문제는 부차적인 것이라고 판단한다. 언어적인 현상에 대한 이해에 부차적인 요소를 끌어들이는 것이 언어의 모습을 이해하는 데에 도움을 주는 경우가 있기도 하나, 언어 체계를 구축하는 데에는 장애가 되기도 한다. 그간 상대경어법에 관한 논의가 논의에 논의를 거듭하면서도 합의에 이르지 못하고 있는 것은 작업에 선행되어야 할 상대경어법과 관련된 요소의 성격에 대한 구분이 없었던 데에서 이유를 찾아야 할 것이다.47)

상대경어법에 관한 논의가 보이는 이러한 양상은 16세기 국어를 포함하여 공손법으로 불리는 중세국어의 '-이-'에 관한 논의에서도 크게 다르지 않다.48) 대우의 대상이 '누구'이냐에 관심을 두고 있다거나, 청자에 대한 대우의 등급을 몇 단계로 상정하는가를 문제로 삼고 있는 것이 그것이다. 명령법 어미를 취하여 'ᄒᆞ쇼셔'체, 'ᄒᆞ야쎠'체, 'ᄒᆞ라'체로 등분을 나눈 것은 그동안에 이루어진 논의의 결론이라고 할 수 있다. 그러나 대우법에 관한 문제가 층위와 성격이 사뭇 다른, 서법의 명령법 등과 같은 자리에서 논의되는 것은 피하는 것이 좋으리라고 생각한다. 성격이 다른 문제들 사이에서 서로 간섭이 있을 수 있기 때문이며, 실제로 공손법에 관한 기존의 논의에서 화자의 청자에 대한 진술 태도 등을 문제로 삼은 것은 서법의 영향에 의한 것이라는 혐의가 짙기 때문이다. 그와 같은 태도로 본다면, 앞서 (3라)로 제기하였던 서법 체계들 사이에 나타나는 등분의 불균형에 관한 문제는 그간의 논의 들이 취한 태도가 가지고 있을 수밖에 없는 당연한 것이라고도 할 것이다.

특히 16세기 국어에서는 보이지 않아, 여기서 구체적인 논의는 다음 기회로 미루려 하지만, 'ᄒᆞ야쎠'체의 상정에 관해서는 여기서 일단 문제 제기를 해두기로 하자. 우선 'ᄒᆞ야쎠'체의 분포와 빈도가 'ᄒᆞ쇼셔'체나 'ᄒᆞ라'체와 동등한 자격을 가진 것으로 보기에는 현저한 차이를 보인다는 것이다. 우리가 찾아 볼 수 있는 'ᄒᆞ야쎠'체의 모습은 석보상절의 권6과 월인석보 권22에 국한될 뿐만 아니라 婆羅門이 護彌의 딸인 각시에게 말하는 장면과 須達이 護彌에게 말하는 장면 그리고 利師跋王의 딸이 善友에게 말하는 장면에 나타나는 것이 고작이다. 하지만 분포와 빈도가 적다는 것만으로 'ᄒᆞ야쎠'체의

47) '해체'와 '해라체' 사이의 관계가 등분의 높낮이에 있는 것이 아니라는 임홍빈(1985ㄴ)에서의 논의는 상대경어법과 관련된 것으로 생각되어 온 요소들을 성격을 보다 분명히 하려는 작업의 일환이라고 할 수 있다.

48) 서정목(1997)에서는 향가에 나타나는 '音, 省, 以' 등이 공손법을 반영한 표기로 이해하고 있다. 이들 한자가 향가 전체에서 쓰인 횟수는 각각 29(音), 1(省), 13(以)번이다. 향가의 정확한 해독과 향가에 반영된 국어의 모습을 찾아가는 작업이 별개의 것이 아니며, 각각의 한자 낱자의 운용 양상을 정밀하게 파악하는 작업이 정확한 해독으로 가는 한 방편이 될 수 있다는 점에 관해서는 한재영(1991, 1995)를 참조할 것.

상정에 회의를 가지는 것은 아니다. 설사 유일예라 할지라도 그 용법이 선명하다면 문제를 제기하는 것 자체가 문제일 수 있겠으나 'ᄒᆞ야쎠'체는 그 용법이 그리 선명하다고 하기 어려운 형편이다. 15세기 국어의 대우법을 다루면서 보다 자세히 다루어야 하겠지만, 여기서는 잠정적으로 공손법이 아니라 감탄이나 독백을 나타내는 문체의 한 종류일 가능성을 제시해 두기로 한다.[49] 'ᄒᆞ야쎠'체를 대우 외적인 것으로 다루는 것이 그에 대한 온당한 접근 방향이라고 보는 것이다.[50]

16세기 국어에 관한 한 'ᄒᆞ야쎠'체의 부재로 인하여 존대와 비존대의 대응 관계의 상정에 문제가 될 것이 없으나, 여기서 앞서 단어대우법을 살피면서 취하였던 태도를 잠시 상기할 필요가 있다. 그것은 대우의 대상이 '누구'가 아니라 '무엇'이어야 한다는 것이었고, 그 '무엇'은 문법 단위가 되어야 한다는 것이었다. 아울러 대우의 내적인 구성도 '존대 대 비존대'로 이루어지는 것이라는 태도를 취하였다. 그와 같은 맥락에서 '-이-'가 대우하는 대상을 문장으로 이해하려는 것이다. 발화되는 문장의 존재가 청자의 존재를 전제로 한다는 점에서 문장에 대한 대우가 결과적으로는 청자에 대한 대우와 그리 먼 것은 아니라고 할 수도 있을 것이다. 그러나 언어적인 대우 체계의 구축을 염두에 두고 본다면 문장대우와 청자대우 사이의 거리는 사뭇 크다고 할 수 있다.[51] 청자대우의 대상이 되는 청자에 대한 성격 부여가 그리 만만한 것이 아닐 뿐만 아니라 비언어적인 격식이라든가 친밀도 등을 대우 결정의 요소로 보게 된 원인이 바로 '누구'인 청자에 주목한 때문이라고 할 수 있기 때문이다.

앞서 살핀 단어대우법에서와 마찬가지로 문장대우법도 문법적인 문장 대우와 어휘적인 문장 대우로 구성된다. 다음의 예 (23ㄱ)은 문법적인 문장 대우를 나타내기 위하여 '-이-'를 취한 예이다. 비존대의 무표지를 보이는 (23ㄴ)의 예와 대조를 이룬다.

(23) ㄱ. 죽은 나래 창애 나믄 쳔량을 두어 님금을 소기디 아니호리이다 ᄒᆞ더니 〈번소 8:20ㄱ〉
ㄴ. 혹 ᄀᆞ로ᄃᆡ 흉ᄒᆞᆫ 사ᄅᆞ미 아니라 ᄒᆞ야도 나ᄂᆞᆫ 믿디 아니호리라 〈번소 6:31ㄱ〉

이와 같은 예의 소개에 대하여 문제를 지나치게 단순화한 것은 아닌가 하는 의구심을 가질 수도 있을 것이다. 특히 서법을 달리하는 모든 경우의 문장 대우에 '-이-'가 쓰

49) 감탄을 나타내는 어미로 '-ㄹ쎠'가 있음도 기억하기로 한다.

50) 'ᄒᆞ쇼셔'체라든가 'ᄒᆞ라'체라는 용어도 달리 표현될 수 있는 방법을 모색할 필요가 있다. 엄밀하게 말하자면 대우법보다는 서법과 보다 많은 관계를 가지는 용어라고 할 수 있기 때문이다.

51) 자세한 내용은 앞서 '대우와 대우법'을 이야기한 부분을 참조할 것.

이는 것은 아니기 때문이다. 앞서 (3라)로 제기하였던 문제가 그것이다. 그러나 이 자리에서 그에 대한 충분한 답을 할 수 있는 형편은 되지 못한다. 그것은 대우법이 아니라 서법의 본질적인 속성과 그 체계에 대한 충분한 검토가 있은 후에 비로소 답을 구할 수 있는 것이기 때문이다.

16세기 국어에 한정하지는 않더라도 어휘적인 문장 대우는 그간 그리 큰 관심의 대상이 되어 오지 못하였다. 문장부사들 가운데 문장 대우를 나타내는 어휘의 존재 가능성이 높다 할 것이나, 개별 어휘 하나하나에 대한 면밀한 검토가 이루어진 뒤에야 비로소 답을 구할 수 있을 것이다. 또한 대우와 모종의 관계를 가지는 듯이 보이는 문장부사라고 하더라도, '존대'와 '비존대'의 관계를 구성하지 못하는 경우에는 대우 체계 속에 수용될 수 없다는 점에서 체계의 완성까지는 아직 많은 작업 과정을 필요로 하고 있다고 하겠다. 현대국어에서 쓰이고 있는 '謹啓, 삼가' 등이 해당됨직한 예라 할 수 있겠으나 16세기 국어에서 이들과 같은 용례는 아직 확인하기 어려운 형편이다. 여기서는 체계의 구성에 만족하고 구체적인 용례의 확보는 후일을 기약할 수밖에 없는 형편이다.

5. 결론

본고는 국어의 대우 체계를 확립하고 대우 체계의 변천을 추구하고자 하는 작업의 일환으로 진행된 것이다. 그와 같은 작업의 출발점을 16세기 국어로 삼은 것은 16세기가 보이는 전환기적인 양상을 취하고자 하는 의도 때문이었다.

논의를 진행하면서 기본적으로 가졌던 태도는 대우법이 국어만의 것은 아니라는 것이었고, 국어에 나타나는 대우 요소들은 대우 체계 속에 모두 수용이 되어야 한다는 것이었다. 기존 대우 관련 업적들의 대강을 살펴 그들을 통하여 제기되었던 문제의 정리와 제기될 수 있는 문제들을 찾아 본 것도 논의 진행을 위한 바탕을 마련하기 위한 것이었다. '대우'와 '대우법'을 구분하여 언어적인 그래서 문법적인 대우만을 갈라 보고자 한 것도 대우 체계의 본질을 보다 선명하게 하려는 의도를 가진 것이었다. '-하'와 '-ㅅ'이 배제된 것은 그와 같은 기준에 의한 것이었다.

그 과정에서 대우의 대상이 '누구'가 아니라 '무엇'에 있음을 인식하고, 그 경우의 '무엇'은 문법 단위로서의 단어와 문장이며, 단어로서는 체언과 용언이라고 보았다. 대우의 대상이 되는 문법 단위인 체언과 용언 및 문장은 각각 교착어로서의 특징을 반영하는 문법적인 대우와 언어일반적인 방법에 따른 어휘적인 대우로 구성됨도 알 수 있었다. 이러한 대우 체계의 구성에 참여하는 요소들은 '존대'와 '비존대'의 관계를 전제로 삼는 것이었다. 특히 용언의 문법적인 대우를 나타내는 '-시-'와 '-숩-'에 대해서는 동사가 나타내는 동작이나 상태의 '방향성'을 가지고 이해를 도모하였다. 동일한 사건에 대하여 관심의 내용에 따라 능동으로 표현되기도 하고, 피동으로 표현되기도 하는 경우를 원용한 것이었다. 논의된 내용을 간단히 도표로 정리하면 다음의 〈표 2〉와 〈표 3〉이 될 것이다.

대상 / 방법	체언	용언
문법적인 대우	-님	-시-(순방향) -숩-(역방향)
어휘적인 대우	진지/밥, 분/놈	겨시다/잇다, 자시다/먹다, 엳즙다/말ᄒᆞ다

〈표 1〉 단어대우법[52)]

방법	예
문법적인 대우	'-이-'
어휘적인 대우	(謹啓,삼가)

〈표 2〉 문장대우법[53)]

이와 같은 본고의 논의는 하나의 문장 속에서 대우되어야 할 요소가 모두 대우되지는 않은 채 사용되는 경우에 대한 이해의 가능성을 보였다는 점에서도 의미를 둘 수 있을 것이다. 그동안 비문법적인 문장으로 처리되어 온 문장, 이를테면 '지금 집에 계셔?'와[54)] '어제 창문 너머로 보니 바삐 지나가십디다.' 같이 호응이 되지 않은 듯이 보이는 문장에 대한 설명 가능성을 보인 것이 그것이다.

그렇지만 본고가 우선 대우 체계의 구축에 급급하였다는 인상은 떨치기 어렵다고 하겠다. 앞서 제기한 문제들에 대한 적극적인 접근을 시도하지 못한 것은 물론이거니와, 문법적인 대우에 대한 충분한 용례들을 들지 못한 것도 그렇고, 변죽만 울리고 만 듯한 어휘적인 대우도 그런 셈이다. 16세기 국어를 대상으로 삼았으면서도 16세기에 기능의 변화를 보인다는 '-숩-'의 변화 양상에도 미처 관심을 가지지 못하였다. 언어일반적

52) 어휘적인 단어 대우에 '/ '와 같은 부호를 사용한 것은 존대와 비존대 어휘의 대립이 존재하는 경우만이 이에 해당한다는 의미를 가지고 있다. 도표에는 본고에서 다룬 어휘들만 들어두었으나 그들에 한하는 것은 물론 아니다.

53) 어휘적인 대우의 예에 괄호를 사용한 것은 그들이 현대국어의 예이기 때문이다. 16세기 국어의 구체적인 예를 찾아 체계를 갖추도록 할 예정이다.

54) 어머니께 딸이 전화로 어머니의 위치를 묻는 장면에서 실제 발화된 것임.

인 체계의 구축을 표방하면서도 일본어와 알타이 제어에서의 대우에 관해서는 전혀 손도 대지 못하였다. 이두와 구결 자료들이 이야기하고 있는 국어 대우의 모습에도 관심을 가질 만한 여유가 없었다. 본고에서 대상 자료로 삼은 16세기 국어 이외의 자료들을 대상으로 삼게 될 다음 작업들을 통하여 미진한 내용은 기워 보태고, 거친 내용은 다듬어 보다 정제된 대우 체계에 다가설 것을 기약한다.

13. 중세국어의 대우표현 체계 소고

- '-숩-'을 중심으로 -

1.0 국어가 가지고 있는 중요한 특성 중의 하나로 대우표현이 있음은 주지의 사실이거니와, 그에 따라 국어의 대우법이 가지고 있는 전반적인 모습에 대해서도 이미 상당한 검토가 이루어져 있는 셈이라고 할 수 있다. 특히 중세국어의 경우에 존대법과 겸양법 그리고 공손법에 대한 기존의 논의들은 더 이상의 논의가 무의미한 것인 듯이도 생각되게 하고 있는 것이다. 문장의 주체를 대접한다는 존대법의 '-시-'가 그렇고, 객체를 대접한다는 '-숩-'이 그러하며, 문장 외적 요소인 청자를 대접한다는 공손법이 또한 그렇다. 그러나 좀더 자세히 살펴보면 그들이 가지고 있는 문제의 성격 자체가 그리 단순하지만은 않다는 사실에 직면하게 된다. 주체라고 할 때의 주체의 개념 정의도 그리 선명한 것이 못된다는 점이라든가,[1] 객체라고 할 때의 객체의 대상이 상당히 포괄적이라든가,[2] 공손법의 등분에서의 각 등분의 성격 구분이 가지고 있는 문제라든가 하는 것이 그것이다[3].

본고에서 보다 많은 관심을 가지려고 하는 내용은 대우 표현 체계 속에서의 '-숩-'의 기능 파악에 있다[4]. 중세국어에서 상당히 왕성한 생산력을 가졌던 '-숩-'이 조만간 위축된 모습으로 자세를 바꾸고 있다는 점도 흥미로운 점이지만, '-숩-'에 대한 많은 기존의 논의에도 불구하고 '-숩-'은 아직 우리 곁에서 그 본질적인 기능에 대하여 좀더 다른 답을 기다리고 있는 듯이 보이기 때문이다.

1.1 사실 그간의 많은 논의들이 '-숩-'에 대하여, 각기 다소 다른 견해를 보이고 있다

1) '-시-'가 호응하는 대접의 대상은 주체가 아니라 경험주라는 지적에 대해서는 임홍빈(1985ㄱ)을 참조할 것.

2) 기존의 논의가 보이고 있는 객체의 개념이 가지는 다양한 양상에 대해서는 허웅(1963), 안병희(1982ㄴ) 등을 참조할 것.

3) 공손법의 등분 문제와 존대법, 겸양법과의 관계 등이 관심의 대상이 될 수 있을 것이나 본고의 일차적인 관심의 영역에서는 벗어나 있다.

4) 김충회(1990)에 잘 정리가 되어 있는 바와 같이 '-숩-'에 대한 기존의 논의들은 크게 다섯 가지 정도로 나누어볼 수 있다.

고는 할지라도, 크게 본다면 이미 우리의 태도를 견지하고 있다고도 할 수 있다. 우리의 논의도 일단 '-숩-'에 대한 이해의 출발점을 대우법의 틀과 겸양법의 테두리 안에 두고 있기 때문이다.

"청자에 대한 화자의 겸양"(김형규 1962, 1975)이라든가, "화자가 객어로 표시된 객체를 높이는 객체 존대의 접미사"(허웅 1954), "존자인 객체에 대한 비자인 주체의 상하관계의 행위 표시"(전재관 1958), "주체와 화자보다 존귀한 인물에 관계되는 비자의 동작에 나타나는 주체겸양법의 접미사"(안병희 1961) 그리고 "주어와 화자보다 상위자인 객어를 지배하는 동사에 사용되는 겸양법 접미사"(안병희 1982ㄴ) 등이 그것이다.[5] '-숩-'의 발생조건에 대하여 문장외적 요인의 개입으로 이해한 김동식(1984)의 화용론적인 해석도 같은 맥락 속에 있다고 할 것이다. 유동석(1991)은 '-숩-'이 동사구관할 명사구와 높임 자질의 일치를 보이는 통사적인 측면에 주목하여, 호응관계에 대하여 보다 구체적인 접근을 꾀한 것으로 역시 같은 흐름 속에서 이해할 수 있다. 물론 그들이 논의의 세부적인 내용에 있어서는 서로 다른 내용을 보이고 있다고는 하지만, 크게 보아 '주체 겸양'과 '객체 존대' 사이에서 크게 벗어나는 것으로 보이지는 않기 때문이다.

이렇듯 다른 견해들을 피력하고 있는 기존의 논의들에 대하여 본고는 각기 달리 볼 수 있는 견해들이 각각의 근거를 가지고 있다는 점에 우선 주목한다. 그리고 그들 모두가 수용되는 원리를 찾아보려는 것이다. 각각의 논의들이 각각의 정당성을 가지는 것이라면, 그래서 그만큼씩의 진리를 담고 있는 것이라면 그들을 모두가 설명될 수 있는 원리가 따로이 있으리라는 소박한 믿음이 본고의 출발점이다.

2.0 여기서 우리가 당면하게 되는 문제의 심각성은 그들 논의 모두가 가지고 있는 그만큼씩의 진리에 있다. 우선 다음의 예문을 살펴보기로 하자.

(1) 阿難이 다시 숣ᄫᆞ딕 大愛道ㅣ 善ᄒᆞᆫ ᄠᅳ디 하시며 부톄 처ᅀᅥᆷ 나거시ᄂᆞᆯ 손ᅀᅩ기르ᅀᆞᄫᆞ시니이다 〈월석 10:19ㄱ〉

위의 예 (1)은 부처에게 阿難이 이야기 하는 장면으로, 大愛道가 출가하고자 원하지만 부처의 허락을 얻지 못하여 슬퍼하는 것을 보고 阿難이 부처에게 大愛道의 善함과

5) 여기서 '객체'를 '객어'라고 표현하고 있는 점에도 주목할 필요가 있다. 뒤에서 다시 논의가 되겠지만, '-숩-'이 나타나는 환경이 통사적인 내용을 넘어 의미적인 측면에 상당히 기대고 있기 때문이다. 그렇지만 본고에서는 인용의 경우나 특별히 구분을 할 필요가 있을 경우 이외에는 '객체'라는 용어로 '객어'의 의미까지 담기로 한다.

부처를 길러주었음을 이야기하는 장면이다. 예 (1)에 국한하여 본다면 기존의 대우법에 대한 논의에서 보여준 결론들은 상당한 근거를 가지고 있다고 할 것이다. 위의 (1)은 존경법의 '-시-'와 겸양법의 '-숩-' 그리고 공손법의 '-이-'가 모두 반영되어 있는 예이다.[6] 즉 청자인 부처에 대한 阿難의 대우가 '-이-'로 나타난 것이고, 마음이 선하고 부처를 기른 大愛道를 대접하기 위하여 '-시-'를 취한 것이며, 大愛道가 기른 대상인 부처에 대한 대우가 '-숩-'으로 반영이 되어 있다는 것이다.[7] 이와 같은 예문으로만 본다면 주체와 객체, 그리고 상대를 각각 대우의 대상으로 하는 대우법의 체계는 정연한 듯이 보이기도 한다. 그러나 그러한 논의 태도에는 범상히 여길 수 없는 문제가 내포되어 있다고 할 수 있다.

(2) ㄱ. 부텻 누니 즈믄 히 ᄀᆞᆮᄒᆞ샤 〈남명 상:26ㄱ〉
 님 말ᄊᆞ미 긔 아니 올ᄒᆞ시니 〈용가 39〉
ㄴ. 曹叔良의 姓올 因ᄒᆞ야 曹溪라 ᄒᆞ니라 〈남명 상:2ㄴ〉
 宮監이 다시언마ᄅᆞᆫ 問罪江都ᄅᆞᆯ ᄂᆞ치리잇가 〈용가 17〉

위의 예 (2ㄱ,ㄴ)은 속격어미가 각각 '-ㅅ'과 '-의'로 달리 쓰이고 있는 바, 주지하다시피 속격어미로 '-ㅅ'이 선택되는 경우는 (2ㄱ)에서처럼 '부텨, 님금' 등의 존칭체언이나 무정체언의 속격 표지에 국한되는 것이다.[8] 그 밖의 평칭의 유정체언에는 (2ㄴ)에서와 같이 '-이, 의' 등이 쓰이는 것이다. 이처럼 '부텨'가 존칭체언이라면 어휘 그 자체로 일차적인 대접이 이루어진 것으로 볼 수 있다. 이는 어휘적인 대접을 하기 위하여 '-님'을 사용하는 경우에 비견될 수 있는 것이다.[9] 그러한 관점에서 다시 위의 예 (1)을 본다면, '부처'라는 어휘 자체에 의한 대접과 주체로서의 부처에 대한 대접, 객체로서의 부처에 대한 대접 그리고 청자인 부처에 대한 대접이 각각 반영되어 있음을 확인할 수 있다.[10] 이러한 논의 태도는 기존의 견해에 기댄 것으로 일견 질서 정연하다고

6) 논의 진행의 편의상 존경법, 겸양법, 공손법 등의 용어는 그대로 사용하기로 한다. 그렇지만 그것이 체계까지 그대로 수용한다는 의미는 아니다. 경어법 전반에 대한 체계 문제는 별고로 다룰 예정이다.

7) '-숩-'에 대한 기존의 논의에서 우리가 주목하고 있는 내용은 '객체에 대한 존대'라는 개념을 극복하고 '행위상위자인 객체에 대한 동작을 표현할 때 나타나는' 접미사라고 지적한 내용이다. 그렇지만 우리가 취하려는 내용과는 상당한 거리가 있는 셈이다. 보다 구체적인 논의에 대해서는 후술 참조.

8) 속격어미 '-ㅅ'의 기능에 대해서는 안병희(1968)을 참조할 것.

9) 어휘적인 대우와 '-님'의 사용에 대한 구체적인 논의에 대해서는 임홍빈(1990ㄱ)을 참조할 것.

10) 여기서 우리가 '주체에 대한 대접'이라든가 '객체에 대한 대접'이라는 표현을 쓰고 있는 것은

도 할 수 있을 듯하다. 그렇지만 문법적으로 정연한 질서를 가지는 듯이 보이는 이러한 대우법의 체계는 상당히 잉여적이고 그래서 비경제적인 체계의 양상을 드러내고 있는 셈이다. 결국은 하나의 대상인 부처에 대해서 두 번, 세 번, 네 번의 언어적인 대접을 취하고 있기 때문이다. 게다가 '바티다, 뵈다, 섬기다' 등과 같이 대접을 위한 서술어라도 쓰인 문장에 이르면 대접의 양상이 보이는 문제의 심각성은 그 정도를 더한다고 할 것이다.

물론 각각의 해당되는 대접이 각각의 이유를 가지고 있다고 할 수는 있을 것이고, 대접을 위한 어휘와 문법형태소들에 대하여 그때그때 적절한 설명을 할 수는 있겠지만, 그들이 보이고 있는 설명 내용이 어떠한 체계 속에서 운용되고 있는가 하는 문제에까지 선명한 설명을 하고 있다고 하기는 어려운 형편이다.[11]

2.1 앞서 우리는 기존의 논의가 보여주는 내용에 대하여 기본적으로는 수용하는 태도를 취해온 셈이다. 그러나 좀 더 구체적인 예들을 접하게 될 때, 그들 예들은 우리에게 우리가 전제로 하고 있는 내용에 대하여 보다 선명히 하라는 요구에 직면하게 된다.

(3) ㄱ. 阿難이 부텨 보숩고 〈능엄 1:39〉
  ㄴ. 諸佛ㅅ 神力을 보ᅀᆞᄫᅡ 녜 업던 이를 얻ᄌᆞᄫᆞ니 〈석보 13:25〉
(4) ㄱ. 外道ㅣ 부텨ᄭᅴ 묻ᄌᆞ와ᄂᆞᆯ 〈금삼 3:12〉
  ㄴ. 지븨 가믈 비ᅀᆞ와ᄂᆞᆯ 어위 큰 詔書로 許ᄒᆞ시니 〈두초 16:5〉

위 (3ㄱ,ㄴ)의 예에서 '-숩-'이 대접하고 있는 내용은 각각 '부텨'와 '諸佛ㅅ 神力'이고, (4ㄱ,ㄴ)의 예에서는 각각 '부텨'와 문면에는 드러나 있지 않은 '永王'이다.[12] 이들 (3)과 (4)의 예는 문장 속에서의 기능에 차이가 있다. 즉 (3)은 대격 자리에 오는 체언인 반면에 (4)는 '묻다, 빌다'의 대상인 여격 자리의 체언을 대접하고 있는 것이다. 좀더 엄밀하게 따지자면 (3ㄱ)에서는 '부텨'를 대접하고 있지만, (3ㄴ)은 '諸佛ㅅ 神力'에서의 '神力'보다는 '諸佛'을 대접하고 있는 것이고, 그 때의 '諸佛'은 속격 자리에 온

잠정적인 조처이다. 그러한 표현이 가지고 있는 불분명성과 그에 따른 추상성 때문이다. 대접의 구체적인 내용에 대해서는 뒤에 다시 다루게 되겠지만, 기존의 논의 가운데 안병희(1961, 1982ㄴ) 등에서 '-숩-'을 '주어와 화자보다 상위자인 객어를 지배하는 동사에 사용되는 겸양법 접미사'라고 한 지적이 시사하는 바는 크다고 할 것이다.

11) 그렇다고 해서 기존의 논의들이 체계적인 것과 거리가 있다는 의미는 전혀 아니다. 국어의 대우법이 가지고 있는 전반적인 체계에 관한 문제 제기에 대해서는 임홍빈(1990ㄱ)을 참조할 것.

12) 두시의 배경이 되는 이야기에 대해서는 鈴木虎雄·黑川洋一 역주(1965)를 참조할 것.

체언이기 때문이다. 타동사문에 한정된 예들이고 한정된 타동사문의 객체를 대접한다고 하지만, 대접해야 할 객체의 내용은 위의 예 (3)과 (4)에서만 보더라도 다양한 면모를 보여 주고 있는 것이다. 그렇지만 위의 예 (3)과 (4)에서는 그래도 쉽게 '-ᄉᆞᆸ-'이 대접하는 내용을 찾을 수 있는 셈이다. 다음의 예 (5)에 이르면 과연 '-ᄉᆞᆸ-'이 대접하고 있는 내용이 무엇인가를 찾아가는 것이 그리 간단하지 만은 않은 작업임을 쉽게 알 수 있기 때문이다.

(5) ㄱ. ᄒᆞᆫ낫 고ᄌᆞ로 그륜 像ᄋᆞᆯ 供養ᄒᆞᄉᆞᆸ거나 저ᄉᆞᆸ거나 合掌ᄒᆞᄉᆞᆸ거나 ᄒᆞᆫ 소ᄂᆞᆯ 드ᄉᆞᆸ거나 간 머리ᄅᆞᆯ 수기ᄉᆞᆸ거나 ᄒᆞ야 像ᄋᆞᆯ 供養ᄒᆞᅀᆞᄫᆞ며 〈석보 13:53〉
ㄴ. 願호ᄃᆡ 부텨 나ᄅᆞᆯ 어엿비 너기샤 나ᄅᆞᆯ 보ᄉᆞᆸ게 ᄒᆞ쇼셔 〈석보 6:40〉

위의 예 (5ㄱ)은 부처(諸佛)에 대한 중생(舍利供養하던 이)들의 '공양하고, 두려워하고, 합장하고, 한 손을 들고, 머리를 숙이는' 행위, 동작에 대하여 '-ᄉᆞᆸ-'이 쓰이고 있는 장면이고, (5ㄴ)은 부처에게 원하는 장면으로 '부처가 나를 불쌍히 여겨 나에게 (부처를) 보도록 해 주십사' 하는 내용이다. 안병희(1982ㄴ)에서 '주어와 화자보다 상위자인 객어를 지배하는 동사'에 나타나는 것으로 규정한 내용이 유효한 예들이다. 기존의 논의에서 이미 지적된 바 있지만 객체의 개념이 표면격에 있는 것이 아니라 의미적인 내용에 있음을 보여 주는 예들인 것이다.

그렇지만 '주어와 화자보다 상위자인 객어를 지배하는 동사에 사용되는 겸양법 접미사'라는 정의를 취한다고 하더라도 그때의 '객어'의 내용에 관한 문제는 여전히 남아 있는 셈이다. 우선 다음의 예 (6)부터 보기로 하자.

(6) ㄱ. 潛龍未飛예 北人이 服事ᄒᆞᅀᆞᄫᅡ 弓劍ᄎᆞᄉᆞᆸ고 左右에 좇ᄌᆞᄫᆞ니 〈용가 55〉
ㄴ. 일후믈 놀라ᅀᆞᄫᅡᄂᆞᆯ ᄒᆞᄫᆞᅀᅡ 뒤헤 셔샤 〈용가 61〉
ㄷ. 大勳이 이ᄅᆞ시릴ᄊᆡ 人心이 몯ᄌᆞᆸ더니 禮士溫言ᄒᆞ샤 人心이 굳ᄌᆞᄫᆞ니 〈용가 66〉
ㄹ. 大義를 ᄇᆞᆯ기실ᄊᆡ 侯國이 오ᄉᆞᆸ더니 〈용가 66〉
ㅁ. 나모 아래 안ᄌᆞ샤 諸天이 오ᅀᆞᄫᆞ며 寶床袈裟ᄅᆞᆯ 天龍이 받ᄌᆞᆸᄂᆞ니 〈월곡 117〉
ㅂ. 本來 ᄇᆞᆯᄀᆞᆫ 光明에 諸佛도 비취시며 明月珠도 ᄃᆞᅀᆞᄫᆞ니이다 〈월곡 18〉
ㅅ. 房ᄋᆞᆯ 아니 받ᄌᆞᄫᅡ 法으로 막ᄉᆞᆸ거늘 龍堂ᄋᆞᆯ 빌이라 ᄒᆞ시니 〈월곡 100〉

예 (6ㄱ)은 이태조가 왕이 되기 전 동북면에 가 있을 때에 원나라의 장수 趙武가 이태조를 따른 내용을 노래한 것이다. '服事하고, 弓劍차고, 좇은' 동작은 모두 상위자인 이태조에 대한 趙武의 것이지만 각각의 동사가 취하고 있는 의미역의 내용에는 차이가 있다. 즉 '服事하고, 좇은'에 대해서는 '(이태조를) 服事하고, (이태조를) 좇은'정도로 볼 수 있는 반면에 '좇다'에 대해서는 '이태조를 위하여' 정도로 보아야 하기 때문이다. (6ㄴ)은 '당태종의 이름에 왕세충의 군사들이 놀라는' 장면을 보여 주어, 예문의 '일후믈'은 놀란 원인이 되는 셈이다. (6ㄷ)의 예는 고려말에 이태조가 관직을 지내던 때의 이야기로 '(이태조를 향하여) 人心이 모이고, (이태조를 향한) 人心이 굳었다'는 내용이다.[13] (6ㄹ,ㅁ)은 '오다'라는 자동사에 '-솝-'이 쓰인 예이다. (6ㄹ)은 (6ㄷ)의 대가 되는 한고조의 고사로 '(제후국이 한고조를 향하여) 온' 것을 노래한 것이고, (6ㅁ)은 '(세존이 나무 아래 앉으시니 여러 하늘의 부처들이 세존께로) 온' 것을 노래한 것이다. 그러니까 문면에 드러나 있든 아니든 간에 (6ㄷ,ㄹ,ㅁ)에서 보인, '-솝-'에 의해 대접을 받는 대상의 의미역은 방향이나 도달격이 되는 셈이고, 그에 따라 객체 또는 객어의 범주에 방향이나 도달의 대상이 더해져야 하는 것이다. (6ㅂ)은 (6ㄷ,ㄹ,ㅁ)의 자동사와는 달리 구체적인 객체를 상정할 수 있는 타동사 '돌다'가 쓰인 예문이다. 석가모니가 태어날 때의 신화 내용으로 '본래부터 밝은 광명인 데에 여러 부처들도 빛을 비추고 밝은 달과 같은 구슬을 (석가모니가 태어난 궁전에) 달았다'는 이야기이다. 여기서 '돌다'에 쓰인 '-솝-'이 대접하는 대상이 될 수 있는 것은 석가모니가 태어난 궁전이 되어야 하고, 그때의 궁전은 처소가 되는 셈이다. 물론 존귀한 인물에 관련된 행위인 '구슬을 다는 행동'에 대한 겸양의 의미가 '-솝-'에 있다는 해석도 가능하다. 그렇게 보더라도 그때의 겸양이 누구에 대한 겸양인가가 문제가 되며, 결국 석가모니와의 관계 속에서만이 설명이 가능하게 되는 것이다. (6ㅅ)의 예는 '迦葉鬱卑羅가 석가모니에게 방을 내주지 않고, 오히려 독한 용이 있다면서 석가모니가 방을 쓰는 것을 막는' 장면이다.[14] 결국 (6ㅅ)도 표면에는 드러나 있지는 않으나 굳이 찾는다면 석가모니를 대접의 대상으로 상정할 수 있을 것이다.

지금까지 살펴본 예 (6)을 통하여, '-솝-'으로 대접되는 요소의 문장 속에서의 자격이 여러가지 양상으로 나타남을 확인할 수 있었다. 우리의 예가 (6)과 같은 예들에 머문다면, 그들은 객어 또는 객체에 대한 대접으로 해석될 수도 있고, 대접을 하고자 하는 객어를 지배하는 동사에 사용된 접미사라고 할 수도 있을 것이다. 기존의 논의들에서 보인 그와 같은 태도는 다음의 예 (7)에서 보이는 형용사문과 예 (8)에 보이는 계사문에까지 이어지고 있는 셈이다.

---

13) 이러한 경우의 '-솝-'에 대하여 허웅(1963:44-5)에서는 "{솝}은 어떠한 행동이나 상태가 미치거나 지향하는 대상·상태를 존대할 경우에, 그 행동이나 상태를 표시하는 용언에 연결되는 것"이라는 정의로, 자동사문과 계사문, 형용사문에서의 '-솝-'도 함께 설명하고 있다. 자동사문 이외의 형용사문과 계사문에서의 '-솝-'에 대해서는 후술 참조.

14) 대우 표현의 선택 여부가 화자의 권한임을 보여 주는 예라고 할 수 있다.

(7) ㄱ. 阿難羅雲이 부텻긔 갓갑ᄉᆞ와 〈법화 4:49〉
    ㄴ. 大慈悲 世尊ㅅ긔 버릇업ᄉᆞᆸ던 일ᄋᆞᆯ 魔王이 뉘으츠니이다 〈월곡 75〉
(8) ㄱ. 내 부텻 ᄆᆞᆮ아ᄃᆞ리ᅀᆞ오니 〈법화 1:109〉
    ㄴ. 羅睺羅ᄂᆞᆫ 이 부텻 아ᄃᆞ리ᅀᆞ오니 〈법화 4:48〉

위의 예 (7)과 (8)에서도 서술어와의 관계가 어떻든지 간에 대우를 해야 할 대상이 주어자리가 아닌 곳에 나타날 경우에 '-숩-'이 출현하는 것으로 정리할 수 있다. 결국 객체라든가 객어의 정의는 주어자리, 즉 주격을 취하지 않는 문장의 모든 요소가 되는 셈이고, 그러한 요소가 문장 속에 여럿이 나타나더라도 대우를 해야 할 대상이 있고, 화자가 그에 대하여 대우를 하고자 하는 의도만 있다면, 언제든지 '-숩-'은 출현할 수 있다는 셈인 것이다. 여기까지만 보더라도 객어라든가 객체라고 이름지어진 것의 범주 속에 담겨야 할 내용이 실로 엄청난 양이고, 상당히 다채로운 성격을 띠고 있음을 알게 된다.

2.2 지금까지 살펴본 내용에 기대어 우리가 당면하고 있는 문제를 정리하면 다음의 (9)와 같다.

(9) ㄱ. 기존의 논의에 기댈 때, 하나의 문장에 나타나는 대우 표현 요소들 사이의 관계와 그에 따른 체계는 어떠한 모습인가? 즉 중복되는 대우표현은 없는가?
    ㄴ. 객어나 객체로 정의된 내용의 다양성을 어떻게 이해해야 하는가?

국어의 대우법이 가지고 있는 체계 전체의 모습이 어떠한 것인가 하는 문제는 아직 분명하지 못한 셈이지만, 최소한 문법형태소에 의한 대우법과 어휘적인 요소에 의한 대우법의 두 가지 측면에서 접근해야 국어 대우법 전반에 대한 정당한 이해가 가능할 것이다.[15] 그럴 경우에 문법적인 대우 요소와 어휘적인 대우 요소의 중복 출현은 성격이 다른 대우 표현의 선택이라는 점에서 정당성을 유지할 수 있는 것으로 보인다. 문법적인 요소를 선택하여 대접하는 체계에 대해서도 주체와 객체 그리고 청자에 대한 대접으로 구분하여 표면적으로는 정연한 모습을 취하고 있는 셈이다. 그러나 앞서 예들을 통하여 살핀 바와 같이 객체나 객어라는 의미 범주에 들어 오는 내용은 실로 다채롭기까지 한 것이고, 게다가 '-숩-'이 그의 생산성을 활발하게 행사하는 시기가 중세국어

15) 국어 대우법에 대한 어휘적 대우와 문법적 대우의 문제에 대해서는 임홍빈(1990ㄱ)을 참조할 것.

에 머무르고 만다는 사실도 우리에게 그저 예사로운 것만은 아닌 것이다. 이야기 진행의 편의를 위하여 논의의 범주를 일단 다음의 예 (10)에 한정하여 보기로 하자.

(10) ㄱ. 아바님 뵈ᅀᆞᄫᆞᇙ 제 어마님 그리신 므를 左右ㅣ 슬ᄊᆞᄫᅡ 〈용가 91〉
ㄴ. 珍羞盛饌올ᅀᅡ 맛내 좌시며 좀 자ᄉᆞᇙ 제 風流ㅣ ᄀᆞᄫᅡᄉᆞᆸ더니 〈월곡 118〉

위의 예 (10ㄱ)과 (10ㄴ)의 내용은 다음의 (10′ㄱ,ㄴ)과 같고, 그에 따라 예 (10ㄱ,ㄴ)에 보이는 대우요소를 정리해 보면 다음의 예 (10′′ㄱ,ㄴ)과 같다.

(10′) ㄱ. (태종이 어머니인 신의왕후의 상을 당한 후) 아버지인 태조를 만날 때 어머니를 그리워하여 눈물을 흘리니 그 눈물에 좌우가 슬퍼하여
ㄴ. (태자시절에 석가가) 진수성찬을 맛있게 먹으며, 잠 잘 때 풍류가 퍼지더니

(10′′) ㄱ. ① 아바님 뵈ᅀᆞᄫᆞᇙ 제 : 아바님, 뵙다, -ᄉᆞᆸ-, -시-
② 어마님 그리신 므를 : 어마님, -시-
③ 左右ㅣ 슬ᄊᆞᄫᅡ : -ᄉᆞᆸ-
ㄴ. ① 진수성찬을 맛내 좌시며 : 좌시다
② 좀 자ᄉᆞᇙ 제 : -시-
③ 風流ㅣ ᄀᆞᄫᅡᄉᆞᆸ더니 : -ᄉᆞᆸ-

우선 위의 (10ㄱ)은 어휘적인 대우와 문법적인 대우가 모두 나타난 예이다. 여기서 우리는 국어의 대우표현이 과연 무엇을 대우하는 것인가 하는 보다 본질적인 문제부터 생각해 볼 필요가 있다. 이는 국어의 대우법이 가지고 있는 문제의 본질에 다가서는 관문일 것이기 때문이다. (10′′ㄱ)에 정리된 대우요소들을 중심으로 그들 사이의 관계를 간단히 도표로 그려보면 다음의 (11)과 같다. 뒤에 가서 자동사와 결합되어 나타나는 '-ᄉᆞᆸ-'에 대해서도 살피게 되겠지만, 현재까지의 형편으로는 (10ㄴ)의 '風流ㅣ ᄀᆞᄫᅡᄉᆞᆸ더니'의 '-ᄉᆞᆸ-'으로 대우된다는 객체의 존재는 상정이 어려운 형편이다.

(11) ①

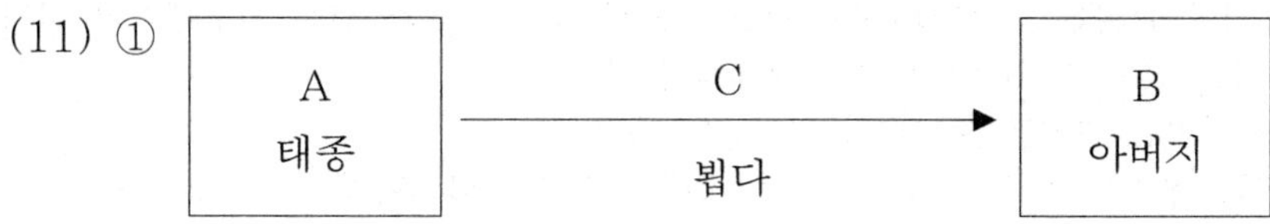

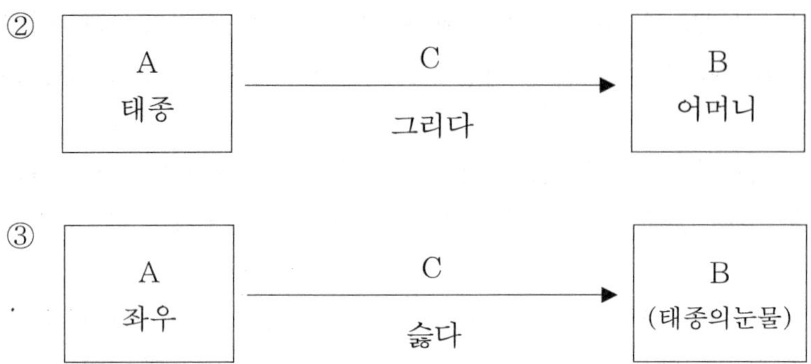

위의 (11)에서 A는 동작의 주체이고, B는 이른바 객체 또는 객어를 나타내며, C는 동사를 나타낸다. C와 함께 그려진 화살표는 '동사에 의한 동작, 상태의 행사 방향'이다. 우리는 그동안 주체경어법이라든가 객체경어법이라는 용어를 별다른 의구심없이 사용해 온 셈이다. 그러나 (11①)과 (11②)의 주체인 '태종'은 그 자체로 이미 대우가 된 것임에 유의할 필요가 있으며, (11①)의 객체인 '아버지'와 (11②)의 객체인 '어머니'는 각각 '-님'에 의하여 '아바님'과 '어마님'으로 대우되었음에 주목할 필요가 있다.[16] (11③)의 주체인 '좌우'는 '태종'보다 하위자이므로 어휘 자체가 그만한 대우를 받고 있는 것이다.[17] 이와 같이 주체와 객체가 그 자체의 어휘에 의해 합당한 대우를 받았다고 할 때, 예 (10ㄱ)에 보이는 '-시-'와 '-습-'이 대접하는 내용이나 대상이 무엇이냐 하는 또 다른 문제가 대두된다. 이미 '-시-'와 '-습-'은 주체와 객체를 대접하는 장치는 아니기 때문이다. 논의의 편의를 위하여 예 (10ㄱ)을 (12)에 다시 가져와 살피기로 하자.

(12) ㄱ. 어마님 그리신 ᄆᆞᄅᆞᆯ 〈용가 91〉
　　ㄴ. 須達이 그리숩더니 〈월곡 174〉

(12ㄱ)의 객체인 '어마님'은 '-님'으로 대우되었음에도 '그리ᅀᆞᄫᆞ신'으로 호응되지 않

---

16) 그에 대한 구체적인 논의는 임홍빈(1990ㄱ)을 참조할 것. '태종'과 같은 고유명사가 각각의 대우 등분을 가지고 있는 것이라는 논리도 상대적인 것이다.
　ㄱ. 如來 닐오ᄃᆡ 어엿븐 거시라 ᄒᆞᄂᆞ니라 〈능엄 2:19ㄱ〉
　ㄴ. 如來 니ᄅᆞ시논 微妙히 ᄇᆞᆯᄀᆞᆫ 本來ㅅ ᄆᆞᅀᆞᄆᆞᆫ 엇뎨 도라가미 업스니잇고 〈능엄 2:26ㄴ〉
　동일한 대상인 如來에 관한 이야기이지만 ㄱ은 부처의 이야기이고, ㄴ은 阿難의 이야기라는 점에서 화자가 대우하는 정도에 차이가 있음을 알 수 있다.

17) (11③)에서의 B 자리에 오는 '태종의 눈물'에 대하여 괄호를 사용한 것은 객체 또는 객어라는 용어는 순수히 문법적인 의미로만 사용하고자 하는 의도적인 조처이다.

은 반면에, (12ㄴ)의 '須達이 (世尊을) 그리워하더니'에서는 문면에 드러나지는 않았지만, 그리워한 대상으로서의 객체인 존칭체언 世尊에 호응하는 '-숩-'이 쓰이고 있는 것이다. 이러한 예들을 통하여 어휘적인 대우 표현이 문법적인 대우 표현과 늘 호응 관계를 유지하는 것은 아님을 알 수 있다. 각각이 선택되는 층위가 다른 것이다. 그렇다고 해서 (12ㄱ)에서의 '-님'으로 대우된 객체가 상위자로 대우되지 않은 것은 아닌 것이다. 위의 (12)는 객체에 대한 예이지만, 주체에 대해서도 같은 방식의 논리 적용이 가능하다.

(13) ㄱ. 손선생님이 가르쳐주셨다.
　　 ㄴ. 손선생님이 가르쳐주었다.

위의 (13)의 예에서, (13ㄴ)이 대우법의 호응상의 문제는 다소 있을지언정, (13ㄱ)만이 통사적으로 적법한 문장이라고 할 수는 없는 것이다.[18] 아울러 (13ㄴ)의 '손선생님'이 대우되지 않았다고 할 수도 없는 것이다. 즉 주체인 '손선생님'은 '손선생님'으로 이미 대우되었다는 것이다. 그럴 경우에 문제가 되는 것은 (13ㄱ)에 쓰인 '-시-'의 기능이다. 다음의 (13′)을 보자.

(13′) ㄱ. 손선생이 가르쳐주셨다.
　　 ㄴ. 손선생이 가르쳐주었다.

(13′)의 예가 (13)과는 달리 주체인 '손선생'을 대접하고 있지는 않지만, (13′ㄱ)과 (13′ㄴ) 사이에는 엄연히 대우법상의 거리가 있고, 그러한 거리는 (13′ㄴ)이 아무런 대접도 하지 않은 담백한 문장인데 반하여 (13′ㄱ)은 '-시-'를 사용하여 대우를 하고 있는 데에 있다. 여기서 우리는 체언에 대한 대우가 체언 내부의 문제 해결 방식을 취하여, 체언 자체가 존칭 체언이기도 하고, 일반적인 체언일 경우에는 체언 뒤에 '-님'을 붙여 대우하기도 한다는 사실을 상기할 필요가 있다. 그와 같은 맥락에서 '-시-'와 '-숩-'이 용언의 어간 뒤에 연결된다는 사실도 기억할 필요가 있는 것이다.[19] 다시 말하자면, '-시-'와 '-숩-'의 기능을 용언에 대한 대우 표현으로 보려는 것이다. 사실 우리의

18) 물론 보다 적법한 문장은 '손선생님께서 가르쳐주셨다.'이겠지만, '-께서, -께' 등의 격조사에 의한 대우는 본고의 영역 밖에 있다. 논의를 단순화하기 위한 것이 이유이다. 그에 대해서는 따로이 다루어 볼 생각이다.

19) 경어법 선어말어미가 용언 어간 뒤에 출현하는 순서도 경어법의 체계와 무관하지는 않을 것이다. 본고는 그에 대한 논의를 수용할 만한 여력을 가지지 못한다. 후일을 기약한다.

이와 같은 태도는 우리만의 것은 아니다. 앞서 간단히 살핀 바 있는 전재관(1958)이라든가 안병희(1961, 1982ㄴ) 등에서, '-숩-'에 한정된 논의이기는 하지만, 이미 '행위, 동작, 동사' 등과 관련지어 논의하고 있기 때문이다. '용언에 대한 대우'라는 표현이 어쩌면 생소할 수도 있을 것이다. 그것은 동작에 대한 대우이며, 상태에 대한 대우이기도 하다. 현대국어의 예이기는 하지만, '계시다, 돌아가시다, 드리다, 모시다, 뵙다, 여쭙다, 잡수시다, 주무시다' 등이 주체와 객체에 대한 내용없이도 '있다, 죽다, 주다, 데리다, 보다, 묻다, 먹다, 자다' 등의 동작이나 상태에 대한 대우를 보여 주는 좋은 예이다. 그와 같은 생각을 위의 (10ㄱ)의 예에서 '아바님 뵈ᅀᆞᄫᆞᇙ 제'만을 따로이 도표화한 (11①)에 적용시키면 다음의 (11′①)과 같이 되어, 다음의 예 (10ㄱ′)이 된다.

(11′) ①

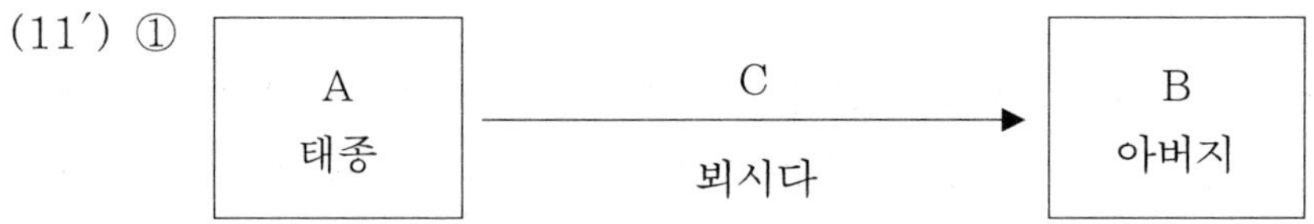

(10) ㄱ′. (태종이) 아바님 뵈시ᇙ 제

위의 (11′①)에서의 C는 '(태종의) 뵙다'라는 동작이고, 형태소 '-시-'는 태종의 동작 자체에 대한 대우를 나타내는 것이다. (11′②)의 '어마님 그리신'의 '-시-'도 마찬가지로 이해할 수 있다. 그렇지만 (10ㄱ′)의 예는 우리가 보았던 원래의 예인 (10ㄱ)과는 아직 차이가 있다. '-숩-'이 결여되어 있기 때문이다. 앞서 우리는 '-시-'와 '-숩-'이 용언의 어간에 결합하여 용언을 대접하는 것이라는 점에 주목한 바 있고, 그에 따르면 (11′①)의 C와 관련이 있는 것이 된다. 그 경우에 물론 '-시-'와 동일한 의미, 기능을 행사하는 것이어서는 안 된다. 여기서 우리는 '-시-'가 주체인 동작주의 행위를 대우한 것인 반면에 '-숩-'은 '-시-'가 대우하는 역방향 즉 동작주의 행위 대상이 받는 동작에 대한 대우로 보려는 것이다. 다음의 몇 가지 예를 보기로 하자.

(14) ㄱ. 阿難이 부텨 보ᅀᆞᆸ고 〈능엄 1:39〉
　ㄴ. 王과 大臣과 長者와 居士왜 ᄒᆞᆫ　와 부텨 조ᄍᆞ와 法要ᄅᆞᆯ 듣ᄌᆞᆸ고져 願ᄒᆞᅀᆞᆸ더니 〈능엄 1:38〉
　ㄷ. 外道ㅣ 부텨ᄭᅴ 묻ᄌᆞ와ᄂᆞᆯ 〈금삼 3:12〉

위 (14)는 동사 '보다, 듣다, 묻다'의 예들이다. (14ㄱ)에서의 阿難의 동작은 '부처를 본 것'이고, 그 때 부처의 동작은 '阿難에 의해 보여진 것'이다. 물론 그 경우 아난의 동작이 적극적인 행위라면, 부처의 동작은 소극적인 행위라는 차이가 있기는 하지만 우리가 관심은 동작의 방향에 있다. (14ㄴ)에서도 '좇아가고 法要를 듣고자 하고 願한 것'은 '王, 大臣, 長者, 居士'이고, '좇김을 당하고, 法要를 말하도록 願함을 받은 것은 부처이다. 마찬가지로 (14ㄷ)에서 질문을 한 것은 外道이고, 부처는 질문을 받은 것이다. (11)에서와 같은 그림으로 (14ㄱ)만을 대상으로 살펴보면 다음의 (15)와 같다.

(15)
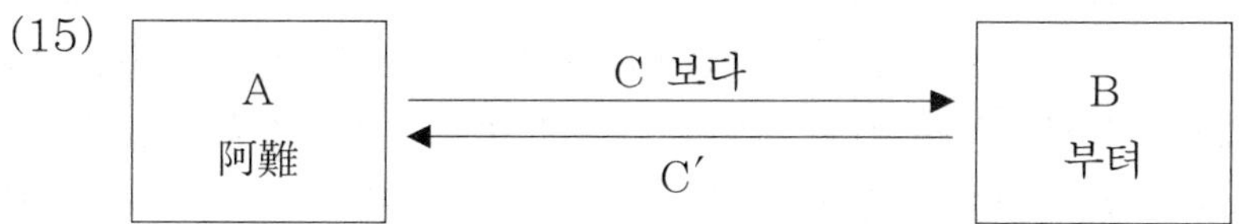

위의 C는 동작주인 아난의 '보는' 동작이 행하여지는 방향이고, C′은 '아난의 보는 행위에 의한 부텨의 보여지는' 동작이 행하여지는 방향이다. 앞서 우리는 '-시-'가 C에 대한 대우라는 견해를 피력한 바 있다. 그와 마찬가지 원리로 (14ㄱ)에 보이는 '-숩-'은 C′에 대한 대우로 보려는 것이다.

2.3 동작의 방향성에 관한 한 이와 같은 논의 태도는 여러 가지 면에서 능동과 피동, 주동과 사동 등의 관계에 관한 논의 태도와 아주 혹사하다. 여기서 말하는 피동과 사동이란 통사적인 면에서의 피동과 사동뿐만 아니라 의미적인 면에서의 피동과 사동도 아울러 뜻한다. 뒤에서 보게 되겠지만, C와 C′ 사이의 관계는 접미사에 의한 것은 물론, 피사동적인 의미를 가진 피사동적인 어휘들에 의해서도 설명되는 관계이다.[20]

(16) ㄱ. 阿難이 부텨를 보고
ㄴ. 부톄 阿難이게 보이고

(16ㄱ,ㄴ)은 전형적인 능동문과 피동문 사이의 관계를 보여주는 예이다. (16)을 앞의 (15)와 같은 방식의 그림으로 관계를 나타내면 다음의 (17)과 같다.

20) 피동과 사동이 한 자리에서 논의되는 이유는 새로운 주어의 도입이라는 공통점과 '-이-'라는 접미사의 공유에 있다. 그렇지만 피동문의 주어는 능동대당문에서 오는 것인데 반하여, 사동문의 주어는 문장 외적인 요소라는 본질적인 차이가 있다.

(17)

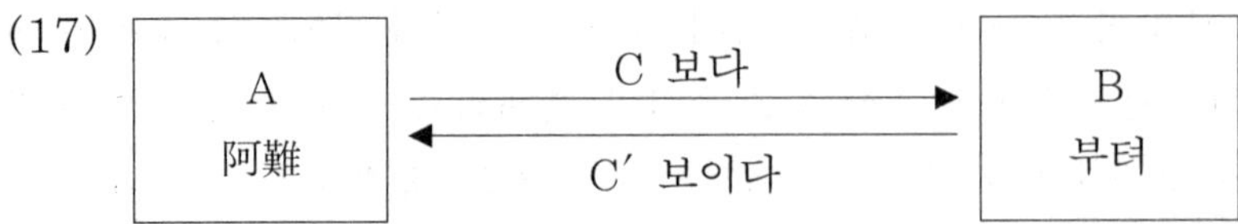

만일 위의 (17)에서 C를 대우하고자 한다면 '보시다'로 될 것이고, C′을 대우하고자 한다면 '보이시다'가 될 것이다. 그렇지만 그 경우의 '-시-'의 출현이 허용될 수 있는 것은 '아난이 동사 보다의 행동주'일 경우와 '부텨가 동사 보이다의 행동주'일 경우에 한한다. 물론 동사 '보다'를 기준으로 하여서만 본다면 아버지는 동사 보다의 피행동주임에는 틀림이 없지만, 그때는 '-시-'를 선택하는 것이 아니라 바로 '-습-'을 취해야 하는 것이다. 즉 '-습-'은 '-시-'와 '대칭적인 대우방향성'을 가지고 있는 것이다. (14ㄱ)의 예를 중심으로 '-시-'와 '-습-'의 출현 양상을 보이면 (18ㄱ,ㄴ), (19ㄱ,ㄴ)과 같다.

(18) ㄱ. 阿難이 부텨 보ᅀᆞᆸ고
ㄴ. 부톄 阿難ᄋᆡ게 보이시고
(19) ㄱ. 부톄 阿難 보시고
ㄴ. 阿難이 부텻긔 보이ᅀᆞᆸ고

(18ㄱ,ㄴ)과 (19ㄱ,ㄴ)은 각각 그들이 가지고 있는 의미절대치가 같은 문장이다. 다만 아난 보다 상위자인 부텨에 대한 동작 '보다'에 대우관계가 나타나는 양상의 차이가 있을 뿐이다. 이것도 능동과 피동 사이의 관계와 유사한 것이라 할 수 있다. 피동문과 그의 능동대당문 사이에도 의미절대치는 일치하기 때문이다.[21] 피동문으로 표현할 것인가의 선택과 대우 표현을 선택하는 것이 모두 화자의 권한이라는 점도 흥미있는 내용이다. 그렇지만 대우 표현 '-시-'와 '-습-'의 양방향은 앞서 살핀 예 (1)에서와 같이 한 문장 속에서 함께 출현할 수 있음에 반하여, 능동표현과 피동표현의 양방향이 하나의 문장으로 공존할 수 없다는 점은 중요한 차이라 할 것이다.

지금까지 우리가 살핀 내용의 주류는 동작의 방향성을 드러내기 위한 것이기는 했지만 구체적인 대상 설정이 가능한 타동사문에 있었다. 이제 예 (20)을 통하여 그들을 자동사문, 형용사문, 계사문의 이해로 가져가 보기로 하자.

(20) ㄱ. ① 나모 아래 안ᄌᆞ샤 諸天이 오ᅀᆞᄫᆞ며 寶床袈裟롤 天龍이 받ᄌᆞᆸᄂᆞ니 〈월곡

21) 능동문과 피동문, 능동사와 피동사 사이의 분포와 의미상의 차이 문제는 의미해석부의 문제라는 태도에 대해서는 한재영(1984)를 참조할 것.

117〉
② 일후믈 놀라ᅀᆞᄫᅡᄂᆞᆯ ᄒᆞᄫᆞᅀᅡ 뒤헤 셔샤 手射數人ᄒᆞ샤 五千敵 이기시니 〈용가 61〉

ㄴ. 阿難羅雲이 부텻긔 갓갑ᄉᆞ와 〈법화 4:49〉

ㄷ. 羅睺羅ᄂᆞᆫ 이 부텻 아ᄃᆞ리ᅀᆞ오니 〈법화 4:48〉

위의 (20ㄱ①)은 자동사 '오다', (20ㄱ②)는 자동사 '놀라다'의 예이고, (20ㄴ)은 형용사 '갓갑다'의 예이며, (20ㄷ)은 계사 '이다'의 예이다. 역시 이해의 편의를 위하여 앞서 살핀 (11)의 그림을 (21)에 가져오기로 한다.

(21)ㄱ. ①

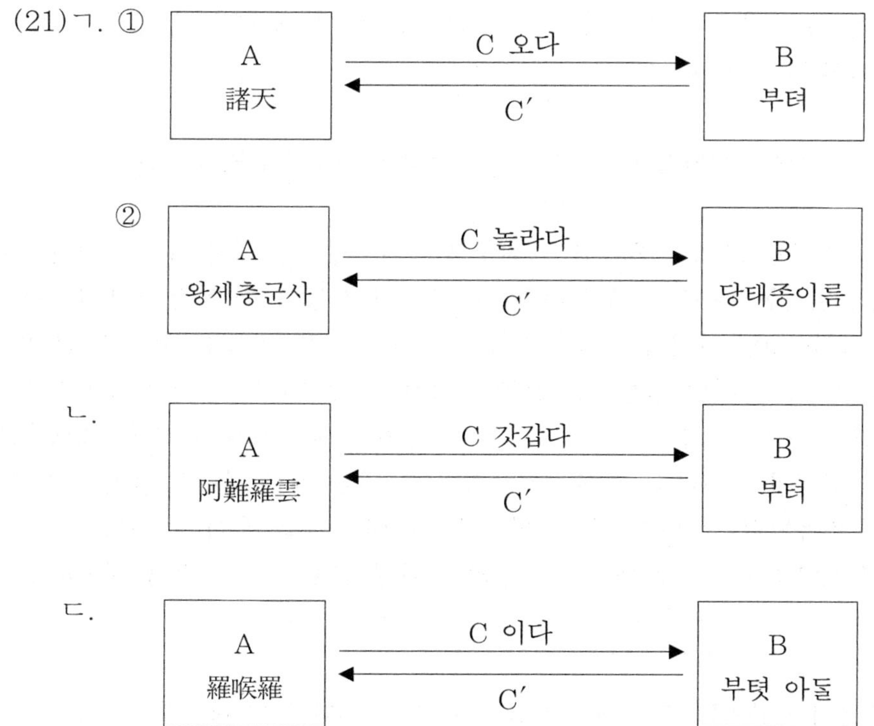

위의 (20)의 예에 보인 '오ᅀᆞᄫᆞ며, 놀라ᅀᆞᄫᅡᄂᆞᆯ, 갓갑ᄉᆞ와, 부텻 아ᄃᆞ리ᅀᆞ오니'는 (21)의 예에서 각각 C에 대응되는 C′의 대우를 표현하는 것이다. 이는 주체가 A일 경우, 즉 A를 기준으로 하였을 때의 대우를 나타내는 것이다. 앞서 우리는 '-시-'와 '-ᅀᆞᆸ-'의 관계가 능동과 피동, 주동과 사동의 관계와 유사한 것으로 파악하였다. 만일 화자가 (21)의 각각에 대하여 B를 기준으로 이야기한다면 다음 (20′)의 예와 같이 될 것이다.

(20′) ㄱ. ① 부톄 諸天올 오게ᄒᆞ시며 〈월곡 117〉
② (당태종의 일홈이) (왕세충의 군사를) 놀라긔 ᄒᆞ시거늘 〈용가 61〉
ㄴ. 부톄 阿難羅雲을 갓갑게 ᄒᆞ샤 〈법화 4:49〉
ㄷ. 이 부텻 아ᄃᆞᆯ온 羅喉羅이시니 〈법화 4:48〉

지금까지 우리는 주로 '-시-'와 '-숩-'이 각각 따로이 나타나는 경우의 예들을 살펴온 셈이다. 논지를 선명하게 하려는 의도에 의한 것이었지만, 우리가 보게 되는 예들은 거기에 머물지만은 않는다. 일찍이 예 (1)의 타동사 '기르ᅀᆞᄫᆞ시니이다'에서도 보았지만, 다른 부류의 용언들에서도 쉽게 찾아볼 수 있는 '-숩시-'가 예 (22)와 같은 모습으로 우리 앞에 다가서기 때문이다.[22]

(22) 어엿브신 ᄆᆞᅀᆞᆷ애 나가싫가 저ᄒᆞ샤 太子ㅅ겨틔 안ᄍᆞᄫᆞ시니〈월곡 46〉

'-시-'와 '-숩-'이 가지고 있는 동작주의 대칭적인 대우방향성 대한 이해의 편의를 위하여 빌어 왔던 피사동의 개념은 능동과 피동, 주동과 사동이 한 문장 내에서 동시에 이루어질 수는 없는 것인 반면에, '-시-'와 '-숩-'은 비록 표면적으로는 하나의 용언만이 나타나더라도 동작주 행위의 양방향은 결국 의미적으로는 각각 두 개의 용언과 그에 의한 두 가지 동작인 바, '-시-'와 '-숩-'이 하나의 용언에 대한 대우 표현에 나타난다는 사실은 오히려 당연한 것이라고 할 수 있는 것이다. 이는 흡사 하나의 동전이 가지고 있는 양면성에 비유됨직한 것이다. '-시-'와 '-숩-'에 대한 우리의 이러한 태도는, 이해하기 어려웠던 (23)의 '-숩-'에 대해서도 우리의 이해 범주 안에 있음을 확인하게 한다.

(23) ㄱ. 車匿이 蹇特이ᄂᆞᆫ ᄒᆞᆫ 날애 나ᅀᆞᄫᆞᆯ씩 이 둘흘사 더브르시니 〈월곡 52〉
ㄴ. 予는 내 ᄒᆞ숩시논 ᄠᅳ디시니라 〈정음〉

'-숩-'이 객체에 대한 대우인 한, 또는 상위자인 객어를 지배하는 동사에 사용되는 겸양법 접미사인 한, '석가가 車匿이 蹇特이와 같은 날에 태어나시었기에 이 둘과 함께 하시니'라고 하는 예 (23ㄱ)과 '予는 내가라고 하시는 뜯이시니라'라고 하는 예 (23ㄴ)

---

22) '-숩시-'에 대해서는 이승욱(1968)을 참조할 것.

의 '-숩-'에 대한 온당한 이해는 여전히 많은 설명을 요구한다고 할 것이다. 그렇지만 예 (23)에 대한 우리의 태도는 앞서 살핀 예들에서와 마찬가지로 일관된 것이다. (24)의 그림을 보기로 하자.

(24) ㄱ.

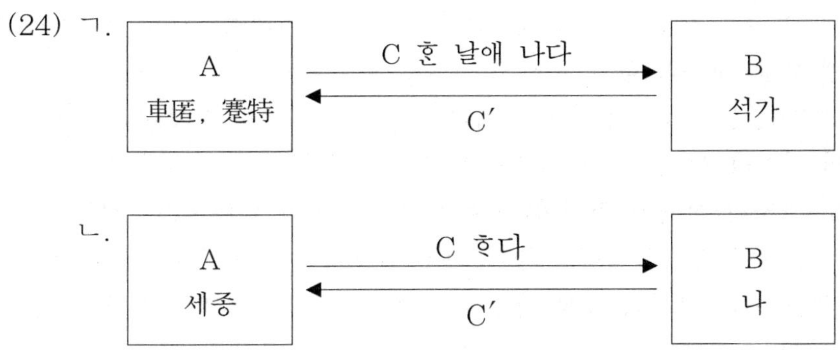

(24ㄱ)의 A를 동작주로 하여 C′을 대우한 것이 예 (23ㄱ)의 '호 날애 나ᄉᆞᄫᆞᆯ씨'로 나타난 것이다. 앞서의 예들과 다른 점이 있다면 대접의 단위가 단순 용언이 아니라 동사구로 확장되었다는 것이지만, (23ㄱ)의 예에서 '나다'가 의미를 가질 수 있는 것은 '같은 날에 태어났다'는 데에 있다는 점에서 동사구로의 확장 근거를 찾을 수 있다. (24ㄴ)의 A인 세종은 문면에 드러나 있지는 않지만 B의 '나'와 동일한 인물이며, 따라서 체언 A, B는 대우를 받을 대상이 되는 것이다. 아울러 용언의 대칭적인 두 동작 방향 C와 C′도 각각 '-시-'와 '-숩-'으로 대우된 것으로 이해하는 것이다.

요약컨대, 동작주가 A일 때 C에 대한 대우는 '-시-'로, C′에 대한 대우는 '-숩-'으로 나타나고 동작주가 B일 때 C에 대한 대우는 '-숩-'으로, C′에 대한 대우는 '-시-'로 나타난다는 것이다. 즉 동작주를 고정된 상태에 두고 볼 때, '-시-'와 '-숩-'은 용언이 나타내는 동작의 대칭적인 방향에 대한 대우인 것이다.

3.0 본고는 '-숩-'이 가지고 있는 본질적인 기능이 무엇인가, 중세국어 대우법 체계 속에서 '-숩-'의 위치는 어디쯤인가 하는 문제에 대한 궁금증으로부터 출발하였다. 객체 또는 객어와 모종의 관계를 전제로 하고 있는 기존의 논의들이 보여 주는, 객체 또는 객어의 외연이 쉽게 정리될 수 있는 내용이 되지 못한다는 점과 하나의 문장 속에 나타나는 경어의 요소가 중복되어 나타난다는 점은 논의를 진행해 나가면서 부딪힌 첫 번째 문제였다. 그의 해결을 위하여 우리는 주체나 객체와 같은 체언에 대한 대우가 체언 내부의 문제 해결 방식 이를테면, 체언 자체가 존칭 체언이기도 하고, 일반적인 체언일 경우에는 체언 뒤에 '-님'을 붙여 대우하기도 한다는 사실에 주목하였다. 그와 같

은 원리로 용언에 대한 대우도 용언 자체가 대우를 나타내기도 하고, '-시-'를 선택하기도 한다는 사실을 알 수 있었고, 그때의 '-시-'는 동작주가 용언으로 표현된 행위를 행사하는 방향에 대한 대우임도 알 수 있었다. 그 과정에서 동작주의 행위 행사 방향이란 흡사 능동과 피동, 주동과 사동 사이의 관계처럼 대칭 방향성을 갖는다는 데에 착안점을 두었다. 그 결과 우리는 '-시-'와 '-숩-'은 하나의 용언에 의하여 표현되는 동작이나 상태의 대칭방향에 대한 대우의 몫을 가지고 있음을 알 수 있었다.

대우법이 가지고 있는 본질적인 성격은 문법적·통사적인 것이라기 보다는 오히려 의미적이고 화용적인 것이라 할 수 있다. 피사동문의 선택이 화자의 권한인 것처럼 대우요소의 선택여부도 온전히 화자의 권한이다. 이처럼 대우법이 의미·화용적인 문제인 한, 범위를 줄여 '-시-'와 '-숩-'의 선택 여부가 의미·화용적인 문제인 한, 객체 또는 객어가 가지는 외연의 크기는 문제의 대상 밖에 위치하게 된다. 객체라든가 객어 자체가 문법론의 영역에 있기 때문이다.

3.1 그러나 지금까지의 논의에도 불구하고, 문제는 여전히 남아 있는 셈이다. 우선 본고에서 살핀 '-시-'와 '-숩-' 사이의 관계는 중세국어의 대우법이 가지고 있는 체계의 극히 적은 일부라는 점에서 그렇다. 그와 함께 본고에서는 전혀 손도 대지 못했던, 대우를 나타내는 선어말어미 '-시-'와 '-숩-'의 배열순서 문제가 그렇고, 공손법과 '-시-'와 '-숩-'이 이루는 문법적인 대우법체계에 전반 관한 문제가 그러하며, 존대 어휘들에 의해 이루어지는 어휘적인 대우법이 형성하고 있는 체계에 관한 문제 또한 우리의 적극적인 관심을 기다리고 있는 셈이다. 아울러 중세국어에서 그토록 왕성한 생산력을 가졌던 '-숩-'의 변천 과정과 그에 따른 대우법 체계의 변화 양상도 흥미있는 과제가 될 것이다.

14. 존칭체언 소고

1. 서론

본고의 목적은 중세국어 문법의 한 특징을 구성하고 있는 이른바 존칭체언의 성격을 분명히 하고자 하는 데에 있다. 평칭체언과 대립되는 개념으로 상정된 존칭체언은, 복수를 나타내는 접미사라든가 속격[1]과 호격의 조사가 교체를 보일 때에, 형태의 선택 조건으로 역할을 행사하는 것으로 알려져 왔다. 그러나 접미사나 조사의 선택 조건을 설명하는 데에 유용한 개념으로 취하였던 '존칭체언'이 그리 선명한 개념을 가지고 있는 것으로는 보이지 않는다.

'존칭체언'이 중세국어 문법 논의의 자리에 본격적인 모습을 드러내게 된 것은 안병희(1968)로부터 비롯하는 것으로 보인다. 속격조사 '-ㅅ'의 용법을 밝히는 과정에서 '-ᄋᆡ/의'에 선행하는 체언이 평칭의 유정체언임에 반해, '-ㅅ'에 선행하는 체언이 존칭체언임을 밝힌 것이다. 속격조사의 용법에 대한 이러한 견해는 박양규(1975) 등을 거치면서 더욱 단단하게 다져져 왔다고 할 수 있다. 그러나 자명한 듯이 보이는 존칭체언의 성격에 대한 적극적인 확인 작업은 별로 행하여지지 못하였다고 하겠다. 각기 다른 접미사나 조사가 동일한 체언과 결합하는 양상을 보여 '존칭체언'의 내용이 그리 선명한 것이라 하기는 어렵다는 점에서 '존칭체언'이 가지고 있는 내용에 대한 확인 작업은 필요했던 것으로 보이기기 때문이다.

본고에서는 이른바 존칭체언이 존칭체언으로서의 역할을 보이는 용례들을 중심으로 '존칭체언'의 성격을 살펴보고자 한다. 그를 위하여 우리는 먼저 자료에 대한 일체의 선입견으로부터 벗어나기로 한다. 우리가 대하게 될 체언들에 대하여 존칭과 평칭이라는 어떠한 사전 지식도 배제하고 살피려는 것이다. 아울러 용례를 보이는 자료의 성격에도 유의하기로 한다. 자료의 시기는 물론 언해 자료의 경우에는 직역과 의역 여부 등에 관해서도 유념하려는 것이다.[2]

---

1) 속격조사에는 동명사의 주어에 쓰이는 속격조사도 포함된다.

2. 본론

중세국어 문법에서 존칭체언이 존칭체언으로서의 기능을 행사하는 경우는 다음의 네 가지로 정리할 수 있다.

(1) 가. 복수형 접미사의 선택
　나. 속격조사의 선택
　다. 여격조사의 선택
　라. 호격조사의 선택

위의 (1)에 정리된 내용이 존칭체언과 관계를 가지고 있는 것으로 판단하는 까닭은 다음의 (2)와 같은 예들에서 근거를 찾을 수 있다.

(2) 가. 어마님내 뫼숩고 누의님내 더브러 〈월석 2:6ㄴ〉
　나. 化人ᄋᆞᆫ 世尊ㅅ 神力으로 ᄃᆞ외의 ᄒᆞ샨 사ᄅᆞ미라 〈석상 6:7ㄴ〉
　다. 變化뵈샤ᄆᆞᆯ 彌勒이 疑心ᄒᆞ샤 文殊ㅅ긔 무르시니 大法 니ᄅᆞ싫 돌 文殊ㅣ 아ᄅᆞ샤 〈월석 11:10ㄴ〉
　라. 目連이 부텻긔 ᄉᆞᆯᄫᅩᄃᆡ 世尊하 寶塔이 크면 功德이 엇더ᄒᆞ니잇고 〈월석 23:77ㄱ〉

기존의 논의를 통하여 밝혀진 내용에 따르면 위의 (2)에 보이는 '-내, -ㅅ, -ㅅ긔[3], -하' 등의 형태소들이 결합하는 선행 요소들은 모두 이른바 존칭체언이라는 것이다. (2가)의 복수접미사 '-내'가 선택된 것은 선행체언인 '어마님'과 '누의님'이 존칭체언이기 때문이며, (2나)의 '-ㅅ'과 (2다)의 '-ㅅ긔' 그리고 (2라)의 '-하'가 선택된 것은 이들 조사에 선행하는 '世尊'과 '文殊'가 존칭체언이기 때문이라는 것이 통설을 이루어왔던 것이다.

'-내, -ㅅ, -ㅅ긔, -하' 등의 형태소들을 요구하는 선행체언이 존칭체언이라는 논의의 근거는 이들 형태와 대립을 보이는 '-들ㅎ, -ᄋᆡ[4], -의게[5], -아' 등의 존재에 기인한다.

---

2) 상대적인 것이라는 점에서, 실제 용례 검토를 통하여 드러나게 될 내용이 언제나 일관된 것은 아니나 직역체 문헌에서보다 의역체 문헌에서 대우법이 더 잘 지켜졌을 것으로 예측할 수 있기 때문이다.

3) '-ㅅ긔'는 '-ㅅ게, -ㅅ그에, -ㅅ거긔' 등의 이형태로도 나타난다.

다음의 (3)에 보이는 예들이 그것이다.

(3) 가. 그저긔 迦葉이 弟子돌 ᄃᆞ리고 부텨 供養ᄒᆞᅀᆞᄫᆞ려 가거늘 〈석상 23:42ㄱ〉
나. 闍梨는 法이라 혼 마리니 弟子ᄋᆡ 힝뎌글 正케 홀씨라 〈석상 6:10ㄱ〉
다. 阿闍世王이 出令호ᄃᆡ 比丘의게 옷 밥 주니는 손 바롤 버효리라 ᄒᆞ니 〈월석 22:71ㄱ〉
라. 阿難아 이 諸佛ㅅ 甚히 기픈 힝뎌기라 信ᄒᆞ야 아로미 어렵거늘 〈석상 9:28ㄱ〉

앞서 (2)의 예에서와는 달리 (3)에 보인 '弟子, 比丘, 阿難' 등이 '-돌, -ᄋᆡ, -의게, -아' 등을 취한 것은 이들 체언이 평칭체언이기 때문이라고 설명하는 것이다. 그러나 그러한 이해의 태도가 충분한 것으로만 보이는 것은 아니라는 데에 문제가 있다고 하겠다. 우선 다음 (4)의 예부터 살피기로 하자.

(4) 가. 제 지비 더뎌 두리라 하고 누의ᄃᆞ롤 슈샹히 맛당이 아니 너기고 〈순천 28:6〉
나. 三乘法을 여러 뵈요니 一切 諸世尊이 다 一乘道를 니ᄅᆞ시ᄂᆞ니라 〈개법 1:73ㄱ〉
다. 世尊이 大衆돌히게 니ᄅᆞ샤ᄃᆡ 이제 文殊의게 付囑ᄒᆞ야 〈월석 25:47ㄱ〉
라. 舍利佛이 ᄉᆞᆯ오ᄃᆡ 唯然 世尊아 願ᄒᆞᅀᆞ오ᄃᆡ 즐겨 듣줍고져 ᄒᆞ노이다 〈개법 1:57ㄱ〉

위에 보인 예 (4)의 체언들은 각각 '누의, 世尊, 文殊' 등으로, (2)에 보인 체언들과 동일한 인물들임을 알 수 있다. 여기서 우리는 '존칭체언'이 가지고 있는 접미사와 조사의 선택조건에 대하여 의문을 가지게 된다. 존칭체언이라고 하여 접미사 '-내'와 조사 '-ㅅ' 등과 호응하였던 일련의 체언들이 자리를 달리하여 평칭체언으로도 그 모습을 바꾸어 나타나기 때문이며, 이는 존칭체언이라고 하는 별도의 범주를 상정하고, 그 범주 안에 일정한 어휘가 포함되는 것으로 이해하기는 어려운 것으로 보이게 하기 때문이다. 그와 관련하여 우리는 일단 다음 (5)와 같이 문제를 정리하여 살피기로 하자.

(5) 가. 존칭체언과 평칭체언은 어떠한 관계를 가지고 있는가?
나. 존칭체언은 어휘적인 개념의 용어인가, 문법적인 개념의 용어인가?

---

4) '-ᄋᆡ'는 이형태 '-의'로도 나타난다.

5) 여격조사로는 '-의게' 이외에도 '-ᄃᆞ려' 등이 있으나 여기서는 존칭체언과 평칭체언의 대립관계에만 관심을 가지고 있어 관찰 대상의 범위 밖에 두기로 한다.

위의 (5가)의 문제는 '존칭체언'의 범주에 속하는 일정한 어휘 목록의 존재가 있는가 하는 문제와 동일한 성격의 질문이 될 수 있을 것이다. 하지만 그에 대한 답은 의외로 자명한 것으로 보인다. 예 (2)와 (4)의 존재는 동일한 어휘가 존칭체언과 평칭체언으로 사용되고 있음을 보여, 별도의 '존칭체언'이라는 어휘 범주의 상정이 그리 간단한 것이 아님을 보이고 있기 때문이다. 그렇다면 그럴 경우에 동일한 어휘에 대하여 존칭체언과 평칭체언으로 구분하는 근거와 기준이 문제가 된다는 것이다.

여기서 우선 동일한 체언이 존칭체언과 평칭체언으로 나타나는 양상과 존칭체언으로만 나타나는 체언의 양상을 정리하여 볼 필요가 있는 것으로 보인다. 15세기와 16세기 국어자료에 국한하여 살피더라도 동일한 체언이 각기 다른 접미사나 조사를 취하는 양상을 쉽게 찾아 볼 수 있고, 존칭체언으로만 나타나는 용례들이 있어 그들을 정리하여 살피는 것은 존칭체언의 기본적인 성격을 밝히는 데에도 도움을 줄 것으로 생각되기 때문이다. 다음에 보이는 (6)의 예들은 속격조사를 중심으로 '-ㅅ'과 '-의'를 모두 취하는 15세기와 16세기 국어 자료에서의 어휘들의 일부를 모아본 것이다.

(6) 迦葉, 覺明, 覺性, 乾坤, 劫, 見, 見思, 見性, 經, 境界, 界, 苦, 骨肉, 空, 公卿, 功德, 供養, 功用, 公侯, 過去, 果實, 過患, 觀, 光明, 拘尸城, 國, 國土, 菊花, 軍, 軍旅, 君臣, 君王, 權教, 鬼, 鬼神, 錦江, 氣分, 氣運, 金剛, 南方, 男女, 南方, 男子, 내, 念, 님금, 檀, 堂, 大, 大梵, 大小乘, 大乘, 德, 德山, 德性, 道, 道理, 盜賊, 東陵, 同列, 東門, 董仲舒, 燈, 等, 羅羅, 蓮, 雷霆, 龍, 漏, 樓, 類, 劉氏, 六塵, 理, 鯉魚, 摩訶迦葉, 摩訶薩, 摩尼, 馬祖, ᄆᆞᆯ, 妄, 命, 妙覺, 妙法, 妙音, 無記, 無明, 無常, 無爲, 武帝, 武侯, 文, 門, 物, 未來, 方, 方便, 白雲, 百丈, 煩惱, 凡夫, 梵天, 法, 法界, 法師, 法性, 法身, 法王, 甁, 病, 菩薩, 菩提, 普賢, 本覺, 本來, 鳳凰, 不輕, 父母, 夫人, 부텨, 分, 分別, 佛, 佛法, 佛性, 佛祖, 佛土, 比丘, 比丘尼, 師, 四句, 四大, 士大夫, 舍利弗, 沙門, 四衆, 四天王, 山, 三界, 三寶, 三乘, 三世諸佛, 三乘, 三藏, 象, 想念, 色等, 色心, 生滅, 生死, 西, 西方, 西天, 善法, 禪師, 先帝, 先主, 性, 城, 聲聞, 聲聞支佛, 聖位, 聖人, 世間, 世上, 世尊, 小乘, 昭王, 所詮, 小智, 數, 須彌, 須菩提, 勝, 時節, 識, 神靈, 神仙, 臣下, 실, 實相, 心, 心數, 心識, 十界, 十方如來, 我見, 阿羅漢, 阿難, 阿脩羅, 阿育王, 惡道, 愛, 耶輸, 夜叉, 藥, 業, 如來, 涅槃, 嶺南, 靈知, 五祖, 五蘊, 五趣, 玉, 玉壘, 玉繩, 蘊, 王, 王子, 王侯, 外道, 妖怪, 欲, 龍女, 禹, 羽毛, 宇宙, 圓, 圓覺, 圓教, 圓通, 圓通法門, 有無, 有頂, 肉眼, 六趣, 戎馬, 陰陽, 義, 義理, 二乘, 夷狄, 人, 因, 因果, 因緣, 仁者, 人天, 一乘, 一心, 日月, 一切世間, 一切如來, 一切, 子, 慈悲, 自心, 藏, 將軍, 長安, 丈人, 長者, 宰相, 前妻, 淨飯王, 亭子, 帝, 諸大弟子, 帝釋, 諸方, 諸法, 諸菩薩, 諸佛, 弟子, 諸天, 趙

州, 造化, 罪, 呪, 中道, 衆生, 知見, 支佛, 智勝, 智慧, 塵, 秦, 眞空, 進力, 眞佛, 眞性, 眞心, 眞如, 天人, 天子, 天地, 天河, 體, 楚王, 畜生, 七大, 波斯匿王, 褒, 布施, 驃騎, 品, 匹, 河, 行, 香, 虛空, 賢聖, 賢人, 兄弟, 慧, 虎豹, 惑業, 花門, 幻, 黃金, 孝道, 後, 後宮

위의 (6)에 보인 어휘들은 모두 15세기와 16세기 국어자료에 나타나는 예들로 속격조사로 '-ㅅ'과 '-의'를 경우에 따라 선택하고 있는 어휘들이다. 이들 어휘가 모두 인칭과 관련한 어휘는 아닐지라도 '-ㅅ'과 '-의'를 모두 취할 수 있음을 보이고 있다는 것은, '-ㅅ'과 '-의'의 선택조건이 단순히 선행체언의 성격이 유정체언과 무정체언 또는 존칭체언과 평칭체언 등의 표면적인 구분에 의한 것이라고 하기는 어려운 형편이다. 또한 내포문의 주격조사로 쓰이는 속격의 경우에도 '-ㅅ'과 '-의'의 사이에는 표면적으로 드러나는 차이를 찾기는 어려워 보인다. 위의 어휘 각각에 대한 용례가 모두 문증되는 것이기는 하나, 제약된 지면 관계상 '郡王' 한 가지 경우만 (6´가, 나)로 소개하기로 한다.

(6´) 가. <u>君王ᄋᆡ</u> 녯 자최ᄅᆞᆯ 이젯 사ᄅᆞ미 賞玩ᄒᆞᄂᆞ니 〈두시 14:1ㄴ〉
　　 나. <u>君王ㅅ</u> 臺榭ㅣ 巴山ᄋᆞᆯ 벼엿ᄂᆞ니 〈두시 14:35ㄱ〉

복수접미사나 여격조사 그리고 호격조사의 경우에도 속격조사와 그 양상이 크게 다르지 않다. 다음의 예 (7)은 그러한 경우 몇몇을 보인 것이다.

(7) 가. 각시ᄃᆞᆯ〈월석 20:87ㄱ〉 / 각시내 〈월석 2:43ㄴ〉
　　나. 어버의게〈소학 2:35ㄴ〉 / 어버잇긔 〈소학 6:82ㄱ〉
　　다. 大王아〈석상 21:45ㄱ〉/ 大王하 〈석상 11:10ㄱ〉

위의 (7)의 예들은 각각 '각시, 어버이, 大王' 등의 어휘가 복수접미사와 여격조사 그리고 호격조사를 취한 경우를 보인 것이다. 대우와 관련하여 영향을 미칠 수 있는 직역과 의역 또는 시대차이에 의한 선택 조건의 변화 등의 영향을 배제하기 위하여 동일한 자료에 보이는 동일한 어휘를 대상으로 범위를 한정한 것이지만, 접미사와 조사의 선택조건이 어휘 내적인 것으로 이해될 수 있는 문제가 아님을 보이기에는 충분하다고 하겠다. 즉 이른바 '존칭체언'이라고 하는 것이 가리키는 내용이 어휘적인 것이 아니라는 의미이다.

물론 어휘적으로 존칭과 평칭의 대립을 보이는 경우가 있기는 하다. 이른바 '尊待語

彙'라고 할 수 있는 것으로 다음의 예 (8)과 (9)의 경우가 그것이다.

(8) 가. 이워제 동싱 ○○ 뵈숩는 얼우신ᄢᅴ 사ᄅᆞ미니 그지업시 졀ᄒᆞ여 ᄒᆞ노이다 〈순천 107:3〉
   나. 날 고텨 얼우신씌 답례ᄒᆞ라 보ᅀᆞ오라 가ᅀᅡ 날회여 말호리이다 〈번박 상:59ㄱ〉
   다. ᄆᆞᄉᆞᆷ 됴ᄒᆞ신 얼우신하 어듸 브리여 겨신고 〈번박 상:58ㄱ〉

(9) 가. 권당이 ᄡᅧ 화티 몯ᄒᆞᄂᆞᆫ 바ᄂᆞᆫ 얼운의 옷과 밥을 홈이 或 고로 아니홈이 이시며 〈소학 6:90ㄱ〉
   나. ᄉᆞ매로ᄡᅧ ᄀᆞ리오며 믈러나 그 ᄃᆞ틀이 얼운ᄋᆡ게 밋디 아니케 ᄒᆞ고 〈소학 2:59ㄴ〉

위의 예 (8)과 (9)의 예는 '얼우신'과 '얼운'의 경우를 보인 것이다. 표면적으로 보아서는 '얼우신'이 존칭체언이며, (8가,나,다)는 존칭체언과 호응하는 속격과 여격 그리고 호격조사가 선택이 되었음을 보이고 있다. (9가,나)는 그에 비하여 평칭의 속격과 여격조사를 취하고 있음을 보이고 있다. (8)과 (9)의 '얼우신'과 '얼운'의 경우만을 보면, 앞서 (6)과 (7)에서 살핀 어휘들과는 양상이 다른 것으로 이해할 수도 있을 것이다. 이러한 경우 '얼운'과 비교하여 '얼우신'을 '相對的인 尊待語彙'라고 부를 수 있겠다. 尊待語彙란 어휘 자체의 문제이며, 어휘부 내의 문제라고 할 수 있는 것이다.

앞서의 '얼우신'과 '얼운'의 경우처럼 대우의 측면에서 대비가 되는 '相對的인 尊待語彙'가 있는 반면에, 대비가 되는 상대어휘를 가지지 않는 이른바 '絶對的인 尊待語彙'도 있을 수 있다. 다음의 예 (10)을 보자.

(10) 가. 님긊 德 일ᄒᆞ시면 親戚도 叛ᄒᆞᄂᆞ니 이 ᄠᅳ들 닛디 마ᄅᆞ쇼셔 〈용가 119〉
    나. 前後에 온 卷ㅅ 글워리 답사혀시니 다 님긊긔 받ᄌᆞᄫᆞᆫ 고깃맛 ᄀᆞᆮ도다 〈두시 24:34ㄱ〉
    다. 님금하 아ᄅᆞ쇼셔 洛水예 山行 가 이셔 하나빌 미드니잇가 〈용가 125〉

위의 예 (10)은 '님금'이 '-ㅅ, -ㅅ긔, -하' 등과 호응하는 경우로, '님금'은 존칭체언으로 역할을 하고 있는 것을 보인 것이다. 그렇지만 예 (10)의 '님금'은 그 자체로 이미 尊待語彙로서, 그와 대우 관계로 대비되는 다른 어휘를 가지지 않는 이른바 '絶對的인 尊待語彙'라고 할 수 있다. 그와 유사한 양상을 보이는 어휘로 '부텨'가 있지만, 구체적인 어휘 특성에서는 차이를 보인다. 다음의 예 (11)과 (12)를 보기로 하자.

(11) 가. 菩薩 摩訶薩이 다 부텻 알핀 一心으로 合掌ᄒᆞ야 〈석상 19:37ㄱ〉
나. 五千 사ᄅᆞ미 座로셔 니러 부텻긔 禮數ᄒᆞᅀᆞᆸ고 믈러나니 엇뎨어뇨 ᄒᆞ란ᄃᆡ 〈석상 13:46ㄴ〉
다. 부텻긔 머리 좃ᄉᆞᆸ고 ᄉᆞᆯᄫᆞᄃᆡ 부텨하 우리를 아못 이리나 시기쇼셔 〈월석 10:13ㄱ〉

(12) 가. 그저긔 十方앳 부텨돌히 알핀 와 現ᄒᆞ야 ᄒᆞᆫᄢᅴ 讚嘆ᄒᆞ시더라 〈월석 4:49ㄱ〉
나. 쥬룰 디녀 렴ᄒᆞ고 도로혀 뎡에 나셔 원호ᄃᆡ 부텨님이 어엿쎄 너기샤 나룰 렴ᄒᆞ샤 〈육자 12ㄱ〉

위의 예 (12)는 앞서 살핀 '님금'과 동일한 양상을 보이고 있어, 역시 '絶對的인 尊待語彙'의 범주에 속하는 어휘라 할 것이다. 그러나 '님금'과는 달리 '부텨'는 일반적인 평칭 어휘로도 쓰이는 다의어 또는 동음이의어라고 할 수 있는 양상을 보인다. 위의 예 (12가,나)가 그것으로, (12)에 보이는 '부텨'는 尊待語彙가 아니라 평칭의 일반어휘로서의 '부텨'이다.[6] 절대적인 대우의 대상으로서의 '님금'과 '부텨'의 존재는 複數일 수가 없어 '*님금내, *부텨내' 등의 복수가 존재할 수 없으나, 평칭의 일반어휘로서의 '부텨'에 대해서는 複數의 성립이 가능하며, 평칭이라는 점에서 (12가)와 같은 複數形을 취하게 되는 것이다.

예 (12나)의 '부텨님'에 대해서도 다소의 설명은 필요한 셈이다. 絶對的인 尊待語彙인 경우에는 어휘 자체가 尊待語彙라는 점에서 '-님'과 같은 접사를 취할 필요가 없지만[7], 평칭체언에 대해서는 평칭어휘의 존대어휘화 절차를 위하여 '-님'이라는 접사의 선택을 요구하게 되는 것이다. 절대적 존대어휘인 '님금'에 대해서는 '*님금님'이 존대하지 않으나, 평칭의 일반어휘로서의 '부텨'의 경우에는 존대어휘화하기 위한, 다시 말하자면 존칭체언化하기 위한 절차로 '-님'을 취하게 되어 (12나)와 같은 형태를 보이게 된다는 것이다. 이해를 돕기 위하여 다음의 예 (13)을 좀더 살피기로 하자.

(13) 가. 누의ᄃᆞ룰 〈순천28:6〉 / 누의님내 〈월석 2:6ㄴ〉, 아ᄃᆞᆯ돌ᄒᆞᆫ 〈월석 12:23ㄱ〉 / 아ᄃᆞᆯ님내 〈월석 14:2ㄴ〉
나. 즁돌히 〈석상 23:3ㄱ〉 / 즁님내끠 〈석상 24:46ㄴ〉
다. 형아 〈번노 하:72ㄴ〉 / 형님하 〈번박 상:58ㄴ〉

---

6) '님금'과 '부텨'의 어휘적인 속성에 관해서는 한재영(1998ㄱ)을 참조할 것.
7) 그에 대한 구체적인 논의는 한재영(1998ㄱ)을 참조할 것.

위의 예 (13가)는 평칭의 일반어휘인 '누의, 아ᄃᆞᆯ, ᄌᆔᇰ, ᄒᆑᇰ'이 접사 '-님'을 취하여 존대어휘로 되고, 성립된 존대어휘가 '누의님, 아ᄃᆞᆯ님, ᄌᆔᇰ님, ᄒᆑᇰ님' 등의 존칭체언으로 쓰이고 있는 양상을 보이고 있는 것이다.[8)]

여기서 우리는 존칭체언과 존대어휘 사이의 관계를 좀더 선명히 할 필요가 있다. 앞서의 어휘 목록 내용의 검토 결과를 보고, 존칭체언의 집합과 존대어휘의 집합 사이에 교집합이 형성이 될 수 있다고 하여 '존칭체언'과 '존대어휘'를 동의어라고 할 수는 없기 때문이다.

기존의 논의와 앞서 살핀 내용을 근거로 삼아 먼저 존칭체언의 성격을 다음의 (14)와 같이 정리하여 볼 수 있다.

(14) 존칭체언이 일정한 어휘적인 범주를 구성하거나, 가시적인 별도의 형태를 취하는 것은 아니다.

먼저 '존칭체언이 일정한 어휘적인 범주를 지칭'하는 것이 아니라는 사실은 앞서 (6)과 (6′) 그리고 (7) 등을 통하여 알 수 있었다. 존칭체언으로만 기능을 행사하는 별도의 어휘 범주는 없었다는 것이다. 그는 어휘 자체가 대우의 속성을 가지는 이른바 '존대어휘'도 역시 마찬가지 양상을 보이는 것으로, 앞서 살핀 '절대적인 존대어휘'라든가 '상대적인 존대어휘'는 물론 접사 '-님'을 통하여 존대어휘화한 경우에도 다르지 않았다. 다음의 예 (15)를 잠시 보기로 하자.

(15) 가. 모ᄃᆞᆫ 아ᄌᆞ미손ᄃᆡ ᄃᆞ로니 婦人이 주구ᄆᆞ로ᄡᅧ <u>님금의</u> 어디르샤ᄆᆞᆯ 나토며 님금의 得寵을 더으고 〈내훈 2:27ㄱ〉

나. 얼운이 내 소ᄂᆞᆯ 자ᄇᆞ시거든 두 소노로 <u>얼우신ᄂᆡ</u> 소ᄂᆞᆯ 받ᄃᆞᅀᆞ오며 〈번소 3:26ㄴ〉

다. 그 仙人이 이 <u>ᄯᆞ니ᄆᆡ</u> 福德이 자최마다 蓮花ㅣ 나ᄂᆞᆫ 고ᄌᆞᆯ 보고 〈석상 11:26ㄴ〉

---

8) '-님'을 취하는 중세의 존대어휘로는 다음과 같은 예들이 있다.

누님/누의님, 다ᄉᆞᆷ어마님, 동ᄉᆡᇰ님, 父母님, 부쳐님/부텨님, 셔방님, 스수ᇰ님, ᄉᆡ어마님, 아바님, 아자바님, 아ᄃᆞ님/아ᄃᆞᆯ님, 아ᅀᆞ아ᄌᆞ바님, 아ᄋᆞ님, 아ᄌᆞ바님, 어마님, 오라바님, 원판ᄒᆑᇰ님, 큰ᄒᆑᇰ님, 한아바님, 한할마님, 할마님, ᄃᆞ님, ᄆᆞᆮ누의님, ᄆᆞᆮ아ᄃᆞ님, ᄆᆞᆮ아ᄌᆞ바님, ᄆᆞᆮ오라바님, ᄆᆞᆮᄒᆑᇰ님, ᄯᆞ님/ᄯᆞᆯ님, ᄌᆔᇰ님, ᄒᆑᇰ님, ᄒᆡ님

달님과 해님을 뜻하는 'ᄃᆞ님, ᄒᆡ님'을 제외하고는 모두 인간과 관련된 어휘들이다.

위의 예 (15)에 보인 절대적인 존대어휘 '님금'과 상대적인 존대어휘 '얼우신' 그리고 접사 '-님'에 의하여 '뚤'이 존대어휘화한 'ᄯᅡ님'은, 앞서 살핀 예 (8)과 (10) 등에서 존칭체언으로서의 기능을 행사하였던 어휘들이다. 그러나 예 (15)는 그들 존대어휘들이 언제나 존칭체언으로서의 기능을 가지고 있는 것은 아님을 보여주고 있는 것이다. 여기서 우리는 존칭체언과 존대어휘 사이의 관계를 생각해 보게 된다.

(16) 가. 존칭체언은 文法範疇와 관련한 개념인 반면에, 존대어휘는 語彙範疇와 관련된 개념으로 이해하여야 한다.
나. 존대어휘가 존칭체언으로서의 역할을 수행하기도 하나, 존대어휘라는 것이 존칭체언이 되기 위한 필요하고도 충분한 조건은 아니다.
다. 평칭체언을 존칭체언化하는 절차와 존대어휘의 선택 과정은 전혀 별개의 것이다.[9]

위의 (16)은 존칭체언과 존대어휘와의 차이에 대하여 정리하여 본 내용이다. 존칭체언이 文法範疇와 관련한 내용이라고 하는 것은, 존칭체언이 존칭체언으로서의 기능을 행사하는 대상이 접사와 조사라는 의미이다. 이는 존칭체언과 호응하는 복수접미사 '-내'라든가, 속격조사 '-ㅅ', 여격조사 '-ㅅ긔' 그리고 호격조사 '-하' 등이 결여된 상태에서는 존칭체언 여부를 논할 수 있는 조건 자체가 성립하지 않음을 뜻한다. 반면에 존대어휘라고 하는 것은 접사나 조사와의 호응 여부에 관계없이 어휘 단독으로도 대우관계를 판단할 수 있는 어휘들을 가리키는 것이다. 따라서 평칭체언이든 존대어휘든 일단 '존칭체언化'하기 위해서는 존칭체언과 호응하는 접사나 조사를 선택하는 과정이 필요한 셈이다. (16나)의 내용은 예 (15)에서 살핀 바와 같이 존대어휘라고 하더라도 존칭체언과 호응하지 못하는 경우에는 그것이 존칭체언으로서의 역할을 가지는 것은 아님을 지적한 것이다. (16다)의 내용은 (16가)와도 밀접한 관계를 가지고 있다. (15나)와 같은 상대적인 존대어휘의 선택이라든가, (15다)와 같은 접사 '-님'에 의한 존대어휘화 과정을 취하는 것과 평칭체언의 존칭체언화는 각기 다른 범주에 속하는 문제임을 지적한 것이다.

그러나 (16)의 내용이 평칭체언을 존칭체언화하는 절차와 존대어휘의 선택 과정이 가지는 공통점의 존재 자체를 부정하는 것은 아니다. 서로 다른 범주에 속하는 문제이기는 하지만, 그들 둘 사이에는 오히려 적잖이 공유하고 있는 속성을 찾아 볼 수 있다. 다음의 (17)이 그것이다.

---

9) 발화와 문맥 내에서의 대우일관성 유지 문제는 성격과 층위가 다른 내용이 된다.

(17) 가. 존칭체언화와 존대어휘의 선택은 둘다 화자의 대우 의도에 전적으로 의존하는 현상이다.

나. 존칭체언화와 존대어휘의 선택이 서로 다른 범주의 문제이기는 하나, 동일 문맥 내에서의 '대우일관성 유지 원칙'에 의해 일반적으로는 공동 출현하는 양상을 보인다.

국어의 대우법을 결정하는 가장 중요한 변인이 화자의 대우 의도에 있다는 것은 주지의 사실이거니와 하나의 어휘를 존칭체언으로 다룰 것인가의 여부를 결정하는 것도 화자의 의도에 전적으로 기대게 된다. 이는 어휘선택의 여지가 없는 절대적인 존대어휘의 존칭체언화의 경우는 물론 상대적인 존대어휘의 선택과 그의 존칭체언화는 각각 화자의 대우 의도에 따라 결정이 된다는 것을 의미한다. 이를테면 '어미'의 상대적인 존대어휘라고 할 수 있는 '어마님'을 선택하고도 때에 따라서는 존칭체언으로 다루고 있는 (18가)와 같은 예가 있는가 하면, 그를 존칭체언이 아니라 평칭체언으로 다루고 있는 (18나)와 같은 예의 존재가 그러한 사실을 잘 보여주는 예라 하겠다. (18다)의 예는 심지어 존대어휘가 아닌 '어미'가 존칭체언으로 사용된 경우도 보여주고 있는 것이다.

(18) 가. 太子ㅣ 어마닚 글와ᄅᆞᆯ 아ᅀᅡ 머리 조ᅀᅡ 禮數ᄒᆞᅀᆞᆸ고 〈월석 22:62ㄴ〉

나. 어마니믜 ᄉᆞ랑ᄒᆞ샤미 세 고대 니르히 올ᄆᆞ시던 주를 ᄉᆡᇰ각ᄒᆞ야 〈번소 6:10ㄱ〉

다. ᄆᆡ양 어ᄆᆡᆺ긔 간ᄒᆞ여늘 그 어미 모디리 보채유믈 져기 그치더라 〈번소 9:70ㄱ〉

이렇듯 존칭체언과 존대어휘의 문제는 화자의 의도에 절대적으로 기대고 있다는 공통점 이외에도 그들 사이의 분명한 구분을 흐리게 할 수 있는 그럴 만한 이유를 가지고 있었던 것으로 보인다. 대우와 관련된 문제가 화자의 의도에 전적으로 의존하는 화용적인 것이라고는 하더라도 일단 대우를 하기로 선택한 이후에는 문법적인 문제가 되는 것이기 때문이다. 이는 대우가 어휘적인 문제도 가지고 있으나 다른 문장 구성요소들과 일정한 관계를 유지하여야 한다는 점은 문법적인 측면에서 다루어야 한다는 것을 의미한다.

화자가 하나의 대상 또는 문장의 구성 요소에 대하여 일정한 대우를 하기로 하였다면, 동일한 문장이나 문맥 속에서는 일관성을 유지하는 것이 온당한 화법이자 문법이라고 할 것이다. 존칭체언과 관련한 논의가 존대어휘의 문제와 별다른 구분 없이 다루어져 온 이유가 바로 그 점에 있었던 것이다.

그러나 우리가 대할 수 있는 문장들에서 그러한 대우 일관성의 원칙이 언제나 정연하게 적용이 되는 것은 아님을 확인할 수 있었다. 대우 일관성 유지의 원칙을 어긴 문장에 대하여 비문법적인 문장이라고 하기는 어려운 것은 그것이 전적으로 화자의 판단과 의도에 의하여 결정이 되는 요소이기 때문이다.

유의하여야 할 것은 존칭체언화의 절차는 화자의 대우 의도에 따라 선택이 되는 것이나, 존대어휘의 경우에 어휘 자체의 의미나 속성에 화자의 의도가 개입하거나 영향을 미치는 것은 아니라는 사실이다. 존칭체언이 文法範疇의 문제인 반면에 존대어휘는 語彙範疇의 문제이기 때문이다.

3. 결론

지금까지 우리는 중세국어 문법의 한 특징을 구성하고 있는 이른바 존칭체언의 성격을 파악하기 위하여 이른바 존칭체언이라고 불려왔던 예들에 대한 정리와 검토를 행하였다. 그를 위하여 먼저 존칭체언이 가지고 있는 문법적인 특성을 근거로 하여 존칭체언의 목록을 확보하여 그들이 가지고 있는 어휘적인 특성을 살펴보고자 하였다. 존칭체언이라고 하는 개념이 보다 선명할 수 있었으면 하는 기대를 가지고 출발한 작업이었다. 그러나 우리가 살핀 전칭체언의 정체는 그리 선명한 모습을 가지고 있는 것이 아니었다. 존칭체언을 구성하는 특정한 어휘부류가 있는 것이 아니라, 화자의 의도에 따라 존칭체언화하는 열린 집합의 모습을 가지고 있었던 것이다.

그리하여 우리는 정리된 존칭체언의 집합을 좀더 정밀화할 필요를 느끼게 되었다. 평칭의 일반적인 어휘들이 존칭체언으로 역할을 수행하는 경우와 어휘 자체가 존대의 의미를 가지고 있는 존대어휘를 먼저 가르고, 존대어휘는 다시 절대적인 존대어휘와 상대적인 존대어휘 그리고 접사 '-님'을 취하여 존대어휘화한 어휘로 구분하여 살핀 것이 그것이다. 그 결과 존대어휘조차도 화자의 대우 의도에 따라서 존칭체언으로서의 여부가 결정되는 것임을 알 수 있었다. 이는 어찌 보면 우리가 상정하여 왔던 존칭체언의 내용 자체가 공허한 것일 수도 있음을 뜻한다. 아울러 대우와 관련한 문제가 문법적인 측면과 어휘적인 측면으로 구성된 것이라는 사실을 새삼 확인할 수 있게 된 것이다.

존칭체언의 본질적인 성격을 살피고자 하였던 본고의 시도는 결과적으로 오히려 몇 가지 과제 목록을 추가하고 만 셈이 되었다. 우선 본고를 진행하면서 별도의 주목을 꾀하지는 않았던 속격조사의 주어적인 용법에 대한 고려가 그것이다. '-ㅅ'과 '-ᄋᆡ/의'의 차이가 단순히 유정체언과 무정체언의 대립이라든가 평칭체언과 존칭체언의 대립 이외에 다른 문법적인 기능의 차이를 가지고 있을 가능성이 있는 것으로 보이기 때문이다.

또한 대우의 접미사 '-님'을 취하는 존대어휘와 취하지 않는 경우의 차이는 무엇인가 하는 문제도 아직은 그 답이 선명하지 않은 셈이다. 보다 충실한 용례 검토를 통하여 다가설 수밖에 없는 형편이다. 아울러 우리가 살핀 존칭체언의 양상이 주로 중세국어에 국한된 것이라는 점에서 근대국어와 현대국어로의 변화 양상에 대한 검토도 우리의 관심을 기다리고 있는 과제라 할 것이다. 조금은 더 여유있는 마음으로 살필 수 있는 기회가 있기를 기대한다.

15. 님금과 임금님

1. 서론

본고의 목적은 통시적인 어휘 변화의 성격을 밝혀 보고자 하는 데에 있다. 언어가 변화를 그 주된 속성으로 하고 있으며, 언어의 변화가 언어를 구성하는 음운·형태·통사·어휘 등의 모든 층위에 걸친 것이라는 사실에 대해서는 달리 이견이 있을 수 없을 것이다.[1] 그 동안의 많은 업적들로 인하여 개별 층위의 변화에 대한 내용들의 대강은 어느 정도 밝혀진 셈이라고 보아도 좋을 것이다.

여러 가지 언어 변화의 양상 가운데 변화의 모습을 가장 잘 드러내는 부분이 어휘부이며, 어휘부가 상대적으로 큰 부분을 구성하고 있다는 데에 대해서도 별다른 이견은 없을 것이다. 그런 점에서 이해한다면 다른 언어 층위의 변화에 대한 관심에 비하여 어휘의 변화에 우선 관심을 가지게 되는 것은 당연한 것이라고 할 수 있을 것이다. 그러나 그러한 관심의 정도에 비한다면 어휘부의 변화를 추구하기 위한 그 동안의 작업은 다른 층위에 대한 연구 업적에 비하여 결코 나아갔다고 하기는 어려운 형편이다. 이는 어휘의 변화가 체계의 변화라기 보다는 개별 어휘의 변화로서의 성격을 보다 많이 가지고 있다는 데에서 그 까닭을 찾을 수도 있을 것이다.

그러나 어휘부의 변화가 어휘 개별적인 변화로 구성이 된다고 하여, 그것이 어휘의 변화를 추구하는 이들에게 어휘의 변화가 가지고 있는 체계 속의 원리를 간과해도 좋다는 권리를 부여한 것으로 이해할 수는 없는 일이다. 물론 그간의 연구 업적들 모두가 체계를 가지지 못하였다거나 변화의 원리를 놓쳤다는 의미는 전혀 아니다. 유의어 사이의 경쟁 관계를 추구하거나 반의어 사이의 관계라든가 부분어 또는 하위어 등의 관계 변화 등에 관한 그간의 관심이 체계적인 것이 아닌 것은 아니나[2], 단지 그들이 가

---

1) 개별 층위의 변화라고 하더라도 층위를 구성하는 체계 속에서의 변화라는 인식이 필요한 것이라는 데에 관해서는 한재영(1996ㄱ)을 참조할 것.

2) 여기에서 국어 어휘의 연구사 전반을 살피는 장황함은 피하기로 한다. 어휘에 관한 기존 논의의 대강에 관해서는 남성우(1990)을 참조할 것.

지는 체계의 성격이 표면적이며 그래서 어느 정도는 피상적이고 부분적인 것이라는 인상을 떨치기 어렵다는 것을 이야기하려는 것이다. 여기서 표면적, 피상적 또는 부분적이라는 표현으로 나타내고자 하는 것은 어휘 변화를 다룬 그간의 업적들의 관심이 주로 사전적인 의미 내용에 치우쳐 왔다는 사실이다.

우리는 쉽게 새로운 어휘의 생성과 사용과 그에 따른 마모 및 훼손 그리고 소멸에 이르는 과정을 인간의 일생에 비유하기도 한다. 어휘 변화의 양상을 살피는 경우에 관심을 가질 수 있는 대상으로는 이러한 어휘의 생성과 사용과 그에 의한 마모 및 훼손 그리고 소멸에 따른 각각의 과정이 모두 가능할 것이지만, 어휘 변화의 어떠한 경우를 관심의 대상으로 삼는다고 할지라도 각각의 어휘가 가지는 사전적인 의미가 논의의 중심에 있어 왔음은 부인하기 어렵다고 하겠다. 이러한 표현이, 의미를 담고 있는 어휘에 관한 논의를 하면서 의미를 배제한 논의가 성립할 수도 있다거나, 사전적인 의미를 바탕으로 한 논의의 전제 자체에 오류가 있다는 것을 의미하는 것은 전혀 아니다. 단지 본고가 추구하려는 변화의 내용이 어휘의 사전적인 의미 변화와는 다소의 거리를 가지고 있음을 이야기하려는 것이다.

본고는 어휘의 사전적인 의미는 변하지 않은 채 여전한 생명력을 지닌 '임금'의 쓰임에 주로 관심을 가지기로 한다. 어휘 자체가 가지고 있는 자질에 변화를 보이는 '임금'의 쓰임을 검토하여 어휘 내적인 변화가 어휘 체계 이외의 체계, 특히 대우 체계와 가지는 관계에 대해서도 생각해 보기로 한다.

그를 위해서 본고에서는 먼저 어휘 변화의 내용을 성격에 따라 갈라 보기로 한다. 의미의 변화, 형태의 변화, 자질의 변화 등이 그것이며, 그에 따라 파생되는 변화의 내용에 관해서도 유의하기로 한다. 자질의 변화에 관해서는 특히 '대우'와 관련지어 생각해 보기로 한다. 논의가 진행되어 감에 따라 드러나게 되겠지만, 존칭체언과 대우어휘를 구분하고자 하는 것은 개별 어휘가 가지고 있는 자질을 염두에 둔 조처이다. 다음으로는 본고에서 관심을 가지려는 '임금'의 쓰임과 '-님'의 통시적인 분포에 대하여 주목하기로 한다. 체언의 문법적인 대우를 나타내는 '-님'의 분포는 대우와 관련지어 '임금'이 가지고 있는 자질의 내용을 드러내 주리라고 기대하는 것이다. 어휘의 자질 변화가 어휘의 변화를 구성하는 한 요소임을 확인하려는 것이다.

2. 어휘 변화

어휘의 변화를 다루는 작업은 작업의 초점을 어디에 두는가에 따라 작업의 내용과 결과가 사뭇 달라질 수 있다. 변화의 원인에 관심을 가질 수도 있을 것이며, 변화의 과정이라든가 내용에 관심을 가질 수도 있을 것이다. 변화의 과정에서 유의어들과 가지는 경쟁 관계에 주목할 수도 있을 것이며, 다의어의 역사적인 진행 방향에 관해서도 흥미를 가질 수 있을 것이다. 그 이름을 무엇으로 하든 간에 의미의 대립을 나타내는 반의어들 사이의 관계가 시간의 흐름에 따라 진행되어 가는 것을 살피는 것도 어휘 변화를 다루는 이들에게는 주제가 될 수 있을 것이다.[3] 여기서는 먼저 전형적인 몇몇 예만을 중심으로, 어휘 변화를 그 변화의 내용에 따라 의미의 변화와 형태의 변화 및 자질의 변화로 갈라 살피기로 한다. 따라서 기존의 어휘가 소멸되고 그에 대응하는 새로운 어휘의 출현과 같은 양상은 일단 관심의 범위 밖에 두기로 한다.

가. 의미의 변화

먼저 살피게 되는 의미의 변화는 어휘 내적인 변화 양상의 주된 내용을 이루는 것이다. 그만큼 연구의 결과도 상당한 양이 축적되어 있는 부분이기도 하다. 그러나 개별 어휘가 보이는 변화의 양상이 그리 단순하다고 하기는 어려운 형편이다. 어휘에 따라 의미 영역이 확대되거나 축소 또는 변이되기도 할뿐만 아니라 두 가지 이상의 요소가 어우러져 복합적인 양상을 띠기도 하기 때문이다. 이제 그들 가운데 몇몇만을 살펴보기로 하자.

(1) 가. 다ᄅᆞᆫ ᄯᅡ해 ᄯᅩ 故人ᄋᆡ 오ᄆᆞᆯ 깃노니 重ᄒᆞᆫ 兵鎭엔 도로 時世 거느릴 지조ᄅᆞᆯ 기들워 ᄡᅳᆯ 디니라 〈두언 21:7ㄱ〉[4]

나. 고히 길오 놉고 고ᄃᆞ며 ᄂᆞ치 두렵고 ᄎᆞ며 눈서비 놉고 길며 니마히 넙고 平正ᄒᆞ야 〈석보 19:7ㄴ〉

다. 이런 因緣으로 ᄯᅡ히 다 싁싀기 조ᄒᆞ며 이 世界 여슷 가지로 震動ᄒᆞ니 四部衆이 다 기ᄭᅥ 〈석보 13:16ㄴ〉

위에 보인 예 (1)은 각각 '거느리다, 두렵다, 좋다'가 쓰인 중세국어의 예를 보인 것이다. 이 어휘들은 현대국어에서도 쓰이고 있는 어휘들이다. 그러나 그들의 의미까지 현대국어의 그것과 동일한 것은 아니다. 주지하는 바와 같이, 이들은 각각 (1가) '돌보다, 구제하다', (1나) '둥그렇다, 원만하다', (1다) '깨끗하다'의 의미를 가지고 있어 의

3) 반의어에 관한 기존 논의들의 주된 관심은 반의 관계의 분류에 머무르고 있는 듯한 인상을 주고 있다. 반의 관계의 역사적인 진행 과정에 대한 관심을 표명한 논의는 쉽게 찾아보기 어렵다.

4) 자료명에 대한 약호 제시는 생략하기로 한다. 통상적인 쓰임에서 크게 벗어나지 않아, 일일이 제시하지 않아도 이해에는 큰 문제가 없으리라 생각한다.

미상의 차이를 보이고 있는 것이다. 오늘에 이르기까지의 과정에도 각기 다른 사연을 가지고 있음은 물론이다. 중세국어의 '거느리다'는 (1가)에서와 같은 의미 이외에 현대 국어에서와 같은 의미를 가지고 있어 의미 영역이 축소된 경우를 보이고 있으며, (1나)의 '두렵다'가 가지고 있던 의미는 '둥글다'에 넘기고 '두렵다'는 '두리다, 두립다'가 가지고 있던 의미를 가지게 되어 의미의 전이를 보이는 경우라고 할 것이다. (1다)의 '좋다'는 '깨끗하다'의 의미로 쓰인 것으로, '둏다'와는 구분이 되어 쓰이던 것이다. '좋다'의 의미로 쓰이던 '둏다'가 '깨끗하다'의 의미로 쓰이던 '좋다'의 표면형을 취하고, '좋다'가 가지고 있던 의미 내용은 더 이상 의미를 가지지 못하게 된 것이다. 표면적인 형태는 남아 있으나 의미 내용은 변한 것이다. '좋다' 자체만으로 본다면 의미의 치환이 일어난 것이라 할 수 있다.

개별 어휘가 보이는 이러한 의미의 변화 양상은 (1)에 보인 경우 이외에도 얼마든지 다양한 모습을 찾아볼 수 있겠으나, 그 정도로 일단 만족하기로 한다. 여기서는 그들 전반을 들어 살피는 작업은 피하려는 것이다. 이 자리에서 상당한 양에 이르는 그들 모두를 살필 수도 없거니와 그러한 작업 자체가 본고의 일차적인 목적과는 거리를 두고 있기 때문이다.

나. 형태의 변화

다음에 살필 내용은 어휘의 변화 가운데 형태의 변화를 보이는 예들이다. 음운 체계의 변화와 흐름을 같이하는 변화라 할 수 있는 것이다. 예들을 먼저 보기로 하자.

(2) 가. ᄂᆡ실 아ᄎᆞᄆᆡ 世務에 잇기여 눉믈 ᄡᅳ리고 제이곰 西東ᄋᆞ로 가리라 〈두언 21:31ㄱ〉
나. 生靈이 凋喪ᄒᆞᆯᄊᆡ 田租ᄅᆞᆯ 고티시니 七姓亂後에 致治ᄅᆞᆯ 爲ᄒᆞ시니 〈용가 73〉
다. 香水예 沐浴ᄒᆞ더시니 草木 서리예 겨샤 ᄆᆞᅀᆞᆷ 믈로 ᄣᅵ 시스시ᄂᆞᆫ가 〈월곡 124〉
라. ᄇᆡ야미 가칠 므러 즘겟 가재 연ᄌᆞ니 聖孫將興에 嘉祥이 몬졔시니 〈용가 7〉
마. 香ᄋᆞᆫ ᄒᆞᆫ갓 옷곳ᄒᆞᆫ 것 ᄲᅮᆫ 아니라 고ᄒᆞ로 맏ᄂᆞᆫ 거슬 다 니르니라 〈석보 13:39ㄱ〉

위에 보인 (2)의 예들은 국어의 음운 변화에 따라 어휘의 형태가 그 모습을 달리하게 된 예들이다. 먼저 (2가)에 보인 'ᄂᆡ실 아ᄎᆞᆷ'은 현대 국어의 '내일 아침'을 뜻한다. 이는 몇 가지 음운 변화의 과정을 거쳐 이루어진 것으로, 음소 'ᆞ', 'ᅀ'의 소실과 'ㅣ' 모음 역행동화 그리고 이중모음의 단모음화 등이 그것이다. (2나)의 '고티다'는 구개음화에 의하여 '고치다'로 그 모습을 바꾸었으며, (2다)의 '믈'은 원순모음화 현상에 의하여 '물'로 된 것이다. (2라)와 (2마)는 각각 경음화와 격음화의 과정을 거쳐 '까치'와 '코'로 모습을 바꾼 예이다. 이렇듯 어휘의 외형적인 변화를 뜻하는 형태의 변화는 국어 음운 체계의 변화와 밀접한 관계를 가지고 있다. 그러나 엄밀하게 이야기하자면 이러한 형태의 변화 자체는 음운론의 주된 관심거리일 수는 있을지 모르나 의미론 내지는 어휘론의 주제와는 어느 정도의 거리를 가지고 있다고 할 것이다.

물론 이와 같이 의미의 변화와 형태의 변화가 늘 별도의 자리에서 나타나는 것은 아니다. 경우에 따라서는 복합적인 경향을 띠기도 하는 바, 다음의 예 (3)과 같은 경우가 그것이다.

(3) 일훔난 됴ᄒᆞᆫ 오시 비디 千萬이 <u>ᄡᆞ며</u> 빋 업슨 오ᄉᆞ로 부텨와 즁ᄀᆞᆺ그에 布施ᄒᆞ며 〈석보 13:22ㄴ〉

위에 보인 예 (3)은 자료에 따라서는 'ᄉᆞ다'로도 나타나는 'ᄡᆞ다'의 예로, 형태상으로는 'ㆍ'의 소실로 인하여 '싸다'로 바뀌게 된 것이다. 그러나 더 큰 변화는 의미의 변화라 할 것이다. '물건값이 시세보다 높다'는 의미에서 '마땅한 값보다 낮다'고 하는 정반대의 의미가 되었기 때문이다. 의미의 변화와 형태의 변화를 함께 겪은 어휘의 예가 된다.

다. 자질의 변화

앞서 어휘 변화의 본질은 형태의 변화보다는 의미의 변화에 있음을 지적한 바 있다. 어휘의 통시적인 변화를 다룬 기존의 연구 업적들이 관심을 가져온 주된 내용이기도 하다. 그러나 어휘의 변화에서 보다 흥미로운 것은 자질의 변화라 할 수 있다. 개별 어휘가 가지고 있는 선택제약의 변화라든가, 형태적인 정보의 변화와 같은 경우가 그것이다. 의미나 형태의 변화와는 달리 이러한 변화는 쉽게 드러나는 것은 아니다. 먼저 예들을 통하여 살펴보기로 하자.

(4) 가. 楚ㅅ 두들게 새 비 <u>가ᄃᆞ니</u> 봆 臺에 ᄀᆞᄂᆞᆫ ᄇᆞᄅᆞᄆᆞᆯ 혀라 〈두언 15:55ㄴ〉
나. 兄이 디여 뵈니 衆賊이 좇거늘 재 ᄂᆞ려 티샤 두 갈히 <u>것그니</u> 〈용가 36〉
다. 뫼해 살이 <u>박거늘</u> 天上塔애 ᄀᆞ초아 永世ᄅᆞᆯ 流傳ᄒᆞᅀᆞᄫᆞ니 〈월곡 41〉

위의 (4)는 각각 '갇다, 겼다, 박다'의 예를 보인 것이다.[5] 기본적으로는 타동사인

5) 여기서는 '갇다'와 '겼다'가 '걷다'와 '꺾다'로 겪은 형태적인 변화에 대한 관심은 접어두기로 한

이들 동사가 예 (4)에서는 각각 '걷히다, 꺾이다, 박히다'의 의미를 가진 피동사로 쓰이고 있음을 알 수 있다. 동사의 이러한 쓰임새에 관해서는 각기 다른 이해의 태도를 가질 수 있을 것이다.

파생접미사의 형태를 'ø'로 상정하여 이해할 수도 있을 것이며,[6] 하나의 형태가 둘 이상의 기능을 행사하는 것으로 이해할 수도 있을 것이다. 어떠한 이해의 태도를 취하든 (4)에 보인 표면의 형태에만 주목한다면, '갇다, 졌다, 박다'의 피동사로서의 기능이 현대 국어에서는 더 이상 행사되지 않으므로 피동사로서 피동주를 주어로 취하는 자질은 소실된 것으로 보아야 할 것이다.

자질의 변화를 보다 쉽게 확인할 수 있는 경우로는 현대국어에서도 쓰이고 있는 조사를 들 수 있다. 실질적인 의미를 가지는 어휘는 아니나 음운 체계의 변화로 인하여 각각의 조사들이 가지고 있던 자질이 변화를 하는 양상을 보이기 때문이다. 주격조사 '-이'는 '-가'의 출현으로 인하여 '모든 체언 또는 체언상당어 뒤에 붙는다'고 하는 자질이 '자음으로 끝나는 체언 또는 체언상당어 뒤에 붙는' 것으로 바뀌어 사용 영역의 축소 양상을 보이고 있으며, 현대국어의 대격조사 '-을'은 모음 'ㆍ'의 소실로 인하여 중세국어의 그것보다 사용 영역이 넓어진 경우를 보이는 것이다. 주어진 표면의 형태에만 관심을 갖는다면 이러한 예들의 사전적인 의미는 중세의 그것과 그리 다르지 않다고 할 것이나, 그들의 구체적인 사용 양상을 결정하는 자질의 내용에는 상당한 변화가 있었던 것이다.

지금까지 우리는 다소 거칠기는 하지만, 어휘 변화 양상의 유형을 몇몇 예를 통하여 살펴보았다. 쉽게 어휘의 변화라고는 하였으나 그들이 보이는 변화의 양상은 실로 다채롭다고도 할 수 있는 것이었다. 다채로운 변화의 양상을 초래한 원인도 그만큼 다양할 뿐만 아니라 복합적인 것이기도 하였다. 유의어들 사이의 경쟁 결과에 기인하기도 하였고, 음운 체계의 변화와 흐름을 같이하는 경우도 있었으며, 몇 가지 요인의 복합적인 작용 결과로 이루어진 경우도 있었다. 이러한 어휘의 변화들 가운데 특히 어휘 자질의 변화는 그 변화의 속도가 완만할 뿐만 아니라 아직도 진행 중인 변화의 내용도 있어 그의 확인이 그리 간단한 작업은 아니라고 할 수 있다.

3. 존칭어휘와 대우어휘

앞서 살핀 어휘 변화의 내용은 개별 어휘 자체의 변화라기 보다는 다른 어휘나 체계

다.

6) 그와 같은 이해 태도에 관해서는 한재영(1984)를 참조할 것.

의 변화와 모종의 관계를 가지는 것들이었다. 이와 같이 다른 어휘들과의 관계나 다른 체계와의 관계 속에서 이루어지는 변화에 대하여 굳이 이름을 지어본다면 '어휘 외적인 원인에 의한 변화'라고 할 수 있을 것이다. 그동안 주로 관심을 가져왔던 어휘 변화의 내용인 것이다.

물론 어휘 변화의 유형을 같이하는 경우라고 하더라도 변화의 원인이 다른 어휘 또는 체계의 변화와의 관계없이 이루어지는 경우도 있을 수 있다. 앞서의 '어휘 외적인 원인에 의한 변화'에 대하여 '어휘 내적인 원인에 의한 변화'라고 할 수 있는 것이 그것이다. 물론 이와 같은 이해의 태도에는 다소의 양보가 필요하다고 할 수 있다. 해당 어휘가 지시하는 대상이 없어지게 됨에 따라 그를 지칭하던 어휘가 운명을 같이하는 경우도 '어휘 내적인 원인에 의한 변화'에 넣고 있기 때문이다. 따라서 여기서 '어휘 내적인 원인에 의한 변화'라고 하는 표현에는 해당 어휘의 변화에 관계하는 다른 언어적인 요소가 없음을 뜻하는 것으로 이해해야 할 것이다.

그러한 경우의 예로 '친히(親히)'를 들 수가 있을 것이다. 다음의 예들을 먼저 살피기로 하자.

(5) 가. 天下 다ᄉᆞ리리 ᄯᅩ 엇뎨 能히 사ᄅᆞᆷ마다 親히 賞罰ᄒᆞ리잇고 有司ㅣ 議論ᄒᆞᆯ ᄯᆞᄅᆞ미니이다 〈내훈 2하:54ㄱ〉

나. 어미을 지그기 효도ᄒᆞ다가 죽거늘 侍墓ᄒᆞ야 親히 나모 지여 祭物 ᄆᆡᆼᄀᆞ더니 〈속삼 효:25ㄱ〉

다. 나히 스믈힌 제 남진 宋孝從이 죽거늘 親히 흙지여 집뒤헤다가 묻고 〈속삼 열:19ㄱ〉

라. 父母ㅣ 병이 잇거든 옷슬 띄롤 그ᄅᆞ디 아니ᄒᆞ며 藥을 달혀 반ᄃᆞ시 親히 맛보더라 〈소학 6:22ㄱ〉

현대국어의 '親히'는 '윗사람이 직접'의 의미를 가지고 있어 (5나,다,라)와 같은 환경에서는 쓰일 수 없는 어휘이다. (5나,다,라)는 '親히'로 받는 대상이 대우의 대상이 아니기 때문이다. 이는 거의 같은 의미로 쓰이는 '몸소, 손수'와는 다소 차이를 보이는 것이다.

(5′) 가. 내 어버이롤 효양호ᄃᆡ 네 어미 손소 블디더 반봉ᄒᆞ야도 내 어려이 ᄃᆞᆯ오 맛난 거슬 ᄇᆡ브ᄅᆞ 몯 자시더니 〈번소 7:47ㄴ〉

나. ᄀᆞᆯ오ᄃᆡ 이 엇디 傷ᄒᆞ리오 뎌 몸소 屨롤 織ᄒᆞ고 妻ㅣ 纑롤 辟ᄒᆞ야 ᄡᅧ 易ᄒᆞᄂᆞ니라 〈맹자 6:35ㄱ〉

다. ᄒᆞᆫ 죵을 보내여 제 아ᄃᆞ를 주고 유무ᄒᆞ여 닐오ᄃᆡ 네 아ᄎᆞᆷ나죄 머굴 이레 몸소 돈뉴미 어려올ᄉᆡ 〈번소 9:92ㄱ〉

위의 (5′)에 보인 '몸소(〈몸소), 손소(〉손수)'의 쓰임은 현대 국어에서도 대우의 대상에 관계없이 쓰이는 어휘이다. 이는 중세국어에서 동일한 어휘 범주에 있던 '친히'와 '몸소, 손수'가 현대국어에 와서는 서로 다른 범주에 속하는 어휘로 갈린 것을 뜻한다. '친히'가 대우어휘의 범주로 이동한 것이다.

여기서 잠시 '대우어휘'라는 표현이 가지는 의미에 대해서는 잠시 살피고 갈 필요가 있다. '대우'는 '비대우'의 존재를 전제로 한다. 대우 의사의 유무와 관계없이 쓰인 중세국어의 '親히'는 대우어휘라 할 수 없으나 현대국어의 그것은 '스스로, 직접' 등과 짝을 이루는 대우어휘인 것이다. 이러한 대우어휘의 선택 여부는 일단 화자의 대우 의사에 의한 것이다. 언어적인 대우를 하고자 하는 경우에 선택할 수 있는 대우의 방법으로는 어휘적인 방법과 문법적인 방법을 들 수 있다.[7] 이는 화자의 대우 의사와 관계없이 쓰이는 존칭 어휘와는 구분이 되는 것이다. '수라'라든가 '붕어(崩御)하다'와 같이 특정한 대상, 특별한 상황에만 쓰이는 어휘들이 간혹 대우어휘로 오해가 되기도 하나 이는 대우 체계의 범주 밖에 존재하는 어휘들인 것이다.

이와 같은 존칭어휘와 대우어휘의 구분은 국어 대우법의 체계를 구성하는 데에 중요한 의미를 갖는다. 존칭어휘와 대우어휘의 구분에 대한 그간의 모호한 태도는 국어의 대우체계에 관한 기존의 논의들에서 어휘적인 대우가 적극적인 관심의 영역 밖에 있도록 한 주요한 원인을 제공해 온 것으로 보이기 때문이다. 존칭어휘와 대우어휘의 구분에 대한 필요성을 충분히 인정한다고 할 경우 그들을 구분하는 기준이 문제가 될 수 있을 것이다. 다음의 (6)으로 정리해 보기로 한다.

(6) 존칭어휘와 대우어휘의 구분 기준

가. 대우어휘에 대한 비대우어휘가 존재할 경우에는 대우어휘이다.

나. 존칭어휘는 원칙적으로 문법적인 대우인 '-님, -시-, -삽-'과 같은 요소를 취할 필요가 없다.

위의 (6)은 일견 자명한 듯이 보이기도 하는 내용을 담고 있다. 대우의 개념 자체가 '대우-비대우'의 관계를 전제로 하는 것이기 때문이며, 어휘 자체가 이미 '존귀함'을 담고 있는 존칭어휘의 경우에는 문법적인 대우의 절차가 불필요한 것이기 때문이다. 다

7) 대우 체계에 대한 보다 구체적인 내용에 관해서는 한재영(1998ㄴ)을 참조할 것.

른 의미로는 문법적인 대우의 절차는 비대우어휘의 '대우어휘화 과정'이라고 보아도 좋을 것이다. '밥'에 대한 '진지'와 마찬가지로 '아버지'에 대한 '아버님'은 대우어휘인 것이다. 그러나 이렇듯 자명한 듯이 보이는 구분 기준에 대한 그간의 인식이 그리 충분하였다고는 하기 어려운 형편이다. 어휘적인 대우 자체를 대우 체계에 수용하는 데에도 인색했던 것이다.

아무튼 존칭어휘와 대우어휘의 구분 기준이 선명할 수 있다고 하더라도 개별 어휘에 대한 적용 결과까지 언제나 분명하거나 동일한 것이 아니라는 점에는 유의할 필요가 있다. 특별한 경우에 개별 어휘 자체에 대한 인식이 어휘 사용자에 따라 달라질 수 있으며, 시대의 변화에 따라 존칭어휘로서의 자격을 잃게 되기도 하기 때문이다. 우리는 그의 전형적인 모습을 '님금'에서 확인할 수 있다. 다음의 예들을 보기로 하자.[8)]

(7) 가. 님금하 아ᄅᆞ쇼셔 洛水예 山行 가 이셔 하나빌 미드니잇가 〈용가 125〉
나. 相ᄋᆞᆫ 도ᄫᆞᆯ씨니 벼슬 노ᄑᆞᆫ 臣下ㅣ 님그믈 돕ᄉᆞᄫᅡ 百官ᄋᆞᆯ 다ᄉᆞ릴씨 宰相이라 ᄒᆞᄂᆞ니라 〈석보 9:34ㄴ〉
다. 可히 슬픈 놀애 브르며 춤 츠던 ᄯᅡ홀 머리 도ᄅᆞ혀 ᄇᆞ라노니 秦中은 녜로브터 님금 겨신 ᄀᆞ올히니라 〈두언 6:9ㄴ〉
라. 告成은 臣下ㅣ 일운 功을 님금ᄭᅴ 告ᄒᆞᆯ 시니 正覺 일우샤ᄆᆞᆯ 가줄벼 〈개법 서1:3ㄴ〉

위의 예 (7)은 중세국어 자료에 보이는 '님금'의 예를 든 것이다. (7)에 보인 '님금'은 두 가지 점에서 관심을 가질 만하다고 할 수 있다. 그 하나는 가시적인 것으로 '님금'이 대우 관련 요소들인 '-하, -ᄉᆞᆸ-, 겨시다, -ᄭᅴ' 등과 호응하고 있다는 점이고, 다른 하나는 대우 관련 요소들과 호응하고 있음에도 불구하고 기대되는 체언에 대한 문법적인 대우인 '-님'이 출현하지 않는다는 점이다.[9)] 그러나 어찌 보면 이는 당연한 것이라고도 할 수 있다. 중세국어 당시의 대상 자체로서의 '님금'은 대우되어야 할 존재임을 뜻하는 것이며, 중세국어의 체언 그 자체로서의 '님금'은 더 이상의 대우를 필요로 하지 않는 최상의 어휘로 볼 수 있기 때문이다. 비대우어휘가 대우어휘화하는 과정에서 '-님'을 필

8) 자료에 따라 '님군, 님굼' 등으로 나타나기도 하나 가장 많은 빈도를 보이는 '님금'을 대표형으로 삼기로 한다.

9) 대우 요소들 사이의 호응 관계에 주목하는 것이 대우의 대상이 문장 속의 개별 문법 단위라는 전제와 상치되는 태도는 아니다. 대우의 적용이 각각의 문법 단위에 대하여 행하여진다고 하더라도 화자가 가져야 할 일관성의 문제는 여전히 남아 있기 때문이다. 문법 단위에 대한 대우에 관해서는 한재영(1998ㄴ)을 참조할 것.

요로 하는 것이라고 한다면, '님금'과 같은 존칭어휘 또는 존칭체언의 경우에는 '-님'의 도입 과정이 오히려 불필요한 것이라고 할 수 있다.[10)]

그러나 존칭체언으로서의 '님금'의 그러한 권위가 영원한 것은 아니었던 셈이다. 왕조의 몰락과 함께 절대 권력의 '님금'은 존재 자체가 부정되고, 그에 따라 어휘 '님금'이 가지고 있던 권위도 함께 잃게 된 것이다. 이는 표면적으로는 아무런 변화도 느끼기 어려운 현상이라고 할 수 있지만, 더 이상의 대우가 필요없던 대상을 가리키는 어휘 즉 존칭어휘가 대우를 필요로 하는 대우어휘로 범주를 바꾸게 된 것은 결코 작지 않은 일이라 할 것이다. 현대국어의 '임금'에 대한 대우어휘로 '임금님'이 존재하게 된 이유이다. 위에서 살핀 '님금'과 유사한 양상을 보이는 어휘로 '부텨'를 들 수 있다. 다음의 예 (8)이 그것이다.

(8) 가. 이 經이 ᄒᆞ마 衆生의게 부텻 知見을 여르샤 記 심기샤 부텨 ᄆᆡᇰᄀᆞᄅᆞ시면 諸佛ㅅ 世間애 나시논 ᄠᅳ들 모도잡도다 〈법화 서:7ㄱ〉

나. 부텻긔 發心ᄋᆞᆯ 니ᄅᆞ와다 언제 새어든 부텨를 가 보ᅀᆞᄫᆞ려뇨 ᄒᆞ더니 〈석보 6:19ㄱ〉

다. 羅雲이 져머 노ᄅᆞᄉᆞᆯ 즐겨 法 드로ᄆᆞᆯ 슬히 너겨 ᄒᆞ거든 부톄 ᄌᆞ로 니ᄅᆞ샤도 從ᄒᆞᅀᆞᆸ디 아니ᄒᆞ더니 後에 부톄 羅雲이ᄃᆞ려 니ᄅᆞ샤ᄃᆡ 〈석보 6:10ㄴ〉

라. 菩提ᄂᆞᆫ 부텻 道理오 薩埵ᄂᆞᆫ 衆生ᄋᆞᆯ 일울씨니 부텻 道理로 衆生濟渡ᄒᆞ시ᄂᆞᆫ 사ᄅᆞᄆᆞᆯ 菩薩이시다 ᄒᆞᄂᆞ니라 〈월석 1:5ㄱ〉

위의 (8)에 보이는 '부텨'의 경우도 '님금'의 경우와 마찬가지로 존칭체언의 범주에 드는 어휘라고 할 수 있다. 대우를 나타내거나 대우 요소와 호응하는 '-ㅅ, -시-, -ᅀᆞᆸ-'과 같은 요소들이 쓰이고 있음에도 어휘 '부텨' 자체에 대한 대우 요소인 '-님'은 취하지 않는 것이다. 그러나 '부텨'에 대한 이해가 '님금'에 대한 이해와 온전히 내용을 같이하는 것은 아니다. 흡사 예외인 듯이도 보이는 다음과 같은 예가 존재하기 때문이다.

(8′) 도로혀 명에 나셔 원호ᄃᆡ 부텨님이 어엿삐 너기샤 〈육자 12ㄱ〉

위의 예 (8′′)은 六字禪定에 보이는 것이다. 六字禪定이라는 책은 觀世音菩薩의 六字大明王眞言인 「옴마니반메훔」을 암송함으로써 禪定을 닦는 行法을 설명한 책이다.[11)] 보다 정밀한 검토가 있어야 할 것이나, 이 자료에서 보이는 '부텨님'은 '님금'과

---

10) '-님'의 용법에 관해서는 안병희(1963ㄴ)과 임홍빈(1990)을 참조할 것.

같이 절대적인 존재로 이해할 수는 없는 일이다. '부처'가 가지는 의미 자체도 두 가지 이상으로 갈려 있기 때문이다. 하나는 절대적인 존재인 '석가모니불'을 가리키는 것이고, 다른 하나는 '대도를 깨닫고 불도를 깨닫게 하는 성인'을 가리키며, 때로는 불상(佛像)을 가리키기도 하는 것이다. 중세국어의 '부텨'가 존칭체언인 것이 절대적인 존재인 '석가모니불'을 가리키는 경우에 한하는 것이라고 한다면, 그 밖의 경우에 대한 대우에 '-님'을 취하는 것은 당연한 조처였다고 할 것이다. 하지만 현대국어에 와서는 절대적인 존재인 '석가모니불'을 뜻하는 어휘로서의 '부처'조차도 그 권위를 잃어 '임금'과 행동을 같이하는 것으로 보인다. 어느 경우에도 대우를 하고자 하는 경우에는 대우어휘로서의 '부처님'이 되기 때문이다.

국어의 대우 체계를 전제로 할 때 존칭어휘와 대우어휘를 갈라 살피는 것은 국어 대우 체계의 완성도를 높이기 위한 하나의 절차라고 할 수 있다. 어떠한 형식의 대우 절차도 거치지 않는 존칭어휘는 국어의 대우 체계와 직접적인 관계를 가지는 것은 아니기 때문이다. 국어의 어휘 각각에 대한 면밀한 검토 과정이 문법 체계의 확인 작업과 무관한 것이 아니라는 의미도 되는 것이다. 아울러 어휘의 변화 과정에 대한 접근이 표면적인 의미나 형태에만 관심을 가질 때 놓칠 수도 있는 부분의 존재가 체계에 대한 보다 많은 설명을 가능하게 할 수도 있음을 기억할 필요가 있다. 우리가 살핀 '님금'의 경우가 그러한 하나의 경우를 보여 주었다고 할 수 있다. '님금'의 '임금님'으로의 변화는 존칭어휘에서 대우어휘로의 변화이며, 이는 대우 체계 밖에 있던 어휘가 대우 체계 속에 수용이 되는 변화라 할 수 있기 때문이다.

4. 결론

본고를 통하여 확인하고자 하였던 일차적인 내용은 통시적인 어휘 변화의 양상이었다. 기존의 어휘 변화에 관한 논의들을 바탕으로 의미의 변화, 형태의 변화 등에 관하여 간단히 살피기는 하였으나 보다 관심이 있었던 것은 그리 눈에 잘 띄지는 않는 자질의 변화였었다. 본고에서는 특히 존칭어휘와 대우어휘 사이의 차이에 주목하였다. 대우와 관련된 자질의 변화를 살피고자 하였던 것이다. 그 결과, 어휘 자체에 대한 어떠한 대우 절차의 적용도 필요로 하지 않던 존칭어휘가 시간의 흐름에 따라 대우 요소를 필요로 하게 되는 대우어휘로 바뀌게 되고, 그에 따라 대우 체계에 수용되게 되는 변화를 '님금'과 '임금님'을 통하여 살필 수 있었다. 그 과정에서 '부텨'가 '님금'과 유사한 행태를 보이기는 하지만, 온전히 동일한 양상을 띠는 것은 아님도 확인할 수 있었다. '부

11) 六字禪定에 대한 보다 자세한 내용에 관해서는 안병희(1977, 1979)를 참조할 것.

터'가 가지고 있는 의미의 다양함이 그 이유가 되는 것임도 알 수 있었다.

그러나 본고에서 살핀 내용이 아주 작은 문제 제기의 단계에 머무는 것이라는 점은 부인할 수 없다고 하겠다. 고어사전의 주석을 보다 정밀화하기 위해서도 자질의 변화와 같은 내용에 대한 적극적인 검토가 어휘 하나하나에 대하여 행하여져야 할 것이나, 우리 앞에 놓인 어휘의 양은 실로 엄청난 것이기 때문이다. 천천히 그러나 철저하게 살펴나가는 일만이 남아 있는 셈이다.

16. 대우와 격식

1. 들어가며

본고는 국어 상대경어법의 언어적인 성격을 보다 분명히 하려는 데에 목적이 있다. 상대경어법의 적용 결과로 이해되고 있는 등분 구분으로부터 비언어적인 요소를 가려내고자 하는 것이다.

주지하는 바와 같이 국어의 대우법은 주체에 대한 대우와 객체에 대한 대우 그리고 청자에 대한 대우로 구성이 된다.[1] 이들 각각에 대하여 어떻게 명명하든 간에 청자에 대한 대우가 다른 구성 요소와 상당한 차이를 두고 있다는 데에는 별다른 이의가 없다고 할 것이다.[2]

대우법에 관한 기존 논의의 대다수가 청자에 대한 대우에 관심을 가지고 있음은 상대경어법이 가지고 있는 문제가 그리 간단하지만은 않으며, 그에 대한 선명한 답도 역시 아직은 우리와 거리를 두고 있음을 보여주고 있다고 할 수 있다. 무수한 논의에도 불구하고 문제에 대한 선명한 답과 거리를 두게 될 때, 우리는 우리가 상정하고 있는 이해의 태도가 문제의 성격에 부합하는 것인가를 되돌아볼 필요를 느끼게 된다.

---

1) 국어의 대우체계에 대한 이러한 인식이 가지고 있는 문제점과 그에 대한 답에 관해서는 한재영(1998ㄴ)을 참조할 것. 대우법, 경어법, 높임법 등과 같은 용어의 선택에 관해서는 어느 정도 여유를 가지기로 한다. 대우 전반이나 체계를 이를 때에는 대우라는 용어를 사용하기로 하나, 주체나 객체 또는 상대에 대한 대우를 이를 때에는 각각 주체경어법, 객체경어법, 상대경어법이라는 보다 널리 쓰이는 용어를 선택하기로 한다. 사용되고 있는 용어들에 문제가 있으며, 그에 따라 그들 용어의 사용에 동의하는 것은 아니나, 내용의 이해에 용어가 장애가 되어서는 안되리라는 생각 때문이다.

2) 한재영(1998ㄴ)에서는 주체·객체경어법과 상대경어법 각각이 가지고 있는 문제점들을 들어 대우 체계의 새로운 수립을 제안한 바 있다. 문법적인 대우와 어휘적인 대우를 가르고, 그들을 다시 체언에 대한 대우와 용언에 대한 대우 그리고 문장에 대한 대우로 나누어 살핀 것이 그것이다. 여기서 살피게 되는 상대경어법은 한재영(1998ㄴ)에 의하면 문법적인 대우로서의 '문장에 대한 대우'가 되는 셈이다.

본고는 상대경어법에 관한 기존의 논의들이 가지고 있는 문제점들에 대한 검토로부터 출발하기로 한다. 주체·객체경어법과 상대경어법 사이의 차이에 대한 기존의 인식을 먼저 정리하여 보고, 그로부터 문제를 찾아 나서려는 것이다. 상대경어법 논의의 전제라고 할 수 있는 '말하는 이가 듣는 이를 어느 정도로 높이어 대우를 하느냐' 하는 정의에 대한 회의와, 드러난 문제점들에 대한 온당한 이해를 위한 상대경어법으로부터 언어적인 대우와 비언어적인 격식을 가리어 내는 시도가 그 내용이 된다.

다음으로는 그와 같은 대우와 격식의 구분이 통시적인 변화의 과정에서도 각각의 단계를 구성하고 있음을 살피게 된다. 기존의 논의에 기대어 보더라도 중세와 근대의 상대경어법의 체계는 대우로부터 격식으로의 전이 과정을 보이고 있기 때문이다.

끝으로 대우와 격식에 대한 이해를 바탕으로 자료를 살피기로 한다. 여기서는 일단 검토의 대상을 첩해신어로 한정하기로 한다. 그 과정에서 상대경어법을 다룬 기존 논의들의 자료를 다루는 태도가 가지고 있는 문제에 관해서도 관심을 가지기로 한다. 상대경어법에 관한 한 첩해신어는 각 권별로 화자와 청자 사이의 관계가 비교적 선명히 드러나는 자료라는 점과 중세국어보다는 다양한 양상을 드러내고 있다는 점 그리고 그로 인해 자료를 대하는 태도를 돌아볼 수 있는 기회를 주는 자료라는 점에서 의미를 가지고 있는 자료라고 판단하였기 때문이다.

2. 대우와 격식

그간의 상대경어법에 대한 기본적인 이해 태도는 다양한 논의에도 불구하고 그리 큰 차이를 보이는 것으로는 생각하기 어려운 형편이다. 대다수의 논의가 상대경어법에 대하여 국어 대우법의 일부로 생각하고, 그 등분을 구분하여 용법과 의미상의 차이를 살피려는 태도에서 크게 다르지 않기 때문이다. 그와 같은 논의는 다음의 (1)과 같은 내용의 주체·객체경어법과 상대경어법 사이의 차이를 전제로 삼고 있는 것이다.

(1) 주체·객체경어법	상대경어법
가. 문장 속의 요소에 대한 대우	: 문장 밖의 요소에 대한 대우
나. 이원적인 선택 가능성	: 다원적인 선택 가능성
다. 서법에 따른 출현 제약 없음	: 서법에 따른 출현 제약 있음-격식과 관련
라. 문장 접속 시에 영향을 받지 않음	: 문장 접속 시에 영향을 받음

이러한 논의의 전제와 그에 의한 논의의 결과들은 일견 온당한 것으로 보이기도 한

다. 현상에 대한 설명과 이해의 내용 자체만으로는 아무런 문제가 없는 것으로 보이기 때문이다. 대우의 대상에 차이가 있다는 내용이나, 선택의 조건과 출현 양상 자체가 나타나는 현상에 기대어, 주체·객체경어법과 상대경어법 사이에 그만한 차이가 있다는 것을 설명하고 있는 것이다.3)

하지만 이러한 이해의 태도에는 그리 간단치만은 않은 문제가 내재되어 있음을 기억할 필요가 있다. 문제의 성격을 보다 분명히 하기 위하여 먼저 기존의 논의들을 통하여 제기된 주체·객체경어법과 상대경어법이 가지고 있는 문제점들의 양상을 살펴볼 필요가 있다. 기존의 논의에서 주된 관심의 대상이 되었던 주제들의 목록은 바로 주체·객체경어법과 상대경어법이 가지고 있는 문제의 성격을 드러내 주는 것으로 볼 수 있기 때문이다.4)

주체경어법과 객체경어법이 각각의 형태인 '-시-'와 '-숩-'으로 대우되는 대상의 성격 파악을 통하여 '-시-'와 '-숩-'의 기능을 밝히고자 하는 데에 주된 관심을 가져왔다면, 상대경어법에 관한 그간의 논의는 그 등분의 구분과 그들의 의미에 관심을 가져왔다고 할 수 있다. 그러한 양상은 대우법에 관한 통시적인 변화를 다루는 경우에도 크게 달라지지 않는다. 주체·객체경어법이 대우를 할 것인가 말 것인가의 이원적인 선택의 문제인 반면에 상대경어법은 상대 즉 청자를 어느 정도로 높일 것인가 하는 다원적인 선택의 문제라는 생각을 전제로 하고 있다는 점에서는 기존의 논의들은 모두 같은 바탕을 디디고 있다고 할 수 있는 것이다. 하지만 그간의 무수한 논의에도 불구하고, 주체·객체경어법에 비하여 상대경어법에 관하여 얻어진 결과가 그리 선명하다고 하기는 어려운 형편이다. 오히려 시대가 흐를수록 상대경어법의 변화 양상은 주체·객체경어법의 변화 양상에 비하여 훨씬 다채로운 양상을 보여, 문제는 더욱 미궁으로 빠져들어 가고 있는 인상마저 주고 있는 것이다.

여기서 우리는 상대경어법을 다루어 온 그간의 태도에 대해서 보다 근본적인 검토가 필요함을 느끼게 된다. 상대 경어법에 관한 기존의 논의들을 바탕으로 제기할 수 있는 문제점들은 다음의 (2)와 같다.

(2) 가. 대우의 등급을 결정하는 기준이 각기 다른 것은 무엇을 의미하는가?
나. 대우의 선택 조건이 시대에 따라 달라지는 것은 어떻게 이해해야 하는가?
다. 대우의 선택 양상이 서법에 따라 차이를 보이는 것은 무엇 때문인가?

---

3) 그들에 대한 구체적인 내용에 관해서는 논의가 진행되어 감에 따라 살피게 될 것이다.

4) 대우법과 관련된 기존의 논의들에 대해서는 김충회(1990), 임홍빈(1990), 성기철(1990) 등을 참조할 것.

라. 대우를 나타내는 요소의 출현과 소실의 내용과 과정은 선명한 것인가?
마. 대우의 등급들 사이의 관계와 그 관계의 변화에 대한 이해는 충분한 것인가?
바. 대우의 등급 설정에 대한 상반된 견해의 존재가 의미하는 바는 무엇인가?

위의 (2가)는, 주체·객체경어법이 주로 화자의 의도에 따라 선택 여부가 결정되는 것인 반면에 상대경어법의 경우에는 화자가 존대 의사를 전제로 하기는 하지만 친밀도라든가 나이라든가 사회적인 지위 등에 따라 다양한 선택 가능성을 가지고 있다는 사실을 지적한 것으로, 대우의 대상이[5] 달라진다고는 하나, 동일한 언어의 대우 체계 속에 상반된 대우 선택의 원리가 존재한다고 이해하는 것이 온당한 접근 태도인가 하는 회의를 나타낸 것이다. (2나)는 상대경어법의 등분에 대한 선택 조건이 중세국어에서 근대국어를 거쳐 현대국어에 이르면서 다소 너그러워지고 있음을 지적한 것으로, 아무리 친밀한 사이라고 하더라도 엄격하게 지켜지던 상대경어법의 등분 선택이 여유를 가지게 되었다는 사실이 시사하는 바는 그리 간단히 보아 넘길 수 있는 성격의 문제가 아니라고 판단하는 것이다. (2다)는 동일한 상대에 대한 대우를 하고자 하는 의도를 가진 경우에도 설명, 의문, 명령, 청유, 허락, 감탄 등의 서법 차이에 따라 등급의 선택이 일정한 단계를 유지하기 어렵다는 사실을 지적한 것으로, 이러한 체계상의 빈칸이 생기게 되는 까닭이 상대경어법과는 직접적인 관계가 없다는 점과 그에 따른 빈칸의 성격의 이해에는 별도의 논리가 필요하다는 인식에 바탕을 두고 있는 문제제기라 할 수 있다. 이러한 빈칸이 가지고 있는 문제에 대해서는 이미 임홍빈(1986)이나 이윤하(1999)에서 상대경어법에 대한 명명법이 가지고 있는 문제점을 중심으로 지적된 바가 있다. 하지만 여기서 관심을 가지려는 것은 명명법의 층위를 넘어서 체계 속의 빈칸이 가지고 있는 의미의 성격에 대한 이해인 것이다.[6] (2라)는 주체·객체경어법의 '-시-'나 '-숩-'에 대한 통시적인 기능과 형태 변화에 대한 정밀한 추적 작업과는 달리 상대경어법을 나타낸다고 하는 개별 요소들에 대한 통시적인 변화 즉 생성과 소멸 그리고 대체 등의 추적 과정은 없었음을 지적하는 것으로,[7] 그러한 변화의 원인을 대우법의 체계 밖에서 찾는 것이 온당한 이해의 태도일 수 있다는 생각에서 제기한 문제이다. (2

5) 대우 대상의 성격에 관해서는 한재영(1998ㄴ)을 참조할 것. 여기서는 일단 통설에 기대어 이해를 하여도 별다른 문제는 없다.

6) 체계의 내용에 동의하는 것은 아니나 김정수(1984:161~7)에 제시된 빈칸은 상대경어법의 내용이 체계의 정연한 구성과는 거리가 있음을 보여 준다.

7) 이러한 지적에 대하여 각각의 시대별로 상대경어법의 등분이 정리되어 있음을 들어 의문을 제기할 수도 있겠다. 여기서 뜻하는 바는 단순한 목록의 정리가 아니라 생성과 소멸에 따른 기능과 의미의 통시적인 변화 과정에 대한 추구가 그리 집요하지 못하였음을 문제 삼는 것이다.

마)는 (2라)에서 제기한 문제와는 다소 성격을 달리하는 것으로 등분을 나타내는 요소들 사이의 관계와 관련된 문제이다. 상대경어법을 나타내는 요소들 사이의 관계를 설명하고 있는 논리가 그리 선명하지도 못하며, 그리 언어적인 것도 아니라는 판단을 하고 있는 데에서 제기된 문제이다. 아울러 (2마)는 등분 요소들 사이의 관계가 시대를 달리하면서 어떻게 다른 양상으로 전개되어 가는가 하는 의문과 과연 그것이 언어적인 이해의 범주 안에 존재하는 문제인가 하는 회의도 포함하고 있는 것이다. (2바)는 상대경어법의 등분 설정에 대하여 기존 논의들 사이에 존재하는 견해의 차이가 의미하는 문제의 기본적인 성격에 대한 의문을 제기한 것이다. 상정된 등분의 차이가 단순히 높임의 정도 차이를 반영하는 것이라면 논의하는 이에 따라 등분의 설정이 달라지는 현상은 생기지 않거나 생기더라도 최소화되어야 할 것이다.[8)]

이러한 문제들에 대한 올바른 접근을 위해서 우리가 먼저 해야 할 일은 가지고 있는 선입견으로부터 자유로워져야 하는 것이다. 그와 함께 표면적인 언어 현상으로부터 언어적인 것과 비언어적인 것을 구분하여야겠다는 분명한 의지를 가져야 한다는 것이다. 이는 순수히 언어적인 대우와 예절과 격식을 갖추는 행위로 반영되는 비언어적인 대우를 구분할 필요가 있음을 의미하는 것이다. 기존의 논의들이 가지고 있는 문제의 원인을 대우와 격식을 구분하지 않았다는 데에서 찾을 수 있다는 의미이다. 사실 대우와 격식을 선명하게 가른다는 것이 그리 용이한 일은 아니라고 할 수 있다. 대우와 격식이 일단 말하는 이의 선택에 의한 것이며, 격식을 갖추는 행위 자체가 대우와 그리 먼 거리에 있는 것은 아닌 것이기 때문이다.

여기서 우리는 기존의 상대경어법을 대우와 격식으로 구분할 수 있는 일정한 기준이 필요함을 느끼게 된다. 그러한 필요성에 대하여 다음의 (3)과 같은 기준을 상정해 볼 수 있다.

(3) 가. 사용되는 장면에 제약이 있다면 격식의 범주에 드는 것이다.
나. 사용하는 연령 분포에 제약이 있다면 격식의 범주에 드는 것이다.
다. 문어체와 구어체 사이에 차이가 있다면 격식의 범주에 드는 것이다.
라. 등분의 사용에 방언 차이를 보인다면 격식의 범주에 드는 것이다.
마. 동일한 발화 장면임에도 다양한 선택가능성과 그에 따른 체계의 불완전성을 보인다면 격식의 범주에 드는 것이다.

8) 현대국어에서의 '해'체와 '해라'체의 차이가 등분의 차이를 반영하는 것이 아니라는 임홍빈(1985)에서의 논의가 시사하는 바는 크다고 할 것이다.

위의 (3)은 국어의 대우법에서 비언어적인 부분이라고 할 수 있는 격식을 가리기 위한 기준을 제시해 본 것이다. (3가)는 동일한 상대에 대하여 공적인 자리와 사적인 자리에서의 대우의 등분이 달라지게 되는 현상을 가리키는 것이다. 대우의 의사가 없음에도 단지 발화 환경에 의해 선택되는 요소는 격식의 문제로 판단하는 것이다. (3나)는 말하는 이에 따라 선택할 수 있는 등분에 제약이 생기는 현상을 가리키는 것이다. 말하는 이가 대우 의사를 가지고 있다고 하여도 어린아이가 '하게'나 '하오'를 사용하는 데에는 제약이 있음을 들어, 그와 같은 문제는 격식과 관련이 있는 문제라고 보는 것이다. (3다)는 동일한 상대에 대하여 글로 이야기할 때와 말로 이야기할 때의 등분 선택이 달라진다면 그도 역시 격식의 문제로 보아야 한다는 것이다. (3다)와 전혀 무관한 것은 아닌 문제인 (3라)는 표면적으로는 동일한 형태를 지니는 경우라고 하더라도 지역 방언은 물론 사회 방언에서 쓰이는 데에 차이를 보인다면 그것은 격식의 문제로 다루어야 한다는 것이다. (3마)는 말하는 이의 존대 의사가 있는 경우에도 대우의 단순한 적용 여부 문제가 아니라 다양한 선택 가능성이 남아 있게 되는 경우, 그럼에도 불구하고 체계의 구성은 불완전한 경우가 있다면 격식의 문제로 다루어야 한다는 것이다. 격식이란 장면에 의존하는 것이고, 그에 따라 정연한 체계의 구성과는 거리를 두기 때문이다.

위의 (3)을 통하여 대우와 격식을 가르는 근거의 상정을 시도한 것은 주체・객체경어법이 언어적인 대우라는 것을 전제로 한 것이다. 말하는 이의 대우 의도만이 대우의 실현 여부를 결정하는 주체・객체경어법이 실현되는 과정을 기준으로 그에 벗어나는 실현 양상을 상정하고, 그를 언어적인 대우 외적인 문제로 간주한 것이다. 위의 (3가, 나, 다, 라, 마)는 다음의 (4)와 같이 정리될 수 있다.

(4) 화자의 일차적인 대우 의도가 결정된 뒤에 작용하는 이차적인 선택 절차는 격식의 범주에 드는 것이다.

(4)에서 이야기하고 있는 일차적인 대우 의도가 그대로 문장에 반영될 수도 있으나, 이차적인 격식의 선택 절차에 의해 표면에는 드러나지 않는 경우도 상정할 수 있다. 자료의 면밀한 검토 과정을 통하여 그러한 양상을 밝히는 별도의 자리에서 구체적으로 논의가 될 것이다.

3. 대우에서 격식으로

앞에서 상정한 대로 대우와 격식을 구분하게 되면, 통시적인 관점에서 중세국어와 근대국어의 체계를 단순 비교하더라도 흥미로운 사실을 발견할 수 있다. 상대경어법이 언어적인 대우의 범주로부터 점차 비언어적인 격식의 범주로 전이되어 가는 현상이 그것이다. 김정수(1984)에 소개된 중세국어와 근대국어의 상대경어법의 체계를 다음의 (5)에 가져와 살펴보자.

(5) 가.

	아주 높임	예사 높임	안높임
서술법	-ᅌᅵ-	-ᅌᅴ//ᅌ-	-ø-
물음법	-ᅌᅵ-	-ᅌᅴ-	-ø-
시킴법	-쇼셔!	-어쎠!	-으라! -고라! -고려!
꾀임법	-ᅌᅵ-	-ᅌᅴ-	-져! -져라!

나.

	아주 덧높임	아주 높임	예사 덧높임	예사높임	안높임
서술법	-ᄉᆞᆸ…ᅌᅵ-	-ᅌᅵ-	-ᄉᆞᆸ…의.	-의.	-ø-
물음법	-ᄉᆞᆸ…ᅌᅵ-	-ᅌᅵ-	-ᄉᆞᆸ…의?	-의	-ø-
	-ᄉᆞᆸ시…ᅌᅵ-		-ᄉᆞᆸ시-	-ᄉᆞᆸ-	
			-ᄉᆞ오시-	-으시-	
				-은고?	
				-을고?	
시킴법	-ᄉᆞᆸ쇼셔!	-쇼셔!	-ᄉᆞᆸ소!	-소!	-으라!
	-ᄉᆞ오쇼셔!		-으시소!	-ᄉᆞᆸ!	-고려!
			-으시과댜!	-ᄉᆞ오!	-고라!
				-과댜!	
꾀임법	-ᄉᆞᆸ…ᅌᅵ-	-ᅌᅵ-	-ᄉᆞᆸ…의!	*-의!	-쟈!

위의 (5가)는 김정수(1984:26)에 제시된 15세기 국어의 공손법의 체계를 보인 것이고, (5나)는 김정수(1984:26~7)에 제시된 17세기 국어의 공손법 체계의 일부를 보인 것이다.[9] 우리는 (5가)에서 (5나)로의 과정을 대우에서 격식으로의 전이 과정으

9) 용어가 담고 있는 내용에 문제가 없는 한, 그리고 서로 다른 표현이 이해에 장애가 되지 않는 한 용어의 사용에는 다소 여유를 두기로 한다. 또한 제시하는 형태소의 기본형에 대해서도 의미 전달에 문제가 없는 한 따로 거론하지는 않기로 한다.

로 이해하려고 하는 바, 그러기 위해서는 기존의 15세기 상대경어법의 체계가 가지고 있는 두어 가지 문제를 먼저 짚어둘 필요가 있다.

하나는 상대경어법의 체계에서 명령법은 일단 별도로 다루어야 한다는 것이다. 주체・객체경어법과 상대경어법이 다른 점을 문장 내의 요소에 대한 대우 여부에서 찾으면서도 명령법을 상대경어법의 범주 안에서 함께 다루는 것은 자연스럽다고 하기 어렵기 때문이다. 명령법은 표면적으로 드러나건 드러나지 않건 간에 청자인 이인칭 주어를 상대로 하는 발화라는 점에서 다른 서법과는 차이를 보이는 것이다. 이에 대해 청유법도 역시 유사한 문제를 가지고 있는 것은 아닌가 하는 의문을 제기할 수도 있을 것이다. 하지만 청유를 나타내는 문장의 주어는 일인칭 복수이지 이인칭이 아님에 유의할 필요가 있다.

청유법과 관련하여 짚어둘 다른 하나는 (5가)에 제시된 '-져! -져라!'와 같은 요소의 기본적인 기능이 대우와 관계있는 것은 아니라는 것이다. '-져! -져라!'에 대해서는 설명법의 '-다'라든가 의문법의 '-가'와 같이 청유를 나타내는 종결어미로 다루는 것이 온당한 이해로 보이기 때문이다.

또 다른 하나는 'ᄒᆞ야쎠'체에 대한 배제이다. 구체적인 내용은 자리를 달리하여 다룰 예정이나, 'ᄒᆞ야쎠'체가 보이는 자료상의 분포라든가 빈도 등으로 보아 별도의 등분 설정에는 무리가 있다고 판단하고 있기 때문이다. 이렇게 본다면 (5가)의 15세기 국어의 상대경어법 체계는 다음 (5가')과 같은 모습을 가지는 것이라 할 수 있다.

(5) 가'.	(아주) 높임	안높임
서술법	-으이-	-ø-
물음법	-으이-	-ø-
꾀임법	-으이-	-ø-

결국 (5가')에 보이는 상대경어법은 '-으이-'와 '-ø-'의 이분 대립으로 구성이 되어, 주체경어법의 '-시- : -ø-'와 객체경어법의 '-습- : -ø-'과 동일한 구성을 보이는 것이다. 이는 말하는 이의 대우 의도만이 대우의 실현에 관여하는 언어적인 대우의 요건에 부합하는 것이라 할 수 있다.

그러나 17세기 국어의 상대경어법 체계를 보이는 (5나)의 양상은 그리 간단하지가 않다. 제시된 다양한 등분과 등분 사이의 관계도 문제이거니와 체계 속의 빈칸이 가지는 의미에 대한 어떠한 판단도 섣부른 것이기 쉽기 때문이다. 보다 철저한 자료의 검토가 이루어진 뒤에나 분명한 답을 구할 수 있는 일이기는 하겠으나, 17세기 국어가 보이는 이러한 양상을 이미 이 시기의 상대경어법에는 현대국어에서 보이는 격식으로의 전이가 상당히 이루어진 때문으로 이해할 수 있을 것이다.

4. 첩해신어에서의 양상

이제 앞서 (3)에서 제기한 문제들에 유의를 하면서 (5나)의 내용을 17세기 구어자료인 첩해신어를 통하여 확인해 보기로 하자. 특별히 첩해신어를 살피고자 하는 데에는 그만한 이유가 있다. 첩해신어는 격식을 살피는 데에 적합한 조건을 갖춘 자료이기 때문이다.[10] 언어적인 대우와는 달리 격식의 경우에는 대화의 참여자와 대화 환경, 대화자의 연령 등 고려해야 할 언어 외적인 요소들이 있는데, 첩해신어는 각 권별로 대화 참여자가 일정하게 고정이 되어 있다는 장점을 가지고 있는 것이다. 여기서 첩해신어의 전반적인 양상을 다룰 수는 없으나 자료를 대하는 기본적인 태도를 밝히어 두는 것은 필요하다고 생각한다. 참고로 첩해신어의 각 권별 화자들을 간단히 정리하여 보면 다음의 (6)과 같다.[11]

(6) 권1: 出使官과 通詞倭가 직접 대화하는 장면
　　　問情官과 代官이 직접 대화하는 장면
　권2: 訓導, 別差가 동래부사의 말을 導船主에게 통역하는 장면
　　　訓導, 別差와 導船主가 직접 대화하는 장면
　권3: 訓導, 別差가 동래부사와 정관의 말을 서로에게 통역하는 장면
　권4: 訓導, 別差가 代官과 직접 대화하는 장면
　권5: 訓導, 別差가 '對馬島主가 보낸 使者'와 직접 대화하는 장면
　　　조선의 통역관이 통신사와 '對馬島主가 보낸 使者'에게 서로 통역하는 장면
　권6: 조선의 통역관이 조선 통신사와 對馬島主에게 서로 통역하는 장면
　권7 : 조선의 통역관과 '對馬島主가 보낸 使者'가 직접 대화하는 장면
　　　조선의 통역관이 통신사와 對馬島主와 장로에게 서로 통역하 는 장면
　　　조선의 통역관이 통신사와 집정에게 서로 통역하는 장면
　권8: 江戶奉行이 보낸 사람이 主에게 말하는 장면

10) 여기서는 첩해신어의 원간본만을 검토의 대상으로 삼기로 하였으나, 개수본과의 비교를 통하여 대우에서 격식으로의 전이 과정이 좀더 선명해질 수 있을 것으로 생각한다.

11) 보다 구체적인 내용에 관해서는 조남덕(1994)와 이태영(1997), 辻 星兒(1997)을 참조할 것. 권10은 주고 받은 편지로서 자료의 성격이 다소 다르다는 점에서 검토 대상에서 일단 제외하였다.

조선의 통역관이 통신사와 對馬島主에게 서로 통역하는 장면
권9: 判事와 代官 사이의 대화하는 장면

첩해신어의 내용을 살피려는 데에 대하여, 앞서 (5나)에 제시된 내용이 17세기 국어 전반에 관한 것인 데에 비한다면, 17세기 국어 자료라고는 하나 첩해신어라는 자료만을 들어 살피는 것은 다소 부족한 것이 아닌가 하는 의문을 제기할 수도 있을 것이다. 여기서 우리는 (5나)에 제시된 다양한 등분과 등분 사이의 문제에 대하여 잠시 생각하고 갈 필요가 있다. 그의 내용이나 의미가 아니라, 상대경어법의 체계를 구성하기 위하여 그동안 행하였던 작업의 과정을 돌아볼 필요가 있다는 뜻이다.

위의 (5나)에 제시한 내용은 검토의 대상으로 삼은 17세기 국어 자료에서의 양상 모두를 담은 것이라 할 수 있다. 17세기 국어 사용자들이 적고, 17세기 국어 사용자들이 읽은 자료를 대상으로 삼아 도출해 낸 결과라는 점에서 17세기 국어의 모습을 담고 있는 것이라는 데에는 이의가 없는 셈이다. 그러나 구성 요소들에 작용하는 변수가 다양하고, 변수의 속성이 동일하지 않음에도 불구하고 도출된 요소들을 동일한 체계 속에서 동일한 자격으로 다루는 것이 온당한 것이라고 생각하기는 힘들다고 하겠다. 이는 동일한 시기에 말하여진다고 하여 영남방언, 호남방언, 중부방언, 관북방언, 관서방언의 문법 항목을 묶어 한 자리에서 동일한 자격으로 체계를 구성하여 국어 문법이라고 이르지는 않는 것과 같은 것이다. 특히 다양한 변수에 의해 영향을 받는 격식의 경우에는 검토 과정에서 자료별, 장면별 구분이 반드시 필요한 이유가 된다.

이제 (3)의 내용을 염두에 두고 첩해신어에서의 몇몇 예들을 살펴보기로 하자. (6)에 소개한 바와 같이 첩해신어는 각 권별로 대화 참여자가 일정하여서 상대경어법을[12] 나타내는 요소들이 비교적 일정한 양상을 보이고 있다.[13] 다음의 (7)은 하선하여 잔치를 벌이는 장면인 권3의 일부이다.

(7) 主 : 東萊계셔 니르시믄 御渡海ᄒᆞ션 ᄃᆡ 오래되 서ᄅᆞ 보ᄋᆞᆸ디 몬ᄒᆞ오니 섭섭ᄒᆞᄋᆞᆸ더니 이리 보오니 귀ᄒᆞ외

客 : 쇼인이 몬져 술을 써술 이리 御意 하시니 감격히 너기ᄋᆞᆸᄂᆡ이다 이 젼의도 뵈올 써술 병 드오와 ᄃᆡᆫ시 뵈ᄋᆞᆸ디 몬ᄒᆞ와 本意ᄅᆞᆯ 背ᄒᆞ도다 너기ᄋᆞᆸᄂᆡ이다

主 : 젼브터 드르니 병 드르시다 듯고 념녀ᄒᆞᄋᆞᆸ더니 어ᄃᆡᄅᆞᆯ 알파ᄒᆞ시던고 ᄂᆞᆾ출 보오

12) 우리의 용어로는 '격식'이다. 혼동을 피하기 위하여 일단 상대경어법이라는 용어를 그대로 사용하기로 한다.

13) 辻 星兒(1997:115~52)에서는 첩해신어의 각 권별로 대우 요소들을 살피고 있다. 자료를 다루는 온당한 태도라고 생각한다.

니 이제도 병 빗치 겨시니 모로매 됴리 ᄒᆞᄋᆞᆸ소
客 : 니젓따소이다 病中의 귀ᄒᆞᆫ 약을 만히 주시매 덕분의 먹ᄉᆞᆸ고 글로브터 알ᄐᆞᆫ 가슴과 비 져기 그쳐 졈졈 ᄒᆞ리는 ᄃᆞᆺᄒᆞᄋᆞᆸ건마는 채는 됴티 아니ᄒᆞ오니 이제라도 념녀ᄒᆞᄂᆞ이다
主 : 그 약은 마좀 다 ᄡᅳ고 젹게 보내고 ᄠᅳᆺ에 걸려 ᄒᆞᄋᆞᆸᄂᆡ 都船主도 요ᄉᆞ이 됴히 겨시던가 젼의는 처음으로 보ᄋᆞᆸ고 그지업서 ᄒᆞᄋᆞᆸ데
客 : 御意 ᄀᆞ티 처음으로 뵈오ᄃᆡ 하 극진히 ᄃᆡ졉ᄒᆞᄋᆞᆸ시니 술올 양도업서이다
〈첩신 3:1ㄱ-5ㄱ〉

위 (7)의 예는 訓導, 別差가 동래부사와 정관의 말을 서로에게 통역하는 장면으로 主는 동래부사, 客은 정관이다. 밑불 친 부분을 살펴보면, 主인 동래부사와 客인 정관이 사용하고 있는 상대경어법의 요소가 일관되어 있음을 볼 수 있다. 물론 이들 표현이 언어적인 대우의 범주에 들기 위해서는 (3)에서 든 사용되는 장면이라든가, 사용자의 연령이라든가와 같은 다른 문제들에 대해서도 충족이 되어야 하겠지만, 만일 이와 같은 양상에 어긋나는 경우가 존재하지 않는다면 그에 대해 우리는 언어적인 대우로 다루어야 할 가능성이 그만큼 높아진다고 할 수 있다. 하지만 그와 같은 기대는 다음 (8), (9)와 같은 예로 인하여 기대에 머물게 된다.

(8) 니ᄅᆞ시는 道理 一一 맛당ᄒᆞᆫ 일이ᄋᆞᆸ도쇠 나도 日本 풍쇽을 아오니 이대도록 세치 아니 니르시다 엇디 얼현히 ᄒᆞ링잇가 다만 朝鮮 풍쇽의는 사ᄅᆞᆷ의 볼골도 져티고 샹시 行儀를 웃듬ᄒᆞ는 규귀오니 엿ᄌᆞᆸ기는 가지가지 쥬션ᄒᆞ여도 맛당히 너기시디 아니실가 근심ᄒᆞᄋᆞᆸᄂᆞ이다 아직 가셔 太守 니ᄅᆞ시는 道理 극진히 엿ᄌᆞ와 보오리 〈첩신 5:25ㄱ- 26ㄴ〉

(9) 客 : 요ᄉᆞ이는 舘中도 徒然ᄒᆞ오니 우음 바탕으로도 회ᄎᆞ 振舞를 ᄒᆞ고져 ᄒᆞ오니 엇더ᄒᆞ올고
主 : 어와어와 ᄀᆞ쟝 됴ᄊᆞ외 이러로셔 몬져 술오려 싱각ᄒᆞ엿ᄉᆞ오되 말ᄉᆞᆷᄒᆞ노라 ᄲᅧ뎟ᄉᆞᆸ더니 이리 니르시니 우리 心中이 서르 뎐ᄒᆞ인가 더옥 아ᄅᆞᆷ다왕이다
客 : 그리 니르시니 감격ᄒᆞ거니와 아므리커나 우리 술온 일이오니 ᄂᆡ일브터 우리 ᄒᆞ올 ᄡᅧ시니 자네네도 그리 아ᄋᆞᆸ소
主 : 어제는 블의예 ᄒᆞᆫ 振舞ㅣ라 니르시니 고디 드럿ᄉᆞᆸ더니 싱각밧끠 御馳走ᄲᅮᆫ 아니라 자믓 큰 술에 正體ㅣ 업서 니러셤도 싱각 아니코 안자시니 무식히도 ᄒᆞᆫ가 ᄒᆞ여 밤샛 ᄌᆞᆺ 뉘읏 좀ᄂᆡ 언머 모다 우은 거시라 녀기셔냐 이도 日本 놀래예 혹한 일이로송이다 우리로셔도 회례를 ᄒᆞ오려 싱각거니와 朝鮮 料理면 자네네 ᄠᅳᆺ에

드디 아닐까 의심ᄒᆞ거니와 다만 노름 희로나 ᄒᆞ려 ᄒᆞ오니 ᄂᆡ일이라도 연고 업ᄉᆞ시거든 서어ᄒᆞᆫ 거술 가지여 오ᄋᆞᆸ새 모ᄃᆞ신 ᄃᆡ도 알외여 주ᄋᆞᆸ소

위의 예 (8)은 通使에게 어린 아이의 의복을 청하는 데에 대한 通使의 답변 대목이다. 밑줄 친 부분에서 보듯이 동일한 청자에 대하여 각기 다른 표현을 선택하여 사용하고 있음을 알 수 있다.[14] 상대방의 요구 내용을 그리 탐탁하지 않게 여기고 있음이 드러나는 대목인 것이다. (9)의 예는 主인 判事가 客인 代官과 더불어 잔치를 약속하는 장면으로 둘 사이에는 대등한 관계로 보인다. 하지만 예에서 보듯이 동일한 청자에 대해서 경우에 따라 각기 다른 표현 형식을 취하고 있으며, 그것이 말하는 이의 대우 의도와 일차적인 관계를 가지는 것으로는 볼 수 없다는 것이다. (8)과 (9)의 예는 앞서의 대우와 격식을 가리는 (3)의 기준 가운데 (3마)의 적용 대상이 되기 때문이다.

지금까지 첩해신어의 몇몇 예를 살펴보았다. 아직은 본격적인 검토 작업과는 상당히 거리가 있는 셈이다. 하지만 중세국어의 상대경어법과는 거리가 있어, 첩해신어를 비롯한 17세기 국어 자료에서 살필 수 있는 내용들로 구성된 (5나)와 같은 체계를 상대경어법의 대우 체계로 보기 어렵다는 사실에 동의하는 데에는 큰 무리가 없다고 할 수 있다.

5. 나가며

본고는 상대경어법의 언어적인 성격을 보다 분명히 하고 그 체계 구성 요소 가운데 비언어적인 내용을 가리어 보고자 하는 의도로부터 출발한 것이다. 그를 위하여 본고에서는 우선 기존의 상대경어법에 관한 논의들을 통하여 드러난 문제점들을 정리하고, 그를 바탕으로 언어적인 대우와 비언어적인 격식을 구분하는 것이 사실에 다가서는 온당한 길이라고 판단하였다. 그 결과 대우로부터 격식을 가려내는 기준을 정리할 수 있었다.

다음으로는 기존의 논의들에 제시된 상대경어법의 체계를 취하여 본고에서의 기준에 비추어 보았다. 15세기의 상대경어법 체계는 기준에 부합하는 언어적인 대우의 양상을 보이고 있으나, 근대국어의 체계에서는 이미 비언어적인 격식으로의 전이가 상당히 이루어졌음을 확인할 수 있었다. 이와 같은 양상은 현대국어로 오면서 더욱 확산되는 경향을 보이는 것으로 생각이 된다. 대우에서 격식으로의 이와 같은 전이 현상의 원인

---

14) 앞서 언급한 대로 대우의 상대가 문장에 존재한다는 점에서 명령법은 검토 대상에서 제외하였다. '아ᄋᆞᆸ소, 주ᄋᆞᆸ소' 등이 배제된 이유이다.

자체가 그리 선명할 수는 없는 것이겠으나, 엄격한 신분 제도가 붕괴되면서 그를 보상하기 위한 언어적인 장치는 오히려 복잡하고 다양한 것을 요구하게 된 것은 아닌가 짐작할 뿐이다.

첩해신어를 통한 17세기 국어의 일단을 살핀 것은 그 자체가 목적이 아니라 다양한 변수를 가지는 현상일수록 자료에 대한 보다 정밀한 접근이 필요하다는 인식을 드러내기 위한 것이었다. 각 권별로, 발화 장면별로, 대화 참여자의 성격 파악이 있어야 하며, 살핀 자료의 내용이 일정한 경향을 보이는 경우라고 하더라도 드러나지 않은 다른 변수까지 염두에 두어야 한다는 것이 그것이다.

상대경어법에 대한 본고에서의 이해 태도는 상대경어법이 가지고 있는 보다 근본적인 문제 해결의 실마리를 제공해 줄 수 있으리라고 생각한다. 그러나 아직은 좀더 세밀한 작업이 있어야 함은 물론이다. 본격적인 자료의 검토 작업을 거치고, 보다 세련된 기준을 마련하기까지에는 가야할 먼 길이 남아있는 셈이다. 언어적인 대우에 대한 비언어적인 현상을 '격식'이라고 이름 붙였으나 그도 또한 좀더 섬세한 내용으로 다듬어져야 할 필요가 있음을 알고 있다. 아울러 격식이라고는 하였으나 그들 요소가 가지고 있는 구체적인 의미에 대해서는 전혀 다룰 엄두도 낼 수 없었다. 앞으로의 과제 목록에 또 하나의 과제가 더하여지고 있는 것이다.

17. 중세국어 피동사와 사동사의 성조

1.1. 중세국어의 성조체계와 그와 관련된 제반문제들은 그간의 업적들로 인하여 이미 소진된 듯한 인상마저 주고 있다. 그러나 그러한 인상은 음운론 또는 성조론이라고 하는 한정된 범위 내의 것이 아닌가 한다. 성조를 지닌 언어에 있어 성조의 기능은 문법적인 요소와 전혀 무관한 것일 수만은 없으리란 생각 때문이다. 본고는 표면성조형의 검토를 통해, 그것이 음운부뿐만 아니라 문법부 내의 다른 층위와도 모종의 상관관계를 가지고 있으리라는 개연성을 확인하는 데 그 목적이 있거니와, 특히 원동사(능동사와 주동사)와 피・사동사의 관찰에 주된 관심을 기울일 것이다. 동사・의미적인 측면에서 볼 때 피동과 사동은 相似보다는 相異가 더 많다고 할 것이나, 형태・음운적인 측면에서 볼 때는 오히려 相似가 더 많다고 할 것이다. 그렇지만 본고에서 피동사와 사동사를 함께 다루려는 것이니 그 相似를 전제로 한 것이 아니라는 점을 밝혀 둘 필요는 있다. 사실을 말하자면, 피동사와 사동사 사이에 성조적인 차이를 보이지는 않을까 하는데 1차적인 관심이 있었기 때문이다. 논의의 진행에 따라 자연히 드러날 것이지만, 그들 사이에 성조적인 차이는 보이지 않는다.

필자는 졸고(1984)를 통해, 중세국어의 피동구문을 형성하는 표지로 {-이-}, {-어 디-}, {ø}의 삼원체계가 있음을 지적한 바 있다. {ø}형의 성조에 대해서는 달리 살필 것이나, {-어 디-}는 본고의 논의에서는 제외한다. 구체적인 성조의 실현은 어절을 단위로 하여 성립되는 것이기 때문이고, {-어}와 {디-} 사이에는 어절경계가 존재하기 때문이다. 사동의 {-게, ㅎ-}도 가은 이유로 논의의 대상에서는 제외한다.

1.2. 자료를 대하는 필자의 기본적인 태도는 개별자료에 대해 일단 각각의 가치를 인정하는 데 있다. 각각의 자료는 나름대로의 목소리를 들려 줄 것이기 때문이다. 그러나 성조를 나타내고자 하여 채택한 표기수단인 '점'이라고 하는 상당히 불안한 것이었다는 점에서 중간본 특히 복각본의 경우에는 주된 자료가 아닌 보조자료로서만 이용하기로 한다.

자료의 분류는 성조의 운율적인 특성을 중시하여 산문자료와 운문자료로 나누어 볼 것이고, 성조의 변천을 4기로 나누어 설명하고 있는 김완진(1973:108-9)에서의 분류도 논의의 진행과정에서 존중될 것이다. 또한 피동사와 사동사의 분류와 음절수에 따른 분류도 행할 것이다. 성조실현에 영향을 줄 수 있는 요소들을 고려의 대상에 포함하기 위해서이다.

1.3 피동사와 사동사가 파생이냐 아니면 굴절이냐 하는 문제에 대한 답은, 그리 명쾌한 것은 아니다. 그에 대한 이유는 피동과 사동에 있다기 보다는 파생과 굴절의 구분 자체가 그리 명쾌한 것이 되지 못하다는 데에 있을 것이다. 일반적으로 파생접사들이 굴절접사보다 어근에 더 가깝다거나, 굴절이 생산적인 데 비해, 파생은 보다 덜 생산적이라거나, 파생은 단어의 범주를 변화시키나 굴절은 그렇지 않다거나, 굴절은 문장의 구조를 바꾸지만 파생은 바꾸지 않는다거나, 또 굴절은 체계상의 빈칸을 보이지 않는 데 반해 파생은 체계상의 빈칸을 보인다는 점 등을 들어 파생과 굴절을 구분하고 있다. 그러나 이와 같이 많은 논의에도 불구하고 파생과 굴절의 구분은 자칫 순환론에 빠질 위험성을 다분히 안고 있다고 할 수 있다. 분류 기준이 절대적인 것이 되지 못한다는 것은 그만큼 정당성을 인정받기 어려울 것이고, 분류 대상의 속성이 중간자적인 모호한 것일 때, 그 기준으로 인하여 느끼게 되는 당혹감은 오히려 당연한 것이라 할 것이다. 파생과 굴절의 분류 기준을 인정하여 나누었다 하더라도, 나뉜 파생 내 또는 굴절 내에서 얼마만큼 더 파생적 또는 굴절적이고, 얼마만큼 덜 파생적 또는 굴절적이냐를 논의한다는 것은 그리 만만치 않은 작업이 될 것이다. 이렇듯 절대적인 것이 되지 못하고 있는 파생과 굴절에 대한 위의 기준들은 개별적인 것이라기 보다는 상호보완적인 관계를 가지는 것으로 이해되어야 할 것이다. 그에 근거하여, 일반적으로는 피동과 사동을 파생으로 다루고 있거니와, 본고에서도 일반적인 태도를 취한다.

2.1. 피・사동사의 성조를 살피기 위해서는 원동사 어간의 성조를 살펴 볼 필요가 있다. 본교에서는 파생과 활용의 서로 다른 성조적 실현양상을 살피는 데 주안점이 있으므로, 활용어미가 결합된 형태에서 원동사의 어간을 찾고, 그들을 파생어미가 결합된 형태와 비교하는 방법을 취할 것이다.

2.2 어기의 성조가 평성인 예(평성어간의 활용 예는 지면관계로 생략)

(1) a. LH: 가린〈楞-22ㄱ〉 거릃〈月一13ㄱ〉 걸여〈月十四 75ㄱ〉 도틸〈法五14ㄱ〉 들여〈釋十三 4ㄴ〉 마켜〈法三 83ㄱ〉 뭇겨〈法三 156ㄴ〉 믈여〈月九 58ㄴ〉 봇겨〈月序

4ㄴ〉 불여〈法七 50a, ㄴ〉 싸홈〈金 25ㄱ〉 얼켜〈法二 111ㄴ〉 ᄡᅩ쳐〈月十 25ㄱ〉
b. LHH: 가료ᄆᆞᆯ〈楞十 42ㄱ〉 걸이디〈月十七 42ㄱ〉 걸위여〈法四 160ㄱ〉 두피고〈月八 18ㄴ〉 들이면〈月卄一 103ㄴ〉 마키면〈月十三 17ㄴ〉 머키ᄂᆞᆫ〈楞八 126ㄴ〉 무뎻먼〈月二 45ㄴ〉 븜이뇨〈楞三 80ㄴ〉 얼쿄매〈法三 36ㄴ〉 자피여〈釋七 8ㄴ〉 조치여〈釋十九 31ㄱ〉 자피니〈月十 25ㄴ〉
c. LHLH: 가티노라〈月十三 16ㄴ〉 굴이거나〈釋九 37ㄴ〉 덞규ᄆᆞ로〈楞九 57ㄴ〉 들이거나〈月卄一 103ㄴ〉 바키시여〈月二 57ㄱ〉 불리신데〈月二 7ㄱ〉 얽쿄미오〈法五 168ㄴ〉
d. LHLHH: 싯기ᅀᆞᄫᆞ니〈月二 39ㄴ〉

(1′) 가린(LH)〈龍一 44ㄴ〉 조치샤(LHH)〈龍五 31ㄴ〉 싯기ᅀᆞᄫᆞ니(LHLHH)〈曲 20〉

위의 예들은 이른바 제 1기에 속하는 피동사의 예들로 어기의 성조는 평성이다. 음절수에 따라 각각 LH, LHH, LHLH, LHLHH로 나타나고, 그것은 운문자료인 (1′)의 예에서도 같은 모습을 보여 준다. 어기에서의 파생이라는 새로 형성된 단어의 어간부에 관점을 국한시킨다면 (1)과 (1′)의 예들은 우선 (2)와 같은 절차를 거친 것으로 이해할 수 있다.

(2) l+h→LH

즉, 파생접사의 기저성조를 단순한 거성으로 보고, 어기의 l에 접사 h가 결합되어 표면형 LH가 나온 것이라는 설명이 가능하다. 그와 같은 설명은 (3)과 (3′)에 보일 제 2기의 예들과, (4)에 보일 3기의 예들에 대해서도 가능할 것이다. 몇몇 예가 3음절에서 LHL과 4음절에서 LHLL을 보이고는 있으나 파생부의 LH형은 1기와 같은 양상을 보이고 있기 때문이다.

(3) a. LH: 가틴〈內二上 46ㄴ〉 가린〈南下 12ㄴ〉 불여〈금삼五 45ㄱ〉 사힌〈圓上二之二 155ㄴ〉 얼켜〈觀 5ㄱ〉 자펴〈圓上二之一 77ㄱ〉 저쳐〈南序 2ㄴ〉
b. LHH: 걸여셔〈內一 61ㄴ〉 돌이디〈內一6ㄱ〉 두텟ᄂᆞᆫ〈圓序58ㄴ〉 얼키여〈施食 43ㄴ〉자피고〈圓上一之二 45ㄱ〉
b′. LHL: 가리여〈圓上一之一二 23ㄱ〉 들윰과〈금삼三 56ㄴ〉
c. LHLH: 걸이ᄂᆞ닌〈圓上一之二 93ㄴ〉 사혀시며〈圓上一之二 48ㄱ〉 얼겨실식〈圓上二之四 31ㄱ〉 저치ᄂᆞ뇨〈금삼四 23ㄴ〉 ; 들이거든(LHLL)〈內一 6ㄱ〉

(3′) a. LH: 갓겨〈杜廿一30ㄱ〉 무텨〈杜八 64ㄴ〉 부쳐〈杜七 19ㄱ〉 블려〈杜八 9ㄱ〉 잇겨〈杜廿四 53ㄴ〉 뽀쳐〈杜廿26ㄴ〉
b. LHL: 결위옛〈杜十 29ㄱ〉 블료믈〈杜十五 7ㄱ〉 숣교매〈杜廿三 3ㄱ〉 싯교믈〈杜十五 27ㄴ〉; 들윰과(LHH)〈杜廿21ㄴ〉
c. LHLH: 노쳇도다〈杜十六 42ㄱ〉 며옛ᄂᆞ니〈杜七 25ㄴ〉 무티건디〈杜廿三 39ㄴ〉 연쳐시니〈杜廿二 16ㄴ〉; 무텨슈믈(LHHL)〈杜十六 66ㄴ〉 연쳐셰라(LHHL)〈杜十五 27ㄴ〉; 믈이리오(LHLL)〈杜廿四 30ㄱ〉

(4) a. LH: 거틸〈飜小八 1ㄴ〉 도틘〈朴上 68ㄴ〉
b. LHH: 나히던〈朴上 56ㄱ〉 마쿄미〈誡初 16ㄴ〉; 얽키고(LHL)〈朴上 68ㄴ〉
c. LHLH: 거티더라〈朴上 63ㄱ〉 좀겻ᄂᆞ니〈朴上 68ㄱ〉

다음에 보일 예들은 사동사의 예들이다. 예 (5)는 제 1기, 예 (6)은 제 2기, 예 (7)은 제 3기에 속하는 자료들로서, 앞에서와 마찬가지로 파생접사의 기저성조를 고정적 거성으로 보는 견해가 아직까지는 유효하다((2)를 참조). 운문자료인 (5′)와 (6′)의 예에서도 같은 모습을 보여준다.

(5) a. LH: 고펴〈月九 36上ㄱ〉 구필〈楞八 92ㄴ〉 구텨〈月一 8ㄴ〉 그쳐〈釋六 1ㄴ〉 놀여〈釋六 46ㄱ〉 너펴〈楞八 31ㄴ〉 노겨〈月十八 27ㄱ〉 누길〈月序 13ㄴ〉 니겨〈月十八 15ㄴ〉 니펴〈月十 87ㄴ〉 돌일〈楞八 83ㄴ〉 몰겨〈楞九 59ㄴ〉 볼깖〈楞一 2ㄴ〉 벗겨〈月十 5ㄴ〉 브텨〈月一 39ㄱ〉 심겨〈月九 48ㄴ〉 좀겨〈釋六 2ㄴ〉 저질〈月序 7ㄴ〉 주균〈月廿 124ㄴ〉
b. LHH: ᄌᆞ고아〈月廿一 177ㄴ〉 결이디〈月十八 18ㄱ〉 구류믈〈楞四 122ㄱ〉 구피듯〈楞八 92ㄱ〉 그치고〈釋六 2ㄴ〉 글효텨〈月七 13ㄱ〉 노니논〈楞九 98ㄱ〉 나필씨〈月十三 8ㄴ〉 돌요믄〈楞十 30ㄴ〉 도도온〈月二 72ㄴ〉 몰기샤〈月一 18ㄴ〉 머키는〈楞八 126ㄴ〉 무티면〈楞五 88ㄴ〉 볼기산〈楞三 91ㄱ〉 벗기샤〈釋十三 28ㄴ〉 빗이기〈釋六 10ㄴ〉 심굟더〈月十三 15ㄱ〉 안치면〈釋十九 6ㄱ〉 얼이고〈釋六 13ㄴ〉 주기며〈楞八 125ㄴ〉
c. LHLH: 갓기시니〈釋六 10ㄱ〉 글히더니〈月七 13ㄱ〉 노교미라〈楞八 31ㄴ〉 누규리라〈釋六 9ㄴ〉 들이시면〈釋九 15ㄱ〉 머기더니〈月二 12ㄴ〉 메오리오〈楞六 96ㄱ〉 볼꼴디라〈楞三 91ㄱ〉 심기샤믈〈月廿一 133ㄴ〉 안치숩고〈月八 94ㄴ〉 자피리라〈釋九 33ㄱ〉 저지거든〈楞八 13ㄱ〉
d. LHLHH: 싯겨지이다〈月廿三 90ㄱ〉 볼굛디니라〈楞四 82ㄱ〉 심기거시놀〈月十三 5ㄴ〉 주기숩더니〈月八 87ㄴ〉

d´: 볼기시니라〈月十七 90ㄱ〉 싯기ᅀᆞᄫᆞ니〈月二 39ㄴ〉 주기ᄂᆞ니라〈楞八 83ㄱ〉

e. LHLHLH: 주기ᅀᆞᄫᆞ니라(月一 7b)

(5´) a. LH: 들여〈曲 112〉 빗여〈曲 49〉 자펴〈曲 45〉

b. LHH: ᄌᆞᆽ고샤〈龍 114〉 그치샤〈龍 68〉 너피샤〈曲 187〉 들이니〈曲 184〉 볼교미〈曲 48〉 빗이고〈曲 65〉 주겨늘〈龍 106〉 ; 빠리ᄂᆞᆫ(LHL)〈曲 77〉

c. LHLH: 구티시니〈龍 37〉 그쳐시니〈龍 116> 깃기시니〈龍 45〉 기피시니〈龍 20〉 날이시니〈龍 88〉 노기시니〈龍 20〉 녀토시고〈龍 20〉 도도시니〈龍 85〉 마치시던〈龍 52〉 발기시니〈龍 30>밧기시면〈龍 52〉 빗이샤ᄃᆡ〈曲 117〉

d. LHHLH: 느치리잇가〈龍 17〉 들이ᅀᆞᆸ더니〈曲 51〉 얼유려터니〈曲149〉

d´. LHLHH: 니피ᅀᆞᄫᆞ니〈曲20〉((5'd)와 (5'd')의 차이에 대해서는 김완진 (1973:77-82 참조.)

(6) a. LH: 구펴〈금삼二 29ㄴ〉 니펴〈금삼三 26ㄱ〉

b. LHL: 구츄미〈內二下 7ㄴ〉 니표려〈內二下 70ㄴ〉 볼기샤〈금삼四 45ㄱ〉 벗기며〈內二下 14ㄱ〉 일우려〈금삼三 55ㄴ〉 ; 구표미(LHH)〈蒙 24ㄴ〉 도도아(LHH)〈蒙 61ㄴ〉

c. LHLH: ᄌᆞᆽ기시니〈內二下 65ㄴ〉 마초오미〈금삼二 29ㄴ〉 볼기시고〈금삼이 58ㄴ〉 저치ᄂᆞ뇨〈금삼四 23ㄱ〉 주기쇼셔〈內三 20ㄴ〉

(6´) a. LH: 갓겨〈杜廿一 30ㄱ〉 구펴〈杜八 53ㄴ〉 글혀〈杜廿 2ㄱ〉 무텨〈杜十六68ㄴ〉 블려〈杜十五 27ㄱ〉 얼여〈杜八 67ㄱ〉

b. LHL: 굿기며〈杯十五 21ㄴ〉 그츄물〈杜廿一 5ㄴ〉 글키고〈杜十五 4ㄱ〉 글히니〈杜七 38ㄱ〉 놀이고〈〈杜廿三 2ㄴ〉 니규믈〈杜十六 64ㄱ〉 빠리ᄂᆞᆫ〈杜廿 16ㄱ〉 머기ᄂᆞᆫ〈杜十五 4ㄱ〉 몌우믈〈杜廿 15ㄴ〉 브툐라〈杜廿三 4ㄱ〉 싯교ᄆᆞᆯ〈杜十五 27ㄴ〉 안치고〈杜廿二20ㄱ〉 자피리〈杜十六 12ㄱ〉 저지게〈杜十五 44ㄴ〉

c. LHLH: 그첫더니〈杜廿一 29ㄴ〉 느치노라〈杜十五 39ㄱ〉 볼기고져〈杜廿一 26ㄴ〉 무티놋다〈杜廿四 44ㄴ〉 저지더라〈杜廿四 25ㄱ〉

d. LHHLH: 그치시과뎌〈杜廿4ㄴ〉 볼규미니라〈杜十六 64ㄴ〉

(7) a. LH: 기린〈朴上 31ㄱ〉 도틴〈朴上68ㄴ〉 빗겨〈朴上21ㄱ〉

b. LHH: 나히던〈朴上 1ㄴ〉 싯기기〈朴上 56ㄱ〉 얼키고〈朴上 68ㄴ〉 주기린〈朴上 23ㄴ〉

c. LHLH: 머기ᄂᆞ녀〈朴上 57ㄱ〉

지금까지 우리는 파생되기 전의 동사어간, 즉 어기의 성조가 평성인 예들이 피・사동사로 파생되는 예들을 살펴보았다. 그 결과 피・사동접사의 성조를 고정적 거성이라고 보고, l+h→LH로 보는 설명이 가능함을 알았다. 그러나 그럴 경우 우리는 '어간+

활용어미'의 결합에서 평성어간과 고정적 거성을 갖는 활용어미들 간의 관계와 표면상 아무런 차이도 발견할 수 없게 된다. 일단 여기서는 피·사동사의 어간이 LH로 나타남을 기억하고 다음 예들을 살피기로 하자.

2.3 어기의 성조가 상성인 예

(8) a. LH: 옮길〈月序 23ㄴ〉 옮겨〈釋六 36ㄴ〉
b. LHH: 허료믈〈楞五 48ㄴ〉
c. LHLH: 앗이리니〈月二 5ㄴ〉
(9) a. LH: 멀인〈금삼三 56ㄱ〉 밀여〈續三烈 4ㄱ〉 믈여〈圓下一之一 31ㄱ〉 옮겨〈圓上二之二 28ㄱ〉
b. LHH: 옮겨믄〈圓上二之二 28ㄱ〉 옮교매〈금삼三 4ㄱ〉
c. LHLH: 옮교미라〈圓上二之二 28ㄴ〉
(9′) 멀여(LH)〈杜八 53ㄴ〉 밀유미(LHL)〈杜十六 20ㄴ〉 허리노라(LHLH)〈杜七 13ㄱ〉

예 (8)과 (9)는 어기의 성조가 상성인 동사에서 파생된 피동사의 예들로, 각각 1기와 2기에 속하는 자료들이다. 3기에 속하는 자료에서는 적절한 예를 찾지 못하였다. (8)과 (9)의 예들도 앞서 살펴 본 바와 같이 음절수에 따라 각각 LH, LHH, LHLH로 실현되고 있다. 그 것은 상성이 표면에서 그대로 유지되고 있는 예(10)의 활용형들과는 거리가 있는 모습이다.

(10) 멀오(RH)〈楞二 45ㄱ〉 머르쇼셔(RHLH)〈月二 72ㄴ〉 미르시리(RHLH)〈龍 99〉 미ᄂᆞ니와(RHLH)〈圓上一之一 89ㄴ〉 옮거늘(RHL)〈금삼三 24ㄱ〉 헌(R)〈杜八 66ㄴ〉 헐오(RH)〈釋十三 21ㄱ〉

그에 대해 우리는 우선 두 가지의 다른 설명가능성을 가지고 있다. 그 첫째는 상성어간 1-h가 예 (11)에서처럼 다음 음절에 끝의 h를 이송시킨다는 것이다.

(11) 거려(LH)〈楞八 93ㄱ〉 더라(LH) 〈曲123〉 도라놀(LHH)〈曲 151〉 마라(LH)〈月十20ㄴ〉 모라(LH)〈楞七 4ㄱ〉 우러(LH)〈杜七 24ㄱ〉 우ᅀᅡ(LH)〈曲 168〉 이러(LH)〈龍 2〉 조라(LH) 〈法一 190ㄱ〉 지ᅀᅡ(LH)〈曲 76〉 허러(LH)〈釋九 15ㄱ〉

이른바 '유동적 상성의 규칙'(김완진 1973: 97)이라 할 것으로 피동접사의 성조를 고정적 거성으로 볼 경우 (12)와 같이 정리될 수 있다.

(12) l-h+h→lh+h→ h'h→LH

그러나 (12)와 같은 규칙의 적용은 어미가 (11)에서와 같이 모음으로 시작되어야 하는 것이지, (8)과 (9)의 '옮기-'에서처럼 자음으로 시작되는 어미에도 적용되는 것은 아니다.

또 다른 설명으로는 김완진(1973: 69-76)에서와 같이 抹消子를 설정하는 것이 있다. 즉, 피·사동접사에 말소자가 얹혀 있는 것으로 보고, 그 抹消子가 어간의 h를 '발화 밖으로 밀어낸다'고 설명하는 것이다. 따라서 (8)과 (9)에서의 LH는 (12)와 같은 규칙에 의해서가 아니라 (13)과 같은 규칙에서 온 것이라는 것이다.

(13) l-h+ˣh→(l-ø+h)→ l+h→ LH(ˣ: 抹消子)

抹消子의 권한이 어기의 h에만 작용되는 것이라는 단서를 붙인다면 앞서 살핀 평성어간의 예들에도 확대 적용이 될 수 있고, 다음에 살필 상성어기의 사동사들에도 같은 설명이 가능하다.

(14) a. LH: 길워〈釋九 17ㄱ〉 놀여〈月九 36上 ㄴ〉 멀워〈月序 4ㄱ〉 메원〈釋十三 19ㄴ〉 뮈워〈楞一 40ㄴ〉 새일〈月序 17ㄴ〉 옮겨〈月十三 35ㄱ〉 조려〈月一 5ㄱ〉
b. LHH: 길우며〈楞八 30ㄴ〉 놀요ᄆᆞᆫ〈楞六 59ㄱ〉 말이디〈釋十三 46ㄴ〉 물이곤〈楞六 100ㄴ〉 뮈우ᄂᆞᆫ〈楞十 5ㄴ〉 살요ᄆᆞᆫ〈月十七 39ㄴ〉 옮교미〈楞一 37ㄱ〉 열우려〈楞四 41ㄴ〉 조료ᄆᆞᆯ〈月一 47ㄴ〉 헐이디〈月十 70ㄱ〉
c. LHLH: 길이시니〈月八 84ㄱ〉 물이ᄂᆞ니〈楞八 124ㄴ〉 뮈우거ᄂᆞᆯ〈楞十 66ㄱ〉 살이시고〈月二 77ㄱ〉 ; 허리ᄂᆞ니〈釋十一 35ㄱ〉
d. LHHLH: 길이더시니〈月八 91ㄴ〉
d´. LHLHH: 살이시니라〈月二 77ㄱ〉

(14´) a. LH: 옮겨(曲 105)
b. LHH: 달이나〈龍 94〉
c. LHLH: 일우시니〈龍 104〉
d. LHHLH: 달이ᅀᆞᆸ거늘〈龍 58〉
d´. LHLHH: 말이ᅀᆞᄫᆞᆫ돌〈龍 26〉

(14)의 예는 제 1기의 산문자료이고, (14')의 예는 제1기의 운문자료들이다. 앞에서 살핀 예들과 같이 '어기+파생접사"가 표면성조형에 있어 LH를 보여줌은 동일하다. (14 b, c)의 '살이다'와 (14' c)의 '일우다'에 대해서는 좀더 살펴 볼 필요가 있다. 이른바 'ᄋᆞ/으 파생'이라고 하는 '사ᄅᆞ다, 이ᄅᆞ다' 등의 례가 있기 때문이다. 'ᄋᆞ/으 파생'의 다른 예와 함께 살펴보기로 하자.

(15) a. 八敬法을 너므디(LLH) 아니ᄒᆞ야〈月十 20ㄱ〉
　　b. 머리를 도ᄅᆞ라(LLH)〈杜八 5ㄱ〉
　　c. 能히 답껴 주그닐 도로 사ᄅᆞᄂᆞ니(LLLH)〈法二 203ㄱ〉
　　d. 檀香紫金像ᄋᆞᆯ 이ᄅᆞᅀᆞᄫᆞ니〈月卄一 188ㄴ〉
　　e. 오시 ᄌᆞᄆᆞ기(LLH) 우르시고〈月八 101ㄱ〉(어기가 평성인 예와 중세 국어에서 파생 관계를 인식할 수 없는 예는 제외)

(15)의 예는 상성어기인 '넘-, 돌-, 살-, 일-'과 거성어기인 '좀-'에서 파생된 예들이다. 그들은 사동사로 볼 경우 '어기+파생접사'에 있어 파생접사 'ᄋᆞ/으'의 기저성조를 말소자가 얹혀있는 1로 보고 어기의 1-h(또는 h)에서 h가 말소된 것으로 이해할 수 있다.

그렇지만 그들의 표면형 LL은 앞서 살핀 LH라는 것과는 거리가 있고 (15)에 보인 예들에서 사동주를 찾기 또한 어렵다. 또 그들의 사동사로는 '넘구-, 돌리-, 살이-, 일우-, 좀기-'등이 발견되므로, (15)의 동사들을 일단 타동사로 파생된 예로 다루기로 한다. 그렇다고 해서 그들 사이의 의미·기능상의 교집합이 형성될 가능성까지 부인하는 것은 아니다.

(16) a. LH: ᄂᆡ여〈內二下 51ㄴ〉 메워〈금삼二 58ㄱ〉 웃윰〈금삼四 59ㄱ〉
　　b. LHL: 길오디〈금삼三 56ㄴ〉 놀요몰〈금삼二 25ㄴ〉 메우며〈금삼四 45ㄴ〉 옮교매〈금삼三 4ㄱ〉 웃유미〈內二下 73ㄱ〉 ; 불요몰(LHH)〈蒙 44ㄴ〉 옮교몰(LHH)〈蒙 65ㄱ〉
　　c. LHLH: 매우샷다〈금삼二 2ㄱ〉 웃요리라〈內序 4ㄴ〉
　　d. LHHLH: 웃이리로다〈금삼二 28ㄴ〉
(16') a. LH: 옮겨〈杜七 21ㄱ〉
　　b. LHL: 놀요몰〈杜卄二17ㄴ〉 뮈우디〈杜十五 44ㄴ〉 살이고〈杜卄四 27ㄴ〉 옮교매〈杜卄 11ㄱ〉 울요매〈杜卄一 17ㄴ〉

c. LHLH: 길우노라〈杜廿五 19ㄴ〉 뮈오도다〈杜廿 39ㄴ〉 옮기놋다〈杜廿 40ㄴ〉 허리노라〈杜七 38ㄱ〉

d. LHHLH: 뮈우리로다〈杜廿一 12ㄴ〉

d′. LHLHH: 뮈오숩다니〈杜廿五 52ㄴ〉

(17) a. LH: 몰여〈杜上 21ㄴ〉 메워〈杜上 45ㄴ〉

b. LHH: 놀이며〈杜上 52ㄴ〉

(16)의 예는 제 2기 산문자료에서의 상성어기 사동사이고, (16′)의 예는 운문자료의 예이다. (17)에서의 예는 3기에 속하는 번역박통사의 것들이다. 번역박통사가 가지고 있는 자료상의 성격이나, 번역박통사에 나타나는 다른 자료들과 비교해 볼 때, 상성어기이기 때문에 예상되는 *RH, *RHH 등은 보이지 않고 대부분 앞에서와 같은 LH, LHH 등을 보여 준다. 그것이 말소자에 의한 h의 탈락인지, 아니면 파생접사가 모음으로 시작되고 있음으로 해서 1-h 의 h가 이송된 것인지에 대해서는 보다 많은 고려를 요한다.

지금까지 우리는 상성어기의 동사들이 피・사동사로 파생된 예들을 보았다. 표면에 나타나는 LH에 대해, 고정적 거성을 갖는 파생접사 위에 말소자를 얹음으로써 설명이 가능하였다. 이제 그러한 설명이 거성어기의 동사들에 대해서도 설명이 가능한지 살펴보기로 하자.

2.4.어기의 성조가 거성인 예

(18) a. LH: 돌인〈月八 7ㄴ〉 돋겨〈楞十 45ㄴ〉 솔려〈渾九 37ㄱ〉

b. LHH: 돌요미〈楞八 93ㄱ〉솔이디〈月二 28ㄴ〉빤일씨〈月十四 7ㄴ〉 ; 쀠이고 (RHH)〈觀 12ㄴ〉

c. LHLH: 잘이ᄂᆞ니〈月八 36ㄴ〉 솔이다가〈楞八 113ㄴ〉

d. LHHLH: 솔이ᄂᆞ니라〈月八 11ㄴ〉

(19) LHH: 돋겟고〈圓序 13ㄴ〉 솔요딕〈圓上二之二 131ㄱ〉 ; 뻐옛ᄂᆞᆫ(LHL)〈금삼二13ㄱ〉

(19′) a. LH: 둠겨〈杜八 64ㄴ〉 쌂겨〈杜十六 56ㄴ〉

b. LHH: 쪼이ᄂᆞᆫ〈杜廿 41ㄴ〉 드렛고〈杜十五 15ㄱ〉

c. LHLH: 골이ᄂᆞ뇨〈杜廿三 33ㄱ〉 돌엣ᄂᆞ닐〈杜廿一 25ㄱ〉

예 (18)과 (19)는 각각 1기와 2기에 속하는 피동사의 예들이다. 그들의 어기성조와 활용에서의 예 (20)이 보여 줄 것이다.

(20) ᄀᆞ라(HH)〈月一 29ㄱ〉 ᄉᆞᆯ오(HH)〈月七 64ㄱ〉 ᄢᅮ어(HL)〈觀 12ㄴ〉 ᄃᆞᆯ어든(HLH)〈南下 1ㄴ〉 ᄃᆞ마(HL)〈月十 119ㄱ〉 들어시니(HHLH)〈法三 55ㄴ〉 ᄡᆞᆷᄂᆞᆫ(HL)〈杜八 26ㄱ〉 ᄈᆞᄂᆞᆯ(HL)〈六祖序 8ㄱ〉 ᄉᆞᆯ어ᄂᆞᆯ(HLH)〈楞五 35ㄴ〉

예 (20)에서와 같이 거성어기의 동사들이 보여 주는 활용형의 성조와는 달리, (18)과 (19)에서는 평성·상성어기 동상의 파생과 같이, 음절수에 따라 LH, LHH, LHLH, LHHLH를 보여 준다. 아들에 대해서도 파생접사에 말소자를 얹을 경우(21)과 같은 규칙으로 나타낼 수 있을 것이다.

(21) h+^{x}h→ø+h→LH

그러나 (21)을 앞의 (13)과 그 양상을 같이하는 것으로 보는 데에는 어려움이 있다. 상성어기에서 파생된 피·사동사의 어간이 표면형 LH를 실현하는 것은 1↔h+h→1+h로 설명되어 표면에 나타나는 L의 존재에 대한 설명이 필요하게 된다. 그에 대해서 성조의 표기수단인 방점이 거성에 대해 설명이 필요하게 된다. 그에 대해서 성조의 표기수단인 방점이 거성에 대해 1점을, 상성에 대해 2점을, 그리고 평성에 대해서는 무점을 채택하고 있음과 같이 별도의 평성 도입절차가 불필요한 것이라는 논의도 가능하다. 그러나 그럴 경우 ø가 곧 L이냐 하는 것도 문제이지만, 앞의 상성어기에서 1-h가 1-1로 되어 표면에서 장음으로 나타날 것이 기대된다. 중세국어에서 1-1이나 h-h 또는 h-1과 같은 형태의 장음을 나타내는 수단이 없어 확인할 수는 없지만, 현대 경상방언의 경우 장음어기의 파생이 단음으로 바꿔어 실현됨은 많은 것을 시사한다.

상성어기에서 파생된 피동사어간의 성조 LH를 설명하기 위해 우리는 거성의 기저형을 (22)에서와 같이 h-1로 잡을 수도 있다.

(22) h-+^{x}h→ø-1+h→1+h→LH

그러나 (22)는 말소자의 힘이 바로 앞의 h에만 작용되는 (13)과는 거리가 있을뿐더러, '나ᄂᆞ니라(HHLH)〈釋十三 10ㄴ〉 드ᄂᆞ니라(HHLH)〈楞一 81ㄱ〉'에서의 '-ᄂᆞ-'가 H로 나타나는 이유를 설명할 수도 없다.

예 (23)과 (24)에 보일 거성어기의 사동사에 있어서도 그와 같은 문제는 여전하다.

(23) a. LH: 숨겨〈楞十 45ㄱ〉 퓌운〈楞七 16ㄴ〉 쁴위〈楞一 37ㄴ〉
b. LHH: 띄오고〈月八 99ㄱ〉 숨기며〈楞六 49ㄴ〉
c. LHLH: 숨기고져〈楞六 95ㄴ〉
(24) a. LH: 쀠여〈內二下 52ㄱ〉
b. LHL: 싀이며〈內序 7ㄱ〉 뻐이샤〈內二下 51ㄴ〉 띄오샤〈內二下 55ㄴ〉 ; 셸이디 (LHH)〈內一 4ㄴ〉
(24′) a. LH: 쑴겨〈杜十六 56ㄴ〉 헐여〈杜廿 12ㄴ〉
b. LHH: 띄우물〈杜十六 13ㄴ〉 헐우고〈杜十五 6ㄱ〉
c. LHLH: 찌오ᄂᆞ니〈杜十五 26ㄴ〉 띄오놋다〈杜八 60ㄱ〉 허리노라〈杜七 13ㄱ〉

평성어기를 갖는 피·사동사의 관찰을 통해, (2)에서와 같이 피·사동접사가 고정적 거성을 갖는 것으로 이해했던 우리는, 상성어기를 갖는 피·사동사의 설명을 위해 (13)에서와 같이 피·사동접사 위에 말소자를 얹음으로써 큰 무리없이 설명할 수 있었고, 말소자의 권한이 어기의 h에 대해서만 행하여진다는 조건을 달아 평성어기의 피·사동사에도 확대 설명할 수 있다. 그러나 말소자의 권한은 거성어기의 피·사동사에 와서 (21)과 같이 됨으로써, (13)과는 상충되는 결과를 낳고 말았다. 그와 같은 결과는 성조를 보는 우리의 기저성조를 설정하고 표면성조형은 그들의 결합으로 보려 하는 것은(대자화 이후의 규칙과는 별개의 문제), 예 (10)이나 (20)과 같은 활용층위에서는 타당한 것이었다. 그러나 파생에 있어, 그와 같은 방법론은, 관찰대상에 따라 새로운 조건의 부가를 요구하고, 부가된 조건은 상반된 설명을 요구하게 되는 것이다. 이의 극복을 위해 우리는 성조체계를 2원적으로 이해하려 한다. 형태론적으로 볼 때는, 개별형태소의 결합이라는 면에서 파생과 굴절이 모습을 같이하지만, 성조규칙에 있어서까지 같은 모습을 기대한다는 것은 온당한 것으로 보기 어렵기 때문이다.

지금까지 보여진 자료를 통해 우리는 피·사동파생에 대한 다음과 같은 새로운 규칙을 설정할 수 있다.

규칙 1: 일음절 동사 어기는 피·사동접사에 의해 파생될 경우 조건없이 1h로 된다.

1h는 표면에서 바로 LH(또는 음절 축약시 R)로 실현되는 것으로 그 어기가 평성어든, 거성이든, 나아가 어미에 의해 성조가 결정되는 동사(예를 들면 ᄒᆞ-, 보-, 나- 따위), 즉 λ성조를 갖는 것이든 간에 관계없이 피·사동파생이라는 문법적인 정보에 의해 적용되는 것이다. 〈규칙 1〉은 자료의 성격이 산문이든 운문이든, 또 자료의 시기가

1기, 2기, 3기 어느 것이든 간에 적용에 제한이 없다.

〈규칙 1〉에서 피·사동접사에 의한 파생이라는 조건은 구체적임 성조의 실현이 음절을 동반하기 때문이었다. 예 (25)에 보이는 이른바 ø파생에 의한 피동사들은 그 ø가 담백한 ø임을 보여준다.

(25) 그초니(LHL)〈금삼四 24ㄴ〉 뻬오(RH)〈月一 28ㄱ〉 둡ᄂᆞ다(HLH)〈南上 40ㄴ〉 드니(LH)〈杜八 35ㄴ〉 박거늘(LLH)〈曲 41〉 얼것고(LHL)〈杜廿一 4ㄴ〉 ᄌᆞ마(HH)〈月九 22ㄱ〉 허터(LH)〈杜二 122ㄱ〉

〈규칙 1〉이 굴절형태소들이 결합되는 것에 앞서는 규칙임은 당연하거니와, 그 규칙은 H'→ L/LH—H…로 나타내지는 순행규칙(김완진 1973: 77-82)과도 밀접한 관련이 있는 듯이 보인다. 순행규칙은 거성 연속규제규칙에도 앞서는 것으로 보이기 때문이다(5음절 이상의 예 참조).

2.5. 예외인 듯한 예에 대한 이해

엄밀한 의미에서 예외란 존재하지 않는다는 것이 기본적인 입장이다. 언어 기술에 있어 예외란 한 체계 내에서 설명이 어려운 것일 뿐 그것이 전체 언어체계 속에서조차 미아인 것은 아니라는 것이다. 우선 〈규칙 1〉에 대한 예외인 듯이 보이는 예 (26)을 보자.

(26) a. 엇뎨 이 中에 ᄂᆞ외야 다른 物을 드리료(HLH)〈楞五 7ㄱ〉
b. 우리 父母ㅣ 太子씌 드리ᅀᆞᄫᆞ시니(HHLHLH)〈釋六 7ㄱ〉
c. 供養앳 거슬 버리고(RLH)〈月十 120ㄴ〉
d. 밥 오나ᄃᆞᆫ 입 버리고(RLH)〈금삼五 25ㄱ〉
e. 舍利弗을 업시ᄫᅡ(RLH)〈曲 155〉

(26)에 보이는 동사들은 각각 '들-, 벌-, 없-'과 파생관계가 연상되는 동사들이다. 그렇지만 그러한 파생관계는 중세국어 이전에 이미 종결된 것으로 이해된다. 어휘부에 등재된 어휘는 생성, 마멸, 소멸 등의 일생을 거치는 것으로 생각되는데, (26)에 보이는 예들은 이미 새로운 어기, 즉 타동사로서 어휘부에 등재된 것으로 보인다. 특히 (26a, b)의 '드리다'는 (19'b)의 '드리다'의 성조와 좋은 대조를 이룬다.

또 고정적 결합관계를 갖는 상성어기, 예를 들면 '곱-, 얻-, 쉽-' 등은 〈규칙 1〉의 적용을 받지 않는 예외인 듯이 볼 수도 있다. 그러나 그러한 거부양상은 성조론의 문제는 아니다. 현대국어의 예 (27)에서처럼 그들은 피・사동파생규칙의 적용 자체를 거부하는 동사들로 볼 수 있는데, 피・사동파생규칙의 적용 여부에 대한 것은 어휘부 내의 개별어휘에 포함된 정보인 것이기 때문이다.

(27) 가다, 곱다, 느끼다, 만나다, 받다, 다사, 얻다, 쉽다, 지키다, 찾다 등.

2.6. 중세국어와 경상도 방언의 피・사동 성조형

중세국어의 피・사동사와 경상도 방언의 그것은 성조형에 있어 다소 차이를 보이지만, 같은 맥락 속에서 설명될 수 있는 경상도 방언의 고조를 중세국어의 거성과 같은 것으로 볼 경우, ㅍ동에 있어서는 LH('이'파생)의 두 가지 규칙이 존재한다. 중세국어에 있어 같은 모습을 지녔던 '이'파생의 사동사가 HL로 된 것은 파동의 '이'파생과 그 형태가 같기 때문에, 변별력을 부여하기 위한 것으로 이해된다. '우'파생은 다른 형태를 보이므로 굳이 성조형을 바꿀 필요가 없었던 것이다(구체적 예는 생략).

3. 지금까지 우리는 1음절 어기에서 파생된 피・사동사의 성조에 대해 살펴 보았다. 그 결과 다음과 같은 사실을 알 수 있었다.

(1) 파생층위, 특히 피・사동파생과 굴절층위에 존재하는 성조규칙은 서로 다르다.
(2) 그 규칙은 피・사동파생이라는 문법적인 정보를 지닌 LH로의 실현이다.
(3) 중세국어 당시 피동사와 사동사의 성조규칙에는 구별이 없었다.
(4) 이른바 ø-파생의 ø는 순수한 ø였다.
(5) 'ᄋᆞ/으'파생을 비롯하여 예외인 듯이 보이는 예들은 피・사동사로의 파생과는 별개의 것이었다.
(6) 경상도방언에서 피・사동파생의 성조도 같은 맥락 속에서 이해된다.

그러나 본고에서의 논의는 문제의 해결보다는, 오히려 많은 문제를 제기한 셈이 되었다. 본고에서는 미루어 놓았던 2음절 이상의 어기에 대한 문제가 그렇고 또한 복합어 형성의 문제가 그렇다. 그들이 해결된다 하더라도 그들이 전체 성조체계 속에서 어떠한 모습으로 어떤 위치에 자리잡는가 하는 것 또한 큰 문제가 될 것이다.

18.『원각경언해』

1.1. 본고는『원각경언해』가 가지고 있는 전반적인 모습을 살펴, 그의 역사적인 가치와 의미를 재조명하는 데에 일차적인 목적이 있다. 그와 함께 역사 자료를 대할 때에 고려해야 할 제반 문제들을 짚어보면서 그 동안 우리가 자료를 대하면서 취해왔던 태도를 되돌아보려는 의도도 가지고 있다. 그를 위하여 우리는 먼저『원각경언해』를 살폈던 기존의 연구 결과를 개관하고, 원각경의 배경과 줄거리 및 불경 내에서의 원각경의 위치와 의의도 아울러 살펴볼 생각이다. 그러한 검토의 필요성은 간경도감을 통하여 언해된 중요 불경 자료들과의 관계와 원각경을 비롯한 간경도감 언해류들의 성격들이 한번쯤은 검토되어야, 그들 언해류들이 보이고 있는 언어 사실의 의의가 보다 선명해질 수 있으리라는 소박한 믿음에 기대고 있다.

현재 전하고 있는 역사 자료에 대한 보다 충실한 서지 사항의 조사, 검토 태도는 역사 자료를 대하는 이들이 지녀야 할 기본적인 덕목이거니와『원각경언해』를 살피려는 우리도 먼저『원각경언해』의 서지 사항을 살핀 후에『원각경언해』가 보이는 표기, 음운(특히 성조), 구결과 같은 상대적인 언어적 특징과 함께『원각경언해』의 언어 외적인 특징에도 주목할 생각이다.『원각경언해』가 가지고 있는 가치는 바로 그러한 과정 속에서 자연스럽게 드러날 것이기 때문이다.

1.2.『원각경언해』에 대한 그간의 연구 결과는 그리 충분하다고 하기는 어려운 형편이다. 이기문(1972)와 안병희(1979) 등에서 국어표기에 ㆆ과 각자병서가 폐기된 점이 지적되었고, 김상대(1985)에서『원각경언해』의 구결이 일부 검토되었을 뿐이다. 간경도감에서 나온 다른 언해류, 이를테면『능엄경언해』나『법화경언해』등에 대한 연구 결과에 비하면 보다 적극적인 검토의 기회는 상대적으로 적었다고 할 수 있다.『원각경언해』의 서지 사항에 대해서는 안병희(1979)에 소개된 바 있으나 본고에서는 뒤에 다시 한번 살펴볼 생각이다.

2.1. 알려진 바와 같이 원각경의 정확한 명칭은 '大方廣圓覺修多羅了義經'으로,[1] 世尊과 12보살들과의 문답이 그 내용을 이루고 있다.[2] 보살들이 석존에게 질문한 내용

의 몇몇은 다음과 같다.

(1) ㄱ. 중생들은 원각의 청정경계를 얻어듣고 어떻게 수행하여야 하는가?
ㄴ. 중생들은 어떻게 사유하며 주재해야 하는가?
ㄷ. 중생이 원래 성불이라고 한다면 어찌 일체가 다시 무명이라 하는가?
ㄹ. 무명을 중생이 본래 가지고 있는 것이라면 어떤 인연으로 본래 성불이라 다시 설하였는가?
ㅁ. 시방의 이생이 본래에 불도를 이루고 뒤에 무명을 일으켰다면 일체의 여래는 어느 때에 다시 일체의 번뇌를 일으킬 것인가?
ㅂ. 중생의 세 가지 근성에 따른 수행 방법은 무엇인가?

위의 (1)에 든 질문들은『원각경』의 각 장을 구성하고 있는 질문 중의 몇몇이다. 질문의 내용에서도 드러나 있듯이『원각경』은 대승경전에 속하는 불경이다. 이미 알려진 사실이지만 간경도감에서 펴낸 불경들의 면면을 살펴보아도,[3] 당시 우리나라 불교의 주된 경향이 대승불교에 있었음을 알 수 있다.[4]『원각경』은 대승 경전 가운데에서도 고등교과에 속하는 내용을 담고 있는 불경이다. 간경도감에서 펴낸 불경언해로는『능엄경』(1462)과『법화경』(1463),『선종영가집』『금강경』『반야심경』『아미타경』(1464) 그리고『원각경』(1465)과『목우자수심결』『법어』(1467)의 아홉 가지에 이른다. 이들의 면면이 고등교과 이상의 경전들이라는 점은,[5] 당시 불교의 수준이 상당

1) 줄여서 부르는 명칭으로는 위의『원각경』이외에도, '대방광원각경' '원각수다라요의경' '원각요의경' 등이 있다.

2) 12菩薩은 文殊菩薩, 普賢菩薩, 普眼菩薩, 金剛藏菩薩, 彌勒菩薩, 淸淨慧菩薩, 威德自在菩薩, 辨音菩薩, 淨諸業障菩薩, 普覺菩薩, 圓覺菩薩, 賢善首菩薩이다.

3) 간경도감에서 펴낸 불경 목록에 대해서는 천혜봉(1991)을 참조할 것. 당시 간경도감에서 펴낸 불경 가운데 언해된 것은 상대적으로 적은 양이었음을 알 수 있다.『원각경』의 경우에는 1464년에 한문으로 된『원각경』3권이 간경도감 본사에서 간행되었고, 세조의 구결에 의한 언해는 1465년에 이루어진 것이다.

4) 소승불교의 경전으로는『아함경』『육방예경』『불소형찬』『법구경』『대반열반경』『부모은중경』『백유경』『불본행집경』등을 들 수 있고, 대승불교의 경전으로는『반야심경』『금강경』『인왕경』『화엄경』『법화경』『원각경』『열반경』『능엄경』『아미타경』등을 들 수 있다. 간경도감의 언해 작업의 경향도 대승 경전이 주종을 이루고 있으나, 보다 많은 작업이 이루어졌던 한문본의 경우에도 그 주된 경향은 대승 경전에 있었다.

5) 이들 가운데『반야심경』과 같은 불경은 입문적인 경전이라고 할 것이지만, 그 경에 담긴 교리적인 면이나 철학적인 면의 내용으로 보아서는 반드시 입문적인 경전이라고만 할 수 없는 것이다.

한 것이었음을 짐작할 수 있게도 한다. 이들 불경에는 언해 부분에 개별 한자에 대하여 각각 주음이 되어 있는데, 이들 불경에서 행해진 한자와 한글 주음과의 관계에 대한 김완진(1972)에서의 지적대로, 종교적인 것을 내용으로 하는 서적에서 이루어진 한자에 대한 주음은 일반 서민들을 독자로 상정했을 경우의 결과로 볼 수도 있기 때문이다. 그렇지만 그러한 불교의 수준을 사회 전반적인 불교의 수준으로 보는 데에는 무리가 있다. 오히려 불경 언해 작업을 주도한 일부 — 이를테면, 궁중의 사람들 — 의 불교 수준이라고 하는 것이 올바른 표현이 될 것이다. 일반 서민을 독자로 상정했을 경우에 간행했음직한 불교의 초심자들을 배려한 입문적인 경전이나 초학의 경전들은 간경도감에서 언해되지 않았기 때문이며, 정치사회적인 전반적인 분위기는 오히려 유교를 받드는 쪽이었기 때문이다. 언해서임에도 불구하고, 『원각경언해』와 『법화경언해』 등에 보이는 언해되지 않은 주 부분이 있다는 점도 그와 같은 맥락에서 눈에 띄는 점이다.[6)]

2.2. 우리가 보는 『원각경언해』는 당나라 종밀의 『원각경대소초』에 세조가 구결을 달고, 신미・효령대군・한계희 등이 번역을 하여 1465년(세조 11년) 간경도감에서 간행한 책이다. 책의 맨 뒤에는 간경도감 도제조 황수신의 箋(1463년 3월 19일자)과 황수신・박원형・김수온 등의 雕造官이 열거되어 있다. 이러한 『원각경언해』의 현존본은 크게 보아 네 가지로 그 성격이 구분된다. 현존본 소장처의 장서 목록에 기댄 『원각경언해』의 소장 현황은 다음의 (2), (3), (4), (5)로 정리될 수 있다. (2), (3), (4), (5)에 제시된 번호들은 각 소장처의 소장 번호이다.[7)] 이제 그들의 각각을 살펴보기로 하자.

(2) ㄱ. (심악) ㅇ 51-1 191
  ㄴ. (일사) 古貴 294.33-W49bd

---

6) 한자에 대한 한글 주음이 달린 책에 대하여 순수히 문자적인 면에서 이해한다면 무학의 독자들을 대상으로 하여 간행된 책으로 볼 수 있지만, 그렇게 이해하기 위해서는 현실적인 문제에 대한 보다 명확한 이해를 필요로 한다. 뒤에 이야기되겠지만, 불교 경전들내에서의 한글 주음이 달린 책들의 위치 문제가 그 하나이고, 간행된 책들의 절대적으로 적은 숫자도 보다 적극적인 설명을 기다리고 있기 때문이다. 실로 무학의 독자들에게 종교적인 의도를 가지고 읽힐 목적이었다면, 내용이 보다 쉬웠어야 하고 보다 많은 숫자의 책이 찍혔어야 할 것이기 때문이다.

7) 이하 약호로 소개된 소장처는 각각 다음과 같다.
서울대규장각(古), 서울대규장각(奎중), 서울대가람문고(가람), 고려대경화당문고(경화당), 고려대도서관(고대), 국립도서관(국), 국사편찬위원회(국편), 고려대만송문고(만송), 성균관대도서관(성대), 성암문고(성암), 고려대신암문고(신암), 이숭녕선생(심악), 고려대육당문고(육당), 서울대일사문고(일사), 한국정신연구원장서각(장), 고려대화산문고(화산)

ㄷ. (일사) 古貴 294.334-Si65d

(3) (古) 1730-9A-1/2

(4) ㄱ. (古) 1730-9

ㄴ. (古) 1730-9B

ㄷ. (가람) 古 294.334-B872w-1465-v.1-10

ㄹ. (성암) 3-266/1176[8)]

ㅁ. (일사) 古 294.33-W49b

(5) (古) 1730-9C

위의 (2)는 1465년(세조 11)의 원간본으로 생각되는 책들이고, (3)은 1472(성종 3)의 중간본 계열의 책이다. (4)는 중간본이 나온 이후에 중간본을 판하로 1575년(선조 8) 전라도 안심사에서 복각한 복각본들이다.[9)] (5)는 崇德3年(1638)의 시주질을 가지고 있는 1575년(선조 8)의 전라도 안심사 개판본이다. 우리가 현존 『원각경언해』를 위와 같이 분류한 기준은 다음의 세 가지이다.

(6) ㄱ. 권두서명 뒤에 나오는 '御定口訣/慧覺尊者臣僧信眉孝寧大君臣補仁順府尹臣韓繼禧等譯'이라는 2행의 공란 여부[10)]

ㄴ. 판심의 구와 어미의 모습과 어미에 남겨진 각수명

ㄷ. 책의 내용

(6)에 보인 기준에 의해 현존본을 구분해볼 때, (4ㄱ)을 그 표준으로 삼는 것은 여러모로 편리하다. (4ㄱ)은 원간본은 아니지만, 우선 완질을 갖추고 있는 선본이기 때문이다. (4ㄱ)은, (6)의 기준에 기대어 볼 때 권두서명 뒤의 2행이 공란으로 비어 있으며, 판심은 백구흑어미를 보이고 있다. 어미 부분에 각수명으로 보이는 '㑒, 云, 一, 玄, 셰, 仝, 太, 氷, 自, 水, 尙' 등의 음각 글자도 가지고 있는데, 이것도 또한 현존본의 계통을 살피는 데에 참고가 되는 점들이다.[11)] (4ㄱ)을 표준으로 삼을 때 (4ㄱ)의

---

8) 성암문고 소장 번호의 '/'표시 앞의 번호는 장서목록의 번호이고, 뒤에 쓰인 번호는 해당 책에 다시 붙여진 번호이다.

9) (4)의 『원각경언해』를 찍은 목판은 6·25 사변 전까지 보관되었었다고 한다. 언해는 아니지만 원각경의 목판은 몇몇 사찰에 아직 소장되어 있어 살펴볼 수 있다. 홍천사(서울, 1882), 선암사(전남, 1655), 운문사(경북, 1588), 쌍계사(경남, 1611) 등의 목판이 그것이다. 그 밖의 구체적인 내용과 유간기 원각경 목록 및 소장처에 관해서는 박상국(1987)을 참조할 것.

10) 간경도감본에서의 역자기명행의 공백과 인출 연대 추정과의 관계에 대해서는 안병희(1976)의 주 4)와 안병희(1979)의 주 14)를 참조할 것.

분권과 분책 사실을 검토해보는 것은 현존하는 다른 책들의 현존 상태를 살피고, (5)와 같은 개판본을 손쉽게 가려볼 수 있다는 점에서 유익한 일이 될 것이다. 다음의 (7)은 (4ㄱ)에 의한『원각경언해』의 분권과 분책의 내용이다.

(7) 권1:	원각경 서	1~ 84장
권2:	원각경 상1之1	1~118장
권3:	원각경 상1之2	1~ 97장
권4:	원각경 상1之2	98~192장
권5:	원각경 상2之1	1~ 53장
	원각경 상2之2	1~ 86장
권6:	원각경 상2之2	87~173장
	원각경 상2之3	1~ 47장
권7:	원각경 하1之1	1~ 68장
	원각경 하1之2	1~ 57장
권8:	원각경 하2之1	1~ 65장
	원각경 하2之2	1~ 47장
권9:	원각경 하3之1	1~135장
권10:	원각경 하3之2	1~103장
	箋	1~ 3장
	雕造官	1~ 2장

우선 그 동안 유일한 원간본으로 생각해왔던 책은 (2ㄱ)의 심악본이다.[12] 흑구흑어미로 "御定口訣/慧覺尊者臣僧信眉孝寧大君臣補仁順府尹臣韓繼禧等譯"의 2행을 갖추고 있는 권하 3之1과 권하 3之2의 영본이다. 장정 자체는 깨끗한 상태이지만, 권하 3之1은 첫장에서 넷째장의 앞면까지가 낙장이고, 권하 3之2는 맨 뒤의 103장차 이하가 낙장이다. 103장차는 만력 3년의 전라도 고산 안심사 판본에 의한 후대 보충이 있으나 箋의 3장과 雕造官의 2장은 보충이 되지 않은 채로 장정되어 있다. 이러한 원간본과 같은 계통의 책이 서울대학교의 일사문고에 소장되어 있다. (2ㄴ)과 (2ㄴ)이 그것이

11) 그들을 각수명이라고 할 때, 판각에 참여한 각수의 수는 상당한 수에 이른다. 인쇄의 편의상 일일이 들지는 않았지만, 상당히 다양한 모양으로, 한자의 일부를 딴다든가 하는 도형에 가까운 표시들도 어미에는 보이기 때문이다.

12) 귀중한 책의 열람을 흔쾌히 허락하여주신 이숭녕 선생님과 서울대 도서관, 성암문고 관계자 여러분께 이 자리를 빌어 감사의 뜻을 표한다.

다. (2ㄴ)은 권하 2之1의 1~46까지 있어 권 8의 맨 마지막장이 낙장된 낙장본이지만, 하 2之1의 권두서명 뒤에 "御定口訣/慧覺尊者臣僧信眉孝寧大君臣補仁順府尹臣韓繼禧等譯"의 2행을 보이는 흑구흑어미의 원간본이다. 또 다른 원간본인 (2ㄴ〉의 이용에는 다소 주의가 필요하다. 권상 1之2(4~192)와 하 3之1(4~135)이 영본으로 전하고 있으나 동일한 도서번호로 묶이어 있는 책이 따로이 보관되고 있는 것으로 보이기 때문이다.13) (2ㄴ〉에 대하여 안병희(1979)에서는 원간본의 판본으로 다시 찍은 책으로 보고 있다. 원간본인 (2ㄱ)이나 (2ㄴ)과는 (6ㄱ)에서의 차이만이 다를 뿐이지만 (2ㄴ〉의 두 책 모두 권두서명이 있는 부분이 낙장이 상태이므로 그 어느 쪽이라고 말하기는 어려운 형편이다. 여기서 우리가 (2ㄴ〉을 (2)에 묶은 조처는 잠정적인 것이다.

(3)에 보이는 현존본들은 원간본의 책판으로 인출된 원간본 계열의 책이다. (3)은 권 1의 序가 1~72장까지 낙장이고, 권상 1之1의 92장차 이후도 낙장인 상태로 1책으로 묶이어 있으며, 권상 2之2가 1~173장까지 1책으로 장정되어 있다. (4ㄱ)의 권상 2之2가 권 5와 권 6에 나뉘어 실려 있는 것과 비교된다. 안병희(1979)에 의하면 서울대 도서관에 보관되어 있는 『원각경언해』 가운데 권상 2之2가 원간본의 책판으로 인출된 1472년본으로 되어 있다. 권두서명 뒤에 나오는 "御定口訣/慧覺尊者臣僧信眉孝寧大君臣補仁順府尹臣韓繼禧等譯"이라는 2행이 공란으로 되어 있는 것이다. 그 밖의 원간본 계열의 책으로는 田川孝三교수의 권상 2之1, 2之3과 육당문고의 권하 2之2-3, 권하 3之1-2가 있음도 알 수 있다. 직접 볼 기회나 서지적인 사항에 관한 것도 접할 수가 없었지만, 권두서명이 있는 첫째장의 확인으로 구분이 될 수 있다.14)

(4)에 보이는 책들은 원간본을 판하로 하여 복각한 중간본들이다.15) 권두 서명 이하 3, 4행이 비어 있을 뿐만 아니라 백구흑어미의 판심을 보이고 있다. 흑어미 안에 각수명으로 보이는 여러 가지 문자와 기호들도 보인다. (4ㄱ)과 (4ㄴ〉은 완질이 전하나, (4ㄴ)은 상 2之3(1~47장)과 하 1之1(1~65장, 이하 낙장)이 전하고, (4ㄹ)은 상2之2(20~173장)와 상 2之3(1~47장)이 전하며,16) (4ㅁ)은 상2之2(43-173장)가 전한다.

---

13) 마이크로 필름을 이용할 경우에는 그들의 필름 번호가 각각 66-16-3-D(권상 1之2)와 73-102-14-C(권하 3之1)로 달리 붙어 있다. (2ㄴ〉이 66-16-3-C로 되어 있는 것과 비교된다.

14) 앞서 우리는 권두서명 부분의 낙장으로 확인이 되지 않는 (2ㄴ〉의 경우 잠정적으로 (2)로 구분하여놓았다.

15) 1977년 대제각에서 간행한 영인본은 이 중간본을 저본으로 한 것이다.

16) 상 2之2의 20, 21장차와 상 2之3의 47장차는 훼손이 심하다.

중간본 계열의 책이기는 하지만 그 성격을 약간 달리하는 책으로 위에 든 (5)가 있다. 권 1, 2, 9가 없는 영본이다. (4)의 책과 다른 점은 분책에 있다. 다른 점만 본다면, 권 5(상 2之1, 상 2之2), 권 6(상 2之2), 권 7(상 2之3, 하 1之1), 권 8(하 1之2, 하 2之1, 하 2之2)이 그것이다. 권10의 경우에는 箋과 雕造官이 빠져 있는 대신에 맨 뒷장의 판심에 '圓覺經終 下一'이라 적힌 한 장을 가지고 있다. 그에는 "萬曆三年(1575)正月望前有日全羅道高山地安心寺 開板"이라는 간기가 있으며, 뒷표지에는 崇德3年(1638)의 시주질도 가지고 있다.[17)]

참고로 언해본은 아니나 원각경의 한글구결본과 한문본의 목록을 소개하면 다음과 같다.

(8) ㄱ. (가람) 古 294.334-W49d v.1
(가람) 古貴 294.334-Si65w-v.1
(가람) 古貴 294.334-W49f
(성암) 3-259/1164
ㄴ. (古) 294.334-B872wd-v.4
(奎중) 2213; 335[18)]
(가람) 古 294.334-B872d
(경화당) 貴 44
(고대) C3-A53; C3-A53A; 貴 44C
(만송) 貴 44A; 貴 44B
(성대) C4-20
(성암) 3-260/1177; 3-261/1175; 3-262/1174; 3-263/1173; 3-264/1172; 3-265/1171; 3-267/191
(신암) 貴 44
(육당) C3-A15

(8ㄱ)은 한글구결본이고,[19)] (8ㄴ)의 한문본이다. 국어의 연구에 한글구결본이 가

17) 필자가 직접 확인을 하지는 못했으나 이용자의 편의를 위하여 그 밖의 언해본의 소장처와 소장 번호를 소개하면 다음과 같다.
(고대) C3-A53B, (육당) 貴 16, (화산) C3-A53B, (화산) C3-A53C

18) 규장각 장서목록 중에 '(奎중)'이라 된 책은 중국본이라는 뜻이지만, 개중에는 한국의 한문본도 있음에 유의해야 한다.

19) 한글구결본이라는 표현은 구결이 한글로 달려 있다는 의미로 사용한 것이다. 구체적인 내용

지는 의미는 자명한 것이라고 하겠지만, (8ㄴ)의 한문본들도 따로이 살펴볼 가치가 있는 자료들이다. 한문 불경 옆에 손으로 쓴 구절들이 달려 있기 때문이다. 그 밖에 국립도서관과 국사편찬위원회, 장서각 등에 원각경이란 이름의 한문본이 전하고 있으나 18, 9세기 이후의 자료들이다.[20]

2.3. 간경도감이라는 하나의 국가 기관에서 나왔음에도 불구하고 간경도감의 여러 언해서들이 실로 다양한 언어 사실들을 보여주고 있다는 점은 우리의 관심을 끌기에 충분하다고 할 것이다. 간경도감의 언해 간행 사업이 이루어진 것은 1462년부터 1467년까지 불과 5년 남짓한 기간이었고, 언해와 그 간행 사업이 모두 간경도감 본사에서만 행해졌음에도[21] 그들 사이에는 적지 않은 차이를 보이고 있는 것이다. 『원각경언해』가 보여주는 양상은 그러한 가운데에서도 눈에 띄는 것이다.

국어의 표기에서 ㆆ과 각자병서가 쓰이지 않게 된 최초의 문헌이 『원각경언해』라는 점은 이기문(1972)나 안병희(1979) 등에 의해서 이미 밝혀진 사실이다. 아래 (9)의 예들과 같은 경우가 (10)과 같이 표기되어 나타나는 것이다.

(9) <u>말ᄊᆞ매</u> 머리 버서나며 〈능엄 1:4ㄴ〉
萬行곳 아니면 닷디 <u>몯ᄒᆞ릴ᄊᆡ</u> 〈능엄 1:8ㄴ〉
佛道ㅣ 길오 머러 오래 브즈러니 <u>愛苦ᄒᆞᇙ까</u> 〈월석 13:15ㄱ〉
제 性을 몰라 밧긔 <u>求ᄒᆞᇙ가</u> 저호시니 〈능엄 5:13ㄱ〉
안ㅅ經을 디니디 <u>아니ᄒᆞᇙ까</u>〈 금강 서:6ㄴ〉
이사ᄅᆞᆷ <u>命終ᄒᆞᇙ</u> 제 〈아미 34〉
다 안ᄌᆞᆨ 이ᄅᆞᆯ <u>ᅘᅧ</u> ᄀᆞᆯᄒᆡ야 一定ᄒᆞ시고 〈능엄 1:49ㄱ〉
可膽寺尹臣曹變安 監察臣趙祉ᄂᆞᆫ 國韻쓰고 〈능엄 10:4ㄱ〉
(10) 一切衆生ᄋᆞᆯ 녀비보시고 이 <u>말ᄉᆞᆷᄒᆞ샤ᄃᆡ</u> 〈원각 서:41ㄱ〉
두 번 <u>苛異ᄒᆞ실ᄉᆡ</u> 다시 嗟嘆ᄒᆞ시다 ᄒᆞ니라 〈원각 서:41ㅇㄴ〉
題目이 一部ㅅ 그를 ᄢᅦ려 <u>머구머실ᄉᆡ</u> 닐오ᄃᆡ 通이라 〈원각 상1.1:2ㄱ〉
내 能히 理에 드디 <u>몯ᄒᆞᆯ가</u> 호미오 〈원각 상2.3:9ㄱ〉
如來ㅣ 正覺 <u>일우실 제</u> 〈원각 상2.2:167ㄱ〉
能히 <u>혀ᄂᆞᆫ</u> 塵境을 드르시니라 〈원각 상2.3:42ㄴ〉

에 대해서는 안병희(1976)을 참조할 것. 안병희(1976)에서는 구결원각경이라 하고 있다.

20) 그들의 소장번호 소개는 해당 장서목록으로 미룬다. 목록에는 있으나 책은 존재하지 않는 경우도 있다. 연유는 알 수 없으나 '(성암) 3-258/192'는 목록에서만 볼 수 있는 책이다.

21) 한문 불경의 경우에는 상주·안동·전주·남원·개성 등의 간경도감 분사에서 간행한 경우도 있다.

이 了義經教애 供佛ᄒᆞ며 <u>스며</u> 施ᄒᆞ며 드르며〈원각 하3.2:69ㄴ〉

(예문 밑줄 필자)

위의 예 (9)와 (10)을 통하여 확인할 수 있는 점은 '말ᄊᆞᆷ, -ㄹ씨, 홀까, ᇙ, ᅘᅧ다, 쓰다' 등이『원각경언해』에 이르러 각각 '말ᄉᆞᆷ, -ㄹ서, 홀가, -ㄹ, 혀다, 스다' 등으로 표기되고 있다는 것이다.『원각경언해』에서의 이러한 경향은 이후『두시언해』등으로 계속되고 있다. 그러나 1467년 간경도감 본사에서 간행된『목우자수심결언해』와『법어언해』에서 찾아 볼 수 있는 (11)의 예는 ㆆ과 각자병서에 대한 기존의 견해에 대하여 보충 설명을 요구하고 있는 형편이다.

(11) 혀에 이션 말ᄊᆞᆷᄒᆞ고〈목우 6ㄴ〉
　　ᄯᅩ 僧이 말ᄊᆞ매〈목우 7ㄱ〉
　　發明홇 時節〈법어 1ㄴ〉

이들에 대한 답을 우리는 아직 가지고 있지 못한 셈이지만,『원각경언해』에서 시작된 새로운 표기 경향이 아직은 완전히 널리 수용되지는 못한 데에서 원인을 찾을 수도 있을 것이다.[22] 예 (12)와 같이『원각경언해』에서와 같은 모습을 보여주는 경우도 있기 때문이다.

(12) ᄯᅩ 양지 업스며 말ᄉᆞᄆᆞ로 밋디 몯ᄒᆞ리로다〈목우 19ㄴ〉
　　그럴ᄉᆡ〈목우 25ㄱ〉
　　네 信티 아니홀가〈목우 7ㄱ〉

그렇지만『원각경언해』에서 시작되었다고 하는 각자병서의 폐기라는 사실은 다음의 예 (13)으로 인하여 검토가 요구되는 것으로 보인다.

(13) ㄱ. ᄭᅵ온 <u>혈씨니</u> 經 ᄠᅳ들 ᅘᅧ 낼씨라〈능엄 1:5ㄱ〉
　　　가ᄌᆞᆯ비건댄 燈光이 집 안해 <u>혀면</u>〈능엄 1:53ㄱ〉
　　ㄴ. 다 조ᄒᆞ며 두려운 眞實ㅅ ᄆᆞᅀᆞ몰 브터 <u>닐ᄉᆡ</u>(皆依淨圓眞心ᄒᆞ야 面起홀ᄉᆡ)〈능엄 2:60ㄴ)

22) 새로운 경향이 시작된 문헌이라는 점에서 오히려『원각경언해』에서는 보다 더 철저하게 적용이 된 것으로 볼 수 있다는 것이다.

『능엄경언해』에서만 찾아본 예이고 'ᅘᅧ다'와[23] '-ㄹ식'에 국한된 예이기는 하지만, 『원각경언해』에서와 같은 표기 양상들이 그 이전 자료에도 보이기 때문이다.[24]

음운, 특히 방점으로 표기된 성조적인 면에서도 『원각경언해』는 다른 자료들과는 성격을 달리한다. 김완진(1973:108-14)에 기대어볼 때, 같은 간경도감 언해본임에도 불구하고 『원각경언해』는 그보다 앞선 『능엄경언해』나 『법화경언해』 또는 『아미타경언해』와는 다른 모습의 성조를 보인다는 점에서 관심의 대상이 되기 때문이다. 물론 그러한 경향이 『원각경언해』에서 시작된 것은 아니다. 그보다 한 해 먼저인 1464년에 간경도감에서 간행된 『반야바라밀다심경언해』부터 다른 성조 양상을 보이기 때문이다. 같은 해인 1464년에 간행된 『아미타경언해』가 보다 앞선 성조적인 경향을 띠는 것과 비교해볼 때 흥미를 가질 만한 부분이라 할 것이다. 어말의 두 음절이 거성·거성(HH)으로 나타나던 예들이 거성·평성(HL)으로 나타나는 양상이 그것으로, 『원각경언해』에서는 특히 주격의 평성화가 주조를 이룬다는 점에서 특징적이라 할 만한 것이다.[25] 다음의 예 (14)는 『원각경언해』에 보이는 어말이 HL의 예들을 보인 것이다.[26]

(14) 일후미(LHL) 〈원각 상 2.2:52ㄱ〉, 雲호미(-HL) 〈원각 서:50ㄱ〉, 펴미(RL) 〈원각 서:60ㄴ〉, 뫼호미(LHL) 〈원각 서:60ㄴ〉

이러한 성조 실현 양상의 변화는 일단 율동 규칙의 적용 상태 변화로 정리될 수 있는 성격의 것이라 할 것이다.

언해를 살피려는 우리의 관심과 일차적인 관계는 없다고 할 수 있을지는 몰라도, 언

---

23) '引 '과는 달리 '點火'의 의미로는 다음의 예에서처럼 'ᅘᅧ다'보다는 '혀다'의 출현 빈도가 상대적으로 많아 보인다.
혀는 블 ᄢᅳ는 메윤 ᄃᆞᆺ귀ᄅᆞᆯ 비ᅀᆞᄫᅡᅀᅡ ᄠᅳ들 일우니〈월곡 106)
然은 블 혈씨라〈월석 1:8ㄴ〉

24) 그것이 『원각경언해』로 선이 그어지는 표기상의 특징적인 경향들을 부인하는 것은 아니다. 오히려 우리의 예들은 예외적인 것들이라 하겠으나, 예외적인 예들을 단지 예외로 다루는 태도는 취하지 않기로 한다.

25) 보다 후대의 자료인 『두시언해』라든가 『금강경삼가해』 등의 자료에서는 어말의 HH→HL의 경향이 보다 두드러지게 나타난다. 역으로 『원각경언해』는 물론 『두시언해』나 『금강경언해』에서 여전히 HH의 모습을 보이는 예들을 찾아볼 수 없다는 뜻은 아니다. 특히 한자어와 결합된 예들의 경우에 일반적인 경향과 다른 예들이 보다 많이 보인다는 점도 흥미로운 점이다.

26) 그렇다고 해서 보다 많은, 어말의 HH 예들을 간과해도 좋다는 의미는 전혀 아니다.

해본에 있는 한글 구결도 『원각경언해』만의 모습을 보여주는 면이 있다. 김상대(1985)에서 취한 다음의 예 (15)를 보자.

(15) 輪迴因果는 卽後四麤ㅣ니 〈원각 상1.1:86ㄴ〉
諸有三數의 表義를 例知니라 〈원각 상1.2:84ㄱ〉 (예문 밑줄 필자)

다른 자료에서의 '-ᄋᆞᆫ/ᄂᆞᆫ' 'ᄋᆞᆯ/ᄅᆞᆯ'과는 달리 각각 '-는'과 '-를'로 나타나고 있기 때문이다. 이러한 모습에 대하여 김문웅(1986)에서는 "구결에서 '-를'을 거의 볼 수 없는 현상은 불경언해에 공통되는 현상이고 『두시언해』에서조차 '-를'을 볼 수 없다"든가[27] "이 조사들의 변이 형태들('-ᄋᆞᆫ/은, -ᄂᆞᆫ/는, -ㄴ')은 대체로 고른 분포를 보이나 '-는'의 사용만은 극히 억제되고 있어 목적격의 '-를'을 구결에서 거의 볼 수 없는 것과 맥을 같이하고 있다"고 설명하고 있다.[28] 구결이 가지고 있는 보수적인 경향에 대한 새로운 도전, 현실 수용의 단초가 『원각경언해』에 있음을 보이는 예라 할 것이다.

3.1. 지금까지 우리는 『원각경언해』와 관련된 몇 가지 문제들을 살펴보았다. 원각경의 내용과 그들의 현존 상태도 살펴보았고, 『원각경언해』와 관련된 기존의 논의들도 살펴보았다. 그 과정에서 얻어진 내용을 정리하면 다음과 같다.

첫째, 『원각경언해』의 원간본이 심악본 이외에도 서울대 도서관의 일사문고에도 일부 남아 있다.

둘째, '말ᄊᆞᆷ, -ㄹ쎠, ᄒᆞᆯ까, -ㄹᅙ, ᅘᅧ다, 쓰다' 등이 『원각경언해』에 이르러 각각 '말ᄉᆞᆷ, -ㄹ셔, ᄒᆞᆯ가, -ㄹ, 혀다, 스다' 등으로 표기되는 양상이 많아지고 있다. 즉 ᅙ과 각자병서가 『원각경언해』에서 두드러지게 사라지기 시작하고 있다.

셋째, 성조도 주격조사의 평성화가 시작되는 양상을 보여, 거성·거성(HH)으로 나타나던 어말의 두 음절 예들이 거성·평성(HL)으로 나타나기도 한다.

넷째, 원각경의 한글 구결에서만 보이는 현상이지만, 한글 구결도 '-ᄋᆞᆫ/ᄂᆞᆫ' 'ᄋᆞᆯ/ᄅᆞᆯ'에 대하여 각가 '-는'과 '-를'로도 나타나고 있다.

3.2. 위에서 살핀 내용은 『원각경언해』라는 문헌 자료가 가지고 있는 극히 일부의 문제라고 할 수 있다. 우리가 미처 살피지 못한 현존본에서 원간본이 찾아질 수도 있을 것이고, 우리가 미처 살피지 못한 여러 가지 문제, 이를테면 문법 문제와 같은 보다 언어적인 문제에서 보다 흥미로운 현상이 드러날 수도 있을 것이다. 위의 몇 가지 문제만

27) 김문웅(1986:32)의 주 13) 참조.

28) 김문웅(1986:51)을 참조할 것.

보더라도『원각경언해』는 언어가 변화한다는 일반적인 명제의 양상을 잘 보여주는 자료로 보이기 때문이다. 오히려『원각경언해』에 대한 보다 적극적인 접근 태도가 필요함을 느끼게 된 것이 소득이라면 소득일 수 있을 것이다.

19. 16세기 한글 옛 문헌 정보 조사

I. 緖論

본 연구는 한글 문헌의 종합적인 정리를 위한 기초적인 정보의 조사에 목적을 두고 있다. 그동안의 國語 文獻 연구의 주된 관심이 한글 創製 이후의 文獻들에 있어 왔으나, 그 연구의 바탕이 되는 한글 文獻 자체에 대한 관심은 그리 높지 않았다고 할 수 있다. 歷史 硏究의 出發과 바탕에는 資料가 있어야 하는 것이 당연한 것이라 하겠으나, 그간의 歷史 硏究의 내용은 상당수가 제공된 影印 資料나 影印 資料를 대상으로 삼은 최근 구축된 電算 入力 資料에 기대고 있기 때문이다.

그러나 그와 같은 연구 태도가 가지는 限界는 自明한 것이라 할 것이다. 제공된 이상의 내용에 다가서기 어려울 뿐만 아니라 당시 언어의 정확한 현상을 歪曲할 가능성마저도 있기 때문이다. 影印本과 전산 입력 자료가 연구 작업에 편의를 제공한다는 점에서 상당히 유용한 것이기는 하나, 원본 자료의 검토와 확인 작업은 연구의 정확성은 물론 연구의 주제와 영역을 확장하는 데에도 반드시 필요한 것이라 하겠다. 같은 맥락에서 연구의 대상이 되는 자료에 대한 정보는 연구의 온당한 진행과 결과 도출을 위한 전제가 되는 요소라고 할 수 있다.

본 연구의 窮極的인 목표는 한글 創製 이후로부터 20세기 초반까지의 文獻에 대한 현재의 狀況을 綜合的으로 정리하려는 데에 두고 있지만, 일차적으로는 16세기의 文獻에 대한 조사에 보다 積極的인 관심을 두고 진행하고자 한다. 이와 같은 작업은 한글 文獻에 대한 整理 方案을 제시하고, 각 文獻의 중요도를 선정하여 보다 완벽한 국어 연구의 결과 도출에도 상당한 기여를 하게 될 것이다.

그를 위하여 본 조사・연구에서는 한글 개별 자료의 總目錄을 作成한 후, 보다 具體的으로 書誌形態的인 내용들과 그동안의 개별 자료의 硏究 現況에 대하여 관심을 가지고 조사・정리하게 된다. 국어의 歷史的 硏究의 바탕에 대상 자료에 대한 정확한 정보가 있다는 사실은 아무리 强調하여도 지나치지 않을 것이다. 그러나 아쉽게도 그와 같은 當然한 命題가 充實하게 適用이 되고 있는 시기는 15세기 정도에 머무는 것이 現實

인 것이다. 15세기 국어 자료라고 하더라도 새로이 발견되고 있는 자료 현황이라든가, 각각의 단체나 개인들에 의하여 이루어지고 있는 電算化의 정도와 같은 문제는 꾸준히 변화하고 있기 때문에 어제의 정보가 낡은 것이 되고 있는 現實인 것이다. 본 연구가 목표로 삼고 있는 한글 文獻에 대한 綜合的인 調査·研究는 국어의 史的 研究를 위한 중요한 바탕이 될 뿐만 아니라, 개별 文獻의 특성과 가치에 대한 판단 근거로도 활용할 수 있어 무엇보다도 먼저 조사·연구되었어야 할 내용이라고도 할 수 있다.

본 조사·연구의 궁극적인 목표는 현전하는 한글 文獻의 종합적인 현황 파악에 두고 있다. 이에는 대상 자료의 소장 현황은 물론, 影印 현황과 번역 그리고 電算化의 정도 및 개별 文獻에 대한 그간의 研究 論著 目錄 작성까지 포함된다. 그러나 방대한 作業量 탓에 본 조사·연구는 16세기의 한글 자료를 일차적인 작업 대상으로 삼기로 하고, 具體的인 研究 論著 目錄 작성도 16세기 국어와 관련한 것에 한하기로 한다. 본 조사·연구에서 대상으로 삼고자 하는 文獻의 目錄과 조사·연구의 내용은 다음과 같다.

앞서 言及한 바와 같이, 본 조사·연구의 최종적인 대상 文獻은 訓民正音 창제 以後부터 20세기 초에 刊行 또는 筆寫된 한글 文獻 및 文書이나, 작업의 성격과 일정에 비추어 일차적으로는 16세기 문헌을 주된 관심 대상으로 삼고자 한다.1) 우선 관심 대상에 드는 자료 目錄은 다음의 (1)과 같다.

(1) 16世紀 資料 目錄

1500 牧牛子修心訣諺解, 法華經諺解, 四法語諺解. 1514 續三綱行實圖. 1517 四聲通解, 蒙山和尙法語略錄諺解(고운사판), 飜譯老乞大, 飜譯朴通事. 1518 飜譯小學, 二倫行實圖, 呂氏鄕約諺解, 正俗諺解. 1519 警民編. 1520 禪宗永嘉集諺解(장수사판). 1521 蒙山和尙法語略錄諺解 1523 法華經諺解(復), 蒙山和尙法語略錄諺解(석륜암). 1525 簡易辟瘟方, 蒙山和尙法語略錄諺解(심원사판). 1527 訓蒙字會. 1535 五大眞言(심원사판), 蒙山和尙法語略錄諺解(수발암). 1538 村家救急方. 1539 吏文集覽. 1541 牛馬羊猪染疫病治療方. 1542 分門瘟疫易解方, 月印釋譜(重, 권21). 1543 蒙山和尙法語略錄諺解(중대사). 1545 法華經諺解(復刻本). 1547 法華經諺解(復刻本). 1550 靈驗略抄(重). 1553 佛說大報父母恩重經, 般若心經諺解(심원사 복각) 1554 救荒撮要 1556 呂氏鄕約諺解. 1558 阿彌陀經諺解(쌍계사판). 1559 月印釋譜(重, 권23), 訓蒙字會(상원군판). 1560 聖觀自在求修六字禪定. 1561 佛頂心經諺解(해탈암 복각). 1562 月印釋譜(重,

---

1) 17세기로부터 20세기에 이르는 기간 동안에 간행된 16세기 자료도 대상이 되어야 할 것이나, 여기서는 일단 관심의 영역 밖에 두기로 한다. 口訣 資料 목록도 여기서는 일단 排除하기로 한다. 구결 자료는 아직 電算 入力 處理도 되어 있지 못한 상태이다.

권21). 1563 佛說大報父母恩重經諺解(송광사판). 1564 佛說大報父母恩重經諺解(명엽사판). 1565 呂氏鄕約諺解, 般若心經諺解(무량사판). 1567 佛說大報父母恩重經(쌍계사판), 蒙山和尙六道普說. 1568 月印釋譜(重, 권1・2). 1569 月印釋譜(重, 권21), 七大萬法, 眞言集(안심사판), 禪家龜鑑諺解(重). 1572 訓民正音註解本(重刊本), 月印釋譜(重, 권7・8), 念佛作法. 1573 禮部韻略, 內訓(重刊本). 1575 光州千字文, 圓覺經諺解(復刻本). 1576 新增類合. 1577 野雲自警(송광사판), 誡初心學人文(송광사판), 發心修行章(송광사판), 四法語, 蒙山和尙法語略錄諺解(송광사판). 1578 簡易辟瘟方. 1579 禪家龜鑑諺解, 重刊警民編 1581 農事直說, 三綱行實圖. 1583 石峰千字文, 誡初心學人文(서봉사판), 發心修行章(서봉사판), 野雲自警(서봉사판). 1584 蒙山和尙六道普說(개심사 개판본). 1586 小學諺解(陶山書院本). 1590 孝經諺解, 大學諺解, 中庸諺解, 論語諺解, 孟子諺解. 1592 佛說大報父母恩重經諺解(희방사판). 1599 法華經諺解.

그렇지만 (1)에 보인 目錄 모두가 우리의 관심 대상인 것은 아니다. 이들 가운데 16世紀 이전에 간행된 자료의 復刻本과 重刊本 그리고 改刊本 등은 일차적인 관심의 대상에서는 제외하기로 한다. 작업 진행의 편의를 위하여 본고의 관심 범위를 16世紀 국어에 한정하기로 하였기 때문이다. 『月印釋譜』나 『佛頂心經諺解』와 같은 자료가 제외된 것은 그러한 까닭에 연유한다.

본 연구의 조사 및 연구 내용은 다음의 (2)와 같다.

(2) 가. 所藏者 및 所藏處 조사 : 原刊本은 물론 重刊本 그리고 復刻本 등도 대상이 된다.
나. 影印本 調査 : 影印 대상이 된 자료의 目錄은 물론 대상으로 삼은 底本을 파악하여 연구의 질을 높이도록 한다.
다. 電子 파일로 入力되었는가의 與否 조사 : 대상 자료가 전자 파일로 입력이 되었는지의 여부를 조사한다.
라. 각 文獻에 대한 硏究 論著 目錄을 작성 : 개별 자료들이 연구된 현황 파악을 위하여, 각 文獻에 관한 그간의 硏究 論著 目錄을 작성하여 부록으로 제시한다. 이는 그동안의 연구 대상에서 소외되어 온 자료의 目錄은 물론 관심의 영역 밖에 존재해 왔던 주제 目錄도 제시해 줄 것으로 기대한다.
마. 각 文獻에 대한 간략한 解題 : 각각의 文獻에 대한 간략한 解題를 붙여 연구자로 하여금 대상 자료의 선택 과정에 참고가 되도록 한다.[2)]

2) 그러나 개별 자료의 내용이라든가 간행 배경 등과 같은 사실에 대한 언급은 가능한 한 자제하기로 한다. 제한된 지면을 효과적으로 이용하기 위한 조처이다.

본 조사·연구는 다음의 (3)과 같은 과정으로 진행하기로 한다.

(3) 가. 實錄이나 文集 그리고 硏究 論著들을 통한 대상 자료의 目錄을 확보한다.
나. 각 도서관의 장서 目錄 등을 통한 소장 현황을 파악한다. 그 과정에서 파악한 藏書 番號도 함께 제시하여 연구자의 편의를 도모하도록 한다.
다. 자료 目錄을 파악하기 위하여 검토 대상으로 삼은 연구 논저들의 目錄을 보완하여 개별 文獻에 대한 參考論著 目錄을 작성한다.
라. 藏書 目錄을 통한 개별 文獻에 대한 書誌形態的인 정보를 정리하여 가능한 한 확인하도록 한다. 그 과정에서 重刊本과 復刻本 등에 대하여서도 충분히 조사하도록 한다.
마. 한글 자료에 대한 影印本의 간행 현황을 조사한다. 그러나 影印 資料의 단순한 目錄 나열이 아니라, 影印 資料의 底本에 대해서도 조사하기로 한다. 다양한 重刊本과 復刻本 등이 존재할 때에 底本에 대한 정보는 연구 결과에도 영향을 미칠 수 있는 상당히 중요한 것이기 때문이다.
바. 개별 한글 자료들을 살핌에 있어 개별 자료들이 가지고 있는 국어 외적인 사실에 대해서도 留念하기로 한다. 아울러 각각의 자료가 가지고 있는 국어 내적인 특징과 의의에 대해서도 간단히 살피기로 한다.

Ⅱ. 資料 現況

이제 각 자료들의 具體的인 내용과 현전 형태 등을 간단히 살피고, 소장 현황을 아울러 정리하여 보기로 하자. 정리의 편의를 위하여 16世紀 자료들을 내용과 성격에 따라 儒教·佛教·醫學·譯學·詩歌·語彙·諺簡·口訣·韻書 등으로 나누어 살피기로 한다. 각각의 내용별 분류 안에서는 刊行年代 순으로 소개하기로 한다.

자료의 성격과 내용에 관한 解題는 기본적으로 安秉禧(1979)를 취하여 소개하기로 한다.

1. 儒教 關係 한글 資料

1) 『續三綱行實圖』

中宗의 命에 의해 간행된 책으로, 刊年은 1514年(中宗 9)이다. 原刊本은 서울大圖書館 가람文庫와 日本의 東洋文庫에 所藏되어 있다. 傍點과 'ㅿ', 'ㆁ'은 물론이고, 혼란되었으나 ㅸ까지 사용되고 있으며, 漢字音 表記도 『東國正韻』에 따른다.

日本의 內閣文庫와 國會圖書館에 소장되어 있으며, 臺灣의 中央圖書館에 所藏되어 있다고 한다.[3] 欄上 諺解는 한글만으로 되었는데, 傍點과 'ㅸ', 'ㅿ'은 없어지고 'ㆁ'이 쓰인다. 이 『續三綱行實圖』는 16世紀에 刊行되었으면서도 15世紀 中葉의 資料에 나타나는 言語 事實과 비슷한 점에서 매우 특이한 자료라 할 것이다. 弘文閣에서 影印本을 간행한 바 있다. 각 소장처의 장서 번호는 다음의 (4)와 같다.[4]

(4) ① 〈가람 古貴 170.951-Si62s〉
② 〈古 1149-7〉
③ 國(한-57-가739)
④ 日本 東洋文庫 XI-4-B-3[5]
⑤ 日本 內閣文庫(國立公文書館299-0154)[6]
⑥ 日本 國會圖書館(820-3), (WA-36-7)

2) 『飜譯小學』

小學의 大文을 諺解한 책으로, 모두 10권 10책이다. 南袞의 跋文 年代인 1518年(中宗 13)에 原刊된 것으로 추정되고 있다.

현재 原刊本은 전하지 않는다. 16世紀 末期 내지 그 이후의 重刊本이 零本으로, 卷8(高麗大圖書館), 9(서울大圖書館 가람文集), 10(國立中央圖書館)이 전한다. 이들은 木版本인데, 乙亥字本의 覆刻이므로 原刊本은 乙亥字本이라 하겠다. 그런데 이 책은 지나치게 意譯에 흘렀다고 할 정도로 일반 諺解의 文體와는 다르다는 점에서 귀중한 資料가 된다. 일반에 널리 소개되지는 않았으나 권 3, 4가 전하는 것으로 알려져 있다. 권 6, 7, 8, 9, 10은 弘文閣에서 影印本을 간행하였다. 소장 현황은 다음의 (5)와 같다.

---

3) 臺灣의 中央圖書館 소장본에 관해서는 미처 조사를 하지 못하였다. 추후 보완할 예정이다.

4) 장서 번호에 사용되는 '〈 〉'는 서울대학교 도서관 소장본임을 나타내고, '國'은 국립중앙도서관 소장본임을 뜻한다. 또한 '藏'은 藏書閣 소장본임을 의미한다. 그 밖의 소장처에 관해서는 구체적으로 밝혀 적기로 한다.

5) 일본 소재 소장처와 소장 현황에 관해서는 明星大學에 계신 하야시(林雄介) 교수의 절대적인 도움에 기댄 것이다. 이 자리를 빌어 감사드린다. 아울러 동국대학교의 오태석 교수와 誠巖文庫의 김철주 선생께도 많은 도움을 받았다. 역시 감사드린다.

6) 內閣文庫 소장본은 현재 國立公文書館에 가 있다.

(5) ① 國(古1256-21) ② 國(한-16-77)
③ 高麗大學校 圖書館 : 貴 101 ④ 〈가람 古貴 170-B45s-V.9〉
⑤ 國立中央圖書館 : 한貴古朝16-76

3)『二倫行實圖』

1518年(中宗 13) 慶尙道 觀察使 金安國이 曺伸에게 편찬시켜 金山郡(현재의 金泉)에서 간행한 책이다.『三綱行實圖』의 體裁를 그대로 본뜬 책으로, 原刊本은 玉山書院(慶尙北道 月城郡)의 獨樂堂과 梨花女子大學校에 소장되어 있다. 前者는 1539年(中宗 34, 嘉靖 18) 李彦迪에게 內賜된 책인데, 金山郡에서 印出하여 頒賜한 것이다. 이 밖에 覆刻本과 改刊本이 전한다. 覆刻本은 日本 東京의 內閣文庫에 소장되어 있는데, 揷畵와 魚尾 등에서 차이를 보이고 諺解(10a에 방점이 없는 따위)도 다르다. 改刊本은 1579年(宣祖 12)의 內賜本이 金城一宗家(慶北 安東)에 있으며, 이 계통의 책이 李崇寧 선생 所藏으로도 있다. 그 밖에 1727年(英祖 3)의 平壤版과 1730年의 各道 監營版이 전한다. 석주연(2001:129)에 의하면 大英博物館의 未整理 圖書 目錄에서『二倫行實圖』를 발견할 수 있다고 하지만, 아직 구체적인 내용을 확인할 수 있는 형편은 아니다.

欄上의 諺解가 國語史 資料로 이용되는데, 原刊本은 傍點과, 혼란되었으나 'ㅿ'도 나타나고 간혹 특이한 語彙도 보인다. 改刊本인 1579年版은 傍點과 'ㅿ'이 폐기되고 'ㆁ'이 終聲 表記로만 쓰인다. 諺解도 사뭇 달라진 곳이 있다. 原刊本과 1727年版은 1978年 東洋學硏究所에서 警民編과 함께 影印으로 간행하였다. 소장 현황은 다음의 (6)과 같다.

(6) ① 〈가람 古 170, 951-G413i〉 ② 〈奎 2074.7911〉
③ 〈古 1149-13, 古 複 1149-13〉 ④ 〈一蓑 古 170.951-G413〉
⑤ 〈奎 137.3502〉 ⑥ 〈想白 古 177.6-J569i〉
⑦ 國(古 155-5) ⑧ 國(古 M155-11)
⑨ 國(고 M155-13) ⑩ 藏(2-451)
⑪ 이화여대 : 고 170 김 71 ⑫ 이화여대 : 고 170 김 71 B
⑬ 日本 東京의 內閣文庫(國立公文書館 子248-0004)

4)『朱子增損呂氏鄕約』

呂氏鄕約으로 略稱된다. 呂氏鄕約은 11世紀 後半期 中國 陝西省의 呂氏가 지은 鄕約을 朱子가 添削을 하고 註釋을 달아서 만든 책이다. 이 原典의 漢文에 借字로 口訣을

달고 諺解를 덧붙여서 1518年(中宗 13) 金安國이 慶尙道에서 간행한 것으로, 그 이후에 여러 차례 重刊되었다.

原刊本으로 추정되는 책을 비롯하여 여러 異本이 전한다. 原刊本으로 보이는 책은 日本 東京의 尊經閣文庫 所藏本이며, 이보다 늦은 刊本은 刊年未詳의 乙亥字本인 高麗大圖書館 華山文庫 所藏本과 역시 乙亥字本인 1574年版(宣祖 7)과 그 覆刻本들이다. 1574年版은 가장 널리 알려진 책인데, 李熙昇, 李謙魯, 誠巖文庫[7] 등의 소장이 있다. 이들 異本은 서로 諺解는 물론이고 原典의 漢字까지도 차이를 보인다. 더욱이 1574年版은 대체로 補正을 거친 것으로, 이 補正을 통하여 단순한 誤印의 校正뿐 아니라 語彙 變遷에 말미암은 單語의 交替도 이루어졌다.[8]

이 책은 原刊本이 나온 뒤로 60年 사이에 적어도 두 번 重刊된 일이 있으므로, 이들을 비교함으로써 正書法과 語彙의 變遷을 볼 수 있다. 尊經閣本은 體言의 末子音을 二重으로 적는 데 대하여 餘他의 異本은 한 번 적고, 尊經閣本과 華山本의 '봇(助詞), 돋주우리-(趨)'가 1574年版은 '곳, ᄃᆞ라나-'로 된 따위다. 助詞 '봇'은 1574年版의 未補正版에도 나타나므로, 인쇄한 뒤에 '곳'으로 修正한 것이다. 이들 刊本은 1976年 東洋學研究所에서 影印하였다. 소장 현황은 다음의 (7)과 같다.

(7) ① 〈가람 古貴 352-G413j〉 ② 〈一蓑 古 170-J868j〉
③ 〈一蓑 古貴 170-J868j〉 ④ 〈一蓑 古 170-J868j〉
⑤ 國(古M 1573-2) ⑥ 國(한-28-35)
⑦ 國(한-28-2) ⑧ 藏(3-139)
⑨ 日本 東京의 尊經閣文庫(史部-職官政書法家諸書類一)
⑩ 誠巖文庫 3-540 ⑪ 高麗大圖書館 華山文庫 : 貴 5A
⑫ 李熙昇 ⑬ 李謙魯

5) 『正俗諺解』

正俗篇을 번역한 책이다. 正俗篇은 風習을 바로잡기 위하여 孝父母, 友兄弟 등 18條目에 걸쳐 설명한 教化書이다. 1518年(中宗 13) 慶尙道 觀察使 金安國이 『呂氏鄉約』과 함께 慶尙道에서 原文에 借字로 口訣을 달고 번역하여 간행하였다.

---

7) 誠巖文庫 所藏의 諺解 없이 原典의 漢文에 借字로 口訣만 단 책이 있다. 刊記가 '正德 十三年 戊寅(1518) 9月 日 羅州開刊'으로 되어, 3月 刊行인 諺解의 原刊本보다 6개월 늦은 刊本이다.

8) 17세기 후반에 간행된 것으로 보이는 補正되지 않은 책이 延世大 圖書館에 소장되어 있다. 현재 찾은 장서 목록 번호는 귀중본으로 분류되어 있는 'O 081.2 95가-934'이다.

漢文의 原文이 1行 16字本과 1行 21字本인 두 刊本이 널리 유포되어 있다. 그러나 이들은 모두 18세기경의 重刊本인데, 近者 壬辰亂 이전의 木版本(李源周 교수 소장)이 발견되었다. 'ㅿ', 'ㆁ' 등이 나타나고 重綴 등 正書法의 特徵이 尊經閣本『呂氏鄕約』과 비슷하다. 18세기 重刊本으로 믿어지는 한 책이 1977年 原文社에서 華山文庫本『呂氏鄕約』과 함께 影印되었다. 소장 현황은 다음의 (8)과 같다.

(8) ① 〈奎 15583〉 ② 〈一蓑 古 170-G413j〉
③ 〈一蓑 古 170-G413ja〉 ④ 李源周

6)『重刊警民編』

1519年(中宗 14) 金正國이 百姓을 경계하기 위하여 편찬하여 간행한 책이다. 현재 原刊本은 없고, 1579年(宣祖 12)과 近代의 重刊本만 전한다. 1579年版은 慶尙道 觀察使 許曄이 君上이란 1條目을 첫머리에 덧붙여 慶州, 尙州, 晋州, 靑松에서 간행하였다. 이 중 晋州에서 간행된 책이 日本의 筑波大學 中央圖書館에 소장되어 있다. 近代의 重刊本은 1658年(孝宗 9) 李厚源이 古靈陳襄의 仙居勸論文 등을 添錄하여 간행한 것을 비롯하여 數種이 있으나, 1579年版을 전혀 참고하지 않은 것이다.

1579年版은 條目을 단위로 原文에 借字로 口訣을 달고 한글만으로 諺解하였다. 傍點은 폐기되었고, 'ㆁ'은 終聲에만 쓰였으며, 'ㅿ'은 두어 例만 있을 뿐이다. 1978年 東洋學硏究所에서『二倫行實圖』와 함께 影印된 일이 있다. 소장 현황은 다음의 (9)와 같다.

(9) ① 日本 筑波大學 中央圖書館 ム216-16[9)]
② 〈奎 1345, 1358, 2540, 2541, 3021~3027, 3029〉
③ 〈一蓑 古 340.0951-G421gb〉 ④ 〈一蓑 古 340.0951-G421g〉
⑤ 〈一蓑 古 340.0951-G421gd〉 ⑥ 〈一蓑 古 340.0951-G421gc〉
⑦ 〈奎 21847〉 ⑧ 〈가람 古 340.0951-G421g〉

7)『小學諺解』

宣祖의 命令으로 小學을 諺解하여 간행한 6권 4책의 活字本이다. 刊年은 跋文의 年代에 따르면 1587年이 되지만, 內賜本의 年代에 따르면 1588年이 된다. 慣例에 따라 1588年을 刊年으로 삼는다.

---

9) 筑波大學의 전신은 東京教育大學이었다.

原刊本의 全帙은 安東의 陶山書院(1588年 1月 內賜本)에 있고, 零本의 所藏은 더러 있다. 覆刻本도 零本으로 전하는데, 壬辰亂 이후의 책으로 보인다. 이 資料는 中世語 末期의 것으로서, 傍點과 'ㅿ', 'ㆁ'까지 갖는 점에서 특이하다. 原刊本은 1974年 大提閣에서 影印되었다. 陶山書院 이외의 소장 현황은 다음의 (10)과 같다.

(10) ① 〈奎 443, 1872, 2112, 2113, 2326, 2918, 11958의1~4, 11958의8, 2115~2117, 2444, 2445〉
② 〈一蓑 古 181.1-So25e-v.1-3〉 ③ 〈一蓑 古 181.1-So25eh-v.1,6〉
④ 〈一蓑 古 181.1-Y57sa〉 ⑤ 〈一蓑 古 181.1-So25d-v.5-6〉
⑥ 〈一蓑 古 181.1-So25b-v.2〉 ⑦ 〈가람 古 181.1-So25o-v.3-4〉
⑧ 〈가람 古 181.1-So25c〉 ⑨ 〈가람 古 181.1-So25ce〉
⑩ 〈가람 古 181.1-So25c-v.5〉 ⑪ 〈가람 古 181.1-So25-v.6〉
⑫ 國(한-41-11) ⑬ 國(한-41-11-2)
⑭ 國(한-41-11-3) ⑮ 國(古 1256-22)
⑯ 國(일산古 1256-12) ⑰ 國(古 1256-25)
⑱ 國(고 1256-2) ⑲ 國(貴-54, 한-15-85)
⑳ 藏(3-42, 43)

8) 가. 『大學諺解』

大學의 原文에 한글로 吐를 달고 언해한 不分卷 1책 活字本이다. 原刊本은 '萬曆十八年七月日'의 內賜記가 있어서 1590년(宣祖 23)에 간행된 것으로 보인다. 이 原刊本은 앞의 2장이 落張인데 陶山書院에 소장되어 있다. 內賜記는 없으나 陶山書院本과 同一한 板本이면서도 처음의 두 장이 갖추어진 책이 대영도서관에 전하는 것으로 알려져 있다.10)

원문과 諺解文의 漢字에는 漢字音이 달려 있는데, 漢字音은 東國正韻式 漢字音에 따르지 않고 現實 漢字音에 따라 표기된 것이다. 傍點도 달려 있고 'ㅿ'과 'ㆁ'도 사용되고 있다.

이 책은 近代國語 時期에 간행된 異本도 많다. 이들은 10행 19자본, 10행 17자본, 10행 23자본으로 대별된다. 原刊本에 보이는 국어학적 특징을 보면, 'ㅿ'이 사용되었으나 대부분 'ㆁ'으로 변화하였고, 'ㄷ'과 'ㅅ'은 語末子音에서 구별되어 표기되었으며, 子音同化 현상이 표기상에 나타난다. 또한 語中의 된소리를 표기하기 위하여 '흙거시라

10) 구체적인 내용에 관해서는 석주연(2001:123~6)을 참조할 것. 大英圖書館의 소장 번호는 석주연(2001)에서 취한 것이다.

(15b), 삼읅거시(23b)'와 같은 표기도 쓰이었다.

陶山書院本은 중세국어의 마지막 모습을 보여준다는 점에서 국어사 연구의 훌륭한 자료가 되며, 기타의 異本들은 국어사 중 音韻變化를 고찰하는 데에 좋은 자료가 된다. 陶山書院本은 1974년 漢陽大學校 國學研究院에서, 그리고 1976년에 大提閣에서 각각 影印하였다. 내각장판본도 大提閣에서 影印하였다. 陶山書院 이외의 소장 현황은 다음의 (11)과 같다.

(11) ① 國(古 1238-54) ② 〈奎 4027〉
③ 〈奎 735, 1435, 1445, 2015, 2036, 3060, 3997〉
④ 藏(1-143) ⑤ 〈一蓑 古 181.1-D13〉
⑥ 〈가람 古 181.1-D13e〉 ⑦ 〈一蓑 古 181.1-D13e〉
⑧ 〈奎 78, 742, 867~880, 1074, 1279, 1410~1412, 1415, 1416, 1449, 1450, 1461~1463, 1481, 1482, 1558〉
⑨ 〈奎 78, 1090, 1092〉 ⑩ 〈奎 745, 1280, 1281, 1452, 1453, 1480〉
⑪ 國(한-09-가2) ⑫ 國(일산古 1238-24)
⑬ 國(일산古 1238-18) ⑭ 〈奎 1087, 1405, 1458~1460, 3532, 3686〉
⑮ 〈奎 1094~1098, 1888, 1946, 3422, 4004〉
⑯ 國(한-09-가2-2) ⑰ 國(한-09-가3) ⑱ 國(한-09-가3-2)
⑲ 國(한-09-가3-3) ⑳ 國(한-09-기3-4) ㉑ 國(무구재古 1238-47)
㉒ 〈奎 1053, 1091, 7687〉 ㉓ 大英圖書館 : 15500. f. 3

나. 『中庸諺解』

中庸의 원문에 한글 토를 붙이고 언해하여 1590년(선조 23)에 校正廳에서 活字本으로 간행한 不分卷 1冊이다. 陶山書院에 소장되어 있는 原刊本에는 '萬曆十八年七月日'의 內賜記가 있다. 傍點이 붙어 있고 'ㅿ'과 'ㆁ'이 사용되고 있다. 中庸諺解는 다른 四書諺解와 마찬가지로 여러 번 중간되어 近代國語 시기의 異本이 많다. 陶山書院 이외의 소장 현황은 다음의 (12)와 같다.

(12) ① 〈一蓑 古 181.1-J959eh〉 ② 〈奎 2037, 3036, 3763〉
③ 〈奎 3033, 3589, 7877〉 ④ 〈가람 古 181.1-J959s〉
⑤ 〈一蓑 古 181.1-J959〉
⑥ 〈奎 434, 443~450, 452~453, 455, 900, 1204~1207, 3685〉
⑦ 〈一蓑 古 181.1-J959ea〉 ⑧ 〈가람 古 181.1-J959〉

⑨ 〈奎 677, 678, 744, 815〉
⑩ 〈奎 80, 204, 454, 456, 962, 11966〉
⑪ 〈奎 368, 370, 375, 380, 385~389, 391, 392, 422~429, 435, 480, 402~494, 995, 1011, 1290~1293, 1417, 1434, 1436, 1437, 1560~1562, 1740, 1749, 2876〉
⑫ 〈奎 1430, 11967, 11968〉
⑬ 〈奎 814, 1062, 1874, 1887, 3590〉
⑭ 〈奎 451, 11965〉
⑮ 〈一蓑 古 181.1-J959e〉
⑯ 國(의산古 1238-43)
⑰ 國(古 1238-43)
⑱ 國(한-09-나1-5)
⑲ 國(한-09-나1)
⑳ 國(한-09-나1-3)
㉑ 國(무구재古 1238-48)
㉒ 國(한-09-나1-4)
㉓ 國(古 1238-3)
㉔ 國(한-09-나1-2)
㉕ 國(무구재古 1238-49)
㉖ 藏(1-148)
㉗ 藏(1-149)
㉘ 藏(1-150)

다. 『論語諺解』

論語의 原文에 吐를 달고 諺解한 4권 4책의 活字本이다. 原刊本이 陶山書院에 소장되어 있다. '萬曆十八年七月日'이라는 內賜記로 보아 1590년(선조 23)에 간행한 것으로 추정된다. 原文인 漢文을 앞에 싣고 뒤에 諺解를 붙이는 형식으로 되어 있다. 원문에는 한글로 된 토와 漢字音이 있고, 諺解文에도 한자와 漢字音이 표기되어 있다. 諺解文과 現實 漢字音에 따라 표기된 漢字音에는 傍點이 찍혀 있다. 'ㅿ'과 'ㆁ'도 사용되고 있다.

이 책은 近代國語 시기의 여러 異本이 전하지만, 陶山書院本은 原刊本으로서 傍點을 가지는 최후의 文獻으로 中世國語의 마지막 모습을 보여준다는 점에서 국어사 연구에 중요한 자료가 된다. 그러나 다른 異本들도 中世國語에서 近代國語로 변하는 과정의 국어사 연구를 위한 자료로서의 가치가 있다. 소장되어 있는 異本들의 目錄도 함께 제시한 것은 그 때문이다. 陶山書院本은 1974년 漢陽大學校 國學硏究院에서 影印하였고, 다시 1976년 大提閣에서 影印하였다. 陶山書院 이외의 소장 현황은 다음의 (13)과 같다.

(13) ① 國(한-09-다2-1) ② 國(한-09-다2-2) ③ 國(한-09-다2-3)
④ 國(한-09-다2-4) ⑤ 國(古 1239-83) ⑥ 國(무구재古 1239-70)
⑦ 國(古 1239-8) ⑧ 國(古 1239-10) ⑨ 國(무구재古 1239-80)
⑩ 國(古 1239-85) ⑪ 國(古 1239-9) ⑫ 國(승계古 1239-56)

⑬ 國(일산古 1239-24) ⑭ 〈奎 3057의3, 3058, 3064, 3779〉
⑮ 〈奎 3062의1, 3062의2, 3457의1, 3463, 3469, 3934〉
⑯ 〈奎 97, 98, 510, 515~518, 899, 2863, 3689〉
⑰ 〈奎 394~406, 410, 437~439, 468, 469, 511의2, 526, 560~562, 679, 1005, 1295, 3061, 3457의4〉
⑱ 〈奎 371, 421, 467, 527, 559〉 ⑲ 〈奎 1919, 2038, 2882〉
⑳ 〈가람 古 181.1-N731e-v.1-4〉 ㉑ 〈奎중 6560의1〉
㉒ 〈奎중 6560의2〉 ㉓ 〈一蓑 古 181.1-N731e-v.2〉
㉔ 〈一蓑 古 181.1-N73h〉 ㉕ 〈奎중 6560의3〉
㉖ 〈一蓑 古 181.1-N731e〉 ㉗ 〈奎 3457의2〉
㉘ 國編 中 A9D-1 ㉙ 藏(1-163)
㉚ 藏(1-164) ㉛ 藏(1-165)

라. 『孟子諺解』

孟子의 원문에 한글로 토를 달고 언해한 14권 7책의 活字本이다. 宣祖의 명에 따라 1590년(선조 23)에 校正廳에서 간행한 책으로, 陶山書院에 소장되어 있는 原刊本에는 '萬曆十八年七月日'의 內賜記가 있다. 傍點이 찍혀 있고, 'ㅿ'과 'ㆁ'도 쓰이고 있으며, 원문과 諺解文의 한자에는 現實 漢字音에 따라 표기된 漢字音도 달려 있다. 이 책도 朝鮮時代에 여러 번 刊行되어 異本이 많다.[11] 原刊本이 활자본인 데 비해 肅宗 때의 책은 木活字本이고 나머지는 木版本이다. 이 밖에 正祖 때에 간행된 것으로 보이는 丁酉活字本이 있다.

表記上으로 볼 때 原刊本이 傍點 表記 및 'ㅿ'과 'ㆁ'을 사용하고 있는 데 비해, 이후의 간본들은 傍點이 표기되지 않고, 'ㅿ'과 'ㆁ'이 혼용되고 있거나, 'ㅿ'과 'ㆁ'까지도 全面的으로 廢棄하고 있다. 陶山書院本은 1974년 漢陽大學校 國學硏究院에서 影印하였고, 이를 다시 1976년 大提閣에서 影印하였다. 소장 현황은 다음의 (14)와 같다.

(14) ① 〈一蓑 古貴 181.1-M268eo〉 ② 〈奎 1886, 1920, 2880, 3465〉
③ 〈奎 524, 3057, 3464, 3466의2, 3912〉
④ 〈一蓑 古 181.1-M268e-v.13-14〉 ⑤ 〈奎 2864, 5447의1〉
⑥ 〈奎 408, 409, 412, 419~420, 430~432, 436, 470, 495~496, 499, 500, 503~504, 519~523, 693, 803, 806, 881, 895, 939, 1666,

11) 석주연(2001:129)에 따르면 大英博物館의 未整理 圖書 目錄에서 『孟子諺解』도 발견할 수 있다고 하지만, 아직 확인할 수 있는 형편은 아니다.

1780〉

⑦ 〈奎 411, 529, 533, 802〉 ⑧ 〈奎 2101, 5447의2〉
⑨ 〈가람 古 181.1-M268-v.1-7〉 ⑩ 〈奎중 6540〉
⑪ 〈一蓑 古 181.1-M268e-v.7-8〉 ⑫ 〈古 181.1184-M268m-v.11〉
⑬ 〈一蓑 古 181.1-M268ea〉 ⑭ 〈奎 26635〉
⑮ 國(古 1239-8) ⑯ 國(무구재古 1239-78)
⑰ 國(古M 1239-20) ⑱ 國(한-09-라3) ⑲ 國(한-09-라3-3)
⑳ 國(古 1239-82) ㉑ 國(의산古 1239-63) ㉒ 國(승계古 1239-53)
㉓ 國(1-167) ㉔ 藏(1-168) ㉕ 藏(1-169)

9) 『孝經諺解』

宣祖의 命令에 따라서 『孝經大義』와 함께 간행한 것이라 한다. 校正廳에서 편찬한 것으로 推定된다. 刊年은 內賜記에 따라서 1590年(宣祖 23)으로 잡는데 『四書諺解』와 같은 해다.

原刊本은 日本의 尊經閣文庫(內賜本)에 완전한 상태로 전하고, 國內에도 있으나 상태가 좋지 않다. 위의 『四書諺解』와 마찬가지로 傍點과 'ㅿ', 'ㆁ'이 나타난다. 尊經閣文庫 所藏本은 1963年 〈朝鮮學報〉 27집에 影印되었다. 소장 현황은 다음의 (15)와 같다.

(15) ① 〈古 1328-2〉 ② 〈古 181.117-H998〉
③ 藏(1-140) ④ 〈奎 143~159, 1778~1781〉
⑤ 〈奎 3661, 3662, 3664〉 ⑥ 國(한-08-1-1)
⑦ 〈一蓑 古 181.1-H998e〉 ⑧ 國(古 1236-15)
⑨ 國(古 1236-22) ⑩ 國(古 1236-23)
⑪ 國(한-08-1-2)

2. 佛敎 關係 한글 資料

1) 『父母恩重經諺解』

『父母恩重經』에 대한 飜譯과 刊行에 관한 記錄은 없다. 현재까지 알려진 最古本이 1553年(明宗 8) 京畿 長端 華藏寺版이므로 늦어도 16世紀 中葉에는 飜譯하여 간행된 것이다.

最古本인 위의 華藏寺版은 현재 볼 수 없고,[12] 國內 現存本 중에서는 1563年(明宗

18) 全羅道 松廣寺 刊行의 책이 가장 오래다. 後刷本인데, 서울大圖書館 一蓑文庫와 高麗大圖書館에 소장되어 있다. 위 華藏寺版의 書影과의 對照로는 아무런 차이가 없다. 따라서 이 책은 華藏寺版이나, 그에 앞선 原刊本의 覆刻이라 하겠다. 'ㅿ'과 'ㆁ'은 혼란되지만 나타나고, 傍點이 없다. 傍點 表記가 止揚된 初期文獻인 것이다. 이 밖에 覆刻本으로 보이는 壬辰亂 이전의 刊本이 數種 있다. 1564年(明宗 19) 黃海道 明葉寺版, 1567年(明宗 22) 은진 雙溪寺版, 1592년(宣祖 25) 豐基 喜方寺版, 刊年 未詳의 全州 安心寺版이 그것이다. 그 밖에 傍點을 가지고 있어 原刊本의 復刻本으로 추정되는 大英博物館에 전한다.[13)]

喜方寺版과 安心寺版은 近者의 刷出本이 널리 유포되어 있다. 소장 현황은 다음의 (16)과 같다.

(16) ① 國(위창古 1748-3) ② 國(한-21-438) ③ 國(위창古 1748-2)
④ 國(한-21-397) ⑤ 國(한-21-347) ⑥ 國(한-21-319)
⑦ 國(일산古 1741-7) ⑧ 〈一蓑 古 294.34-B872ba〉
⑨ 〈古 1730-33〉 ⑩ 〈奎 7537~7539, 7541〉
⑪ 〈奎 3561〉 ⑫ 〈奎중 1987〉 ⑬ 〈古 1730~89〉
⑭ 〈奎중 379〉 ⑮ 〈古 1730-37〉 ⑯ 〈古 1730-103〉
⑰ 〈古貴 294.318-B878〉 ⑱ 〈古 1730-104〉 ⑲ 〈奎중 2399~2404〉
⑳ 〈가람 古 294.34-B872a〉 ㉑ 藏(3-226)
㉒ 藏(3-227) ㉓ 高麗大學校 圖書館 : C3-A35
㉔ 高麗大學校 圖書館 : C3-A35D ㉕ 大英圖書館 : Or. 74. b. 3

2) **『聖觀自在求修六字禪定』**

『六字禪定』으로 略稱되는 책으로, 1560年(明宗 15) 平安道 肅川府(현재 平安南道 平原郡의 肅川)에서 간행한 것이라 한다. 原典에 한글로 口訣을 달고 諺解를 한 책이나, 漢字로 된 原典의 本文에 한글로 口訣을 단 行과 한글로 漢字 讀音과 口訣을 쓴 行을 짝진 形式이 특이하다.

현재 이 책은 國立中央圖書館에만 소장된 唯一本이다. 16世紀 中葉 平安道에서 처음으로 간행된 자료로서 소중하다. 특히 傍點이 완전히 폐기된 文獻인 점에서 初期 無傍點 文獻의 하나인 것이다. 이 밖에 漢字音, 形態論 등에 있어서도 흥미 있는 資料를

---

12) 석주연(2001:126)에 의하면 小倉文庫에 소장되어 있다고 한다. 본고에서는 미처 확인하지 못하였다.

13) 자세한 내용에 관해서는 석주연(2001:126~9)을 참조할 것.

제공하는 文獻이다. 소장 현황은 다음의 (17)과 같다.

(17) ① 國(古 1784-15) ② 國(貴-395, 한-21-199)
③ 國(貴-53, 한-21-140) ④ 國(古 176-15)

3)『眞言集』

여러 陀羅尼를 梵字로 적고 한글과 漢字로 音譯한 책이다.『五大眞言』과 같은 形式의 책이나, 이 책에서는 한글 音譯, 漢字 音譯, 梵字의 順序로 된 것이 다르다. 刊記에 의하면 1569年(宣祖 2) 全羅道 安心寺에서 간행한 것이다.

原刊本이 널리 流布되어 있다. 刊年이 壬辰亂 이전이므로, 壬辰亂 이후의 重刊本은 있으나 이전의 重刊本은 없다. 跋文에서 雪訔은 모두 古法대로 쓰고 自述한 것은 하나도 없다고 하나, 眞言의 한글 音譯은 다른 眞言 音譯과 꼭같지 않다. 또한 한글 字母의 用法을 설명한 卷頭의 諺本과 梵字를 한글로 설명한 悉曇章도 특이한 자료다. 소장 현황은 다음의 (18)과 같다.

(18) ①〈古 1730-59〉 ②〈古 294.315-J563〉 ③〈古 1730-79〉
④〈一蓑 古 294.33-Y8j-v.1-2〉 ⑤〈古 1730-45〉
⑥〈奎 7704〉 ⑦〈奎 3143〉 ⑧〈古 1730-59A〉
⑨ 國(貴-50, 한-21-187) ⑩ 國(한-21-390) ⑪ 國(한-21-337)
⑫ 國(古 1788-15) ⑬ 國(유창古 1798-8) ⑭ 國(古 1740-16)
⑮ 藏(3-262) ⑯ 藏(3-263) ⑰ 藏(3-264)
⑱ 國編 C4-22 ⑲ 國(한-21-226)

4)『禪家龜鑑』

休靜(號 淸虛, 西山)의 漢文本『禪家龜鑑』을 諺解한 책이다. 漢文本은 1564年에 著述이 완성된 것이나, 그 간행은 1579年(宣祖 12)의 일이다. 그런데 諺解本의 原刊은 1569年의 일이므로, 諺解의 原典은 漢文本의 刊本이 아니라 原稿本이다. 諺解本(上下 2권)의 原文과 漢文本의 刊本(不分卷)과의 사이에는 상당한 차이가 있다.

原刊本은 서울大圖書館과 李基文 교수의 所藏이다. 原刊本에는 약간의 誤字도 있어서 善修(號 淨休, 弘覺登階)의 校正으로 1610年(光海 2) 全羅道에서 重刊되었다. 이 重刊本의 冊板은 아직도 順天의 松廣寺에 있다. 소장 현황은 다음의 (19)와 같다.

(19) ① 國(古 1798-2) ②〈古 1840-12〉 ③〈古 1840-21A〉

④ 〈奎 7349〉 ⑤ 〈古 1840-21〉
⑥ 〈一蓑 古 294.315-H999s〉 ⑦ 〈一蓑 古貴 294.315-H999s〉
⑧ 國(古 1799-8) ⑨ 國(古 1799-9) ⑩ 國(위창古 1798-12)
⑪ 國(貴-62, 한-21-458) ⑫ 國(한-21-43)
⑬ 〈一蓑 古 294.315-H999se-v.1-2〉 ⑭ 國(한-21-370)
⑮ 國(古 170-1-2) ⑯ 國(古 170-1-3) ⑰ 國(古 170-1-4)
⑱ 國(古 170-1) ⑲ 國(東谷古 1799-10) ⑳ 李基文

5) 『七大萬法』

著者 未詳의 佛書로서, 현재 전하는 책은 國漢混用文으로만 되어 있고 漢文이 없으므로 諺解本이라 할 수는 없다. 原刊은 刊記에 의하면 1569年(宣祖 2) 慶尙道 豊基의 喜方寺(池叱方寺)에서 행해졌다. 그 이후의 重刊이 없다. 이 책은 현재 後刷本이 많이 流布되어 있다. 傍點이 없고, 'ㅿ'과 'ㆁ'이 쓰였으나 混亂이 있다. 1974年『古典語文學精粹』(景仁文化 刊)라는 이름으로 영인되어 수록되었다. 소장 현황은 다음의 (20)과 같다.

(20) ① 〈가람 古 294.31-C437) ② 〈古 1730-23〉

6) 『念佛作法』

念佛儀式에 쓰이는 각종 眞言, 偈頌, 發願文 등을 수록한 책이다. 현재 전하는 책(成均館大圖書館 소장)은 '隆慶 6年 壬申(1572, 宣祖 5) 4月 開刊於千佛山開天寺云云'의 刊記가 있다. 原刊이기보다는 覆刻本으로 보인다.

漢文으로 되어 있기는 하지만, 「義相和尙西方歌」는 國漢文의 景幾體歌로 國語學의 硏究資料가 된다. 소장 현황은 다음의 (21)과 같다.

(21) 成均館大學校 圖書館 : C04-0055

7) 『誡初心學人文·發心修行章·野雲自警序』

3권을 合本한 책인데, 모두 우리나라 高僧의 著述이다. 3권을 합쳐 『初發心自警』이라 하여 佛家 初入門者 必讀의 책으로 되어 있다.

壬辰亂 이전에 原典의 本文에 한글로 讀音과 口訣을 달고 諺解한 책이 2종 있다. 1577年(宣祖 10) 全羅道 松廣寺와 1583年[14] 京畿道 龍仁의 光敎山 瑞峯寺에서 간행한 것이 그것이다. 前者는 흔한 책이나, 後者는 매우 드물어서 嶺南大圖書館과 日本

東京大學의 小倉進平 舊藏本이 전할 뿐이다. 이들은 독립하여 諺解된 듯하여, 原典 大文의 分節, 諺解, 漢字 讀音의 表記 등이 다르다.

松廣寺版은 15世紀末 成宗代의 『佛經諺解』와 비슷한 文體를 보여주지만, 刊年에 따라 16世紀末의 자료로 다루어야 한다. 이 책에는 傍點 表記가 있으나 극히 形式的이고, 'ㅿ'의 使用도 혼란되어 있다. 특이하게도 口蓋音化가 나타나는데, 固有語는 例가 2개뿐이나 漢字 讀音의 表記에서는 '디댜뎌' 등이 '지쟈져' 등과 변별되지 못하고 있다. 中央에서 간행된 책에는 이보다 훨씬 後代의 문헌에도 口蓋音化가 보이지 않으므로, 이 책의 구개음화는 全羅道方言의 그것을 반영한다고 하겠다. 瑞峯寺版은 傍點과 'ㆁ'이 없고 구개음화도 나타나지 않는다. 諺解의 語彙와 文法도 松廣寺版과는 달리 近代語 모습에 가깝다. 아직 이들은 完帙의 影印本이 없다. 松廣寺版의 『誡初心學人文』과 『發心修行章』이 1978年 〈명지어문학〉(明知大 國語國文學科) 10호에 영인되었다. 松廣寺版의 『野雲自警序』는 同誌 11호에 영인되었다. 다음의 (22)는 『誡初心學人文』의 소장 현황을 보인 것이고, (23)은 『發心修行章』의 소장 현황을 보인 것이며, (24)는 『野雲自警序』의 소장 현황을 보인 것이다.

(22) ① 〈想白 古貴 294.34-J563〉 ② 〈一蓑 古貴 294.34-J563ge〉
③ 國(貴-26, 한-21-301) ④ 藏(3-191)
⑤ 國(古 1798-21) ⑥ 國(한-21-439)
⑦ 國(古 1798-29) ⑧ 國(古M 1799-4)
⑨ 嶺南大學校 圖書館 : 고 224.4 지눌
⑩ 嶺南大學校 圖書館 : 고 224.4 계초심
⑪ 日本 東京大學 文學部 小倉文庫 : 4626

(23) ① 國(한-21-42) ② 〈가람 古 294.302-W49b〉
③ 〈一蓑 古貴 294.302-W49b〉 ④ 日本 東京大學 文學部 小倉文庫 : 4530

(24) ① 〈一蓑 古貴 294.318-Y28〉[15] ② 日本 東京大學 文學部 小倉文庫 : 4836

8) 『蒙山和尙六道普說』

中國 元나라 말기의 高僧인 蒙山和尙의 六道普說을 板刻한 책이다. 우리나라에서 간행된 간본으로는 대략 15世紀에 간행된 것으로 보이는 2종의 간년 미상의 판본과 黃海道 서흥 자비령사에서 1490년에 간행된 판본을 비롯하여 16종 이상의 판본이 존재

14) 刊記에 적힌 '萬曆十年癸未八月日'은 '萬曆十一年癸未八月日'의 잘못이다. 안병희(1979:144)를 참조할 것.

15) 가람문고본도 있으나 미처 조사하지 못하였다. 추후 보완할 예정이다.

하고 있으며, 諺解本으로는 1584년에 忠淸道 서산 開心寺에서 간행된 판본이 있다. 보림사 소장의 사천왕상의 복장본인 자비령사본(1490년간)은 조선조 最古 寺刹本으로 보인다. 그 밖에도 1509년에 간행된 順天 대광사본, 충청도 홍성 무량사에서 1522년에 간행된 판본, 1575년에 全羅道 海南 금강사에서 간행된 판본이 발굴되었다. 이들 4종은 모두 壬亂 以前本의 귀중본으로 평가된다.

3. 의학 관계 한글 자료

1) 『村家救急方』

金正國이 罷職되었다가 復職되어 全羅道 觀察使로 가서 1538年(中宗 33) 南原에서 간행한 것이나, 현재 原刊本은 없고, 咸鏡道 咸興에서 간행된 重刊本이 誠巖文庫 所藏으로 전한다. 刊年은 책의 좋지 않은 보존 상태로 말미암아 알 길이 없으나, 觀察使 李友閔 등 列銜이 있는 점에서 李友閔의 觀察使 在任期間인 1571年(宣祖 4)부터 1572年 사이로 추정된다.

책의 내용 가운데 藥材 128종을 들고 雙行으로 借字와 한글로써 固有語를 표기한 부분이 國語史의 자료가 된다. 즉, 借字에 의한 表記는 吏讀 資料로서, 한글 表記는 傍點과 'ㅿ', 'ㆁ'이 폐기된 中世語 末期 자료로서 價値를 갖는다. 특히 한글 表記는 t-口蓋音化와 k-口蓋音化(지롬〈기롬 油)까지도 보여주고 있다. 原刊地인 全羅方言이나 重刊地인 咸鏡方言을 반영하는 것으로 생각되는 것으로, 구개음화를 보이는 最初의 文獻이 된다.

(25) 誠巖文庫 所藏 3-540

2) 『簡易辟瘟方』

1524年(中宗 19)에 關西地方에 癘病이 크게 전염하자, 中宗의 命令으로 金順蒙 등이 그 病에 대한 치료법과 예방법을 간단히 설명하여 만든 책으로, 漢文의 原文에 諺解를 붙여 이듬해인 1525年에 간행하였다.

현재 原刊本은 전하지 않고, 1578年(宣祖 11)의 乙亥字로 된 重刊本이 전한다. 高麗大圖書館과 同 晩松文庫의 소장이 있는데, 이들은 모두 1578年의 內賜本이다. 前者를 底本으로 한 影印本이 〈民族文化〉 7호(高麗大 民族文化硏究所, 1973)에 수록되어 있다. 日本의 宮內廳에도 同一本이 있으나, 牛馬羊猪染疫治療方과 合綴되어 있다. 16世紀의 자료로서 傍點이 없는 活字本이다. 소장 현황은 다음의 (26)과 같다.

(26) ① 〈奎 3199, 5277, 5695, 7850〉 ② 國(古M 7672-2)
③ 日本의 宮內廳書陵部(五五五函 十六號) ④ 高麗大學校 圖書館 : 貴 203A
⑤ 高麗大學校 晩松文庫 : 貴 203

3)『牛馬羊猪染疫治療方』

1541年(中宗 36) 봄 平安道에 牛疾이 크게 유행되자, 王命으로 가축의 전염병과 治療方文을 모아서 그 해 간행한 책으로, 體裁가 漢文의 本文 뒤에 吏讀와 한글로 된 두 가지 飜譯을 실은 것이 특이하다.

현재 日本의 한 個人(岡田信利) 소장본이 原刊本으로 추정되고 있다. 活字本이고 한글에는 傍點도 있다고 한다. 異本은 1578年版『簡易辟瘟方』에 合綴된 책이다. 版式과 活字, 無傍點인 한글 表記로 보아, 1578年의 重刊本으로 믿어진다. 그 밖에도 1636年(仁祖 14), 1644年(仁祖 22)의 重刊本이 있는데, 모두 1578年版의 覆刻이다.[16] 소장 현황은 다음의 (27)과 같다.

(27) ① 日本의 한 個人(岡田信利) 所藏本
② 高麗大學校 만송문고 : 貴 만송 522

4)『分門瘟疫易解方』

1542年(中宗 37) 金安國 등이 王命에 따라 유행의 瘟疫에 대한 치료법을 분류하고 諺解를 덧붙여 간행한 책이다.

原刊本으로 보이는 乙亥字本의 落張 몇 장(故 黃義敦 씨 소장)이 있었다고 하나, 현재 木版本만이 一蓑文庫에 전한다. 原刊本의 覆刻으로, 16世紀末의 刊本이 아닌가 한다. 傍點, 'ㅿ', 'ㆁ' 등이 모두 사용되었다.

(28) 〈一蓑 古貴 615.135-G413b〉

5)『救荒撮要』

1554년(명종 9)에 간행된 凶年에 대비한 내용의 책으로, 1권 1책의 木版本이다. 명종 9년판은 이인영・황의돈 및 日本圖書館 백정문고에, 그리고 김육에 의해 중수된 것은 성우경과 서울大學校 一蓑文庫에 각각 소장되어 있다. 소장 현황은 다음의 (29)

16) 一蓑文庫 소장본으로 전하는 다른 한 책은 1636年의 海州版이다. 'ㅿ'과 'ㆁ'을 제외하면 1578年版과 內容에는 큰 차이가 없다.

와 같다.[17)]

(29) ① 國(한-28-13)　　② 〈古 9100-7)
③ 〈一蓑 古 361.5-G939〉　　④ 〈一蓑 古 361.5-G939a〉
⑤ 〈가람 古 361.5-G939〉　　⑥ 國(한-28-43)
⑦ 이인영⑧ 황의돈　　⑨ 日本圖書館 백정문고
⑩ 성우경

4. 譯學 關係 한글 資料

1)『飜譯老乞大』

崔世珍의『四聲通解』와『老朴集覽』,『通文館志』등 관계 문헌에 근거하여 崔世珍이 飜譯하여 간행한 것으로 추정된다. 현재 卷上(故 白淳在 씨 所藏)과 卷下(誠巖文庫 所藏), 全帙 木版本이 전한다. 壬辰亂 이전의 刊本이나, 乙亥字本의 覆刻으로 보이며 또 欄上에 補印(卷下)한 것이 나타나므로 原刊本은 아닌 것으로 보인다.

老乞大가 商賈의 旅行과 交易에 관한 會話集이어서 특이한 자료라 할 수 있다. 南廣祐 교수에 의하여 卷上(1972年 中央大 大學院)과 卷下(1974年 仁荷大) 모두 影印되었다.

(30) ① 故 白淳在 씨 所藏(卷上)　　② 誠巖文庫(卷下) 3-925

2)『飜譯朴通事』

책에 譯者와 刊行에 관한 明記가 없으나,『飜譯老乞大』와 마찬가지로 崔世珍이 飜譯하여 간행한 책이다.『四聲通解』에 飜譯老乞大朴通事凡例가 실려 있어, 1517年(中宗 12)의『四聲通解』보다 앞서 간행된 것으로 보인다.

현재 原刊本은 乙亥字本으로 卷上 1책이 國會圖書館(趙誠穆 씨 舊藏)에 소장되어 있다. 이를 底本으로 한 影印本이 1959年 慶北大 大學院에서 간행되었다.

(31) 國會圖書館 : 貴古 412.8 ㅊ231ㅂ

3)『老朴集覽』

---

17) 개인 소장본과 일본에 있는 자료에 대해서는 미처 조사하지 못하였다. 추후 보완할 계획이다.

老乞大와 朴通事 중에서 難解한 語句와 固有名詞 등을 뽑아서 설명한 語彙集으로, 『飜譯老乞大』나 『飜譯朴通書』보다는 늦으나 『四聲通解』보다는 앞서서 崔世珍이 편찬한 것으로 보인다. 乙亥字로 된 原刊本은 현재 東國大圖書館에 소장되어 전한다. 현재의 原刊本은 앞뒤가 완전하여 1966년 李丙疇 교수에 의한 解題로 影印되었다.

(32) 東國大圖書館 : 494.2 老 13

5. 詩歌 關係 한글 資料

1) 『時用鄕樂譜』

編者 未詳인 樂譜로, 刊年은 16世紀 初期인 中宗 때로 추정된다. 이 책은 현재 通文館 所藏으로 전한다. 1954年 延世大 東方學硏究所에서 國故叢刊第二로 影印하였는데, 이를 1973年 大提閣에서 複製한 바 있다.

2) 『百聯抄解』

初學者에게 漢詩를 가르치기 위하여 七言古詩 중에서 聯句 100개를 뽑아서 한글로 해석을 덧붙인 책이다.

壬辰亂 이전의 刊本은 日本 東京大學에 소장되어 있다. 刊記가 없다. 傍點은 없고, 'ㅿ', 'ㆁ'은 사용되지만 'ㅿ'이 상당히 큰 混亂을 보이고 있다. 이 책의 特徵은 漢字의 새김에서 찾을 수 있는 바, '不 안득블(4b), 未 아톨미(la, 5a), 上 마딕샹(5a)'과 같이 光州版 『千字文』과 큰 一致를 보인다. 長城 出身인 金麟厚의 原作일 가능성이 있다. 1576年(宣祖 9) 刊行의 『攷事撮要』의 冊板 目錄에 의하면, 平壤과 長興(全羅道)에 『百聯抄解』의 冊板이 있으므로 이 책이 혹 16世紀 中葉 이후의 長興版이 아닌가 한다.

國內에는 壬辰亂 이후의 重刊本이 여럿 전한다. 長城의 筆巖書院, 順天의 松廣寺에는 아직도 冊板이 보관되어 있다. 이들은, 위의 책과는 달리 漢字의 새김을 없애고 漢詩 聯句의 順序를 다르게 하였다. 그러나 그들 사이에도 聯句의 순서와 번역이 같지 않다. 東京大學本은 1973年 〈國文學硏究〉(曉星女子大學) 4집에 影印되었고, 壬辰亂 이후의 刊記 未詳의 한 책이 1960年 大邱大學에서 影印으로 출판되었다. 소장 현황은 다음의 (33)과 같다.

(33) ① 國(古 3641-5) ② 〈가람 古 811.03-G42b〉
③ 〈一蓑 古 811.03-G42b〉 ④ 〈一蓑 古 811.03-G42ba〉

⑤ 〈古 811.5-B146〉 ⑥ 〈一蓑 古 811.03-G42bb〉
⑦ 日本 東京大學文學部言語文化學科日本語日本文學(L21604)

6. 語彙 關係 한글 資料

1) 『訓蒙字會』

崔世珍이 지은 3권 1책의 漢字 教科書로, 原刊은 1527年(中宗 22)에 이룩된 것으로 보인다. 그 이후의 많은 重刊本이 있다.

原刊本은 日本 京都의 叡山文庫 所藏의 乙亥字本으로 알려져 있다.[18] 壬辰亂 이전의 刊本은 刊年 未詳版인 啓明大 徐在克 교수, 東京大總合圖書館, 日本東京의 尊經閣文庫의 所藏本과 1559年(明宗 14, 平安道 祥原郡)版인 日本의 內閣文庫 所藏本이 있다. 이들 사이에는 조금씩 漢字의 出入이 있다. 原刊本과 東京大學本은 1971年 檀國大 東洋學硏究所, 尊經閣本은 한글 148~40號(1966~67)에 각각 影印되었다. 그 밖에 이들을 다시 影印한 책과, 壬辰亂 이후의 刊本을 影印한 것도 있다.

(34) ① 〈一蓑 古貴 418.3-C456ha〉 ② 〈一蓑 古貴 418.3-C456nb〉
③ 〈奎 26, 27, 3754, 12078, 12079〉
④ 〈想白 古 418.3-C456h-v.1-3〉
⑤ 〈一蓑 古 418.3-C456h〉 ⑥ 國(古 041-2-19)
⑦ 國(한-41-105) ⑧ 國(위창古 041-2)
⑨ 國(한-41-46) ⑩ 國(古 3111-41)
⑪ 國(한-41-9) ⑫ 國(古 311-3)
⑬ 國(古M 3111-32) ⑭ 日本 京都의 叡山文庫
⑮ 日本 東京大總合圖書館(A00:6460)
⑯ 日本 東京의 尊經閣文庫(雜部-字書類一)
⑰ 日本 內閣文庫(國立公文書館 278-0146)
⑱ 徐在克

2) 『千字文』

현재 전하는 最古의 『千字文』은 東京大學에 소장되어 있는, 1575年(宣祖 8) 光州에서 간행된 책이다. 그 다음이 石峯千字文으로 알려진 1583年(宣祖 16)의 책이다. 後代의 『千字文』은 거의 이것을 重刊한 책들이다. 原刊本의 內賜本이 전하고 있다고 하

18) 具體的인 所藏 狀況에 대해서는 아직 조사하지 못하였다. 추후 확인하여 보충할 예정이다.

나, 公開된 책 중에서는 金東旭 교수 所藏本이 原刊本에 가까운 듯하다. 그 밖에 壬辰亂 前의 刊本으로 보이는 책들이 日本의 內閣文庫에 있다. 이 밖에 光州版과 성격이 비슷한 16世紀 刊本이 日本 東京의 大東急記念文庫에 소장되어 있다고 한다. 光州版과 內閣文庫의 한 책이 1973年 檀國大 東洋學硏究所에서 影印으로 간행되었다.

(35) ① 日本 東京大學總合圖書館(F90:774 F90:183)[19]
② 日本 內閣文庫(國立公文書館) 306-0154
③ 日本 內閣文庫(國立公文書館) 子278-0007
④ 日本 內閣文庫(國立公文書館) 別033-0005
⑤ 日本 東京 大東急記念文庫(十二函一架二一五一號)[20]
⑥ 金東旭

3)『**新增類合**』

漢字 入門書인 類合을 柳希春이 增補하고 修正한 책이다. 현재 전하는 책은 1576年版이거나 그 계통으로 추정되며, 가장 오래되고 좋은 책으로는 木活字로 된 一蓑文庫本이 있다. 그러나 이 책은 卷上뿐이고, 그것도 張19 後面부터 남아 있다. 같은 木活字로 되었으면서 序跋까지 갖춘 完本은 金東旭 교수 소장으로 보존되어 있다. 壬辰亂 이전의 木版本은 日本의 東洋文庫, 尊經閣文庫, 大野晉(白鳥庫吉 舊藏) 교수 所藏本이 알려져 있다.[21] 이들은 印出의 先後로 약간의 차이(版心의 張次 등)가 있으나 同一 版本이다. 全羅道 南平縣에서 原刊本을 覆刻한 것이라 생각된다. 近代의 覆刻本으로는 '戊寅 3月日海印寺開刊'이란 刊記를 갖는 高麗大圖書館 所藏이 있으나, 조잡한 覆刻本이다.

사용한 한글에는 傍點과 'ㆁ'이 폐기되고, 'ㅿ'은 混亂을 보인다. 大字인 漢字의 四聲表記는『千字文』과 같이 左上이나 右上의 圈點으로써 각각 上聲과 去聲을 표시하고, 平聲과 入聲을 표시하지 않았다. 金東旭 선생 所藏本을 1972年 東洋學硏究所에서 影印하여 간행하였다.

(36) ①〈一蓑 古 418.3-Y95a〉 ②〈一蓑 古 418.3-Y91s〉
③ 日本 尊經閣文庫(雜部-類纂類一) ④ 日本 大野晉(白鳥庫吉 舊藏) 敎授

---

19) 따로 몇 권이 있으나 이 두 가지가 刊年 미상이다. 그러나 '貴重書'가 아니라 '一般圖書'로 되어 있는 것으로 보아 전혀 다른 성격의 자료일 가능성도 있다.

20) 光州版과 性格이 비슷한 16世紀 刊本이라고 한다.

21) 일본의 東洋文庫本은 아직 확인할 수 없었다. 추후 확인하여 보완할 예정이다.

⑤ 東洋文庫　　　　　　　　　　⑥ 金東旭
⑦ 高麗大學校 圖書館 : 貴 215

7. 口訣 關係 한글 資料[22)]

1)『論語大文口訣』

論語의 大文을 발췌하여 한글로 口訣을 단 책으로, 傍點은 없으나, 'ㅿ'과 'ㆁ'은 사용되고 있다. 16世紀 中葉이거나 그 이후의 자료이지만, 『論語諺解』에 앞서는 資料이다.

(37) 高麗大學校 圖書館 華山文庫 : 貴 183

2)『南華眞經大文口訣』

南華眞經의 大文에 한글로 口訣을 단 책으로, 'ㅿ'과 'ㆁ' 등이 비교적 정확하게 사용되고 있으나, 各自竝書는 보이지 않는다. 16世紀 中葉의 刊本이라 추정되는 卷5와 卷6 1책이 誠巖文庫에 전한다.

(38) 誠巖文庫 : 3-206

3)『句解南華眞經口訣』

句解南華眞經의 大文에 한글로 口訣을 단 책으로, 各自竝書와 傍點은 보이지 않으나, 'ㅿ'과 'ㆁ'은 나타난다. 모두 10권인데, 卷 1, 2와 7~10(高麗大圖書館 晩松文庫), 3(서울大圖書館 가람文庫), 10(國立中央圖書館), 5~7, 9, 10(誠巖文庫)이 전한다.[23)] 그 밖에도 목록을 통하여 찾아볼 수 있는 句解南華眞經을 (39′)에 소개하여 둔다.

(39) ① 高麗大圖書館 晩松文庫(권 1, 2와 7~10) : 貴 48C
② 서울大圖書館 가람文庫(권 3) : 〈가람 古貴 181.1-1m1gn-v.3〉
③ 國立中央圖書館(권 10) : 國(貴-131, 한-11-9)

---

22) 구결 자료들이 한글 자료인가에 대해서는 異見이 있을 수 있다. 여기서도 애초에는 검토 대상에서 제외하고자 하였으나, 구결 자료도 국어의 현상을 보여준다는 점에서 일단 소개하기로 하였다.

23) 誠巖文庫 소장본은 권 5, 6만이 16세기 자료인 것으로 보인다. 권 7, 9, 10은 후대의 것이 아닌가 한다.

④ 誠巖文庫(권 5, 6) : 3-195

(39′) ① 國(한-11-2) ② 國(古 1264-2) ③ 國(한-11-2-2)
④ 國(한-11-7) ⑤ 國(일산古 1264-15) ⑥ 〈奎 1680〉
⑦ 〈古 1403-1A〉 ⑧ 〈가람 古貴 181.1-1m1gu-v.1-5〉
⑨ 〈古 1403-1〉 ⑩ 〈奎 3133〉 ⑪ 〈奎 4431〉

4)『小學集說口訣』

漢文으로 된 책인『小學集說』의 欄上에 大文의 口訣을 한글로 인쇄한 乙亥字本으로, 刊年 未詳이지만 늦어도 16世紀 中葉의 刊本으로 생각된다. 방점은 없으나, 'ㅿ'과 'ㆁ' 등이 정확하게 사용되었다. 현재 卷6 1책이 誠巖文庫에 전한다. 그 覆刻本이 玉山書院에 卷 5, 6, 獨樂堂에 卷 3, 4가 전한다.

(40) ① 誠巖文庫(권 6) : 3-76
② 玉山書院(권 5, 6)
③ 獨樂堂(권 3, 4)

5)『禮記集說大全口訣』

漢文으로 된 책인 禮記集說大全의 欄上에 大文의 口訣을 한글로 인쇄한 책으로, 刊年은 未詳이나 16世紀 中葉의 異本이 아닌가 한다. 口訣이므로 방점은 없으나, 'ㅿ'은 정확히 사용되었기 때문이다. 卷 1, 4, 5, 17, 19(이상 延世大圖書館), 卷 4, 19~21, 24~28(高麗大圖書館 晩松文庫)과 卷10(所在不明) 등이 전한다고 한다.

(41) ① 延世大圖書館(권 1, 4, 5, 17, 19)[24)]
② 高麗大圖書館 晩松文庫(권 4, 19~21, 24~28) : 貴 274

6)『吏文集覽』

崔世珍이 편찬하여 1539년(중종 34)에 간행한 木版本으로서 '吏文'과 '吏文續集'이라는, 高麗 末期와 朝鮮 初期에 걸쳐 明나라와 주고받은 外交文書 가운데에서 어려운 語彙를 뽑아서 나오는 차례대로 배열하면서 주로 漢文으로, 간혹 한글로 설명한 註解書이다. 鄕言 또는 方言이라는 명목으로 드문드문 보이는 어휘들은 주목할 만한 國語史의 자료가 된다.[25)]

24) 현재 확인된 소장 번호는 '김준석 390.92 90가-1, 2, 3, 4'이나 좀더 정확한 정보를 살펴볼 필요가 있다.

(42) ① 藏(3-599) ② 國(古3116-2) ③ 國編 C13-9
④ 國編 中 C13-10 ⑤ 〈가람 古 411.1-C456j〉 ⑥ 〈奎 1577〉
⑦ 〈一蓑 古 411.1-C456j〉

8. 韻書 關係 한글 資料

1) 『四聲通解』

崔世珍이 편찬한 中國語의 韻書로, 현재 原刊本은 전하지 않는다. 故 宋錫夏 씨 舊藏本인 乙亥字本이 原刊本으로 추정되었으나 所在 不明이다. 이 乙亥字本의 覆刻으로서, 壬辰亂 이전 刊行으로 보이는 木版本이 日本의 國會圖書館 소장으로 있다. 國內에는 壬辰亂 이후의 活字本이 전한다. 그중의 하나인 1614年(光海 6)版을 1973年 서울大 文理大 國語國文學科에서 影印하였다.

(43) ① 〈奎 1593, 3551, 3885, 3887〉 ② 〈一蓑 古 495.15-c456s-v.1-2〉
③ 〈奎 3951〉 ④ 〈가람 古 485.115-c456s〉
⑤ 日本 國會圖書館(820-8)

2) 『續添洪武正韻』

『洪武正韻』의 결함을 보완하기 위하여 편찬된 韻書로, 編者는 未詳이지만 四聲通解 凡例와 책 內容의 檢討에서 崔世珍으로 믿어진다. 原刊本은 上下 2권인 듯하나, 현재 卷上 1책이 通文館에 소장되어 있다.

9. 諺簡 關係 한글 資料

1) 諺簡 資料(한글 편지: 31통, 1571년~1603년)[26]
2) 청주북일면순천김씨묘출토간찰(192통, 1565년~1575년)[27]

---

25) 東國大學校 圖書館에도 소장이 되어 있는 것으로 알려져 있으나 미처 확인하지 못하였다.

26) 16世紀의 諺簡에 관한 구체적인 내용에 관해서는 김일근(1986)으로 미룬다. 김일근(1986)에서는 다루지 않았으나, 1586년 작성된 '이응태묘 출토편지'도 새로운 어휘 양상을 보여주는 중요한 자료가 된다.

27) 淸州北一面順天金氏墓出土簡札에 관한 구체적인 사항에 관해서는 조건상(1981)을 참조할 것.

10. 其他 한글 資料

1)『農事直說』

世宗 때 王命으로 各道 觀察使가 그 地方의 老農에게서 採錄하여 보고한 우리나라의 農事法을 편찬한 책으로, 현재 原刊本은 전하지 않고『衿陽雜錄』과의 合本이 있다. 1581年(宣祖 14) 內賜本(서울大圖書館, 日本 國會圖書館 등)이 전하므로, 1581年의 重刊本이 현재로는 가장 빠른 시기의 刊本이다. 이 刊本은 國內外에 널리 소장되어 있다고 한다.

(44) ① 國(한-80-4) ② 國(古M 9110-8)
③ 〈가람古 630.88-Si62ns〉 ④ 〈想白古 630.951-Si62n-1686〉
⑤ 〈一蓑古 630.88-Si62ng〉 ⑥ 〈古 9100-5〉
⑦ 〈古貴 9100-8〉 ⑧ 〈古 9100-4-1-3〉
⑨ 日本 國會圖書館 特1-3019(1686년 刊)
⑩ 日本 國會圖書館 特1-3302(刊年 未詳)
⑪ 日本 國會圖書館 セ-36(18세기 후반쯤의 사본)

11. 電算 入力된 한글 資料

위에서 살핀 자료들의 상당 부분은 2000년에 國立國語硏究院에서 간행한『표준국어대사전』의 편찬하기 위한 사전 작업 과정을 통하여 전산 입력 처리되어 있다. 상당 부분 誤打와 띄어쓰기 등의 誤謬가 있어 실제로 이용할 때에는 많은 주의가 필요할 뿐만 아니라 原典의 確認 과정을 반드시 거쳐야 할 것이다. 다음의 (45)에 入力이 확인된 자료 목록만을 제시하기로 한다.[28)]

(45) 1514 續三綱行實圖. 1517 飜譯老乞大, 飜譯朴通事. 1518 飜譯小學, 二倫行實圖, 呂氏鄕約諺解, 正俗諺解. 1525 簡易辟瘟方. 1527 訓蒙字會. 1541 牛馬羊猪染疫病治療方. 1542 分門瘟疫易解方. 1554 救荒撮要. 1560 聖觀自在求修六字禪定. 1569 七大萬法. 1573 內訓(重刊本). 1575 光州千字文. 1576 新

---

28) 제시되지 않은 목록 가운데에도 개인적인 필요에 의하여 이미 입력 처리가 되어 있는 자료는 물론 있을 수 있다.

增類合. 1577 野雲自警, 誡初心學人文, 發心修行章. 1579 重刊警民編. 1581 三綱行實圖. 1583 石峰千字文. 1586 小學諺解(陶山書院本). 1590 孝經諺解, 大學諺解, 中庸諺解, 論語諺解, 孟子諺解.

Ⅲ. 研究 現況 - 16世紀 資料 關聯 研究 論著 目錄[29)]

Ⅳ. 結 論

지금까지 우리는 16세기 한글 자료들에 대한 검토 작업을 진행하였다. 16세기 한글 자료들을 대상으로 所藏者 및 所藏處를 조사하였으며, 그들의 內容書誌學的인 記述도 도모하였다. 아울러 影印本도 살펴, 影印 대상이 된 자료의 目錄은 물론 대상으로 삼은 底本도 파악하고자 하였다.

각 문헌에 대한 研究 論著 目錄 작성을 통하여 개별 자료들이 연구된 현황을 파악하고, 각 문헌에 관한 그간의 研究 論著 目錄을 작성하여 제시하였다. 이는 그동안의 연구 대상에서 소외되어 온 자료의 目錄은 물론 관심의 영역 밖에 존재해 왔던 主題 目錄도 가늠해 볼 수 있을 것으로 기대한다. 그와 함께 각각의 문헌에 대한 간략한 국어 관련 해제를 붙여 연구자로 하여금 대상 자료의 선택 과정에 참고가 되도록 하였다.

본 조사・연구의 주된 목적은 국어의 사적 연구 과정에 필요한 보다 정확한 정보를 제공하고자 하는 것이었다고 할 수 있다. 아직은 보완하여야 할 점이 상당히 많이 있으나,[30)] 단지 影印本에만 기대어 연구를 진행하는 안이한 태도를 반성하는 기회를 가질 수 있었다고 생각한다. 원전 자료에 대한 不斷한 관계 유지를 통하여 당시의 言語 現實에 다가서고, 도서관에서 잠자고 있는 자료들에 대하여 인식을 새로이 할 필요가 있다는 뜻이다.

---

29) 紙面上의 制約으로 〈論著 目錄〉은 韓國語文教育研究會 홈페이지 〈語文研究〉의 '揭載論文 부록 자료'에 올려 놓았음. 참고 바람.

30) 본고에서 미처 관심 대상으로 삼지 못한 자료로는 '오수열본 『내훈』의 낙장과 『장수다라니경 언해』, 『무예제보』, 『무예제보번역속집』, 그리고 『묵재일기』 제3책 이면에 필사되어 있는 『설공찬전』 외 5종의 국문소설' 등이 있다고 한다. 관심을 가져야 할 추가 목록이 되는 셈이다.

20. 17세기 국어자료와 연구의 현황

1. 들어가며

이 글은 17세기 국어자료의 현황을 살피고, 그를 통하여 17세기 국어에 대한 현재의 이해 정도를 알아보고자 하는 의도를 가지고 쓰는 글이다. 아울러 17세기 국어자료를 통한 그간의 이해의 경향을 되돌아보고, 17세기 국어 연구를 위한 과제 목록도 생각해 볼 수 있었으면 하는 바람을 가지고 있다. 그를 위하여 여기에서는 먼저 17세기에 간행된 국어자료의 대강을 살피려는 것이다.[1)]

국어사적인 측면에서의 17세기는, 17세기초에서 19세기말까지 3세기에 걸친 근대국어의 초반기라고 할 수 있는 시기이다.[2)] 宣祖로부터 光海君, 仁祖, 孝宗, 顯宗을 거쳐 肅宗에 이르는 변화와 격동의 시기라고 할 수 있다. 역사를 대하는 시각과 기준은 다양할 수 있으며, 그러한 시각과 기준에 따라 동일한 시기에 대한 가치 판단의 내용이 사뭇 달라질 수 있다는 사실에 대해서는 이견이 있을 수 없을 것이나, 역사상의 특정한 시기에 대하여 17세기 등과 같은 물리적인 절대시간을 기준으로 삼아 가르려는 태도가 그리 온당한 것이라고 하기는 어렵다고 하겠다. 그러나 17세기 국어자료를 살피려는 의도가 '17세기 국어'라는 이름의 시대 부여를 전제로 하는 것이 아니라, 국어사 속에서의 정당한 시대 구분을 위한 기초 작업의 성격을 가지는 것이라면 오히려 필요한 과정이자 절차라고 해야 할 것이다.

뒤에서 보다 구체적으로 살피게 되겠지만, 17세기 국어에 대해서는 아직 충분한 이해의 과정을 거쳤다고 하기 어려운 편이다. 이는 17세기 국어만의 특징이 아직은 드러나지 않고 있음을 이야기하는 것으로, 17세기 국어자료에 대한 적극적인 검토의 과정

---

1) 17세기 국어의 모습을 반영하고 있는 자료는 그가 취하고 있는 표기 방식에 따라 한문자료와 차자표기자료 그리고 한글자료로 분류될 수 있을 것이나, 여기서는 한글로 기록된 자료에 국한하여 살피기로 한다. 기타 자료의 양상에 관해서는 홍윤표(1997)을 참조할 것.

2) 이와 같은 국어사의 시대구분에 대해서는 이견이 있을 수도 있을 것이다. 본고에서 취하는 시대구분의 태도에 대해서는 이기문(1972)를 참조할 것.

이 필요한 이유가 된다. 17세기 국어자료에 대한 면밀한 검토가 필요한 또 다른 이유로는 언어의 변화가 상당한 기간에 걸쳐 일어나는 현상이라는 데에 있다. 동일한 언어의 변화 양상이라고 하더라도 국어사 속의 사건으로 인식하는 데에 대한 시각 차이가 있을 수 있음을 이야기하려는 것으로, 변화의 시작을 사건으로 인식하는가 또는 변화의 완성을 사건으로 인식하는가 아니면 변화의 과정에 관심을 가지는가에 따라 국어사 속에서의 자리 매김에는 상당한 차이가 있을 수 있다는 것이다.

17세기 국어자료를 살피기 위해서는 먼저 해당 자료들의 시대적인 배경을 둘러볼 필요가 있다. 서적의 간행이란 그를 요구하는 간행 당시의 시대 상황과 무관하지 않기 때문이다. 그와 함께 개별 자료들의 성격에도 충분한 관심을 가질 필요가 있다. 방언의 반영 여부라든가, 중간·복각본 등에 대한 구분 등이 그것이다. 자료에 대한 온전한 접근을 위해서는 자료가 보이고 있는 언어의 성격에 대한 이해가 선행되어야 하는 것이다.

이제 본고에서는 17세기 국어자료를 살펴 가는 과정에서 다음과 같은 내용에 주된 관심을 가지고 진행하기로 한다. 먼저 17세기에 일어난 우리와 우리 주변의 사건들을 기억하기로 한다. 국어자료들의 간행과 무관하지 않은 사건들은 국어자료들에 대한 이해에도 많은 보탬이 될 것이다. 그와 함께 기존의 연구 업적들도 살펴보기로 한다. 기존의 업적들이 보이고 있는 구체적인 결과에 대해서도 물론 관심을 가지게 될 것이나, 기존의 연구 주제에 들지 못한 내용들의 목록의 확보에도 주의를 기울이려는 것이다. 이어 살피게 될 17세기 국어자료의 목록을 통하여 본고에서 취하려는 관심과 주의의 내용이 어느 정도의 모습을 갖추게 되리라고 기대한다. 17세기 국어 연구에 대한 앞으로의 과제 목록이 되는 것이다.

2. 17세기의 사건과 국어자료

국어사의 기술 과정에서 국어 내적인 사건과 국어 외적인 사건에 대한 혼동은 피해야 할 것이나, 대상 자료의 시대적인 배경을 이해하기 위하여 국어 외적인 사건을 살피는 것은 오히려 필요한 과정이라고 할 것이다. 17세기에 있었던 조선과 조선 주변의 국어 외적인 주요 사건들의 대강은 다음과 같다. 다음의 (1)이 그것이다.

(1) 1608 경기도에 大同法 실시
1616 後金 건국
1623 仁祖反正

1624　李适의 난
1627　丁卯胡亂
1631　鄭斗源이 明에서 千里鏡, 自鳴鐘, 火砲 등을 수입
1636　丙子胡亂
1644　明나라 멸망, 淸나라 건국
1645　昭顯世子가 淸에서 과학, 카톨릭교 등 서양 서적 수입
1653　時憲曆 채택
1654　제1차 羅禪征伐
1658　제2차 羅禪征伐
1659　湖西 지방에 大同法 실시
1662　堤堰司 설치
1678　常平通寶의 주조

위의 (1)에 보인 17세기의 사건들은 그 성격에 따라 몇 가지로 구분이 될 수 있다. 하나는 明淸交替期에 따른 戰禍 또는 전쟁이며, 다른 하나는 鄭斗源과 昭顯世子 등에 의한 새로운 외래 문물의 유입이다. 또 다른 하나는 사회가 어느 정도 안정된 모습을 보이는 17세기 중반 이후의 대동법의 확대 실시라든가, 제언사의 설치 및 상평통보의 주조와 같은 경제 관련 사건이 그것이다. 그 밖에도 인조반정과 같은 왕실 내의 갈등이라든가 16세기말에 있었던 임진왜란 이후 단절되었던 일본과의 국교 회복도 주요 사건으로 들 수 있을 것이다.

이러한 17세기의 사건들이 직접 또는 간접적으로 서적의 간행에 영향을 주게 되리라는 사실을 짐작하기는 그리 어렵지 않다. 다음에 17세기 국어자료 목록을 구체적으로 살피는 자리에서 자연 드러나게 되겠지만, 불경언해류가 주종을 이루는 15세기 국어자료와 경서언해류 및 역학서류 그리고 훈몽자회, 신증유합, 천자문 등의 어휘자료로 구성되는 16세기 국어자료와는 다른 양상을 보이는 것이 17세기 국어자료이기 때문이다.[3)]

15・16세기의 국어자료와 비교할 때, 17세기 국어자료가 가지는 상대적인 특징은 자료의 다양한 성격과 풍부한 양에서 찾을 수 있을 것이다. 다음에 보다 자세한 자료 목록을 살피는 과정에서 자연 드러나게 될 것이나, 兵書類와 倭學書類 그리고 많은 地方刊行本과 歌辭·小說類, 醫書類 등이 17세기 국어자료의 상대적인 특징을 보이고 있

3) 이와 같은 설명에 대하여 오해가 없기 바란다. 자료의 상대적인 질과 양이라는 면에서 볼 때에 그렇다는 것이며, 초간본과 원간본 등에 국한하여 볼 때에 그렇다는 것이다. 16세기와 17세기에 각각 불경언해류가 없다거나, 역학서나 어휘자료가 없다는 의미가 아닌 것이다.

다고 할 수 있다. 이같은 상대적인 특성이 당시의 사회적인 상황에 의하여 직접적 또는 간접적인 영향을 받은 것이라는 짐작을 하는 데에는 그리 많은 노력이 필요하지 않을 것으로 보인다.

먼저 눈에 띄는 神器秘訣(1603), 練兵指南(1612), 火砲式諺解(1635), 新傳煮取焰焇方諺解(1635), 兵學指南(1688), 新傳煮硝方(1698) 등의 兵書들의 간행이 당시의 시대적인 상황 속에서 이루어진 것으로 이해하려는 것이다. 壬辰倭亂이 끝나면서 시작된 17세기는 丁卯胡亂과 丙子胡亂 그리고 羅禪征伐 등과 같은 전쟁으로 인하여 그리 편안하였던 시기는 아니었다고 할 수 있다. 兵書의 간행을 그만큼 필요로 하였던 시기인 것이다. 兵書는 아니나, 壬辰倭亂과 관련이 있는 자료로는 광해군 9년(1617)에 전후복구사업의 일환으로 간행된 東國新續三綱行實圖가 있다. 15세기와 16세기에 간행된 三綱行實圖와 續三綱行實圖의 속편이라고 할 수 있는 東國新續三綱行實圖의 간행을 전후복구사업과 관련이 있는 것으로 보는 까닭은 그 내용으로 대개 壬辰倭亂 중에 목숨을 바친 많은 충신·효자·열녀들이 수록되어 있기 때문이다. 임진왜란과 무관하지 않은 또 다른 자료로는 捷解新語(1676)가 있다. 倭學書인 捷解新語는 康遇聖이 壬辰倭亂 때 일본에서 10년간 포로 생활을 하고 돌아와서 1618년을 전후하여 지은 것으로, 원고의 완성과 간행 사이에는 상당한 정도의 시간적인 차이가 있다.

17세기 국어자료가 보이는 다른 한가지 특징은 지방판본의 양이 상당히 늘었다는 것이다. 구체적인 자료목록은 뒤에서 자세히 살피게 되겠으나, 이는 새로운 외래문물의 유입과 지방 경제의 활성화와 그에 따른 富의 확대에 힘입은 것으로 보아야 할 것이다.[4] 지방에서도 서적을 간행할 만한 능력을 갖추게 되었음을 뜻한다. 그에 따라 방언을 연구할 수 있는 대상자료의 수도 그만큼 늘었다고 할 수 있다. 물론 홍윤표(1994:133-4)에서의 지적대로 지방에서 간행된 자료라고 하여 무조건 방언자료라고 할 수 있는 것은 아니나, 방언사에 관심을 가지는 경우에 일단 살펴야 할 자료의 수는 늘어난 셈인 것이다. 17세기에 지방에서 간행된 자료라고 하더라도 조심해서 살펴야 할 대표적인 경우로 救荒撮要辟瘟方(1939)과 같은 경우가 있다. 이는 충청도 관찰사 金堉이 간행한 것이기는 하나, 1554년에 간행된 救荒撮要와 1518년에 金安國이 慶尙道에서 간행한 辟瘟方을 합하여 펴낸 책이기 때문이다.[5] 목록을 통하여 자세히 소개가 되겠지만, 동일한 자료가 여러 지방에서 간행된 경우에도 그대로 방언자료로 다루

4) 지방간본 모두가 경제 활성화의 배경을 가지는 것은 물론 아니다. 1639년에 간행된 救荒撮要辟瘟方과 1660년의 新刊救荒撮要의 경우에는 전염병과 굶주림에 시달리는 이들을 위해 간행된 서적이라는 점에서 차이가 있다. 개별 자료 하나하나가 각기 다른 성격을 보인다는 점에 유의할 필요가 있다.

5) 그에 대한 보다 자세한 내용은 서종학(1986)을 참조할 것.

기는 어렵다고 하겠다.

歌辭와 宮中小說類 그리고 醫書類와 辭書類 등도 17세기 국어자료가 가지고 있는 특징을 보여 준다. 歌辭는 黃州本 松江歌辭에 실린 '關東別曲, 思美人曲, 續美人曲, 星山別曲, 將進酒辭' 등의 가사 5편과 그와 함께 실린 단가 51수를 가리키는 것이며, 宮中小說類의 자료로는 仁祖反正 및 李适의 亂과 모종의 관계를 맺고 있는 癸丑日記(1613?)[6]와 仁祖大王行狀(1674?)[7]이 있다. 당시 궁중어의 모습을 살필 수 있는 자료인 것이다.

15세기와 16세기 자료에도 醫書가 없는 것은 아니나, 17세기의 醫書는 보다 구체적인 증세에 대한 처방이나 침술법을 주제로 삼고 있다는 점에서 다소 차이를 보인다. 諺解胎産集要(1608), 諺解痘瘡集要(1608), 鍼灸經驗方(1644), 痘瘡經驗方(1651), 辟瘟新方(1653) 등이 그것이다. 물론 17세기의 대표적인 醫書로는 許浚의 東醫寶鑑(1613)을 들어야 할 것이나, 국어자료라는 측면에서의 東醫寶鑑은 鄕藥名 649개가 한글로 적혀 있어 있는 제22~24권의 湯液篇 3권 3책에 한한다.

15세기와 16세기에도 千字文, 訓蒙字會, 新增類合 등과 같은 어휘자료가 없었던 것은 아니나, 辭書類라고 할 수 있는 본격적인 사전으로는 17세기의 語錄解(1657)와 譯語類解(1690)을 들 수 있다. 鄭瀁이 엮어 펴낸 한국 최초의 중국어 俗語辭典인 語錄解와 司譯院에서 愼以行 등이 만든 중국어 어휘사전인 譯語類解가 그것이다. 그 밖에도 백과사전적인 저서라고 할 수 있는 이수광의 芝峰類說(1614)도 17세기적인 자료로 들어야 한다. 실용・실리 추구의 정신과 실증정신・민본정신 등 務實의 정신을 역설, 空理空論만 일삼던 당시의 학계에 새로운 바람을 일으켰던 것이다.

이와 같이 국어자료가 가지고 있는 시대적인 배경을 염두에 두는 태도가 필요한 까닭은 자료의 성격 파악이 해당 자료를 통한 연구 결과가 나타내는 내용에 대한 객관적인 이해와 수용의 전제가 되는 것이기 때문이다. 이를테면 특정 어휘의 생성과 소멸과 같은 국어적인 사건이 당시 국어의 일반적인 현상이 아니라 자료가 가지는 시대적인 성격 차이에서 오는 것일 수도 있음을 기억할 필요가 있다는 뜻이다. 자료의 성격 파악에 대한 결과는 연구의 결과에 대한 일반화 과정의 정당성을 검증하는 하나의 기준이 되는 것이다.

---

6) 癸丑日記의 간년을 1613년으로 삼은 것은 추정연대이다. 그 내용이 되는 永昌大君의 강화도 유폐와 살해년을 근거로 삼은 것이다. 따라서 책이 실제로 쓰인 연대는 다소 차이가 있을 수 있겠으나 그 차이가 크지는 않으리라 생각한다.

7) 仁祖大王行狀의 간년을 1674년으로 삼은 것은 추정에 의한 것이다. 仁祖大王行狀을 親寫한 것으로 되어 있는 仁宣王后(1618-1674)가 세상을 떠난 해를 근거로 삼은 것이다. 책의 간년이 그 이하로는 내려오지 않음을 뜻한다.

3. 17세기 국어자료

지금까지 17세기 국어자료가 가지고 있는 특징을 살피면서 언어 외적인 사건들이 국어자료의 간행과 무관하지 않다는 점에 주목하였다. 17세기 국어자료의 목록이 앞서 언급한 자료에 국한하는 것은 물론 아니다. 이제 보다 구체적인 17세기 국어자료의 목록을 정리하여 살펴보기로 하자. 다음의 (2)가 그것이다.[8)]

(2)	1603	神器秘訣	奎 133, 3189
	1603	親筆 諺簡[9)]	원본 소재지는 散在되어 있음.
	1604	養正篇	國 한-25-10
	1604	五大眞言隨求經	瑞山 迦山 講堂寺版[10)]
	1606	周易諺解	奎 3526, 3933
	1607	諺解痘瘡集要	가람 古貴615.135-H41e-v.2
	1608	諺解胎産集要	奎 181
	1609	三經四書釋義	奎 1032, 1182~1183
	1610	誡初心學人文	一簑 古貴 294.34-J563ge
	1610	梁琴 新譜	가람 貴780.951-Y17y
	1612	練兵指南	고 9950-6, 國 한-76-22, 藏 3-298
	1613	東醫寶鑑(湯液篇)	奎 1933, 3533, 藏 3-325, 國 한-68-2 外
	1613	詩經諺解	奎 2424, 3032, 3460, 가람 古181.1-Si27ee
	1614	芝峰類說	奎 7043
	1615	排字禮部韻略(萬曆板)	奎 重 1767 外

8) 17세기 국어자료 목록의 작성에는 김정수(1984), 이기문(1972), 홍윤표(1994) 등에 많이 기대었으며, 내용의 확인 과정에는 이상은(1987)을 이용하였다. 기존에 나와 있는 고서목록의 내용이 부정확하다거나 부실하다는 지적이 있기도 하나, 역사자료를 다루는 이들이 그 출발점에서 우선적으로 참고해야 할 자료는 역시 고서목록이라고 해야 할 것이다.

9) 김일근(1974)의 일부이다. 김일근(1974)에서의 자료번호로는 11번에서 151번 사이의 언간이 17세기 자료에 해당한다. 자료번호 147번에서 151번까지의 언간 가운데 자료미상의 것이 들어있으나 필자인 仁顯王后(1667-1701)가 세상을 떠난 해와 언간의 수신자인 淑微公主를 감안하여 일단 17세기 자료 목록에 넣은 것이다. 참고로 김일근(1974)의 이용에는 세심한 주의가 필요함을 덧붙인다. 현대활자로 옮기는 과정에서의 오류가 적지 않기 때문이다.

10) 내용과 서지 사항에 대해서는 미처 살피지 못하였다. 여기서 목록에 넣은 것은 홍윤표(1994가:79)에 기댄 것이다.

1617	東國新續三綱行實圖	奎 1832, 1931
1620무렵	癸丑日記[11]	필사본
1621	聖觀自在求修六字禪定[12]	國 貴-395, 國 한-21-199
1630	觀音經諺解	가람 古294.333-B872g
1630	普賢行願品	장서번호 미학인[13]
1631	念佛作法	淸道 水岩寺版
1632	家禮諺解	奎 1506, 가람 古181.1-Si62gy-v.1-4
1632	分類杜工部詩諺解(중간본)	國 승계 古3717-122 外
1634	夙興夜寐箴	*奎 7856
1635	新傳煮取焰焇方諺解	藏 3-310
1635	火砲式諺解	國 한-77-8
1637	勸念要錄	一簑 古294.34-G995y
1639	救荒撮要辟瘟方	一簑 古361.5-G939a
1642-6	孤山 親筆 家牒[14]	이재수(1955) 영인
1644	鍼灸經驗方	奎 4492, 4493, 6797, 奎 809 外
1651	痘瘡經驗方	一簑 古615.135-B148de
1653	辟瘟新方	가람 古615.135- An1b, 奎 11570
1654	童蒙先習	一簑 古170-B149da 外
1655	農歌集成	藏 3-312, 상백 古630.951-Si62n-1655
1657	*佛說天地八陽神呪經	*奎 11556
1657	佛說廣本大藏經	國 한-21-37
1657	語錄解	가람 古495.1709-J466e
1658	警民編諺解(改刊本)[15]	奎 21847, 가람 古340.0951-G421g
1658	千手經	鳳岩寺版
1660	新刊救荒撮要	國 한-28-43

11) 일반적으로는 姜漢永 교주(1958)의 '계축일기'(민협출판사)를 많이 이용하고 있다.

12) 1560년 肅川에서 간행된 책이 국립중앙도서관에 소장되어 있다. 장서번호는 '國 貴-53, 한-21-140'이다.

13) 홍윤표(1994가)에 따른 것이다. 국립도서관 소장으로 알려져 있지만 아직 확인할 수 없었다.

14) 김정수(1984)에서 17세기 국어자료의 하나로 사용한 바 있어 목록에 넣었다.

15) 警民編諺解의 원간본은 전하지 않고 임진란 전의 중간본이 전하고 있다. 16세기 자료인 것이다. 그러나 여기에 든 개간본은 원간본을 보지 못하고 한문본인 사본을 교정·번역한 자료라는 점에서 17세기 자료라 할 수 있다. 보다 자세한 내용은 안병희(1978나)를 참조할 것. 그와 동일한 자료로 생각되는 책이 국립도서관에도 소장되어 있다.(장서번호 國 한-30-6)

1661	千字文	古 2400-5
1664	類合	安城 七長寺版
1666	佛家日用時默言作法	新興寺版
1666	孝經諺解	古1328-2
1669	語錄解	가람 古413.1-N15e, 一簑 古413.1-N15e
1670	閨壼是議方	筆寫本
1670	老乞大諺解	奎 1528, 2044, 2304, 2347, 奎 2303
1670	佛說天地八陽神呪經	*奎 1319, 國 한-21-52
1674	션됴힝장/인조대왕 행장	애산학보1(1981)에 영인 소개.
1676	捷解新語	奎 1638, 1639
1677	朴通事諺解	奎 1810, 一簑 古495.18-C456-v.1-2
1677	要路院夜話記	가람 古041-B147y
1678	經世正韻	筆寫本
1679	排字禮部韻略(康熙板)	판목은 仙巖書院 소장
1682	馬經抄集諺解	奎 720, 一簑 古636.089-Y63m-v.1-2 外
1686	新刊救荒撮要	가람 古361.5-G939
1688	兵學指南	國 승계 古698-23, 國 古176-11-2
1688	眞言集	藏 3-262
1690	松江歌辭	黃州本(국립중앙도서관소장/번호미확인)
1690	譯語類解	奎 5651, 가람 古413.1-G418y-v.1-2
1694	眞言集	奎 古 1730-79
1695	書經諺解	戊申字 活字本
1695	詩經諺解	國 한-04-1, 한-04-2, 한-04-2-2
1695	周易諺解	奎 92, 325, 1046, 11079의2
1698	新傳煮硝方諺解[16]	현전 자료는 18세기 중간본임.
1698	重刊捷解新語	復刻本
17세기?	吏文大師	가람 古411.1-lm9[17]
17세기?	太平廣記諺解[18]	藏 4-6853

16) 화약제조법에 관한 과학기술서로서, 역관 金指南이 베이징에 가서 배운 새로운 화약제조법과 그 방법을 얻기까지의 유래를 설명한 책이다. 영중추부사 南九萬의 건의로 1698년(숙종 24)에 軍器寺에서 간행하였고, 그 뒤 우의정 尹蓍東의 건의로 1796년(정조 20)에 중간되었다. 현재 전하는 국립도서관, 규장각, 장서각 소장본은 1796년의 중간본이다.

17) 안병희(1987:26-7)에서의 추정에 기댄 것이다. 그럼에도 불구하고 대상 목록에 넣은 까닭은 보다 구체적인 연구를 기다리고 있다는 데에 있다.

위의 (2)에 보인 목록은 17세기에 간행되었거나 간행된 것으로 추정되는 자료들을 연대순으로 든 것이다. 목록 뒤에 붙인 청구목록은 연구자의 편의를 위한 것이기는 하나 아직 확인이 필요한 부분들이 남아 있어 오히려 방해가 되는 것은 아닌지 염려스럽다.[19] 청구번호에 쓰인 '奎'는 奎章閣 소장 도서임을 나타내고, '가람'은 가람문고를 나타내며, '一簑'는 一簑文庫를 가리키는 것이다. 또한 '藏'과 '國'은 각각 藏書閣 소장 도서와 國立圖書館 소장 도서임을 뜻하는 것이다. 청구번호 뒤에 '外'가 부기되어 있는 경우에는 살필 필요가 있는 유사한 자료가 더 있음을 나타낸다. 장서번호 앞에 '*'표를 붙인 자료는 간행연대에 부합하는 자료인지의 여부 확인이 필요한 자료임을 뜻한다.

위에 살핀 (2)의 자료들이 17세기 국어연구의 일차 자료 목록이라고 할 수 있다. (2)에 든 목록에는 17세기 초간본 또는 원간본을 대상으로 삼은 것이지만, 15세기와 16세기에 간행된 자료로서 17세기에 들어 重刊되어 간행된 경우라고 하더라도 원간본의 내용과 상당한 차이를 보여 17세기 국어의 모습을 나타내는 자료라고 생각되는 경우에는 (2)의 목록에 넣었다. 詩經諺解와 같은 경우가 그것이다. 또한 周易諺解와 같이 원간본이 소실되어 17세기에 재간행된 경우에도 대상으로 삼았다. 그 밖에도 (2)의 목록에는 또 다른 중간본이 들어있다. 원간본과 중간본이 모두 17세기에 간행된 詩經諺解, 語錄解, 周易諺解와 같은 경우가 그것이다.

그러나 17세기의 국어자료가 위의 (2)에 든 목록에 국한되는 것은 아니다. 중간본과 복각본의 경우에도 17세기 국어 연구를 위한 참고자료가 될 수 있다. 특히 동일한 자료가 지역을 달리하여 중간되었을 경우에는 방언의 반영 여부에 관심을 가지고 살펴볼 수 있으며, 시대의 흐름에 따른 언어 현상의 변화 양상에도 관심을 가지고 살필 수 있을 것이기 때문이다. 다음의 (3)은 15세기와 16세기에 간행되었던 서적의 중간본 또는 복각본 목록이다.[20]

---

18) 중국의 설화집 '太平廣記'를 한글로 옮긴 책으로, 역자와 필사연대는 알 수 없다. 현존하는 언해본은 金一根 소장본 일부와 장서각에 소장되어 있는 樂善齋本 두 종류이다. 낙선재본은 9권 완질이 현존하며, 사용된 어휘로 보아 최초의 언해는 조선 선조~숙종 사이에 이루어진 것으로 짐작되어 일단 목록에 넣어둔 것이다. 보다 면밀한 검토를 기다리는 자료인 것이다.

19) 특히 千手經(1658), 佛家日用時默言作法(1666), 閨壺是議方(1670), 書經諺解(1695) 등의 경우에는 홍윤표(1994가)에 소개된 내용을 취한 것으로, 미처 자세한 내용을 파악하지 못한 상태이다. 17세기 국어에 대한 연구가 본격적으로 진행되는 과정에서 보다 구체적인 내용이 검토되어야 할 것이다.

20) (3)에 든 중간본과 복각본 목록은 홍윤표(1994가)에 기댄 것이다.

(3)

1606	三綱行實圖	
1608	三綱行實圖	
1608	新增類合	訂正本
1610	禪家龜鑑諺解	松廣寺版
1610	樂學軌範	太白山本
1611	內訓	訓鍊都監字
1611	大學諺解	
1612	論語諺解	內賜本
1612	孟子諺解	內賜本
1612	小學諺解	
1612	龍飛御天歌	萬曆本
1612	中庸諺解	內賜本
1613	簡易辟瘟方	訓鍊都監字
1613	訓蒙字會	內賜本
1614	四聲通解	木活字本
1623	妙法蓮花經諺解	雲興寺版
1625	佛說大報父母恩重經諺解[21)	
1630	觀音經諺解	
1631	論語諺解	
1631	大學諺解	內賜本
1631	孟子諺解	內賜本
1631	中庸諺解	內賜本
1631	佛頂心經諺解	奉佛庵版
1633	鄕藥集成方	
1635	佛說大報父母恩重經諺解	
1635	五大眞言	雙溪寺版
1636	佛說阿彌陀經諺解	淸道 水巖寺版
1636	牛馬羊猪染疫病治療方	
1644	牛馬羊猪染疫病治療方	
1648	佛說阿彌陀經諺解	淸道 水巖寺版
1655	樂學軌範	

21) 정확한 연대 파악이 이루어지지는 않았으나 '一簑 古294.34-B872eb' 이외의 다수 자료가 현전한다.

1656	警民編諺解	
1656	內訓	
1656	四聲通解	木版本
1658	眞言集	新興寺版
1658	佛說大報父母恩重經諺解	新興寺版
1659	龍飛御天歌	順治本
1668	小學諺解	
1668	佛說大報父母恩重經諺解	敲防寺版
1670	童蒙先習	
1676	佛說大報父母恩重經諺解	影子庵版
1676	救荒補遺方	
1680	佛說大報父母恩重經諺解	淸道 水巖寺版
1682	童蒙先習	
1684	中庸諺解	內賜本
1685	火砲式諺解	黃海監營本
1686	農事直說	
1686	佛說大報父母恩重經諺解	梁山 曹溪庵版
1687	佛說大報父母恩重經諺解	佛巖寺版
1688	佛說大報父母恩重經諺解	淸道 磧川寺版
1689	佛說大報父母恩重經諺解	平安道 祖院庵版
1691	石峰千字文[22]	
1693	孟子諺解	內賜本
1693	中庸諺解	內賜本, 元宗木活字本
1695	大學諺解	

4. 기존의 17세기 국어연구

여기서 17세기 국어에 대한 기존 연구 결과의 대강을 살필 필요가 있다. 17세기 국어자료에 대한 앞으로의 태도를 결정하는 데에는 앞서 든 자료들이 활용되어 온 양상과, 기존의 연구가 관심을 가져온 주된 경향들에 대한 이해가 선행되어야 하기 때문이

---

22) 규장각 소장본인 청구번호 '古495.181-H19c2'인 책을 가리킨다. 그 밖에도 1694년 간본이 일사문고와 가람문고에 소장되어 있다. '일사 古418.3-H19ci'와 '가람 古418.3-H19ca'가 그것이다.

다. 하지만 기존의 연구 결과에 대한 구체적인 내용을 하나하나 살피는 과정은 피하기로 한다. 그는 앞으로의 17세기 국어 연구의 과정에서 다루어야할 내용이기도 할뿐만 아니라, 허용된 지면의 범위를 넘어서게 되기 때문이다.

그들 양상을 정확히 살피기 위해서는 두 가지 측면에서 접근하는 것이 효과적이라고 생각한다. 그 하나는 위의 (2)에 소개된 자료들이 다루어진 양상을 살피는 것이고, 다른 하나는 기존의 논의들을 통하여 다루어진 주제들을 살피는 것이다. 이와 같은 점검과정은 17세기 국어를 연구하는 경우에 살필 수 있는 자료들을 충분히 살폈는지를 되돌아보는 기회를 제공해 줄 것이며, 17세기 국어의 전모를 충분히 살필 수 있을 만큼의 충분한 주제 목록을 갖추었는지를 알려주리라고 생각한다.

먼저 기존의 논의들에서 관심을 가졌던 주된 자료들을 살펴보면, 대상이 되었던 자료가 상당히 제한되어 있었음을 알 수 있다. 앞의 (2)에서 본 많은 자료목록에도 불구하고, 구체적인 검토의 대상이 되었던 자료들은 '老乞大·朴通事類, 捷解新語, 東國新續三綱行實圖, 家禮諺解, 重刊杜詩諺解, 救荒撮要' 정도에 머물고 있는 것이다. 그중에서도 老乞大·朴通事類에 많은 관심이 있었음을 알 수 있다. 고명균(1992), 기주연(1986), 김문웅(1984, 1987), 김송룡(1987), 김영근(1988), 김완진(1975, 1976), 김원석(1990), 김형철(1977), 민현식(1988), 박태권(1974), 박향숙(1992), 박희용(1988), 방종현(1946), 서상규(1993), 손성지(1991), 안병희(1996), 안세현(1988), 왕문용(1986), 이현규(1974), 전철웅(1984가,나), 정화자(1969), 조영상(1995), 황벽려(1974) 등이 그것이다. 捷解新語의 경우에는 김완진(1957), 김정시(1984), 小泉和生(1996), 왕문용(1981), 정광(1984), 정승혜(1991), 황희영(1977) 등에서 다루어졌으며, 東國新續三綱行實圖의 경우에는 김영신(1980), 남기탁(1979), 이숭녕(1972나, 1978) 정도에 머문다. 조금 형편이 나은 重刊杜詩諺解에도 김영배(1981), 백두현(1989), 안병희(1957), 이창환(1992), 전재호(1966, 1968) 정도에 그친다. 家禮諺解에 관해서는 이덕흥(1985), 추교신(1982)에서 다루고 있으며, 救荒撮要에 관해서는 서종학(1986), 임명선(1978)에서 살피고 있을 뿐이다. 살펴야 할 대상자료의 수에 비하여 그동안 관심을 가지고 다루어왔던 자료는 상당히 제한되어 있음을 보여주고 있는 것이다.

17세기 국어에 대하여 기존의 논의들이 관심을 가졌던 주제의 폭도 그리 넓다고는 하기 어려운 형편이다. 뒤에 붙인 17세기 국어연구에 관한 참고논저 목록을 통해서도 알 수 있듯이 상당히 제한된 주제에 대하여 관심을 기울여왔던 것이다. 가장 많은 관심은 17세기 국어자료에 나타나는 표기법의 양상이었다. 자료들이 보이는 표기의 양상이 중세국어 자료들에 비하여 불안정한 듯이 보이는 데에서 이유를 찾을 수 있을 것이다. 권인한(1991), 김동언(1988), 김중진(1986, 1992), 유기운(1984), 이광호(1987, 1993), 이익섭(1985, 1990, 1993), 이주행(1993), 전재호(1966), 정승혜(1991), 지춘수(1983), 홍윤표(1986가), 홍윤표(1987가,나), 홍윤표(1993가) 등이 17세기 국어의 표기를 다룬 업적들이다.

음운도 17세기 국어 연구의 주된 주제 가운데 하나였다. 김동언(1989), 김문웅(1984), 김상돈(1990), 김석득(1985), 백두현(1988, 1989), 송민(1982가, 1986, 1991), 이명규(1982), 이병근(1996), 이숭녕(1971, 1978), 전광현(1997), 정연찬(1981, 1993), 정영인(1986, 1991), 정우택(1987), 정윤자(1990) 등이 17세기 음운을 다룬 업적들이다. 특히 김주필(1994), 김형규(1959), 小泉和生(1996), 안병희(1957), 이명규(1974) 등에서는 17세기 국어에 보이는 중요한 음운현상의 하나인 구개음화를 주제로 삼고 있다.

17세기 국어를 다룬 업적들이 많은 관심을 가졌던 또 다른 주제로는 어휘가 있다. 김송록(1987), 심재기(1991), 이덕흥(1985), 이숭녕(1972나), 전철웅(1984가, 나), 조남호(1997), 하동호(1987), 황희영(1977) 등이 그들이다.

그러나 17세기 국어의 문법에 관한 기존의 업적은 그리 많다고 하기 어렵다. 몇몇 격조사에 관한 관심에 머물고 있는 형편이다. 서재극(1969), 왕문용(1986), 이숭녕(1958), 정광(1968), 홍윤표(1980가,나, 1981가,나, 1983) 등이 그것이다. 물론 몇몇 업적들을 통하여 파생법과 대우법, 시제, 종결어미 등이 관심의 대상이 되기는 하였지만 전혀 넉넉하다고는 할 수 없는 형편이다. 아직도 면밀히 살펴야 할 부분이 많은 것이 17세기 국어라고 할 수 있는 것이다.

5. 나가며

역사에 대한 정확한 기술을 위해서는 사건에 대한 이해가 선행되어야 함을 잘 알고 있다. 사건에 대한 이해라고 함은 사건이 사건으로서의 가치와 의미를 가지고 있는지의 여부를 판단하는 작업을 뜻하는 것이다. 그와 같은 작업의 전제는 물론 모든 사건이 대상이 되어야 한다는 것이고, 해당 사건을 대하는 데에 아무런 선입견이 없어야 한다는 것이다. 물리적인 시간이라고 할 수 있는 17세기를 하나의 시대로 상정하려는 의도로 17세기를 이야기하는 것이 아니라, 모든 사건을 살피고 그 가운데에 의미있는 사건들을 찾아 역사를 구성하기 위한 기초작업의 과정으로 17세기를 보고자 하는 것이 본고에서의 기본적인 태도였음을 이야기하는 것이다.

그러나 17세기 국어에 대한 그동안의 작업은 17세기의 국어적인 사건을 이야기할 수 있을 만큼 충분하거나 넉넉한 것이라고는 할 수 없는 형편이다. 17세기 국어가 속한 근대국어조차도 중세국어에서 현대국어로의 과도기적인 과정으로 간주하고, 중세국어의 현상과 그 변화를 이야기하거나 현대국어의 현상과 그 소급형을 다루는 자리에서나 언급되는 현실에 비추어 볼 때 17세기에 대한 적극적인 관심을 바란다는 것이 어쩌면 욕심이라고 할 수도 있다. 앞서 살핀 바와 같이 17세기 국어자료 가운데 극히 일부만이 관심과 검토의 대상이 되어 왔으며, 국어연구의 주제 가운데 몇몇만이 17세기 국어연구의 내용을 구성하고 있다는 사실이 엄연한 현실인 것이다.

하지만 정확한 그리고 빈칸이 없는 국어사의 기술을 위해서는 우리의 바람과 욕심이 바람과 욕심에 머물러서는 안됨을 알고 있다. 참고논저 목록은 그와 같은 인식이 최근 들어 점차 확산되어 가고 있음을 느끼게 한다. '홍윤표·정광·송기중·송철의(1995), 17세기 국어 사전'은 그러한 인식의 대표적인 소산이라고 할 수 있다.

본고에서 17세기 국어 자료에 대한 시대적인 배경을 이해하고자 도모하고, 17세기 국어자료의 목록 작성과 그간의 연구 동향을 살피고자 한 것은 앞으로 해야 할 일의 구체적인 목록을 드러내보고자 하는 데에 의도가 있었던 것이다. 이제 천천히 그러나 끊임없이 정리하고, 살펴나가는 일만이 남아 있는 것이다.

21. 15세기 국어사전의 편찬

- '고어사전'과 '이조어사전'의 검토를 중심으로 -

1.0. 사전이 시대의 산물이라는 일반명제가 의미를 가지는 까닭이 사전이 편찬될 당시의 언어가 사전에 반영되게 된다는 사실에만 있는 것은 아니다. 일반언어사전의 경우에는 해당 단어가 사용되는 데에 따른 시대적인 배경이 드러나게 된다는 점에서 당연한 것이겠지만, 전문 분야의 사전이라고 하더라도 그 사전에 담긴 언어적인 내용은 물론이거니와 사전이 편찬되어 나오기까지의 과정 모두가 시대적인 상황과 무관할 수 없는 것이기 때문이다. 이를테면 파리외방선교회의 '韓佛字典'(1880)이나 J.S.게일의 '韓佛字典'(1897)은 그들이 가지고 있는 언어적인 내용과 함께 당시의 시대적인 상황 즉 우리나라에 외국의 선교사들이 들어오고 그들에 의해 우리가 외국에 보다 많이 소개가 되던 상황을 보여 주고 있다고 할 수 있으며, 최근에 나온 '컴퓨터 용어사전'들은 우리 사회에서 컴퓨터가 적극적인 역할을 담당하게 되었음을 보여 주고 있는 것이다. 또한, 동일한 내용을 다룬 사전이라 할지라도 시단의 흐름에 따라 해당분야의 연구 성과들이 반영되어야 한다. '컴퓨터 용어사전'을 예로 보더라도 새로운 컴퓨터의 등장이라든가 새로운 기술의 개발에 따른 컴퓨터 용어 사전에 대한 보완이나 개정을 요구하게 되는 것은 오히려 당연하다고 하겠다. 기왕의 사전이 여러 가지 문제점을 가지고 있다면 그에 따른 개정이나 보완의 요구도 충분히 있으리라고 짐작할 수 있다. 이미 사용되지 않는 언어인 고어를 대상으로 하는 사전의 경우에도 그와 비슷한 논리가 적용될 수 있다. 고어라고 하더라도 그에 대한 연구가 꾸준히 이루어지고, 그에 따라 고어는 이미 존재했던 언어이지만 이미 존재했던 모습과는 다른 모습으로 우리에게 다가설 것이기 때문이고, 고어사전에는 이러한 연구의 결과로 새로운 내용을 가지게 된 고어가 반영되어야 할 것이기 때문이다.

사실 우리에게는 그동안 몇몇 고어사전[1]이 있었고, 우리의 그동안의 중세 및 근대

1) 여기서 고어사전이라고 할 때에는 기존의 고어사전인 중세국어와 근대국어를 대상으로 한 사전을 의미한다. 그들에는 이 두 자료도 함께 수록되어 있다.

국어에 대한 연구가 그들에게 힘입은 바는 자못 큰 것이었다고 말할 수 있다. 그럼에도 여기서 새로이 고어사전에 대한 논의를 시작하려는 이유는 다음과 같다. 뒤에서 자세히 이야기가 되겠지만, 가장 최근에 편찬된 고어사전으로부터도 이미 30년 가까이 시간이 흘렀고 그 사이에 상당히 많은 업적들로 인해 밝혀진 새로운 사실이 반영되어야 하리라는 점이 첫째이고, 30년 가까운 동안에 새로이 발견된 대상 자료도 상당수가 있어 새로이 보충되어야 할 필요가 있다는 점이 둘째이며, 첫째와 둘째 이유가 아니라도 기존 고어사전이 가지고 있는 사전 편찬상의 문제가 적지 않다는 점이 그 셋째이다. 그러나 본고에서의 논의가 그들의 문제점을 지적하는 데에 목적이 있는 것은 아니다. 모든 역사 속의 업적들이 그러하듯이 기존의 고어사전들도 당시의 시대적인 눈으로 지난 시대의 업적을 평가한다는 것은 어느 경우에라도 조심해야 할 일인 것이다. 오히려 본고에서 살피고자 하는 고어사전의 틀은 기존의 사전들이 있음으로 가능한 것이라는 점이 지적되어야 할 것이다. 이제 그동안 우리가 볼 수 있었던 고어사전들의 대강을 먼저 살펴보기로 하자.

1.1. 가장 먼저 고어사전의 모습을 띠고 나타난 것으로는 신태현(1940)을 들 수 있다. 불과 17면 376개 어휘를, 유인본으로 나온 '정음지'에 소개한 것이다. 이렇듯 단행본으로 간행된 것은 아니지만 일찍이 사전에 대한 필요성을 인식하였고 그에 따라 사전의 형식을 갖추고자 하였다는 점에서 의의를 찾을 수 있다. 그렇지만 한정된 자료에 기대고 있고,[2] 예문이 제시되어 있지 않으며, 표제항의 설명을 한자어로만 베풀고 있고, 출전도 막연히 '杜諺, 字會' 등과 같이 나타내고 있다. 또한 동사나 부사형, 또는 명사형의 경우에 기본형이 아니라 해당어휘의 활용형을 그대로 표제항으로 삼고 있다는 점은[3] 절대 어휘수의 부족과 함께 아쉬움을 남기고 있다. 그 뒤에 우리에게 모습을 보이고 있는 방종현(1946, 1947)의 경우는 앞서의 것과는 양상을 달리한다. ㄱ항부터 ㄷ항까지의 전집은 1946년 12월에, ㅁ항부터 ㅎ항까지의 후집은 1947년 6월에 유인본으로 발행되었다. 수록 대상이 된 자료의 종류와 수록된 표제어의 양과 질적인 면에서 그 뒤에 나오는 사전들의 표본이 된 사전이다. 그러나 사전의 제목이 암시하고 있듯이 엄밀한 의미에서의 언어사전이라고는 하기 어려운 형편이다. 사전의 편찬의도와 그에 따른 대상자료의 선정의 폭이 넓은 데에 기인하는 것으로 생각되고, 저자의 학문적

2) 주로 훈몽자회, 용비어천가, 두시언해에 나타나는 자료들을 대상으로 하였다. 그 밖에 석봉천자문, 원각경언해, 법화경언해, 몽산법어, 선종영가집언해 등에 나오는 어휘들도 간혹 소개하고 있다.

3) 남광우(1960)네서도 이러한 경향의 예를 발견할 수 있다.

인 성향과도 밀접한 관계가 있는 것으로 보인다. 방종현(1640, 1947)에는 사기와 실록 등의 한문자료는 물론 문집류도 대상자료로 삼고 있기 때문이다. 한가지 눈에 뜨이는 점은 표제어에는 물론이거니와 예문에까지도 방점표기를 달아 두었다는 점이다. 그 뒤에 나온 어떤 사전도 예문에까지 방점을 단다는 것은 엄두도 못내고 있기 때문에 더욱 두드러지는 점이거니와, 이 또한 사전 편찬의 편찬태도와 관련된 것으로 이해할 수 있다.

1948년에 나온 정태진・김병제의 조선고어방언사전은 고어부, 이두부 및 방언부의 3부로 구성되어 있다. 고어부의 경우 앞의 신태현(1940)에서처럼 예문의 제시는 없으며, 고어에 대한 설명이 신태현(1940), 방종현(1946, 47)과는 달리 한자대신 현대어로 되어 있고, 조사와 어미도 간혹 반영되어 있다. 그러나 사진 전체로 보아 고어에 중점을 둔 사전은 아니어서 고어를 다룬 부분은 1/8을 조금 넘는 정도이다. 정희준(1948)은 고어사전이라고 제목을 달고는 있으나 저자가 일러두기에 밝힌 바대로 "역사적으로 중요한 우리의 옛 모습을 반영한 말이면 모두 거두어 풀이할 작정으로 시작한 것"이어서 순수 언어 사전이라 하기는 어려운 형편이다. 오히려 백과사전적인 성향을 띠고 있는데 그 또한 저자가 상정하고 있는 사전이용자가 일반대중이라는 점에서 까닭을 찾아야 할 것이다. 다른 사전과는 달리 눈에 띄는 점은 자음자인 '◇'와 모음자인 '='를 반영하였다는 점이다.[4] 또한 '낟(자동)→낟+호(타동)→낟호아→나퇴→나타' 등과 같이 가능한한 어원을 밝혀 보고자 시도한 점등은 주목할 만하다고 하겠다.[5] 그러나 방점표기는 인쇄의 편의를 위하여 생략하였다고 하더라도, 표제어와 용례 등의 '・'가 'ㅏ'로 표기되는 등 원전의 내용이 달리 표기되었다거나 출전 표기에서 장차를 생략한 점 등은 일반 대중을 위한 백과사전적인 성향을 가지는 것이라 하더라도 아쉬운 점이라고 하겠다.[6] 그 이듬해에 나온 이상춘(1949)는 비로소 사전의 모양을 갖추었다는 점에서 의미가 있는 사전이다. 비록 표제어와 예문에 방점표기는 생략하고 있으나 한자어와 이두어를 부록으로 처리하여 순수 언어사전을 추구하였기 때문이며, 대상자료로 삼국사기와 삼국유사도 들기는 하였지만 주로 훈민정음 창제 이후의 자료를 대상으로 하였기 때문이다. 또한 언해 자료인 경우에는 해당되는 한문 원전의 내용도 소개하고 있어 독자를 배려하였음을 알 수 있다. 표제어에 대한 의미 설명에도 현대어와 그에 해당하는 한자를 함께 밝혀 이해를 돕고 있다. 그러나 출전자료를 표시하는 데 있

4) 물론 문자의 이름과 그 문자에 대한 설명에 그친 것이나 표제어로 등재되어 있다.

5) 그러한 시도의 결과가 맞는 것이냐 틀린 것이냐는 문제가 되지 않는다. 사전 편찬자가 문법적인 내용을 어떤 방법으로든 사전에 반영하고자 하였기 때문이다.

6) 정희준(1948)은 유창돈(1955)로 수정, 증보되었다고 하는데 필자는 아직 구해보지 못하였다.

어 단지 〔杜諺〕이라든가 〔內訓〕 등으로만 표시하고 장차를 표시하지 않아 불편함이 있다. 이상춘(1949)는 1953년 재판 때에는 이상춘의 아들인 이영철의 이름으로 수정이나 증보됨이 없이 그대로 간행된 바 있다.7)

그 뒤에 나온 남광우(1960)과 유창돈(1964)는 아직까지도 잘 이용하고 있는 사전이다. 표제어의 숫자로도 남광우(1960)이 11,315개이고, 유창돈(1964)는 약 32,000개로 앞서 나온 고어사전들과는 비교가 되지 않을 정도이며, 대상자료의 수도 사전 편찬할 당시에 볼 수 있었던 자료들을 거의 망라하였다는 점에서 평가를 받을 만한 사전들이다. 본고에서 주로 이들 사전을 검토, 비교의 대상으로 삼는 이유도 이들 사전이 가지고 있는 그만한 가치에 있다. 물론 구체적인 내용이나 체제를 살피게 되면 여러 가지 문제점들이 있겠으나 그러한 문제점들은 본고가 진행됨에 따라 자연 드러나게 될 것이다.8)

1.2. 지금까지 우리는 우리가 볼 수 있었던 고어사전들의 대강을 살펴보았다. 이러한 고어사전들의 편찬의도가 현대어를 대상으로 하는 일반적인 국어사전과 다르다는 것은 두말할 나위가 없다. 현대국어를 대상으로 하는 사전의 경우에는 다른 사람의 글을 이해하기 위한 목적으로도 사용되지만 또 다른 많은 경우에 새로운 문장의 생성을 위해서도 사용되기 때문이다. 그렇지만 고어사전의 경우에는 새로운 문장의 생성에 목적이 있는 것은 전혀 아니라고 할 수 있다. 순전히 문헌자료의 원문 이해에 그 목적이 있기 때문이다. 이러한 관점에서 본다면 오히려 표제어와 그의 현대역만으로 족하며, 따라서 예문의 예시 따위는 불필요하기까지 한 것이라고도 할 수 있을 것이다. 그러나 사전의 편찬 목적이 이렇듯 단순한 것만은 아니다. 사전의 편찬에 앞서 염두에 두어야 할 필수적인 요소 중의 하나는 이용대상자의 상정이다. 즉 편찬된 사전을 이용하는 대상이 누구이겠는가를 미리 예상하여 사전을 만들어야 하리라는 것이다. 앞서 살핀 신태현(1940)이나 정태진·김병제(1948)에서와 같이 표제어에 한자든 현대국어든 번역만을 제시하는 경우는 일반 독자들의 상식을 넓히고자 하는 욕구를 충족시키고자 하는 의도에서라면, 그래서 사전이용대상자로 일반 대중을 상정하였다면, 내용상의 불비는 논외로 하기로 하고, 체제 자체는 수용될 수 있는 것이라고 할 것이다.9) 하지만 전

---

7) 이상춘과 이영철의 관계에 대해서는 김민수 (1979)를 참조할 것.

8) 일본이나 북한 등지에서도 고어사전이 나왔으리라는 기대를 가지고 여러 통로로 구하여 보고자 하였으나, 아직은 나오지 않은 듯하다. 그렇지만, 현대국어를 대상으로 한 사전에 고어가 반영된 경우는 있다. 구체적인 것은 조재수(1988) 참조

9) 그러나 일반 독자를 대상으로 한다고 하더라도 해당 어휘에 대한 설명이 그리 단순한 작업은 아니다. 동의어, 유의어, 다의어, 중의어 또는 비유적인 표현으로 사용된 것등 실제 어휘의 사

문 사전이라고 할 수 있는 고어사전의 편찬이 순수히 일반 대중을 위한 것이라고 할 수는 없을 것이다. 오히려 고어사전의 이용대상자는 국어를 전문으로 공부하는, 그것도 어느 정도는 고어에 관심을 가지고 연구를 하는 이들이 될 것이다. 그럴 경우에 사전 편찬자가 취해야 할 태도는 자명해진다. 보다 전형적인 예를 보일 것, 보다 많은 경우의 예를 보일 것, 그렇지만 무엇보다 먼저 사전이용자에게 친절할 것 등이 그것이다. 표제어의 어휘적인 의미뿐만 아니라 표제어가 가지고 있는 역사적인 정보, 숙어적인 표현, 어휘결합의 선택 제약과 같은 문제들이 전형적인, 그리고 풍부한 예들을 통해서 보여져야 한다는 것이다. 그렇게 구성이 되어야 사전이용자들의 욕구를 충족시켜 줄 수 있는 친절한 사전이 될 수 있을 것이기 때문이다.

2.0. 지금까지 우리는 고어사전을 편찬할 경우의 사전이용자의 상정과 사전 편찬자가 취해야 할 태도 등에 관하여 간단히 살펴보았다. 그 과정에서 우리가 유념했던 점은 고어사전의 기본적인 성격이 보다 전문성을 띠는 것이라는 인식이었다. 그러한 관점에 선다면 우리의 궁극적인 목표를 현대국어 이전 시기의 국어의 모습 모두가 담기는 사전에 두어야 할 것이지만, 현실적인 여건은 우리의 일차적인 목표를 작게 잡도록 요구하고 있다. 서전의 편찬을 위해 먼저 이루어져야 할 작업으로는 자료의 정리가 있고, 자료가 정리된 다음에는 해당 자료들에 대한 충분한 연구 검토가 있어야 하기 때문이며, 그러한 작업이 선행되지 않은 상태에서의 사전 편찬작업이란 단순한 색인작업 이상의 의미를 가지기 어려울 것이기 때문이다. 본고에서 15세기 문헌 자료를 대상으로 하여 사전 편찬 작업에 대하여 생각해 보고자 하는 이유도 바로 그동안 15세기 국어에 대하여는 사전을 편찬할 수 있을 정도의 연구 성과가 축적되었다는 생각 때문이다. 그동안의 고어 연구가 주로 15세기 국어에 관심을 둔 것이라는 사실은 이미 나온 논문들의 대상 시기별 수효로도 충분히 알 수 있다. 16세기 국어에 대한 연구나 근대국어에 대한 연구 업적의 수효는 15세기 국어에 대한 연구 업적의 수효에 비해 절대적인 열세를 보이고 있는 것이다. 자료의 정리라는 면에서 보더라도 근대국어시기의 문헌 자료들은 상당히 방대한 양의 자료가 전하고는 있으나 아직도 많은 수의 자료가 그 정확한 연대 파악을 비롯한 서지적인 면의 과제를 남겨두고 있는 형편이다. 16세기 국어가 자료의 연대 파악이라든가 자료의 균질성이라는 면에서 근대국어보다는 형편이 조금 낫다고는 하지만 15세기 자료에 비하여 아직 많은 연구의 여지를 남기고 있으며 자료들에 반영되어 있는 언어적인 양상도 중세에서 근대로의 전환기적인 양상을 가지고 있다는 점에서 아직 사전편찬의 대상으로 삼기에는 어려운 실정이다. 이에 반해 15세기,

---

용은 실로 다채로운 양상을 보이고 있기 때문이다.

그것도 엄밀하게 말하자면 훈민정음 창제 이후인15세기 후반에 나온 자료들에 대해서는 그간 상당히 많은 연구 업적으로 인하여 그 모습이 거의 드러나 있으며 자료들의 균질성도 어느 정도 유지되어 하나의 시대로 선을 그을 수 있고 그에 따른 사전의 편찬 작업도 가능한 시기하고 할 수 있다. 이렇듯 우선 15세기 자료를 대상으로 한 사전의 편찬작업은 바로 그 다음 시기의 사전 편찬 작업의 바탕이 될 수 있다는 점에서 할 수 있는 부분의 일을 먼저 하는 순리적인 작업 수순이라고 하겠다.

2.1. 15세기 국어사전을 편찬한다고 할 때 그 대상이 되는 자료는 다음과 같다.[10)]

(1) 1446 訓民正音 解例本
1447 龍飛御天歌, 東國正韻, 釋譜詳節, 月印千江之曲
1449 舍利靈應記
1450 訓民正音 註解本
1455 洪武正韻譯訓
1459 月印釋譜
1461 楞嚴經諺解(活字本), 楞嚴經諺解(木板本)
1463 法華經諺解
1464 金剛經諺解, 禪宗永嘉集諺解, 阿彌陀經諺解, 五臺山上院寺重創勸善文, 般若波羅蜜多心經諺解
1465 圓覺經諺解, 圓覺經口訣,
1466 球急方諺解, 周易傳義口訣, 周易傳義大全口訣
1467 牧牛子修心訣諺解, 蒙山和尙法語略錄諺解, 四法語諺解
1471 海東諸國記, 三綱行實圖
1472 蒙山和尙法語略錄諺解, 法華經諺解
1475 內訓
1481 杜時諺解
1482 南明集諺解, 金剛經三家解
1485 佛頂心經諺解, 觀音經諺解, 五大眞言, 靈驗略抄
1489 救急簡易方
1492 伊路波, 衿陽雜錄
1493 樂學軌範

10) 개별 자료의 구체적인 내용과 현존하는 자료의 상태 등에 대해서는 최현배(1971), 안병희(1979), 고영근(1987)을 참조할 것.

1495 金剛經諺解(複刻本), 楞嚴經諺解(重刊本), 法華經諺解(重刊本), 禪宗永嘉集諺解(複刻本), 佛頂心經諺解(複刻本)
1496 六祖法寶壇經諺解, 眞言勸供・三壇食文諺解

이상과 같이 15세기 국어 자료 목록을 작성하는 것만으로 편찬 대상 자료의 선정이 끝난 것은 아니다. 현존하는 자료의 양상이 그리 간단하지만은 않기 때문이다. 우선 상정할 수 있는 경우는 다음의 (2)와 같다.

(2) 가. 원간본만이 현존하는 경우
나. 원간본과 중간 또는 복각본이 모두 현존하는 경우
다. 중간 또는 복각본만 현존하는 경우
라. 원간본, 중간본, 또는 복각본 등이 각각 일부만 현존하는 경우

우선 (2가)의 경우와 같이 중간된 바가 없는 六祖法寶壇經諺解나 眞言勸供・三壇施食文諺解 같은 자료의 경우에는 전혀 재고의 여지가 없다. 15세기 말의 자료이거니와 원간본이 전하고 있고, 그 밖의 중간 또는 복각된 바가 없기 때문이다. 그러나 (2나)의 경우라든가 (2다)나 (2라)의 경우에 현존하는 중간 또는 복각본의 간행연대가 16세기나 그 이후의 것이라면 해당 중간, 복각본들을 대상 자료로 삼아야 할 것인가 하는 문제가 생기게 된다. 중간본들에 나타나는 언어 현실이 원간 당시의 것과 다른 양상을 보일 수도 있기 때문이다. (2나의 경우에 해당하는 대표적인 자료로는 그동안 가장 많이 읽힌 蒙山和尙法語略錄諺解가 있다. 蒙山和尙法語略錄諺解는 16세기뿐만 아니라 그 후에도 여러 차례 간행된 바 있다.[11] (2디)의 경우에 속하는 대표적인 자료로는 阿彌陀經諺解, 救急方諺解, 內訓, 靈驗略抄 등이 있다. 특히 內訓과 같은 경우에는 현존 최고본인 봉좌문고본이 원간 당시의 언어 현실과 중간 당시의 언어 현실을 모두 반영하고 있어 대상자료로의 선택 과정이 반드시 필요한 것임을 보여 준다.[12] 그러나 (2다)의 경우라고 하더라도 法華經諺解와 같은 자료는 양상을 달리한다. 원간본은 1463년에 단행되었으나 현존하는 자료는 1472년에 인출된 것으로 추정되어[13] 15세기의 자료로 다룰 수 있기 때문이다. 다시 말하자면 원간본의 목판으로 뒤에 인쇄한 후쇄본들은 원간 당시의 언어 현실을 그대로 반영하고 있으므로 사전을 편찬할 경우에는 그러

11) 蒙山和尙法語略錄諺解의 이본들 사이의 차이점들에 대한 지적은 아세아문화사 영인본에 실린 해제인 박병채(1980)이 참고가 된다.
12) 봉좌문고본 內訓에 반영된 언어 현실에 관한 지적은 안병희(1979) 참조
13) 법화경언해의 서지적인 사항에 대해서는 안병희(1979)를 참조할 것

한 후쇄본들은 원간본으로 보아도 무방할 것이다. (2라)의 경우는 (2나)나 (2다)의 경우와 크게 다를 바가 없다. (2나)나 (2다)의 경우를 어떻게 처리하느냐가 결정되면 그에 따라 결정될 수 있을 것이다. (2라)의 경우에 해당하는 자료로는 釋譜詳節과 月印釋譜등이 있다. 그러나 그 경우에도 현존하는 양상은 각각 다르다. 釋譜詳節의 경우에는 권 6, 9, 13, 19, 19, 23, 24가 원간본으로 전하고 있으며, 중간본으로는 권 3과 권 11이 전하고 있어[14] 현존 원간본으로만 본다면 (2가)의 경우에 속하고, 중간본으로만 본다면 (2다)의 경우에 해당한다. 月印釋譜의 경우에는 釋譜詳節과도 또 다른 모습을 보여준다. 원간본으로는 권 1, 2, 7, 8, 9, 10, 14, 17, 18, 23 등이 전하고 있으며[15] 중간본으로는 권 1, 2, 7, 8, 21, 22, 23 등이 전하고 있다.

여기서 우리는 이들 중간본이나 복각본들을 사전 편찬의 대상자료로 삼는다고 할 때의 기준을 마련해야 할 필요가 있는데, 본고에서 상정하고 있는 사전이 우선 15세기에 한하는 것이므로 15세기 이후의 중간본이나 복각본들은 편찬 대상 자료에서 제외가 되어야 할 것이다. 그러나 일차 대상 자료는 되지 않는다고 하더라도 그들 중간본들을 전혀 도외시할 수는 없는 일이다. 그들 가운데에는 여전히 15세기의 언어 사실을 반영하고 있는 것이 있기 때문이며, 우리가 상정하고 있는 15세기 국어사전의 편찬이 15세기만으로 끝나는 것이 아니라 그 이후 16세기와 근대 국어에 대한 사전 작업과 불가분의 관계에 있기 때문이다. 따라서 우리는 중간본이나 복각본들 속에 반영된 중세적인 언어 현상들은 그들대로 소개하는 것이 필요한 것이라는 태도를 취하기로 한다. 특히 앞서 후쇄본의 경우에 대상 자료가 되어야 함을 지적한 바 있거니와 원간본을 판하로 삼은 복각본의 경우에도 당연히 사전 편찬의 대상자료가 되어야 할 것이다. 참고가 될 만한 16세기에 중간된 자료들의 목록들은 아래 (3)과 같다.

(3) 1500 牧牛子修心訣諺解, 法華經諺解, 四法語諺解
1517 蒙山和尙法語略錄諺解(孤雲寺板)
1520 禪宗永嘉集諺解(長水寺板)
1521 蒙山和尙法語略錄諺解
1523 法華經諺解(複刻本), 蒙山和尙法語略錄諺解(石輪庵)
1525 蒙山和尙法語略錄諺解(深願寺板)
1535 五大眞言(深願寺板), 蒙山和尙法語略錄諺解(水鉢庵)
1542 月印釋譜(重刊, 卷21)

14) 아직 학계에 공식적으로 보고된 바는 없으나 원간본으로 추정되는 釋譜詳節 권 21이 전하고 있다.

15) 최근에 月印釋譜 권 11과 12가 새로이 발견되었다.

1543 蒙山和尙法語略錄諺解(中臺寺)
1545 法華經諺解(複刻本)
1547 法華經諺解(複刻本)
1550 靈驗略抄(重刊本)
1553 般若波羅蜜多心經諺解(深願寺 複刻)
1558 阿彌陀經諺解(雙溪寺板)
1559 月印釋譜(重刊, 卷23)
1561 佛頂心經諺解(解脫庵 複刻)
1562 月印釋譜(重刊, 卷21)
1565 般若波羅蜜多心經諺解(無量寺板)
1568 月印釋譜(重刊, 卷1·2)
1569 月印釋譜(重刊, 卷21)
1572 訓民正音註解本(重刊本), 月印釋譜(重刊, 卷7·8)
1573 內訓(重刊本)
1575 圓覺經諺解(複刻本)
1577 蒙山和尙法語略錄諺解(松廣寺板), 四法語
1581 三綱行實圖
1599 法華經諺解

이들 중간본들 가운데에는 지방에서 간행된 것들도 상당수가 있어 해당 지역의 방언이 반영되었을 가능성을 항상 염두에 두어야 할 것이다. 대상 자료에 대한 이러한 검토가 공시적인 세기별 사전뿐만이 아니라 통시적인 사전의 편찬 시에도 언제나 필요한 과정임은 두말할 나위가 없다. 그렇지만 그동안 나온 여러 고어사전들에서 개별 대상 자료에 대한 검토가 선행된 것으로는 보기가 어렵다. 남광우(1960)이나 유창돈(1964)에서도 개별자료의 이본들까지 고려의 대상으로 삼지는 않고 있기 때문이다.

2.2. 이러한 문헌 자료의 구분이 고유어에만 해당하는 것은 아니다. 한자어라고 하더라도 문헌의 성격상 한자어가 한자로만 기록된 경우의 예들을 어떻게 처리할 것인가가 문제가 된다. 이를테면 '疑心ᄒᆞ다'와 같은 경우가 문제가 된다. 우선 유창돈(1964)에 수록된 양상을 살피기로 하자.

(4) 의심 〔명〕 의심 -ᄒᆞ다 〔동〕 *의심 아(訝)〈유합 하:34〉
의심 의(疑)〈석천 20〉 새 차뎌를 엇디 의심ᄒᆞ료〈번박 상:12〉

이 항목만을 본다면 '의심ᄒᆞ다'라는 말은 16세기에 비로소 나타나는 것으로 이해할 수 있다. 유창돈(1964)는 16세기 자료만을 대상으로 한 것이 아니기 때문이다. 남광우(1960)에는 아예 '의심ᄒᆞ다'가 표제어로 등재되어 있지도 않기 때문에 더욱 15세기에는 사용되지 않은 것이 아닌가 하는 생각을 해볼 수도 있는 것이다. 그러나 사실은 그렇지 않다. 다음의 예를 보자.

(5) 말ᄊᆞ믈 술ᄫᆞ리 하ᄃᆡ 天命을 疑心 ᄒᆞ실씨므로 ᄭᅮ므로 뵈아시니 〈용가 13〉

15세기 자료인 용비어천가에도 보이는 것이다. 그럼에도 불구하고 용비어천가가 대상자료에 포함되어 있는 남광우(1960)이나 유창돈(1964)의 표제어와 용례에서 빠져 있는 까닭은 용비어천가에 한자로 기록되어 있기 때문이다. 주지하는 바와 같이 용비어천가의 한글 가사에는 두시언해에서와 마찬가지로 한자에 주음되어 있지 않다.[16)]

즉 남광우(1960)과 유창돈(1964)에서는 한자어를 편찬 대상어휘에서 제외했기 때문에 생긴 결과이다. 그러나 우리의 언어생활의 역사에 비추어 볼 때, 한자어의 완전한 배제는 그만큼 언어 현실과는 거리가 있는 것이다. 더구나 문자로 전해지는 기록만을 기준으로 삼아 훈민정음으로만 기록된 것을 대상으로 삼고 이두나 구결 또는 한자로 기록된 것은 제외하는 것은 스스로 제약을 만드는 것이라 할 수 있다. 사실 남광우(1960)에는 '의심ᄃᆞᄫᅵ, 의심ᄃᆞᆸ다, 의심ᄃᆞᇦ다, 의심저온, 의심저은, 의심젓다'가 표제어로 등재되어 있고, 유창돈(1964)에는 (4)의 예이외에 '의심ᄃᆞ외다, 의심ᄃᆞᆸ다, 의심젓다'가 각각 등재되어 있으나 그들을 소개한 예문을 살펴보면 모두 훈민정음 표기를 수반한 것임을 알 수 있다. 엄밀한 의미에서의 국어사전이라면 한자어도 사전 편찬시에는 염두에 두어야 할 필수적인 사항이라고 할 것이다. 국어를 반영하고 있는 자료의 문자상의 문제는 부차적인 것이고, 한자어도 분명 국어의 일부이기 때문이다. 아울러 한자로 쓰인 경우와 훈민정음으로 기록된 단어들 중에 각각 다른 의미를 가지는 경우가 있을 수 있음도 염두에 두어야 할 것이다.

2.3. 훈민정음 창제와 함께 마련된 방점 표기는 15세기와 16세기까지의 문헌 자료에 반영되어 있고, 특히 훈민정음 창제 이후인 15세기 후반의 문헌에서는 정연한 규칙성마저 보이고 있으며,[17)] 방점 표기만으로 구분이 되는 어휘들로 보이므로 15세기 국

16) 용비어천가와 두시언해의 한자어에 주음이 되어 있지 않은 까닭이 지식층을 대상으로 쓰여졌기 때문이라는 사실에 대해서는 김완진(1972)를 참조할 것.

17) 방점이 성조를 반영한 것이라는 것은 국어학계의 통설이다. 그에 대한 회의적인 견해의 제시

어의 사전을 편찬할 때에는 방점 표기를 반영하는 것이 온당한 태도일 것이다. 가능한 한 아무런 전제없이 자료를 제공하는 것은 사전 편찬자의 도리라고까지 할 수 있기 때문이다. 그러나 현실적으로 고어사전의 예문에까지 방점표기를 하는 것은 상당한 부담이 되는 부분이다.[18] 실제로도 방종현(1946, 1947)이외에는 예문에까지 방점표기를 하고 있는 고어사전은 찾아 볼 수 없다. 이본까지 대상으로 삼는 경우를 가정한다면, 예문에 방점 표기를 반영하는 것은 상당한 부담이 될 것이다. 여기서 우리가 취할 수 있는 현실적인 절충안은 표제어에만 방점 표기를 반영하는 것이다. 그러나 표제어에만 방점표기를 한다고 하더라도 문제가 그리 간단한 것만은 아니다. 우선 당면하게 되는 문제로는 대상 자료에 따라 달리 나타나는 방점 표기에 대한 문제이다. 이는 별개의 서로 다른 자료에서 나타나기도 하지만 동일 자료 내에서도 나타나는 현상이다.[19] 하나의 자료가 중간이나 복각된 경우에는 방점의 표기상의 불안정성 때문에 혼란이 생기기도 한다.

또한 성조적인 면에서 자료의 시대 구분이 되는 경우에 표제어에만 방점 표기를 나타낸다고 하여도 성조상의 시대 구분에 따라 달리 나타나는 양상을 어떻게 반영할 수 있는가가 문제가 될 것이다. 물론 이러한 문제는 방점 표기에만 한하는 것은 아니다. 'ㅸ'이라든가 'ㅿ'등의 소멸도 같은 성격의 문제이기 때문이다. 그러나 우리가 사전 편찬의 대상 시기를 15세기로 국한한 것은 바로 이러한 문제들에 대한 부담을 가능한 한 줄이는 데에 도움이 될 수 있다. 기존의 업적들에 기대어 그 기본형을 찾을 수도 있기 때문이며, 방점 표기가 가지는 불안정성에 대하여도 어느 정도 오차의 한계를 줄일 수 있으리라는 바램도 가질 수 있기 때문이다.

3.0. 거시구조는 표제항과 관련되는 내용들이다. 표제항과 관련되는 문제들로는 표제항의 배열순서 문제라든가, 표제어의 단위와 표제항의 선정 등의 문제가 있다. 이러한 거시구조와 관련된 문제들에 대해 남광우(1960)과 유창돈(1964)를 중심으로 살

에 대해서는 한재영(1990)을 참조할 것

18) 사전 편찬에 따르는 현실적인 부담에 대해서는 홍재성 외(1989:209-10)의 다음과 같은 설명이 잘 보여 주고 있다.

"(사전은) 다른 제조물과 마찬가지로 사회적·경제적 조건에 따라 생산되고, 판매-구입의 유통과정을 통해 소비의 대상이 되는 책인 것이다. 제조물로서의 사전이라는 책이 지닌 가장 큰 특징은, 일반적으로 그 제작을 위해 상당한 물질적·지적 노력과 투자가 요구된다는 점이다. 그러면서도 상품으로서의 수익성을 고려하여 지적·재정과 투자가 제약을 받고, 그에따라 사전의 규모, 사전에 수록되는 정보의 성격이나 양이 가변적일 수가 있다."

19) 중세국어 성조의 변동과 기본형에 관한 문제에 대해서는 정연찬(1972)를 참조하고, 성조의 규칙에 대해서는 김완진(1973)을 참조할 것

펴보기로 하자.

3.1. 현대국어의 경우에 적용되는 것이기는 하지만, '한글맞춤법'에서는 제 4항에 사전에 올릴 적의 자모의 순서를 다음과 같이 규정하고 있다.

자음 ㄱ ㄲ ㄴ ㄷ ㄸ ㄹ ㅁ ㅂ ㅃ ㅅ ㅆ ㅇ ㅈ ㅉ ㅊ ㅋ ㅌ ㅍ ㅎ
모음 ㅏ ㅐ ㅑ ㅒ ㅓ ㅔ ㅕ ㅖ ㅗ ㅘ ㅙ ㅚ ㅛ ㅜ ㅝ ㅞ ㅟ ㅠ ㅡ ㅢ ㅣ

받침에 관한 별도의 규정은 마련되어 있지 않으나 자음의 순서를 준용하면 받침의 경우에도 마찬가지로 순서가 결정될 수 있을 것이다.[20] 그러나 우리가 문제로 삼고 있는 고어사전 편찬시의 자모의 순서에 대해서는 명시적인 구정이 없다. 아마도 현대어가 아니므로, 그리고 아직 자음군에 대한 처리 문제가 그리 명확한 것이 아니므로 사전 편찬자의 재량으로 미루어 놓은 것으로 생각된다. 우선 기존의 고어사전에서 택하고 있는 표제항의 배열순서를 살펴보기로 하자.

(6) 가. 남광우(1960)
• 초성의 순서
ㄱ ㄲ ㅲ ㅴ ㅺ ㄴ ㅥ ㄷ ㄸ ㅳ ㅵ ㅼ ㄹ ㅁ ㅱ ㅂ ㅃ ㅽ ㅸ ㅅ ㅄ ㅆ ㅿ ㅇ ㆀ ㆆ
ㆁ ㅈ ㅶ ㅾ ㅉ ㅊ ㅋ ㅌ ㅷ ㅍ ㆄ ㅎ ㆅ
• 중성의 순서
ㅏ ㆍ ㆎ ㅑ ㅒ ㅓ ㅔ ㅕ ㅖ ㅗ ㅘ ㅙ ㅚ ㅛ ㆉ ㅜ ㅝ ㅞ ㅟ ㅠ ㆌ ㅡ ㅢ ㅣ
• 종성의 순서
ㄱ ㄳ ㄴ ㅧ ㅨ ㄵ ㄶ ㄷ ㄹ ㄺ ㅩ ㄻ ㄼ ㄹㅸ ㄽ ㅬ ㄾ ㄿ ㅀ ㅭ ㅁ ㅯ ㅂ ㅸ ㅄ ㅅ
ㅺ ㅼ ㅿ ㆁ ㅈ ㅊ ㅌ ㅍ ㅎ

나. 유창돈(1964)
• 초성의 순서
ㄱ ㄲ ㅺ ㅴ ㅲ ㄴ ㅥ ㅻ ㄷ ㄸ ㅵ ㅳ ㄹ ㅁ ㅱ ㅂ ㅃ ㅽ ㅸ ㅅ ㅆ ㅄ ㅿ ㅇ ㆀ ㆁ
ㆆ ㅈ ㅉ ㅾ ㅶ ㅊ ㅋ ㅌ ㅷ ㅍ ㅎ ㆅ

20) '한글맞춤법'에 사전에 올릴 적의 자모의 순서가 위와 같이 정하여졌다고 해도 여전히 문제는 남는다. 위의 규정대로 단어를 배열한다고 하더라도 실제로 작업할 경우에는 적어도 세가지 정도의 배열 방법이 나올 수 있다. 그에 대한 구체적인 설명은 남기심(1988ㄴ)을 참조할 것.

- 중성의 순서

  ㆍ ㆎ ㆎ ㅐ ㅑ ㅒ ㅓ ㅔ ㅕ ㅖ ㅗ ㅘ ㅙ ㅚ ㅛ ㆉ ㅜ ㅝ ㅞ ㅟ ㅠ ㆌ ㅡ ㅢ ㅣ

- 종성의 순서

  ㄱ ㄲ ㄴ ㅧ ㅨ ㄵ ㄶ ㄷ ㄹ ㄺ ㅪ ㄻ ㄼ ᇕ ㄽ ㅬ ㅭ ㄾ ㄿ ㅀ ㅁ ᇚ ㅯ ㅰ ㅂ ㅄ ㅅ ㅺ ㅼ ㅿ ㆁ ㅈ ㅊ ㅋ ㅌ ㅍ ㅎ

의 (6가)와 (5나)를 비교하여 보면 고어사전 표제어의 배열상의 문제점이 다음과 같이 정리될 수 있다.

(7) 가. ㅲ ㅴ ㅺ : ㅺ ㅴ ㅳ ; ㅳ ㅵ ㅳ ; ㅄ ㅆ : ㅆ ㅄ ; ㅶ ㅾ ㅉ : ㅉ ㅾ ㅶ
나. ㆆㅇ : ㅇㆆ
다. ㅱ ㅸ ㅹ ㆄ
(8) ㆍ, ㆎ ㅏ, ㅐ
(9) 가. ㄽ, ㅸ
나. ᇚ, ㅰ
나. ㄾ, ㄿ, ㅭ, ㅀ : ㅭ, ㄾ, ㄿ, ㅀ

위의 (7)은 초성 배열 순서에서 두 사전 사이에 다른 점을 보인 것이고, (8)은 중성의 순서 차이를 보인 것이며, (9)는 종성에서의 배열순서의 차이를 보인 것이다. (7가)의 차이는 어두자음군에 대한 사전편찬자들의 태도를 보여 주는 부분으로ㅡ 두 사전 모두 어두자음군이 소멸된 뒤의 발음을 기준으로 배열한 것이다. 남광우(1960)은 어두자음군이 경음화한 것을 전제로 하고 어두자음군 내에서의 자음의 순서를 따른 것인 반면에 유창돈(1964)는 'ㅅ'이 순수히 된소리를 표기하기 위한 것이었다는 점을 고려하여 배열했다는 차이가 있을 뿐이다. 그러나 기존의 두 사전의 배열은 사전이용자의 입장에서 본다면 상당한 부담이 되는 배열이라고 할 수 있다. 사전이용자가 이용하고 있는 사전의 배열순서를 따로이 기억해야 하기 때문이다. 이에 대해서는 남기심(1988ㄴ)의 견해가 온당한 처리 방식이라고 할 수 있다. 즉 발음이 후대에 어떻게 변했던가 하는 문제는 일단 접어두기로 하고 사전의 표제어의 순서를 이야기할 때에는 순전히 문자적인 면으로만 보기로 하는 방법이 그것이다.[21] 각자병서에 대한 별도의 대접이 필요없이 낱글자가 나오는 순서에 따라 등재하기로 하는 것이다. (7나)와 (7다)의 문제에 대해서도 남기심(1988ㄴ)에서의 제안대로 'ㆆ, ㅇ'의 순서대로 등재하

21) 사전의 등재 순서를 발음과 관계없이 순전히 문자적인 면에서의 기준을 세우는 것에 대해서는 영어 사전 등에서의 묶음을 가지는 단어의 배열이 참고가 될 것이다.

고,[22] 순경음을 나타내는 문자들도 각각 ‘ㄹ, ㅁ, ㅂ, ㅍ’ 계열의 맨 마지막에 등재하는 것이 실용적인 면에서도 도움이 될 것이다. (8)은 모음 ‘ㆍ’의 순서에 관한 문제이다. 남광우(1960)과 유창돈(1964)가 달리 처리하고 있고, 남기심(1988ㄴ)에서는 ‘ㆍ, ㅣ’를 모음 배열의 맨 뒤에 등재하는 방식을 택하고 있다. 앞서 초성의 배열문제에서 우리는 순수히 문자적인 기준에 따라 배열할 것을 제안한 바 있다. 중성의 경우에도 그러한 원칙은 그대로 지켜져야 한다. ‘훈민정음’에 따르면 ‘ㆍ, ㅡ, ㅣ’는 기본자라는 점에서 ‘ㆍ’가 모음자 가운데 제일 먼저 오는 것이 온당한 처리방법이라고 할 수 있다. 남기심(1988ㄴ)에서와 같은 배열 방식은 현대국어를 대상으로 하는 사전에서라면 당연한 처리 방법이라고 할 수 있을 것이나, 고어사전의 경우에는 사전이용자를 고어에 대한 지식이 전혀 없는 일반 대중으로 상정하지는 않기 때문이다. 따라서 중성자에 대해서는 유창돈(1964)의 처리 방식을 따르는 것이 고어사전의 편찬에서는 온당한 처리 순서라고 생각한다. 이중모음의 배열도 문제가 될 수 있으나 같은 기준 즉 문자적인 면만을 기준으로 삼는다면 자음의 경우와 같이 큰 무리가 없다고 생각된다. (6가)에 보이는 남광우(1960)의 중성배열은 기본자와 ‘ㅣ’ 모음이 결합된 합성자의 순서가 그 자체 내에서 조차 일관성을 유지하지 못하고 있는 셈이다. 다음의 (9가)는 남광우(1960)에서 별도의 순서를 부여한 것이고, (9나)는 유창돈(1964)에서 별도의 종성으로서의 순서를 부여한 것이며, (9다)의 문제는 ‘ㄹㆆ’의 순서 부여에 관한 문제이다.

그러나 (9)에서의 문제는 초성의 순서가 정해지고, 발음과 상관없이 문자로서의 순서에만 주목하기로 한 지금은 자연 해결될 수 있는 문제가 된 것으로 볼 수 있다. 특히 자음에 대해서는 위에 제시된 것들 이외에도 ‘ㄱㄹ ㄱㅈ ㄴㄷ ㄷㄱ ㅁㅅ ㅁㅊ ㅂㄱ ㅂㄷ ㅂㄹ ㅄㅂ ㅂㅆ ㅄㅈ ㅂㅍ ㅅㄴ ㅅㅁ ㅅㅂ ㅅㅂㄱ ㅆ ㅅㅊ ㅅㅋ ㅅㅌ ㅅㅍ ㅅㅎ ㅇㅅ ㅊㅋ’ 등과 같은 결합관계를 자료에서 찾아 볼 수 있는데[23], 그러한 경우에도 순서를 정하는 데에 큰 문제는 없다. 그러나 우리가 제시한 배열순서가 완벽한 것일 수만은 없다. 이를테면 ‘(고기를) 낛다’의 ‘낛다’와 ‘낛시’의 ‘낛’이 서로의 상관 관계에도 불구하고 사전에 등재될 때에는 상당한 거리를 두고 실리게 되기 때문이다. 그러한 경우에는 〔참고〕라든가 ‘찾아보기’ 또는 어느 한쪽의 표제항 아래 부표제항으로 등재하는 방법 등으로 보완하는 방법을 찾을 수 있을 것이다.

등재 순서를 위와 같이 정한다고 할 경우 보다 분명히 해두고 넘어가야할 점은 초성과 중성 그리고 종성 사이의 관계이다. 즉 초성, 중성, 중성을 모두 함께 고려하는 절

---

22) 굳이 이유를 단다면 ‘ㆆ’는 가획의 원리라고 하는 체계 속에서 ‘ㅇ→ㆆ→ㅎ’의 계열을 유지하는 반면에 ‘ㆁ’는 변이형으로 체계 속에서는 예외적인 것이라고 할 수 있기 때문이다.

23) 15세기뿐만 아니 국어의 자료까지 염두에 둔 것이다. 물론 필사 자료를 대상으로 한다면 그 이외라 근대의 경우도 생각할 수 있다.

충형을 택하느냐 아니면 초성〉중성〉종성의 순으로 우선 순위를 취하느냐 하는 것이 그 것이다. 남기심(1988ㄴ)의 용어대로라면 각각 내포형과 각립형이라고 표현할 수 있는 것이다. 사전 이용자들의 편리도모라는 점에서 본다면 남기심(1988ㄴ)에서와 같이 각각 별도의 목차를 설정하는 각립형이 본고에서 취한 기본적인 태도에 부합되는 것이라고 할 수 있다.

3.2 표제어와 관련된 또 다른 문제로는 표제어의 단위와 선정에 관한 것이 있다. 표제어의 단위에 대하여 생각하기 전에 우선 기존 고어사전에서의 다음 예들을 보기로 하자.

(10) 가. ᄀᆞᅀᆞᆯ
나. 다리
다.ᄆᆞᅀᆞᆯ
(10´) 가. ᄀᆞᅀᆞᆯ홀, ᄀᆞᅀᆞᆯᄒᆡ, ᄀᆞᅀᆞᆯ히
나. 다:리
다. ᄆᆞᅀᆞᆯᄒᆞ로, ᄆᆞᅀᆞᆯᄒᆞᆫ, ᄆᆞᅀᆞᆯ해, ᄆᆞᅀᆞᆯᄒᆡ, ᄆᆞᅀᆞᆯ히
(11) 가. ᄀᆞᄂᆞᆯ다
나. ᄀᆞ만ᄒᆞ다
다. ᄀᆞᆸ다
(11´) 가. ᄀᆞᄂᆞᆫ비
나. ᄀᆞ마니시다
다. ᄀᆞᄫᅡᄉᆞᆸ더니

위의 (10)과 (11)은 각각 명사와 동사, 형용사로 이러한 어휘단위들이 사전의 표제항으로 등재가 되는 것은 당연한 것이라고 할 것이지만, (10´)와 (11´)가 보여주고 있는 내용은 검토를 필요로 한다. (10')는 남광우(1960)에서 표제어로 다루고 있는 항목이고, (11´)는 유창돈(1964)에서 표제어로 다루고 있는 항목이다. (10´)는 어휘단위인 명사가 곡용하는 모습을 그대로 표제항으로 삼은 것이고, (11´)는 용언이 활용하는 모습을 그대로 표제항으로 삼은 경우이다. 중세국어의 문법을 다루는 경우의 색인이라면 모르겠거니와, 사전의 표제항으로 곡용형이나 활용형을 싣는 것은 사전 편찬 시에 취해야할 경제성의 원칙이나 편의성의 원칙에도 벗어날 뿐만 아니라 실제로 모든 체언과 용언의 곡용형과 활용형을 망라하는 것도 거의 불가능에 가까운 일이 될 것이다. 그렇다고 해서 문법 단위가 사전의 표제항이 되어서는 안된다는 것은 절대 아니다.

위의 (10´)와 (11´)의 예를 다시 보기로 하자.

(10´´) 가. ᄀᆞ술ㅎ+ㄹ, ᄀᆞ술ㅎ+ᄋᆡ, ᄀᆞ술ㅎ+ㅣ
　　　나. 다리+ㅣ
　　　다. ᄆᆞ술ㅎ+ᄋᆞ로, ᄆᆞ술ㅎ+ᄋᆞᆫ, ᄆᆞ술ㅎ+ᄋᆞᆯ, ᄆᆞ술ㅎ+애, ᄆᆞ슬ㅎ+ᄋᆡ, ᄆᆞ슬ㅎ+이
(11´´) 가. ᄀᆞ놀-+ㄴ+비
　　　나. ᄀᆞ놀-+ㅣ+시다
　　　다. ᄀᆞᆸ-+ㅏ+ᄉᆞᆸ+더+니[24]

위의 (10´´)와 (11´´)는 (10´)와 (11´)를 각각 어휘단어와 문법단위들로 나누어 본 것이다. 각각의 문법단위들이 사전의 표제항이 되는 이상 (10´)와 (11´)와 같은 별도의 표제항들은 의미가 반감된다고 할 수 있다. 'ᄀᆞ술ㅎ, 다리, ᄆᆞ술ㅎ, ᄀᆞ놀다, 비, ᄀᆞ만ᄒᆞ다, 시다, ᄀᆞᆸ다'와 같은 어휘단위들은 어휘단위대로 표제어로 등재가 되고, '-ㄹ, -ᄋᆡ, -ㅣ, -ᄋᆞ로, -ᄋᆞᆫ, -ᄋᆞᆯ, -애, -이, -ㄴ, -ㅣ, -ㅏ-, -ᄉᆞᆸ-, -더-, -니' 와 같은 문법단위들은 문법단위들대로 표제항으로 등재가 되면, 일일이 해당 체언이나 용언이 곡용형이나 활용형을 표제어로 삼지 않아도 되게 되기 때문이다. 혹자는 곡용형과 활용형을 표제어로 보이는 것이 바로 사전에 문법사항을 반영하는 것이어서 편리를 도모한다고 할 수 있을지 모르겠으나, 곡용형과 활용형같은 문법 내용 정도는 용례를 통해 충분히 제시될 수 있는 것이다. 오히려 (10´´)와 (11´´)와 같은 형태소 분석을 통한 표제항의 설정 자체가 보다 많은 문법적인 정보를 제공할 수 있을 것이다. 문법형태소들을 표제항으로 삼아 용례를 통하여 어휘의 선택 제약이나 인칭제약 등을 보일 수 있을 것이기 때문이다.

같은 맥락에서 '갑간디니라, ᄃᆞᄉᆞᄫᆞ나이다' 등과 같은 표제항에 대해서도 분석하여 싣고자 하는 노력이 필요하다고 하겠다. 남광우(1960)이나 유창돈(1964)가 우리에게 상당한 도움을 제공하고 있는 것은 사실이지만, 표제항설정의 문제는 그들이 가지고 있는 전반적인 취약부분 중의 하나라고 할 것이다. 표제항의 설정 문제는 다음과 같은 예에서도 볼 수 있다.

(12) 가. 가라간져ᄉᆞ족빅

24) 여기서의 '-ㅏ-'가 무엇이냐 하는 문제는 물론 과연 그렇게 분석될 수가 있느냐 하는 문제와 분석된다고 할 때의 의미·기능은 무엇이냐 하는 문제등이 제기될 수 있으나, 아직 그 아무것도 확실한 답은 할 수 없는 형편이다. 잠정적인 조치이다

나. 가마믿마촘아랫ᄒᆞᆰ

(12)는 유창돈 (1964)에서 뽑은 것이다. (12가)와 (12나)는 구성상으로 보면 동일할 것이다. 따라서 (12가)가 (12나)와 같은 방식으로 등재가 된다면, 남광우(1960)처럼 '가라간져ᄉᆞ족빅앳 ᄆᆞᆯ'과 같이 되어야 할 것이고, (12나)가 (12가)처럼 등재된다면 '가마, 믿, 마촘, 아래'가 각각 표제항으로 설정되거나 그렇지 않다고 하더라도 '가마믿마촘아래' 까지만이 표제어로 설정이 되었어야 할 것이다.

그러나 표제어의 단위가 이러한 어휘항목이나 문법항목에만 국한되는 것은 아니다. 현대국어와 마찬가지로 15세기 국어에도 사전에 수록되어야 할 관용구와 같은 것이 있을 수 있으며, 복합어와 파생어도 있기 때문이다. 복합어와 파생어의 경우에는 배열순서가 문제가 될 수 있다. 복합어와 파생어를 각각 순서대로 배열하게 되면 원래의 단어와의 상관관계가 드러나지 않게 되는 약점이 있기 때문이다. 그에 대해서는 현대국어 사전에서도 취하고 있는 방법인, 하위 표제항과 참고항의 설정으로 보완할 수 있을 것이다.

표제어 설정에 관하여 고어사전이 가지고 있는 또 다른 문제점으로는 다음과 같은 예들이 있다.

(13) 가. 나모:남ㄱ;노ᄅᆞ:놀ㅇ;ᄆᆞᄅᆞ:ᄆᆞᆯㄹ;아ᅀᆞ:앗

나. 시므-:ᄉᆱ-;다ᄅᆞ-:달ㅇ-;모ᄅᆞ:몰ㄹ-:ᄇᆞᅀᆞ-:ᄇᆞᇫㅇ-

(13가)의 예는 명사가 비자동적인 교체를 하는 경우를 보인 것이고, (13나)는 용언이 비자동적 교체를 보이는 경우를 보인 것이다.[25] 이러한 예들에 대하여 기존의 고어사전들은 각각을 표제어로 통재하고 있다. 그러나 이러한 예들을 각각 표제어로 삼을 경우에 관계가 있는 항목의 별도 표시가 필요하게 된다. 실제로 남광우(1960)에서는 항목 설명 뒤에 곡용형과 활용형을 표로 소개하고 있으며 유창돈(1964)에서는 참고하라는 의미의 화살표로 나타내고 있다. 그러한 방안도 해결책이 될 수 있기는 하겠지만 (13가, 나)와 같은 비자동적 교체의 경우는 단독형, 이를테면 '나모'항 아래 '나모'와 '남ㄱ'의 예를 모두 수록하는 것도 한 가지 방법이 될 수 있을 것이다. 그 경우 '남ㄱ'을 찾는 이용자를 위해서 표제항으로 '남ㄱ'을 올리고, '나모'를 찾아보라는 표시를 하는 것은 필요한 절차라고 하겠으나, 유창돈(1964)와 다른 점은 '남ㄱ' 아래에는 예문을 보이지 않는다는 점이다. 용례가 하나의 항목에 묶여 소개된다는 점에서 효율적이라고

25) 중세국어의 비자동적 교체에 대해서는 이기문(1962)를 참조할 것.

할 수 있다.

표제어에 관한 또 다른 문제점으로 ø-파생하는 예들이 있다. ø-파생하는 경우는 여러 가지가 있겠으나 피동사로 파생되는 예로는 다음의 (14)와 같은 것들이 있다.[26]

(14) 가. 두 갈히 것그니〈용가 36〉
나. 쏘리예 구스리 빼오〈월석 1:28ㄱ〉
다. 뫼해 살이 박거늘〈월곡 41〉

(14)의 '겄다, 빼다, 박다'는 타동사가 피동사로 된 예들이다. 이러한 경우에는 다른 피동사나 사동사와 마찬가지로 별도의 항목을 설정하는 것이 온당한 처리 방법일 것이다. 그와 함께, 'ᄃᆞ외다, 없다' 등의 동사가 보이는 능격적인 모습들도 별도의 항목으로 처리해야 할 내용이 된다. 이를테면 동철이의어나 동형이의어, 또는 중의어의 처리 방법을 따르기로 하는 것이다. 그러나 유의어나 다의어 또는 비유적으로 쓰인 예에 대해서는 고어사전의 경우도 현대국어 사전에서의 처리와 마찬가지로 하위 항목의 설정이나 예문소개로 처리하는 것이 합당할 것이다. 그 밖에 남광우(1960)이나 유창돈(1964)에 보면 문헌자료에 나타나는 고유명사가 표제어의 대상이 되어 있는 것을 볼 수 있다. 이를테면 '마근담꼴〈용가 5:27ㄱ〉'과 같은 예가 그것이다. 그러나 언어사전으로의 고어사전이면 '힉'나 '돌'과 같이 일반화되어 있는 고유명사가 아니라면 표제어로의 수록대상으로는 삼지 않는 것이 온당한 처리일 것이다.

4.0. 고어사전에서 미시구조를 구성하는 내용은 품사분류, 현대어로의 의미설명[27] 그리고 문헌 자료에서의 용례 소개로 이루어진다. 현대 국어 사전인 경우에는 그 이외에 발음이라든가, 어원, 동의어와 반의어 등이 미시구조의 내용이 될 것이나, 고어사전의 경우에는 단지 보조적인 내용이 될 수 있을 것이다. 그간의 고어사전들에서는 현대국어 사전에서의 품사 분류 기준을 거의 그대로 따라 왔다. 사실 그대로 따른다고 하여도 큰 문제가 있는 것은 아니다. 그러나 어휘가 가지고 있는 문법적인 정보는 품사에 국한된 것은 아니다. 특히 표제항이 문법단위일 때에는 그가 가지고 있는 문법적인 정보를 미시구조 내에게 어떻게 담아내느냐 하는 것이 문제가 된다. 이를테면, 선어말어미 '-오/우-'나 '-숩-'이 가지고 있는 문법적인 내용이 문제가 되는 것이다. 그렇다고 해서 문법에서처럼 그들의 의미, 기능들을 풀어서 설명할 필요는 없다. 고어사전은 그러한 내용이 담긴 적절한 용례를 풍부히 소개하는 언어사전으로 족한 것이기 때문이다.

---

26) 피동사의 예에 대해서는 한재영(1984)를 참조할 것.

27) 고어사전에서의 의미 설명에 대한 문제점에 대해서는 지춘수(1969ㄱ,ㄴ)을 참조할 것.

그러나 기존의 고어사전의 용례들은 적절한 통사적인 정보를 담고 있다고 하기 어렵다. 그에 대해서는 뒤에 용례의 길이와 관련지어 다시 언급하기로 한다. 이른바 격조사의 경우에도 역시 마찬가지이다. 다음의 예를 보기로 하자.

(15) 가. 오직 ᄯᅩᇰᄋᆞᆯ ᄃᆞᆯ며 ᄡᅮ믈 맛볼 거시라
　　나. 다ᄆᆞᆫ ᄯᅩᇰᄋᆡ ᄃᆞᆯ며 ᄡᅳᆷ을 맛볼 거시라
(16) 가. 의리에 산다. /신림동에 산다.
　　나. 우리는 한시간을 뛰었다. / 우리는 운동장을 뛰었다.

(15)와 (16)의 예는 표면상의 구조가 동일한 경우를 보여 준다. 그러나 (15가)의 예에서 '맛본 것'의 대상은 'ᄯᅩᇰ'이며, (15나)에서는 'ᄃᆞᆯ며 ᄡᅳᆷ'이 대상이 되는 것을 보여주고, (16가, 나)의 예는, 우선 현대 국어를 예로 든 것이나, 격조사가 똑같이 '에을'이지만 그것이 가지고 있는 의미역이 서로 다르다는 점을 보여 준다는 점에서 사전을 만들 경우에 역시 반영되어야 할 문제점을 보여주는 예가 될 것이다. 이렇든 예문이 보여주는 문법적인 정보는 상당히 세심한 배려를 필요로 하지만, 아직은 그런 측면에서의 중세 국어에 대한 적극적인 검토는 그리 많지 못한 형편이다. 그와 함께 사전을 편찬하기 위한 또 다른 기초작업으로 중세국어의 기본문형을 설정하는 것이 있음을 상기하게 한다. 우리가 사전 편찬작업을 한다고 할 때, 우선 해결하고, 정리해야 할 부분이 기도하다. 이러한 문장유형에 관한 문제는 어휘단위가 표제항이 되고, 개별 단어가 가지는 선택제약을 보이는 경우에 대해서도 마찬가지로 고려해야 할 문제다.

4.1. 우리가 보는 고어사전의 미시구조 내의 또 다른 문제는 용례의 배열 순서와 용례의 길이이다. 앞서 이야기한 바와 같이 고어사전에서의 용례는 많은 통사적인 정보를 담아 이용자가 쉽게 그리고 충분히 알 수 있도록 해야 한다는 것은 두말할 나위가 없겠으나, 실제로는 잘 이루어지지도 않은 부분이고, 그리 쉽게 해결될 수 있는 문제도 아니다. 우선 용례의 배열순서는 표제항의 단어가 사용된 시기를 보여준다는 점에서 시기적으로 앞선 문헌의 예가 먼저 실려야 할 것이고, 동일한 자료에서라면 권수와 장차가 앞선 예를 먼저 싣는 것이 합리적인 것이다. 물론 통사적인 정보에 따른 구분이 행하여졌다면 그러한 기준이 앞서는 것은 당연하다 하겠다. 그런 점에서는 유창돈(1964)가 순서를 제대로 지키지 못한 반면에, 남광우(1960)은 비교적 시기적으로 앞선 문헌의 예를 먼저 소개하고 있는 셈이다. 용례가 통사적인 정보를 충분히 담기 위해서는, 중세문헌에 나타나는 문장의 길이가 전반적으로 길다는 문제를 가지고 있으나,

필수적인 요소가 용례에 담길 정도의 길이로는 제시되어야 한다. 유창돈(1964)에서의 선어말어미 '-오-'에 대한 용례를 가져와 살펴보기로 하자.

(17) 가. 치움과 더움괘 을마 흘러 漸漸 이에 니르로이다〈능엄 2:6ㄴ〉
　　나. 生滅이 ᄒᆞ마 滅ᄒᆞ고 寂滅이 現前호이다〈능엄 6:2ㄴ〉

(17)의 예는 서술구문의 경우에 한정된 것이고, 조금은 극단적인 경우이기는 하지만, 문법적인 정보의 반영 문제와 그에 따른 예문의 길이 문제를 잘 보여 준다. (17)의 예는 선어말어미 '-오-'의 분포는 보여 주고 있으나, '-오-'가 가지고 있는 정보 즉 서술구문에서는 일인칭과 호응한다는 점은 보여주고 있지 못하다.[28] 사실 (17가)의 예가 '-오-'의 기능을 보이기 위해서는 소개된 예문의 바로 앞부분인 '내 眞實로 아디 몯호니'가 함께 소개되었어야 하고, (17나)의 경우에는 권 6의 첫째 장 뒷면까지 거슬러 올라가야 한다. 그 사이의 문장을 모두 소개하는 것이 현실적으로 불가능하고, 또한 불필요한 것이라면 최소한의 요소, 이를테면 (17나)의 경우라면 앞장의 '내 뎌 부텨 씌 菩提心을 發호니'까지라도 소개를 하는 것이 이용자들에게 보다 도움이 되었을 것이다.

5.0 결론에 대신하여 지금까지의 논의를 대강 정리하고, 남은 문제들을 생각해 보기로 한다.

지금까지 우리는 아주 개략적이지만, 기존의 고어사전의 대강을 살피고, 우선 할 수 있는 세기별 사전의 편찬이 필요함을 이야기하면서, 15세기 국어사전의 편찬 대상 자료에 대해서도 그 대강을 정리해 보았다. 아울러 한자어의 선택 여부와 사전에서의 방점 표기에 대해서도 생각해 보았다. 그와 함께 남광우(1960)과 유창돈(1964)을 비교하여 그들이 가지고 있는 사전 편찬상의 문제점들을 살펴보았다. 그 과정에서 거시구조로서의 표제항의 배열순서와 표제항의 단위 선정 문제에 대해서도 살펴보면서, 순수히 문자적인 기준에서의 배열 순서를 제시하였다. 또한 어휘 단위와 문법 단위가 주된 수록 대상이 되지만 관용구 등에서는 복합적인 단위도 표제항으로의 등재가 가능하다고 하였다. 미시구조에 관해서는 통사정보의 반영 문제와 그를 위한 예문의 적절한 길이에 대해서만 간단히 살펴보았다. 선어말어미, 격조사 등의 문법형태소가 가지고 있는 문법 정보는 물론이거니와 개별 단어가 가지고 있는 어휘의 선택 제약이라든가, 서

28) 선어말어미 '-오-'가 의도법이나 인정·대상활동을 하는 것이냐 하는 문제와는 별개의 것이다. 그 어느 것이라 하더라도 사전에 수록되는 용례에서 그간의 연구 업적에 따른 결과를 반영할 수 있는 정도의 예를 담고자 하는 것은 오히려 최소한의 것이라고 할 것이다.

술어가 가지고 있는 의미역의 반영 문제와도 관계가 있는, 제시될 예문의 문형을 결정하는 작업이 또한 필요한 작업임을 인식하였다. 보다 깊이 있는 논의에 대해서는 다음으로 미룰 수밖에 없지만, 특히 미시구조의 구성과 서술어가 가지고 있는 기본적인 문장 구조에 대해서는 따로 자세히 다룰 예정이다.

5.1. 본고에서는 전혀 언급도 하지는 못하였지만, 15세기의 이두와 구결 자료도 15세기 당시의 언어 현실을 담고 있다는 점에서 앞으로는 적극적인 검토의 대상이 되어야 할 것이다. 이두와 구결자료의 면밀한 검토는 오히려 보다 많은 국어의 사실을 보여줄 수도 있을 것이기 때문이다. 복합어와 파생어, 합성어 등과 관계있는 문법적인 정보라든가, 현대국어와 대응되는 의미를 가지지 못하는 단어들에 대한 의미 설명도 많은 문제점을 안고 있는 것이지만, 여기서는 살피지 못했다. 따로이 다루어야 할 큰 문제이끼 때문이다. 아울러 문헌 자료의 처리 과정에 대해서도 전혀 언급하지 않았지만, 컴퓨터를 어떻게 이용하느냐에 따라 새로운 고어사전을 대하게 될 날이 결정된다고 하여도 과언이 아닐 것이다. 컴퓨터의 이용을 전제로 한다면 부수적으로 현대국어에서 15세기 국어로의 역방향 사전도 쉽게 얻을 수 있고, 중세 국어의 유의어・반의어 사전은 물론 중세국어의 역순사전까지도 기대 할 수 있을 것이다. 그러나 무엇보다도 먼저 해야 할 작업이 15세기 문헌 자료에 대한 면밀한 검토와 연구임은 다언을 필요로 하지 않는다.

22. 국어대사전[1])과 우리말 큰사전[2])

1.0. 훈수꾼이 없는 장기판이란 프로들의 것이어서 그 재미가 덜 한 판이거나, 훈수를 둘 만한 정도도 되지 못하는 판이거나 아니면 상당한 수준의 판임에도 남몰래 두어 눈에 띄지 않는 판일 것이다. 그렇지 않은 다음에야 장기판에 훈수꾼이 꾀는 것은 오히려 당연한 것이라 하겠다. 장기를 두는 당사자들의 기분과는 전혀 관계없이 훈수꾼들의 존재는 전반적으로 판의 모양새를 보다 나은 쪽으로 가져간다는 것이 우리의 소박한 믿음이다. 보는 눈이 많을수록 시야의 폭도 넓어질 것이기 때문이다. 그런 면에서 본다면 훈수꾼도 제 나름의 지분을 가지고 있는 장기판의 당당한 참여자라고 할 수 있을 것이다. 물론 훈수의 내용과 질이 어떻든지 간에 장기의 승부는 장기를 두는 당사자의 책임에 속하는 것이지만, 그러한 점이 훈수꾼들이 훈수를 즐기는 또 다른 이유가 되는 것이다. 훈수를 하며 판에 참여는 하지만 그에 대한 책임은 나의 것이 아니라는 생각이 훈수꾼들의 기본적인 태도일 것이기 때문이다. 그렇지만 훈수를 하는 이들의 기본적인 태도가 판을 깨는 데에 있지 않음은 자명하다고 할 수 있다. 훈수꾼의 존재 의의도 판에 있기 때문이다. 아무튼 훈수를 하는 것이 장기를 두는 것보다 쉽고, 단지 장기를 두기만 하는 것이 장기를 잘 두는 것보다 쉬운 것은 오히려 당연하다 할 것이다.

장기가 비록 자기 자신의 만족을 위한 오락이기는 하지만, 장기를 두는 사람은 장기를 꾸려 나갈 계획을 가지고 있어야 한다. 혼자서 두는 장기는 장기가 아니다. 상대가 누구인가를 염두에 두는 일은 장기를 두는 이들이 갖추어야 할 기본적인 덕목이다. 그 승패와 상관없이, 장기판에 끼어든 사람에게는 싫든 좋든 지켜야 할 규칙들이 있다. 宮과 卒, 車包馬象들의 위치도 위치이지만 그들이 움직이는 내용도 정연한 질서로 구성이 되어 있다. 장기판의 모든 교점 위에 말들이 놓이지는 않는다. 교점 위에 놓인 말들과 마찬가지로, 그들 사이의 빈 공간을 채우고 있는 규칙도 장기놀이를 구성하는 중요

---

1) 금성판 국어대사전,
김민수 외(편), 금성출판사, 1991, 변형국대판 1책 3단조판 양장, pp.3811

2) 우리말 큰사전,
한글학회, 어문각, 1992, 46배판 4책 2단조판 양장, pp.5496

한 요소인 것이다. 장기판에 바둑돌을 사용하는 경우를 이따금 보게 되지만 바둑돌을 사용할 수 있는 정도에도 제약이 따른다는 사실 역시 흥미로운 점이다. 장기판의 모든 공간을 말로 채우는 것과 마찬가지로 장기판의 말들을 모두 바둑돌로 바꾸어 둔다면 그것은 이미 장기가 아니다.

1.1 사전을 편찬하는 이들은 그들의 작업내용과 결과가 어떠하든지 간에 일단 사전을 편찬했다는 사실만으로도 충분한 대접을 받을 권리가 있다고 생각한다. 그러한 생각의 근거가 사전의 편찬 작업이 일상적으로 생각하고 있는 富와는 거리가 있다거나 사전의 편찬 작업이 상당히 많은 품을 필요로 한다는 데에만 있는 것은 아니다. 우리가 사전편찬자들에 대한 충분한 대접을 생각하는 까닭은 그들의 사명감에 있다. 힘든 작업, 그래서 누구도 선뜻 하려 나서지 않는 작업. 외로운 작업. 오로지 사명감이 아니라면 치러낼 수 없는 일과 관련된 이야기라는 데에 바로 우리의 사설이 늘어지고 있는 까닭이 있다. 각설하고[3], 우리가 여기서 살피려고 하는 대상은 '금성판 국어대사전'과 '우리말 큰사전'이다. 이들이 가장 최근에 볼 수 있게 된 사전이기는 하지만, 단지 최근의 사전이라는 이유만으로 우리가 이들을 검토의 대상으로 삼는 것은 아니다. 그보다는 이들 사전이, 사전에 대한 관심이 표명되어 사전에 대한 태도가 어느 정도 정리되고 그에 따라 더욱 관심이 증대되고 있는 시점에 나왔다는 데에 더 큰 이유가 있다.[4] 최소한 그 간의 논의를 통하여 지적된 기존 사전이 가지고 있는 문제점들을 해소하려는 노력이 이들 두 사전에 어떻게 반영되었는가 하는 것부터도 흥미 있는 문제일 것이기 때문이다.[5]

2.0 우리가 살피려 하는 '국어대사전'[6]과 '우리말 큰사전'[7]이 있기 전에 우리가 이용

---

3) 여기서 '각설하고'라는 표현을 사용하는 것은 의도적인 것이다. 본고에서 앞으로 살펴 보려는 사전적인 의미와 현실적인 의미 사이의 거리를 보여 주는 한 가지 예라고 생각되기 때문이다. 그에 대한 자세한 논의는 후술 참조.

4) 1986년에 나온 국어생활 제7호, 1987년에 나온 어학연구 제23권 제1호와 1989년에 나온 애산학보 7, 그리고 연세대학교 한국어 사전 편찬회에서 간행한 사전 편찬학 연구 제1, 2, 3집 등이 최근의 사전에 대한 관심의 수준과 정도를 잘 보여 주고 있다. 특히 사전 편찬학 연구는 연세대학교에서 계획하고 있는 사전편찬의 과정을 보여 주고 있다고도 할 수 있는 실제적인 것이다. 그 밖에 국립국어연구원에서 계획하고 있는 국어사전의 편찬도 최근의 사전에 관한 관심의 흐름 속에서 이해될 성격의 것이다.

5) 그렇다고 해서 그간의 논의가 사전이 가지고 있는 전반적인 문제들을 모두 해소할 만큼 충분히 진행되었다는 의미는 아니다. 사실 사전에 대한 우리의 적극적인 접근이 그리 오래된 일은 아닌 셈이다.

6) 이후로는 '대사전'으로 줄여 부르기로 한다.

할 수 있었던 국어사전의 수는 그리 많은 것이라고 할 수 없는 형편이다.[8] 또한 우리가 국어사전을 이용해 왔던 기간도 그리 길다고는 할 수 없는 형편이다. 보는 이에 따라 다소 달라질 수는 있겠지만, 문세영(1938)의 '조선어사전', 이윤재(1947)의 '표준조선말 사전', 조선어학회(1947-50, 1957)의 '큰사전', 그리고 최근까지 가장 많이 쓰였던 이희승(1961)의 '국어대사전'과 신기철·신용철(1974)의 '새 우리말 큰 사전' 정도로 정리될 수 있는 것이 우리의 국어사전사라고 할 수 있기 때문이다.[9] 이러한 사전사를 배경으로 선보인 '대사전'과 '큰사전'은 우선 그 수록량부터 방대한 모습을 드러내고 있다. '대사전'의 경우 3811쪽, '큰사전'의 경우 5496쪽으로, 외견상으로는 '큰사전'이 1685쪽이나 많은 셈이다. 그러나 '큰사전'은 이단 조판을 하고, '대사전'은 삼단 조판을 하고 있다는 점을 감안한다면 그 차이는 크게 줄어들어 두 사전 사이의 양적인 면에서의 차이는 거의 없는 셈이라고 할 수도 있다.[10]

흔히 사전을 시대의 산물이라고 한다. 사전이 시대의 산물이라고 하는 표현 속에는 사전이 만들어진 당대의 언어를 담는 것이라는 의미도 있지만, 사전에 담기는 언어를 보는 눈도 시대에 따라 변하는 것이고 그에 따라 수록되는 언어에 대한 해석도 달라진다는 의미도 가지고 있다. 그와 함께 사전의 편찬이 경제적으로 상당한 부담이 되는 작업이라는 점에서 사전편찬 당대의 경제, 사회적인 상황을, 간접적으로이기는 하지만, 반영하게 된다는 의미를 가지고 있다. 그 동안 우리가 볼 수 있었던 사전들과 비교해 볼 때, 기존 사전들이 편찬될 당시의 언어와 요즈음의 언어가 차이를 드러낸다든지, 그 사이 상당히 축적된 국어학 또는 언어학에서의 새로운 연구결과가 반영되었다든지, 사전의 편찬에 상대적으로 많은 예산을 들일 수 있는 사회 경제적인 여유를 볼 수 있다든지 하는 것이 그것이다. 그러나 우리의 '대사전'과 '큰사전'이 가지고 있는 상황적인 특성은 좀 더 다른 데에 있다. 국어사용의 역사 이래로 국가적인 차원에서의 문자 정

---

7) 이후로는 '큰사전'으로 줄여 부르기로 한다.

8) 국어사전의 범위를 어디까지로 하느냐에 따라 그 내용은 달라질 수 있겠지만, 여기서는 '국어 표제어를 국어로 풀이한' 단일어사전을 그 대상으로 한다. 아울러 휴대용 소형 사전의 경우에도 우리의 대상에서는 제외하기로 한다.

9) 국어사전사에 대해서는 이병근(1982, 1986)과 심재기(1989)를 참조할 것. 국어사전을 어떻게 정의하느냐에 따라 국어사전의 역사는 좀 더 소급될 수 있다.

10) 각각의 편찬자들이 이야기하고 있는 표제항의 수는 '대사전'이 약 40만, '큰사전'이 약 45만이라고 하여 다소 차이를 보이지만, 이 경우에도 '큰사전'에는 현행맞춤법과 차이가 나는 어휘들에 대하여 중복 표제 등록되어 있는 점을 감안할 필요가 있다. 표제어의 수는 많을수록 좋은 것이라고 할 수 있지만, 기존 사전들에서 보인 표제어 늘이기 경쟁의 양상은 사전적인 면에서 반드시 바람직한 것이었다고 할 수만은 없는 형편이다. 구체적인 내용에 대해서는 후술 참조.

책[11]이 일단락 지어진 이후에 세상에 선보이는 첫 사전이라는 의미를 가지고 있기 때문이다.

2.1 본고의 논의는 주로 기존의 사전과 그들에 대한 논의들에 일차적인 바탕을 둔다. 그 과정에서 우리가 살필 '대사전'과 '큰사전'이 가지는 국어사전사 속에서의 의미에 대하여 보다 적극적으로 짚어 나가기로 한다. 그와 함께 우리는 사전 편찬시에 고려해야 할 내용들을 중심으로 문제에 접근하기로 한다.

우선 살펴볼 필요가 있는 내용으로는 편찬자의 편찬 의도가 있다. 비슷한 시기에 나와서인지 '대사전'과 '큰사전'이 표방하고 있는 새로운 면모는 몇 가지 점에서 유사한 점을 보이고 있다.[12] 가능한 한 많은 어휘를 수록하고자 하는 것이 그렇고, 최근의 정보까지 다루고자 한 것이 그러하며, 용례를 작품에서 직접 인용하고자 한 것도 그렇다. 최근의 북방정책의 영향으로 북쪽의 자료를 다수 접하게 됨에 따라 통일을 대비하여 이질화된 북한의 언어를 담고자 한 것도 그렇고, 구체적인 처리 방식에는 차이를 보이지만 이두와 고어까지 적극적으로 처리하려 한 것도 그렇다. 그 밖에도 삽화나 사진 등도 시각적으로 도입이 되었고, 새로운 용어도 대폭 수용하려고 했으며, 어원까지 밝혀보고자 하였다는 것이 그것이다. 어떻게 보면 이러한 편찬 의도들은, 국어사전이라면, 어떠한 사전들이라도 지향해야 할 기본적인 내용들이라고 할 만한 것들이다.[13] 다시 말하자면, 이들 두 사전의 편찬자들의 기본적인 편찬 의도는 추구했어야할 내용들이었다는 말이다.

앞서 우리는 이들 두 사전이 나오게 된 상황적인 의미가 문자 정책의 일단락에 있음을 이야기한 바 있다. 그러나 이들 두 사전이 취하고 있는 문자정책에 대한 태도에는 상당한 거리가 있다. 특히 맞춤법에 관한 한 '대사전'의 경우에는 문교부 고시 '한글 맞춤법'(1988)에 따라 표기를 하고 있는 반면에, '큰사전'의 경우에는 한글학회의 '한글 맞춤법'(1980)에 의한 표기를 하고 있는 것이다. 이들 사이의 가장 큰 차이는 '사이시옷'에 관한 표기에 있다. 현행 맞춤법에서는 한자어의 합성어에 대하여 '곳간, 셋방, 숫

11) 여기에는 '한글맞춤법'은 물론 '외래어 표기법'이 포함이 된다. 나아가 일차적인 문자정책은 아니지만 '한글 맞춤법'의 대상이 된다는 점에서 아직도 계속되고, 꾸준히 계속될 작업이기는 하지만 '표준어 규정'과 그에 따른 표준어의 사정 결과까지 포함이 된다.

12) 그들이 실제 사전에서 어떻게 실현되고 있느냐 하는 것은 다음 문제이다. 먼저 문제 삼고 있는 것은 기본적인 편찬 방향이기 때문이다.

13) '대사전'과 '큰사전'이 이러한 편찬 의도를 표방하고 그러한 방향으로 작업을 진행한 데에는 그 동안의 사전에 관한 기초적인 연구가 어느 정도 바탕이 된 것으로 보인다. 기존 사전들의 전반적인 문제들에 대한 검토는 '국어생활 제7호'(1986), '어학연구 제23권 제1호'(1987), '애산학보 7'(1989)와 '사전편찬학 제1,2,3집'(1988, 1990)을 참조할 것.

자, 찻잔, 툇간, 횟수'의 여섯 단어에만 사이시옷을 허용하는 데에 반하여 한글학회의 맞춤법에서는 한자어에 사이시옷 표기를 허용하도록 하고 있는 것이다.[14] '큰사전'에 따르면 문교부 고시 내용과 다른 표제어에 대해서는 다음의 (1)에서와 같은 처리 방식을 취하여 그 거리를 해소하고자 하고 있다.

(1) 내:과〔-꽈〕 ㊀ ((의)) ⇒ 냇과. 〔內科〕
　　장미-과〔-꽈〕 ㊀ ((식)) ⇒ 장밋과. 〔薔薇科〕

그러나 이러한 거리 해소 방식이 부담해야 하는 부분이 표제어에 국한되는 것이 아니라 다음 (2)의 경우에서처럼 정의항이나 용례 등 사전에 나타나는 모든 표기에 적용되어 사전이용자들에게는 상당한 짐이 될 것으로 보인다.

(2) 과셋:-권 ㊀ ((법)) 나라의 통칫권에 의하여 나라나 지방자치 단체가 조세를 거두는 권리.
　　짓가-증권 〔-꿘〕 ㊀ 정부가 농지개혁 때, 사들인 땅의 보상금 대신에 땅임자에게 주었던 윳가증권. (밑줄은 필자)

'대사전'과 '큰사전' 사이의 표면상의 차이는 여기에 그치는 것은 아니다. 서양 외래어의 표기에 대해서도 '대사전'이 1986년의 '외래어 표기법'과 1987년의 '편수자료'(문교부) 그리고 1990년 국어연구소의 '외래어 표기 용례집'의 내용을 따르고 있는 반면에 '큰사전'은 조선어학회의 '외래어 표깃법 통일안'(1941)을 바탕으로 하고 있는 것이다.[15]

2.2 앞서 우리는 '대사전'과 '큰사전'에서의 편찬 의도를 살펴보면서 그들 편찬 의도가 일차적으로는 국어사전이 취해야할 명제라는 데에 동의한 바 있다. 여기서 일차적이라고 하는 까닭은 그들의 구체적인 내용에 대해서는 다시 살펴볼 필요가 있기 때문

---

14) '큰사전'이 현행 맞춤법과 이와 같은 표기상의 차이를 보이게 된 데 대하여 "사전편찬이 거의 막바지 단계에 이르렀을 때 규정이 바뀌는 바람에 미처 고치지 못했다"고 하고 있으나(조선일보 제21969호 1992. 4. 24. 참조), 그와 같은 거리의 원인은 '큰사전'의 일러두기에 밝힌 바대로 "문교부 고시 한글 맞춤법에 한자 합성말의 사이 ㅅ 적기를 여섯 낱말에만 한정하고, 같은 조건인 위의 보기와 같은 (내과, 외과, 장미과, 초점 등) 한자말에 일절 적용하지 않는 것은 불합리하기 때문"으로 보는 '큰사전'에서의 태도에서 찾아야 할 것이다. (밑줄 부분은 필자가 보충)

15) 이에 대해서도 맞춤법의 차이를 극복하기 위한 조처인 예 (1)에서와 같은 방식을 취하고 있다.

이고, 실제 사전에 반영된 내용이 표방하고 있는 방향에 부합이 되는가도 살펴볼 필요가 있기 때문이다.

먼저 표제어의 수에 관한 것이다. 국어사전의 궁극적인 목표는 국어사용자들이 사용하고 있는 온전한 국어의 모습을 담는 데에 있는 것이지만, 현대 한국어 화자들이 사용하고 있는 어휘 모두가 수록대상이 되어야 하는지에 대해서는 신중한 검토가 필요하다고 하겠다. 한국어 화자라고 하는 범주의 내용도 문제가 되는 것이지만, 그들 한국어 화자들 가운데 극히 일부가 한정된 분야를 다루면서 사용하는 외래어 이전 단계의 외국어(이를테면, 지명, 인명 따위 포함)까지도 포함되고 있다는 점과, 특히 '대사전'의 경우에 두드러진 경향을 보이는 것으로 최근의 시사적인 용어까지 담아 보여 주고 있다는 점들이 검토되어야 할 것이기 때문이다. 이를테면, '십이륙 사태, 육이구 민주화 선언, 고르바초프' 등이 표제어로 올라 있는 것으로, 국어사전이 아니라 백과사전적인 성격을 보인다는 지적을 받을 수 있기 때문이다. '어휘 사전의 세계적 추세가 백과적 요소를 띤 확대형 사전 쪽으로' 가고 있어 '대사전'을 편찬하는 기본 방향을 '확대형 사전'에 두었다고 하지만, 그것이 국어사전이 취해야 할 태도인가 하는 문제는 뒤로 하고라도, 시사적인 용어의 선택 기준이 문제가 될 수 있기 때문이다. '대사전'의 편찬 태도에 따르면 등재되었을 만한 '사삼사태, 문서감정, 시장개방, 정경유착, 특정범죄가중처벌법' 등의 용어가 빠져 있기 때문이다. 양보하여 모든 것을 담는 것이 최선이라 할지라도 모든 것을 담을 수 없을 때에는 담아내는 기준이 필요하고 그 기준은 객관적인 기준일 것이 요구된다 하겠다. 혹 어느 시기의 어느 사전에도 편찬자의 이념은 반영되기 마련이라고 할지 모르겠으나[16] 이념의 반영이 표제어에서의 탈락이 아니라 등재 후 정의항에서 드러내는 것이 오히려 사용자에 대한 배려로 생각된다.

한편 '대사전' 기존의 사전과는 다른 모습을 보이는 점 가운데 눈에 띠는 것으로는 북한의 언어를 담고자 한 것이다. 이는 기존의 국어사전이 그간의 시대적인 상황에 의해, 우리말임에도 불구하고, 다룰 수 없었던 북한의 언어를 사전의 표제어로 담아낸 첫 사전이라는 점에서 의의를 갖는다고 할 수 있다. 일반 어휘를 중심으로 약 3,000개 정도를 수용하고 있는 '대사전'에서의 수용 태도는 이데올로기에 관련된 어휘나 단순히 맞춤법의 차이만을 보이는 어휘는 배제한다는 것이었다. 특히 북한의 '현대 조선말 사전'(사회 과학원 언어학 연구소, 1981)을 참고 자료로 하여 우리의 눈에는 생소한 어휘를 중심으로 다루고 있으며, 우리와 같은 어형을 사용하면서도 전형 다른 의미로 쓰이는 어휘, 이를테면 '담보'와 같은 어휘에서 보이는 의미 차이까지도 소개하고 있다.[17]

---

16) 편찬자의 이념이 극명하게 드러나 있는 사전으로는 북한의 사회과학원언어학연구소에서 낸 '조선문화어사전'을 들 수 있다.

좀더 많은 어휘를 다루어 주었으면 하는 데에 우리의 욕심이 있기는 하지만, 더 나아가 표면적으로 의미의 차이가 드러나는 어휘만이 아니라 언어 사용 상에 나타나는 차이까지도 볼 수 있었으면 하는 바람도 있다. 다음의 예 (3가)는 '대사전'에서, (3나)는 북한의 '조선 문화어 사전'에서 볼 수 있는 형용사 '바쁘다' 항목이고, 예 (4가)는 '대사전'에서, (4나)는 북한의 '조선 문화어 사전'에서 볼 수 있는 명사 '차례' 항목이다.

(3) 가. 바쁘다 (형) 일이 많거나 급하여 겨를이 없다.
　나. 바쁘다 (형) ① 일이 많거나 급하여 딴 겨를이 없다. ② 매우 다그처 급하다. ③ 힘들거나 괴로와서 참기 어렵다. ④ 형편이 딱하고 어렵다.

(4) 가. 차례 (명) ① 여럿을 각각 선후로 구분하여 벌인 것. 또는 그 구분에 따라 각각에게 돌아오는 기회. ② '번'의 뜻을 나타내는 말.
　나. 차례 (명) ① 둘 이상의 것을 일정하게 하나하나 벌려 놓은 체계. 또는 그 체계에서 차지하는 자리; 순서. ② 돌아오는 몫에 해당되는 것.

북한에서 사용하고 있는 '바쁘다'와 '차례'에 대한 사전에서의 일차적인 의미는 각각 (3가, 나)와 (4가, 나)에서처럼 일치하고 있으나 우리는 '그런 질문은 대답하기 바쁘다, 모든 학생들에게 털외투가 하나씩 차례지어졌다.' 등의 예에서 볼 수 있는 (3나④)의 의미와 (4나②)의 의미도 (3가)와 (4가)에 수용되었으면 하는 바람을 가지고 있는 것이다.[18)]

고어와 이두에 대한 적극적인 수용 태도도 눈에 띄는 점이다. 보다 전문적인 분야라는 점에서 별도의 사전에서 보다 자세히 다루는 것이 나으리라는 것이 우리의 생각이다. 뒤에 가서 다시 언급이 되겠지만, 사전편찬자들이 어떠한 부류의 독자들을 상정하고 사전을 편찬했는가가 궁금해지는 부분이다. 현대어에 대한 정보와는 대조적으로 상당히 피상적인 정보를 제공하고 있기 때문이다. 이를테면 '말쏨'에 대하여 '대사전'에서는 '말씀'으로, '큰사전'에서는 '말, 말씀'으로 현대어역을 달고 있지만, 중세국어에서의 '말'과 '말쏨' 사이에는 '언어내용'과 '언어행위'만큼의 차이가 있는 것이다. 북한어의 처리에 관한 이야기에서도 잠시 언급한 바 있지만, 이왕 다루려면 보다 적극적으로 다룰

---

17) 우리가 '담보'에 대하여 '채무변제의 확보 수단으로 미리 채권자에게 제공하는 것'이라는 의미로 사용하고 있는 반면에, 북에서는 '어떤 목적이나 지향의 실현을 어김없이 하도록 하는 보장'이라는 의미로 사용하고 있다.

18) 북한어의 수용이라는 측면과는 거리가 있지만, '큰사전'에서는 '바쁘다'의 정의항에서 '어렵다'라는 의미를 소개하고 있다. '차례'에 대해서도 '큰사전'에서는 '차례지다'라는 표제어 아래 '몫으로 배당되다'라는 의미를 달고 있지만, 북한어를 다루는 측면으로 이해할 수는 없다.

필요가 있고, 아니라면 전문사전으로 미루는 것도 좋을 듯 싶다.[19] 아무튼 고어와 이두를 처리하는 방식에서 두 사전은 각기 다른 방식을 취하고 있다.

먼저 고어의 처리 태도를 보면 '큰사전'이 보다 적극적임을 알 수 있다. 별도의 제책을 하여 다룬 것도 그렇고, 고어의 표제항수와 해당 예문의 양이라는 면에서도 그렇다. 또한 '대사전'과는 달리 해당 표제어의 성조를 표기한 점도 관심을 끄는 부분이다. 성조 형태를 밝히지 않은 표제항들은 방점표기를 달지 않고 있는 자료에 나타나는 것임도 아울러 알 수 있게 하고 있다. 그러나 방점을 가지고 나타나는 15세기와 16세기의 자료라고 하더라도 동일한 어휘가 자료에 따라 달라지는 수가 있다는 사실은 전혀 반영이 되지 못하고 있는 셈이고,[20] 표제항의 어휘에 대한 성조가 밝혀져 있는 항목의 예문에 방점 표기를 달지 않고 있는 문헌에서의 예들을 함께 소개하고 있어 사용자들의 오해를 초래할 수 있는 여지가 있다 하겠다.[21] 한편 '대사전'에서는 다음의 예 (5)에서와 같이 'ᄒᆞᄂᆞ니라, ᄒᆞᄂᆞ니이다, ᄒᆞ다라, ᄒᆞ린댄'와 같은 활용형태들을 표제항으로 제시하고있다.

(5) ᄒᆞᄂᆞ니라 〈옛〉 한다. 하느니라. 어떤 사실을 다소 보수적으로 나타내거나 객관적 사실을 나타낼 때 쓰이는 'ᄒᆞᄂᆞ다'의 종결 평서형. 'ᄒᆞ+ᄂᆞ+니라'로 분석됨.
ᄒᆞᄂᆞ니이다 〈옛〉 합니다. 어떤 사실을 다소 보수적으로 나타내거나 객관적 사실을 나타낼 때 쓰이는 'ᄒᆞᄂᆞ니라'의 ᄒᆞ쇼셔체형. 'ᄒᆞ+ᄂᆞ+니이다'로 분석됨.
ᄒᆞ다라 〈옛〉 하였다. 1인칭 주어가 과거에 경험한 사실을 회상하는'ᄒᆞ다'의 종결 평서형. 'ᄒᆞ+다(더+오)+라(〈다)'로 분석됨.
ᄒᆞ린댄 〈옛〉 할 것이면. 'ᄒᆞ리라'의 관형사형. 'ᄒᆞ+리+ㄴ댄'으로 분석됨.[22]

표제항의 이러한 제시 방식이 사전적인 것이 아님은 분명하지만, 일반 독자를 염두에 두고 그들의 이해를 돕기 위한 조처인 것으로 보인다. '큰사전'에서는 이와 같은 처리 방식은 취하지 않고 있다. 그에 따라 '큰사전'에서는 문법적인 정보를 알기는 어려운 형편이다. 중세국어와 같은 형태이기 때문인지 '-더-'에 대한 중세국어에서의 용법도 '-더-'를 설명하고 있는 항목에 베풀어져 있지 않으며, 형태소 '-ᄂᆞ-'와 같은 경우는 현대

19) 특히 이러한 문제에 부딪히게 될 때 확대형 사전을 추구한다는 명제의 의미를 다시 생각하게 된다.

20) 성조의 변천 시기에 대해서는 김완진(1973:108-9)을 참조할 것.

21) 예문의 출전 표시를 보아 알 수 있기는 하지만, 그렇게 해서 알 수 있는 일반사용자의 수가 얼마나 될지는 의문이다.

22) 각각의 항목에서 예문은 생략함.

국어에서의 처리 방식과 같은 '-는구나, -는다, -는단다'와 같은 방식으로도 다루고 있지 않다.[23)]

이두에 대해서는 '대사전'과 '큰사전'에서 각각 따로 모아 처리하고 있다. 그렇지만 처리 방식에는 상당한 차이가 있다. '대사전'에서는 한자의 획수와 부수에 따라 이두 표기를 표제로 삼고 그 독법만을 소개하고 있는 반면에, '큰사전'에서는 독법을 표제로 삼고 가능한 현대어역과 예를 소개한 뒤 이두식 표기를 붙이고 있는 것이다. 한자를 표제항에 내세우지 않으려는 '큰사전'에서의 태도 때문인 것으로 이해되지만, 이용에는 다소 번거로움이 있는 셈이다. 이두자료들이 독법에 따라 기록되어 있는 것이 아니라 이두식 표기로 기록되어 있기 때문이다. 한편 '부록'이라는 위치적인 성격 때문이기는 하겠지만 '대사전'에서의 이두 처리는 현대역과 예문이 소개되지 않는다는 약점이 있다. 이러한 두 사전에서의 이두 처리에 대한 차이는, 이두가 국어사전의 대상이 되어야 하느냐 하는 문제라든가 사전편찬시에 어떠한 부류의 독자를 상정하느냐 하는 문제부터 다시 검토해 볼 필요가 있겠지만, 다룬다고 할 경우에는 어떠한 방식이 보다 나은 것이겠는가를 생각하게 한다.

3.0 지금까지 우리는 '대사전'과 '큰사전'이 표방하고 있는 편찬 의도가 일단 정당한 것이라는 전제하에 그들 두 사전의 대강을 살펴 보았다. 그 과정에서 사전이용자로서 우리가 가질 수 있는 욕심의 일단도 피력해 보았다. 이제 앞서 살핀 내용과의 중복을 피하여 사전편찬시에 고려해야할 일반적인 사항들을 중심으로 이들 두 사전의 모습을 살피면서 우리가 가지고 있는 생각이나 바람을 정리해 보기로 하자. 사전의 구조를 이야기할 때 크게 거시구조와 미시구조로 나누어서 살피는 것이 일반적이다. 우리도 편의를 위해서 우선 그에 따라 나누어 살피기로 하지만, 특히 거시구조적인 면에서는 두 사전이 서로 간에 보이고 있는 차이점을 증심으로 살피고, 미시구조적인 면에서는 두 사전이 우리의 바람과의 사이에 가지고 있는 문제들을 중심으로 이야기하기로 한다.

3.1 거시구조에 관련된 내용에는 표제어의 선정과 배열, 그 발음과 표기 등이 포함된다. 그 가운데 표제어의 선정과 표기 문제에 대해서는 앞서 생각해 본 바 있다. 여기서는 '대사전'과 '큰사전'의 표제어 배열 순서의 차이를 살펴보기로 한다. 다음의 (6)은 '대사전'에서의 배열 순서이고, (7)은 '큰사전'에서의 배열 순서이다.

---

23) '큰사전'에서의 '-는단다' 항목은 보완을 필요로 한다. '대사전'에는 "1. 자음으로 끝나는 동사의 어간에 붙어, 가볍게 타이르거나 친근하게 서술하는 종결어미. 2. '-는다고 한다'가 준말."로 설명되어 있는 반면에, '큰사전'에는 "'-는다 한다'의 준말."로 설명이 되어 있어서 '나는 아주 배가 부르단다.'와 같이 '-는다 한다'로 바뀔 수 없는 경우에 대한 고려가 필요하기 때문이다.

(6) 가. 초성 : ㄱ ㄲ ㅲ ㅴ ㅺ ㄴ ㅥ ㄷ ㄸ ㅳ ㅵ ㅼ ㄹ ㅭ ㅁ ㅱ ㅂ ㅸ ㅃ ㅽ ㅅ ㅆ ㅿ ㅇ ㆁ ㆆ ㆀ ㅈ ㅶ ㅾ ㅉ ㅊ ㅋ ㅌ ㅷ ㅍ ㅎ ㆅ

나. 종성 : ㄱ ㄲ ㄳ ㄴ ㄵ ㄶ ㄷ ㄹ ㄺ ㄻ ㄼ ㄽ ㅬ ㅭ ㄾ ㄿ ㅀ ㅁ ㅁ * ㅂ ㅸ ㅄ ㅅ ㅺ ㅆ ㅇ ㆁ ㅈ ㅊ ㅋ ㅌ ㅍ ㅎ

다. 모음 : ㅏ ㅐ ㅑ ㅒ ㅓ ㅔ ㅕ ㅖ ㅗ ㅘ ㅙ ㅚ ㅛ ㆉ ㅜ ㅝ ㅞ ㅟ ㅠ ㆌ ㅡ ㅢ ㅣ ㆍ ㆎ

(7) 가. 초성 : ㄱ ㄲ ㄴ ㅥ ㄷ ㄸ ㄹ ㅁ ㅂ ㅲ ㅳ ㅃ ㅄ ㅴ ㅵ ㅶ ㅷ ㅸ ㅅ ㅺ ㅻ ㅼ ㅽ ㅆ ㅾ ㅿ ㅇ ㆀ ㆆ ㆁ ㅈ ㅉ ㅊ ㅋ ㅌ ㅍ ㅎ ㆅ

나. 종성 : ㄱ ㄲ ㄳ ㄴ ㄴㄱ ㅦ ㅧ ㅨ ㄵ ㄶ ㄷ ㄹ ㄺ ㅩ ㅪ ㄻ ㄻ ㄼ ㅫ ㄽ ㅬ ㅭ ㄾ ㄿ ㅀ ㅁ ㅁ ㅮ ㅯ ㅰ ㅱ ㅂ ㅄ ㅸ ㅅ ㅆ ㅿ ㅇ ㆁ ㆂ ㆃ ㅈ ㅊ ㅋ ㅌ ㅍ ㅎ

다. 모음 : ㅏ ㅐ ㅑ ㅒ ㅓ ㅔ ㅕ ㅖ ㅗ ㅘ ㅙ ㅚ ㅛ ㆉ ㅜ ㅝ ㅞ ㅟ ㅠ ㆊ ㆌ ㅡ ㅢ ㅣ ㅣ ㅣ ㆍ ㆎ

현행 '한글 맞춤법'은 사전에 올릴 때의 자모의 순서를 제4항에 규정하고 있어 현대 국어를 대상으로 하는 경우의 문제에 대한 어느 정도의 기준을 제시하고 있다.[24] 따라서 우리가 위의 (6)과 (7)에서 찾아볼 수 있는 차이점은 주로 고어와 관계가 있음을 알 수 있다.[25] 이를테면 초성 위치에서의 'ㅲ ㅴ ㅺ ㅳ ㅵ ㅼ ㅽ ㅶ ㅾ ㅉ'이라든가 'ㅱ ㅸ' 그리고 'ㆁ ㆆ' 등의 순서를 달리 정하고 있는 것이 그것이다.[26] 우선 위의 (6)과 (7)은 어두자음군의 처리에 대한 '대사전'과 '큰사전' 편찬자들의 태도를 보여 주는 것이다. (6)은 어두자음군이 경음화한 것을 전제로 하고 어두자음군 내에서의 자음의 순서에 따른 것인 반면에, (7)은 후대에 어두자음군의 발음이 어떻게 발달했는가는 일단

---

24) '어느 정도'라는 표현은 맞춤법 규정의 내용에 불분명한 점이 있음을 뜻한다. 등재 순서를 맞춤법의 규정에 따른다고 할지라도 보다 분명히 해야 할 점은 초성, 중성, 종성 각각이 아니라, 초성과 중성 그리고 종성 사이의 관계에 있다. 즉 초성, 중성, 종성을 모두 함께 고려하는 절충형을 택할 것이냐 아니면 초성〉 중성〉 종성의 순으로 우선 순위를 취하는 각립형을 택하느냐 하는 것이다. 우리가 살피고 있는 '대사전'과 '큰사전'은 '겹자모를 그 기본 홑자모 속에 내포시키지 않고 각각 별개의 독립된 자모로 취급하는 점'에서 태도를 같이 하고 있다.

25) 고어사전에서의 배열순서에 대해서는 한재영(1989ㄱ)을 참조할 것. 그러나 현대국어를 대상으로 하는 사전에서의 고어처리와 고어처리를 주목적으로 하는 고어사전에서의 고어처리 방식에는 근본적인 차이가 있을 수밖에 없을 것이다. 상정되는 독자의 부류가 다르기 때문이다.

26) 물론 위의 (6)과 (7)을 살펴 보면 순서를 소개하는 내용이 중성과 종성에서도 다름을 알 수 있지만 그곳에서의 차이는 문자상의 출입에 따른 차이일 뿐 순서에 영향을 주는 차이는 아니다.

접어두기로 하고 순전히 문자적인 면에서만 처리한 것이다.27)

각자병서에 대한 별도의 대접이 필요없이 낱글자가 나오는 순서에 따라 등재하기로 하는 것이다.28) 사전이용자가 사전에서의 배열순서를 따로이 기억할 부담이 없다는 점에서, 사전이용자를 고려한 것으로 이해할 수 있다. 뒤에서 다시 이야기되겠지만, 사전은 편찬자의 손을 떠나는 순간부터 편찬자의 것이 아니라 사전이용자들의 것임을 기억할 필요가 있다. 따라서 사전을 편찬하는 경우에 먼저 염두에 두고 추구해애 할 내용은 누구를 사전이용자로 상정할 것이냐 하는 것과 상정된 사전이용자가 사전으로부터 원하는 것은 무엇인가 하는 문제에 대한 답을 구하는 길이다. 남기심(1988ㄴ)에서의 제안대로 순경음을 나타내는 문자들도 (7가)에서와 같이 각각 'ㄹ, ㅁ, ㅂ, ㅍ' 계열의 맨 마지막에 등재하는 것이 실용적인 면에서도 도움이 될 것으로 생각된다. 'ㆆ ㆁ'에 관해서도 우리는 (7가)에서와 같은 처리 방식에 호감을 갖고 있는 셈이다. 앞서 어두자음군의 처리에서 취했던 문자적인 측면에서의 접근이라는 점에 부합되는 것으로 보이기 때문이다. 즉 'ㆆ'는 가획의 원리라고 하는 체계 속에서 'ㅇ→ㆆ→ㅎ'의 계열을 유지하는 반면에 'ㆁ'는 체계 속에서는 예외적인 것이라고 할 수 있기 때문이다.29)

앞서 우리는 '대사전'과 '큰사전'이 문자정책의 일단락 뒤에 나온 첫 사전들이라는 점에서 의의가 있다고 이야기한 바 있다. 발음에 관한 한 그러한 의의는 더욱 두드러지는 큰 것으로 보인다. 맞춤법에 관해서는 서로 다른 견해를 드러내던 두 사전이 '표준어규정'과 그에 따른 표준어의 사정 결과에 의해 부분적으로는30) 일치된 모습을 보이게 되었기 때문이다. 여기서 '부분적으로는'이라는 표현을 쓴 까닭은 그러한 일치가 '표준어규정'과 그에 따른 표준어의 사정 결과 범위에 국한되는 일치임을 의미한다. 따라서 기존 사전들에서 불일치를 보이던 내용들의 상당량은 이들 두 사전에도 그대로 다시 유지되고 있음을 볼 수 있다는 말이다. 이를테면, 기존의 사전들 사이에서 장단의 차이를 보이던 '골:라-잡다'는 단일화되었지만, '군:-두드러기'의 경우에는 여전히 의견이 갈려 있음을 볼 수 있기 때문이다. 표제어에서의 장단 표시도 두 사전이 차이를 보인다. '대사전'이 "단어의 첫 음절에서만 긴소리가 나타나는 것을 원칙으로 한다"는 '표준발음법' 제6항의 규정에 따라 표제어의 첫 음절에만 장음표기를 부여하고 있는 반면에

27) 사전의 표제어 등재 순서에 대하여 발음과 관계없이 문자적인 측면으로 접근하는 태도에 대한 이해를 위해서는 영어 사전 등에서 볼 수 있는 묵음을 가지는 단어의 배열이 참고가 된다.

28) 이러한 처리 방식에 대해서는 남기심(1988ㄴ)을 참조할 것.

29) 남기심(1988ㄴ)과 한재영(1989ㄱ)을 참조할 것.

30) '표준어규정'과 그에 따른 표준어의 사정 결과 범위에 국한되는 일치임을 의미한다. 따라서 기존 사전들에서 불일치를 보이던 내용들의 상당량은 이들 두 사전에도 그대로 다시 유지되고 있음을 볼 수 있다.

'큰사전'의 경우에는 제2음절 이하에도 장음부호를 사용하고 있어 표면상으로는 차이를 보인다. 그렇지만 '큰사전'의 일러두기에는 "둘째 음절 이하에서는 소리가 짧아지는 경향이 있음"을 지적하고 있어 표제항에서는 단어의 원래 모습을 보여주려는 의도를 가졌던 것으로 이해된다. '표준어 규정'에 의해 '-장이/쟁이' 문제는 사전 간에 일치를 보이고 있지만,[31] 'ㅣ 모음 역행동화'의 예인 '맞바라기'와 '맞바래기'는 두 사전에 여전히 양립하고 있는 것이다. 모음조화의 경우에도 아직 더 손을 볼 부분이 남아 있다. '담쑥', '담쏙'과 같은 예들이 여전히 양립하고 있기 때문이다. 발음과 관련하여, 그동안 기존의 사전들간에 의견이 갈려 있던 '-이/히'의 문제는 '한글 맞춤법' 제51항에 의해 정리가 된 것으로 보인다. '솔직히, 자욱이'와 같은 예들이 그것이다.

3.2 지금까지 우리는 이른바 거시구조라고 하는 표제항과 관련된 내용들을 살펴 보았다. 거시구조가 사전을 구성하는 상당히 중요한 부분이기는 하지만, 우리는 일반적으로 사전을 이용하는 이들이 왜 사전을 보는가 하는 관점에서도 사전을 살펴볼 필요가 있다고 생각한다. 왜 사전을 보는가? 이 질문에 대한 답은 자명하다. 정보를 얻기 위해서. 최소한 사전에 자기가 찾는 어휘가 등재되어 있는지만을 확인하고 사전을 덮는 경우는 없을 것이기 때문이다. 혹 그런 경우가 있다고 하더라도 그러한 경우에 대하여 사전을 이용한다고 표현하지는 않는 것이다. 우선 다음의 몇 가지 예들을 보기로 하자.

(8) 당신이 뭔데 나한테 반말이십니까?
    뭐? 당신? 너 지금 나한테 당신이라고 했어?
(9) *빙장어른 그동안 안녕하셨습니까?
(10) *회장님의 말씀이 계시겠습니다.

위의 예 (8)은 '당신'이라는 표현 때문에 다툼이 생기고 있는 장면이고, 예 (9)는 화자 자신의 장인에 대하여 '빙장'이라는 어휘를 사용하여 문제가 되고 있는 문장이다. 또 예 (10)은 '계시다'가 부적절하게 사용된 경우를 보여 주는 예이다. 이러한 문제들에 대한 답을 얻기 위하여 사전을 뒤지게 되었을 때 우리가 얻을 수 있는 정보는 다음과 같다.[32]

---

31) 그렇다고 해서 '-장이/쟁이'에 관한 문제가 모두 소진되었다는 의미는 아니다.

32) '대사전'과 '큰사전'을 대상으로 한 것이지만, 그들 각각을 소개하지는 않는다. 얻어진 정보의 양과 질이 크게 다르지 않기 때문이다.

(11) 당신 (대) ① 하오할 자리에 상대방을 가리키는 말. ② 부부 사이에 서로 높이어 일컫는 말. ③ 이야기되는 제삼자를 높이어 가리키는 말.
(12) 빙장 (명) '장인'의 경칭.
(13) 계시다 (형, 동) '있다'의 높임말.

위의 (11)~(13)에서와 같은 사전적인 의미만으로 본다면 예 (8)~(10)에서 생기는 문제는 그 문제의 발생부터가 원인무효인 셈이다. (11)에서 이르고 있듯이 '당신'은 대접하는 자리에 쓰이도록 되어 있고, (12)에서 볼 수 있는 바와 같이 '빙장'은 '장인'의 높임말이므로 '장인어른, 그동안 안녕하셨습니까?'가 쓰일 자리에서 예 (9)와 같이 말하는 것은 오히려 경칭으로 대접한 셈이 되기 때문이다. 그와 같은 상황은 '회장님의 말씀이 있으시겠습니다.'라고 해야 할 예 (10)에서도 마찬가지이다. 앞서 우리는 '각설하고'라는 표현을 사용한 바가 있다.[33] 이도 또한 위의 예 '당신, 빙장, 계시다'와 같은 경향의 문제를 가지고 있는 것이다. 필자의 직관으로는 공식적인 글에 사용하는 것이 꺼려지는 이 표현에 대하여, '대사전'과 '큰사전'에서 공히 '화제를 돌려 다른 말을 꺼낼 때, 말머리에 쓰는 말'이라는 설명을 하고 있어, 우리가 가지고 있는 어감에 따른 사용상의 의구심은 그대로 남아 있는 셈이다.

(14) 가. 앞으로 가.
나. 앞으로 가라.
(15) 가. 정미가 환자에게 밥을 먹였다.
나. 정미가 환자에게 밥을 먹게 하였다.
(16) 가. 아영이가 벌써 집에 왔더라.
나. 나는 그 음악이 좋더라.

앞서의 예 (8)~(10)에서의 문제가 어휘 사용상의 문제라면, 위의 예 (14)~(16)이 보여 주는 문제는 문법적인 문제라고 할 수 있는 것이다. 예 (14가, 나)는 둘 다 문법적인 문장이지만, '대사전'과 '큰사전'의 '-어'와 '-어라'를 찾아보면 반말투와 '해라'체 정도로 설명을 베풀고 있다. 그러나 그들 설명만으로는 (14나)가 군대나 집단에 대한 명령에 쓰일 수 없음을 알 수가 없다.[34] 예 (15가, 나)는 사동문이다. 이들 사이에서 찾아 볼 수 있는 의미 차이, 이를테면 '정미가 환자에게 밥을 직접 입에 넣어 준 경우'

---

33) 주 1) 참조.
34) 그에 대한 자세한 논의는 임홍빈(1985)를 참조할 것.

와 '정미가 그동안 금식을 하던 환자에게 밥을 먹도록 한 경우'의 차이도 사전을 통해서는 알기 힘든 형편이다. '대사전'에서는 '먹이다'에 대하여 '먹다의 사역형'이라고 하고, '먹게 하다'를 알아보기 위하여 찾아본 '-게'는 '-도록'과 같은 의미로 설명하고 있다. '먹게 하다'는 '먹다의 사역형'이 아니냐는 문제는 뒤로 하고라도 일단 그들 둘이 같지만은 않음을 보였다는 점에서 '큰사전'의 풀이보다는 나은 것으로 보인다. '큰사전'에서는 '먹이다'에 대한 설명을 바로 '먹게 하다'로 붙여 놓아 그들 사이의 의미 차이에 대한 고려를 하지 않고 있기 때문이다. 예 (16가, 나)는 '-더-'에 관한 문제이다. '-더-'는 일반적으로 인칭제약을 가지고 있는 것으로 알려져 있는 바, 서술구문에서는 1인칭 주어가 올 수 없다는 것이 그것이다. 그러나 서술어로 '좋다, 싫다, 기쁘다, 슬프다' 등이 오게 되면, 오히려 2인칭과 3인칭 주어가 올 수 없게 되는 것이다. 이러한 인칭제약 문제에 대한 의문점을 풀기 위하여 사전을 펼쳤을 때 우리가 얻을 수 있는 정보의 총량은 다음의 (17)과 같다.

(17) 가. -더- (어미) (선어말) 주로 '-라', '-냐-', '-니-', '-구나' 등의 어미와 결합하여, 직접 체험한 사실을 객관적으로 회상하여 나타낼 때 쓰이는 선어말 어미. 신부가 참 예쁘~라. / 집에 전화를 걸었~니, 마침 집에 있~라. (참고) 옛말에서는 '-오-'와 결합하여 '-다-'가 되는 선어말어미. 현대어와 달리, 화자가 주어일 때에도 쓰임. 그뒷ᄯᆞᄅᆞᆯ 맛고져 ᄒᆞ더이다〈석보 6:15〉 / 내 롱담ᄒᆞ다라〈석보 6:24〉 (밑줄 필자)

나. -더- (줄) (도줄) 지난 경험을 돌이켜 생각할 때 나타낼 때 쓰이는 도움줄기. 가~라. 꽃이 붉~라. 사실이~니.

위의 (17가)는 '대사전'에서 가져온 것이고, (17나)는 '큰사전'의 것이다. (17나)를 통하여 얻을 수 있는 문법 정보는 '-더-'가 3인칭 주어와 호응한다는 사실뿐이다. 그러니까 1인칭 주어와의 결합문제에 대해서는 소극적인 자세를 취하고 있는 셈이다. 그에 반하여 '대사전'에서의 접근 태도는 보다 적극적이다. 특히 참고에 '현대어와 달리, 화자가 주어일 때에도 쓰인다'고 한 설명은 인칭제약에 관한 어느 정도의 정보를 제공하고 있기 때문이다. 그러나 (17가)의 밑줄 친 용례는 '-더-'가 가지고 있는 인칭제약 문제가 그리 간단하지 않음도 보여 준다. '집에 전화를 걸었더니'에서는 전화를 건 사람이 화자 자신이어야 하지만, '집에 전화를 걸더니'의 경우에는 전화를 건 사람이 절대로 화자 자신은 될 수 없기 때문이다.[35]

35) '-더-'에 관련된 전반적인 문제에 대해서는 한재영(1986)을 참조할 것.

미시구조를 구성하고 있는 형식적인 면과는 다소 거리가 있는 듯이 보이는 몇 가지 내용을 중심으로, 사전사용자의 관점에서 잠시 사전이 우리에게 제공하고 있는 정보의 양과 질에 대해서 검토해 보았다. 앞서도 이미 전제한 바가 있지만 국어사전의 양적인 팽창에 대해서 우리는 전적으로 찬성하는 편이다. 국어 화자가 사용하고 있는 표현이라면, 그것이 설사 비록 방언, 은어, 속어, 비어, 외래어 심지어 외국어의 수준에 머물고 있는 외국어라고 하더라도 사용자의 이해 편의를 위한다는 측면에서 수용할 필요가 있다는 말이다. 그러나 우리가 꾀해야 할 국어사전의 팽창은 단순한 표제항의 수적 증가에 있지는 않다. 오히려 국어의 모습을 충실히 반영하는, 국어적인 정보량을 늘려야겠다는 것이다.

3.3. 사전이 가지고 있는 외양도 사전을 구성하고 있는 중요한 요소 중의 하나다. 형식적인 것이라고 치부해 버리기 쉬우나 형식은 바로 내용을 담는 그릇임에랴. 외형적으로 '대사전'은 한 책으로 제본이 되어 있고, '큰사전'은 네 책으로 분책이 되어 있다. '큰사전'이 옛말과 이두를 따로이 별도의 제본을 한 것은 분책의 약점은 어느 정도 덜고자 하는 의도로 이해된다. 분량이 많아짐에 따라 분책의 필요성은 절실한 문제이고 어느 정도로 분책을 해야 하는가 하는 문제도 쉽지 않은 과제라 할 것이다. 여러 책으로 분책을 하면 사용하기에 번거롭고, 나누는 것을 줄이자니 어휘 하나를 찾아 보기 위해 들이는 노동량이 상대적으로 커지는 문제가 생기는 것이다. 어느 것이 더 나은 것이라는 판단은 사전사용자 각자가 판단할 일이다.

기존의 사전들과 외견상 다른 점으로는 많은 양의 컬러 사진과 삽화의 도입이 있다. 그렇지만 사진과 삽화의 처리 방식에는 다소 차이가 있다. 삽화는 두 사전 모두 해당 어휘가 나오는 위치에서 처리하고 있는 반면에, 컬러 사진의 경우에 '큰사전'에서는 삽화 처리와 마찬가지로 해당 어휘의 위치에서 처리하고 있지만 '대사전'에서는 "종속 단위가 되는 여러 종류를 한 곳에 모으는 방식의 종합화"라는 방식을 취하고 있는 것이다. 그 어느 쪽도 장점과 약점을 모두 가지고 있다.[36)]

표제항의 활자를 고딕체로 처리한 것은 기존의 사전들과 마찬가지이나, '대사전'의 경우에는 고딕체로 처리한 이외에 활자의 크기까지 키워 시각적인 편한함을 주고 있는 점은 사전사용자 쪽에서 본다면 고맙기까지 한 조처라 할 것이다. 그 밖에도 '대사전'에서는 '한글맞춤법, 표준어규정, 외래어 표기법', '동사, 형용사 어미표 및 조사표', '이두 읽기', '외래어의 한글 표기', '대법원 선정 인명용 한자', '활용 옥편' 등을 부록으로 담고 있어 국어 문자 생활의 모든 것을 담고자 한 편찬자의 의욕을 느끼게 한다. 굳이 자그마한 욕심을 보태자면, 한글로 적는 문자 생활은 아니지만, 국어를 대상으로 하고 있

---

36) 사전 제작상의 비용면도 고려된 것으로 보인다.

다는 점에서 국어의 '로마자 표기법'도 다루었으면 어땠을까 하는 생각이다. 실제로 주변에서 그에 대한 필요를 느끼는 경우를 쉽게 목격할 수 있기 때문이다.

4.0. 지금까지 우리는 '대사전'과 '큰사전'이 가지고 있는 면면을 살펴 보았다. 그를 위하여 우리는 그들 사전 편찬자의 편찬의도부터 읽고자 하였다. 그와 함께 편찬자의 편찬의도가 해당 사전에 충분하고도, 적절하게 반영되었는가를 검토하였다. 아울러 몇 가지 문제로 범위를 한정시키기는 했지만, 사전학에서 일반적으로 접근하는 관점에 따라 거시구조와 미시구조라는 측면에서도 살펴보고자 하였다. 사전은 편찬되어지는 과정까지만 편찬자의 것이다. 편찬자의 손을 떠나는 순간 그 사전은 이미 사용자들의 것인 것이다. 우리가 두 사전을 살펴 나가는 과정에서 취한 일관된 태도이다. 그러나 사전 전반적인 검토와는 상당한 거리가 있음은 오히려 당연하다고 할 것이다. 제한된 지면에 일차적인 책임이 있기는 하지만, 여러 가지 좋은 점, 잘 된 점 등에 대해서는 일일이 언급하지 않았다. 좋은 훈수꾼이라면 잘 둔 수에 대해서는 맞장구도 치고, 고개를 끄덕일 만도 하지만 우리는 미처 그러한 여유를 갖지 못 했던 것이다. 훈수를 하는 것은 전혀 훈수꾼의 소관이지만, 그러한 훈수를 장기판에 반영하고 안 하고는 장기를 두는 당사자의 소관인 것이다.

4.1. 이미 어떠한 모습으로든 마무리 지어진 결과에 대해서는 이런 저런 말을 하지 않는 것이 늘 취해야 할 도리라는 생각을 가지고 있다. 훈수도 장기가 두어지고 있는 동안에 유효한 것이지, 일단 결과가 나온 판에 대해서는 공허할 수 있기 때문이다. 더구나 사전을 만들어 가는 과정의 어려움을 생각한다면 국외자의 어떠한 평도 외람된 것일 수밖에 없음은 분명한 것이라 하겠다.

그렇지만, 사실을 말하자면, 사전 작업이란 그 어느 순간에도 끝나거나 끝날 수 있는 성격의 일은 되지 못하는 것이다. 언어가 그 변화의 속도를 멈추지 않는 한 사전을 만들고, 보완해 가는 일도 계속되어야 할 일이기 때문이다. 오랜 작업의 결과로 '대사전'과 '큰사전'이 우리의 손에 쥐어졌지만, 새로이 국립국어연구원을 중심으로 한 사전편찬 작업과 연세대학교 한국어 사전 편찬회의 사전 편찬 준비 작업으로 머지않은 시기에 보다 새로운 모습의 사전이 선보일 것이 기대된다. 그 때에 '대사전'과 '큰사전'이 가지는 의의는 오늘의 그것과는 사뭇 다른 면이 있을 것이라 생각된다. 오늘 우리의 이야기와는 상관없이 국어사전사 속에서 정당한 자리를 차지할 것이 분명하기 때문이다.

끝으로 사전에 대한 우리의 바람을 한 가지만 덧붙이자면, 앞으로 나올 사전들은 전자사전의 모습으로도 대할 수 있었으면 하는 것이다. 호화로운 장정도 그 나름대로의 의미가 있겠으나 사전의 효용성과 효율성이라는 측면에서 본다면 당연히 지향해야 할 명제라 할 것이다. 사전의 전자화는 동의어사전, 반의어사전, 유의어사전, 역순사전, 분류사전 등 여러 가지 모습으로 쉽게 그 얼굴을 바꿀 수 있고, 쉴 새 없이 변하고 있는 언어의 모습을 그때그때 반영할 수도 있도록 해 줄 것이기 때문이다.

23. 국어사전과 품사분류론

1.1. 본고는 기존 국어사전에서의 품사분류 양상을 살펴 문제점을 찾아보고, 문제점에 대한 해결 방안을 모색하는 데에 그 목적을 둔다. 품사에 관한 국어 문법에서의 논의는 이미 상당한 양을 보이고 있으며, 그에 따라 국어의 품사분류 문제가 가지고 있는 기본적인 문제들은 거의 드러나 있다고 할 수 있어, 사실 더 이상의 품사분류에 관한 논의가 그리 새삼스러운 것이라고 하기는 어렵다 하겠다. 그간 제기되었던 문제점들에 대한 구체적인 답을 제시하려는 자리가 아닌 한 이제 문제의 확인에만 의의를 둘 수는 없는 형편인 것이다.

그럼에도 불구하고 여기서 품사분류에 관하여 다시 살피려는 데에는 그만한 이유가 있다. 그간 많이 논의된 문법적인 면에서의 품사분류는 단어의 단순한 분류를 넘어서, 그를 수단으로 한 문법 구조의 해명에 목적을 두는 것이라고 할 수 있어 실용적인 측면과는 다소 거리가 있기 때문이고, 그에 따라 이미 논의된 내용들이라고 하더라도 사전에의 수용이라는 면에서 달리 검토해 볼 필요가 있기 때문이다. 아울러 새로운 사전의 마련을 도모하고 있는 이즈음 그와 같은 검토와 수용방안의 모색은 사전 편찬에 대한 현실적인 보탬이 될 수도 있을 것이기 때문이다.[1)]

1.2. 이제 본고의 논의는 다음과 같은 순서로 진행하기로 한다. 먼저 문제의 성격을 파악하기 위하여 품사분류에 관한 기존의 논의에서 드러난 문제의 성격을 간단히 정리하여 보고, 품사에 대한 사전에서의 처리 양상을 살피기로 한다. 본고에서 주로 살피려는 대상 사전은 다음의 (1)과 같다.

(1) 가. 이희승(1961), 국어대사전, 민중서관(1979. 9. 29판 '민중서림')
　　나. 신기철・신용철(1975), 새 우리말 큰사전, 삼성출판사(1985. 제6차 수정증보

1) 이는 국가적인 사업으로 진행되고 있는 국립국어연구원의 『종합국어대사전』(가칭)을 염두에 둔 것이다. 뒤에 가서 구체적으로 언급이 되겠지만, 어떠한 사전을 만드느냐에 따라 사전에서의 품사 처리 방식은 상당히 달라져야 하리라는 점에서 본다면 사전의 모습에 대한 전제는 논의의 진행 과정상 필요한 것이라 하겠다.

판)

다. 김민수 외 엮음(1991), 금성판 국어대사전, 금성출판사.

라. 한글학회(1992), 우리말 큰사전, 어문각.

마. 사회과학원 언어연구소 편(1992), 조선말대사전, 사회과학출판사.(동광출판사 영인)

물론 그 밖에도 상당량의 국어사전이 있으나 특별히 (1)의 사전들을 관심의 대상으로 삼은 것은, (1가)와 (1나)는 새로운 사전들이 보이기 전까지 가장 널리 사용되던 사전이라는 점에서,[2] (1다)와 (1라)는 최근에 대하게 된 큰 사전이라는 점에서, (1마)는 가장 최근에 북한에서 나온 큰 사전이라는 점을 취한 것이지만, 이들을 검토의 대상으로 삼은 또 다른 까닭은 이들이 다른 사전들보다는 상대적으로 본고에서 염두에 두기로 한 사전, 즉 『종합국어대사전』(가칭)의 모습에 가깝다고 생각한 때문이다. 논의 진행의 편의를 위하여 이들 사전에서의 문제에 대한 정리와 검토 과정은 분류 항목에 대한 외적인 문제와 분류 기준에 근거한 개별 어휘의 분류와 관련된 내적인 문제로 가르기로 한다.

이렇게 살펴 나가는 과정에서 제기되는 문제에 대한 사전적인 처리 방안도 모색해 보기로 한다. 문법적인 면에서는 아직도 논의가 진행되고 있는 문제라고 하더라도 사전편찬자의 입장에서는 태도를 정하여 그들을 담아낼 방안을 마련해야 할 것이기 때문이다. 사전적인 처리 과정이라 함은 두 가지 측면을 담고 있다. 사전 구성의 사회적인 요인인 사전사용자와 사전의 용도에 대해서 관심을 가지기로 하는 것이 그 하나이다. 그들이야말로 사전의 형식과 내용을 결정짓는 중요한 변수이기 때문이다. 아울러 사전편찬 과정이라고 하는 현실적인 측면도 함께 고려하기로 한다. 사전이 만들어져 사용자의 손에 들어간 뒤에는 온전히 사용자의 소유가 되는 것이나, 만들어지는 과정은 편찬자의 몫이라는 점을 기억하려는 것이다. 사전사용자들이 요구하는 정보의 양이 그리는 곡선과 사전편찬자들이 감당할 수 있는 작업의 양 또는 그들이 추구하는 경제원칙이 그리는 곡선의 교차점에서 사전이라는 결과물이 산출되는 것이기 때문이다.

2.1. 주지하는 바와 같이 국어품사론에서의 주된 관심은 품사의 분류에 있었다고 할 수 있다.[3] 품사분류의 기준으로 단어의 기능과 형태와 의미를 드는 데에는 별다른 이

2) 널리 사용되던 사전으로는 한글학회에서 1957년에 나온 '큰사전'과 1958년에 나온 '중사전'이 있으나, 1992년의 '우리말 큰사전'으로 그 맥이 이어지고 있다는 점에서 그들은 제외하기로 한 것이다.

3) 기존의 논의들이 보이는 전반적인 분류 양상은 이광정(1987)을 참조할 것.

론(異論)이 없으나[4] 품사분류의 결과는 각기 다른 양상을 보이고 있는 것이다. 분류와 관련지어 주로 문제가 되었던 내용은 체언의 하위 구분 문제, 용언의 하위 구분 문제와 지정사·존재사 및 접속사의 설정 문제 그리고 조사의 품사 인정 문제 등을 들 수 있는 바,[5] 체언의 하위 구분 문제는 명사·대명사·수사의 설정과 관련된 문제이고, 용언의 하위 구분 문제는 동사와 형용사의 구분 기준과 지정사·존재사의 설정 문제로 정리될 수 있는 것이다.

여기서 그들 문제에 대한 답을 구하기 위하여는 기존의 논의와 동어반복적인 이야기를 하기보다, 보다 본질적인 문제라 할 수 있는 품사분류 작업의 목적과 전제가 되는 내용을 새삼 살펴볼 필요가 있다. 문제 해결을 위해서 문제의 성격 파악이 선행되어야 함은 오히려 당연한 것이라 생각하기 때문이다. 그러한 점에서 먼저 생각할 수 있는 문제는 다음과 같은 원초적인 것이다.

(2) 가. 품사분류는 무엇을 위한 작업인가?
　　나. 품사분류의 대상은 무엇인가?
　　다. 품사분류의 작업 내용은 무엇인가?

우문인 듯이 보이기도 하는 이들 '왜, 무엇을, 어떻게'라는 문제에 대한 답은 각각 다음의 (2′) 정도가 될 수 있을 것이다.

(2′) 가. 문법을 기술하고 설명하기 위한 작업이다.
　　나. 국어의 모든 단어이다.
　　다. 대상이 되는 단어를 문법적인 성질이 공통되는 몇 개의 부류로 구분하는 것이다.

품사분류작업의 중요한 전제가 되는 (2′)의 내용은 이미 상식화된 것들이지만, 기존의 논의들이 각기 다른 품사분류의 모습을 보이는 것은 (2′)의 내용을 대하는 시각의 차이에서 기인하는 것이라 할 수 있다. 문법을 기술·설명한다고 할 때 어느 정도에서 만족할 것인가, 국어에서 단어란 무엇인가, 공통되는 문법적인 성질은 어느 수준에서

4) 이론(異論)이 없다는 것과 문제가 없다는 것은 별개의 문제라 하겠다. 일반적인 분류방법론에 따른다면 한 번에 하나의 기준이 적용되어 분류의 각 층위가 배타적인 구분을 이루어야 하기 때문이다. 그런 점에서 본다면 기존의 품사분류는 어떠한 태도를 취하더라도 표면적으로는 다소의 문제를 가지고 있다고 하겠다. 구체적인 논의는 후술 참조.

5) 국어 품사 분류의 문제점에 관해서는 김형규(1968)을 참조할 것.

타협할 것인가 하는 구체적인 문제에 대한 답은 그리 선명한 것이 아니며, 어찌 보면 선명할 수도 없는 문제이기 때문이다. 기존의 논의에서 문제가 되었던 내용도 사실은 이와 같은 태도의 차이에 원인을 두고 있는 것이다. 체언과 용언의 하위 구분이 문법을 기술하고 설명하는 데에 보탬이 되는 것이라고 할 때 어느 정도까지 할 것이냐 하는 문제는 (2´가)와 관련이 있으며,[6] 조사의 품사 인정 문제는 (2´나)와 관계가 있다고 할 수 있다. 그리고 지정사, 존재사 및 접속사의 설정 문제는 (2´다)와 관계가 있다고 할 수 있는 것이다.

분류작업을 하기로 한 이상 보다 세밀한 분류를 추구하는 것은 작업의 속성상 당연하다고 하겠지만, 현실적으로는 무한분류라는 것이 가능한 것도 아닐 뿐더러 그럴 필요도 없는 것이다. 문제는 필요한 만큼의 적정한 수준을 취하는 것으로 그는 경우에 따라 얼마든지 바뀔 수 있는 것이다.[7]

하지만 문제의 심각성은 그리하여 어찌어찌 분류항목의 수와 내용에 합의를 보았다고 하여 문제가 모두 해결되는 것은 아니라는 데에 있다. 사실은 개별 어휘 항목 하나하나에 대한 판단 작업이 그리 만만한 성격의 것이 아니기 때문이다. 여기서 개별 어휘 항목에 대한 예들을 살피는 것은 잠시 뒤로 미루기로 한다. 본고의 관심이 국어사전의 품사분류에 있는 만큼 우리가 살피기로 한 사전들에서의 분류항목을 검토하고 난 뒤에 그들 사전에서의 개별 어휘 항목의 처리 양상을 살피는 것이 효과적일 것이기 때문이다.

2.2 이제 우리가 검토 대상으로 삼은 사전들에서의 분류 내용을 먼저 살피기로 하자. 문제가 없는 것은 아니나 우선 개별 사전의 일러두기를 통하여 접근하기로 한다.

(3) 가. 명:명사 형명:형식 명사 인대:인대명사 물대:사물대명사 수대:수대명사 양대:양대명사 자:자동사 불자:불완전자동사 타:타동사 불타:불완전타동사 피동:피동사 사동:사역동사 조동:조동사 형:형용사 의형:의존형용사 존:존

6) 여기서는 더 이상 깊이 살피지 않으려 하지만, 체언의 구분을 명사, 대명사, 수사 이외에 수대명사, 인대명사, 의문대명사, 부정대명사, 기수사, 서수사, 보통명사, 고유명사, 의존명사와 같이 보다 자세히 하고, 용언의 구분을 자동사, 타동사 또는 불완전자동사, 불완전타동사 이외에 피동사, 사동사, 수혜동사, 대칭동사, 심리동사, 이동동사, 사유동사, 화법동사, 인지동사, 지각동사, 형용사 등과 같이 세밀하게 할 수도 있는 것이다. 그 경우에 각각의 항목이 자리하는 층위에 대해서도 고려해야 함은 물론이다. 그와 관련된 예들에 대해서는 뒤에 몇몇을 소개하기로 한다.

7) 뒤에 가서 다시 언급이 되겠지만, 사전에서 품사분류를 한다고 할 경우에도 사전이 가지는 성격, 이를테면 일반 언어 사전이냐, 특수목적의 동사사전 또는 형용사사전이냐 하는 것에 따라서도 품사분류의 수준은 달라질 수 있는 것이다.

재사 관:관형사 부:부사 감:감탄사 접:접속사 조:조사 준:준말 간:어간 보간:보조어간 두:접두어 미:접미어 어미:어미 구:성구·속담

나. 명:명사 불.명:불완전명사 대:대명사 수:수사 자:자동사 불.자:불완전자동사 타:타동사 불.타:불완전타동사 피동:피동사 사역:사역동사 조동:조동사 형:형용사 보형:보조형용사 관:관형사 부:부사 감:감탄사 조:조사 준:준말 관용:관용어 어간:어간 보.어:보조어간 접두:접두어 접미:접미어 어미:어미 속:속담

다. 명:명사 명(자립):자립명사 명(의존):의존명사 대:대명사 대(인칭):인칭대명사 대(지시):지시대명사 수:수사 동:동사 동(자):자동사 동(불자):불완전자동사 동(타):타동사 동(불타):불완전타동사 동(피동):피동사 동(사동):사동사 동(보조):보조동사 형:형용사 형(보조):보조형용사 관:관형사 부:부사 감:감탄사 조:조사 접두:접두사 접미:접미사 어미:어미 어미(선어말):선어말 어미 구:관용구

라. 이:명사 이(매이):불완전명사 대:대명사 셈:수사 움(제):자동사 움(남):타동사 움(제,남):자동사와 타동사 움(도움):보조동사 움(모제):불완전자동사 움(모남):불완전타동사 그:형용사 그(모그):불완전형용사 그(도그):보조형용사 잡:지정사 매:관형사 어:부사 느:감탄사 토:조사 줄:어간 줄:보조어간 앞:접두사 뒤:접미사 끝:어미

마. 〔감〕- 감동사 〔관〕- 관형사 〔동〕- 동사 〔대〕- 대명사 〔뒤〕- 뒤붙이 〔명〕- 명사 〔부〕- 부사 (불완전) - 불완전 명사 〔성〕- 성어 〔수〕- 수사 (자) - 자동사 (자,타) -자동사, 타동사 (타) - 타동사 〔토〕- 토 〔형〕- 형용사 〔앞〕- 앞붙이

위의 (3가-마)는 (1)에 제시한 사전들의 일러두기에서 취한 것으로, 이를 통하여 각각의 사전에서 설정한 품사 목록을 살필 수 있다.8) (1다)와 (1마)에서만 '품사'라는

---

8) (1가)의 1982년 수정증보판에서는 다음과 같이 그 내용을 달리하고 있다.

명:명사	형명:형식명사	인대:인대명사	물대:사물대명사
처대:처소대명사	수:수사	양수:양수사	자:자동사
불자:불완전자동사	타:타동사	불타:불완전타동사	피동:피동사
사동:사역동사	조동:조동사	형:형용사	의형:의존형용사
관:관형사	부:부사	감:감탄사	조:조사

1961년판의 '수대명사'와 '양대명사'가 각각 '수사'와 '양수사'로 바뀐 것은 단순한 용어상의 변화라고 할 수 있으나, '접속사'와 '존재사'의 설정을 접기로 한 것은 품사분류의 기본 태도의 변

용어를 사용하고 있을 뿐 다른 사전에서는 '어법'이라는 용어를 사용하여 위의 (3)을 제시하고 있다. 단어를 대상으로 하는 품사 이외의 접사나 어미, 고사성어 또는 관용구 등을 같은 방식으로 처리하기 위한 표현으로, 사전의 표제항이 단어만으로 구성되지 않은 데에 까닭을 두고 있다.[9] 품사만을 대상으로 할 때 표면적인 용어 차이를 무시한다면, 그들 사이의 공통점과 차이점은 다음의 (4)와 (5)로 정리될 수 있다.

(4) 가. 감탄사,[10] 관형사, 부사, 형용사
　　나. 명사, 불완전명사[11]
　　다. 자동사, 타동사
(5) 가. 대명사, 수사
　　나. 보조동사,[12] 보조형용사[13]
　　다. 불완전자동사, 불완전타동사
　　라. 불완전형용사
　　마. 사동사, 피동사
　　바. 조사[14]
　　사. 접속사
　　아. 존재사
　　자. 지정사

(4)는 (1가-마)의 사전들에서 공통적으로 설정하고 있는 품사 항목들이다. 항목의 설정 자체에 관해서는 사전들 사이에 이견이 없는 경우라 할 수 있는 것이다. 따라서

화라는 점에서 눈길을 끈다. 수정증보판이 "문법 체계와 용어는 1963년에 공포된 「학교 문법 통일안」을 준거하였기" 때문이다.

9) 조사가 단어냐의 여부도 논의가 분분한 문제이나 여기서는 체언과의 사이에 존재하는 휴지와 조사들 사이의 분리성 및 조사의 생략가능성에 기대어 단어로 보기로 한다. 어미도 조사와 함께 독립된 품사로 인정할 수 있느냐 하는 문제도 제기될 수 있다. 이른바 분석적 체계를 취하는 경우가 그렇다. 그러한 가능성에 관해서는 후술 참조.

10) (1마)에서는 '감동사'라는 용어를 사용하고 있다.

11) (1가)에서는 '형식명사', (1다)에서는 '의존명사'라는 용어를 사용하고 있다. 또한 (1가)의 수정증보판에서는 불완전명사 가운데 단위를 나타내는 명사를 갈라 '양수사'라는 항목을 따로 설정하고 있다.

12) (1가)와 (1나)에서는 '조동사'라는 용어를 사용하고 있다.

13) (1가)에서의 용어로는 '의존형용사'이다.

14) (1마)에서는 '토'라는 용어로 조사와 어미를 아우르고 있어, 우리의 사전들과는 다른 태도를 보이고 있다.

별다른 문제가 없다고 할 수 있다. 굳이 문제점을 지적하자면, 사소한 것이기는 하지만, (4가)의 내용들은 단순 항목이라는 점에서 문제가 없는 것이나, (4나)와 (4다)는 설정된 하위 항목의 표시 방법에 차이를 보이고 있다는 점을 들 수 있다.[15] 명사의 하위 항목으로 '불완전명사'를 설정하고, 동사의 하위 분류 항목으로 '자동사'와 '타동사'를 설정하였으나, (3가, 나)에서는 하위 항목을 그대로 드러내고 있는 반면에 (3다, 라, 마)에서는 괄호를 사용하여 그들이 하위 분류항임을 시각적으로 드러내고 있는 것이다. 언뜻 보기에는 (3가, 나)에서의 태도가 분류의 층위를 혼동하고 있는 듯 한 인상을 줄 수도 있다. 그러나 (3다, 라, 마)에서와 같은 표시 방법이 잉여적인 것이라는 점은 지적해 둘 필요가 있다. 그는 흡사 '내 친구는 인천 사람인 동시에 한국 사람'이라고 이야기하는 것과 같은 것으로, 층위의 구분을 보다 시각적으로 제시한다는 효과는 있겠으나, 제한된 지면을 최대한 활용해야 하는 사전에서의 처리 방식으로 적절한 것인가는 따로 검토해 보아야 할 것이기 때문이다.[16]

(5)는 우리가 살피기로 한 사전들 사이에서 품사 설정 양상에 차이가 보이는 내용을 정리한 것이다. (5)의 내용을 살펴보면 그들이 모두 기존 품사논의에서 제기되었던 문제들임을 알 수 있다. 체언과 용언의 하위 분류 문제가 그렇고, 조사・존재사・접속사・지정사 등의 품사 설정 문제가 그렇다.

먼저 (5가)의 대명사는 (1가)와 (1다)에서, 수사는 (1가)에서만 다른 사전들과 달리 하위 분류하고 있는 것이다. 그와 같은 하위 분류의 타당성을 검토하기 위해서 우리는 (2´)에 보인 품사 분류의 목적과 내용을 상기할 필요가 있다. 대명사를 '인칭대명사, 지시대명사' 등으로 구분하는 것과 불완전명사에서 다시 수량을 나타내는 단위명사를 갈라내는 것이 과연 문법적인 것인가 하는 것이 그것이다. 의미가 품사 분류의 한 기준이 되는 것이기는 하지만, 일관된 분류 기준에서는 벗어나는 것이기 때문이다.

품사 분류의 목적과 내용이라는 면에서 본다면, (5나,다)에 보인 동사와 형용사의 하위 분류인 '보조동사, 보조형용사, 불완전자동사, 불완전타동사'는 충실한 분류라 할 만한 것이다. 여기서 그들을 (5)에 든 것은 (1마), 즉 '조선말대사전'에서는 그와 같은 하위 분류는 취하지 않아 차이를 보이기 때문이다.

(5라)의 '불완전형용사'는 (1라)에만 설정되어 있는 분류 항목이다. '같다, 다르다, 낫다, 못하다'와 같은 비교형용사를 대상으로 하는 것이나, 일러두기에만 설정되어 있

15) 명사와 동사의 또 다른 하위 분류 항목 설정 문제에 관해서는 후술 참조.

16) 대부분의 사전들에서는 품사 이외의 어법, 이를테면 '어미'라든가 '접사' 또는 '성구'와 같은 것들을 품사를 나타내는 방식대로 나타내어 오해의 소지를 가지고 있다. 이를 해소하기 위한 방편으로 '~ 을 나타내는 어미'와 같이 메타언어를 이용하는 방법을 생각해 볼 수 있으나, 그 경우에도 사전 지면이용의 경제성과 사전이용의 효율성 등을 고려해야 할 것이다.

을 뿐, 올림줄의 품사 표시 자리에 실제로 사용되지는 않은 항목이다.

(5마)의 사동사와 피동사는 (1가, 나, 다)에만 설정되어 있다. 앞서 대명사와 수사의 하위 분류가 분류 기준의 일관성에는 벗어남을 지적한 바 있다. '사동'과 '피동'이 문법의 문제이기는 하지만, '자동사・타동사'가 이루는 층위와 다른 층위의 문제임은 자명하다 하겠다. 경우에 따라 다르기는 하지만 일반적으로는, 피동사는 자동사이며, 사동사는 타동사로서 분류의 적용 기준도 다르기 때문이다. (1라)와 (1마)에서는 단순히 자동사와 타동사로만 분류하고, 사동사와 피동사에 대해서는 메타언어로 풀고 있다.

(5바)의 조사를 독립된 품사로 처리하는 데에는 검토 대상 사전들 사이에 이견이 없는 셈이다. 그럼에도 불구하고 여기에 든 까닭은 (1마)의 내용이 다른 사전들과는 다르기 때문이다. 앞서도 언급한 바 있지만, (1마)에서는 '토'라는 용어를 사용하여 조사와 어미를 함께 다루고 있기 때문이다. 주지하는 바와 같이 조사와 어미를 처리하는 방식에 따라, 둘 다를 품사로 인정하지 않는 종합적 체계와 둘 다를 독립된 품사로 인정하는 분석적 체계, 그리고 일반적으로 취하고 있는 태도 즉 조사만을 품사로 인정하고 어미는 품사로 인정하지 않는 절충적 체계로 나누어 볼 수 있다. 그러나 여기서 그들 태도 가운데 어떠한 것이 온당한 것이냐 하는 것을 판단할 필요는 없다고 하겠다. 오히려 우리의 판단 기준은 사전적인 처리 방식에 어떠한 체계가 보다 더 부합되느냐에 두어야 할 것이기 때문이다.[17] (1마)에서와 같이 조사와 어미를 모두 품사로 인정하는 경우라 할지라도, 그들을 하나의 범주로 묶는 것이 그리 친절한 사전적인 처리방식이라고 하기는 어렵다.[18]

(5사)의 접속사와 (5아)의 존재사는 (1가)의 사전에만 설정되었던 품사이다. 편찬자의 품사분류 태도가 직접적으로 반영된 결과이기는 하지만, (1가)의 수정증보판에서는 그들의 설정을 철회하여 표면적으로는 이견이 없어진 셈이다. 수정증보판에서는 접속사를 부사로, 존재사를 형용사로 처리하고 있는 것이다.[19] 물론 그것이 접속사와 존재사에 관한 논의 자체의 소진을 뜻하는 것은 전혀 아니다. 아무튼 여기서는 이론적인 면에서는 아직도 논의가 계속되어야 할 문제라 할지라도 사전 집필자의 입장에서는 어느 쪽이든 일관된 태도를 취해야 함을 기억하기로 하자.

17) 어미의 독립 품사 설정이 확대표준이론적인 측면에서는 보다 타당한 것이라는 논의에 관해서는 서태룡(1993:64)를 참조할 것.

18) 조사와 어미를 모두 품사로 인정할 경우, 사전에서의 표시에 잉여적인 요소를 배제한다면 기존의 (1가-라) 사전의 표시와 표면적으로는 같아지게 된다.

19) '~아/어 있다'의 '있다'는 동사로 처리하고 있지만, 일차적인 의미는 '있다'의 경우에도 형용사로 처리하고 있는 것이다. 그 밖의 사전들에서의 '있다'는 동사와 형용사로 처리하고, '없다'는 형용사로 처리하여 내용적인 면에서는 여전히 얼마간의 차이를 보이고 있다.

(5자)의 지정사는 (1라)의 사전에서만 설정하고 있는 품사 항목이다. '이다'와 '아니다'를 대상으로 하는 것으로, (1라)에서의 문법체계는 물론 용어까지도 "우리말본"에 바탕을 두고 있는 데에 기인한다. 다른 사전들에서는 '아니다'를 형용사로 처리하여 차이를 보이지 않는다. 그러나 '이다'의 경우에는 (1가, 다)에서처럼 조사로 처리하거나, (1나)에서처럼 어미로 처리하는 등 각기 다른 방식을 취하고 있다.[20]

2.3 지금까지 검토 대상으로 삼은 사전들의 품사 분류 양상의 대강을 살펴보았다. 사전들 사이에 불일치를 보이는 내용을 중심으로 살펴 드러난 문제의 성격은 결국 '분류의 수준'과 관계가 되는 것이었다. 분류 작업의 궁극적인 목표가 극한분류에 있는 것이기는 하지만, 현실적인 제약은 욕심의 자제를 강요하고 있기 때문이다. 다시 말하자면 어느 정도까지 분류하고, 분류의 결과를 어떻게 사전에 담아 낼 것이냐 하는 것이 그것이다. 이제 문제의 성격에 보다 가까이 다가서 보기로 하자.

먼저 체언의 분류로, 명사・대명사・수사로의 일차 분류까지는 같은 모습을 취하고 있다. 명사는 다시 (완전)명사와 불완전명사로[21] 하위 분류하며, 사전에 따라 다소 차이가 있으나 대명사는 인칭대명사와 지시대명사로[22], 수사는 (원)수사와 양수사로 하위 분류하고 있다.[23] 이러한 사전의 현황이 분류론적인 기준에서 볼 때 충분한 것이라고는 하기 어려운 것이 사실이다. 명사의 경우, 유정 대 무정 또는 존칭 대 비존칭 등의 대립에 주목하여 또 다른 하위 분류를 할 수가 있기 때문이다.[24] 인칭대명사와 지시대명사로 일차 분류한 대명사의 경우도, 문법적인 면을 고려한다면, 인칭대명사의 하위 분류 항목으로 재귀대명사의 설정이 가능하다 할 것이다. 그러나 이러한 하위분류가 아직은 사전에 수용되지 않고 있다. 이의 수용 여부와 수준을 결정하기 위해서는 사전이용자가 원하는 수준의 정보라는 관점을 취하는 것이 합리적이다. 사전에 따라 상정되는 사전이용자가 다를 수 있는 만큼 정보 제공의 수준도 달라져야 하고, 그런 점

---

20) (1마)에는 아예 '이다'가 표제항에서 제외되어 있다.

21) 불완전명사에 대해서는 형식명사, 의존명사 또는 보문명사와 같이 다른 용어가 선택되기도 한다.

22) 학교 문법에서의 용어이다.

23) 수사가 가지고 있는 분류상의 문제는 구체적인 예를 중심으로 살피게 되는 본고의 제3장을 참조할 것.

24) 명사의 일차적인 분류로 고유명사와 보통명사의 분류를 들기도 하나, 분류의 기준이 문법적인 것이 아니라는 점에서 배제된다. 그렇다고 해서 고유명사와 보통명사를 가르는 작업 자체가 사전 작업에서 무의미한 것이라는 의미는 전혀 아니다. 표제항 선정 과정에서 본다면, 오히려 우선적이고 필수적인 것이라 하겠다. 언어 사전을 염두에 둘 때, 고유명사를 표제항에서 배제하기 위해서는 먼저 고유명사와 보통명사를 구분할 필요가 있기 때문이다. 결과적으로는 보통명사만이 사전에 수록되어 구분의 결과가 명시적으로 드러나지는 않는다.

에서 본다면 상정되는 사전이용자의 모습은 보다 선명해야 할 것이다. 무엇을 위한 품사분류인가, 어떻게 전달하는 것이 보다 효과적이겠는가 하는 문제에 대한 답을 가지고 있는 것은 사전이용자이기 때문이다.

구체적인 사전이용자의 상정 필요성은 용언 분류의 경우에 더욱 절실하게 된다. 검토 대상 사전에 따라 다소의 차이는 있으나 동사의 분류에는 두 가지 다른 기준이 적용되고 있음을 알 수 있다. 독립성 여부와 논항구조의 모습이 그것으로, 전자의 기준에 따라 주동사와 보조동사로 나누고,[25] 후자의 기준에 따라 자동사와 타동사로 가르는 것이다. 자동사와 타동사의 구분은 주어 이외의 논항인 목적어를 필요로 하는 동사인지 여부에 따른 것이지만, 최근의 연구 동향은 보다 정밀한 용언의 문형정보를 추구하여 자동사나 타동사라는 용어로 제공되는 정도의 단순한 수준을 거부하는 쪽으로 분위기가 형성되어 있다고 할 수 있다.[26] 우리가 염두에 두고 있는 『종합국어대사전』(가칭)에서 용언의 문형정보를 담아내고자 하는 것도 그러한 최근의 분위기에 영향을 받은 바 큰 것으로 판단된다. 그러나 문형정보에 기대어 동사의 하위분류를 시도할 경우에 먼저 해결해야 할 적지 않은 문제점들이 있다는 사실은 지적되어야 할 것이다.

동사가 가지는 문형정보는 동사가 취하는 '필수논항'과 그의 순서로 구성되는 것인바, 개별 동사에 대하여 한자리수 서술어라든가 두자리수 또는 세자리수 서술어와 같은 기준으로 분류하는 것도 실은 개별 동사가 기본적으로 요구하고 있는 명사구, 즉 필수논항의 수에 기댄 것이라 할 수 있다. 여기서 먼저 제기될 수 있는 문제는 '필수논항'이 무엇이냐 하는 것이다. 필수논항에 관한 올바른 파악은 정확한 문형 정보 확보를 위한 전제가 되는 것이기 때문이다. 이해를 돕기 위하여 예를 잠시 살펴보기로 하자.

(6) ㄱ. 지영이가 왔다.
ㄴ. 지영이가 인천에서 왔다.
ㄷ. 지영이가 서울로 왔다.
ㄹ. 지영이가 전철로 왔다.
ㅁ. 지영이가 1시 30분에 왔다.
ㅂ. 지영이가 소영이하고 왔다.
ㅅ. 지영이가 대표로 왔다.
ㅇ. 지영이가 빗속에 왔다.

25) 보조동사를 구별할 수 있는 객관적인 기준 마련의 어려움에 대해서는 서태룡(1993:70)을 참조할 것. (1마)의 사전에서는 주동사와 보조동사의 구분은 취하지 않고 있다. 좀더 넓게 형용사를 포함하더라도 상황은 마찬가지이다.

26) 홍재성(1988ㄱ,ㄴ, 1989ㄱ,ㄴ)과 같은 논문들이 좋은 예이다.

위의 예 (6)은 동사 '오다'의 예이다. 자동사로서 한자리수 서술어로 분류되는 동사이다. 따라서 동사 '오다'가 구성하는 기본 문형이라고 하는 것은 'NP이 Vi' 즉 '무엇이 무엇하다'라는 것이다. 그야말로 기본적인 문형이라고도 할 수 있다. (6)의 예만 보더라도 (6ㄱ)에서 (6ㅇ)에 이르는 예가 모두 '지영이가'라는 논항과 동사 '왔다'를 공유하고 있다는 점에서 그렇다. 그러나 (6ㄴ-ㅇ)에 보이는 '지영이가'와 '왔다' 이외의 요소는 모두 부차적이 것이라고 할 수는 없을 것이다. 오히려 그들이 화자가 전달하려는 정보를 보다 많이 반영하고 있으며 그에 합당한 자격과 제약 조건들도 가지고 있기 때문이다. 비교적 선택 제약이 적은 동사인 '오다'임에도, '*친절이 왔다, *산이 왔다' 등의 문장이 비문법적인 문장이 되는 까닭은 '친절'과 '산'이 동사 '오다'가 요구하는 논항의 성격에 부합되지 않는 데에서 찾을 수 있다.[27)]

또한 (6)의 예에서 '지영이'이외의 논항들만 살펴보더라도 그들이 자유롭게 자리를 바꿀 수 있는 것은 아니다. 이를테면 (6)의 예들을 다음의 (6´)과 같이 바꿀 수는 없는 것이다.

(6´) ㄱ. *지영이가 인천하고 왔다.
ㄴ. *지영이가 서울조차 왔다.
ㄷ. *지영이가 전철만 왔다.
ㄹ. *지영이가 1시 30분에서 왔다.
ㅁ. *지영이가 소영이에 왔다.
ㅂ. *지영이가 대표에 왔다.
ㅅ. *지영이가 빗속도 왔다.

(6´)에 보이는 저지력도 결국 동사 '오다'가 행사하는 것으로 보아야 한다. 논항으로서의 체언과 논항표지 사이에는 그들의 성립에 아무런 문제도 존재하지 않기 때문이다. 그러므로 이러한 문제들도 표면의 논항표지만을 대상으로 삼는 경우에는 표면에 드러나지 않게 된다. 예문 (6)를 구성하고 있는 동사 '오다'를 '먹다'로 바꾸어 보면 (6)의 성립성은 또 다른 면모를 드러내게 된다. (6)의 예는 문법성에 전혀 손상을 주지 않고도 다음의 (6´´)으로 어순을 바꾸어 볼 수 있다.

27) 명사와 동사의 호응이라는 측면에서 보면, 각각의 명사들이 가지고 있는 선택제약들도 문법정보로 수록해야 할 것이다.

(6´´) ㄱ. 지영이가 왔다.
ㄴ. 인천에서 지영이가 왔다.
ㄷ. 서울로 지영이가 왔다.
ㄹ. 전철로 지영이가 왔다.
ㅁ. 1시 30분에 지영이가 왔다.
ㅂ. 소영이하고 지영이가 왔다.
ㅅ. 대표로 지영이가 왔다.
ㅇ. 빗속에 지영이가 왔다.

여기서 (6)와 (6´´)에 보인 구문 사이에서 보다 기본적인 구문의 모습은 어떠한 것인가 하는 문제가 제기될 수 있다. 흔히 주어가 앞서는 구조를 기본적인 것으로 상정하고는 있으나 그러한 상정이 허용될 수 있는 것은 위에 보인 예들과 같이 비교적 단순한 구조에 한한다. 동사구문에 셋 이상의 논항이 참여하게 될 때에는 논항들 사이의 관계가 문제되는 것이다.

또한 위의 (6)에 보인 논항들이 서로 배타적인 관계에 있지 않다는 것도 동사의 문형 정보를 파악하는 데에 상당한 짐이 되고 있다. 어순에 관련된 문제는 잠시 접어 두고 위에 보인 예 (6)을 가지고만 살펴보더라도 8개의 논항이 이루는 문형의 집합은 255개의 원소를 가지는 집합이 되기 때문이다.[28] 그들 문형이 모두 유효한 것이라고 할 때, 사전에서 하나의 동사에 대하여 그 많은 문형정보를 제시하는 것은 가능한 일도 아닐뿐더러 그럴 필요도 없다 하겠다. 그렇지만 계산상으로 나온 원소가 구성하는 문장 모두가 실제 문장으로서의 성립에 이상이 없는 것은 아니다.

(7) ??지영이가 인천에서 서울로 전철로 1시 30분에 소영이하고 대표로 빗속에 왔다.

위의 예문 (7)은 8개의 논항이 모두 참여한 문장 중의 한 예이다. 그렇지만 위의 예문 (7)은 그의 존재성에 의심을 받는다. 의심의 내용은 그와 같은 문장이 성립할 수 있다는 것과 실제로 성립한다는 것 사이의 거리에 있다. 여기서 사전편찬자가 느끼게 되는 갈등은 이들 각기 다른 문형정보를 과연 사전에 모두 수록할 수가 있겠느냐 하는 현실적인 것이고, 그나마 위에 소개한 문형이 동사 '오다'가 가질 수 있는 최대치라는 보장도 없다는 것이다. 현대국어와 같이 열린 자료를 대상으로 하는 사전의 경우에는 그

28) 8개의 원소로 이루어진 집합의 부분 집합의 수는 2^8개 즉 256개이지만, 논항이 모두 생략된 문장 '왔다'는 제외한 것이다.

사정이 더욱 어려운 형편이다.[29] 결국 문형정보라고 하여 수록된 내용은 불완전한 것이고, 부정확한 것일 가능성이 많다는 것이다. 형편이 이럴 경우, 한자리수 서술어라든가 두자리수 또는 세자리수 서술어 등과 같은 분류 자체도 그의 성립가능성을 의심받을 수밖에 없다고 하겠다.

동사의 또 다른 하위 분류 항목으로는 (1가,나,다)에서 취하고 있는 피동사와 사동사를 들 수 있다. 그러나 피동사와 사동사를 갈라내는 기준이 동사와 형용사, 자동사와 타동사를 가르는 기준들과는 사뭇 다르다는 점은 지적되어야 할 것이다. 품사적인 관점에서 볼 때, 피동과 사동이 문법 현상이기는 하지만, 피동사와 사동사는 피동과 사동이라는 문법현상의 결과적인 측면에서 이해하는 것이 온당할 것이기 때문이다. 타동사에서 자동사로의 파생 과정이 피동이며, 그 때에 생성된 자동사를 피동사라 지칭하는 것으로 이해하는 것이다. 사동사에 대해서도 마찬가지의 논리가 적용될 수 있다. 다시 말하자면, 현상 자체는 문법적인 것이나 결과로서의 피동사와 사동사는 어휘적인 것이고, 그래서 의미적인 것이라고도 할 수 있는 것이다.[30] 결국 피동사나 사동사를 품사분류 항목으로 상정하는 데에는 그만큼의 무리가 있는 셈이다. 똑같은 내용은 아니나, 형용사를 그 의미에 따라 성상형용사・존재형용사・비교형용사・수량형용사・지시형용사 등으로 나눌 수 있음에도 그들을 품사 분류의 하위 항목으로 삼지 않는다는 사실에 비견됨직하다.

접속사나 존재사 또는 지정사의 항목 설정이 타당한 조건들을 갖추고 있음에도 선뜻 공감을 얻지 못하는 까닭 중의 하나도 분류의 층위와 관련이 되어 있다고 할 수 있다.

3.1. 지금까지 우리는 품사분류에 관한 기존의 논의에서 드러난 문제의 성격과 품사에 대한 사전에서의 처리 양상을 알아보고, 그들이 가지고 있는 문제의 성격을 살펴보았다. 그러나 국어사전에서의 품사문제가 그 정도에 머무는 것이 아님을 기억할 필요가 있다. 천신만고 끝에 품사분류항목의 설정에 관하여 합의에 도달하였다고 하더라도, 그것이 국어품사분류에 관한 모든 문제가 해결되었음을 뜻하는 것은 아니기 때문이다.[31] 오히려 보다 본질적인 문제는 그로부터 시작된다고 해도 과언이 아닐 것이다.

---

29) 물론 사전의 성격에 따라 문형정보를 담을 수 있는 경우도 있다. 닫힌 자료를 대상으로 하는 사전, 이를테면 중세자료와 같이 한정된 자료만을 대상으로 하는 경우에는 한정된 자료 내의 모습을 담는다는 점에서 시도할 수 있는 작업이다. 또한 특수한 목적을 가지는 사전, 이를테면 동사사전이라든가 형용사사전과 같은 경우에서라면 제한된 모습이라 할지라도 시도해 봄직하다 할 것이다.

30) 피동사와 사동사가 가지고 있는 어휘적・의미적인 측면에 관해서는 다음 장을 참조할 것.

31) 좋은 예로 '이다'와 '아니다'를 들 수 있다. 이른바 지정사라고 불리던 이들에 대하여 어느 정

개별 어휘의 품사 처리가 그리 만만한 작업이 아니기 때문이다. 그렇지만 이 자리에서 개별 어휘의 품사 처리 작업이 가지고 있는 문제들을 모두 들어 살필 수는 없는 일이다. 여기서는 문제가 되는 몇몇 예들을 살펴 실제 작업이 가지고 있는 문제의 성격과 그의 심각성을 인식하는 데에 만족하기로 하자.

3.2. 구체적인 어휘들의 품사 처리 과정에서 문제가 되는 양상은 그리 단순하지 못한 편이다. 우선 해당 어휘가 품사를 부여받을 수 있는 단어가 되는지, 그렇다면 어떠한 부류에 속하는 단어인지, 둘 이상의 품사를 가지는 단어라면 어느 것이 우선순위를 가지는 것인지 등이 모두 최후의 단계 이전에 결정이 되어야 할 내용이기 때문이다. 논의 진행의 편의를 위하여 앞서와 마찬가지로 검토 대상으로 삼은 사전에서의 예들을 중심으로 살펴 나가기로 하자.

(8) 가. 되도록 일찍 출발합시다.
　　나. 무서워서 엉겁결에 소리를 지르고 말았다.

위의 (8)에 보이는 '되도록, 엉겁결에'는 표제항으로의 선정부터 사전들 사이에 불일치를 보이는 예들이다. 이들 어휘를 대하는 태도부터 사전들 사이에 차이가 있다는 것이다. (8가,나)의 '되도록'과 '엉겁결에'에 대하여 (1가,나,다,마)에서 부사로 등재하고 있는 데에 반하여 (1라)에서는 아예 표제항으로 다루지도 않고 있다. 이들 예에 대한 (1라)의 태도는 '되+도록'과 '엉겁결+에'로 보는 것이다. 실제로 '엉겁결에'를 부사로 등재하고 있는 다른 사전들에서는 따로 '엉겁결'을 명사로 들지 않은 반면에 (1라)에서는 명사로 처리하고 있기 때문이다. 어미나 접사 또는 조사 등이 결합된 형태가 원래의 단어와 여러 층위에서 거리를 두게 되는 어휘화의 수준을 어느 정도로 이해하느냐와 밀접한 관계가 있는 문제라 하겠으나,[32] 어느 경우에도 일관성은 유지되어야 할 것이다. '엉겁결에'와 '엉겁결'에 관한 한, 일관성을 유지하고 있는 사전은 (1라)와 (1마)에 한한다. 똑같은 내용을 보이는 '얼떨결에'와 '얼떨결'에 대하여 (1라)에서는 '얼떨결'만을 명사로 처리하고 있으며, (1마)에 대하여서는 '얼떨결에'만을 부사로 처리하고 있어, 둘의 처리 방식에 차이가 있다고는 하나 그 자체 내에서는 일관성을 유지하고 있는 것이다. (1가,나,다)가 '엉겁결에'와는 달리 '얼떨결'만을 명사로 처리하여 모순된 처리 방식을 택한 것과 비교가 된다. 유사한 구조를 보이는 '별안간'과 '별안간에'에 대한 처

도의 합의의 결과라 할 수 있는 학교문법에서는 '이다'를 서술격조사로, '아니다'를 형용사로 처리하고 있는 것이다. 그러나 이들 사이의 관계가 반의관계에 있음을 상기한다면, 동일한 품사로 처리되는 것이 바람직하다 하겠다.

32) '어휘화'의 개념과 양상에 대하여서는 송철의(1992:31-56)을 참조할 것.

리도 '엉겁결'과 '얼떨결'의 처리 결과와 비교해 볼 필요가 있다. (1가,나,다,마)의 사전에서 '엉겁결에'를 부사로 다룬 것과는 달리 '별안간에'에 대해서는 (1다)에서만 부사로 처리하고 다른 사전들에서는 표제항으로 삼지 않고 있다. '엉겁결'과는 달리 '별안간'에 대해서는 모든 사전이 표제항으로 등재하고 있지만, 그의 처리 역시 차이를 보인다. (1가,다)에서는 부사로 다루고 있는 반면에, (1나,라,마)에서는 명사와 부사로 보고 있는 것이다.33) 아무튼 그러한 일관성이라는 것이 언제나 일관된 것은 아니어서 어휘에 따라 다른 양상을 보임은 다음의 예 (9)를 통하여서도 알 수 있게 된다.

(9) 가. 고마운 마음이야 새삼 말할 나위도 없습니다.
　　나. 발그레 상기된 얼굴이 오히려 귀엽군요.

위의 예 (9가)의 '새삼'은 (1라)에서만 표제어로 수록하여 부사로 처리하고 있으며, (9나)의 '발그레'는 (1라)와 (1마)에서만 각각 부사로 처리하고 있는 예들이다. 다른 사전들에서 표제항으로 다루지 않은 것은 그들을 각각 '새삼스럽다'와 '발그레하다'의 어근으로 보아 단어로 인정하지 않은 때문으로 보인다. '새삼'과 '발그레'가 어근이기는 하나 (9)의 예에서와 같이 쓰일 경우에 자연스러운 문장을 구성한다는 점에서 본다면, (1가,나)에서 '친근하다'의 어근 '친근'을 명사로 처리하고 있는 것과는 사뭇 대조적이라 할 수 있다. 명사로 처리된 '친근'이 독립적으로 쓰이는 경우는 없기 때문이다.34) 어휘 하나하나에 대한 개별적인 검토과정이 필요한 것이다.35)

물론 개별적인 검토 과정으로 언제나 문제가 산뜻하게 끝날 수 있는 것은 아니다. 동일한 문제에 대해서도 보는 눈에 따라 서로 다른 해석이 가능하고, 다른 해석의 어느 것도 그릇된 것이 아닐 경우도 있을 수 있기 때문이다. 다음의 예 (10)을 보자.

(10) 가. 과학적 판단, 말초적 문제, 인간적 고뇌, 자연적 법칙, 철학적 사고, 한국적 민주주의
　　나. 과학적인 판단, 말초적인 문제, 인간적인 고뇌, 자연적인 법칙, 철학적인 사고,

---

33) (1마)에서 명사와 부사로 처리하고 있다고는 하나, 표면적으로는 명사로 처리한 것으로 이해할 수도 있다. 부사에 대해서는 '부사'라고 명시적인 태도를 보인 것이 아니라, '(부사로 쓰이어)'라는 방식으로 설명하고 있는 것이다.

34) 그와 유사한 예들로 명사로 수록되어 있는 '만장(萬丈)'이라든가 '자수(自手)'와 같은 예들을 들 수 있다. 그들이 독립적으로 국어의 문장에 사용되는 경우는 찾아보기 어렵기 때문이다.

35) '하다' 앞의 성분에 대하여 일률적으로 처리할 수는 없는 경우가 좋은 예이다. 이를테면, '벗하다'의 어근 '벗'이 명사인 반면에, '가득하다'의 어근 '가득'은 부사인 것이다.

한국적인 민주주의

위의 예 (10)에 보이는 '과학적, 말초적, 인간적, 자연적, 철학적, 한국적'에 대하여 (1가)에서는 명사로 처리한 반면에, (1나,다,라)에서는 관형사와 명사로 처리하여 다른 태도를 보이고 있다.[36] (10나)의 예에 대하여 명사로 처리하는 데에는 이견이 없으나 (10가)에 대해서는 (1나,다,라)에서 관형사로 처리한 것이다. (10가)의 접미사 '-적'을 취한 어휘들을 명사로 처리한 (1가)의 태도는 명사가 명사를 꾸미는 관계로 파악한 것인 반면에, (1나,다,라)는 명사를 수식하는 요소는 관형사라는 태도로 이해한 것이다. 국어의 단어 생성 규칙에 어긋나지 않을 경우, 굳이 새로운 품사 항목을 얹어 부담을 줄 필요는 없을 것이라는 점에서 본다면 (1가)와 (1마)에서의 처리 방식이 온당한 것으로 보인다.

개별 어휘에 대한 정확한 품사의 부여를 위해서 개별 어휘들의 용법에 대한 면밀한 검토 과정이 선행되어야 한다는 사실에는 다언을 필요로 하지 않지만, 다음의 예들은 그와 같은 검토 작업이 그리 간단한 것만은 아니라고 이야기하고 있다.

(11) 가. 우리에게는 아직 이루어야 할 꿈이 있습니다.
나. 이미 열두 시간째 회담을 계속하고 있다.
(12) 가. 아버지는 나귀 타고 장에 가시고, 어머니는 늘 부엌에 계셨다.
나. 할아버지는 언제나 강가에서 낚시를 하고 계신다.

예 (11)과 (12)는 기존의 품사 논의에서 '존재사'의 설정 여부로 주목을 받은 바 있는 '있다'와 '계시다'의 예이다. 흔히 '계시다'를 '있다'의 대우형으로만 생각하여 존칭어휘와의 호응 정도에 관심을 두기 쉬우나, 그들이 속한 품사 범주까지 같은 것으로 보기는 어려운 것이다. 동사와 형용사를 구분하는 기준이야 여러 가지가 있을 수 있겠으나, 손쉬운 방법으로 평서법 현재형 종결어미가 '-는다'를 취할 수 있는지의 여부를 들기도 한다. 그 경우에 (11나)에 대한 '*있는다'의 성립가능성이 의심스러운 반면에 (12나)

---

36) 이와 같은 예들에 대한 사전 (1마)의 태도는 선명하다고 하기 어렵다. 표면적으로는 명사로 처리하여 (1가)와 같은 것으로 볼 수도 있으나, 풀이의 태도는 두 가지 품사를 모두 반영한 것으로 보이기 때문이다. '것'에 대하여 괄호를 사용한 것이 한 예이다. 이해를 돕기 위하여 '과학적'이라는 단어 하나를 들어 구체적인 모습을 소개하면 다음과 같다.

과학적 〔명〕 ① 과학성이 있는 (것). ‖ ~ 령도예술. ~ 근거. ~ 방법. ② 과학에 관계 되는 (것). ‖ ~ 문제.

의 '계신다'는 자연스럽다는 점에서 '있다'는 형용사로 처리하고, '계시다'는 동사로 처리하는 방안이 제시되기도 한 것이다.37) 품사 처리가 의미에만 기대어서는 안 된다는 것을 보여주는 예이나 그러한 사실의 파악을 위해서는 하나의 어휘에 대해서도 다양한 예들을 살펴야 함을 일깨워주는 예이기도 하다. 여기서 잠시 우리의 검토 대상 사전들에서의 '있다'와 '계시다'에 대한 품사 처리 양상을 살펴보고 가기로 하자.

동사 \ 사전	1가	1나	1다	1라	1마
계시다	형, 자	자	형, 동(보조)	움(제, 보조)	동(자)
있다	형, 자	자, 형	동(자, 보조), 형(보조)	움(제, 보조)	동(자)

〈표 1〉 '있다'와 '계시다'에 대한 사전에서의 품사 처리

위의 〈표 1〉은 흡사 하나의 어휘에 대하여 얼마나 다른 방식으로 처리할 수 있는가를 보여주기 위한 예인 듯이 보이기도 한다. 다섯의 사전이 동일한 어휘를 처리하면서, 유사한 예들을 들면서 각기 다른 이야기를 하고 있기 때문이다. 본고에서의 이해 태도에 가까운 것은 (1나)와 (1다) 정도를 들 수 있다. 사전에서의 품사 처리 문제에 대한 일차적인 작업의 출발점을 사전들 사이에 서로 처리가 갈려 있는 내용에 두는 것이 편리한 경우이다. 그러나 그 경우에도 사전에서의 표면적인 처리만으로 판단하기는 어려운 경우가 있다.

(13) 가. 우리와 같이 식사하십시다.
　　 나. 매일같이 만나는 얼굴이 이제는 지겹지도 않소?
(14) 가. 영화라면 싫증이 날 만큼 보았다.
　　 나. 누구나 그만큼은 할 수 있다.

얼핏 보기에는 위의 예 (13)과 (14)에 보이는 '같이'와 '만큼'에 대하여 (1가,나,다)에서는 각각 부사와 조사, 형식명사와 조사로 처리하고, (1라,마)에서는 각각 부사 및 형식명사로만 처리한 듯이 보일 수도 있다. 그러나 용법의 설명에서 각각의 조사로의 용법에 대한 설명을 베풀고 있으니, 품사 처리에 차이가 있다기 보다는 기술 방식상의 차이로 이해해야 할 것이다. 그렇지만 사전들 사이의 처리에 합의가 이루어진 듯이 보인다고 하여 아무런 문제가 없으리라는 생각을 한다는 것은 안이한 것이다.

37) 김형규(1968)을 참조할 것.

(15) 가. 호랑이 우리에 가까이 다가 서지 마시오.
나. 저희집 가까이에 백화점이 새로 들어섰습니다.
다. 사흘가까이 굶었더니 눈에 제대로 보이는 것이 없군요.

검토 대상 사전들에서 위의 예 (15)에 보이는 '가까이'는 모두 부사와 명사로 제시되어 있다.[38] (15가)와 (15나)의 예에 주목한 것이다. 그러나 (15다)의 '가까이'에 대한 고려는 없었던 것으로 보인다. (15다)의 '가까이'는 명사도 부사도 아닌 '조사'로 처리해야 할 것이기 때문이다.[39]

다음에 드는 예들은 이른바 피동사를 가지고 있는 문장들이다. 사전들 사이에 표현 방식은 다를지라도 이들 동사를 피동사로 보는 데에는 이견이 없다. 이견이 없다는 점과 그럼에도 문제는 있다는 점에서 본다면, 예 (15)의 '가까이'와 유사한 양상을 보인다고 하겠다.

(16) 가. 감기에 걸린 숫사자를 보셨습니까?
나. 돈이 잘 안 걷히는 이유가 무엇인가요?
다. 귀에 못이 박히도록 이야기해도 그때뿐이에요.
라. 초야에 묻혀 지낸 세월이 어언 25년입니다.
마. 상대편이 먼저 등정에 성공했다는 소식을 들으니 맥이 풀립디다.

동사 '걸리다, 걷히다, 박히다, 묻히다, 풀리다'의 예이다. '피동사'나 '사동사'가 품사 분류의 하위 항목이 되기 어렵다는 점은 앞서 지적한 바 있지만, 품사 항목으로의 처리가 아니라 메타언어적인 처리 방식을 취한다고 하더라도 (16)의 밑줄 친 동사들에 대하여 단순히 피동사라고 하기는 곤란하다. 단어의 기원적인 면에서는 능동사에서 파생된 피동사라고 할 수 있겠으나, 공시적인 국어예를 통하여 능동대당문의 상정이 곤란한 경우까지 피동이라고 하기는 어렵기 때문이다. 그와 같은 경우 어휘의 기원적인 면을 취할 것인가 아니면 현실적인 의미에 주목할 것인가가 사전편찬자가 선택해야 할 문제로 다가오게 되지만, 그에 대한 답은 오히려 사전이용자 쪽에서 찾아야 할 것이다. 본고에서 상정하고 있는 사전의 입장에서 본다면,[40] 사전은 현실적인 것이라는 점과,

38) 그들 사이에 어떠한 내용을 먼저 들어 소개하느냐 하는 것도 중요한 문제가 되는 것이지만, 이 역시 일률적으로 처리할 수 있는 방법은 없다. 개별 어휘마다 판단을 달리해야 하는 것이다. 구체적인 예에 대해서는 후술 참조.

39) 사석에서 한영균 교수로부터 소개받은 예이다.

그 이용자도 공시언어사용자라는 점을 기억할 필요가 있다. 사전이용자들이 사전을 펴면서 요구하는 정보의 내용을 충족시키는 데에 목표를 두어야 한다는 것이다.

물론 (16)에 보인 동사들이 가지고 있는 피동사로서의 기능을 무시하려는 것은 아니다. (16)의 동사들과 형태를 같이하는 피동사의 존재는 인정하나, 그들과는 별개의 표제항으로 처리하는 것이 온당한 처리라고 보는 것이다. 품사를 이야기할 때 전제가 되는 내용은 단어를 대상으로 한다는 것이었다. 그러한 전제에 충실하자면, 하나의 단어가 둘 이상의 품사로 쓰이는 경우의 처리 방식에도 관심을 가져야 할 것이다.[41]

(17) 가. 보내 주신 고추와 마늘은 잘 받았습니다.
나. 열대지방의 음식은 제 비위에 잘 받지 않더군요.
(18) 가. 오늘내일 중으로 좋은 소식 주시리라 믿습니다.
나. 며늘아이가 산달이 차서 오늘내일 하니 내가 꼼작할 수가 있나.
(19) 가. 보아라! 가가호호에 걸린 저 태극기, 태극기를.
나. 가가호호 돌면서 사정하기는 그렇게 쉬운 줄 아쇼?
(20) 가. 그동안의 사랑에 감사하며, 앞으로도 가일층의 애호를 바랍니다.
나. 가일층 노력하여 다음번에는 이길 수 있도록 하자.

예 (17)은 타동사와 자동사로 쓰인 '받다'를 보이는 예이고, 예 (18,19,20)은 각각 명사와 부사로 쓰인 '오늘내일, 가가호호, 가일층'을 보이는 예이다. 품사가 단어를 대상으로 하는 것이라는 점에서, 품사가 다르면 다른 단어라는 태도를 취한다면 위의 예들은 각기 다른 표제항을 구성하는 것이 온당하리라고 생각할 수 있겠으나, 현실적으로는 그럴 필요도 없고, 검토 대상 사전들도 각각 별개의 표제항을 상정하고 있지도 않다. 품사를 떠나 의미상의 거리가 별개의 표제항 설정의 기준이 되기 때문이다. 그러나 그렇다고 해서 문제가 말끔히 없어지는 것은 아니다. 하나의 표제항으로 처리할 경우 서로 다른 품사를 어떠한 순서로 배열하느냐 하는 것이 문제가 될 것이기 때문이고, 그 경우 아무런 조건 없이 명사, 대명사, 수사, 동사, 형용사, 관형사, 부사, 감탄사, 조사 등과 같은 순서로 정할 수는 더욱 없기 때문이다. 개별 어휘가 가지고 있는 의미 우선순위에 따라 배열하는 것이 합리적인 것이라 생각되지만, 어휘의 기원과 빈도 등을 내용으로 하는 의미 우선순위도 극히 개별적인 것이고, 그나마 구체적인 어휘의 처리 장면에서 언제나 선명하게 모습을 드러내는 내용도 아닌 것이다.

---

40) 만들고자 하는 사전의 모습에 따라 처리 양상은 사뭇 달라져야 하기 때문이다.

41) 그들에 대하여 품사의 전성이라고 하든, 품사의 통용이라고 하든 그것은 본고의 관심 영역 밖의 논의이다. 본고에서는 그들의 과정 보다는 결과의 처리에 관심이 있기 때문이다.

4.1. 지금까지 우리는 국어사전이 가지고 있는 품사 분류와 관련된 문제들을 살피기 위하여 기존사전에서의 품사 분류 양상과 그의 문제점들에 먼저 주목하였다.

논의의 진행을 위하여 우선『종합국어대사전』(가칭)을 기준이 되는 사전으로 상정하고, 그와 유사한 성격을 보이는 사전들을 검토 대상 사전으로 삼았다. 아울러 검토 대상 사전들의 품사 분류 현황을 살피기 위한 준거를 삼기 위하여 품사 분류에 관한 근본적인 물음으로부터 출발하였다. 사전들의 검토 과정을 통하여 국어의 품사 분류가 가지고 있는 문제점이 사전의 품사 분류에도 그대로 반영되어 있음을 확인할 수 있었다.

그리고 드러난 문제의 성격이 분류의 층위 구분과 밀접한 관련이 있음도 볼 수 있었다. 분류의 수준을 결정하는 데에는 상정된 사전의 모습과 그에 따른 사전이용자들을 고려해야 함도 인식하였다. 그 과정에서 우리가 기준으로 삼고자 한 사전에서의 분류 수준에 관해서도 용언의 문법 정보 제공과 관련지어 검토하여 보았다.

아울러 품사 분류의 문제가 단순히 분류 항목의 결정 수준에 머무는 것이 아니라는 점을 인식하고자 하였다. 개별 어휘의 처리가 보다 더 큰 문제로 대두되는 것임을 몇몇 예를 통하여 이해할 수 있었으며, 그 과정에서 둘 이상의 품사로 쓰이는 예들의 처리 방안에 관해서도 생각해 볼 수 있었다. 구체적인 처리 내용은 어휘 개별적인 것이라는 사실을 새삼스레 인식하게 된 것이다.

4.2. 그러나 본고에서의 논의가 극히 제한된 것이라는 점은 고백을 하고 가야겠다. 논의 진행의 편의를 도모한 것이기는 하지만, 하나의 사전을 기준으로 삼은 것도 그렇고, 검토 대상으로 삼은 사전에 제한을 둔 것도 그렇다. 검토의 내용이 극히 일부에 머무는 것이라는 점도 지적되어야 할 것이다.

국어의 어휘에 관한 작업의 성격상, 사전과 관련된 작업의 성격상 어느 순간에도 만족을 기약할 수는 없겠으나, 보다 많은 용례를 통하여 보다 깊은 이야기가 진행될 머지않은 날을 기약한다.

24. 방점의 성격 구명을 위하여[1)]

1. 본고는 중세 문헌자료에 나타나는 방점 표기가 과연 국어의 성조를 반영하는 것인가에 대한 회의로부터 출발한다. 그간의 성조에 관한 많은 논의는 아무런 의심 없이 중세국어가[2)] 성조언어라는 전제 위에서 진행되어 왔다고 해도 지나치지 않을 것이다.[3)] 2) 우리가 가지고 있는 자료, 이를테면 '훈민정음'이라든가 '훈몽자회' 등에 나타나는 기록에 따르면 그간의 논의에서 취한 태도는 일견 타당한 것으로 이해될 수도 있다.

'훈민정음' 해례 합자해의

諺語平上去入 如 활 爲弓而其聲平 돌 爲石而其聲 上 갈 爲刀而其聲去 븓 爲筆而其聲入之類 凡字之左 加一點爲去聲 二點爲上聲 無點爲平聲 而文之入聲 與去聲相似 諺之入聲無定 或似平聲 如 긷 爲柱 녑 爲脅 或似上聲 如 낟 爲穀 깁 爲繒 或似去聲 如 몯 爲釘 입 爲口之類 其加點則與平上去同 平聲安而和 春也 萬物舒泰 上聲和而擧 夏也 萬物漸盛 去聲擧而壯 秋也 萬物成熟入聲促而塞 冬也 萬物閉藏

라고 한 기록이나 '훈민정음 언해'의

---

1) 1986년 여름으로 기억되는데, 중세국어의 성조에 대하여 강신항 선생님께 몇 가지 여쭙기 위해 뵈었을 때 선생님께서는 답을 해주시고 나서 반문하셨다.
"중세국어가 정말 성조언어야?"
본고는 선생님께 무언가 답하는 말씀을 드려야 하리라는 생각에서 쓰여진 것이다. 본고가 언어 사실에 조금이라도 가까운 것을 말할 수 있었다면 그것은 온전히 선생님께로 돌려야 할 것이나 본고가 가지고 있을지도 모르는 논리상의 모순이나 오류는 응당 필자만의 것이다.

2) 여기서의 '중세국어'는 좁은 의미의 '중세국어' 즉 '후기중세국어'를 가리킨다. 특별히 '전기중세국어'를 가리킬 때에는 '고려방언'이라는 용어를 사용하기로 한다.

3) 남광우(1953)에서는 방점으로 사성을 구분하는 것이 한자자운의 영향일 것으로 보고 있으며, 이희승(1955:119)에서는 사성의 구분을 장단의 표시로 보고 있다. 그 밖에 최현배(1982:369)에서도 훈민정음에서의 방점 규정을 한자의 모방에서 비롯된 것으로 보고 있다.

왼녀긔 ᄒᆞᆫ點을 더으면 ᄆᆞᆺ노ᄑᆞᆫ 소리오 點이 둘히면 上聲이오 點이 업스면
平聲이오 入聲은 點 더우믄 ᄒᆞᆫ가지로ᄃᆡ ᄲᆞᄅᆞ니라

라는 기록, 또한 '훈몽자회' 범례의 마지막 부분에 보이는 '諺文字母'의

凡字音高低 皆以字傍點之有無多少 爲準 平聲無點 上聲二點 去聲入聲皆一點
平聲哀而安 上聲厲而擧 去聲淸而遠 入聲直而促 諺解亦同
믈읫 근字音의 노ᄑᆞ며 ᄂᆞᆽ가오미 다字ㅅ겨틔 點이 이시며 업스며 하며
져금으로 보라믈 ᅀᅡ믈거시니 ᄂᆞᆽ가온소릐옛 字ᄂᆞᆫ 平聲이니 點이 업고
기리혀 나죵 들티ᄂᆞᆫ 소릐옛 字ᄂᆞᆫ 上聲이니 點이 둘히오 곧고 바ᄅᆞ 노ᄑᆞᆫ
소릐옛 字ᄂᆞᆫ 去聲이니 點이 ᄒᆞ나히오 곧고 ᄲᆞᄅᆞᆫ 소릐옛 字ᄂᆞᆫ 入聲沒柰이니
點이 ᄒᆞ나히라 諺文으로 사김ᄒᆞᆫ ᄃᆡ ᄒᆞᆫ가지라

라고 한 기록 등을 문면 그대로 이해한다면 중세국어가 성조를 가지고 있었다고 생각하는 것은 오히려 타당한 것이기 때문이다.[4)]

그러나 중세국어가 과연 성조를 가지고 있었고 중세 문헌에 나타나는 방점 표기가 바로 그 성조를 반영하는 것이라면 적어도 다음의 몇 가지 문제들에 대한 보다 분명한 답을 제시할 수 있어야 한다.

(1) ㄱ. 중세국어가 성조언어라면 성조의 특성상 전기중세국어(즉 고려어)도 성조를 가지고 있었다고 할 수 있는 바 고려어의 일면을 보여주는 전기중세국어 자료를 통하여 알 수 있는 고려어 성조의 모습은 어떠한가?
ㄴ. 어느 정도의 촌수 관계냐가 문제이기는 하지만 국어가 알타이어족에 속한다는 계통론에서의 논의가 정당한 것이라면 중세국어와 같은 성조의 양상을 가진 다른 언어를 알타이제어 중에서 찾아볼 수 있는가?
ㄷ. 국어가 전형적인 성조언어에 포함되는 성조언어였다면 성조의 소멸에 대한 원인 설명은 가능한 것인가? 아울러 거의 같은 시기에 나온 자료가 상이한 성조의 모습을 드러낸다는 사실은 어떻게 이해해야 하는가?

문헌 자료가 보여주는 문면상의 내용이 사실과의 거리가 있을 수도 있다는 가정은

---

4) 그 밖에도 동국정운이나 홍무정운역훈, 사성통고, 언문지, 소학언해 등에 성조에 관한 언급이 있으나 그들 자료의 성격이 운서이거나 교육용이라는 점에 유의할 필요가 있다.

기록 내용과 사실과의 거리가 크면 클수록 필요한 작업이 될 것이기 때문이며, 어떠한 언어 현상이든지 언어 체계[5]4) 속에서 벗어나는 것은 없다는 소박한 믿음이 본고에서 생각해 보고자 하는 성조 문제에도 그대로 적용되리라고 믿기 때문이다.

이제 (1)에 보인 의문점들에 대하여 하나하나 생각해 보기로 하자.

2.1. 우리의 중세국어 또는 경상도 방언이 성조 언어라는 전제 아래 그동안 상당히 많은 논의가 이루어져 왔음은 주지의 사실이지만 그들 성조의 모습 내지는 유형에 관해서는 각각 의견이 달랐음을 볼 수 있다. 성조와 관련된 문제가 정연찬(1975:20-3)에서 보듯이 여러 가지로 제기될 수 있겠지만 근본적인 문제로는 역시 중세국어가 성조언어라고 하더라도 과연 진정한 성조언어인가 하는 문제이고, 또 다른 하나는 성조소의 수가 몇이냐 하는 문제로 평성, 거성, 상성의 셋이라는 견해와 상성은 평성과 거성의 결합이고 따라서 기본적인 성조 체계는 평성과 거성의 체계로 구성되어 있다는 견해가 또 다른 하나이다. 특히 중세국어가 진정한 성조언어인가 여부에 대한 의심은 정연찬(1969)에서 비롯된다. 정연찬(1969)에서는 중세국어의 성조에 대하여 성조가 단어의 어느 특정한 음절에서만 기능의 부담량이 많고 나머지 음절에서는 별반 중요성은 지니지 못하는 단어음조체계(word-pitch system)로[6] 보고, 그 근거로 어말음절이 모두 거성이어서 기능부담량이 없다는 점을 들고 있다. 한편 이기문(1977)에서는 단어음조체계라면 어떤 어절에서 한 mora의 음조만 알면 다른 mora의 음조를 알 수 있어야 하는 바, 그를 위한 시험의 결과는 부정적이라고 밝히고 있다. 아울러 성조만에 의해 구별되는 단어들의 존재로 보아 성조언어로 보아야 함을 주장하고 있다. 이러한 문제들에 대한 그간의 논의의 결과가 다소 다른 결론을 보여 주고 있다고는 하더라도 앞에서 든 '해례'나 '훈몽자회 범례' 등의 기록에 기대어 성조언어라는 전제 위에 이루어져 왔다는 점은 그들 논의의 공통점으로 볼 수 있다. 그간의 전제대로 그리고 결론대로 중세국어가 성조를 가진 언어였다면 성조의 기본적인 성격상 고려방언도 당연히 성조를 가지고 있어야 할 것으로 생각된다. 성조를 가지고 있지 않던 언어가 필요에 의해 성조를 획득하였다고 할 때 중세 국어의 전기와 후기 사이의 불과 몇백 년 사이에 이루

5) 여기서 말하는 '언어체계'라는 표현은 보다 넓은 의미로 사용한다. 언어 내적인 체계는 물론이거니와 언어 외적인 요소로서 언어와 관련을 가지고 언어의 변화에 영향을 줄 수 있는 요소들의 체계까지도 포함하여 이르기로 한다. 아울러 언어학의 하위 분야가 구성하고 있는, 즉 학제간의 유기적인 관계라는 의미로도 사용하기로 한다.

6) '단어음조체계'라는 말은 Pike(1957)의 용어로, 그에 따르면 단어음조체계의 예로 든 일본어 따위는 순수한 성조언어에서는 제외된다고 한다. 그렇지만 일본어 내에서도 성조의 유형이 몇 가지로 다시 갈릴 수 있음은 이미 잘 알려진 사실이다.

어질 수 있는 것이라고는 생각하기 어렵기 때문이며, 더군다나 중세국어의 성조는 뒤에 다시 논의가 되겠지만 잉여적인 면까지 가지고 있기 때문이다. 따라서 중세국어가 성조언어라는 전제가 정당한 것이라면 고려방언 역시 성조언어였으리라는 가정 또한 온당한 것이라고 해야 할 것이다. 그러나 고려방언의 모습을 그런대로 반영하고 있는 문헌자료로는 겨우 계림유사와 향약구급방 정도가 있을 뿐이다.

2.2. 여기서 우리는 일단 계림유사가 보여 주는 고려방언의 모습을 검토해 볼 필요가 있다. 계림유사가 송나라 사람 孫穆에 의해 편찬되었음은 주지의 사실이거니와 이렇듯 외국인에 의해 쓰여진 자료라는 점에서 국어자료로 이용하는 데에는 상당한 약점을 가지는 자료로 분류될 수 있는 성격의 것이다. 그러나 우리가 여기서 주목하려는 점은 바로 그 약점이라고 생각되어 왔던 점이다. 우선 다음의 몇몇 자료를 보기로 하자.

(2) ㄱ. 犬曰家稀
ㄴ. 燭曰火炬
ㄷ. 傘曰聚笠
ㄹ. 刀子曰割

위의 (2)에 보인 예들은 한자가 가지고 있는 표의성을 반영하여 적고 있는 자료들이다. (2)에 보이는 표기가 가능한 까닭을 우리는 계림유사의 편찬자가 중국 사람이었다는 점에서 찾고자 하는 것이다. 물론 중국 사람이 아니었다고 하더라도 가능한 일이기는 하겠지만 그 경우에도 상당한 정도의 한자 실력이 요구된다고 하겠다. 이렇게 한자의 표의적인 면까지 표기에 반영한 계림유사의 편찬자가 고려방언을 전사하면서 한자를 선택하는 과정을 생각해 본다면 다음과 같은 것이다. 우선 음이 같은 한자로 적도록 하고, 같은 음을 가진 한자가 여럿이 있을 때에는 이왕이면 의미도 관계가 있는 한자를 쓰고자 했을 것이라는 점이다. 여기서 함께 고려할 수 있는 과정은, 고려방언이 성조를 가지고 있다고 하는 전제가 온당한 것이라면, 같은 음을 가진 한자가 여럿이 있을 경우 성조까지도 반영해서 적었을 것이라는 점이다. 왜냐하면 계림유사의 편찬자인 손목은 바로 성조에 귀가 열린 중국인이기 때문이다. 성조에 대한 식별력이 있는 사람이라면 개별한자가 가지고 있는 성조를 당연히 표기에 반영하였을 것이기 때문이다. 본고에서 하려고 하는 일차적인 작업은 계림유사에서 고려방언의 전사에 사용한 개별한자의 성조와 중세자료에 보이는 성조와를 비교하려는 것이다. 그와 같은 맞비교는 몇 가지 먼저 고려해야할 문제점들을 가지고 있다. 그 하나는 계림유사에 보이는 한자들의 성조와 중세자료의 성조는 우선 시간적으로 300여년 정도의 차이를 가지는데 그 기간 동안의 언어 변화를 감안한다면 과연 맞비교가 의미가 있는 작업일 수 있는가 하는 점[7], 다시 말하자면, 계림유사에 수록된 자료는 12세기 우리말인데 비하여 우리가 방점표기에 기대어 확인할 수 있는 성조자료는 15세기 자료이므로 그 사이에 우리말이 변화한 내용을 어떻게 수용할 수 있는가 하는 점이고, 둘째는 계림유사가 쓰인 송대 중국어의 성조체계와 우리 문헌에 나타나는 성조체계의 불일치를 어떻게 극복할 수 있겠는가 하는 점이며, 셋째는 계림유사에 보이는 자료 가운데에는 그 성격이 다른 것이 섞여 있는데 과연 그들을 모두 같이 다룰 수가 있는가 하는 점이 그것이다. 그러나 성조에 대한 논의에서는 위의 첫째와 둘째 문제가 그렇게 큰 부담으로 남지는 않는다. 전형적인 성조를 전제로 한다면 개별 음절의 성조는 변화하지 않는 것으로 보아야 하기 때문이다. 물론 중국어의 성조도 변화하였다고는 하나 그 변화가 개별음절의 변화가 아님에 주목할 필요가 있다.

중국어의 성조의 변화는 체계 자체의 변화였기 때문이다. 이해를 돕기 위해 다음 (3)의 그림을 보기로 하자.

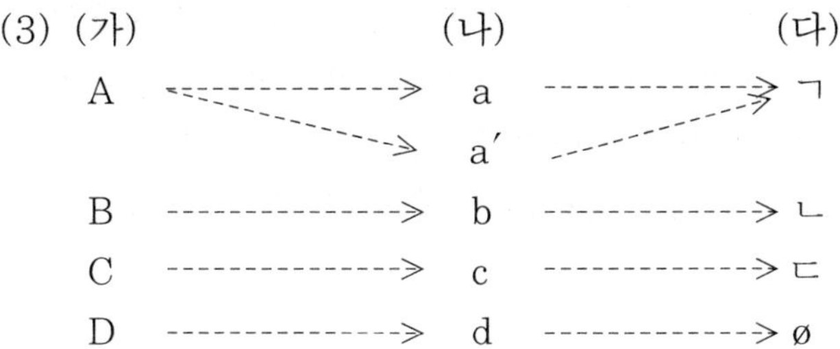

위 (3)의 (가), (나), (다)를 각 시대의 성조체계라고 가정할 때, 좀 더 편히 그 중의 (다) 정도를 중세국어의 성조 체계라고 가정할 때, (가)의 A부류에 속하는 한자음 또는 음절들이 (나) 시대에는 a와 a′로 나뉜다거나 그들이 다시 (다)의 ㄱ으로 합류된다거나 (가)와 (나)의 D가 (다)에서 소실된다고 하는 사실은, 개별 한자음 하나하나의 문제가 아니라 체계의 문제이므로 그 체계상의 대응관계만 찾아질 수 있다면 개별한자나 음절의 성조를 밝히는 일은 그다지 큰 문제로 되지는 않을 것이기 때문이다. 본고에서 계림유사에 기록된 한자음들이 송대음이라는 사실에 기대어 '廣韻'에 보이는 한자음의 성조와 중세국어의 성조를 비교하려는 것도 한자음과는 달리 성조가 가지고 있는

7) 계림유사가 주로 12세기 중국 송대음으로 기록된 것이라는 사실에 대해서는 강신항(1975) 참조.

기본적인 성격에 말미암는다. 세 번째로 든 개별자료의 성격 검토는 반드시 필요한 작업이다. 우선 계림유사에 보이는 자료 중에는 한자어들이 있음을 알 수 있고, 강신항(1080)과 김완진(1983)에서 지적된 바 있듯이 孫穆의 자료 수집 과정에서 구어만을 대상으로 한 것이 아니라 문자로 제공된 자료를 수집한 것으로 보이는 자료도 있으므로 계림유사에는 한국한자음이 반영되었을 것이라는 점 또한 고려가 되어야 한다. 그러한 점에서 다음과 같은 부류의 자료들은 우선 살피고자 하는 대상에서는 제외된다.

(4) ㄱ. 계림유사에 수록된 자료 중에 아직도 미지항으로 남아 있는 것.
ㄴ. 차용어.8)
ㄷ. 해당 단어가 중세 문헌, 보다 구체적으로는 방점표기를 수반하지 않은 자료에만 보이는 것.
ㄹ. 용언류.9)

이제 다음의 자료를 살펴보기로 하자. 항목 앞의 번호는 작업의 편의를 위한 것으로 강신항(1980)에서 취한 것이다. '중국어성조'라고 한 것이 의미하는 것은 '廣韻'에서의 성조를 뜻하는 것으로, 상평에 대해서는 0h, 하평에 대해서는 01, 거성에 대해서는 1, 상성에 대해서는 2, 그리고 입성에 대해서는 4로 나타냈다. 중세국어성조에 보이는 숫자도 역시 평성(0), 거성(1), 상성(2)을 각각 의미한다. 성조의 대응관계를 살피려 했기 때문에 하나의 한자가 둘 이상의 성조로 발음되는 것에 대해서는 중세국어와 같은 성조형만을 소개하기로 한다.

(5) 중국어	손목의 표기	중국어성조	중세국어	중세국어성조
001. 天	漢捺	14	하ᄂᆞᆯ	01
004. 雲	屈林	401	구룸/구룸	10
005. 風	孛纜	11	ᄇᆞᄅᆞᆷ	00
006. 雪	嫩	1	눈	2
009. 雷	天動	012	텬동	00
019. 一	河屯	010h	ᄒᆞ나ㅎ, ᄒᆞᄃᆞᆫ	00
020. 二	途孛	0h1	둘ㅎ, 두블	2, 00
021. 三	酒 厮乃切	2	세ㅎ	2

8) 물론 차용어를 대상으로 하여 중세국어의 성조와 중국 한자음의 성조를 비교해 보는 것도 필요한 작업일 수 있지만, 본고에서는 논외로 하기로 한다.

9) 활용어미가 성조 실현에 영향을 줄 수 있는 가능성을 배제하기 위하여서이다.

022. 四	迺	2	네ㅎ	2
023. 五	打戌	21	다ᄉᆞᆺ	01
024. 六	逸	41	여슷	01
025. 七	一急	44	닐굽	01
026. 八	逸荅	44	여듧	01
027. 九	鴉好	011	아홉	01
028. 十	噎	4	열ㅎ	1
029. 二十	戌沒	14	스믈(ㅎ)	11
030. 三十	實漢	41	셜흔	01
031. 四十	麻兩	011	마순	01
032. 五十	舜	1	쉰	2
033. 六十	逸	41	여쉰	02
034. 七十	一 短	41	닐흔	01
035. 八十	逸頓	41	여든	01
036. 九十	鴉順	011	아흔	01
037. 百	醞	1	온	1
040. 旦	阿慘	012	아춤	01
041. 午	稔宰	22	나직	10
043. 前	記載	11	그제	00
045. 今日	烏棕	0h4	오늘	01
047. 後日	母魯	22	모뢰	11
050. 上	頂	2	뎡(바기)	1
055. 火	孛	1	블	1
056. 山	每	2	뫼ㅎ	2
057. 石	突	4	돌ㅎ	2
058. 水	沒	4	믈	1
064. 井	烏沒	0h4	우믈	01
066. 花	骨	4	곶	0
067. 木	南記	0h1	남ㄱ	0
068. 竹	帶	1	대	1
071. 松	鮓子南	221	잣남ㄱ	20
072. 胡桃	渴來	40h	ᄀᆞ래	11
073. 柿	坎	2	감	2
074. 梨	敗	1	빈	0

079. 雌	暗	1	암ㅎ	1
080. 鷄	喙	4	ᄃᆞᆰ	0
083. 鴿	弼陀里	4012	비두리	001
089. 雀	賽斯乃反	1	새	2
091. 牛	燒	1	쇼	1
093. 猪	突	4	돝	0
094. 犬	家稀	0101	가히	01
096. 鼠	觜	0h	쥐	1
098. 馬	末	4	ᄆᆞᆯ	0
100. 皮	渴翅	41	갗, 갓	0
106. 蟹	慨	1	게	2
112. 蝨	裾	0h	니	1
113. 蚤	批勒	0h4	벼록	01
123. 工匠	把指	22	바지	00
132. 倡人之子	故作	14	고쟈	01
135. 問你汝誰何	餧箇	11	누고, 누구	10, 00
136. 祖	漢了秘	1011	한아비	101
137. 父	子了秘	011	아비	01
138. 母	了秘	010h	어미	11
139. 伯叔亦皆	了查秘	01011	아자비	001
140. 叔伯母皆	了子彌	0120h	아ᄌᆞ미	011
145. 弟	了兒	010h	아ᅀᆞ	00
146. 妹	了慈	010h	아ᅀᆞ	00
148. 自稱其夫	沙會	011	사회	01
151. 男兒	了姐	014	아ᄃᆞᆯ	01
152. 女兒	寶姐	24	ᄯᆞᆯ, ᄠᆞᆯ	1, 0
153. 父呼其子	了加	0101	아가	11
154. 孫	了村了姐	010h014	아ᄎᆞᆫ아ᄃᆞᆯ	0101
155. 舅	漢了秘	1011	한아비	101
157. 婦	了村	010h	아ᄎᆞᆫ	01
160. 姨妗亦皆	了子彌	0120h	아ᄌᆞ미	011
163. 面	㮈翅	41	ᄂᆞᆾ, ᄂᆞᆺ, ᄂᆞᆺㅊ	0
164. 眉	踈步	14	눈섭	01
165. 眼	嫩	1	눈	1

166. 耳	愧	1	귀	1
167. 口	邑	4	입	1
168. 齒	你	2	니	1
169. 舌	蝎	4	혀	1
173. 身	門	0h	몸	1
176. 腹	擺	2	ᄇᆡ	1
177. 手	遜	1	손	1
178. 足	潑	4	발	1
183. 白米	漢菩薩	114	ᄒᆡᆫᄡᆞᆯ	10
184. 粟	田菩薩	0114	조ᄇᆞᆸᄡᆞᆯ, 조ᄡᆞᆯ	01
189. 醬	密祖	42	며주	01
190. 鹽	蘇甘	0h01	소곰	00
191. 油	畿入聲林	0h01	기름	01
192. 魚肉皆	姑記	0h1	고기	01
203. 熟水	泥根沒	20h4	니근믈	001
208. 珠	區戌	011	구슬	01
211. 鐵	歲	1	쇠	1
213. 麻	三	1	삼	1
217. 絹	及	4	깁	2
218. 布	背	1	뵈	1
219. 苧	毛	010h	모시	00
220. 苧布	毛施背	010h1	모시뵈	001
227. 被	泥不	21	니블	01
228. 袴	珂背	011	ᄀᆞ뵈〉ᄀᆞ외	00
229. 裩	安海珂背	0h2011	안해ᄀᆞ뵈	0100
231. 鞋	盛	1	신, (훠)청	1
232. 襪	背戌	11	보션, 뵈청	00
234. 針	板榇	24	바ᄂᆞᆯ	01
237. 綿	實	4	실	2
248. 秤	雌孛	0h1	저불〉저울	01
249. 尺	作	4	자(ㅎ)	1
250. 升	力音佳	0h	되	1
251. 斗	抹	4	말	1
254. 船	擺	2	ᄇᆡ	1

257. 椅子	馳馬	2	도마	01
261. 簾	箔	4	발	2
266. 傘	聚笠	14	슈룹	01
267. 扇	孛釆	11	부채, 부체	01
268. 笠	蓋音渴	4	갇	1
269. 梳	苾音必	4	빗	0
270. 篦	頻希	0h0h	빈혀	00
271. 齒刷	養支	10h	양지	21
282. 楪	楪至	41	뎝시	01
283. 盂	大耶	10l	대야	01
284. 匙	戌	1	술	1
286. 箸	折七吉反	4	저, 져	1
287. 沙羅	戌羅 又 敖耶	10l	소라	11
288. 硯	皮盧	0h0h	벼로	01
290. 紙	垂	0h	죠히	01
291. 墨	墨	4	먹	1
292. 刀子	割	4	갈	1
293. 剪刀	割子蓋	424	ᄀᆞᅀᅢ	00
298. 鼓	濮	4	붚	0
300. 弓	活	4	활	0
301. 箭	薩	4	살	1
305. 炭	蘇成	0h1	숫ㄱ, 숫ㅊ	0
308. 索	鄒, 朴	01,4	노, 바	0
313. 畵	乞林	40l	그림	10
333. 問此何物	設審	42	므슴	01
338. 凡事之畢皆	得	4	다	2

지금까지 우리는 표 (5)를 통하여 계림유사 자료의 송대음 성조와 중세국어의 성조를 비교하여 보았다. 그것은 계림유사가 성조에 귀가 열려 있는 중국인에 의해 기록되었으므로 성조까지 반영하여 기록했을지도 모른다는 기대 때문이었다. 이러한 검토가 의미를 가질 수 있다면, 그것은 중세국어가 성조언어였다는 가정이 정당한 것이고 그로 미루어 고려방언 또한 성조를 가지고 있었으리라는 성조 일반적인 가정이 충족될 수 있는 경우에 한한다. 그러나 자료의 검토 결과는 중세국어의 평성과 거성 그리고 상성이 중국어 성조로 대응될 때 각각 0l, 0h, 1, 2, 4 즉 하평, 상평, 거성, 상성, 입성

문자로 표기되어 일관된 대응 관계가 확인되지 않는다.[10] 여기서 우리는 일단 그러한 양상의 원인에 대하여 잠시 생각해 볼 필요가 있다. 첫 번째 가능성은 고려방언의 성조가 중국어의 성조와는 거리가 있기 때문이라고 보는 것이다. 그렇지만 중국어의 성조와는 거리가 있는 것이라고 하더라도 성조를 가진 언어였다면 어느 정도의 체계를 비교할 수 있는 양상을 드러내야 하리라는 점에서 설득력이 없다고 할 것이다. 두 번째 가능성은 우리의 기대와는 달리 고려방언이 성조를 가지고 있지 않았으리라는 것이다. 물론 성조를 모르던 언어가 성조를 획득하게 되는 경우의 예를 동남아시아의 여러 언어에서 확인할 수 있다는 점에서 본다면[11], 고려방언은 성조를 모르던 언어였었고, 중세국어로 넘어 오면서 성조를 획득하게 되었다는 추리도 가능할 것이다. 그러나 성조를 가진 언어에서의 성조체계의 변화라고 할지라도 중세국어의 전기와 후기 사이의 기간과 같이 길지 않은 동안에 이루어진 경우를 찾아보기 힘들거니와 하물며 무성조의 언어가 성조를, 그것도 중세자료가 보여 주는 정연한 모습의 성조를 획득한 경우는 상상으로도 쉬운 일은 아니라 할 수 있다.[12]

다음으로 생각해 볼 수 있는 가능성은 중세자료에서 방점을 통하여 보여 주고 있는 성조에 대한 의심이다. 과연 중세국어가 훈민정음이나 훈몽자회의 언급대로 성조를 가진 언어인가 하는 기본적인 회의가 그것이다. 이러한 의심은 다음의 몇 가지 점에서 진지한 검토를 필요로 한다. 앞서 (1)에서도 언급한 바 있지만 성조 언어일 경우에는 성조의 기능 부담량이 주목의 대상이어야 하고, 그와 함께 발생과 소멸의 과정이 설명될 수 있어야 하며, 국어가 속한다고 하는 알타이 제어와의 비교도 긍정적인 면을 보여야 한다. 그러나 많은 양보를 하여 중세국어가 성조언어라고 하고 개별 어휘가 단독으로

---

10) 계림유사의 예를 자세히 살펴보면 거성의 일음절 단어 가운데에는 일치되는 예들이 보이지만 그들이 성조의 일치를 반영하는 것으로 보기에는 아직 이르다. 뒤에 다시 논의가 될 것이다. 물론 다른 단어에서의 일관된 일치가 보이지 않는 까닭이 해당되는 성조를 나타낼 한자가 없기 때문인 경우도 상정할 수는 있을 것이다. 참고로, 중국어 성조의 하평과 상평이 중세국어의 평성과 대응되고, 거성은 거성과 상성은 상성과 각각 대응되는 것으로 본다면 위의 (5)에서 성조형이 일치되는 단어의 수는 다음의 34개 항목에 한한다. 입성은 그 성격상 논외로 한 것이다. 계림유사에 실린 전체 어휘수의 1할에 가까운 수이지만 우리가 살피려는 언어 사실은 이러한 일치보다는 오히려 그 불일치 속에 있을 것이기 때문이다. 번호는 항목번호를 뜻한다.
19, 21, 22, 27, 31, 36, 37, 55, 56, 68, 73, 79, 91, 137, 139, 145, 146, 148, 165, 166, 177, 190, 191, 192, 208, 211, 213, 218, 219, 220, 231, 248, 270, 284

11) 성조의 기원에 대해서는 이상억(1978, 79)를 참조하고, 동남아시아 여러 언어의 성조에 대한 예에 대해서는 이상억(1987)을 참조할 것.

12) 이상억(1987)에 따르면 국어는 일반적인 성조발생론에 부합되지 않는다고 한다.

실현될 때 성조의 차이가 의미의 차이를 보이는 기능을 비록 행사한다고 할지라도, 교착어로서 우리말이 가지는 구조적인 성격 때문에 문장 속에서의 성조의 기능은 오히려 잉여적인 것이라고까지 할 수 있다. 이렇듯 잉여적인 것이라는 면에서 이해한다면 성조의 소멸 과정은, 납득하기는 어렵다고 하더라도 어느 정도 당연한 것으로 받아들여질 수도 있다. 하지만 성조발생적인 측면에서 본다면 과연 잉여적인 것이, 그래서 결국에는 소멸되고 말 운명을 지닌 것이 생겨날 수 있는 것인가 하는 문제에 대한 아무런 답도 할 수 없게 된다. 우리말이 알타이제어에 속하는 언어라는 사실에 대한 논의는 그 회의적인 입장에서의 논의에도[13] 불구하고 음운론, 형태론, 통사론적인 면에서 상당히 많은 근거를 확보하고 있다.

그렇지만 언어의 유형 결정에 큰 몫을 차지하리라고 생각되는 성조에 대해서는 알타이제어와 비교하는 그간의 업적들에서 다루어진 바가 없다. 우리는 그 이유를 알타이제어가 성조를 가지지 않는다는 일반적인 사실에서 찾는다. 물론 알타이제어에도 장모음과 단모음의 대립은 있으며, 강세도 가지고 있다. 국어가 알타이어에 속한다고 하는 논의가 보다 적극적인 근거를 확보하기 위해서는 중세국어의 성조가 알타이계통설 속에서 어떻게 수용될 수 있는가가 검토되었어야 한다고 생각한다.

한편 발생도 발생이지만, 소멸의 과정도 언어 일반적인 면에서 납득하기 어렵다고 할 수 있다. 성조의 특성상 성조를 모르던 언어가 오랜 기간을 두고 성조를 가지게 될 수는 있다고 하더라도 성조를 가졌던 언어가 그 성조를 잃는 데에는 그만큼의 정당한 이유를 가지고 있어야 하는데, 필자가 과문한 탓이기는 하지만, 아직 성조언어가 성조를 잃은 경우에 대한 보고는 없기 때문이다.

3.1. 이렇듯 중세국어가 성조언어였으리라는 전제는 먼저 해결해야 할 부담스러운 문제를 안고 있는 셈이다. 이러한 때에 우리가 할 수 있는 방법은 그간의 우리의 태도에 대한 반성과 과감한 사고의 전환이다.

그를 위하여 우선 방점 표기에 대한 설명을 베풀고 있는 훈민정음과 훈몽자회와 같은 자료들의 성격부터 살펴볼 필요가 있다. 먼저 훈몽자회의 성격은 이기문(1971:152-5)에 언급된 바에 따르면 기본적으로는 우리나라 아동들을 위한 한자초학서로 편찬된 책이지만 최세진의 현학적인 성향은 훈몽자회가 중국어 교육이라는 부차적인 목적까지도 가지도록 하였으며, 최세진의 언어의식 속에서는 우리나라 한문과 중국어가 매우 가까운 자리에 있었을 것이라고 설명하고 있다. 그러한 관점에서 이해한다면 앞서 보인 '훈몽자회 범례'의 성조에 관한 기록은 국어의 성조에 관한 언급이기 이전에 중국어에 관

13) 국어의 알타이계통설에 대한 회의적인 견해들에 대한 소개는 송기중(1984) 참조.

한 것임을 알 수 있다. 물론 '諺文亦同(諺文으로 사김호디 호가지라)'이라는 구절이 보이기는 하지만 그를 바로 국어가 성조를 가지고 있다는 설명으로 확대 해석하기는 어려울 것으로 보인다. 언해를 할 경우에도 한자가 가지고 있는 성조가 그대로 유지될 수 있다는 의미로 해석될 수 있으며, 그것이 그대로 중세국어의 성조가 중국어의 성조와 마찬가지라고 한 것으로는 볼 수 없기 때문이다. 한편 '훈민정음'에 보이는 성조에 관한 규정은, '훈민정음'이 새로운 문자를 제정하고 그에 대한 설명을 베풀기 위하여 펴낸 것이라는 점에 착안하여 살필 필요가 있다. 더군다나 '훈민정음'이 방점에 관하여 해례 합자해에서 설명하고 있다는 사실이 시사하는 바도 자못 크다고 할 수 있다. 우선 우리가 인식해야 할 사실은 방점도 훈민정음과 함께 만들어진 엄연한 문자의 일종이라는 점이고, 그에 따라서 방점의 올바른 이해를 위해서는 일단 훈민정음과 함께 문자적인 측면에서 접근해 볼 필요가 있다는 것이다.

훈민정음의 창제에 관해서는 그간 무수히 많은 논의가 있어 왔고, 그들의 대부분은 새로운 문자 창제의 당위성이나 필연성에 대하여 상당한 정도의 진실들을 담고 있다고 할 수 있다. 그와 함께 이야기되어 왔던 과학성과 독창성이라고 하는 훈민정음의 특성도 그만한 근거를 가진 것이었다. 그러나 최근 들어 훈민정음의 창제에 관하여 보다 객관적인 시각으로 접근하려는 논의들이 나오고, 그 객관성으로 인하여 상당한 설득력을 가지고 있는 논의가 있어 왔다. 김완진(1984)에서는 훈민정음의 창제에 대하여 일단 그것이 역사적 소산이라는 태도를 취하고, 그 바탕 위에서 훈민정음 각 문자의 검토와 다른 문자체계들과의 비교를 행한다. 우선 내적인 면에서 창제 이전의 문자생활이 바탕이 되었으리라는 것이다. 즉 차자표기의 경험이 창제에 반영되었으리라는 것이다. 그러한 면은 중국 주변 여러 나라의 문자를 살피는 과정에서도 근거를 가지는 것이었다. 한편 안병희(1984)에서는 차자표기의 형성이 국어와 중국어의 문법적인 이질성을 극복하기 위한 것이었다면, 훈민정음의 창제는 음운론적인 이질성의 극복을 위한 것이었다는 견해를 펴고 있다. 특히 음소를 분석하여 표기한 차자표기의 경험과 차자표기가 지니고 있던 한계와 혼란에 대한 인식이 음소문자이면서 음절문자로 사용된 훈민정음의 창제에 작용하였으리라는 것이다. 김완진(1984)와 안병희(1984)에서 우리가 취하고자 하는 것은 훈민정음 창제의 배경에 중국어와 한자가 있다는 점이다.

그와 관련하여 우리가 주목하려는 사실은 성조를 표기하기 위한 수단인 방점이 훈민정음의 창제와 함께 이루어진 것이라는 점이다. 논의의 편의를 위하여 훈민정음의 창제와 관련하여 우리가 주목하려는 몇 가지 점을 정리하여 보기로 한다.

(6) ㄱ. 훈민정음의 창제가 중국어 및 한자와 무관하지 않다는 점.

ㄴ. 훈민정음의 창제와 함께 동국정운의 편찬 작업이 이루어졌다는 점.
ㄷ. 우리말을 표기하는 데에는 필요치 않던 'ㆆ'를 초성 체계에 포함하고 있다는 점.
ㄹ. 역시 우리말을 표기하는 데는 사용하지 않았지만 치두음과 정치음을 적기 위하여 별도의 장치를 마련하고 있다는 점.

앞서 우리는 중세국어가 성조를 지닌 언어라는 점을 증명하기 위하여 극복해야 할 언어 일반적인 측면에서의 문제점과 계통론 속에서의 국어의 이해라는 측면에서 중세국어가 성조를 가졌으리라는 점에 상당한 회의를 가졌었다. 그럼에도 불구하고 중세 문헌 자료에 나타나는 방점들을 이해하기는 그리 쉽지 않은 문제로 남아 있었다고 할 수 있다. (6ㄱ)에서의 지적은 창제 당시의 중국 운학의 영향도 포함한다. 물론 중국의 운학과는 다른 음운 이론을 펴기는 하였으나 바탕이 되고 있음은 이미 잘 알려진 바 있다. 그러한 바탕이 바로 다음의 (6ㄴ, ㄷ, ㄹ)과 같은 문제를 유발시키게 된 동기라고도 할 수 있다. (6ㄴ, ㄷ, ㄹ)은 당시 국어의 현실과는 동떨어진 인위적인 작업이었다는 점에서 그 성격이 일치한다. 동국정운의 편찬은 당시의 현실한자음을 바로 잡기 위한 것으로 실제 발음과는 거리가 있는 것이고, 'ㆆ'는 순수 국어만을 표기하는 데에는 사용된 바 없으며[14], 중국어의 치두음과 정치음을 표기하기 위한 문자를 만들었음을 '훈민정음'이 보여 주고 있기 때문이다. 국어가 성조언어이기가 어렵다고 할 때 우리가 성조를 나타내기 위해서 사용되었다는 방점을 이해의 폭으로 수용하기 위해서는 방점을 우선 훈민정음의 창제와 함께 만들어진 문자라는 측면에서 바라볼 필요가 있다. 그렇다고 해서 순수히 국어에 성조가 있어 방점이 그것을 표기하기 위한 것이었다고 보기가 어려움은 이미 살핀 바와 같다. 여기서 우리는 방점의 성격을 창제와 관련된 (6)과 같은 문제점들과 같은 맥락에서 이해하려는 것이다. 물론 동국정운의 편찬은 한자음의 정리 사업이고, 'ㆆ'자를 만든 것은 'ㅇ→ㆆ→ㅎ'의 가획의 일관성을 위한 것이며, 치두음과 정치음은 우리말과는 전혀 발음이 다른 소리의 표기를 위하여 만든 것이라는 점에서 그들은 각각 다른 성격의 문제라고 할 수 있으며, 방점을 국어의 표기와는 거리가 있는 그래서 인위적인 것으로 이해한다고 하더라도 (6ㄴ, ㄷ, ㄹ)의 문제들과는 또 다른 성격의 것임을 알 수 있다. 그에 대해서는 뒤에 다시 살피겠거니와, 여기서는 먼저 방점의 기본적인 성격이 문자적인 면, 표기적인 면에 있음을 살펴보기 위하여 국어 표기법의 역사와 성조체계의 붕괴 과정을 먼저 비교해 볼 필요가 있다.

중세국어의 표기법은 비교적 정연한 것으로 알려져 있지만 개별 자료를 면밀히 살펴보면 자료마다 다른 점을 발견할 수 있게 된다. 기존의 성조에 관한 업적에 기대어 볼

14) 지춘수(1986:63-8)에는 'ㆆ'의 쓰임과 잘못 사용된 예도 소개되어 있다.

때 성조도 자료마다 차이를 보임을 알 수 있다. 성조의 시기에 대해서는 김완진(1977:107-25)에 기대고, 표기법에 대해서는 이기문(1963ㄴ), 이익섭(1963, 85), 지춘수(1986)에 기대어 살펴 비교해 보기로 한다.

우선 성조의 시기는 제4기로 구분하는 바[15], 1464년의 반야경언해에 앞서는 시기를 제1기, 1465년 원각경언해 이후를 제2기로 구분하고, 제2기의 대표적인 문헌으로는 두시언해와 금강경삼가해를 든다. 원각경언해와 두시언해나 금강경삼가해가 다소간의 차이가 있으나 표기의 경향이 같다는 점에서 같은 시기로 묶을 수 있다는 것이다. 제3기의 자료로는 여씨향약언해(1518)와 훈몽자회(1527) 그리고 그들과 비슷한 시기이기는 하지만 1517년 보다는 이를 것으로 생각되는 번역노걸대와 번역박통사가 있으며, 제4기의 대표적인 자료로는 1587-1600년의 칠서언해를 들고 있다.[16] 이러한 성조의 시기 구분은 표기법에 관한 연구 업적들에서 드러난 개별 자료의 표기상의 특징에 따른 구분과 절묘한 일치를 보여 주고 있다. 월인천강지곡이나 용비어천가 등에서 보이는 이론적인 측면을 제외한다면 성조 구분상의 제1기 문헌들은 하나의 부류로 묶일 수 있다. 김완진(1977:108)에서, 같은 간경도감에서 간행되었음에도 능엄경언해와 법화경언해가 하나의 부류로 묶일 수 있는 데에 반하여 불과 1년 사이의 원각경언해는 제2기의 부류에 속함을 지적하면서, 실제의 성조가 그 일년 사이에 변했다고 볼 수는 없는 것이라고 하고 있다. 표기면에서도 원각경언해는 상당히 중요한 위치에 있다. 능엄경언해나 법화경언해를 포함하여 그 보다 앞서 나온 자료와는 아주 다른 양상을 드러내고 있기 때문이다. 일체의 각자병서가 사라졌다든가, 관형사형 어미 'ㅭ'이 전면적으로 'ㄹ'로 표기되었다든가 하는 것이 그것이다. 제2기의 대표적인 문헌인 두시언해도 표기적인 면에서 원각경언해에서 보여 주고 있는 양상을 그대로 드러내고 있다. 김완진(1977)에서는 불과 일 년 사이에 언어가 변화했다고 볼 수는 없으므로 그들의 성조적인 차이는 창준의 과정에 참여한 실무자들의 차이가 아니면 안된다고 하였다. 그러나 단순히 실무자들의 차이라고 한다면 그보다 뒤에 나오는 자료들이 성조와 표기법 둘 다에 일치된 경향을 보인다는 사실의 설명에 부담을 주게 된다. 표기법적인 면에서 볼 때, 제3기 자료가 가지고 있는 두드러진 현상은 명사 어간의 분철 표기 현상인 바 이익섭(1985)의 표에서 보듯이 분명한 선이 그어짐을 발견할 수 있다. 제3기와 제4기를 구분해 주는 표기상의 특징도 분철 표기에서 찾을 수 있다. 특히 용언과 동명

---

15) 성조의 실제 소멸 시기의 추정에는 학자마다 다소 차이를 보이고 있기는 하다. 여기서는 김완진(1977)의 구분을 취한다.

16) 칠서언해의 간행년대에 대해서는 조금씩 다른 견해들이 있으나 여기서는 허웅(1989:44-54)를 취한다.

사의 분철 표기는 제4기의 특징이라고 보아도 좋을 것이다. 이렇듯 우연이라고만 하기에는 너무나도 일치되는 양상을 보여 주는 방점 표기에 의한 성조의 소멸 과정과 표기법의 흐름에 대한 올바른 이해를 위해서는 일단 방점을 문자적인 측면에서 보아야 할 것이다.

앞의 (6)에서 우리는 훈민정음의 창제와 관련하여 우리말과 직접적인 관계를 가지지 않는 작업과 문자의 제정을 지적한 바 있다. 또한 그보다 앞서 중세국어 이전의 언어 즉 고려방언이 성조를 가지고 있다고 하기 어렵다는 점과 계통론적인 면에서도 성조언어이기는 어렵다는 점을 지적한 바 있다. 아울러 성조 언어였다고 하더라도 그렇게 쉽게 성조가 변화하고 소멸될 수가 있는가 하는 점에 의문을 품은 바 있다. 여기서 우리는 방점을 (6)과 같은 맥락에서 이해하고자 하는 것이다. 즉 중세국어는 성조언어는 아니었으며, 중세자료에 나타나는 방점표기와 성조에 관한 언급들은 중세국어 현실과는 관계가 거의 없이 중국어의 영향으로 인한 것이라고 보는 것이다.

안병희(1984)에서 훈민정음의 창제를 국어와 중국어와의 이질성 극복이라는 면에서 이해하고 있음은 이미 언급한 바 있는데 (6)에서의 지적들은 바로 그러한 이질성의 극복으로 이해될 수 있는 것이었다. 방점 표기의 채택도 같은 맥락에서 이해할 수 있다. 사실 훈민정음에서 성조를 설명하고 있는 내용은 중국어의 성조를 설명할 때의 내용과 상당히 일치하고 있음을 알 수 있다.[17]

여기서 보한재집에 실린 강희맹의 글의 일부를 살펴볼 필요가 있다.

上 以本國音韻 與華語 雖殊 其牙舌脣齒候淸濁高下 未嘗不 與中國同

여기서 '與中國同'은 '자음, 모음, 성조' 등 언어가 갖추고 있어야 될 요소들이 중국어와 같다는 의미로서[18] 훈민정음 창제의 배경을 이해하는 데 중요한 단서를 제공함과 동시에 훈민정음으로 기록된 자료들에 나타나는 비국어적인 요소들을 이해하는 데에 중요한 단서를 제공하고 있다. 국어가 성조 언어이기가 어렵다고 할 때에 방점이 가지는 의미도 '與中國同'이라는 전제 아래에서만이 바로 이해될 수 있다고 본다. 비록 '與中國同'이 강희맹의 글에 나오는 것이기는 하지만 그와 같은 생각이 당시의 훈민정음 창제자들뿐만이 아니라 사회전반적인 분위기였기 때문이다.

3.2. 그렇다면 방점 표기는 단순히 인위적인 조작에 따른 가공의 언어 사실을 반영

---

17) 강신항(1987:127)의 주 (101) 참조.

18) 강신항(1987:203)의 번역 참조.

하는 것인가 하는 의문이 제기될 수 있다. 중세국어 자료에 보이는 말(語)과 말(斗), 발(足)과 발(簾), 밤(栗)과 밤(夜) 그리고 우리(1인칭 복수)와 우리(짐승) 등의 많은 자료들이 그동안 단지 성조만에 의하여 구분되는 것으로 간주되어 왔기 때문이다.

그러나 앞서 우리는 이미 중세 자료에 나타나는 방점 표기가 성조이기 어렵다는 사실을 지적한 바 있다. 국어의 알타이계통설이 유효한 것이라면 방점 표기가 어느 정도의 장단음과 고저음을 반영하였을 가능성이 있다. 실제로 계림유사에 보이는 다음의 예 (7)은 그 개연성이 매우 높음을 보여 준다.

(7)	중국어	손목의 표기	중국어성조	중세국어	중세국어성조
74	梨	敗	1	빅	0
176	腹	擺	2	빅	1
254	船	擺	2	빅	1

(7)의 예는 중세국어의 '빅'가 나타내는 의미 '梨, 腹, 船'이 계림유사에 반영된 양상을 보여 준다. 우리는 중국인 손목의 귀에 어느 정도 다른 발음이 잡혔을 가능성이 있음을 두고 계림유사와 중세국어의 자료를 각각 비교한 바 있었다. 그 과정에서 '梨'는 거성자로 표기되고, '腹, 船'은 상성자로 표기되었음을 볼 수 있다.

중세국어에서 그들을 나타내는 '빅'는 각각 평성과 거성이었었다. 여기서 우리는 무엇인가 계림유사 편찬자의 귀에 그들이 달리 들렸음을 알 수 있다. 그러나 이러한 결과를 바로 성조와 관련지을 수는 없는 일이다. (7)의 '빅'는 우선 앞서의 '말, 밤, 발, 우리' 등과는 다소 다름을 알아둘 필요가 있다. '빅'는 이중모음 단어이기 때문이다. 최세화(1976:106)의 표에서 보듯이 상향이중모음의 경우에는 성조의 얹힘이 단모음들과의 차이를 보이지 않으나, '빅'에서와 같은 하향이중모음일 경우에는 양상을 달리하는 것으로 보아야 하기 때문이다. 그와 함께 생각해야 할 문제로는 상향이중모음과 하향이중모음 사이의 길이의 차이가 있다. 최세화(1976)의 지적대로 상향이중모음이 단모음과 거의 길이에 있어 차이를 보이지 않는다고 하더라도 하향이중모음의 길이는 mora의 개념을 도입하여 설명하고 있는 상성의 설명과 마찬가지의 논리가 적용되어야 할 것이다. 정연찬(1976:79)에서는 복합평성과 복합거성이 실재하지만, 그들이 평성과 거성에 완전히 overlap 되어 있었다고 한다.

여기서 우리가 이해하는 방식대로라면, 계림유사의 편찬자가 (7ㄱ)의 '빅'는 앞의 mora에 강세가 오는 것으로 보고, (7ㄴ, ㄷ)의 '빅'은 뒤 mora에 강세가 있는 것으로 들었을 가능성이 있다. 물론 이 경우에는 중세국어가 성조언어라는 전제가 가능한 것이라면, '梨, 腹, 船'의 차이를 성조의 차이로 설명할 수 있으나, 이미 중세국어가 성조언어가 아닐 가능성이 높은 한, 그 다음으로 우리가 접근해 볼 수 있는 예 (7)에의 이해 방법은 바로 강세인 것이다. 그러나 여기서 바로 방점이 강세를 표기하는 수단이었다거나 장단음을 표기하는 수단이었다고 추측하는 것은 지나친 비약이다.[19] 무점과 1점 그리고 2 점이 어떤 모양이든지 간에 음의 장단이나 강세 등을 나타내는 것이라면, 2 점이 이중모음으로, 장음과 관련이 있는 것이라면, 복합평성이나 복합거성의 경우를 나타내는 별도의 장치가 있어야 하리라고 생각되기 때문이다.

4. 이제 얼마간은 장황하기까지 했던 우리의 논의를 정리해야 할 때가 되었다. 지금까지의 논의로 미루어 우리가 내릴 수 있는 결론은 다음과 같다.

1) 중세국어 자료에 보이는 방점이 성조를 나타내는 것이라는 전제가 극복해야 할 문제로는 국어의 알타이 계통설과 언어 일반론에 비추어 볼 때의 성조의 발생과 소멸에 대한 문제가 있다. 중세국어가 성조언어라는 논의는 그러한 문제에 대한 충분한 답을 제공하지 못하고 있다.
2) 중세국어가 성조언어였다면 고려방언도 성조언어였으리라고 믿어지는 바, 계림유사의 자료와 중세국어 문헌에 보이는 자료를 비교해 본 결과는 그 어떤 규칙도 찾아볼 수 없었다.
3) 여기서 우리는 성조를 표기한다고 했던 방점이 훈민정음의 창제와 함께 등장한 표기라는 점을 중시하여 문자적인 면에서의 이해를 꾀하였다. 훈민정음의 창제가 중국어와 한자를 배경으로 한다는 기존의 논의에 기대어 방점표기도 같은 맥락 속에서 보려 하였다.
4) 그와 같은 이해 속에서 성조의 소멸시기와 표기법의 역사를 비교해 본 결과는 절묘한 일치를 보여 주고 있었다.
5) 이와 같이 방점이 일차적으로는 성조의 표기를 위한 장치가 아니었다고 할지라도 방점표기가 반영하고 있을지도 모르는 언어 현상을 찾아보고자 하여 알타이 제어가 가지고 있는 강세와 장단을 고려의 범위에 넣었다. 계림유사에서 '비(梨, 腹, 船)'를 각기 다른 성조의 한자로 표기하고 있음은 계림유사의 편찬자에게 그들이 달리 들렸음을 뜻하는 것이라고 할 때, 달리 들린 현상은 바로 강세나 장단이었을 것이다.
6) 그러나 그것이 바로 방점이 강세나 장단을 표기하기 위한 장치였다고 보는 것은 속단이다. 이중모음에의 별도 장치가 마련되지 않은 사실은, 방점이 훈민정음과 마찬가지로 중국운학의 영향 아래서 이루어진 것임을 보여주고, 따라서 일차적으로는 단순

---

19) 앞의 주 (2)를 참조할 것.

히 표기적인 면에서 이해하는 것이 온당할 것이다. 물론 중세문헌에 방점만으로 구별되는 단어들의 경우에는 강세나 장단을 반영하는 경우도 있었으나, 우리는 그것을 방점의 부차적인 사용이라고 보는 것이다. 국어가 가지고 있는 강세와 장단을 나타내기 위하여 방점이라는 표기수단을 채택한 것이 아니라 훈민정음의 창제 과정에서 국어의 현실과는 동떨어진 작업이 이루어진 것과 마찬가지로, 의식적으로든 무의식적으로든 국어의 강세와 장단을 중국어가 가지고 있는 성조와 같은 것으로 보고 방점표기를 채택한 것이라고 생각되기 때문이다.

본고에서는 논외로 하였던 국어의 한자어와 용언류 등에 대한 관찰도 필요한 작업이 될 것이다. 특히 용언류에 대한 관찰은 훈민정음으로 기록된 초기 자료에 보이는 방점표기의 정연성 이를테면 율동규칙과 같은 현상들에 대한 설명 가능성을 제공해 줄 수 있을 것이지만 본고에서는 다음으로 미루었다. 아울러 계림유사에 '油曰畿入聲林' 등으로 나타나는 항목이 있어 흡사 성조를 반영한 것으로 생각을 해볼 수도 있는 항목들이 몇있다. 혹 하나의 한자가 기본음 또는 의미가 아닌 것으로 사용될 때의 파음자를 나타낸 것이 아닌가 하는 점에서 접근해 볼 수도 있겠으나 계림유사에 나타나는 예들에서는 그러한 양상을 찾기가 어려웠다. '기'만 해도 상평자이지 입성자는 아니기 때문이었다. 성조를 의미하는 표현을 사용하고 있다고 해서 그것이 곧 성조를 나타내는 것이라고는 할 수 없다. 오히려 '기'가 입성자가 아님에도 입성으로 발음하도록 한 것이라면 '기름'의 '기'가 단음임을 나타내기 위한 것이었다고 생각해 볼 수도 있으나 그러한 판단도 아직은 다음으로 미룰 수밖에 없는 형편이다.

25. 향가의 부정 표현

1.1. 본고의 목적은 향가에 나타나는 부정 표현의 양상을 살피는 데에 있다. 향가의 가치가 문학적인 측면에서 뿐만 아니라 어학적인 측면에서도 상당한 것임은 주지의 사실이지만 향가를 통한 고대국어의 개별 언어 현상에 대한 접근이라는 면에서 본다면 아직은 충분한 작업이 이루어졌다고 하기는 어려운 셈이다. 향가를 대하는 우리의 목표는 해독의 수준을 넘어 그를 통한 고대국어의 모습까지 살펴보는 것에 있는 것이지만, 원전 자료의 양과 질의 제약으로[1] 현실적으로는 아직 정확한 해독도 문제가 되고 있는 형편이기 때문이다. 따라서 아직 해독조차 문제가 되고 있는 자료를 통하여 개별 언어 현상을 살핀다는 것은 일견 그것이 디딜 바탕부터 문제가 되고 있다는 점에서 사상누각이 될 수도 있으리라는 우려를 가지게도 한다. 그러나 정확한 해독을 추구하는 과정과 개별 언어 현상을 찾아 나서는 길이 전혀 별개의 것이 아니라 오히려 상호 보완적인 관계에 설 수 있으리라는 소박한 믿음이 본고의 출발점이다. 좀더 솔직하게 표현하자면 해독의 결과에 기대어 언어현상을 살펴가는 과정에서 도출될 문제점들이 보다 정확한 해독의 실마리를 제공할 수 있었으면 하는 욕심까지도 가지고 있는 것이다.

1.2. 그와 같은 태도를 가지고 본고에서 우선 살피고자 하는 문제는 부정 표현이다. 여기서 부정 표현에 먼저 시선을 돌린 까닭은 향가에 나타나는 부정 표현이, 뒤에 가서 다시 자세히 살필 수 있겠지만, 여러 가지 부정 표현의 양상을 보여 주고 있으며, 동일한 표현 내용을 가지는 것이라고 할지라도 조금씩 달리 표기되는 경우가 있어 그를 먼저 살피는 것이 의미가 있으리라는 생각 때문이다. 다시 말하자면, 일차적으로는 고대국어의 부정법에 관련된 형태, 통사 등에 관한 양상을 살피는 데에 관심의 초점을 두지만 그 과정을 통하여 해독상의 문제점이 도출될 가능성이 있으며, 해당 문제점의 검토를 통하여 정확한 해독으로 가보려는 시도를 할 수 있게 되리라는 기대 때문이다.

---

1) 향가가 기록되어 전하는 삼국유사가 가지고 있는 서지적인 문제나 자료상의 제약에 관한 문제에 대해서는 구체적인 언급을 피하고자 한다. 삼국유사에 대한 서지적인 면의 문제에 대해서는 김상현(1987)을 참조할 것.

향가에 나타나는 부정법에 대해서는 이미 남풍현(1976)에서 다루어진 바 있다. 그렇지만 남풍현(1976)에서 다루어진 부정법의 대상은 명사문의 부정과 동사문의 부정 즉 '不喩'와 '不冬'에 한하고 있다.2) 현대국어의 부정법을 논하는 경우에도 부정법 논의의 대상을 어디까지로 하느냐가 문제가 되고 있기는 하지만, 고대국어의 부정법을 살피는 경우에도 문제의 범위를 어떻게 잡느냐가 먼저 생각해야 할 문제가 되는 것이다. 그를 위해서 필요한 것은 부정의 개념이라고 할 것이나 어학적인 면에서의 부정은 철학의 그것과는 거리가 있을 수밖에 없을 것이다. 긍정과 부정의 관계가 어떠한 모습을 가지고 있든지 간에 부정은 일단 긍정을 전제로 한다는 태도를 취하기로 한다.3) 언어적인 면에서 본다면 일단 부정표현이 긍정표현에 부정하는 요소를 더하여 만들어지는 것으로 이해되기 때문이다.

현대국어에서의 부정법에 관한 기존의 논의들에서 대상으로 삼은 내용은 김동식(1990)에 정리가 되어 있거니와 우리가 대상으로 삼고자 하는 문제의 범위를 좀더 분명히 하기 위하여 그 내용을 잠시 가져 오기로 한다. 명시적인 부정소가 사용되는지의 여부와 부정의 의미를 가지고 있는지의 여부를 기준으로 부정문으로 다루어진 문장의 유형을 다음과 같이 크게 세 가지로 나누어 볼 수 있는 바 그 첫째는 명시적인 부정소를 가지고 부정의 의미를 가지는 경우이고 둘째는 명시적인 부정소의 사용에도 불구하고 부정의 의미를 가지지 않는 경우, 그리고 셋째는 부정소는 사용되지 않았으나 부정의 의미를 가지는 경우가 그것이다. 그렇지만 그들 각각의 경우는 다시 세분되어 기존의 논의들에서 다루어진 부정의 대상이 보여주는 양상은 그리 간단하지만은 않은 셈이다. 여기서 우리는 다루고자 하는 문제의 범위를 한정할 필요가 있거니와 그를 위하여 앞서 언어적인 면에서의 부정이 우선 긍정을 전제로 하는 것이라는 태도를 취하기로 한 바 있다. 그에 따라 본고에서 대상으로 삼는 부정 표현의 범위에는 우선 명시적인 부정소를 가지는 것이 포함된다. 그러나 명시적인 부정소가 사용되었다고 하더라도 긍정과의 관계를 고려하여 대상에서 제외되어야 할 것이 있는 반면에,4) 긍정과의 관계

2) 향가만을 대상으로 한 것은 아니지만, 향가에 나타나는 부정 표현을 논의의 대상으로 삼은 업적들로는 남풍현(1976) 이외에도 홍종선(1980)과 황병순(1980)이 있다.

3) 긍정과 부정의 관계 및 부정의 정의에 대해서는 박종홍(1986) 참조. 철학적인 면에서 볼 때에 긍정과 부정의 관계는 여러 가지로 의견이 갈릴 수 있을 것이다. 김동식(1980)에서 '긍정과 대립되면서 하나의 의미체 전체를 형성하고 긍정과 모순의 관계에 있는 것'이라고 한 부정에 대한 규정은 문제의 범위를 한정하는 데에 참고가 된다.

4) 일반적으로 부정법에 관한 논의에서는 부정 접두사에 의한 부정 표현은 논의의 대상에서 제외하고 있거니와, 부정 접두사에 의한 부정법을 다루는 경우에도 '未曾有, 不可分, 不得已' 등과 같은 예들은 논외로 하고 있다.

를 고려하여 논의의 대상이 되어야 할 것 가운데에는 부정의 의미를 가졌으나 명시적인 부정소를 가지지 못한 예들이 있으니, '있다, 알다' 등의 부정인 '없다, 모르다' 등이 그것이다. 이들이 '반대하다, 거부하다' 등과 문제의 성격을 달리 한다는 것은 자명하다. '반대하다, 거부하다'가 각각 '찬성하다, 용납하다' 등의 반대어로 이해된다고 하더라도 '반대하다, 거부하다'가 '찬성하지 않다, 용납하지 않다'의 의미를 가지지 못 하는 반면에 '없다, 모르다' 등은 '있지 않다, 알지 못하다'의 의미를 가지고 있기 때문이다.

2.1. 논의의 대상으로 삼기 위한 부정의 범위를 위와 같이 한정하고 향가에 나타나는 부정 표현을 살펴보면 다음과 같다. 한 가지 덧붙일 것은, 본고가 취하고 있는 일차적인 목적이 향가의 부정 표현을 살피는 데 있지만 그를 통하여 역으로 보다 정확한 해독을 도모하자는 데에도 목적을 두고 있다는 점에서, 다음에 보일 예를 살펴보면 알 수 있겠지만, 기존의 업적들 간에 해독에 일치를 보지 못한 채 어느 한두 업적에서만 부정으로 해독되어진 경우도 일단 검토의 대상으로 삼았다는 점이다.[5] 우선 예를 살펴보기로 하자.

(1) ㄱ. 吾肹不喩慚肹伊賜等 〈2.3〉[6]
　　ㄴ. 白雲音逐于浮去隱安支下 〈4.3〉
　　ㄷ. 吾衣身不喩仁人音有叱下呂 〈19.4〉
(2) ㄱ. 秋察尸不冬爾屋支墮米 〈13.2〉
　　ㄴ. 不冬喜好尸置乎理叱過 〈19.8〉
　　ㄷ. 佛影不冬應爲賜下呂 〈21.10〉
　　ㄹ. 他道不冬斜良只行齊 〈22.10〉
　　ㅁ. 不冬萎玉內乎留叱等耶 〈23.4〉

---

5) 小倉進平(1929), 梁柱東(1965), 池憲英(1948), 金善琪(1967-75), 徐在克(1974), 金俊榮(1979), 金完鎭(1980ㄴ), 安秉禧(1987) 등의 해독을 참고로 하였으나 그 비교 기준은 金完鎭(1980ㄴ)의 해독에 두었다.

6) 출전 표시 〈aa.bb〉에서 aa는 김완진(1980ㄴ)에서의 배열 순서에 따른 것으로 노래의 이름을 매번 드는 번거로움을 피하기 위한 것이며, bb는 해당 노래의 행수를 나타낸다. 참고로 김완진(1980ㄴ)에서의 배열 순서는 유사에 실린 순서로 다음과 같다.
(1) 慕竹旨郎歌, (2) 獻花歌, (3) 安民歌, (4) 讚耆婆郎歌, (5) 處容歌, (6) 薯童謠, (7) 禱千手觀音歌, (8) 風謠, (9) 願往生歌, (10) 兜率歌, (11) 祭亡妹歌, (12) 彗星歌, (13) 怨歌, (14) 遇賊歌, (15) 禮敬諸佛歌, (16) 稱讚如來歌, (17) 廣修供養歌, (18) 懺悔業障歌, (19) 隨喜功德歌, (20) 請轉法輪歌, (21) 請佛住世歌, (22) 常隨佛學歌, (23) 恒順衆生歌, (24) 普皆廻向歌, (25) 總結無盡歌, (26) 悼二將歌

(3) ㄱ. 去隱春皆理米 〈1.1〉
ㄴ. 毛冬居叱沙哭屋尸以憂音 〈1.2〉
ㄷ. 雪是毛冬乃尸花判也 〈4.10〉
ㄹ. 毛如云遣去內尼叱古 〈11.4〉
ㅁ. 去奴隱處毛冬乎丁 〈11.8〉
ㅂ. 皃史毛達只將來呑隱 〈14.2〉
ㅅ. 毛等盡良白乎隱乃兮 〈16.10〉
ㅇ. 善芽毛冬長乙隱 〈20.7〉
ㅈ. 際毛冬留願海伊過 〈25.4〉

(4) ㄱ. 目煙廻於尸七史伊衣 〈1.5〉
ㄴ. 夜矣夗(卯)乙抱遣去如 〈6.4〉
ㄷ. 二于萬隱吾羅 〈7.7〉
ㄹ. 此兵物叱沙過乎 〈14.7〉
ㅁ. 安支尙宅都乎隱以多 〈14.10〉
ㅂ. 法界毛叱所只至去良 〈15.4〉
ㅅ. 歎曰 身語意業无疲厭 〈15.9〉
ㅇ. 手焉法界毛叱色只爲旀 〈17.5〉
ㅈ. 佛伊衆生毛叱所只 〈19.3〉
ㅊ. 得賜伊馬落人米無叱昆 〈19.6〉
ㅋ. 道尸迷反群良哀呂舌 〈21.8〉
ㅌ. 迷反群无史悟內去齊 〈24.4〉

위에 보인 (1)에서 (4)의 예들은 향가에 나타나는 부정 표현들로, 이른바 (1)은 안디 부정, (2)는 안둘 부정, (3)은 몯 부정, (4)는 기타 어휘 부정이라고 할 수 있는 것이다. 이러한 분류의 정당성을 논하기에는 아직 이르다고 할 수밖에 없다. 아직도 해독에 관한 견해부터가 분분함에도 단지 논의 진행의 편의상 잠정적으로 나누어 본 것이기 때문이다. 이제 그들을 하나하나 살펴 나가기로 하자.

2.2. '안디'가 명사문의 부정에 사용되었다는 사실은 이두로 기록된 대명률직해나 구역인왕경 석독구결을 통하여 이미 밝혀진 사실이거니와 그것이 '不喩'로 기록되어 있음도 이제는 주지의 사실이다.[7] 그렇지만 그것이 '不喩'에 대한 논의가 끝났다는 것을 의미하지는 않는다. 위의 (1)에서의 예를 보더라도 우리가 알고 있는 한글 창제 이전의

7) 국어 부정법의 전반적인 발달과정에 대해서는 남풍현(1976)과 홍종선(1980)을 참조할 것.

문자 사용의 전통 속에서 이해 될 수 있는 명사문 부정의 '不喩'는 (1ㄷ)에 국한되어 있는 것으로 보이기 때문이다. (1ㄱ)에 보이는 '不喩'에 대해서 양주동(1942) 이래의 해석은 '안디'로 읽되 '不冬'으로 쓰여야 할 곳에 사용된 예외적인 표기로 이해한 것이다. 이두 자료가 아닌 향가 자체만으로 볼 때, '不喩'가 사용된 예가 위의 (1ㄱ)과 (1ㄷ)의 두 예에 그치고 있는데 그 둘 중의 하나인 (1ㄱ)을 예외적인 것으로 이해해 왔던 것이다. 다음의 (1ㄱ)과 (1ㄷ)에 대한 해독을 보면 다음과 같다.[8)]

(1) ㄱ′. 나롤 안디 붓그리샤돈(나를 아니 부끄러워 하시면)
ㄷ′. 내의 모마 안딘 사름 이샤리(내 몸 아닌 사람있으리)

즉 (1ㄷ′)의 '안디'는 '내의 모마(吾衣身)'을 부정하는 것으로 보아 '不喩'가 피부정사에 후행하는 이두문의 부정 형식과도 일치하는 예인 반면에 (1ㄱ′)의 '안디'는 '붓그리샤돈'을 부정하는 것으로 보아 예외로 이해했던 예이다.[9)] 그러나 (1ㄱ′)의 '안디'가 '붓그리샤돈'을 부정하는 것으로 이해하지 않는 한 (1ㄱ)의 예는 예외가 아닌 것으로 볼 수 있다. 우리는 '철수는 영희를 권총으로 쏘지 않았다.'라는 문장이 가지는 중의성을 알고 있거니와 그러한 중의성이 부정소 '아니'가 부정하는 범위의 차이에서 오는 것임도 이미 알고 있다. 다시 말하자면 (1ㄱ′)의 경우에도 '안디'가 작자인 '나롤'을 부정하는 것으로 보자는 것이다. '나롤'을 부정하는 것으로 보면 '不喩'가 명사문의 부정에 사용된다는 점에서도 그럴뿐더러 명사문을 부정하는 이두의 어순이라는 점에서 보아도 부정사가 피부정사에 후행하게 되어 예외를 보이지 않게 되므로 그만큼 부담을 덜게 되기 때문이다. 문제는 그렇게 볼 경우에 작품 전체의 의미 즉 맥락일치의 원칙에 벗어나지는 않느냐 하는 것이지만 '나롤'을 부정하는 것으로 보아도 문맥에는 손상을 주지 않는다.

그러나 (1ㄴ)의 경우는 우선 그 해독부터가 만만치 않은 구절이다. 우선 기존의 몇몇 해독을 보기로 하자.

(1) ㄴ′. 小倉進平 : 흰 구룸을 조차 떠가는 어듸이(오)
梁柱東 : 힌구룸 조초 떠가는 안디하

8) 제시하는 해독은 김완진(1980ㄴ)의 것이다. 여러 학자들의 해독에 각기 조금씩 차이가 보이더라도 부정 표현과 직접적인 관계가 없는 경우에는 김완진(1980ㄴ)의 해독을 중심으로 제시하기로 한다.

9) 홍종선(1980:16)에서는 용언을 부정하는 것으로 보고 '不冬'이 와야 할 자리에 '不喩'가 쓰인 것인 바 이로 미루어 '안돌'과 '안디'가 혼용되고 있음을 알 수 있다고 설명하고 있다.

池憲英 : 힌구룸조초 떠간 안ㅅ힉
金善琪 : 갠 구룸 조추 쁘깐 아디 까
徐在克 : 힌 구룸 趹추 떠가 수만괴하
金俊榮 : 힌 구롬 조추 써간 안△히
南豊鉉 : 힌 구룸 조초 쁘간 안디하
金完鎭 : 힌 구룸 조초 떠간 언저레

문제는 '浮去隱安支下'의 '安支下'에 있다. 안병희(1987:1066)에서의 지적대로 '安支'를 '不喩'가 있음에도 불구하고 '안디'라고 읽는 독법은 물론, 지헌영(1947), 김준영(1964,87), 김완진(1980ㄴ) 이외에는 제 3 구에서 끊어 읽고 있다는 결정적인 약점을 가지고 있다는 점이다.10) 그렇지만 지헌영(1947)과 김준영(1964, 87)에서는 '安'을 '속'이라는 의미로 보고, '支'과 '支'를 같은 문자로 다루고 있다는 문제가 있다. 김완진(1980ㄴ)의 경우에는 '支'을 지정문자로 보고, '安'을 현대국어의 '언짢다'에서 '*얹지 않다'를 재구하여 '얹-'으로 해독하고 있다. 이러한 '安支'에 대한 현재까지의 이해가 정당성을 부여 받기 위해서는 '安'과 '支'이 나타나는 다른 용례들에서의 확인이 필요하다고 할 것이지만, 현실적으로는 자료의 빈약성이 우리의 기대가 단지 욕심에 머물 것을 요구하고 있다. 우선 향가에 보이는 '安'은 위의 (1ㄴ)과 '安支尙宅都乎隱以多'〈14.10〉, '打心 衆生安爲飛等'〈23.9〉의 세 예에 그치고 있다. 이들 가운데 '安支尙'의 '安'은 (1ㄴ)과 행동을 같이 할 성격의 것이고, 성격이 다른 '安爲飛等'의 '安'은 '宋安ㅎ눌둔'으로 해독이 되지만 향가로서는 유일예인 것이다. 이두 문장에서의 '安'은 부정 표현에 사용되거나 '편안'의 의미로 사용되고 있음을 기억할 필요가 있다. 대명률직해에 보이는 '安徐, 安徐爲齊, 安徐爲乎事, 安徐爲乎矣, 安徐齊' 등의 부정 표현과 이문대사에서 찾아볼 수 있는 '決不安接, 安接不得, 便以安接' 등이 그것이다.11) 이렇듯 '安'이 부정 표현에 사용된 경우가 발견된다고 하여 부정으로 간주한다고 하더라도 그 뒤에 나오는 '支'자는 '安支'의 해독에 대한 우리의 태도를 검토하도록 요구하고 있다. 이 '支'자에 대해 김완진(1980ㄱ, ㄴ)에서는 '支'을 지정문자로 보아 문제를 해결하고자 하였다. 그러나

10) 讚耆婆郎歌의 경우에는 10구체임에도 제 5 구에서 의미 단락이 이루어지고 있어 다른 향가와는 그 형식을 달리하고 있다. 김준영(1987:116)에서는 제 4 구와 제 5 구를 서로 바꾸어 해독할 것을 제안하고 있다.

11) 이문대사에서의 용례 및 그에 대한 구체적인 설명에 대해서는 안병희(1987ㄴ:48, 53, 56)을 참조할 것. 여기서 우리가 이두에 쓰인 용례를 기억하는 까닭은 향가에 대한 올바른 접근을 위해서는 향가도 우리가 사용해 온 문자 사용의 역사 속에서 이해되어야 하리라는 생각 때문이다. 물론 향가에는 향가만의 독특한 문자 운용의 방법이 존재하고 있기는 하지만 그도 또한 역사의 산물로 보는 것이 온당한 대접이라고 생각되기 때문이다.

지정문자설이 시사하는 바는 많다고 하더라도, 또 일본의 萬葉集에서 유사한 문자의 운용이 확인된다고 할지라도,[12] 지정문자설이 극복해야 할 문제가 그리 만만하다고는 할 수 없을 것이다. 안병희(1981)에서 지적된 지정문자설에 대한 문제점도 문제이지만 구체적으로 살필 수 있는 '攴'의 분포와 그에 따른 해독의 결과도 문제이기 때문이다. 우선 '攴'의 분포상의 문제는 크게 두 가지 성격으로 갈라 볼 수 있는데, 그 하나는 균여전에 수록된 향가에는 나타날 만한 환경임에도 전혀 한글자도 나타나지 않는다는 점이고, 또 다른 하나는 유사에 수록된 향가 가운데에도 출현이 기대되는 위치에 보이지 않는 경우가 있다는 점이 그것이다.[13]

지정문자로서의 '攴'의 기능 행사 영역에 드는 한자들로는 다음과 같은 것들이 있다.

(5) 可, 高, 國, 祈, 多, 毛, 惡, 安, 仰, 如, 影, 屋, 以, 除, 持, 知, 乎, 希

그들의 전반적인 면모는 자리를 달리하여 다시 다루어 보고자 하나 이제 잠시 그들의 일부를 살펴보기로 하자.

(6) ㄱ. 後句 君如臣多支民隱如 〈3.9〉
ㄴ. 祈以攴白屋尸置內乎多 〈7.4〉
ㄷ. 來如哀反多羅 〈8.2〉
ㄹ. 哀反多矣徒良 〈8.3〉
ㅁ. 惱叱古音〔鄕言云報言也〕多可攴白遣賜立 〈9.4〉
ㅂ. 倭理叱軍置來叱多 〈12.3〉
ㅅ. 汝於多攴行齊敎因隱 〈13.3〉
ㅇ. 安攴尙宅都乎隱以多 〈14.10〉
ㅈ. 佛前灯乙直體良焉多衣 〈17.2〉
ㅊ. 阿耶 法供沙叱多奈 〈17.9〉
ㅋ. 無明土深以埋多 〈20.5〉

---

12) 萬葉集에 유사한 문자의 운용이 보인다는 내용에 대해서는 이종철(1983, 1989)를 참조할 것. 특히 이종철(1989)에서는 '安攴下'와 '安攴尙'의 '攴'이 그 기능에 차이가 있다고 하고 있다.

13) 김완진(1980ㄴ)에서는 그에 대해 安民歌의 '爲尸知國惡攴持以 支知古如'와 '爲內尸等焉國惡太平恨音叱如'에서의 '國惡攴'와 '國惡'의 예를 들어 지정문자로서의 '攴'의 출현 여부가 자의적인 것이기 때문이라고 설명하고 있다. 그렇지만 균여전에 지정문자로서의 '攴'이 보이지 않는 까닭에 대해서도 동일한 설명을 하기는 어려운 것으로 생각된다. 최근에 발표된 양희철(1990)에는 '攴'이 말음 'ㅂ'을 표기하기 위한 것이라는 주장도 있다.

ㅌ. 吾焉頓部叱逐好友伊音叱多 〈22.4〉

(7) ㄱ. 逢烏支惡知作乎下是 〈1.6〉

ㄴ. 爲賜尸知民是愛尸知古如 〈3.4〉

ㄷ. 爲尸知國惡支持以 支知古如 〈3.8〉

ㄹ. 阿邪也 吾良遣知支賜尸等隱 〈7.9〉

ㅁ. 日遠烏逸□□過出知遣 〈14.3〉

ㅂ. 向屋賜尸朋知良閪尸也 〈21.6〉

ㅅ. 伊知皆矣爲米 〈21.7〉

위의 (6)과 (7)의 예들은 각각 '多'와 '憤'가 보이는 예들이다. 이들 가운데 '攴'을 수반하고 나타난 경우는 (6ㅁ,ㅅ)과 (7ㄹ)로 각기 '하-'와 '알-'로 읽혀 다음과 같이 해독되고 있다.

(6) ㅁ'. 㐅곰 함족 홉고쇼셔

ㅅ'. 너를 하니져 ᄒᆞ시ᄆᆞ론

(7) ㄹ'. 아야여 나라고 아ᄅᆞ실둔

'多'와 '知'가 훈독되지 않을 경우에는 기본적으로 '다'와 '디'로 음독되는 것이지만 (6)과 (7)의 예 중에서 균여전에 수록된 부분의 예는 제외한다고 하더라도 (6ㄷ,ㄹ)과 (7ㄴ,ㄷ,ㅁ)은 '攴'를 가지지 않고도 훈독되고 있어 부연 설명을 필요로 하고 있는 셈이다.[14)]

이렇듯 (1ㄴ)의 예는 '攴'과 관련된 어려운 문제를 수반하고 있지만, 향가의 단락 구성이라는 면에서나 맥락 일치라는 면에서 볼 때에, 아울러 '안디'가 명사문의 부정에 나타나는 것을 원칙으로 한다는 점을 상기할 때에 아직까지는 김완진(1980ㄴ)의 '힌 구룸 조초 떠간 언저레'가 가장 나아가 있는 해독이라고 할 수 있다. 아무튼 (1)의 예를 통하여 우리는 향가에 나타나는 명사문 부정의 '안디'를 살피면서, 그와 함께 (1ㄱ)의 예도 예외가 아닌 것으로 이해하였다.

2.3. '不冬'의 독법과 그 해독에 대한 기존 업적들의 견해는 크게 다르지 않은 셈이다. '안돌' 또는 '안들'로 읽는 것은 이두의 독법을 따른 것이라는 점에서 별문제가 없다

---

14) 지정문자의 출현이 자의적인 것이라면 나타남직 한 곳에 나타나지 않은 경우를 찾아 해독해 보는 작업이 필요한 그 만큼 나타나 있는 지정문자가 나타나지 않았을 경우에 대한 상정과 그에 따른 해독 작업도 흥미있는 작업이 될 것이다.

고 할 수 있고, 그에 따라 용언문의 부정에 나타나는 것으로 본 해독의 결과 또한 그렇다. 위의 예 (2)에서 보듯이 '不冬'은 각각 '爾屋支墮米, 喜好尸, 應爲賜下呂, 斜良只(行齊), 萎玉內乎留叱等耶'을 부정하고 있어 용언의 부정이라는 용법에 벗어나는 경우를 보이지 않는다. 물론 (2ㄱ)의 '爾屋支墮米'의 해독에 관해서는 아래의 (2ㄱ')에 보듯이 다소 차이를 보이고 있으나 전체적인 맥락에서의 큰 차이는 없다고 할 수 있다.

(2) ㄱ'. 小倉進平 : 안들 갓가오어 뻐러디매
梁柱東 : 안둘 이우리 디매
池憲英 : 안ᄃᆞ리옷디매
金善琪 : 안들 니오 디매
徐在克 : 안둘 글오히 디매
金俊榮 : 안달 이오ㅿ 디매
金完鎭 : 안둘곰 ᄆᆞᄅᆞ디매

'不冬'과 직접적인 관계는 없다고 할 수 있지만 함께 생각해봐야 할 문제로는 다음에 살필 예 (3)의 '몯'을 표기한 예들이다. '不冬'의 경우에는 일관된 표기를 보이고 있는 것이 '몯'의 표기에서는 다양한 양상을 드러내 보이고 있기 때문이다. 그에 대해서는 뒤에 가서 다시 살피기로 한다.

2.4. 앞서 살핀 (1)과 (2)의 '안디'와 '알둘'의 부정표현이 부정사 자체의 해독에는 큰 문제가 없었던데 반하여 이제 살필 (3)의 능력부정 '몯(모둘)'과 (4)의 어휘 부정에 대해서는 그 해독부터가 문제가 되고 있다고 할 수 있다. 우선 (3)의 예들부터 살펴보기로 하자.

(3)에 보이는 예들은 크게 다음의 세 가지로 나누어서 살펴볼 필요가 있다. 그 하나는 (3ㄴ, ㄷ, ㅁ, ㅇ, ㅈ)이고, 다른 하나는 (3ㄹ,ㅂ,ㅅ)이며, (3ㄱ)이 또 다른 하나이다. (3ㄴ, ㄷ, ㅁ, ㅇ, ㅈ)은 모두 '毛冬'을 가지고 있으며, (3ㄹ, ㅂ, ㅅ)은 '毛'는 일치하나 '怛' 대신에 다른 문자들을 가지고 있고, (3ㄱ)은 표면상 다른 예들과는 전혀 다른 양상을 보여 준다는 점에서 각기 달리 묶어 살피는 것이 유용하리라는 생각 때문이다. 우선 (3ㄴ, ㄷ, ㅁ, ㅇ, ㅈ)의 예에 대한 그간의 업적들에서 보이고 있는 해독을 보면 다음의 (3ㄴ', ㄷ', ㅁ', ㅇ', ㅈ')와 같다.

(3) ㄴ'. 毛冬居叱沙哭屋尸以憂音 〈1.2〉
小倉進平 : 모든 것이사 울오어 설음

梁柱東 : 모ᄃᆞᆫ 것ᅀᅡ 우리 시름
池憲英 : 몯잇사 울올 이시름
金善琪 : 모돈 곧사 울올 이 시름
徐在克 : 모ᄃᆞᆯ 앗사 우롤이 시름
金俊榮 : 모ᄃᆞᆯ 잇사 울올 이 시름
金完鎭 : 모ᄃᆞᆯ 기ᅀᅳ샤 우롤 이 시름[15]

ㄷ′. 雪是毛冬乃尸花判也 〈4.10〉
小倉進平 : 눈이 믈나올 花判이요
梁柱東 : 서리 몯누올 花判이여
池憲英 : 서리 모ᄃᆞ누올 불한여
金善琪 : 눈이 몰라올 화랑이야
徐在克 : 서리 모ᄃᆞᆯᄂᆞ올 花判이야
金俊榮 : 서리 모ᄃᆞᆯᄂᆞ올 花判여
金完鎭 : 누니 모ᄃᆞᆯ 두폴 곳가리여

ㅁ′. 去奴隱處毛冬乎丁 〈11.8〉
小倉進平 : 가논 곧(올) 몰으온뎡
梁柱東 : 가논곧 모ᄃᆞ온뎌
池憲英 : 가ᄂᆞᆫᄃᆡ 모ᄃᆞ오져
金善琪 : 까논 곧 몰온뗑
徐在克 : 가논 곧 모ᄃᆞ론뎡
金俊榮 : 가논 곧 모ᄃᆞᆯ온뎌
金完鎭 : 가논 곧 모ᄃᆞ론뎌

ㅇ′. 善芽毛冬長乙隱 〈20.7〉
小倉進平 : 善芽 몰으기 길은
梁柱東 : 善芽 몯ᄃᆞᆯ 길은
池憲英 : 善芽(ᄉᆞᄅᆞ) 모ᄃᆞᆯ 길은
金善琪 : 썬아 몯돌 깔온
金俊榮 : 善芽 모ᄃᆞᆯ 기른
金完鎭 : 善芽 모ᄃᆞᆯ 기른

ㅈ′. 際毛冬留願海伊過 〈25.4〉
小倉進平 : ᄌᆞᇫ 몰올 願海이과라
梁柱東 : ᄌᆞᇫ 모ᄃᆞᆯ 願海이고

15) 김완진(1985ㄴ)에는 '모ᄃᆞᆯ 기ᅀᅳ샤 울ᄆᆞᄅᆞᆯ 이 시름'으로 수정되어 있다.

池憲英 : ᄀᆞᇫ 모ᄃᆞᆯ 願海이고
金善琪 : 갇 모롤 원해닏가
金俊榮 : ᄀᆞᇫ 모ᄃᆞᆯᄅᆞᆯ 願海이고
金完鎭 : ᄀᆞᇫ 모ᄃᆞᄂᆞᆫ 願海이고

위의 예에서 보듯이 '毛冬'의 독법에도 차이를 보이지만 그 해독의 결과도 각각 '모든, 모ᄃᆞᆯ(몯ᄋᆞᆯ→모를), 모ᄃᆞᆯ(몯)' 등으로 차이를 보이고 있다. '不冬'의 '冬'을 'ᄃᆞᆯ'로 읽는 데에 비추어 '毛冬'을 '모ᄃᆞᆯ'로 읽는 것은 온당한 것이라고 할 수 있지만[16] '毛'에 대한 독법이 그리 간단하지 않은 것만은 분명하다. 향가에 나오는 '毛'만을 살펴 보더라도 여러 가지 경우가 보이기 때문이다. 그들의 해독도 물론 학자에 따라 다른 견해를 보이고 있으나 여기에서는 구체적인 해독의 문제가 아니라 다양한 양상을 살피는 데에 주안점이 있으므로 그들 모두를 소개하는 것은 피하기로 한다. (8)에 소개하는 해독은 김완진(1980ㄴ)의 것이다. '毛'를 가지고 있는 예 가운데 (3)에 소개된 예들은 중복을 피하기 위하여 다시 들지 않았으나 (4)에 소개된 예들 가운데에 필요한 것은 다시 들었다. 여러 가지 모습을 소개하는 데에 필요하리라는 생각에서이다.

(8) ㄱ. 二尸掌音毛乎支內良(두볼 손ᄇᆞᄅᆞᆷ 모도ᄂᆞ라) 〈7.2〉
ㄴ. 去奴隱處毛冬乎丁(가논 곧 모ᄃᆞ론뎌) 〈11.8〉(=4ㅁ)
ㄷ. 法界毛叱所只至去良(法界 업ᄃᆞ록 니르거라) 〈15.4〉(=4ㅇ)
ㄹ. 此良夫作沙毛叱等耶(이렁 ᄆᆞᄅᆞ 지ᅀᅡ못ᄃᆞ야) 〈15.10〉
ㅁ. 隔句 必只一毛叱德置(아야 반ᄃᆞᆨ 一毛ㅅ 德도) 〈16.9〉
ㅂ. 手焉法界毛叱色只爲於(香ᄋᆞᆫ 法界 업ᄃᆞ록 ᄒᆞ며) 〈17.5〉(=4ㅊ)
ㅅ. 佛伊衆生毛叱所只(부텨뎌 衆生 업ᄃᆞ록) 〈19.3〉(=4ㅋ)
ㅇ. 衆生邊衣于音毛(衆生 가ᄉᆡ오모) 〈25.3〉

위의 (8)의 예는 그 해독의 결과에 따라 몇 가지로 달리 읽히고 있음을 보여 주고 있다. (8ㄱ, ㄴ, ㄹ, ㅇ)이 그 한 부류로 묶일 수 있으며, (8ㄷ, ㅂ, ㅅ)이 또 한 부류를 형성한다고 할 수 있고, (8ㅁ)은 한자를 그대로 읽어 다른 예들과는 구분이 되는 것이다. 그렇지만 한 부류로 묶일 수 있다고 하더라도 해독의 결과가 그 의미까지 일치하는 것은 아니다. (8ㄱ, ㄴ, ㄹ, ㅇ)이 〔모〕라는 음과 관련을 지어 읽는다는 점에서 원리를 같이 하는 것으로 볼 수 있지만[17] (8ㄱ)은 '몯다(모으다)', (8ㄴ)은 '몯알다(모르

16) 그렇다고 해서 '冬'이 달리 읽힐 수 있다는 것을 부정하는 것은 아니다. 실제로 향가 속에서도 여러가지로 달리 해독되고 있는 경우를 확인할 수 있다.

다)[18]', 그리고 (8ㄹ, ㅇ)은 어미로 보고 있다는 점에서 차이를 보인다.[19]

그러나 '모으다'의 의미를 나타내기 위한 표기로 다음 (9)의 예에서 보듯이 '緋'을 사용하고 있다는 점도 기억할 필요가 있다.

(9) 兩手集刀花乎白良(두 손 모도 고조솔바) 〈9.6〉

(8ㄷ, ㅂ, ㅅ)은 모두 '없ᄃᆞ록'으로 읽어 '毛'를 훈독하고 있다. 양주동(1942, 1965)의 '뭋ᄃᆞ록'과 다소 차이가 있으나 의미상의 차이는 없는 것으로 볼 수 있다. '없ᄃᆞ록'이 '없어지도록'의 의미인 데에 비하여 '뭋ᄃᆞ록'은 '盡, 終, 竟'의 의미이기 때문이다. 한편 (8ㅁ)은 한자를 그대로 사용하고 있어 다른 예들에서의 '毛'와는 다른 독법을 보이고 있다. 그러나 (8ㅁ)의 '毛'를 훈독하였을 가능성도 있다. 다음 (10)의 예를 보자.

(10) 이 일홈이 相이 本來 無生이니 여러 터럭 師子ㅣ ᄒᆞᆫ 터럭의 ᄆᆞᄎᆞ니라(是名是相이 本無生이니 衆毛師子ㅣ 一毛畢이니라) 〈南明 上:75ㄷ〉

위의 예 (10)은 '衆毛'와 '一毛'를 각각 '여러 터럭'과 'ᄒᆞᆫ 터럭'으로 언해하고 있어 (8ㅁ)에서도 '一毛'가 'ᄒᆞᆫ 터럭'으로 읽혔을 가능성을 보여 준다.

'毛冬'이라는 표현을 보이고 있는 앞서의 예들과는 달리 (3ㄹ, ㅂ, ㅅ)은 '毛'만을 공유하고 있다는 점에서 차이를 보인다. (3ㄹ)의 '毛如'와 (3ㅂ)의 '毛達' 그리고 (3ㅅ)의 '毛等'이 그것이다. 이들에 대한 기존의 해독은 다음의 (3ㄹ', ㅂ', ㅅ')와 같다.

(3) ㄹ'. 毛如云遣去內尼叱古 〈11.4〉
小倉進平 : 몰으다 일으고 가닛고
梁柱東 : 몯다 닏고 가ᄂᆞ닛고
池憲英 : 몯닏고 가ᄂᆞ닛고
金善琪 : 몯 다 닐고 까나닏고

17) 김완진(1980ㄴ:100-101)에서는 '毛'의 훈이 "'無'의 자의에 의거한 '몯'이라는 훈에 의하여 사용된 것"이라고 하여 '毛'의 음으로서의 〔모〕와는 전혀 다른 것으로 보고 있다.

18) '몯알다'의 의미로 해독이 되는 경우로는 25.4의 '毛冬'도 있다. 그러나 '알다'를 의미하는 '知'가 1.6, 3.4(2), 3.8(2), 7.9, 14.3, 21.6, 21.7 등에 보이고 '不冬'이 '안디', '안돌'과 유사한 운용 방식을 취하는 것을 기대하는 것이 무리한 것이 아니라면 '몯알다(즉 모르다)'를 표기하기 위하여 '不冬知'가 채택되었음 직하지만, 예로 나타나지는 않는다.

19) (8ㄹ)은 끊어 읽기부터 몇 가지 다른 견해들을 볼 수가 있다.

徐在克 : 모다 니르견 가ᄂᆞᆫ닛고
金俊榮 : 모ᄃᆞ 니ᄅᆞ고 가ᄂᆞᆫ닛고
金完鎭 : 몯다 니르고 가ᄂᆞᆫ닛고

ㅂ′. 皃史毛達只將來呑隱 〈14.2〉
小倉進平: 짓 몰올다ᄋᆞᆫ
梁柱東 : 즛 모ᄃᆞ렷단 날
池憲英 : 못(즈ᅀᅵ) 모ᄃᆞᄅᆞ 올ᄃᆞᆫ온
金善琪 : 즛이 몯 아기 올라니
徐在克 : 즛 모ᄌᆞ락 디녀오ᄃᆞᆫ
金俊榮 : 모달ㄱ아 오ᄃᆞᆫ ᄂᆞᆯ
金完鎭 : 즈ᅀᅵ 모ᄃᆞᆯ 보려든

ㅅ′. 毛等盡良白乎隱乃兮 〈16.10〉
小倉進平: 도두어 다ᄋᆞ아 ᄉᆞᆲ온네
梁柱東 : 몯ᄃᆞᆯ 다아 ᄉᆞᆯᄫᆞᆫ뇌
池憲英 : 모달 다아 ᄉᆞᆲ오뇌
金善琪 : 모돌 다라 살본내
金俊榮 : 모ᄃᆞᆯ 다아 ᄉᆞᆲ온 나혀
金完鎭 : 모ᄃᆞᆯ 다ᄋᆞ라 ᄉᆞᆯ본 너여

위의 예에서 볼 수 있는 'ε, 旀'은 위의 예가 아닌 다른 곳에서도 'ᄃᆞᆯ'로 읽혀 '毛冬'의 '冬'이 'ᄃᆞᆯ'로 읽히는 것과 내용을 같이 하는 것이지만, '毛如'로 나타나는 (3ㄹ)은 검토를 필요로 한다. (3ㄹ′)의 해독이 '몯다(모다)'를 보이고 있지만 '모ᄃᆞᆯ'과는 거리가 있는 해독으로 보이기 때문이다. '몯다'가 '모ᄃᆞᆯ'과 같은 것이라고 한다면 같은 祭亡妹歌에 '毛冬'이 보여 설명의 부담이 되고,[20] '毛'를 능력부정의 '몯(못)'으로 보고 '如'는 '다(盡)'로 본다면[21] '毛'만으로 능력 부정 표현에 쓰인 유일 예가 되고 아울러 '毛冬'과 '毛'의 차이점에 대해서도 검토해 보아야 할 것이다. 또한 '다하다(盡)'의 의미로는 바로 '盡'이 쓰이고 있다는 점도 검토의 과정에서 함께 생각해야 할 것이다. 다음 (11)의 예는 '다하다'의 의미로 사용된 '盡'을 보여준다.

---

20) 祭亡妹歌의 '去奴隱處毛冬乎丁' 〈11.8〉에 보이는 '毛冬'은 '몯알다(→모르다)'로 해독되어 용법상의 차이는 있다.

21) 김준영(1987:151)에서는 오자일 가능성, '如' 뒤에 '尸'자가 빠졌을 가능성, 그리고 '모ᄃᆞᆯ→모ᄃᆞ→몯'으로의 중간 과정일 가능성을 제시하고 있으나 태도 표명은 유보하고 있다.

(11) ㄱ. 九世盡良禮爲白齊(九世 다ᄋᆞ라 절ᄒᆞᄉᆞᆲ져) 〈15.8〉
ㄴ. 無盡辯才叱海等(無盡辯才ㅅ 바ᄃᆞᆯ) 〈16.3〉
ㄷ. 毛等盡良白乎隱乃兮(모ᄃᆞᆯ 다ᄋᆞ라 ᄉᆞᆲ본 너여) 〈16.10〉
ㄹ. 落句 衆生界盡我懺盡(아야 衆生界盡我懺盡) 〈18.9〉
ㅁ. 必于化緣盡動賜隱乃(비록 化緣 다아 뮈시나) 〈21.2〉
ㅂ. 生界盡尸等隱(生界 다ᄋᆞᆯᄃᆞᆫ) 〈25.1〉
ㅅ. 吾衣願盡尸日置仁伊而也(내ᄋᆡ 願 다ᄋᆞᆯ 날도 이시리마리여) 〈25.2〉

여기서 위의 예 (10)에서와 같이 '毛'가 '터럭'으로 읽혔을 가능성을 열어 둘 수 있다면, '如'가 다음의 예 (12)와 같은 용법으로 쓰이고 있음을 함께 상기할 필요가 있다.

(12) ㄱ. 此矣彼矣浮良落尸葉如(이에 뎌에 ᄠᅳ러딜 닙ᄀᆞᆮ) 〈11.6〉
ㄴ. 此如趣可伊羅行根(이 ᄀᆞᆮ 너겨 뎌라 녀ᄀᆞᆫ) 〈25.5〉

위의 예 (12)는 '如'를 'ᄀᆞᆮ'으로 해독한 경우로, '毛'를 '터럭'으로 본다면 '毛如'는 '터럭 ᄀᆞᆮ'으로 해독될 수 있는 것이다.[22)]21) 그러나 그와 같이 해독한 결과는 노래 전체의 맥락 속에서 이해되고 조화될 수 있어야 함은 물론이다. 이른바 김완진(1980ㄴ)에서의 맥락일치의 원칙 하에서 다시 한 번 검토해 볼 필요가 있다는 것이다. 여기서 김완진(1980ㄴ)의 祭亡妹歌의 해독과 현대어역을 보기로 하자.[23)]

(13) 〈해독〉 〈현대어역〉

〈해독〉	〈현대어역〉
生死 길ᄒᆞᆫ	生死 길은
이에 이샤매 머믓그리고	예 있으매 머뭇거리고
나ᄂᆞᆫ 가ᄂᆞ다 말ㅅ도	나는 간다는 말도
몯다 니르고 가ᄂᆞ닛고	몯다 이르고 어찌 갑니까
어느 ᄀᆞ술 이른 ᄇᆞᄅᆞ매	어느 가을 이른 바람에
이에 뎌에 ᄠᅳ러딜 닙ᄀᆞᆮ	이에 저에 떨어질 잎처럼
ᄒᆞᄃᆞᆫ 가지라 나고	한 가지에 나고

22) 이와 같은 해독 가능성에 대해서는 사석에서 고정의 교수로부터 시사받은 바 크다. 이 자리를 빌어 감사를 표하거니와 아울러 그와 같은 해독이 가지고 있을 문제점이나 오류에 대해서는 필자만이 책임질 일이다.

23) 해독의 표면상의 결과는 학자에 따라 다르지만 노래 전체의 맥락이라는 면에서는 큰 차이가 없다.

가논 곧 모드론뎌	가는 곳 모르온저
아야 彌陀刹아 맛보올 나	아아 彌陀刹에서 만날 나
道 닷가 기드리고다	道 닦아 기다리겠노라

위의 예에서 '몯다 니르고 가ᄂᆞ닛고(몯다 이르고 어찌 갑니까)'를 '터럭 ᄀᆞᆮ 니르고 가ᄂᆞ닛고(털 같이/털처럼 이르고 가십니까)'로 보아도 문맥 전체적인 의미에서는 큰 손상을 주지 않는 것으로 보인다. '몯다'로 보는 해독이 문맥 전체로 보아서는 더 나아 보임에도, 우리가 여기서 '터럭 ᄀᆞᆮ'의 가능성을 제시하는 까닭이 '毛'와 '如'의 문자 운용상의 문제에만 있는 것은 아니다. '몯다'의 '다'가 '盡'의 의미일 경우 적지 않은 문제를 내포하고 있는 것으로 생각되기 때문이다. 표면상으로 보아서는 '몯+다(ᄒᆞ다)'가 '니르다'를 부정하는 구조로 파악하기 쉽다. 다음의 예 (14)와 같이 용언의 어간이 부사로 쓰이는 경우인 듯이 보이기 때문이다.

(14) 하ᄂᆶ 벼리 눈 ᄀᆞᆮ 디니이다 〈용가 50〉

그러나 다음 예 (15)에서 보듯이 '盡'을 의미하는 용언의 어간은 '다-'가 아니라 '다ᄋᆞ-/다ᄒᆞ-'로 보아야 한다.

(15) ㄱ. 次第를 因ᄒᆞ야 다ᄋᆞᄂᆞ니(因次第盡) 〈능엄 10:87ㄷ〉
ㄴ. 흐르는 므릐 가는 ᄃᆞ시 ᄀᆞᄅᆞ쳐 다ᄋᆞ거다(指盡流水逝) 〈두언 24:30ㅇ〉
ㄷ. 이 淸淨ᄒᆞᆫ 四十一心을 다ᄒᆞ고(盡是宅淸靜四十一心) 〈능엄 8:40ㄷ〉

이와 같이 '몯다'로 해독되던 '毛如'가 '未盡'의 의미를 가지는 것이라면 '몯다ᄋᆞ'나 '몯다ᄒᆞ' 정도로 해독이 될 수 있어야 할 것이라는 점이 문맥과 함께 고려되어야 할 것이다.24)

(3ㄱ)은 '간 봄 몯 오리매'로 해독하고 있는 김완진(1980ㄴ)에서만 부정표현으로 해독하고 있다. 안병희(1987:1053-4)에서 그에 대한 문제점을 지적하고 음독의 'ᄀᆡ리매'와 훈독의 '다ᄋᆞ리매'가 가능한 해독으로 보고 있다.25) 그러나 '다ᄋᆞ리매'에 대해서

---

24) 안병희(1987:1062)에서는 '몯 다아(未盡)'가 아니라 '毛冬'과 마찬가지로 불능을 뜻하는 부사로 보고 있다.

25) (3ㄱ)에 대한 김완진(1980ㄴ)의 해독이 향가에서 두개의 어휘형태소가 하나의 차자에 의해 표기되는 경우가 없다는 점에서 검토가 요구되고 있는 형편이지만, 이종철(1983, 1990)에는 일본의 만엽집에 그와 같은 문자의 운용이 발견된다는 점을 소개하고 있다.

는 김완진(1980ㄴ:55)에 의미상의 맥락이 일치되지 않는다는 점이 지적되어 있다. 이와 같이 'ᄀᆡ리매'는 모두 음독을 하고 있다는 점에서, '다ᄋᆞ리매'는 문맥 불일치라는 점에서, 그리고 '몯 오리매'가 문자 운용상의 예외적인 조처라는 점에서 문제를 지니고 있는 셈이다. 여기서 우리는 '皆'가 나타나는 모든 환경을 일단 다시 살펴볼 필요가 있다.

(16) ㄱ. 去隱春皆理米(간 봄 몯 오리매) 〈1.1〉(=3ㄱ)
ㄴ. 皆佛體(모든 부텨) 〈21.1〉
ㄷ. 伊知皆矣爲米(뎌 알ᄀᆡ ᄃᆞᄫᅵ매) 〈21.7〉
ㄹ. 皆往焉世呂修將來賜留隱(모든 간 누리 닷ᄀᆞ려시론) 〈22.2〉
ㅁ. 然叱皆好尸卜下里(그럿 모든 흘 디녀리) 〈22.7〉
ㅂ. 皆佛體置然叱爲賜隱伊留兮(모든 부텨도 ᄒᆞ시니로여) 〈22.8〉
ㅅ. 皆吾衣修孫(모든 내ᄋᆡ 닷ᄀᆞᆯ손) 〈24.1〉

우선 (16ㄱ)이 현안이므로 검토의 대상에서 제외하면, (16ㄷ)이 'ᄀᆡ'로 읽히는 외에는 모두 '모든'으로 읽히고 있음을 알 수 있다. 'ᄀᆡ'로 읽는 것이 지니고 있는 문제는 이미 지적된 것처럼 모두 음독하는 결과가 되어 훈주음종의 원칙에 벗어나 '皆'의 일차적인 독법은 '모든'인 것으로 볼 수가 있다. '皆'를 '모든'으로 읽는다면 끊어읽기가 새로운 문제의 대상이 되게 된다. 즉 문제의 '皆理米'에 대하여 그동안 하나의 단위로 보아왔던 견해와는 달리 '皆'와 '理米' 사이에서 끊어 읽어야 하기 때문이다. 그러기 위해서는 '理'가 '모든'의 수식 대상이 되는 어휘형태소일 것이 요구된다. 다음 (17)에 보이는 예들은 향가에 나타나는 '理'들이다.

(17) ㄱ. 去隱春皆理米(간 봄 몯 오리매) 〈1.1〉(=3ㄱ)
ㄴ. 郎也慕理尸心未 行乎尸道尸(郎이여 그릴 ᄆᆞᅀᆞᄆᆡ 즛 녀올 길) 〈1.7〉
ㄷ. 花肹折叱可軒乎理音如(고줄 것거 바도림다) 〈2.4〉
ㄹ. 窟理叱大肹生以支所音物生(구릿 하늘 살이기 바라몰씨) 〈3.5〉
ㅁ. 露曉邪隱月羅理(이슬 볼갼 ᄃᆞ라리) 〈4.2〉
ㅂ. 沙是八陵隱汀理也中(몰이 가른 믈서리여히) 〈4.4〉
ㅅ. 逸烏川理叱磧惡希(逸烏나릿 지벽긔) 〈4.6〉
ㅇ. 奪叱良乙何如爲理古(아ᅀᅡ늘 엇디ᄒᆞ릿고) 〈5.8〉
ㅈ. 舊理東尸汀叱(녀리 실 믌ᄀᆺ) 〈12.1〉
ㅊ. 倭理叱軍置來叱多(여릿 軍도 왯다) 〈12.3〉

ㅋ. 月羅理影支古理因淵之叱(드라리 그르메 누린 못㲼) 〈13.5〉
ㅌ. 世理都 之叱逸烏隱第也(누리 모든갓 여히온뎌여) 〈13.8〉
ㅍ. 緣起叱理良尋只見根(緣起ㅅ 理라 차작 보곤) 〈19.2〉
ㅎ. 不冬喜好尸置乎理叱過(안둘 깃글 두오릿과) 〈19.8〉

(17ㅍ)의 한 예를 제외하고는 모두 음독하여 '리'로 해독되고 있음을 보여 준다. 여기서 우리가 주목하려는 예는 (17ㅍ)이다. '理'를 그대로 '理'로 읽어 '이치' 정도의 의미를 지니는 단어로 해독되는 것이다. 이를 (3ㄱ)의 예에 가져 오면 '간 봄 모든 理매'로 되어 현대국어로는 '가버린 봄은 모든 이치이매'의 의미를 가지는 것으로 볼 수 있다. 이 경우에도 필요한 작업은 그와 같은 해독이 과연 전체 문맥 속에서 이해가 되고, 조화를 이루는가를 확인하는 일이지만, 전체적인 노래의 의미를 손상시키지 않는 것으로 보인다.

2.5. 앞서 살핀 내용들이 부정이라는 기본적인 문제의 범위 선정 자체에는 이견이 없는 예들인 반면에 (4)에 보이는 예들은 이른바 어휘부정의 예들이라는 점에서 부정법 논의 또는 부정 표현에 관한 논의의 대상이 되는가 여부부터 논란의 대상이 될뿐더러 앞서 살핀 예들과는 달리 그 해독부터도 상당히 많은 난제를 가지고 있는 예들이다. 이른바 어휘 부정이라 하여 (4)로 묶기는 하였지만 (4)의 각각의 예들이 가지고 있는 문제의 성격도 다양하다. 여기서는 그간이 해독에서 살필 수 있는 어휘 부정의 모습을 살펴보고, 해독에 이견이 제기되어 있는 예에 대해서는 그들이 제기하고 있는 문제의 양상을 살피는 데에 머물기로 한다.

우선 (4ㅊ)과 (4ㅌ)에 보이는 '無叱'과 '無史'를 부정 어휘 '없다'로 해독하는 데 대해서는 별 이견이 없는 셈이다. 특히 '無(叱)'에 대응되는 '有(叱)'을 다음의 예 (18)에서 확인할 수 있다.[26]

(18) ㄱ. 蓬次叱巷中宿尸夜音有叱下是(다보짓 굴헝히 잘 밤 이샤리) 〈1.8〉
ㄴ. 慕人有如白遣賜立(그리리 잇다 숣고쇼셔) 〈9.8〉
ㄷ. 此矣有阿米次肹伊遣(이에 이샤매 머믓그리고) 〈11.2〉
ㄹ. 彗星也白反也人是有叱如(彗星이여 숣바녀 사ᄅ미 잇다) 〈12.8〉
ㅁ. 此也友物甚(比)所音叱彗叱只有叱故(이에 버믈 므슴ㅅ 彗ㅅ 다ᄆ닛고) 〈12.10〉[27]

26) (4)의 예에 보이는 '无'에 대하여 모두 '無'의 고자로 처리하고 있다. 그러나 정확히는 균여전에 보이는 예들은 모두 '숨막힐 기(旡)'로 쓰여 있다. 흔히는 '无'와 '旡'를 통하는 문자로 보고 있다.

ㅂ. 吾衣身不喩仁人音有叱下呂(내의 모마 안딘 사름 이샤리) 〈19.4〉
ㅅ. 吾衣身伊波人有叱下呂(내의 모마 뎌버 사름 이샤리) 〈24.10〉

'없다'와 관련지어 살펴 볼 예로는 (4ㅂ,ㅇ,ㅈ)의 '毛叱'이 있다. 김완진(1980ㄴ)에 앞서는 '毛叱'의 해독들은 음독을 하였으나 김완진(1980ㄴ)에 와서 훈주음종의 원칙에 따라 '업ᄃᆞ록'으로 해독되고 있다.[28] 그와 유사한 관계 즉 김완진(1980ㄴ)에서만 '없다'로 해독하는 예로는 (4ㄱ,ㅁ)이 있다. (4ㄱ,ㅁ)의 문제는 원전의 '乇'과 '乎'를 '無'가 잘못 쓰인 것으로 보는, 원전의 정오와 그에 따른 교감에 관련된 중요한 문제와 통하고 있지만 그에 대한 깊이있는 고려는 본고의 수준을 넘어서는 것이다. 원전의 정오와 관계가 있는 또 다른 예로는 '말다'로 해독되고 있는 (4ㄹ)이 있다. 김완진(1980ㄴ)의 해독대로 (4ㄹ)의 '過'가 '막을 알(遏)'의 잘못이라면 향가에서 살필 수 있는 '말다'의 유일 예가 된다. 그렇지만 (4ㄹ)의 예가 '말다'라고 해독된다고 하더라도 그가 곧 부정 명령의 '말다'와 통할 수 있다고 할 수는 없다. (4ㄹ)의 '말오'는 '마다 하고'의 의미를 지니는 것으로 보기 때문이다. 그 밖에 '無'자를 가지고 있는 예로는 (4ㅅ)이 있지만 대부분 한문투라는 이유로 번역을 하지 않고 있다.

(4ㄷ)의 예를 '없다'로 해독하는 경우가 있지만 김완진(1980ㄴ)의 해독대로 '감다(눈을)'를 취할 수 있다면, (3)에서 볼 수 있었던 '모르다'와 (4)에서 보인 '없다'와 '말다' 이외의 부정 표현으로 어휘 하나를 추가할 수 있을 것이다. 그렇지만 '于萬隱'의 해독이 아직도 숙제로 남아 있는 부분이라고 하는 것이 솔직한 표현일 것이다. 아직도 정확한 해독을 기다리고 있는 또 다른 예로는 (4ㄴ)의 '夘乙'과 (4ㅋ,ㅌ)의 '迷反'이다. (4ㄴ)은 기본 해독이 문제가 되고, (4ㅋ,ㅌ)은 해독되어진 '이반(이본/이빤/이븐)'의 의미가 문제가 되는 것이다.

3.1. 지금까지 우리는 향가를 대하는 우리의 궁극적인 목표가 고대국어의 모습에 접근하는 데에 있다는 인식을 바탕으로 향가에 나타나는 부정 표현의 면면을 살펴보았다. 그동안 향가에 대해서는 상당히 많은 해독 작업이 이루어져 왔고, 그러한 과정을 통하여 이제는 향가 해독에 대한 기본적인 방법론까지 정립이 되어 있다고 할 수 있다. 이를테면, 일자일음의 원칙, 훈주음종의 원칙, 맥락일치의 원칙 등과 끊어읽기와 탈자,

27) 김완진(1980ㄴ:43)에서는 '比'자가 '甚'자의 잘못된 표기라고 보고 있다. 그러나 그에 대해서는 '北'으로 보아야 할 것이다. 삼국유사의 다른 곳, 이를테면 '右北庵……右南庵……' 〈유사 3:38ㅇ〉 등에서 '北'을 '比'으로 표기한 예가 보이기 때문이다. 그렇지만 '北'으로 보았을 때의 해독에 대한 검토는 후일을 기약할 수밖에 없는 형편이다.

28) 그에 대해서는 예 (8)을 참조할 것.

오자 등에 관한 고려 등이 그것이다. 그러나 이러한 방법들을 통하여 얻어진 결과를 검증해 보는 절차는 아직 가지지 못하고 있는 셈이다. 본고에서는 동일한 문법 기능 또는 의미 표현에 대한 표현은 어느 정도 공통점을 가지고 있을 것이라는 가정에서 출발하여, 기존의 해독 결과에 기대어 부정이라는 언어 현상을 나타내는 표현들을 모아 살펴본 것이다. 해독부터가 문제가 되는 자료에 기댄 언어 현상에의 접근이 과연 가능한 지가 의심이 되기도 하였지만, 정확한 해독과 그를 통한 언어 현상에의 접근 그리고 언어 현상에 대한 접근 과정에서 드러나는 문제점과 해당 문제점을 해결해 가는 과정에서 보다 정밀한 해독으로 갈 수 있으리라는 것이 논의의 출발점이었다. 그를 위하여 우리는 개별 문자의 운용을 하나하나 살펴 보고, 예외적인 쓰임에 대해서는 해당 문자의 모든 환경을 찾아 적절한 해독법을 모색하여 노래 전체의 맥락에서 조화를 이루는지도 생각해 보았다. 그 결과 우리는 체언 부정의 '不喩'(예 1ㄱ, ㄷ)와 용언 부정의 '不冬'(예 2), 능력 부정의 '毛冬(毛達, 毛等)'(예 3ㄴ, ㄷ, ㅂ, ㅅ, ㅇ) 그리고 어휘 부정으로 '없다(몿다)'(예 4ㅂ, ㅅ, ㅇ, ㅊ, ㅌ)와 '모르다'(예 3ㅁ, ㅈ)를 확인할 수 있었다.

이렇게 살펴 가는 과정에서 (1ㄱ)의 '不喩'의 쓰임이 예외가 아닌 것이라는 점과 (3ㄱ)과 (3ㄹ)의 '皆'와 '如'의 해독이 지니고 있는 문제점을 들어 다른 해독의 가능성도 모색해 보았다.

3.2. 그렇지만 이른바 어휘 부정이라고 할 수 있는 몇몇 예들에 대한 목록 추가는 다음 기회로 미룰 수밖에 없었다. 아직 그 해독에 대하여 의견이 분분할 뿐만 아니라 해당 예에 쓰인 문자의 정체가 불분명하거나, 해독에 일치를 보이는 경우라고 하더라도 해당 어휘의 의미가 정확히 우리가 상정하고 있는 부정의 개념에 부합이 되는지의 여부를 가리기에는 아직 우리의 힘이 미치지 못하기 때문이다.

'攴'과 '支'의 관계, 특히 지정문자 '攴'에 대해서는 겨우 그 문제점만을 살피는 데 그쳤다. 또한 현대국어의 부정법 논의의 과정에서 드러난 문제점, 이를테면 장형, 단형 부정문이라든가 '지' 명사화소의 성격이라든가 하는 등의 향가에서 발견되지 않는 현상들과 중세국어의 부정어 '아니'와 향가에 나타나는 '不喩, 不冬'의 비교 따위는 자료상의 제약으로 전혀 생각해 볼 수 없었다. 아울러 '안디'와 '안돌'의 분석가능성과 그 결과에 대한 문제라든가 체언과 용언의 부정에 달리 나타나는 현상을 통하여 새삼 제기되는 보다 본질적인 문제, 이를테면 명사와 동사의 정의와 개념 규정과 같은 문제들이 여전히 남아 있는 과제인 것이다.

참고문헌

강길운(1972), 한정법(삽입모음 오/우)에 대하여, 논문집 1, 덕성여자대학교.

강복수(1975), 국어문법사연구, 형설출판사.

강성일(1972), 중세국어 조어론 연구, 동아논총 9, 동아대학교.

강신항(1957), 이조초 불경언해 경위에 대하여, 국어연구 1, 서울대학교 대학원 국어연구회.

강신항(1967), 현대 국어의 가족 명칭에 대하여, 대동문화연구 4, 성균관대학교 대동문화연구원.

강신항(1975), 15세기문헌의 현실한자음에 대하여 -훈몽자회음과의 비교를 통하여-, 동양학 학술회의 논문집, 성균관대학교.

강신항(1980), 계림유사 '고려방언' 연구, 성균관대학교 출판부.

강신항(1987), 훈민정음연구, 성균관대학교 출판부.

강신항(1990ㄱ), 고대국어의 음절말자음에 대하여, 대동문화연구 25, 성균관대학교 대동문화연구원.

강신항(1990ㄴ), 증보판 훈민정음연구, 성균관대학교출판부.

강영(1990), 복합동사에 관한 일고찰(동사+동사의 구성을 중심으로), 우운 박병채 교수 정년퇴임 기념 한국어학신연구, 한신문화사.

강진식(1983), 복합어의 형태구조 연구, 국어국문학연구 9, 원광대학교 국어국문학과.

강창석(1987), 국어 경어법의 본질적 의미, 울산어문논집 3, 울산대학교 국어국문학과.

고광모(2004), 과거시제 어미 '-었-'의 형성에 대하여 -이설들을 비판하고 정설을 재확인함-, 형태론 6.2.

고명균(1992), 역박통사와 박통사언해에 대하여, 한국어문학연구 4, 한국외국어대학교.

고명균(1995), 17세기 국어 대립어 연구, 한국외국어대학교 대학원 박사학위논문.

고신숙(1987), 조선어리론문법, 품사론, 과학백과사전출판사.

고영근(1965), 현대국어의 서법체계에 대한 연구, 국어연구 15, 서울대학교 대학원 국어연구회.

고영근(1966), 현대국어의 직설법에 대하여, 국어국문학 31, 국어국문학회.

고영근(1967), 현대국어의 선어말어미에 대한 구조적 연구, 어학연구 3.1, 서울대학교 어학연구소.

고영근(1971), 국어 서실법에 나타나는 화식의 범주에 대하여, 김형규 박사 송수 기념 논총,

일조각.
고영근(1976), 현대국어의 문체법에 대한 연구, 어학연구 12.1, 서울대학교 어학연구소.
고영근(1978), 형태소의 분석한계, 언어학 3, 한국언어학회.
고영근(1980ㄱ), 중세어의 양태・정감의 서법에 대한 연구, 인문논총 5, 서울대학교 인문학연구원.
고영근(1980ㄴ), 중세어의 어미활용에 나타나는 '거/어'의 交替에 대하여, 국어학 9, 국어학회.
고영근(1981), 중세국어의 시상과 서법, 탑출판사.
고영근(1982), 서술성어미와 관형사형어미의 관련성에 관한 연구, 관악어문연구 7, 서울대학교 국어국문학과.
고영근(1986), 능격성과 국어의 통사 구조, 한글 192, 한글학회.
고영근(1987), 표준중세국어문법론, 탑출판사.
고영근(1989), 중세어 높임의 어미 '시'와 '오'계 어미의 형태론, 국어형태론연구, 서울대학교 출판부.
고영근・남기심(공편)(1983), 국어의 통사・의미론, 탑출판사.
고재설(1987), 국어의 합성동사에 대한 연구 -'명사+하다'의 구성을 중심으로, 서강대학교 대학원 석사학위논문.
고창수(1992), '으란'은 대제격인가?, 어문논집 31, 고려대학교 국어국문학연구회.
곽충구(1983), 파생어 및 복합어를 통한 방언사 연구, 난대 이응백 박사 회갑 기념 논문집, 보진재.
곽충구(1991), 근대국어 시기의 방언특징과 방언분화, 제21회 동양학학술회의강연초, 단국대학교 동양학연구소.
구본관(1992), 생성문법과 국어 조어법 연구 방법론 -분석과 결합을 중심으로-, 주시경학보 9, 탑출판사.
구재희(1994), 중세국어 선어말어미 '-거-'에 대한 연구, 이화여자대학교 대학원 석사학위논문.
국립국어연구원(1996), 국어의 시대별 변천 연구 1-중세국어-.
국립국어연구원(1997), 국어의 시대별 변천 연구 2-근대국어-.
권용경(1990), 15세기 국어 서법의 선어말어미에 대한 연구, 국어연구 101, 서울대학교 대학원 국어연구회.
권인한(1991), 왜학서류의 음절말 ㅅ, ㄷ 표기법 연구, 진단학보 70, 진단학회.
권재일(1977), 현대국어 동사구 내포문 연구, 서울대학교 대학원 석사학위논문.
권재일(1980), 현대국어의 관형화 내포문 연구, 한글 167, 한글학회.
권재일(1985), 국어의 복합문 구성 연구, 집문당.
권재일(1986), 의존동사의 문법적 성격, 한글 194, 한글학회.
기주연(1986), 번역노걸대와 노결대언해의 비교 연구, 숭전대학교 대학원 석사학위논문.
김계곤(1970ㄱ), 현대 국어의 풀이씨의 합성법, 인천교대논문집 5.
김계곤(1970ㄴ), 현대 국어의 꾸밈씨의 합성법, 한글 146, 한글학회.
김계곤(1978), 현대국어의 조어법 연구 -합성법과 파생법과의 겹침으로 이루어진 꾸밈씨, 눈뫼 허웅 박사 환갑 기념 논문집, 과학사.
김계곤(1979), 현대국어의 조어법 연구 -합성법과 파생법과의 겹침으로 이루어진 풀이씨, 인천교대논문집 13.
김계곤(1988), 조어법, 한힌샘연구 1, 한글학회.
김광해(1990), 반대말사전, 국학자료원.
김규선(1970), 국어의 복합어에 대한 연구 -구와 복합어 구분의 기준 설정을 위하여-, 어문학 23, 한국어문학회.
김규철(1981), 단어형성규칙의 정밀화 -방해현상을 중심으로-, 언어 6.2, 한국언어학회.
김근수(1962), 가례언해 해제, 국어국문학 고서잡록, 국어국문학자료총서 9.
김기혁(1980), 국어 합성동사의 생성적 연구, 연세대학교 대학원 석사학위논문.
김기혁(1987), 국어 보조동사 연구, 연세대학교 대학원 박사학위논문.
김동식(1980), 현대국어 부정법의 연구, 국어연구 42, 서울대학교 대학원 국어연구회.
김동식(1981), 부정 아닌 부정, 언어 6.2, 한국언어학회.
김동식(1984ㄱ), 객체높임법의 '숩'에 대한 검토, 관악어문연구 9, 서울대학교 국어국문학과.
김동식(1984ㄴ), 동사 '되다'의 연구, 국어국문학 92, 국어국문학회.
김동식(1990), 부정법, 국어연구 어디까지 왔나, 동아출판사.
김동식(1993), 현대국어 동사의 통사적 특성에 관한 연구, 서울대학교 대학원 박사학위논문.
김동식(1995), 현대국어 조사의 분류에 대한 연구, ms.
김동언(1988), 17세기 국어의 표기법, 홍익어문 7.
김동언(1989), 17세기 국어의 형태음운 연구, 고려대학교 대학원 박사학위논문.
김동찬(1987), 단어조성론, 고등교육도서출판사.
김두찬(1986), 구결어미 '羅叱多(랏다)'에 대하여, 국어국문학 96, 국어국문학회.
김명곤(1958), 복수 접미사 -tɐl-과 -nai에 대한 고찰, 문리대학보 6.1, 서울대학교.
김명희(1974), 한국어 동사의 의미구조에 관한 연구, 이화여자대학교 대학원 석사학위논문.
김명희(1984ㄱ), 국어동사복합화 과정에 나타나는 의미자질에 대하여(1), 언어교육 7, 성신여자대학교.
김명희(1984ㄴ), 국어 동사구 구성에 나타나는 의미관계 연구 -'V1+어+V2' 구조를 중심으로-, 이화여자대학교 대학원 박사학위논문.
김명희(1986), 국어 동사구 구성에 나타나는 의미관계 연구(2), 언어교육 9, 성신여자대학 어학연구소.
김명희(1988), 국어 동사구 구성에 나타나는 의미관계 연구, 연구논문집 27, 성신여자대학교.
김문웅(1982), '-다가'류의 문법적 범주, 한글 176, 한글학회.
김문웅(1984), 근대국어의 표기와 음운 -노걸대언해와 중간노걸대언해의 비교를 통하여-, 한글 185, 한글학회.
김문웅(1986), 15세기 언해서의 구결연구, 형설문화사.
김문웅(1987), 근대국어 문법형태의 변천 -노걸대언해와 중간노걸대언해의 비교를 통하여-, 한국어학과 알타이어학(박은용 박사 회갑 기념 논총), 효성여자대학교 출판부.

김미령(1996), 17세기 우리말 겹이름씨의 유형 연구 -풀이씨를 가진 것을 중심으로-, 국어국문학 33, 부산대학교.
김민수(1973ㄱ), 한글자모문제에 관한 고찰, 인문논총 18, 고려대학교.(김민수(1973ㄴ) 재록)
김민수(1973ㄴ), 국어정책론, 탑출판사.
김민수(1979), 이영철 중등국어문법 해설, 김민수 외(편), 역대한국문법대계 제1부 제30책, 탑출판사.
김민수(1983), 「말모이」의 편찬에 대하여, 동양학 13, 단국대학교 동양학연구소.
김민수(1986ㄱ), 국어사전: 그 표제어의 선정과 배열문제, 국어생활 7, 국어연구소.
김민수(1986ㄴ), 국어사전의 어제와 오늘, 출판문화 '86년 10월호(252).
김민수·하동호·고영근(1979), 역대한국문법대계, 탑출판사.
김방한(1983), 한국어의 계통, 민음사.
김사엽(1983), 일본의 만엽집, 민음사.
김상대(1985), 중세국어 구결문의 국어학적 연구, 한신문화사.
김상돈(1990), 근대국어의 표기와 음운변화 연구, 고려대학교 대학원 박사학위논문.
김상억(1975), 용비어천가, 을유문고 171, 을유문화사.
김상억(1986), 고려 속가요에 있는 겸하 선어미 {숩}류 해석에 대하여, 동천 조건상 선생 고희기념 논총, 형설출판사.
김상현(1987), 삼국유사의 서지학적 고찰, 삼국유사의 종합적 검토, 한국정신문화연구원.
김석득(1968), 직접구성요소(IC)간의 기능적 관계, 이숭녕 박사 송수 기념 논총, 을유문화사.
김석득(1981), 우리말의 시상, 애산학보 1, 애산학회.
김석득(1985), 17세기 국어의 된소리 형태음소되기 -된소리되기 원인과 된소리 증가 현상-, 연세논총 21, 연세대학교.
김선기(1967-75), 향가의 새로운 풀이, 현대문학 145-250호.
김선희(1984), 합성 동사의 의미 분석-"먹다, 치우다, 들다, 제치다, 붙이다, 나(아)가다"를 중심으로-, 한글 183, 한글학회.
김세중(1990), 16세기 초기 우리말의 낱말만들기 연구, 건국대학교 대학원 석사학위논문.
김소희(1996), 16세기 국어의 '-거/어-' 연구, 국어연구 142, 서울대학교 대학원 국어연구회.
김송룩(1987), 노걸대언해의 어휘 연구, 글터 6, 원광대학교.
김송룡(1985), 16세기 국어의 인칭법에 관한 연구, 건국대학교 대학원 석사학위논문.
김송원(1989), 형태소 {-아/어, -어, -게, -지, -고}에 대한 통사적 고찰, 건국어문학 11·12 (김 승곤 박사 화갑 기념), 건국어문학회.
김슬옹(1992), 이른바 "품사통용어"의 사전 기술 연구 -품사론의 재검토를 위하여, 사전편찬학연구 4, 연세대학교 언어정보연구원.
김승곤(1972), 국어 조사의 직능고, 국어국문학 58·59·60, 국어국문학회.
김승곤(1974ㄱ), '-오/우-' 형태소고 - 노걸대 박통사를 중심으로, 국어국문학 65·66, 국어국문학회.

김승곤(1974ㄴ), 16C 국어의 조사 연구, 건대학술지 18, 건국대학교.
김승곤(1978), 한국어 조사의 통시적 연구, 대제각.
김승곤(1989), 우리말 토씨 연구, 건국대학교 출판부.
김승곤(1992), 국어토씨연구, 서광학술자료사.
김승렬(1988), 국어 어순 연구, 한신문화사.
김영근(1988), 박통사·노걸대언해의 부정표현, 계명어문학 4, 계명대학교.
김영배(1981), 두시언해 중간본과 방언, 석전 이병주 선생 주갑 기념 논총, 이우출판사.
김영신(1980), 동국신속삼강행실의 국어학적 연구, 논문집 9, 부산여자대학교.
김영신(1985), 중·근세 한글 문헌의 국어학적 가치, 논문집 19, 부산여자대학교.
김영아(1984), 중기국어의 시상 연구, 고려대학교 대학원 석사학위논문.
김영욱(1989), 중세국어의 존비법에 대한 연구, 국어연구 89, 서울대학교 대학원 국어연구회.
김영춘(1994), 〈병자일기〉에 나타난 17세기 국어연구, 한국교원대학교 대학원 석사학위논문.
김영태(1970), 한국불교사 하(이조・근대편), 한국문화사대계 11, 고려대학교민족문화연구소.
김영태(1997), 현대국어 보조용언 연구, 문창사.
김영희(1973), 한국어의 주관동사에 대하여, 연세어문학 4, 연세대학교 국어국문학과.
김영희(1974), 한국어 조사류어의 연구, 문법연구 1, 문법연구회.
김영희(1975), '닥-아서'에서 '다가'까지, 연세어문학 6, 연세대학교.
김영희(1981), 회상문의 인칭 제약과 책임성, 국어학 10, 국어학회.
김영희(1984), 하다: 그 대동사설의 허실, 배달말 9, 배달말학회.
김영희(1986), 복합 명사구, 복합 동사구 그리고 겹목적어, 한글 193, 한글학회.
김완진(1957), 첩해신어에서의 일본어전사에 대하여, 문리대학보 5.2, 서울대학교.
김완진(1966), 집단곡용의 문제에 대하여, 동아문화 6, 서울대학교 동아문화연구소.
김완진(1970), 문접속의 '와'와 구접속의 '와', 어학연구 6.2, 서울대학교 어학연구소.
김완진(1971ㄱ), 국어 음운 체계의 연구, 일조각.
김완진(1971ㄴ), 알파성조와 자음부성조에 대한 일고찰, 김형규 박사 송수 기념 논총, 일조각.
김완진(1972ㄱ), 다시 β>w를 찾아서, 어학연구 8.1, 서울대학교 어학연구소.
김완진(1972ㄴ), 세종대의 어문정책에 대한 연구, 성곡논총 3, 성곡학술문화재단.
김완진(1973ㄱ), 국어 어휘마멸의 연구, 진단학보 35, 진단학회.
김완진(1973ㄴ), 중세국어 성조의 연구, 한국문화연구총서 11, 한국문화연구소.(1977, 탑출판사)
김완진(1975), 번역박통사와 박통사언해의 비교 연구, 동양학 5, 단국대학교 동양학연구소.
김완진(1976), 노걸대의 언해에 대한 비교연구, 한국연구총서 31, 한국연구원.
김완진(1977ㄱ), 삼구육명에 대한 한 가설, 이숭녕 선생 고희 기념 국어국문학논총, 탑출판사.
김완진(1977ㄴ), 향가의 어학적 연구의 기준, 언어와 언어학 5, 한국외국어대학교 언어연구소.
김완진(1977ㄷ), 중세 국어 성조의 연구, 탑출판사.
김완진(1978), 향가원문의 정오를 위하여, 관악어문연구 3, 서울대학교 국어국문학과.
김완진(1979ㄱ), 향가해독의 실제, 국어학 9, 국어학회.

김완진(1979ㄴ), 모죽지랑가해독의 고구, 진단학보 48, 진단학회.
김완진(1979ㄷ), 향가해독의 고구 이편, 동양학 9, 단국대학교 동양학연구소.
김완진(1979ㄹ), 향가해독삼장, 학술원논문집 18, 대한민국학술원.
김완진(1979ㅁ), 문학과 언어, 국어학연구선서 7, 탑출판사.
김완진(1980ㄱ), 지정문자설의 정립을 위하여, 난정 남광우 박사 화갑 기념 논총, 일조각.
김완진(1980ㄴ), 향가해독법연구, 서울대학교 출판부.
김완진(1980ㄷ), 도솔가의 해독에 대한 고찰, 장암 지헌영 선생 고희 기념 논총, 형설출판사.
김완진(1980ㄹ), 도이장가의 새로운 해독을 위하여, 연암 현평효 박사 회갑 기념 논총, 형설출판사.
김완진(1983), 계림유사와 음절말 자음, 국어학 12, 국어학회.
김완진(1984), 훈민정음 창제에 관한 연구, 한국문화 5, 서울대학교 한국문화연구소.
김완진(1985ㄱ), 특이한 음독자 및 훈독자에 대한 연구, 동양학 15, 단국대학교 동양학연구소.
김완진(1985ㄴ), 모죽지랑가 해독의 반성, 선오당 김형기 선생 팔지 기념 국어학논총, 창학사.
김완진(1986), 신라 향가의 어학적 분석, 전통과 사상(II), 한국정신문화연구원.
김완진(1992), 중간 노걸대언해의 연구, 한국문화 13, 서울대학교 한국문화연구소.
김완진(1995), 노걸대언해에서의 의도형의 붕괴 재론, 한국문화 16, 서울대학교 한국문화연구소.
김용석(1983), 한국어 보조동사 연구, 배달말 8, 배달말학회.
김원석(1990), 박통사언해와 박통사신석언해의 비교연구, 경북대학교 대학원 석사학위논문.
김원중(1994), 17세기 국어 부사의 형태론적 연구, 단국대학교 대학원 석사학위논문.
김일근(1957), 자료 태평광기언해 해제, 국어국문학 17, 국어국문학회.
김일근(1986), 언간의 연구, 건국대학교 출판부.
김재봉(1988), 착용동사의 낱말밭 연구, 고려대학교 교육대학원 석사학위논문.
김정수(1979), 17세기 초기 국어의 때매김법과 강조·영탄을 나타내는 안맺음씨 끝에 대한 연구, 언어학 4, 한국언어학회.
김정수(1980), 17세기 초기 국어의 높임법, 인칭법, 주체대상법을 나타내는 안맺음씨 끝에 대한 연구, 한글 167, 한글학회.
김정수(1984), 17세기 한국말의 높임법과 그 15세기로부터의 변천, 정음사.
김정수(1985), 17세기 한국말의 느낌법과 그 15세기로부터의 변천, 한국학논집 8, 한양대학교.
김정수(1996), 높임법의 등분, 말 21, 연세대학교 언어연구교육원 한국어학당.
김정시(1984), 첩해신어와 개수첩해신어의 비교 연구', 영남어문학 11, 영남어문학회.
김정시(1994), 17세기 국어 종결어미 연구, 우리말의 연구(외골 권재선 교수 화갑 기념 논문집), 우골탑.
김정아(1992), 시상형태소 '-엇-'과 '-ᄂᆞ-'의 이형태 목록의 변화에 대하여, 대전대 논문집 11.1.(통권 10호)
김정은(1989), 현대국어 합성명사의 의미론적 연구, 숙명여자대학교 대학원 석사학위논문.

김종택(1972), 복합 한자어의 어소배합구조, 어문학 27, 한국어문학회.
김종훈 편(1984), 국어경어법 연구, 집문당.
김종훈(1962), 높임말 '당신'에 대하여, 한글 130, 한글학회.
김주미(1988), 국어 복합동사의 의미론적 고찰, 동덕여자대학교 대학원 석사학위논문.
김주필(1994), 17·8세기 국어의 구개음화와 관련 음운현상에 대한 통시론적 연구, 서울대학교 대학원 박사학위논문.
김준영(1964, 1987), 향가문학, 형설출판사.
김준영(1979), 향가문학, 형설출판사.
김중진(1986), 근대국어 표기법 연구, 원광대학교 대학원 박사학위논문.
김중진(1992), 근대국어 표기법의 전개와 검토, 신창순 외(1992), 한국정신문화연구원.
김진형(1995), 중세국어 보조사에 대한 연구-목록설정을 중심으로-, 국어연구 136, 서울대학교 대학원 국어연구회.
김차균(1977), 경상도 방언의 성조체계, 서울대학교 대학원 박사학위논문.
김차균(1978), 월 속에서의 성조의 기능, 언어학 3, 한국언어학회.
김차균(1980ㄱ), '-아 있-'과 '-고 있-'의 의미, 언어 1, 충남대학교 어학연구소.
김차균(1980ㄴ), 국어 시제 형태소의 의미, 한글 169, 한글학회.
김차균(1985), 한국어 상성 성조의 본질, 소당 천시권 박사 화갑 기념 국어학논총, 형설출판사.
김차균(1988ㄱ), 훈민정음의 성조, 신상순 외(편)(1988), 한신문화사.
김차균(1988ㄴ), 성조 이론의 비판적 고찰, 애산학보 6, 애산학회.
김창복(1986), 16세기 후반기-17세기 초 의학자 허준의 활동과 〈동의보감〉, 력사과학 1, 평양: 사회과학원 력사연구소.
김창섭(1981), 현대국어의 복합동사 연구, 국어연구 47, 서울대학교 대학원 국어연구회.
김창섭(1983), '줄넘기'와 '갈림길'형 합성명사에 대하여, 국어학 12, 국어학회.
김창섭(1984), 형용사 파생 접미사들의 기능과 의미, 진단학보 58, 진단학회.
김창섭(1990), 복합어, 국어연구 어디까지 왔나, 동아출판사.
김창섭(1996), 국어의 단어형성과 단어구조 연구, 태학사.
김창섭(1997), 합성법의 변화, 송민·전광현 교수 회갑 기념 논총 국어사 연구, 태학사.
김청자(1983), 보조동사 '보다'의 의미연구, 논문집 18, 서울대학교 사범대학 국어국문학연구회.
김충회(1971), 후기 중세 국어의 경어법 연구, 서울대학교 대학원.
김충회(1990), 겸양법, 국어연구 어디까지 왔나, 동아출판사.
김태곤(1992), 17세기 국어의 다의어 연구(1), 논문집 35, 제주대학교.
김현권(1987), 언어사전 정의의 유형과 문법 문제, 한글 196, 한글학회.
김형규(1957), 국어교육과 「큰사전」, 한글 122, 한글학회.
김형규(1959), 구개음화의 연구, 논문집 9, 서울대학교.
김형규(1961), 「-(오/우)-」 삽입모음고, 조선학보 22, 일본: 조선학회.

김형규(1962), 경양사 문제의 재론, 한글 129, 한글학회.
김형규(1968), 국어 품사 분류의 문제점, 이숭녕 박사 송수 기념 논총, 을유문화사.
김형규(1975), 국어 경어법연구, 동양학 5, 단국대학교 동양학연구소.
김형철(1977), 번역노걸대와 노걸대언해의 비교, 경북대학교 대학원 석사학위논문.
김혜숙(1983), 대우법 형태소 변천고, 동악어문논집 17, 동국대학교.
김홍수(1975), 중세국어의 명사화 연구, 국어연구 34, 서울대학교 대학원 국어연구회.
김홍수(1982), 원인의 '에'와 '로'에 대하여, 국어문학 22, 전북대학교.
김홍수(1985), 심리동사 구문의 단언적 의미, 국어학 14, 국어학회.
김홍수(1988), 현대 국어 심리동사 구문에 관한 연구, 서울대학교 대학원 박사학위논문.
나진석(1971), 국어말의 때매김 연구, 과학사.
남광우(1953), 방점고, 국어국문학 7, 국어국문학회.
남광우(1960), 고어사전, 동아출판사.
남광우(1966), 동국정운식 한자음 연구, 한국연구원.
남광우(1969), 조선(이조)한자음 연구 - 임란전 현실한자음을 중심으로, 동아출판사.
남광우(1972), 신발견인 최세진 저 《번역노걸대》 권상을 보고, 국어국문학 55~57, 국어국문학회.
남광우(1975), 번역노걸대 해제, 노걸대 하(인하대학교 인문과학연구소 영인), 인하대학교 출판부.
남광우·성환갑(1982), 월인천강지곡, 형설출판사.
남기심 외(1987), 기존국어사전의 반성과 대표적 외국사전의 사례연구, 성곡논총 18, 성곡학술문화재단.
남기심(1970), 이음씨끝 '-아'를 매개로 한 겹씨의 움직씨 형성에 대하여, 한글 146, 한글학회.
남기심(1974), '우리말본'의 씨갈에 대하여, 나라사랑 14, 외솔회.
남기심(1978), 국어문법의 시제문제에 관한 연구, 탑출판사.
남기심(1988ㄱ), 국어사전의 현황과 그 편찬 방식에 대하여, 사전편찬학연구 1, 연세대학교 언어정보연구원.
남기심(1988ㄴ), 국어사전의 자모의 차례와 표제어 배열순에 관하여, 사전편찬학연구 2, 연세대학교 언어정보연구원.
남기심(1990), 사전의 조사에 대한 풀이에 관하여 -'에'의 풀이를 예로, 강신항 교수 회갑 기념 국어학 논문집, 태학사.
남기심(1993) 국어 조사의 용법 -'-에'와 '-로'를 중심으로-, 서광학술자료사.
남기탁(1979), 동국신속삼강행실의 국어학적 연구, 고려대학교 교육대학원 석사학위논문.
남성우(1986), 15세기 국어의 동의어 연구, 탑출판사.
남성우(1990), 어휘, 국어연구 어디까지 왔나, 동아출판사.
남풍현(1975), 한자차용표기법의 발달, 국문학논집 7·8, 단국대학교.
남풍현(1976), 국어부정법의 발달, 문법연구 3, 문법연구회.
남풍현(1977), 향가와 구역인왕경구결의 '之叱'에 대하여, 언어 2.1, 한국언어학회.

남풍현(1981), 차자표기법연구, 단국대학교 출판부.
노대규(1982), 국어의 복합어 구성 법칙, 인문논총 4, 한양대학교 문과대학.
렴종률(1992), 조선말력사문법, 평양: 김일성종합대학출판사.
류구상(1986), 주격조사에 대하여, 약천 김민수 교수 화갑 기념 국어학신연구, 탑출판사.
류구상(1990), 대격에 대하여, 한국어학신연구, 우운 박병채 교수 정년 퇴임 기념, 한신문화사.
류성기(1997), 근대 국어 형태, 국어의 시대별 변천 연구 2 -근대국어-, 국립국어연구원.
문세영(1938), 조선어사전, 조선어사전간행회.
문효근(1974), 한국어 성조의 분석적 연구, 세종출판공사.
민현식(1982), 현대국어의 격에 대한 연구, 국어연구 49, 서울대학교 대학원 국어연구회.
민현식(1987), 국어 조사와 격에 대해서, 선청어문 8, 서울대학교 사범대학 국어교육과.
민현식(1988), 노걸대언해의 한자어에 대한 고찰, 어문학보 5, 강릉대학교.
박갑수(1983), 어록해에 대하여, 난대 이응백 박사 회갑 기념 논문집, 보진재.
박노준(1982), 신라가요의 연구, 열화당.
박병채(1978), 16·7세기의 한자음에 대하여, 제21회 전국국어국문학회연구발표대회 발표요지, 국어국문학 78, 국어국문학회.
박상국(1987), 전국사찰소장목판집, 문화재관리국.
박성훈(2009), 노걸대언해사전, 태학사.
박승빈(1935), 조선어학, 조선어학연구회.
박양규(1972), 국어의 처격에 대한 연구, 국어연구 27, 서울대학교 대학원 국어연구회.
박양규(1975ㄱ), 소유와 소재, 국어학 3, 국어학회.
박양규(1975ㄴ), 존칭 체언의 통사론적 특징, 진단학보 40, 진단학회.
박양규(1985), 국어의 재귀동사에 대하여, 국어학 14, 국어학회.
박양규(1987), '보내오다'류의 유표적 복합동사들, 국어학 16, 국어학회.
박양규(1991), 국어 경어법의 변천, 새국어생활 1.3, 국립국어연구원.
박양규(1993), 존대와 겸양, 국어사자료와 국어학 연구, 문학과지성사.
박종홍(1986), 부정에 관한 연구, 박종홍전집 II, 형설출판사.
박진호(1995), 논항 공유 현상의 유형론과 통사론, 국어학회 공동연구회(1995년 12월) 발표논문.
박태권(1974), 노걸대언해 연구, 논문집 18, 부산대학교.
박향숙(1992), 노걸대 언해류의 비교 연구, 효성여자대학교 대학원 석사학위논문.
박형달(1968), 15세기 국어의 관형형에 나타나는 교체음운 '오/우'의 기능에 대하여, 어학연구 4.2, 서울대학교 어학연구소.
박형달(1976), 현대 한국어의 보조동사의 연구, 언어학 1, 한국언어학회.
박형달(1977), 기능적 관점에서의 보조동사 연구(상), 언어학 2, 한국언어학회.
박형달(1978), 기능적 관점에서의 보조동사 연구(하), 언어학 3, 한국언어학회.
박형우(1994), 중세국어 조사 '익/의'에 대한 연구, 한국교원대학교 대학원 석사학위논문.

박형익(1989), 동사 '주다'의 3가지 용법, 한글 203, 한글학회.
박홍근(1981), 국어 복합어 설정의 기준 문제에 관한 연구, 연세대학교 대학원 석사학위논문.
박희용(1988), 노걸대의 언해와 번역에 대한 비교 연구, 국어연구 82, 서울대학교 대학원 국어연구회.
방종현(1946ㄱ), 고어재료사전(전집), 동농사.
방종현(1946ㄴ), 노걸대언해의 영인본과 정정본과의 비교, 한글 95, 한글학회.
방종현(1947), 고어재료사전(후집), 동성사.
배해수(1975), 국어 부정법 연구, 고려대학교 교육대학원 석사학위논문.
배희임(1975), 중세국어의 선어말어미 -거-, -어- 연구, 고려대학교 대학원 석사학위논문.
배희임(1990), 태평광기언해 소고, 우운 박병채 교수 정년 퇴임 기념 한국어학신연구, 한신문화사.
백두현(1983), 국어성조의 문법적 변별기능, 언어과학연구 3, 언어과학회.
백두현(1988), 강희 39년 남해 영암사판 유합과 천자문의 음운 변화, 김무조 박사 화갑 기념 논총.
백두현(1989), 두시언해 초간본과 중간본의 통시음운론적 비교, 어문학 50, 한국어문학회.
서병국(1966), 존경법 시비고: 15C의 객체 겸양법(숩)을 중심으로, 경북대 논문집 10, 경북대학교.
서병국(1975), 현대국어의 어형성 연구, 경북대학교 대학원 박사학위논문.
서상규(1993), 번역노걸대와 노걸대언해의 부사 대조 색인, 논문집 44, 동경외국어대학.
서울대학교 대학원 국어연구회(1990), 국어연구 어디까지 왔나, 동아출판사.
서울대학교 대학원 국어연구회(1993), 국어사 자료와 국어학의 연구, 문학과지성사.
서재극(1969), 주격 '가'의 생성 기반에 대한 연구, 신태식 박사 송수 기념 논총, 계명대학교 출판부.
서재극(1974), 신라 향가의 어휘 연구, 계명대학교 출판부.
서정목(1977), 15세기 국어 속격의 연구, 국어연구 36, 서울대학교 대학원 국어연구회.
서정목(1978), 체언의 통사 특징과 15C 국어의 '-ㅅ, -의/의', 국어학 7, 국어학회.
서정목(1993), 국어 경어법의 변천, 한국어문 2, 한국정신문화연구원.
서정목(1997), 경어법 선어말 어미의 변화, 국어사연구, 태학사.
서정수(1971), 국어의 용언 어미 {-어(서)}:변형 생성 문법적 분석, 한글학회 50돌 기념 논문집, 한글학회.
서정수(1974), 국어의 부정법 연구에 관하여 -변형·생성 문법적 분석 연구를 중심으로-, 문법연구 1, 문법연구회.
서정수(1975), 동사 '하-'의 문법, 형설출판사.
서정수(1976), 국어 시상형태의 의미 분석 연구, 문법연구 3, 문법연구회.
서정수(1977), '더'는 회상의 기능을 지니는가, 언어 2.1, 한국언어학회.
서정수(1978ㄱ), '(었)더니'에 관하여, 눈뫼 허웅 박사 환갑 기념 논문집, 과학사.
서정수(1978ㄴ), 국어의 보조동사, 언어 3.2, 한국언어학회.

서정수(1979), {(었)던}에 관하여, 여천 서병국 박사 화갑 기념 논문집, 형설출판사. 고영근·남기심(공편)(1983)
서정수(1981), 합성어에 관한 문제, 한글 173·174, 한글학회.
서정수(1982), 연결어미 '-고'와 '-어(서)', 언어와 언어학 8, 한국외국어대학교 언어연구소.
서정수(1984), 존대법의 연구, 한신문화사.
서종학(1983ㄱ), 15세기 국어의 후치사 연구, 국어연구 53, 서울대학교 대학원 국어연구회.
서종학(1983ㄴ), 중세국어 '브터'에 대하여, 국어학 12, 국어학회.
서종학(1986), 구황촬요와 신간구황촬요, 국어학 15, 국어학회.
서태룡(1979ㄱ), 국어 접속문에 대한 硏究, 국어연구 40, 서울대학교 대학원 국어연구회.
서태룡(1979ㄴ), 내포와 접속, 국어학 8, 국어학회.
서태룡(1993), '우리말본'의 씨갈, 새국어생활 3.3, 국립국어연구원.
석주연(1998), 《노걸대》, 《박통사》류 이본들의 '거/어'에 대하여 -종결형 '거다/어다'를 중심으로-, 관악어문연구 23, 서울대학교 국어국문학과.
성광수(1978), 국어 조사에 대한 연구, 형설출판사.
성광수(1988ㄱ), 국어형태소의 유형과 의미, 한국어문교육 3, 고려대학교 사범대학 국어교육학회.
성광수(1988ㄴ), 국어의 단어와 조어 -어휘구조와 어형성규칙(1)-, 주시경학보 1.
성광수(1988ㄷ), 합성어 구성에 대한 검토 -국어 어휘구조와 어형성규칙(2)-, 한글 201·202, 한글학회.
성광수(1988ㄹ), 국어 어휘구조와 어형성규칙, 사대논집 13, 고려대학교 사범대학.
성기철(1971), 동사류어의 어간구조와 접사, 김형규 박사 송수 기념 논총, 일조각.
성기철(1974), 경험의 형태 {-었-}에 대하여, 문법연구 1, 문법연구회.
성기철(1985), 현대국어 대우법 연구, 개문사.
성기철(1990), 공손법, 국어연구 어디까지 왔나, 동아출판사.
성기철(1991), 국어 경어법의 일반적 특징, 새국어생활 1.3, 국립국어연구원.
성낙수(1975), 한국어의 회상문 연구, 문법연구 2, 문법연구회.
성낙수(1976), 접속사 '다가'에 대하여, 연세어문학 7·8, 연세대학교.
성낙수(1978), 이유, 원인을 나타내는 접속문 연구(Ⅱ), 한글 162, 한글학회.
손성지(1991), 번역노걸대와 노걸대언해의 어미 체계 연구, 계명대학교 대학원 석사학위논문.
손세모돌(1991), 국어 보조동사에 대한 연구, 한양대학교 대학원 박사학위논문.
손주일(1979), 15세기 국어의 선어말 어미 '-오/우-'에 대한 통사론적 고찰, 서강대학교 대학원 석사학위논문.
손주일(1980), 15세기 국어의 선어말 어미 유형고, 논문집 2, 우석대학교.
손주일(1986), 15세기 국어 {오/우} 재고, 한국언어문학 24, 한국언어문학회.
손창숙(1989), 복합동사에 있어서의 선행성분의 의미연구, 중앙대학교 대학원 석사학위논문.
손호민(1975), Retrospection in Korean, 어학연구 11, 서울대학교 어학연구소.
송기중(1984), 국어와 알타이어, 세계 속의 한국문화(제3회 국제학술회의 논문집), 한국정신문화원.
송기중(1988ㄱ), 한자주변의 문자들, 정신문화연구 34, 한국정신문화연구원.
송기중(1998ㄴ), 청어노걸대 해제, 청어노걸대, 홍문각.
송민(1982ㄱ), 근대국어의 음운론의 제문제, 어문학 4, 국민대학교.
송민(1982ㄴ), 근대한국어의 발화현실 수3, 성심어문논집 6.
송민(1986), 전기근대국어의 음운론 연구, 탑출판사.
송민(1991), 근대국어의 음운론적 인식, 제21회 동양학학술회의강연초, 단국대학교 동양학연구소.
송병학(1980), {-었-}의 의미분석, 언어 1, 충남대학교.
송병학(1980), 한국어의 동명사 복합어, 논문집 16, 충남대학교.
송석중(1977), '부정의 양상'의 부정적 양상, 국어학 5, 국어학회.
송석중(1981), 한국말의 부정의 범위, 한글 173, 한글학회.
송석중(1982), 조사 '과, 를, 에'의 의미 분석, 말 7, 연세대학교 언어연구교육원 한국어학당.
송석중(1990), "이다" 논쟁의 반성, 애산학보 10, 애산학회.
송재주(1993), 한국고전시가연구, 도서출판 다운샘.
송철의(1977), 파생어 형성과 음운 현상, 국어연구 38, 서울대학교 대학원 국어연구회.
송철의(1985), 파생어 형성에 있어서 어기의 의미와 파생어의 의미, 진단학보 60, 진단학회.
송철의(1989), 국어의 파생어 형성 연구, 서울대학교 대학원 박사학위논문.
송하진(1991), 국어 복합동사의 어휘론적 특성, 김영배 선생 회갑 기념 논총, 경운출판사.
시정곤(1988), 복합어 형성규칙과 음운현상, 고려대학교 대학원 석사학위논문.
시정곤(1990), 국어의 단어형성에 대한 관견 -복합과 파생을 중심으로-, 우운 박병채 교수 정년 퇴임 기념 한국어학신연구, 한신문화사.
신기철·신용철(1974), 새 우리말 큰 사전, 삼성출판사.
신상순 외(편)(1988), 훈민정음의 이해, 전남대어연총서 1, 한신문화사.
신용호(1994), 중세국어 주어적 속격에 대한 연구 - 소학언해의 내포문을 중심으로-, 경남대학교 대학원 석사학위논문.
신익성(1968), 격에 관하여, 한글 141, 한글학회.
신정숙(1974), 전통 한국 사회 부녀자의 호칭어와 비칭어, 국어국문학 65·66, 국어국문학회.
신지연(1985), 조사 '도'의 의미기능에 대하여, 관악어문연구 10, 서울대학교 국어국문학과.
신창순(1976), 국어 조사의 연구, 국어국문학 71, 국어국문학회.
신창순(1982), 국어 부정법 연구, 언어 7.1, 한국언어학회.
신태현(1940), 고어집해, 정음 제35호, 경성: 조선어학연구회.
신횡숙(1980), /-더라/의 쓰임과 의미, 건국대학교 대학원 논문집 11.
심상도(1990), 중세국어 속격의 성격, 남송 구본혁 박사 정년 퇴임 기념 논총.
심상도(1992ㄱ), 중세국어 속격 '-ㅅ'의 특성, 명지어문학 20, 명지대학교.
심상도(1992ㄴ), 중세국어 속격의 연구, 명지대학교 대학원 박사학위논문.
심재기(1979), 관형화의 의미기능, 어학연구 15, 서울대학교 어학연구소.

심재기(1979), 동명사의 통사적 기능에 대하여, 문법연구 4, 문법연구회.
심재기(1980), 명사화의 의미기능, 언어 5.1, 한국언어학회.
심재기(1981), 국어 어휘의 통사적 기능 변환에 관한 연구, 서울대학교 대학원 박사학위논문.
심재기(1982), 국어어휘론, 집문당.
심재기(1987), 국어사전에서의 뜻풀이, 어학연구 23.1, 서울대학교 어학연구소.
심재기(1989), 좋은 우리말 사전을 만들기 위한 예비적 고찰, 애산학보 7, 애산학회.
심재기(1991), 근대국어의 어휘체계에 대하여-역어유해의 분석을 중심으로-, 김완진 선생 회갑 기념 논총 국어학의 새로운 인식, 민음사.
안동환(1980), Semantics of Korean Tense Markers, Georgetown University dissertation.
안동환(1981), 우리말 관형절에서의 '-었-'과 '-ø-'의 시제 표시기능, 한글 171, 한글학회.
안명철(1982), 처격 '에'의 의미, 관악어문연구 7, 서울대학교 국어국문학과.
안명철(1985), 보조조사 '서'의 의미, 국어학 14, 국어학회.
안명철(1990), 보조동사, 국어연구 어디까지 왔나, 동아출판사.
안병한(1984), 17세기 국어의 활용어미 연구, 영남대학교 대학원 석사학위논문.
안병호(1985), 계림류사와 고려시기조선어, 중국: 흑룡강조선민족출판사.
안병희(1957), 중간두시언해에 나타난 t 구개음화에 대하여, 일석 이희승 선생 송수 기념 논총, 일조각.
안병희(1959), 십오세기 국어의 활용어간에 대한 형태논적 연구, 국어연구 7, 서울대학교 대학원 국어국문학과.(1978: 탑출판사)
안병희(1959), 중기어의 부정어 '아니'에 대하여, 국어국문학 20, 국어국문학회.
안병희(1961), 주체겸양법의 접미사 '-습-'에 대하여, 진단학보 22, 진단학회.
안병희(1963ㄱ), 'ᄌᆞ갸' 어고, 국어국문학 26, 국어국문학회.
안병희(1963ㄴ), 십오세기 국어의 경어법 접미사 '-님'에 대하여, 문리대학보 1, 건국대학교.
안병희(1965ㄱ), 15C 국어 공손법의 한 연구:2인칭 '그듸'와 관련하여, 국어국문학 28, 국어국문학회.
안병희(1965ㄴ), 문법론, 국어학개론, 수도출판사.
안병희(1966), 부정격의 정립을 위하여, 동아문화 6, 서울대학교 동아문화연구소.
안병희(1967), 한국어발달사: 문법사, 한국문화사대계 V, 고려대학교 민족문화연구소.
안병희(1968ㄱ), 문법사, 한국문화사대계 5, 고려대학교 민족문화연구소.
안병희(1968ㄴ), 임전란직전 국어자료에 관한 이삼문제에 대하여, 진단학보 33, 진단학회.
안병희(1968ㄷ), 중세국어의 속격어미 '-ㅅ'에 대하여, 이숭녕 박사 송수 기념 논총, 을유문화사.
안병희(1973), 중세국어 연구자료의 성격에 대한 연구, 어학연구 9.1, 서울대학교 어학연구소.
안병희(1976), 구결과 한문훈독에 대하여, 진단학보 41, 진단학회.
안병희(1977ㄱ), 중세국어 구결의 연구, 일지사.
안병희(1977ㄴ), 중세어 자료 '육자신주'에 대하여, 이숭녕 선생 고희 기념 국어국문학논총, 탑출판사.
안병희(1978ㄱ), 16·7세기의 국어사 자료에 대하여, 제21회 전국국어국문학회연구발표대회 발표요지, 국어국문학 78, 국어국문학회.
안병희(1978ㄴ), 이륜행실도·경민편 해제, 이륜행실도·경민편(영인), 단국대학교 부설 동양학연구소.
안병희(1979), 중세어의 한글자료에 대한 종합적인 고찰, 규장각 3, 서울대학교 규장각ㅎ나국학연구원.
안병희(1981), 서평, 김완진 저 향가해독법연구, 한국학보 22, 일지사.
안병희(1982ㄱ), 중세 국어 겸양법 연구에 대한 반성, 국어학 11, 국어학회.
안병희(1982ㄴ), 중세국어 경어법의 한두 문제, 백영 정병욱 선생 환갑 기념 논총 국어학연구, 신구문화사.
안병희(1983ㄱ), 이두문헌 이문대사에 대하여, 동방학지 38, 연세대학교 국학연구원.
안병희(1983ㄴ), 어록해 해제, 한국문화 4, 서울대학교 한국문화연구소.
안병희(1984), 한국어 차자표기법의 형성과 특징, 세계 속의 한국문화(제3회 국제학술회의 논문집), 한국정신문화원.
안병희(1987ㄱ), 어학편, 한국학기초자료선집 -고대편-, 한국정신문화연구원.
안병희(1987ㄴ), 이문과 이문대사, 국어학연구선집 11, 탑출판사.
안병희(1987ㄷ), 국어사자료로서의 삼국유사 -향가의 해독과 관련하여 -, 삼국유사의 종합적 검토, 한국정신문화연구원.
안병희(1989), 훈민정음의 제자에 대하여, 제 16 회 국어학회 공동연구회 구두발표.
안병희(1990), 규장각소장 근대국어 자료의 서지학적 고찰, 서지학보 2, 한국서지학회.
안병희(1992ㄱ), 국어사 자료 연구, 문학과지성사.
안병희(1992ㄴ), 유합, 교원복지신보 494, 교원복지신보사.
안병희(1996), 노걸대와 그 언해서의 이본, 인문논총 35, 서울대학교 인문학연구소.
안병희·이광호(1990), 중세국어문법론, 학연사.
안세현(1988), 노걸대언해와 박통사언해의 표음을 통한 16-17세기 중국 한자음 체계에 대한 고찰, 조선어문 4.
양동휘(1978ㄱ), 국어 관절형의 시제, 한글 162, 한글학회.
양동휘(1978ㄴ), 국어 보조동사의 관용성, 설당 김영희 박사 송수 기념 영어영문학논총, 형설출판사.
양영희(1997), 15세기 '숩'의 의미기능 탐색을 위한 전제, 성재 이돈주 선생 화갑 기념 국어학 연구의 새 지평, 태학사.
양인석(1978), '가다·오다' 합성동사의 활용론, 설당 김영희 박사 송수 기념 영어영문학논총, 형설출판사.
양정석(1991), 동사의 두 가지 어휘 구조, 갈음 김석득 교수 회갑 기념 논문집 국어의 이해와 인식, 한국문화사.
양정석(1992), 한국어동사의 어휘구조, 연세대학교 대학원 박사학위논문.

양주동(1942), 조선고가연구, 박문출판사.(증정판 1965, 일조각)
양희철(1990), 향찰 '攴'과 '支'의 해독, 국어국문학 104, 국어국문학회.
엄정호(1987), 장형 부정문에 나타나는 '-지'에 대하여, 국어학 16, 국어학회.
연재훈(1986), 한국어 '동사성명사 합성어(verbal noun compound)의 조어법과 의미 연구, 서울대학교 대학원 석사학위논문.
오만(1979), 현대 한국어 복합동사, 언어학 4, 한국언어학회.
왕문용(1981), 첩해신어의 국어자료에 대하여, 어문학보 5, 강원대학교.
왕문용(1986ㄱ), {-더-}와 관형절, 약천 김민수 교수 화갑 기념 국어학신연구, 탑출판사.
왕문용(1986ㄴ), '번박'과 '박언'의 '-를', 인문학연구 24, 강원대학교.
운허용하(1961), 불교사전, 동국역경원.
유경종(1985), 국어복합어 형성과정의 의미론적 연구, 한양대학교 대학원 석사학위논문.
유구상(1980), 국어 조사 '는'에 대한 연구, 한글 170, 한글학회.
유기운(1984), 17세기 국어 받침의 표기법 연구, 한양대학교 대학원 석사학위논문.
유동석(1981), '더'의 의미에 대한 관견, 관악어문연구 6, 서울대학교 국어국문학과.
유동석(1984ㄱ), 양태조사의 통보기능에 대한 연구, 국어연구 60, 서울대학교 대학원 국어연구회.
유동석(1984ㄴ), {로}의 이질성 극복을 위하여, 국어학 13, 국어학회.
유동석(1990), 조사생략, 국어연구 어디까지 왔나, 동아출판사.
유동석(1991), 중세국어 객체높임법에 대한 통사론적 접근, 김완진 선생 회갑 기념 논총 국어학의 새로운 인식과 전개, 민음사.
유목상(1974), 통어론적 구성에 의한 어형성에 관한 연구, 성곡논총 5, 성곡학술문화재단.
유성식(1981), 복합동사에 관한 연구 -통사론적 고찰을 중심으로-, 중앙대학교 대학원 석사학위논문.
유창균(1959), 왜어유해 역음고, 어문학 5, 한국어문학회.
유창균(1961), 고어사전, 어문학 7.
유창균(1971), 향가의 '支'자 표기에 대하여, 장암 지헌영 선생 화갑 기념 논총.
유창균(1982), 동국정운, 형설출판사.
유창균(1994), 향가비해, 형설출판사.
유창돈(1963), 선행어미 -가/거-, -아/어-, -나- 고찰, 한글 132, 한글학회.
유창돈(1964), 이조어사전, 연세대학교 출판부.
유창돈(1980), 어휘사연구, 이우출판사.
윤용선(1986), 중세국어 경어법 연구-존경법을 중심으로, 국어연구 71, 서울대학교 대학원 국어연구회.
이건식(1987), 현대국어의 반복복합어 연구, 단국대학교 대학원 석사학위논문.
이경수(1997), 現代朝鮮語の複合動詞について, 조선학보 162, 일본: 조선학회.
이광정(1987), 국어품사분류의 역사적 발전에 관한 연구, 한신문화사.
이광호(1972), 중세국어의 대격 연구, 서울대학교 대학원 석사학위논문.

이광호(1976), 중세국어 속격 어미의 일고찰 -주어적·목적어적 속격을 중심으로-, 국어국문학 70, 국어국문학회.
이광호(1979), 중세국어 시제어미에 대하여: 그 분포상의 제약을 중심으로, 한국어문학회 편, 조선전기의 언어와 문학, 형설출판사.
이광호(1985), 격조사 {로}의 기능통합을 위한 시론, 선오당 김형기 선생 팔질 기념 국어학논총, 어문연구회.
이광호(1987), 근대국어 표기법에 나타난 분철표기의 연구, 어문학논총 6, 국민대학교.
이광호(1993), 근대국어 표기법에 대한 의미론적 해석, 정신문화연구 16.1, 한국정신문화연구원.
이근철(1995), 17세기 국어의 상에 대한 연구, 대전대학교 대학원 석사학위논문.
이기갑(1979), 우리말 상대 높임 등급 체계의 변천 과정, 서울대학교 대학원 석사학위논문.
이기갑(1981), 씨끝 '-아'와 '-고'의 역사적 교체, 어학연구 17.2, 서울대학교 어학연구소.
이기동(1976), 조동사의 의미분석, 문법연구 3, 문법연구회.
이기동(1977), 동사 '오다' '가다'의 의미분석, 말 2, 연세대학교 언어연구교육원 한국어학당.
이기동(1978), 조동사 "지다"의 의미 연구, 한글 161, 한글학회.
이기동(1979), "주다"의 문법, 한글 166, 한글학회.
이기동(1979), 조동사 "놓다"의 의미 연구, 한글 163, 한글학회.
이기동(1981), A tense-aspect-modality system in Korean, 애산학보 1, 애산학회.
이기동(1983), 조동사의 의미 분석, 고영근·남기심(공편)(1983).
이기동(1988ㄱ), 사전 뜻풀이의 검토, 사전편찬학연구 2, 연세대학교 언어정보연구원.
이기동(1988ㄴ), 조동사 '보다'의 의미, 애산학보 6, 애산학회.
이기문 외(1983), 한국어문의 제문제, 일지사.
이기문(1956), 계림유사의 일고찰, 일석 이희승 선생 송수 기념 논총, 일조각.
이기문(1959), 16세기 국어의 연구, 문리논집 4, 고려대학교 문과대학.(1978, 탑출판사 재간)
이기문(1962), 중세국어의 특수어간 교체에 대하여, 진단학보 23, 진단학회.
이기문(1963ㄱ), 13세기 중엽의 국어 자료, 동아문화 1, 서울대학교 동아문화연구소.
이기문(1963ㄴ), 국어표기법의 역사적 연구, 한국연구원.
이기문(1964ㄱ), 몽어노걸대 연구, 진단학보 25, 진단학회.
이기문(1964ㄴ), 동사어간 '앉-, 엱-'의 사적 고찰, 도남 조윤제 선생 회갑 기념 논총.
이기문(1967), 몽학서 연구의 기본문제, 진단학보 31, 진단학회.
이기문(1968), 계림유사의 재검토, 동아문화 8, 서울대학교 동아문화연구소.
이기문(1971), 훈몽자회연구, 서울대학교출판부.
이기문(1972ㄱ), 국어사개설(개정판), 민중서관.
이기문(1972ㄴ), 국어음운사연구, 한국문화연구소(1977: 탑출판사).
이기문(1981), 이두의 기원에 대한 일고찰, 진단학보 52, 진단학회.
이기문(1983), '아자비'와 '아즈미', 국어학 12, 국어학회.

이기문(1998), 신정판 국어사개설, 태학사.
이기백(1977), 격조사의 생략에 대한 고찰, 어문논총 11, 경북대학교.
이기용(1976), 시간론: '지금'의 의미, 어학연구 12, 서울대학교 어학연구소.
이기용(1979), 두가지 부정문의 동의성 여부에 대하여, 국어학 8, 국어학회.
이남덕(1970), 십오세기 국어의 서법연구, 이화여자대학교 대학원 박사학위논문.
이남덕(1971), 15세기 국어의 정동법 연구, 문교부연구보고서(어문학계 6).
이남순(1983), '에'와 '로'의 통사와 의미, 언어 8.2, 한국언어학회.
이남순(1988), 국어의 부정격과 격표지 생략, 탑출판사.
이남정(1981), 현대국어의 시제와 상에 대한 연구, 국어연구 46, 서울대학교 대학원 국어연구회.
이덕흥(1985), 가례언해에 나타난 어휘 형성고, 어문연구 13.4, 일조각.
이돈주(1979), 한자학총론, 박영사.
이명규(1974), 구개음화에 대한 문헌적 고찰, 국어연구 31, 서울대학교 대학원 국어연구회.
이명규(1982), 근대국어의 음운현상에 관한 연구, 인문논총 3, 한양대학교.
이병근(1977), 최초의 국어사전 「말모이」, 언어 2.1, 한국언어학회.
이병근(1981), 유음탈락의 형태론과 음운론, 한글 173·174, 한글학회.
이병근(1982), 국어사전사 편고, 백영 정병욱 선생 환갑 기념 논총 국어학연구, 신구문화사.
이병근(1985), 조선총독부 편 《조선어사전》의 편찬목적과 그 경위, 진단학보 59, 진단학회.
이병근(1986ㄱ), 국어사전 편찬의 역사, 국어생활 7, 국어연구소.
이병근(1986ㄴ), 국어사전과 파생어, 어학연구 22.3, 서울대학교 어학연구소.
이병근(1986ㄷ), 조선광문회 편《말모이》(사전), 한국문화 7, 서울대학교 한국문화연구소.
이병근(1988), 개화기의 어휘정리와 사전편찬, 주시경학보 1.
이병근(1989), 국어사전과 음운론, 애산학보 7, 애산학회.
이병근(1996), 16·17세기 언간의 표기에 대한 음운론적 이해, 정신문화연구 64, 한국정신문화연구원.
이봉선(1987), 동사적 합성어에 대하여, 어학 14, 전북대학교 어학연구소.
이상복(1979), 동사 '말다'에 대하여, 연세어문학 12, 연세대학교 국어국문학과.
이상복(1986), 보조동사 '보다'의 의미-통사론적 고찰, 약천 김민수 교수 화갑 기념 국어학신연구, 탑출판사.
이상복(1988), 국어 사전 편찬과 문법형태소의 처리, 사전편찬학연구 2, 연세대학교 언어정보연구원.
이상복(1990), 현대국어의 조어법 연구, 연세대학교 대학원 박사학위논문.
이상복(1991), 형태소 복합법에 관련된 몇 가지 문제, 국어의 이해와 인식, 갈음 김석득 교수 회갑 기념 논문집, 한국문화사.
이상섭(1988), 뭉치 언어학적으로 본 사전 편찬의 실제 문제, 사전편찬학 2.
이상섭(1990), 현대 사전 편찬학의 이론과 실제, 사전편찬학연구 3, 연세대학교 언어정보연구원.

이상억(1972), 동사의 특성에 대한 이해, 어학연구 8.2, 서울대학교 어학연구소.
이상억(1979a), Middle Korean Tonology, Doctoral Dissertation Univ. of Illinois at Urbana.
이상억(1979b), On the Origin of Middle Korean Tone, Language Research 15.1, 서울대학교 어학연구소.
이상억(1979c), The Tyology of the Tonal System in Middle Korean, 인문논집 24, 고려대학교.
이상억(1979d), 성조와 음장, 어학연구 15.2, 서울대학교 어학연구소.
이상억(1987), 고대국어 이전의 성조와 유성자음의 출몰, 국어학 16, 국어학회.
이상은(1987), 고서목록, 보경문화사.
이상춘(1949), 조선옛말사전, 을유문화사.
이석구(1987), '유합'에 대한 국어학적 연구, 단국대학교 대학원 석사학위논문.
이석규(1983), 현대 국어의 시제 연구, 국어교육 46·47, 한국국어교육연구회.
이석주(1987), 의미론적 접근에 의한 국어 복합어와 구의 판별 기준, 논문집 11, 한성대학.
이석주(1988ㄱ), 국어 어구성 연구, 중앙대학교 대학원 박사학위논문.
이석주(1988ㄴ), 국어 복합어 판별에 관한 연구, 정산 유목상 박사 환갑 기념 논총.
이석주(1988ㄷ), 국어 복합어 구조 연구, 한성어문학 7, 한성대학교 국어국문학과.
이선영(1992), 15세기 국어 복합동사 연구, 국어연구 110, 서울대학교 대학원 국어연구회.
이수진(2011), 노걸대 언해본에 나타난 부사의 통시적 연구, 전남대학교 대학원 석사학위논문.
이숭녕(1955), 신라시대의 표기법 체계에 관한 시론, 서울대학교 논문집 2.
이숭녕(1958), 주격 '가'의 발달과 그 해석, 국어국문학 19, 국어국문학회.
이숭녕(1959), 어간형성과 활용어미에서의 「-(오/우)-」의 개재에 대하여, 서울대학교 논문집 8.
이숭녕(1960), Volitive form으로서의 Prefinal ending「-(o/u)-」의 기재에 대하여, 진단학보 21, 진단학회.
이숭녕(1961), 중세국어문법, 을유문화사.
이숭녕(1964), 15세기의 활용에서의 성조의 고찰, 아세아연구 7.2, 고려대학교 아세아문제연구소.
이숭녕(1964), 경어법 연구, 진단학보 25·26·27 합병호, 진단학회.
이숭녕(1964ㄱ), 중세국어의 Mood론: 허웅씨의 소론에 답함, 어문학 11, 한국어문학회.
이숭녕(1964ㄴ), 「-(오/우)-」론고: 주로 허웅씨의 기본태도의 일대변모에 대하여, 국어국문학 27, 국어국문학회.
이숭녕(1968), 성조체계의 붕괴 과정의 고찰, 진단학보 31, 진단학회.
이숭녕(1970), 근대국어 연구의 관견 -17세기 국어를 주로 하여-, 낙산어문 2, 서울대학교.
이숭녕(1971), 17세기 국어의 음운사적 고찰, 동양학 1, 단국대학교 동양학연구소.
이숭녕(1972ㄱ), 17세기 국어의 형태론적 고찰, 동양학 2, 단국대학교 동양학연구소.
이숭녕(1972ㄴ), 동국신속삼강행실에 대한 어휘론적 고찰, 국어국문학 55·56·57, 국어국문학회.
이숭녕(1972ㄷ), 국어학연구, 형설출판사.
이숭녕(1976ㄱ), 15세기 국어의 쌍형어 '잇다, 시다'의 발달에 대하여, 국어학 4, 국어학회.
이숭녕(1976ㄴ), Prefinal Ending 「-오/우-」의 재고찰, 증보 수정판 고전국어의 연구, 선명문화사.
이숭녕(1978), 동국신속삼강행실의 음운사적 고찰, 학술원논문집 17, 대한민국학술원.
이숭녕(1980), 중세국어 특이 처격 '-이' '-의'에 대하여, 학술원논문집 19.
이숭녕(1981), 세종대왕의 학문과 사상, 아세아문화사.
이숭녕(1983), 국어의 인대명사와 신분성 지배에 對하여, 학술원논문집 22, 대한민국학술원.
이승명(1980), 국어 어휘의 의미 구조에 대한 연구, 형설출판사.
이승우(1988), 우리나라 사전 편찬의 역사와 현황, 출판저널 17.
이승욱(1958), 국어의 시제 연구, 국어연구 6, 서울대학교 대학원 국어연구회.
이승욱(1959), 직관의 견지에서 본 미래시제의 발달, 국어국문학 20, 국어국문학회.
이승욱(1966), 후치사의 통사론적 고찰, 동아문화 6, 서울대학교 동아문화연구소.
이승욱(1967), 15세기 국어의 선어말 접미사 -가/거-, 국문학논집(단국대학교) 1.
이승욱(1968), '-숩시-'고, 이숭녕 박사 송수 기념 논총, 을유문화사.
이승욱(1969), 주어의 통사에 관한 고찰, 국문학논문집 3, 단국대학교 국어국문학과.
이승욱(1970), 과거시제에 대하여: '-더-'를 중심으로, 국어국문학 49·50, 국어국문학회.
이승욱(1973), 국어문법체계의 사적 연구, 일조각.
이승욱(1974), 동사어간 형태소의 발달에 대하여, 진단학보 38, 진단학회.
이승욱(1977ㄱ), 문법사의 몇 문제, 국어학 5, 국어학회.
이승욱(1977ㄴ), 서법과 시상법의 교차현상, 이숭녕선생 고희 기념 국어국문학논총, 탑출판사.
이승재(1989), 차자표기와 훈민정음의 문자론적 연구에 대하여, 제16회 국어학회 공동연구회.
이승재(1992), 고려시대의 이두, 태학사.
이시형(1983), 존대 형태소 {-시-}에 대한 연구, 서강대학교 대학원 석사학위논문.
이시형(1990), 한국어의 연결어미 '-어', '-고'에 관한 연구, 서강대학교 대학원 박사학위논문.
이영철(1953), 옛말사전, 을유문화사.
이용주(1986), 사전 주석에 대하여, 국어생활 7, 국어연구소.
이윤재(1947), 표준 조선말 사전, 어문각.
이윤표(1986), 국어 친척 용어의 연구, 약천 김민수 교수 회갑 기념 국어학신연구, 탑출판사.
이윤하(1999), 현대 국어의 대우법 연구, 서울대학교 대학원 박사학위논문.
이은정(1987), 사전에서의 품사 규정 고찰, 한글 195, 한글학회.
이응호(1975), 외국인의 국어사전 편찬사업, 명지어문학 7.
이응호(1976), 한글부흥기의 사전편찬 제안에 대한 연구, 명대논문집 9, 명지대학교.
이응호(1977), 《조선광문회》의 '말모이'(국어사전) 엮기, 명대논문집 10, 명지대학교.
이익섭(1963), 15세기 국어의 표기법연구, 국어연구 10, 서울대학교 대학원 국어연구회.
이익섭(1965), 국어복합명사의 IC분석, 국어국문학 30, 국어국문학회.

이익섭(1967), 복합명사의 액센트 고찰 -구와 구형복합어를 구분시켜주는 marker를 찾기 위한 시고로서-, 학술원논문집 6, 대한민국학술원.

이익섭(1974), 국어 경어법의 체계화 문제, 국어학 2, 국어학회.

이익섭(1975), 국어조어론의 몇 문제, 동양학 6, 단국대학교 동양학연구소.

이익섭(1978), 상대시제에 대하여, 관악어문연구 3, 서울대학교 국어국문학과.

이익섭(1982), 현대국어의 반복복합어의 구조, 백영 정병욱 선생 환갑 기념 논총 국어학연구, 신구문화사.

이익섭(1985), 근대한국어문헌의 표기법 연구 -특히 분철표기의 발달을 중심으로-, 조선학보 114, 일본: 조선학회.

이익섭(1990), 근대국어문헌의 표기체계: 중철표기를 중심으로, 한국문화 11, 서울대학교 한국문화연구소.

이익섭(1993), 근대국어 표기법의 성격과 특징, 정신문화연구 16.1, 한국정신문화연구원.

이익섭·임홍빈(1983), 국어문법론, 학연사.

이익환(1988), 어휘의 의미 변천과 사전, 사전편찬학 2.

이인모(1967), Prefinal Ending -오/우-의 신고찰, 문리법경대 논문집 1, 우석대학교.

이인모(1968), 중세 국어의 과거 시제 연구 -prefinal ending -거- -어- -나- -니-를 중심으로 하여-, 국어국문학 41, 국어국문학회.

이인모(1976), 고전국어의 연구(증보개정판), 선명문화사.

이재선(1972), 신라향가의 어법과 수사, 향가의 어문학적 연구, 인문연구논문집 4, 서강대학교 인문과학연구소.

이재선(1979), 향가의 이해, 삼성문화문고 130.

이재수(1955), 윤고산 연구, 학우사.

이재창(1982), 불교경전해설, 현대불교신서 46, 동국대학교불전간행위원회.

이종철(1983), 향가와 만엽집가의 표기법 비교 연구, 집문당.

이종철(1989), 향가시구 '安支下'와 '安支尙'에서의 '支'의 지시기능 재고, 논문집 7, 한림대학교.

이종철(1990), 향가해독법, 국어연구 어디까지 왔나, 동아출판사.

이주행(1981), 국어의 복합어에 대한 고찰, 국어국문학 86, 국어국문학회.

이주행(1985), 국어 조동사 연구, 논문집 11, 한국국어교육연구회.

이주행(1993), 근대국어 표기법에 대한 형태론적 해석, 정신문화연구 16.1, 한국정신문화연구원.

이지양(1982), 현대국어의 시상형태에 대한 연구, 국어연구 51, 서울대학교 대학원 국어연구회.

이진환(1984), 18세기 국어의 조어법 연구 -'방언집석'을 중심으로-, 단국대학교 대학원 석사학위논문.

이찬규(1984), 복합동사 연구 -IC 분석과 유형을 중심으로, 어문논집 18, 중앙대학교 국어국문학과.

이창환(1992), 두시언해 중간본에 나타난 근대국어적 특성에 대하여, 전북대학교 대학원 석사학위논문.

이철수(1976), 현대국어 명사류어의 대우 표현, 선청어문 7, 서울대학교 사범대학 국어교육과.

이탁(1958), 향가신해독, 국어학논고, 정음사.

이태영(1988), 국어 동사의 문법화 연구, 한신문화사.

이태영(1997), 역주 첩해신어, 태학사.

이현규(1974), 박통사언해 연구, 국어국문학연구 16, 영남대학교.

이현규(1985), 객체 존대 '-숩-'의 변화, 배달말 10.

이현복(1987), 국어사전에서의 발음표시, 어학연구 23.1, 서울대학교 어학연구소.

이현우(1986), 현대국어의 접속의 양상에 대한 연구, 국어연구 70, 서울대학교 대학원 국어연구회.

이현희(1985), 'ᄒᆞ다' 어사의 성격에 대하여 -누러ᄒᆞ다류와 엇더ᄒᆞ다류를 중심으로-, 한신논문집 2, 한신대학교.

이현희(1985), 근대국어 경어법의 몇 문제, 한신어문연구 1, 한신대학교 국어국문학과.

이현희(1986), 중세국어의 용언어간말 '-ᄒᆞ-'의 성격에 대하여, 약천 김민수 교수 화갑 기념 국어학신연구, 탑출판사.

이현희(1991), 중세국어의 합성어와 음운론적인 정보, 석정 이승욱 선생 회갑 기념 논총.

이현희(1997), 중세국어의 강세접미사에 대한 일 고찰, 한국어문학논고, 태학사.

이혜성(1978), 팔만대장경, 보성문화사.

이호권(1998), 석보상절의 국어학적 연구, 서울대학교 대학원 박사학위논문.

이환묵(1982), 부정표현 '아니'의 통사범주와 그 의미, 어학연구 18.1, 서울대학교 어학연구소.

이희승(1955), 국어학개설, 민중서관.

이희승(1961), 국어 대사전, 민중서관.

임동훈(1991ㄱ), 현대국어 형식명사 연구, 국어연구 105, 서울대학교 대학원 국어연구회.

임동훈(1991ㄴ), 격조사는 핵인가, 주시경학보 8, 주시경연구소.

임동훈(1996), 현대국어 경어법 어미 '-시-'에 대한 연구, 서울대학교 대학원 박사학위 청구논문.

임명선(1978), 구황촬요의 어학적 연구, 수련어문논집 6, 부산여자대학교 국어교육과.

임홍빈(1973), 부정의 양상, 논문집 5, 서울대학교 교양과정부.

임홍빈(1974), '로'와 선택의 양태화, 어학연구 10.2, 서울대학교 어학연구소.

임홍빈(1975), 부정법의 {어}와 상태진술의 {고}, 국민대 논문집 8, 국민대학교.

임홍빈(1976ㄱ), 부사화와 대상성, 국어학 4, 국어학회.

임홍빈(1976ㄴ), 존대·겸양의 통사절차에 대하여, 문법연구 3, 문법연구회.

임홍빈(1977), 선어말 {-거-}와 대상성, 국민대 논문집 11, 국민대학교.

임홍빈(1978), 부정법 논의와 국어의 현실, 국어학 6, 국어학회.

임홍빈(1979ㄱ), '을/를' 조사의 의미와 통사, 한국학논총 2, 국민대학교.

임홍빈(1979ㄴ), 용언의 어근분리 현상에 대하여, 언어 4.2, 한국언어학회.

임홍빈(1980ㄱ), {-겠-}과 대상성, 한글 170, 한글학회.
임홍빈(1980ㄴ), 선어말 {-오/우-}와 확실성, 한국학논총 3, 국민대학교 한국학연구소.
임홍빈(1981ㄱ), 사이시옷 문제의 해결을 위하여, 국어학 10, 국어학회.
임홍빈(1981ㄴ), 존재 전제와 속격표지 '의', 언어와 언어학 7, 한국외국어대학교 언어연구소.
임홍빈(1982), 선어말 {-더-}와 단절의 양상, 관악어문연구 7, 서울대학교 국어국문학과.
임홍빈(1983), 국어의 절대문에 대하여, 진단학보 56, 진단학회.
임홍빈(1984), 선어말 '-느-'와 실현성의 양상, 목천 유창균 박사 환갑 기념 논문집, 형설출판사.
임홍빈(1985ㄱ), {-시-}와 경험주 상정의 시점, 국어학 12, 국어학회.
임홍빈(1985ㄴ), 청자 존대법상의 '해'체와 '해라'체에 대하여, 소당 천시권 박사 화갑 기념 국어학 논총, 형설출판사.
임홍빈(1985ㄷ), 현대의 {-삽-}과 예사 높임의 '-오'에 대하여, 선오당 김형기 선생 팔질 기념 국어학논총, 창학사.
임홍빈(1986), 청자 대우 등급의 명명법에 대하여, 약천 김민수 교수 화갑 기념 국어학신연구, 탑출판사.
임홍빈(1987), 국어 부정문의 통사와 의미, 국어생활 10, 국어연구소.
임홍빈(1989), 통사적 파생에 대하여, 어학연구 25.1, 서울대학교 어학연구소.
임홍빈(1990ㄱ), 어휘적 대우와 대우법 체계의 문제, 강신항 교수 회갑 기념 국어학논문집, 태학사.
임홍빈(1990ㄴ), 존경법, 국어연구 어디까지 왔나, 동아출판사.
임홍빈(1993), 다시 {-더-}를 찾아서, 국어학 23, 국어학회.
장경희(1977), 17세기 국어의 종결어미 연구, 사대논총 16, 서울대학교 사범대학.
장경희(1983), {더}의 의미와 그 용법, 언어 8.2, 한국언어학회.
장경희(1985), 현대국어의 양태범주 연구, 탑출판사.
장석진(1973), 시상의 양상, 어학연구 9.2, 서울대학교 어학연구소.
장영익(1980), 중세국어의 속격어미에 대한 연구, 단국대학교석사학위논문.
장종하(1986), 15세기 국어의 복합동사 연구, 단국대학교 대학원 석사학위논문.
장하일(1957), 낱말의 정의, 일석 이희승 선생 송수 기념 논총, 일조각.
전광현(1967), 17세기 국어의 연구, 국어연구 19, 서울대학교 대학원 국어연구회.
전광현(1988), 17세기 국어의 접미파생법에 대하여, 동양학 18, 단국대학교 동양학연구소.
전광현(1991), 근대국어연구의 현황과 과제, 제21회 동양학학술회의강연초, 단국대학교 동양학연구소.
전광현(1997), 근대 국어 음운, 국어의 시대별 변천 연구 2 -근대국어-, 국립국어연구원.
전규태(1976), 논주 향가, 정음사.
전수태(1986), 운동동사의 개념과 범주, 약천 김민수 교수 화갑 기념 국어학신연구, 탑출판사.
전수태(1987), 국어 이동동사의 의미 연구, 한신문화사.
전재관(1958), '-습-' 따위 경양사의 산고, 경북대 논문집 2, 경북대학교.

전재호(1966), 두시언해에 나타난 초중간의 표기법 비교, 국어국문학 32, 국어국문학회.

전재호(1968), 중간 두시언해의 판본 문제, 행정 이상헌 선생 회갑 기념 논문집, 형설출판사.

전정례(1990ㄱ), 중세국어 명사구 내포문에서의 '-오-'의 기능, 언어연구 1.

전정례(1990ㄴ), 중세국어 의존명사구문에 대한 일고찰, 언어학 12, 한국언어학회.

전철웅(1984ㄱ), 번역노걸대와 노걸대언해의 어휘비교연구 -동사류를 중심으로-, 개신어문연구(충북대학교) 3.

전철웅(1984ㄴ), 번역노걸대와 노걸대언해의 어휘비교연구 -명사류를 중심으로-, 개신어문연구(충북대학교) 4.

정광 편(1998), 청어노걸대신석, 태학사.

정광(1968), 주격 '가'의 발달에 대하여, 우리문화 2, 서울대학교.

정광(1978), 16·7세기 훈민정음의 음가 변동에 대하여, 제21회 전국국어국문학회연구발표대회 발표요지, 국어국문학 78, 국어국문학회.

정광(1984), 첩해신어의 성립시기에 관한 몇 문제, 유창균 박사 환갑 기념 논문집, 형설출판사.

정광(1991), 사역원 역학서의 근대국어 자료적 성격, 제21회 동양학학술회의강연초, 단국대학교 동양학연구소.

정광(1992), 근대국어 연구에 대한 반성과 새로운 연구방법의 모색, 어문논집 31, 고려대학교.

정광(2004), 역주 노걸대, 김영사.

정광(2006), 역주 번역노걸대와 노걸대언해, 100대 한글 문화유산 45, 신구문화사.

정동환(1987), 우리말 사전 처리에서 본 앒가지 뜻의 정리, 겨레어문학 11・12(김 승곤 박사 화갑 기념), 겨레어문학회.

정동환(1991ㄱ), 국어 대등합성어의 의미 관계 연구, 한글 211, 한글학회.

정동환(1991ㄴ), 국어 합성어의 의미 관계 연구, 건국대학교 대학원 박사학위논문.

정동환(1991ㄷ), 국어 융합 합성어의 의미 관계 연구, 국제어문 12·13, 국제대학 국제어문학연구회.

정동환(1993), 국어 복합어의 의미 연구, 서광학술자료사.

정렬모(1965), 향가연구, 사회과학원출판사.

정문수(1983), {더}의 의미기능에 관한 연구, 대전대학 논문집 2.

정문수(1984), 상적 특성에 따른 한국어의 풀이씨의 분류, 문법연구 5, 문법연구회.

정순기・리기원(1984), 사전편찬리론연구, 사회과학출판사.

정승혜(1991), 첩해신어의 대역국문 연구 -표기법 및 음운론을 중심으로-, 덕성여자대학교 대학원 석사학위논문.

정연찬(1969), 국어 성조의 기능 부담량에 대하여, 여당 김재원 박사 회갑 기념 논총, 을유문화사.

정연찬(1970), 주체 겸양법의 접미사 '-숩-'의 성조, 국문학논집 4, 단국대학교.

정연찬(1972ㄱ), 중세국어 성조의 변동과 기본형, 한글 150, 한글학회.

정연찬(1972ㄴ), 향가해독일반, 향가의 어문학적 연구, 인문연구논문집 4, 서강대학교 인문과학연구소.
정연찬(1976), 국어성조에 관한 연구, 일조각.
정연찬(1981), 근대국어 음운론의 몇 가지 문제, 동양학 11, 단국대학교 동양학연구소.
정연찬(1984), 중세국어의 한 조사 '-으란'에 대하여 -대제격으로 세운다-, 국어학 13, 국어학회.
정연찬(1993), 근대국어 표기법에 대한 음운론적 해석, 정신문화연구 16.1, 한국정신문화연구원.
정영인(1986), 17세기 국어의 표기체계와 음운현상, 전북대학교 대학원 석사학위논문.
정영인(1991), 근대국어의 음절구조와 음운변화, 전북대학교 대학원 박사학위논문.
정우택(1987), 전기근대국어의 형태음소론적 연구, 국어연구 79, 서울대학교 대학원 국어연구회.
정원수(1992), 국어의 단어형성론, 한신문화사.
정윤자(1990), 근대국어의 활용어간에 대한 형태음소론적 연구, 단국대학교 대학원 석사학위논문.
정인승(1959), 우리말의 씨가름에 대하여, 한글 125, 한글학회.
정재영(1985), 15세기 국어의 선어말어미 {-오/우-}에 대한 연구, 한국외국어대학교 대학원 석사학위논문.
정정덕(1980), 한국어 합성어의 구문론적 연구, 연세대학교 대학원 석사학위논문.
정정덕(1982), 합성명사의 의미론적 연구 -N1·N2 구조를 중심으로 -, 한글 175, 한글학회.
정철(1976), 국어의 속격 조사 "이/의"의 비교적 고찰, 논문집(경북대학교 교육대학원) 6·7.
정태진·김병제(1948), 조선고어방언사전, 일성당서점.
정호성(1988), 17세기 국어의 파생접미사에 대한 연구, 성균관대학교 대학원 석사학위논문.
정화자(1969), 번역 박통사와 박통사 언해의 비교 연구, 이화여자대학교 대학원 석사학위논문.
정희준(1948), 조선고어사전, 동방문화사. (1955년 유창돈 증보)
조남덕(1994), 첩해신어의 개수분석, 서광학술자료사.
조남호(1997), 근대 국어 어휘, 국어의 시대별 변천 연구 2 -근대국어-, 국립국어연구원.
조선어학회(1947-50, 1957), 큰사전, 을유문화사.
조영상(1995), 언해문에 나타난 수사와 수량사 -번역박통사와 박통사언해를 중심으로-, 홍익어문 13, 홍익어문연구회.
조재수(1984), 국어 사전 편찬론, 과학사.
조재수(1986), 북한의 말과 글 -사전편찬을 중심으로, 한글학회.
조재수(1988), 북한의 국어 사전 편찬에 대한 고찰, 국어생활 15, 국어연구소.
조재수(1989), 국어사전에서 비자립어 다루기 문제(I), 애산학보 7, 애산학회.
조항범(1984), 국어 유의어의 통시적 고찰 -명사·동사를 중심으로-, 국어연구 58, 서울대학교 대학원 국어연구회.
조현숙(1985), 경북방언의 운율체계연구, 국어연구 66, 서울대학교 대학원 국어연구회.
조현숙(1989), 부정접두어 '無, 不, 未, 非'의 성격과 용법, 관악어문연구 14, 서울대학교 국어국문학과.
지준모(1969), 사전론 -의미와 발음과 품사를 중심으로, 어문학 20.
지춘수(1969ㄱ), 고어 사전 주석에 있어서의 몇 가지 문젯점 (Ⅰ), 한글 143, 한글학회.
지춘수(1969ㄴ), 고어 사전 주석에 있어서의 몇 가지 문젯점 (Ⅱ), 한글 144, 한글학회.
지춘수(1983), 근대국어 표기법의 양상과 경향, 국어국문학 5, 조선대학교.
지춘수(1986), 국어표기사연구, 경희대학교 대학원 박사학위청구논문.
지헌영(1948), 향가여요신석, 정음사.
차재은(1993), 선어말어미 '거'의 변천 연구, 고려대학교 대학원 석사학위논문.
차현실(1981), 중세국어의 응축구문 연구, 이화여자대학교 대학원 박사학위논문.
채완(1976), 조사 '는'에 대하여, 국어학 5, 국어학회.
채완(1977), 현대국어 특수조사의 연구, 국어연구 39, 서울대학교 대학원 국어연구회.
채완(1986), 국어 어순의 연구 -반복 및 병렬을 중심으로-, 탑출판사.
채완(1990), 특수조사, 국어연구 어디까지 왔나, 동아출판사.
채인숙(1986), 17세기 의서언해의 국어학적 고찰, 한양대학교 대학원 석사학위논문.
천기석(1984), 국어의 동작동사와 상태동사의 체계 연구, 형설출판사.
천혜봉(1991), 간경도감, 한국민족문화대백과사전, 한국정신문화연구원.
최규일(1989), 한국어 어휘형성에 관한 연구, 성균관대학교 대학원 박사학위논문.
최기호(1977), 16세기 자리토씨 연구, 연세어문학 9·10, 연세대학교 국어국문학과.
최기호(1978ㄱ), 17세기 국어의 마침법(종지법) 연구, 논문집(목원대학교) 2.
최기호(1978ㄴ), 17세기 국어의 존대법 체계 연구, 연세대학교 대학원 석사학위논문.
최기호(1981), 17세기 국어 '-숩-'의 통사 기능, 말 6, 연세대학교 언어연구교육원 한국어학당.
최기호(1994), 몽어노걸대 연구, 상명여자대학교 출판부.
최남희(1987ㄱ), 선어말어미「-*숣-」의 통어적 기능, 건국어문학 11·12(김승곤 박사 화갑 기념), 건국어문학회.
최남희(1987ㄴ), 선어말어미「-오/우-」의 통어기능, 동의어문론집 3, 동의대학교.
최동권(1986), 진행상 표현의 보조동사, 약천 김민수 교수 화갑 기념 국어학신연구, 탑출판사.
최동주(1988), 15세기 국어의 안맺음씨끝 '-더-'에 관한 연구, 서울대학교 대학원 석사학위논문.
최명옥(1985), 변칙동사의 음운현상에 대하여: p-, s-, t-변칙동사를 중심으로, 국어학 14, 국어학회.
최명옥(1988), 변칙동사의 음운현상에 대하여: lɨ-, lə-, ɛ(jə)-, h-변칙동사를 중심으로, 어학연구 24.1, 서울대학교 어학연구소.
최명옥(1997), 16세기 한국어의 존비법 재고, 제134회 조선어연구회 발표요지.
최성호(1984), 신라가요연구, 문현각.
최세화(1976), 15세기국어의 중모음연구, 아세아문화사.
최춘태(1991), 중세국어 서법소 -거/어- 연구, 계명대학교 대학원 석사학위논문.
최태영(1965), 중세국어의 Prefinal ending -거-에 관한 연구, 국어연구 17, 서울대학교 대학원 국어연구회.
최현배(1930), 조선어의 품사분류론, 조선어문연구, 연희전문학교 문과연구집 1.
최현배(1936), 조선어사전에서의 어휘배열의 순서문제, 한글 4-7, 한글학회.
최현배(1937=1955), 우리말본, 정음사.
최현배(1959), 깁고 고친 우리말본, 정음사.
최현배(1959), 한글의 차례잡기에 관하여, 한글 124, 한글학회.
최현배(1963), 잡음씨에 대하여, 연세논총 2, 연세대학교.
최현배(1965), 낱말에 대하여, 한글 135, 한글학회.
최현배(1967), 사전에서의 울림말의 차례잡기, 한글 140, 한글학회.
최현배(1971), 고친 한글갈, 정음사.
추교신(1982), 가례언해의 국어학적 연구, 인하대학교 대학원 석사학위논문.
하동호(1987), 동의보감에 보인 국어 어휘고, 이응호 박사 회갑 기념 논문집, 한샘출판사.
한길(1978), 한국어 부정어에 관한 연구 -'아니다', '없다', '말다'의 해체 분석을 중심으로, 연세대학교 대학원 석사학위논문.
한동완(1984), 현대국어 시제의 체계적 연구, 서강대학교 대학원 석사학위논문.
한동완(1986), 과거시제 '엇'의 통시론적 고찰, 국어학 15, 국어학회.
한백언(1986), 19세기 국어의 복합동사 연구, 단국대학교 대학원 석사학위논문.
한재영(1984), 중세국어 피동구문의 특성에 대한 연구, 국어연구 61, 서울대학교 대학원 국어연구회.
한재영(1985), 중세국어 성조에 관한 일고찰, 국어학 14, 국어학회.
한재영(1986), 중세국어 시제체계에 대한 관견: 선어말어미 '더'의 위치정립을 중심으로, 언어 11.2, 한국언어학회.
한재영(1989), 15세기 국어사전 편찬에 관한 몇 문제, 어학연구 25.3, 서울대학교 어학연구소.
한재영(1990), 방점의 성격 구명을 위하여, 강신항 교수 회갑 기념 국어학논문집, 태학사.
한재영(1991), 향가의 부정 표현에 관련된 몇 문제, 김완진 선생 회갑 기념 논총 국어학의 새로운 인식과 전개, 민음사.
한재영(1992ㄱ), 국어대사전과 우리말 큰사전, 문학과 사회 18(1992년 여름, 제V권 제2호).
한재영(1992ㄴ), 중세국어의 대우체계 소고, 울산어문논집 8.
한재영(1994), 16세기 국어 구문의 구조 연구, 서울대학교 대학원 박사학위논문.
한재영(1995), 鄕歌 '良'字 小考, 국어사와 차자표기, 소곡 남풍현 선생 회갑 기념 논총, 태학사.
한재영(1996ㄱ), 16세기 국어구문의 연구, 신구문화사.
한재영(1996ㄴ), 조사 중첩 원리의 모색, 이기문 교수 정년 퇴임 기념 논총, 신구문화사.
한재영(1998ㄱ), 님금과 임금님, 국어 어휘의 기반과 역사, 심재기 선생 회갑 기념 논총, 태학사.
한재영(1998ㄴ), 16세기 국어의 대우 체계 연구, 국어학 31, 국어학회.

한재영(1998ㄷ), 었더考, 제149·150회 조선어연구회 논문발표회(구두발표).

한재영(1999), 중세국어 복합동사의 구성에 관한 연구, 어학연구 35.1, 서울대학교 어학연구소.

한재영(2000ㄱ), 대우와 격식, 솔미 정광 교수 화갑 기념 논문집 21세기 국어학의 과제, 도서출판 월인.

한재영(2000ㄴ), 17세기 국어자료와 국어연구의 현황, 문헌과 해석 10.

한재영(2002ㄱ), 16세기 국어의 시제체계와 변화 양상 연구, 진단학보 93, 진단학회.

한재영(2002ㄴ), 중세국어 선어말어미 '거/어'의 문법, 문법과 텍스트, 서울대학교 출판부.

한재영(2005), '엇'과 '더'의 통합관계, 우리말연구 서른아홉 마당, 태학사.

한재현(1980), 국어의 동사구 구조, 어학 7, 전북대학교 어학연구소.

허경(1983), 중세국어의 과거시제에 대한 연구, 명지대학교 대학원 석사학위논문.

허웅(1954), 존대법사, 성균학보 1, 성균관대학교.

허웅(1955ㄱ), 방점연구, 동방학지 2, 연세대학교 국학연구원.

허웅(1955ㄴ), 용비어천가, 정음사.

허웅(1958), 삽입모음고: 15세기 국어의 일인칭 활용과 대상 활용에 대하여, 서울대학교 논문집.

허웅(1959), 삽입모음 재고: 이숭녕박사의 의도설에 대해, 한글 125, 한글학회.

허웅(1961), 15C 국어의 존대법과 그 변천, 한글 128, 한글학회.

허웅(1963ㄱ), 또다시 인칭·대상활용어미로서의 '-오/우-'를 논함, 어문학 10, 한국어문학회.

허웅(1963ㄴ), 중세국어의 연구, 정음사.

허웅(1964), 이숭녕박사의 '중세국어 Mood론'에 대한 비판: 아울러 필자에 대한, 그 무책임한 세 번째 반박에 답함, 한글 133, 한글학회.

허웅(1965), '인칭어미설'에 대한 다섯 번째의 논고, 한글 135, 한글학회.

허웅(1966ㄱ), 서기 15세기 국어를 대상으로 한 조어법의 서술방식과 몇 가지 문제점, 동아문화 6, 서울대학교 동아문화연구소.

허웅(1966ㄴ), 서기 15세기 국어의 비통사적 합성어, 아세아학보 2, 아세아학술연구회.

허웅(1967), 서기 15세기 국어의 통사적 합성어, 동방학지 8, 연세대학교 국학연구원.

허웅(1972), 15세기 국어의 토씨 연구, 한글 150, 한글학회.

허웅(1974), 서기 15세기 국어의 때매김법, 한글 153, 한글학회.

허웅(1975), 우리 옛말본 -15세기 국어 형태론-, 샘문화사.

허웅(1977), 15세기에서 16세기에 이르는 우리말 때매김법의 변천, 세림한국학논총 1, 세림장학회.

허웅(1979), 17세기 국어 때매김법 연구, 한글 164, 한글학회.

허웅(1982), 한국말 때매김법의 걸어온 발자취, 한글 178, 한글학회.

허웅(1987), 국어 때매김법의 변천사, 샘문화사.

허웅(1988), 16세기 국어 토씨 연구 -15세기에서 바뀌어 온 발자취를 더듬는다-, 동방학지(연세대학교) 59.

허웅(1989), 16세기 우리 옛말본, 샘문화사.
허웅(1992), 15·16세기 우리 옛말본의 역사, 탑출판사.
허철구(1998), 국어의 합성동사 형성과 어기분리, 서강대학교 대학원 박사학위논문.
홍기문(1956), 향가해석, 과학원.
홍사만(1983), 국어특수조사론, 학문사.
홍윤표(1969), 15세기 국어의 격연구, 국어연구 21, 서울대학교 대학원 국어연구회.
홍윤표(1977), 불구동사에 대하여, 이숭녕 선생 고희 기념 국어국문학논총.
홍윤표(1978), 방향성 표시의 격, 국어학 6, 국어학회.
홍윤표(1979), 국어의 조사, 언어 4.2, 한국언어학회.
홍윤표(1980ㄱ), 근대국어의 격연구(1) -주격-, 일산 김준영 선생 화갑 기념 논총, 형설출판사.
홍윤표(1980ㄴ), 근대국어의 격연구(2) -속격-, 연암 현평효 박사 회갑 기념 논총, 형설출판사.
홍윤표(1981ㄱ), 근대국어의 '로'와 도구격, 국문학논집 10, 단국대학교 국어국문학과.
홍윤표(1981ㄴ), 근대국어의 처격표시와 방향표시의 격, 동양학 11, 단국대학교 동양학연구소.
홍윤표(1981ㄷ), 근대국어의 '-로드려'와 '-로더브러'에 대하여, 백영 정병욱 선생 환갑 기념 논총 국어학연구, 신구문화사.
홍윤표(1984ㄱ), 가례언해 해제, 가례언해(영인), 홍문각.
홍윤표(1984ㄴ), 현대국어의 후치사 {가지고}, 동양학 14, 단국대학교 동양학연구소.
홍윤표(1985ㄱ), 국어어휘 문헌자료에 대하여, 소당 천시권 박사 화갑 기념 국어학논총, 형설출판사.
홍윤표(1985ㄴ), 조사에 의한 경어법 표시의 변천, 국어학 14, 국어학회.
홍윤표(1986ㄱ), 최초의 국어사전 「국한회화」에 대하여, 백호 전재호 박사 화갑 기념 국어학논총.
홍윤표(1986ㄴ), 근대국어의 표기법 연구, 민족문화연구 19, 고려대학교.
홍윤표(1986ㄷ), 동의보감 해제, 동의보감 탕액편(영인본), 태학사.
홍윤표(1987ㄱ), 근대국어의 어간말자음군 표기에 대하여, 국어학 16, 국어학회.
홍윤표(1987ㄴ), 근대국어의 표기법, 국어생활 9, 국어연구소.
홍윤표(1990), 격조사, 국어연구 어디까지 왔나, 동아출판사.
홍윤표(1991), 근대국어의 통사론, 제21회 동양학학술회의강연초, 단국대학교 동양학연구소.
홍윤표(1993ㄱ), 근대국어 한글문헌의 중철표기에 대하여, 정신문화연구 16.1, 한국정신문화연구원
홍윤표(1993ㄴ), 국어사 문헌자료 연구 -근대편 Ⅰ-, 태학사.
홍윤표(1994ㄱ), 근대국어 연구(Ⅰ), 태학사.
홍윤표(1994ㄴ), 규장각 소장 근대국어 문헌자료의 종합적 연구, 한국문화 15, 서울대학교 한국문화연구소.

홍윤표(1997ㄱ), 근대 국어 자료, 국어의 시대별 변천 연구 2 -근대국어-, 국립국어연구원.
홍윤표(1997ㄴ), 한글 자료의 성격과 해제, 국어사연구, 태학사.
홍윤표·정광·송기중·송철의(1995), 17세기 국어 사전, 태학사.
홍재성(1977), 현대 불어 동사 통사 사전의 편찬 방법에 관하여, 말 2, 연세대학교 언어연구교육원 한국어학당.
홍재성(1982), '-러' 연결어미문과 이동동사, 어학연구 18.2, 서울대학교 어학연구소.
홍재성(1986ㄱ), 통사 정보와 사전 기술, 서울 국제 언어학 대회 심포지움(1986. 7.29-8.1.).
홍재성(1986ㄴ), 한국어 사전 편찬과 문법 문제, 국어생활 7, 국어연구소.
홍재성(1987ㄱ), 한국어 사전 편찬과 문법 정보, 어학연구 23.1, 서울대학교 어학연구소.
홍재성(1987ㄴ), 한국어 사전에서의 다의어 처리와 동형어 처리의 선택: '찾아가다/찾아오다'의 경우, 동방학지 54, 연세대학교 국학연구원.
홍재성(1987ㄷ), 현대 한국어 동사구문의 연구, 국어학연구선서 9, 탑출판사.
홍재성(1988ㄱ), 현대 한국어 사전과 자동사/타동사 용법의 구분, 사전편찬학연구 1, 연세대학교 언어정보연구원.
홍재성(1988ㄴ), 한국어 사전에서의 동사 항목의 기술과 통사 정보, 사전편찬학연구 2, 연세대학교 언어정보연구원.
홍재성(1989ㄱ), '내려가다/내려오다'와 그 사전적 처리, 애산학보 7, 애산학회.
홍재성(1989ㄴ), 한국어 자동사/타동사 구문의 구별과 사전 -이른바 동족목적어 구문의 경우, 사전편찬학연구 3, 연세대학교 언어정보연구원.
홍재성(1991), 돌다 용법의 통사적 기술과 사전, 갈음 김석득 교수 회갑 기념 논문집 국어의 이해와 인식, 한국문화사.
홍재성・전성기・김현권(1986), 사전학, 불어학개론, 한국방송통신대학.
홍종림(1983), 제주도방언의 소위 회상법 형태에 대하여, 국어교육 44・45, 한국국어교육연구회.
홍종선(1980), 국어 부정법의 변천 연구, 고려대학교 대학원 석사학위논문.
홍종선(1984), 속격 처격의 발달, 국어국문학 91, 국어국문학회.
홍종선(1989), 국어 형태론 연구의 흐름, 국어학 19, 국어학회.
홍종선(1990), 국어체언화구문의 연구, 민족문화연구총서 44, 고려대학교 민족문화연구소.
홍종선(1997), 근대 국어 문법, 국어의 시대별 변천 연구 2 -근대국어-, 국립국어연구원.
황문환(1991), 1인칭 겸양어 '저'의 기원, 국어학 21, 국어학회.
황문환(1997), 16, 17세기 언간의 상대경어법 연구, 한국정신문화연구원 한국학대학원 박사학위논문.
황벽려(1974), 노걸대·박통사 언해 연구, 성균관대학교 대학원 석사학위논문.
황병순(1980), 국어 부정법의 통시적 고찰, 어문학 40.
황병순(1986ㄱ), 국어 복합동사에 대하여, 영남어문학 13, 영남어문학회.
황병순(1986ㄴ), '-어'와 '-고'의 기능에 대하여 -복합동사와 조동사구문을 통해-, 약천 김민수 교수 화갑 기념 국어학신연구, 탑출판사.
황병순(1987), 국어 상표시 복합동사 연구, 영남대학교 대학원 박사학위논문.
황부영(1959), 15세기 조선어 존칭범주의 연구, 과학원출판사.
황선엽(1995), 15세기 국어 '-으니' 의 용법과 그 기원, 국어연구 135, 서울대학교 대학원 국어연구회.
황패강(1987), 삼국유사와 향가 연구, 삼국유사의 종합적 검토, 한국정신문화연구원.
황희영(1977), 초간 첩해신어의 우리말 조어고, 한국학 15·16, 영신아카데미 한국학 연구소.

關一雄(1977), 國語複合動詞の硏究, 笠間書院.
內山政春(1997), 現代朝鮮語における合成用言について, 朝鮮學報 165.
大江孝男(1958), 中期朝鮮語動詞の ㅗㅜ語幹に 就いて、朝鮮學報 12.
大江孝男(1968), 中期朝鮮語動詞(用言)の ㅗ~ㅜ朝幹について, 이숭녕박사 송수 기념 논총, 을유문화사.
藤澤文人(1993), 複合動詞의 形態-統辭論的 考察, 慶北大學校 大學院 文學碩士學位論文.
浜之上幸(1991), 現代朝鮮語動詞のアスペクト的クラス, 朝鮮學報 138.
山本清隆(1984), 複合動詞の格支配, 都大論究 21, 東京道立大學國語國文學會.
森田良行(1978), 日本語の複合動詞について, 講座日本語教育 14, 早稻田大學語學教育硏究所.
石井正彦(1983ㄱ), 現代語複合動詞の語構造分析における一觀點, 日本語學 2.8, 明治書院.
石井正彦(1983ㄴ), 現代語複合動詞の語構造分析 -〈動作〉·〈變化〉の觀點から, 國語學硏究 23, 東北大學文學部 國語國文學 刊行會.
石井正彦(1984), 複合動詞の成立, 日本語學 3-11, 明治書院.
石井正彦(1987), 複合動詞の成立條件, ケーススタヂイ日本文法, 櫻楓社.
石井正彦(1988), 辭書に載る複合動詞·載らない複合動詞, 日本語學 7-5, 明治書院.
石井正彦(他)(1987), 複合動詞の資料集, 國立國語硏究所.
小倉進平(1929), 향가 및 이두의 연구, 경성제국대학.
小泉和生(1996), '첩해신어' 제이본 대역문의 비교 연구 -ㄷ구개음화를 중심으로-, 고려대학교 대학원 석사학위논문.
新美和昭ほか(1987), 複合動詞, 荒竹出版.
辻 星兒(1997), 朝鮮語史における『捷解新語』, 岡山大學文學部硏究叢書 16, 岡山大學文學部.
野間秀樹(1994), 現代朝鮮語動詞の語彙分類の方法, 言語硏究 Ⅳ, 東京外國語大學.
野間秀樹(1996), 현대한국어의 대우법 체계, 말 21.
鹽田今日子(1985), 中期朝鮮語の接續語尾 -거늘と-아/어늘について, 朝鮮學報 114.
鹽田今田子(1993), 중세국어 '-거-'와 '-아/어-'의 Aspect적 의미의 차이: -거늘과 -아/어늘의 용례를 통하여, 국어사 자료와 국어학의 연구(안병희 선생 회갑 기념 논총), 문학과 지성사.
鈴木虎雄·黑川洋一 역주(1965), 杜詩, 岩波書店.
圓山拓子(1998), 現代朝鮮語の語彙的な複合動詞と通語的と複合動詞について, 第49回 朝鮮學

會 發表論文 要旨.
油谷幸利(1978), 現代韓國語의 動詞分類, 朝鮮學報 87.
油谷幸利(1991), 일본인이 본 한국어 경어법, 새국어생활 1.3, 국립국어연구원.
長嶋善郎(1976), 複合動詞の構造, 日本語講座 4 日本語の語彙と表現, 大修館書店.
齋藤倫明(1984), 複合動詞構成要素の意味, 國語語彙史の研究 5, 和泉書院.
前間恭作(1924), 龍歌古語箋, 東京.
中村 完(1968), 李朝語辭典 書評, 朝鮮學報 47.
河野六郎(1948), 朝鮮語の過去に就いて, 東洋語研究 4.

Adams. V.(1973), An Introduction to Modern English Word-Formation, Longman Group Lod.
Anderson, S.R.(1982), Where's Morphology?, Linguistic Inquiry 13.4.
Aronoff, M.(1976), Word Formation in Generative Grammar, Linguistic Inquiry Monograph.
Bauer, L.(1983), English Word-formation, Cambridge University Press.
Bever, T. G. and D. T. Langendoen(1972), The interaction of speech perception and grammatical structure in the evolution of language, in Stockwell and Macauley(1972).
Cantrall, W. R.(1974), Viewpoint Reflexives and the Nature of Noun Phrases, The Hague: Mouton and Co.
Comrie, B.(1985), Tense, Cambridge: Cambridge University Press.
Di Sciullo A.M. & E. Williams(1987), On the Definition of Word, The MIT Press.
Fromkin, V. A.(ed.)(1978), Tone - A Linguistic Survey, Academic Press.
Givon, T.(1973), The time-axis phenomenon, Language 49.
Greenberg, J. H.(ed.)(1978), Word structure, Universals of Human Language, 3, Stanford University Press.
Hartmann, R.R.K.(1983), Lexicography: Principles and Practice, Academic Press.
Kageyama-Taro(1984), Three Types of Word Formation, Nebulae 10, Osakagaidai Linguistic Circle.
Ladislav Zgusta(1971), Manual of Lexicography, The Hague: Mouton.
McCawley, J. D.(1978), What is a Tone Language?, in V.A. Fromkin(ed.)(1978).
Miller, G.D.(1993), Complex Verb Formation, John Benjamins Publishing.
Mohanan, K. L.(1957), Tone Language, Ann Arbor.
Pike, K.L.(1948), Tone Languages, Ann Arbor.
Ramsey, S. R.(1978), Accent and Morphology in Korean Dialects, 탑출판사.
Rey-Debove(1970), La lexicographie, Language 1970/19.
Roy Andrew Miller(1989), Historical Pitch in Korean and Japanese, 알타이학보 1.

Selkirk, E. O.(1984), Phonology and Syntax: The Relation between Sound and Structure, The MIT Press.

Sohn, Ho-Min(1976), Semantics of Compound Verb in Korean, Linguistic Journal of Korea 1.1, 한국언어학회.

Stockwell, R. p. and R. Macauley(1972), Linguistic Change and Generative Theory, Bloomington: Indiana University Press.

Tagashira-Yoshiko·Hoff, J.(1986), Handbook of Japanese Compound Verbs, The Hokuseido Press.

Traugott, E. C.(1978), On the expression of spatio-temporal relations in language, in Greenberg(ed.)(1978).

Yu, Yong-mee(1994), Verbal Compounds in Korean, Korean Linguistics, Stanford Linguistics Society.

찾아보기

국어의 역사적 연구

초판 1쇄 발행 2016년 6월 15일

지은이 한재영
펴낸이 김정일
펴낸곳 신구문화사

등록 1968. 6. 10. 제1-205호
주소 경기도 성남시 중원구 광명로 377, 1층(금광동, 우촌학사)
전화 031-741-3055~6
팩스 031-741-3054
이메일 shingupub@naver.com
홈페이지 www.shingubook.com

ISBN 978-89-7668-220-8 93710

* 지은이와 협의에 따라 인지는 생략합니다.